복 있는 사람

오직 여호와의 율법을 즐거워하여 그 율법을 주야로 묵상하는 자로다.
저는 시냇가에 심은 나무가 시절을 좇아 과실을 맺으며 그 잎사귀가 마르지 아니함 같으니
그 행사가 다 형통하리로다.(시편 1:2-3)

마틴 로이드 존스의 부흥

D. MARTYN LLOYD-JONES

Revival

마틴 로이드 존스의 부흥

마틴 로이드 존스 지음 | 정상윤 옮김

복 있는 사람

마틴 로이드 존스의 부흥

2006년 9월 16일 초판 1쇄 발행
2025년 6월 25일 초판 26쇄 발행

지은이 마틴 로이드 존스
옮긴이 정상윤
펴낸이 박종현

(주) 복 있는 사람
서울특별시 마포구 연남동 246-21 (성미산로 23길 26-6)
전화 723-7183 (편집), 723-7734 (영업·마케팅)
팩스 723-7184
hismessage@naver.com
등록 1998년 1월 19일 제1-2280호

ISBN 979-11-7083-107-5 03230

Revival
by D. MARTYN LLOYD-JONES

Copyright ⓒ 1987 by Bethan Lloyd-Jones
Published by Crossway Books
a division of Good News Publishers
1300 Crescent Street, Wheaton, Illinois 60187, U.S.A.
This edition published by the arrangement with Good News Publishers
through KCBS Literary Agency, Seoul, Korea.
All rights reserved.

이 책의 한국어판 저작권은 KCBS Literary Agency를 통해 Crossway Books와 독점 계약한 (주) 복 있는 사람이 소유합니다. 저작권법에 의하여 한국 내에서 보호를 받는 저작물이므로 무단전재와 복제를 금합니다.

차례

서문 _ J. I. 패커   9
추천의 글 _ 정근두   13

1. 오늘날 부흥이 긴급히 필요하다   19
2. 부흥의 장애물   43
3. 불신앙   65
4. 오염된 교리   83
5. 일그러진 정통신앙   105
6. 죽은 정통신앙   129
7. 영적 무력증   151
8. 부흥을 기대하라   173
9. 부흥의 특징   197
10. 부흥의 목적   221
11. 부흥의 영향   247
12. 부흥은 어떻게 임하는가   275

13. 기도와 부흥	299
14. 부흥의 때에 구해야 하는 것	321
15. 부흥을 위해 기도하는 진정한 이유	345
16. 부흥이 임할 때 일어나는 일	367
17. 하나님의 영광이 계시되다	391
18. 하나님의 선한 형상이 나타나다	415
19. 예수의 얼굴에 나타난 하나님의 영광	439
20. 부흥의 부담	463
21. 갑자기 등장하시는 하나님	489
22. 부흥을 위한 위대한 기도	515
23. 강렬한 열정으로 부흥을 위해 기도하라	539
24. 부흥, 하나님의 영이 우리 가운데 임하시는 일	565

※ 이 책은 1859년에 일어난 웨일스 부흥 100주년을 맞이하여 마틴 로이드 존스 박사가 연속해서 설교한 내용을 모은 것이다. 웨일스 부흥은 성령의 큰 부으심이 있었던 사건으로서, 웨일스뿐 아니라 영국 전역에 깊은 영향을 끼쳤다. 그 일은 19세기 중반 미국을 비롯하여 세계 여러 지역에서 일어났던 유사한 사건들과 나란히 일어난 것이었다. 웨일스 부흥은 언제 어디서든 성령의 역사로 일어날 수 있는 부흥의 이상적인 본보기 내지는 원형을 제시해 준다.

본문에서 로이드 존스 박사가 말하는 "100년 전"의 부흥이란 당연히 이 설교가 처음 전해진 시점보다 100년 앞서 있었던 1859년의 사건들을 가리키는 것이다.

서문

고 마틴 로이드 존스 박사의 부흥에 관한 설교를 북미의 독자들에게 소개하게 된 것을 큰 영광으로 생각합니다. 그는 1859년에 일어난 영국 부흥 100주년을 맞이하여 런던 웨스트민스터 채플에서 전한 이 일련의 메시지에 무엇보다 큰 관심을 기울였으며, 그것은 저도 마찬가지입니다. 이 주제를 그보다 더 능력 있고 깊이 있게 다룬 사례는 이 시대에 찾아볼 수 없다는 것이 저의 생각입니다. "박사"는 이 100주년을 통해 하나님이 그의 백성들을 분발시켜 새롭게 부흥을 추구하게 하시기를 고대했으며, 바로 그 목적을 가지고 설교했습니다. 그는 1981년에 작고했지만, 문자화된 설교를 통해 지금도 여전히 말하고 있습니다. 저는 이 설교들이 처음 전해진 그때만큼이나 지금 이 시대에도 적실하다고 믿습니다.

로이드 존스 박사는 뛰어날 뿐 아니라 근면한 설교자였습니다. 그는 40년이 넘도록 일주일에 두 편씩 40분에서 60분에 이르는 설교를 준비했는데, 세 편씩 준비한 기간도 상당히 되었습니다. 그의 변함없는 설교 방식은 방대한 규모로 성경을 강해하는 것이었습니다. 그럼에도 그는 자신의 주장처럼 일차적으로는 전도자였습니다. 신약의 복음을 하나님과 인간에 대한 가장 심오하면서도 최종적인 말씀으로 선포하고 주장하며 적용하는 것이 어떤 점에서 사역의 전부를 이루고 있었습니다.

그는 복음을 성경의 진리 전체 및 인간의 삶 전체와 연결시켜 거시적으로 제시했습니다. 또한 자신의 마음속에서 그리스도의 십자가 대속과 성령을 통한 중생이라는 핵심 사실들을 중심으로 순환하는 일군의 주제들을 한없이 변주해 냄으로써, "옛날 옛적 이야기"를 새롭게 전달하는 전도자의 재능을 한껏 발휘했습니다. 이런 주제들 중에는 세상의 지혜와 경솔함의 어리석음에 대한 것도 있고, 머리 없는 가슴만의 종교 내지는 가슴 없는 머리만의 종교, 행함이 없는 말만의 종교, 내적 변화 없는 외적 형식만의 종교가 얼마나 부적절한지에 대한 것도 있으며, 몰락한 현대 교회의 상태에 대한 것도 있고, 전도와 목회 기술—종교 기술이라고 해도 좋습니다—에 의존하는 태도가 교회의 힘을 점점 약화시키는 필연적인 결과를 초래한다는 사실에 대한 것도 있으며, 궁극적인 영적 재앙을 피하게 해 주는 유일한 사건으로서 부흥—하나님이 찾아와 소생시키시는 일—이 필요하다는 점에 대한 것도 있습니다. 이 책에 실린 설교들 전면에 묻어나고 있는 절실함은, 교회가 부흥하지 않는 한 서구세계에는 진정 소망이 없다고 믿었던 그의 확신을 입증해 주고 있습니다.

"박사"에게 부흥이란 복음 전도를 통해 회심케 하는 일 그 이상을 의미했고, 개별 교회의 활기나 열정, 안정된 재정 그 이상을 의미했습니다. 그가 추구한 것은 거룩하고 은혜로우신 우리 창조주의 위대하심과 그가 우리 가까이 계심을 아는 데서 비롯되는 영적인 생활의 새로운 특질―이전 사람들이 마음의 확장enlargement of heart이라고 불렀던 것으로서, 대개는 성경 메시지를 듣고 하나님의 능력과 권위를 마음으로 깊이 인식하는 일로부터 시작됩니다―이었습니다. 그는 남웨일스의 회중에게서 이것을 조금 맛보았고, 윗필드 George Whitefield와 에드워즈Jonathan Edwards 같은 인물들의 사역에 대한 기록 및 1859년과 그의 유년기였던 1904년에 일어난 웨일스 부흥에 대한 사료들을 통해 이것을 연구했습니다. 그리고 무엇보다 사도들의 서신이 배출되었던 오순절 이후 시대의 깊이와 강도强度를 증거하고 있는 신약성경을 통해 이것을 이해했습니다. 그가 생각했던 부흥은 바로 이것, 다름 아닌 이것이었습니다.

그는 우리가 하나님의 찾아오심을 구하지 않고 거기에 관심을 갖지 않음으로써 사실상 성령을 소멸시키거나 방해할 수 있지만, 그렇다고 해서 인간의 노력으로 하나님의 찾아오심을 앞당길 수 있는 것은 아니라고 주장했습니다. 그가 간파했듯이, 오늘날 교회가 최우선순위로 삼아야 할 일은 현재 우리의 무력함을 인정하는 가운데 하나님이 찾아오시기를 구하며 부르짖는 것입니다. 그러나 부흥의 필요성을 이해하지 못하는 한 우리는 그렇게 부르짖지 못할 것이며, 부흥 외에 어떤 것도 우리를 도울 수 없다는 사실을 깨닫지 못하는 한 부흥은 일어나지 않을 것입니다. 오늘날 우리는 자신감에 눈이 가려 이 사실을 보지 못하고 있습니다. 이제야말로 바뀌어야 하지 않겠습니까?

"박사"는 자신의 생전에 부흥이 거의 일어나지 않은 데 실망했습니다. 또한 자신의 설교를 듣고 열광했던 많은 이들이 이내 다른 일들에 관심을 빼앗겨 부흥에 대한 생각을 접어 버린 듯 보이는 데 실망했습니다. 이제 책으로 나온 그의 메시지는 좀더 진지한 반응을 얻게 될까요? 그렇게 되어야 한다고 저는 생각합니다. 과연 그렇게 될지 알고 싶으며, 정말 그렇게 되기를 기다립니다.

J. I. 패커

추천의 글

이 책에 실린 설교들은 로이드 존스 목사님이 웨일스 부흥 100주년이 되던 1959년에 런던 웨스트민스터 채플에서 24주 동안 부흥에 대해 연속적으로 전한 것입니다. 부흥에 관한 이 소중한 설교들이 담긴 책이 평양 대부흥 100주년을 앞두고 있는 이 시점에 새롭게 번역, 출간되는 데에는 특별한 의미가 있다 하겠습니다. 하지만 로이드 존스 목사님이라면 이 설교들이 갖는 더 큰 의미를 오늘날 우리가 살고 있는 세상의 상태와 교회의 실상에서 찾을 것 같습니다. 왜냐하면 부흥이란 신자들의 생명이 회복되는 것이요, 죽어가는 무력한 교회가 깨어나며 활기를 되찾고 생명의 기운이 소생하는 것이기 때문입니다. 거의 죽어가던 성도들에게 어느 날 갑자기 성령의 능력이 임합니다. 그리하여 머리로만 알던 진리를 새롭게, 더 깊이 깨달은 사람들이 겸손해지고 죄를 통회합니다. 자신들의 상태를 보고 두려워하며 하나님의 위대한 구원 역사에 자신을 내맡깁니다. 그 결과 새로운 생명의 힘을 얻어 성도들은 기도하기 시작하고 목사들은 능력 있는 설교를 하게 되는 것입니다. 이처럼 교회에 속한 신자들이 새로워지는 것과 이제까지 신앙생활에 아무런 관심을 보이지 않던 교회 밖에 있던 많은 사람들이 회심하는 것이 부흥의 양대 특징입니다.

로이드 존스는 부흥을 각 사람의 회심 때에 나타나는 하나님의 권능이 많은 사람들에게 동시에 확산되는 일로 보았습니다. 참된 기독교가 있는 곳이라면 어디든지 존재하는 그 동일한 생명이 빠르게 확산되고 흘러넘치는 일을 부흥이라고 본 것입니다. 이처럼 회심 시에 한 사람의 그리스도인에게 주어지는 성령이 많은 사람들에게 부어지는 것이기에, 부흥의 시대라고 해서 하나님이 일상적으로 하시는 사역과 본질적으로 다른 사역을 하신다고 할 수는 없습니다. 다만 예외적으로, 비교할 수 없는 정도의 범위로 그리스도의 영광이 크게 나타나는 것일 뿐이라고 로이드 존스는 믿었습니다. 그러므로 부흥을 위한 진정한 열심이란 많은 사람들이 회심하여 하나님의 영광을 드러내기를 바라는 거룩한 열정이라고 말할 수 있습니다.

이렇게 볼 때 「마틴 로이드 존스의 부흥」의 출간은 단지 평양 대부흥 100주년을 앞두고 있다는 연대기적인 의의 때문만이 아니라 오늘날 조국 교회가 처한 실상과 우리가 살고 있는 세상의 상태 때문에 꼭 필요한 일이었다는 데 동의할 수밖에 없습니다. 평양 대부흥 이후 타오르던 불길은 이미 사라진 지 오래 되었고 세계선교 역사상 유례없이 치솟던 성장곡선도 이미 수년 전부터 둔화되다가 최근에는 중단 내지 하향곡선을 그린다는 보고가 나오고 있습니다. 이 같은 조국의 현실이 로이드 존스의 이 설교를 귀 기울여 들어야 하는 중요한 이유를 제공하고 있는 것입니다. 교회 안에 들어와 있는 성도들의 변화뿐 아니라 교회 밖에서 영적인 일에 무관하게 살아가는 사람들의 줄을 잇는 회심을 소망하는 사람들이라면 이 설교에 필연적으로 귀를 기울이지 않을 수 없으리라 생각합니다.

부흥은 로이드 존스가 관심을 기울인 여러 주제들 중 한 가지가 아니었습니다. 부흥은 하나님의 영광이 정오의 태양처럼 온 세상에 비추어지기를 소망했던 그의 필생의 화두였습니다. 그가 사역 초기부터 인근에 있는 동료 목회자들과 기도서약서를 만들고 부흥을 위한 기도모임을 시작했다는 것을 우리는 전기를 통해 읽을 수 있습니다. 부흥은 아무도 기획을 통해 산출해 낼 수 없는 일이라고 믿었기에, 오직 하나님의 은혜를 통해 하늘로부터 도래하는 것이라야 부흥이라는 이름에 합당하다고 믿었기에 뜻을 같이하는 형제들과 작은 모임을 결성해서 서로 교제하며 기도하기 시작했던 것입니다. 그들은 매일 30분 동안 두 가지 특별한 기도제목을 두고 하나님께 간구하기로 선서했는데, 그 첫째 기도제목이 바로 신앙의 부흥이었습니다.

우리는 이런 부흥의 흔적을 그의 초기 사역에서도 충분히 확인할 수 있습니다. 그가 첫 사역지 애버래븐 베들레헴 전진 교회에 부임한 지 몇 개월 후 우선 수적인 측면에서 현저한 변화가 일어났습니다. 그리하여 부임 1년 반이 되었을 때는 그동안 사용하지 않던 중이층 좌석까지 사용하게 되었습니다. 주로 교회 밖에 있던 사람들의 회심이 불러온 결과였습니다.

그의 아내 베단이 쓴 「샌드필즈의 추억 Memories of Sandfields」이란 책을 살펴보면 그때의 분위기를 조금 접할 수 있습니다. 그의 설교를 통해 거리의 악명 높은 사람들이 연이어 회심했습니다. 악명 높은 남자들뿐 아니라 그 지역에서 유명한 영매 노릇을 하던 한 여자도 복음을 위해 유일한 생계수단을 포기하는 일까지 결단했다고 합니다. 그래서 평양 대부흥 운동과 비슷한 시기인 1904년의 웨일스 부흥을 기억하는 어떤 성도는 1930년대 로이드 존스의 사역을 통해 나타난 현상이 웨일스 부흥보다 더 강력하다고 고백하기까지 했습니다.

그의 설교에 대한 반응은 불신자들뿐만 아니라 교회 안에 있던 명목상의 신자들에게도 특별하게 나타났습니다. 그 가운데 로이드 존스를 청빙하는 일에 앞장섰던 장로는 당회 서기로서 사회주의에 심취한 노동당원이었는데, 평소에 개인의 중생만으로는 하나님의 나라가 올 수 없다고 믿고 사회주의를 추종하다가 로이드 존스의 설교를 통해 8개월 만에 노동당을 떠나 철저한 예수당원으로 변모했습니다.

또 한 사람의 변화는 아내 베단의 경우입니다. 그녀는 어렸을 때부터 교회에 다녔고 기도모임도 정규적으로 참석하던 열심 있는 신자였습니다. 또한 남편의 복음사역을 위해 의사직도 포기하고 따라나선 사람이었으며 남편의 설교를 통해 실거리의 부랑배들과 창녀들이 돌아오기를 기도하던 신자였습니다. 하지만 모든 사람은 똑같이 죄에서 구원받아야 한다고 강조하는 남편의 설교를 듣고 충격을 받았을 뿐만 아니라 자신도 길거리의 사람들과 똑같은 처지에 있다는 가르침을 거부하고 혐오하기까지 하다가 2년 후에 결국 진리를 깨닫고 주님 앞으로 돌아오게 되었습니다.

바깥 사람들의 변화하는 모습과 성도들의 새로운 삶의 모습은 그 지역 주민들 사이에서 화제가 되었고, 부임 몇 년 후인 1931년에는 교인수가 135명 늘었는데 그 가운데 128명이 "세상에서" 들어온 사람들이었습니다. 그리하여 부임 당시 93명의 등록교인 가운데 50여 명이 출석하던 교회가 11년 반 만에 등록교인 530명, 평균 출석 850명으로 성장하는 기록을 세우기도 했습니다. 물론 한국적인 상황에서는 놀랄 만한 수치가 아닐지 모르지만 해마다 교인 수가 감소하고 문을 닫는 교회가 속출하는 영국의 상황에서는 부흥의 증거로 꼽을 수 있는 것이 틀림없습니다.

특별히 부흥의 현상들이 웨일스 지역 순회설교 현장에서 두드러지게 나타났습니다. 그는 인근 교회에서 초청을 받아 설교하곤 했는데 예고된 예배시간보다 두 시간 먼저 가지 않으면 자리에 앉는 것을 포기해야 할 정도였다고 합니다. 중이층 예배공간이 있는 교회에서는 거기까지 사람들이 몰려와 무너져 내릴까 봐 염려할 정도였고, 어떤 교회에서는 늦게 도착해서 예배당에 들어갈 수 없게 된 사람들이 교회당의 유리창을 깨 달라고 요청한 적도 있다고 하니 그 당시 영국에서 얼마나 이례적인 현상이었는지 짐작할 수 있습니다.

로이드 존스의 일생을 건 부흥에 대한 확신은 그의 뜨거운 영성의 반영이라고 할 수 있습니다. 그는 비참한 처지에 있는 사람들의 삶에 직접 개입하시며 활동하시는 하나님에 대한 확신 때문에 부흥을 사모했습니다. 비록 이 땅에서는 동시다발적으로 부어지는 부흥을 보지 못했지만, 항상 거룩한 부흥의 불길을 가슴속에 품고 이 설교들을 했으리라 믿습니다. 이제 로이드 존스는 자신이 평생 사모하던 부흥의 원천인 하늘에서 쉼을 누리고 있지만, 그가 그토록 고대했던 부흥이 이 설교를 가슴에 담고 기도하는 성도들을 통해 이 땅에 도래하기를 소원하면서 도서출판 "복 있는 사람"에서 새로이 번역, 출간되는 「마틴 로이드 존스의 부흥」을 기쁘게 추천합니다.

2006년 8월
정근두 목사

1
오늘날 부흥이 긴급히 필요하다

집에 들어가시매 제자들이 종용히 묻자오되 우리는 어찌하여 능히 그 귀신을 쫓아내지 못하였나이까. 이르시되 기도[와 금식] 외에 다른 것으로는 이런 유가 나갈 수가 없느니라 하시니라. (막 9:28-29)

이 두 구절, 특히 29절에 여러분의 주의를 환기시키는 이유는 부흥과 부흥의 필요성이라는 중대한 주제, 지금 이 순간 하나님의 교회에 부흥이 긴급히 필요하다는 주제를 함께 고찰하기 위해서입니다. 저는 이것이야말로 아주 긴급한 문제라고 확신합니다. 물론 어떤 의미에서는 모든 설교가 부흥을 촉진해야 하며, 기독교 신앙의 교리를 제대로 이해할 때에만 우리 그리스도인들이 부흥의 필요성을 참으로 깨닫고 기도할 희망이 생긴다는 것이 사실입니다. 그러나 제가 볼 때 지금 이 주제를 아주 직접적이면서도 명확하게, 특별히 다루지 않을 수 없게 만드는 요인이 몇 가지 있습니다.

그중에 첫 번째는 부흥의 절실한 필요성입니다. 그러나 그것 말고도 제가 이 문제에 주의를 환기시키는 부수적인 이유가 있는데, 그것은 올해가 1959년이라는 것입니다. 올해는 많은 이들이 100년 전에 일어난 위대한 부흥 내지는 위대한 신앙의 각성, 성령의 비상한 부으심과 나타나심을 기억하며 기념하는 해입니다. 그해에 미국에서 먼저 일어난 부흥은 북아일랜드와 웨일스와 스코틀랜드 각지로 퍼져 나갔고 잉글랜드 일부 지역까지 퍼져 나갔습니다. 이번 해를 맞이하여 성령의 그 두드러졌던 대역사를 기억하고 축하하려는 사람들이 많이 있습니다. 저는 우리도 거기에 동참하여 그 일을 대체 왜 기념해야 하는지, 하나님의 교회가 왜 이 중대한 시점에 그 일에 큰 관심을 기울여야 하는지 알아보는 것이 옳다고 믿습니다. 이것은 몇몇 교회 지도자들뿐 아니라 온 교회가 생각해야 할 문제임이 분명합니다. 부흥의 역사는 이 점을 아주 명확하게 보여 주고 있습니다. 하나님은 꼭 목회자들만이 아니라 스스로 아주 미미하고 하찮은 교인이라고 생각하는 사람들을 통해서도 매우 비상한 일을 행하시고 부흥을 일으키시며 촉진하시고 지속시키실 때가 종종 있습니다.

교회는 각 지체가 중요성을 지니도록 구성되어 있는 곳, 그것도 아주 결정적인 의미에서 중요성을 지니도록 구성되어 있는 곳입니다. 그런데 오늘날 교인들은 스스로 할 수 있는 일이 거의 없다는 느낌과 생각 때문에 자신들에게 필요한 일을 남에게 떠맡겨 버리는 이상한 경향이 있습니다. 이것이 제가 이 주제 전체에 여러분의 주의를 환기시키는 부분적인 이유입니다. 물론 이런 경향은 오늘날의 삶에 전반적으로 나타나는 특징이기도 합니다. 예컨대 사람들은 더 이상 예전처럼 직접 운동경기를 하지 않습니다. 그 대신 관중석에 앉아 남들이 경기하는 모습을 구경만 하려 듭니다. 한때는 스스로 즐길 거리를 만들어 냈지만, 이제는 라디오와 텔레비전이 오락거리와 즐길 거리를 제공해 주고 있습니다. 그런데 이런 경향이 교회에까지 나타나고 있어 걱정입니다. 사람들이 뒷짐만 지고 앉아 한두 명이 모든 일을 대신 해 주기를 바라고 있다는 증거가 점점 더 많이 보이고 있습니다. 물론 이것은 교회가 그리스도의 몸이라는 신약의 교리, 한 지체 한 지체가 아주 결정적인 의미에서 중요한 존재이며 각자 책임을 지고 제 역할을 감당해야 할 존재라는 교리를 전면 부인하는 태도입니다. 예를 들어 고린도전서 12장에는 이 교리에 대한 사도의 위대한 해설이 나오고 있습니다. 사도는 우리의 아름답지 못한 지체도 아름다운 지체만큼이나 중요하다고 말합니다. 몸의 지체들이 각각 제 역할을 감당함으로써 주께서 쓰실 수 있도록 준비해야 한다고, 언제든지 쓰실 수 있도록 준비해야 한다고 말합니다.

 제가 부흥이야말로 진정 우리 각 사람이 가장 긴급하게 관심을 쏟아야 할 문제라고 믿는 이유가 여기 있습니다. 서슴없이 말하지만 한 사람의 그리스도인으로서 오늘날 교회와 세상의 상태를 보면서도 심각한 우려를 느끼지 않는다면, 그는 실로 아주 형편없는 그리스도인일 것입니다. 그저 개인적인 도움이나 얻으려고 교회에 나오는 사람은 그리스도 안에서 아주 어린 갓난아이에 지나지 않습니다. 조금이라도 성숙한 사람이라면 작금의 상황에 관심을 가지고, 사회와 교회의 상태에 관심을 가지며, 전능하신 하나님의 전신갑주에 관심을 가져야 마땅합니다. 거듭 말하지만, 이것은 우리 모두가 분명하게 알아 두어야 할 주제입니다.

이제 마가복음 9장에 나오는 사건과 특히 그 이야기의 말미에서 일종의 에필로그 역할을 하고 있는 두 구절을 살펴봅시다. 앞부분에는 주님이 베드로와 야고보와 요한을 데리고 "따로 높은 산에" 오르시는 이야기가 나옵니다. 그들은 변화산에서 놀라운 사건을 목격했습니다. 그리고 산에서 내려오다가 많은 무리가 남은 제자들 주변에 모여 논쟁하며 다투는 광경을 보았습니다. 무슨 영문인가 할 때, 갑자기 한 남자가 앞으로 나오더니 이렇게 말했습니다. "어떻게 보면 이 소란의 책임은 제게 있습니다. 이 불쌍한 아이가 바로 제 아들인데, 어렸을 때부터 발작을 하고 경련을 일으켰습니다.―아이의 증상이 정확히 어떠했느냐는 중요치 않습니다.―그래서 당신은 혹시 고쳐 주실 수 있을까 해서 데려온 것입니다. 제자들에게 보여 봤지만 고치지 못하더군요. 시도는 했지만 실패했습니다."

여러분이 기억하시듯이 주님은 그에게 몇 가지 질문을 던져 일정한 정보를 얻으신 후, 아주 간단히 귀신을 쫓아 주셨습니다. 아이는 한순간에 고침을 받고 회복되었습니다.

주님은 이 일을 하고 나서 집으로 들어가셨고, 제자들도 뒤따라 들어갔습니다. 그리고 여쭈어 보았습니다. "우리는 어찌하여 능히 그 귀신을 쫓아내지 못하였나이까?" 그들의 심정이 어떠했을지 우리는 아주 쉽게 이해할 수 있습니다. 그들은 최선을 다했음에도 실패했습니다. 다른 많은 경우에는 성공을 거두었습니다. 그런데 이번에는 완전히 실패해 버렸습니다. 그에 비해 주님은 한순간에, 너무나도 쉽게, 말 한마디로 아이를 고쳐 주셨습니다. 그래서 "우리는 어찌하여 능히 그 귀신을 쫓아내지 못하였나이까?"라고 물었던 것입니다. 주님은 이렇게 대답하셨습니다. "기도〔와 금식〕 외에 다른 것으로는 이런 유가 나갈 수 없느니라."

저는 이 이야기를 현재 우리의 상황을 아주 완벽하게 재현해 주는 예로 사용하고 싶습니다. 저는 이 아이에게서 현대 사회의 모습을 보며, 제자들에게서 거의 지금 이 시점에 해당하는 교회의 모습을 봅니다. 교회가 분명 실패하고 있다는 것, 오늘날 우리 중 많은 이들이 기억하고 있는 수준에도 미치지 못할 만큼 의미 없는 곳이 되어 버렸다는 것은 누가 보아도 명백한 사실 아닙니까? 교회는 70년 전, 80년 전, 100년 전만큼도 의미가 없는 곳이 되어 버렸습니다. 모든 상황이 그 점을 웅변적으로 보여 주고 있습니다. 교회는 제자들처럼 최선을 다해 애쓰고 있는 것이 확실하며, 어떤 의미에서는 전보다 더 많은 활동을 한다고 말할 수 있습니다. 그럼에도 상황에 대처하는 데에는 분명 실패하고 있습니다. 그렇기 때문에 우리는 실패를 의식하고 있는 제자들의 심정, 성공할 수 있었지만 성공하지 못했음을 알고 있는 제자들의 심정을 너무나 쉽게 이해할 수 있습니다. 따라서 우리가 던지게 되는 질문, 반드시 던져야 할 질문, 긴급히 던져야 할 질문은 이것입니다. "우리는 어째서 그 귀신을 쫓아내지 못했습니까? 대체 무엇이 문제입니까? 이렇게 실패한 원인이 무엇입니까? 우리가 이런 상황에 처하게 된 이유가 무엇입니까?"

제가 볼 때 주님이 이 이야기에서 다루고 계신 질문이 바로 이것입니다. 이 사건에서 주님이 제시해 주신 원리는 이 말씀을 하신 그때, 그 유명한 때와 똑같이 오늘날에도 긴요하며 중요합니다. 다행히도 우리는 그 원칙을 세 가지 주요 항목으로 아주 간단히 나누어 볼 수 있습니다. 제자들은 왜 귀신을 쫓아내지 못했을까요? 첫 번째 대답은 "이런 유"라는 말에 들어 있습니다. 이것은 아주 의미심장한 말입니다. 제자들은 왜 귀신을 쫓아내지 못했습니까? 주님은 말씀하십니다. "기도〔와 금식〕외에 이런 유가 나갈 수 없느니라." 다시 말해서 제자들이 무엇보다 먼저 배워야 할 점은 각 사례별로 차이가 있다는 것입니다. 제자들은 분명 과거의 경험을 떠올리면서 이 질문을 던졌을 것입니다. 주님은 그들을 파송하여 복음을 전하고 귀신들을 쫓아내게 하셨고, 그들은 나가 복음을 전하고 많은 귀신들을 쫓아냈습니다. 실제로 누가복음 10장을 보면 그들이 큰 성공을 거두고 의기양양하게 돌아와 자만의 죄에 빠지는 모습을 볼 수 있습니다. 그래서 주님은 다음과 같은 말씀으로 그들을 꾸짖으셔야 했습니다. "귀신들이 너희에게 항복하는 것으로 기뻐하지 말고 너희 이름이 하늘에 기록된 것으로 기뻐하라"(눅 10:20). 그들은 크게 기뻐하며 흥분했습니다. 귀신들도 자신들에게 항복하더라고 말했습니다. 말하자면 귀신들이 자기들 앞에 엎드리는 모습을 보았다는 것입니다.

그래서 이 남자가 아들을 데려왔을 때에도 큰 자신감과 확신을 가지고 문제에 접근했습니다. 그들은 성공을 믿어 의심치 않았습니다. 그런데 아무리 애를 써도 아이는 전혀 나아지지 않았고, 처음 아버지 손에 이끌려 왔을 때의 절망적인 상태에서 조금도 벗어나지 못했습니다. 제자들은 당연히 곤경에 빠져 버렸습니다. 그때 주님이 오셔서 도와주신 것입니다. 주님은 이 일을 "이런 유"라고 지칭하셨습니다. 그들이 지금까지 손을 대서 성공을 거둔 유와 "이런 유"는 서로 다르다고 말씀하신 것입니다.

이것은 신약성경을 읽는 사람이라면 누구나 발견하게 되는 원리입니다. 물론 궁극적인 의미에서는 모든 문제가 동일하다고 할 수 있습니다. 다른 경우와 마찬가지로 이 경우에도 귀신 들린 것이 문제였습니다. 그럼에도 그 사이에는 각각 차이가 있습니다. 말하자면 이 귀신과 저 귀신 사이에 차이가 있는 것입니다. 악의 나라에도 등급이 있고 위계질서가 있습니다. 사도 바울이 에베소서 6장에서 어떻게 말하고 있는지 여러분도 기억하실 것입니다. "우리의 씨름은 혈과 육에 대한 것이 아니요." 그러면 무엇에 대한 것입니까? "정사와 권세와 이 어두움의 세상 주관자들과 하늘에 있는 악의 영들에게 대함이라." 이처럼 그들에게도 등급이 있는데, 그들을 총괄하는 수장은 사탄, "공중의 권세 잡은 자", "지금 불순종의 아들들 가운데서 역사하는 영"입니다(엡 2:2). 그는 강력한 능력을 가지고 있습니다. 그러나 그의 휘하에 있는 여러 영들과 권세들과 세력들이 가진 힘과 능력은 천차만별입니다. 따라서 그중에서도 좀 약한 영들은 제자들도 아주 쉽게 처리하고 다스리며 쫓아낼 수 있었습니다. 그러나 이번 영은 그런 영들보다 강하다고 주님은 말씀하십니다. 이번 영은 그들이 전에 능히 다스릴 수 있었던 약한 영들과 다릅니다. 이것은 완전히 다른 유이기에 훨씬 더 큰 문제가 되는 것입니다.

우리도 똑같은 원리를 붙잡는 것이 중요합니다. 이 원리는 그때처럼 오늘날에도 유효하기 때문입니다. 따라서 우리는 첫 번째로 바른 진단과 관련된 전반적인 문제를 고찰해 보아야 합니다. "이런 유"가 무엇인지부터 알아보아야 하는 것입니다. 제자들의 문제는 문제의 본질을 깨닫기도 전에 해결하려고 성급하게 달려든 데 있었습니다. 이것은 교회가 이 시점에 반드시 배워야 할 교훈입니다. 우리는 모두 지나친 활동가들이 되어 버렸습니다. 다들 너무나 바쁘게 움직입니다. 우리는 스스로 현실적인 사람들이라고 말합니다. 교리에는 관심도 없이 그저 무언가를 해야 한다는 생각 때문에 성급하게 행동으로 뛰어듭니다. 아마도 이것이 실패의 주요 원인이 아닌가 싶습니다. 우리는 멈추어 서서 "이런 유"가 무엇인지 생각해 본 적이 없습니다. 우리는 당면한 문제의 진정한 본질에 대해 마땅히 알아야 할 만큼 알지 못하는 것처럼 보입니다. 정확한 진단을 내리기도 전에 어떤 식으로든 치료부터 하려 드는 것은 순전히 미친 짓이요 힘의 낭비라는 점은 누구나 알고 있는 보편적인 법칙이자 원리입니다. 물론 무슨 일이든 하는 것이 큰 위안이 되기는 합니다. 저는 "지난 세계대전 때 정말 견디기 힘들었던 일은 공습 대피소에 가만히 앉아만 있는 것이었다"고 고백하던 이들의 말을 늘 생각하곤 합니다. 그들은 그 긴장을 참을 수가 없어서 거의 미칠 지경이 되었습니다! 그러다가 일어나서 좀 걸어 다니거나 무언가 할 일이 생기면 금세 기분이 나아졌습니다. 할 일이 있다는 것은 그만큼 큰 위안이 됩니다. 그렇다고 단순히 무언가를 하는 것이 늘 현명하다고 할 수는 없습니다. 당면한 문제의 본질을 완전히 깨닫기도 전에 행동으로 뛰어들게 될 위험이 있기 때문입니다.

그렇기 때문에 저는 "이런 유"라는 표현을 보면서, 과연 우리 그리스도인들이 영적인 의미에서 현재 당면한 문제의 진정한 깊이를 알고 있는지 의구심을 품게 됩니다. 제가 이런 질문을 던지는 것은, 많은 이들의 활동을 볼 때 그 깊이를 조금도 이해하지 못한 것이 너무나 분명해 보이기 때문입니다. 그들은 한때 성공을 거둔 방법들을 고수하며 그것들을 신뢰합니다. 사실 당면한 문제의 본질 자체가 다르기 때문에 그런 방법들로는 성공하지 못할 뿐 아니라 성공할 수도 없다는 사실을 모르는 것입니다. 일반적인 필요를 아는 것만으로는 충분치 않습니다. 그런 필요는 늘 있기 때문입니다. 아들을 제자들에게 데려온 이 남자에게도 분명히 필요가 있었고, 전에 제자들이 성공을 거둔 다른 경우들에도 분명히 필요가 있었습니다. 그런 필요는 누구에게나 있는 것이므로 필요가 있다는 사실만 아는 것으로는 아무 의미가 없습니다. 우리가 풀어야 할 문제는 그 필요의 명확한 본질이 무엇이냐, 정확한 특징이 무엇이냐 하는 것입니다. 그런데 이 부분에서 우리가 생각하고 알아 두어야 할 점이 있습니다. 그것은 그처럼 진단을 내리기 위해 접근할 때 약간의 섬세함과 이해력이 필요하다는 것입니다.

제 말뜻을 설명하기 위해 한 가지 예를 들어 보겠습니다. 여러분이 시골길을 걷고 있다고 한번 상상해 보십시오. 그런데 문득 길가에 누워 있는 한 남자의 모습이 눈에 뜨입니다. 가까이 다가가도 전혀 움직임이 없고 아무 소리도 듣지 못하는 것이 분명하다면, 여러분은 그가 무의식 상태에 있다는 결론을 내릴 것입니다. 자, 거기까지는 좋습니다. 그 사실에는 모두가 동의할 것입니다. 그러나 정말 중요한 질문은 이 남자가 왜 의식 없이 누워 있느냐 하는 것입니다. 거기에는 여러 가지 이유가 있을 수 있습니다. 아주 먼 길을 걸어왔는데 갑자기 피곤이 엄습해서 더 이상 걷지 못하게 되었을 수도 있습니다. 그냥 쉬다가 잠들었는데 너무 깊이 잠든 나머지 사람이 다가오는 소리를 듣지 못했을 수도 있다는 것입니다.

다른 설명도 가능합니다. 그 남자가 의식 없이 누워 있는 것은 갑자기 몸이 아파서일 수 있습니다. 뇌출혈로 의식을 잃었을 수도 있고 마약으로 무의식 상태에 빠졌을 수도 있습니다. 술을 너무 많이 마셨거나 다른 약 때문에 그렇게 되었을 수도 있습니다. 무언가에 중독이 되어 의식을 잃었을 수도 있는 것입니다. 또 다른 가능성들을 계속해서 열거할 필요는 없을 것입니다. 제가 말하려는 요점은 단지 의식이 없다는 사실만 알아서는 이 사람을 도울 수가 없다는 것입니다. 의식을 잃게 만든 정확한 원인을 찾아내야 합니다. 단순히 잠든 것일 뿐이라 해도 비가 와서 몸이 젖으면 감기에 걸릴 위험이 있습니다. 그럴 경우에 도움을 주려면 그의 몸을 흔들면서 소리만 지르면 됩니다. 그러면 바로 일어날 것입니다. 그런 곳에 누워 있다가 비라도 맞고 건강을 해치면 어떡하느냐고 말해 주면 금방 여러분에게 감사를 표할 것이며, 더 이상의 노력 없이도 문제는 해결될 것입니다. 그런데 그 사람이 약물을 복용한 상태거나 어떤 독소에 노출되어 있는 상태라면, 아무리 소리를 지르고 몸을 흔들어도 소용이 없을 것입니다. 그것은 좀더 심각한 상황입니다. 그럴 때 도움을 주려면 체내의 독소를 제거할 조처를 취하고 해독제를 주며 특정한 필요에 따른 처치를 해 주어야 합니다. 또 무슨 병을 앓고 있는 것이라면 그때는 그때대로 완전히 다른 치료를 해 주어야 합니다.

저는 이런 예를 통해 명확한 진단을 내리는 것이 얼마나 중요한지 알 수 있다고 생각합니다. 오, 그렇습니다. 필요가 있다는 것은 누구나 아는 사실입니다. 그러나 문제는 그 필요가 과연 무엇이냐 하는 것입니다. 바로 이것이 지금 이 시점에 우리가 가장 긴급히 관심을 가져야 할 부분입니다. 제가 볼 때 교회와 교회 안에 있는 각각의 그리스도인들이 문제의 본질을 파악하기 전까지는 제대로 된 대처를 할 수가 없습니다. 저는 여기에서 오늘날과 200년 전의 차이, 아니 불과 100년 전과의 아주 큰 차이를 보게 됩니다. 그 당시에는 사람들의 무관심이 문제였습니다. 그들은 어느 정도 잠들어 있었다고 할 수 있습니다. 200년 전으로만 거슬러 올라가도 기독교 진리를 전면적으로 부인하는 경우는 없었습니다. 단지 그 진리를 실천하려는 수고를 하지 않았을 뿐입니다. 그들은 어느 정도 믿는 척했습니다. 그런 경우에는 이를테면 깨워서 일으켜 주기만 하면 되고, 몸을 흔들어 혼수상태에서 벗어나게 해 주기만 하면 됩니다. 100년 전인 빅토리아 시대 말기에도 마찬가지였습니다. 그 당시에는 가끔씩 운동을 일으켜 사람들을 세워 주기만 하면 되었습니다. 그것만으로도 충분한 듯 보였습니다.

그러나 문제는 오늘날도 그러하냐 하는 것입니다. 현재의 상황도 똑같이 진단하는 것이 과연 옳을까요? 우리 앞에 있는 "이런 유"는 어떤 것입니까? 우리가 당면한 문제는 무엇입니까? 이 문제를 진정으로 검토해 볼 때, 현재의 문제가 수백 년 전 교회가 당면했던 문제보다 훨씬 더 심각하고 절망적인 종류의 것임을 알게 되리라는 생각이 점점 더 강하게 듭니다. 우리의 문제는 무관심이 아닙니다. 관심이나 흥미가 부족한 것이 문제가 아니라는 말입니다. 우리의 문제는 그보다 훨씬 더 깊은 것입니다. 제가 보기에는 완전한 무지, 더 나아가 영적인 것을 통째로 부인해 버리는 태도가 문제인 것 같습니다. 단순히 무관심한 것이 아닙니다. 마음 저편에서는 무엇이 옳고 그른지 알고 있는데 거기에 따르지 않는 것이 아닙니다. 그렇습니다. 지금은 '영적인 것'이라는 개념 자체가 아예 없어져 버렸습니다. 하나님의 존재에 대한 믿음 자체가 사실상 사라져 버렸습니다. 지금 이 자리에서 그 원인까지 찾아볼 필요는 없을 것입니다. 그러나 오늘날 과학적 지식으로 간주되는 것들 때문에 평범한 사람들이 하나님과 종교 및 구원에 관한 믿음 전부와 교회의 영역에 속한 모든 것을 완전히 무시하고 잊어버려야 한다고 생각하게 되었다는 것은 분명한 사실입니다. 그들은 종교가 수세기 동안 인간을 억압해 온 악몽으로서 인류의 발전과 진보를 저해해 왔기 때문에 마땅히 제거해야 한다고 믿습니다. 현대인은 그 모든 것을 참고 보지 못합니다. 싫어하며 **통째**로 무시해 버립니다.

우리는 확실히 이 점을 인정해야 합니다. 우리는 그리스도인들로서 영적인 것들에 관심을 가진 사람들이기 때문에 교회 밖에 있는 이들의 사고방식과 태도를 이해하기가 매우 어렵습니다. 제가 한번 그들의 생각을 설명해 보겠습니다. 그들은 앞서 말한 것과 같은 생각을 가지고 있을 뿐 아니라 성경의 권위도 더 이상 인정하지 않습니다. 예전 사람들은 성경을 하나님의 말씀으로 인정했습니다. 실천하거나 귀를 기울이지는 않았지만, 성경에 대해 어떻게 생각하느냐고 물으면 좋은 옛날 책이고 하나님의 책이라고 인정할 정도는 되었습니다. 그렇습니다. 그들은 스스로 죄인이라는 생각을 가지고 있었습니다. 그러나 이제는 그렇지 않습니다. 성경은 평범한 책이 되었고, 여타의 책들과 똑같은 취급을 받고 있습니다. 성경은 문학에 불과하며, 과학 지식이나 역사 지식, 그 밖의 지식에 종속된 비평과 분석의 대상이자 많고 많은 책들 중에 한 권일 뿐입니다. 사람들은 더 이상 성경을 하나님의 감동으로 기록된 거룩한 책으로 인정하지 않습니다.

또한 우리 주요 구주 되신 예수 그리스도에 대한 핵심 진리들에 대해서는 어떤 태도를 가지고 있는지 봅시다. 사람들은 이 부분에 대해서도 예전 같은 믿음을 가지고 있지 않습니다. 예수는 여러 인간들 중에 한 명으로서 당연히 위대한 인물이기는 하지만 그 이상은 아니라고 보는 것입니다. 사람들은 그의 신성을 부인하며 동정녀 탄생을 부인하고 대속의 죽음을 부인합니다. 그는 사회개혁가이자 정치선동가일 뿐이고, 우리가 실천하면 좋을 윤리적인 삶의 관점들을 제시해 준 인물일 뿐입니다. 실례를 들어 보겠습니다. 이를테면 버트런드 러셀Bertrand Russell 같은 사람은 핵무기에 관해 국가와 정부가 해야 할 일과 하지 말아야 할 일을 교회가 지시해 주어야 한다고 말하면서도, 정작 자신은 「나는 왜 그리스도인이 아닌가 Why I am not a Christian」라는 책을 썼습니다. 아시다시피 이것이 오늘날 우리 앞에 놓인 문제입니다. 주님에 대한 정말 중요한 내용들이 전부 부인되고 있으며, 주님이 단순한 인류의 스승 내지는 위대한 본보기 정도로 격하되어 있는 것입니다.

이 모든 문제들보다 훨씬 더 심각한 문제가 있는데, 그것은 사람들이 살고 있는 삶의 방식과 관련된 것입니다. 이제는 단순히 부도덕한 것이 문제가 아닙니다. 도덕이라는 것이 아예 없는 사회, 도덕에 신경조차 쓰지 않는 사회가 되어 버렸습니다. 사람들은 도덕이라는 범주 자체를 인정하지 않으며, 사실상 "악을 나의 선으로"* 라는 식의 입장을 취하고 있습니다. 이성적인 눈으로 신문을 읽어 보면 누구나 이 점을 분명하게 알 수 있습니다. 이를테면 의학이나 인간의 체질이라는 관점에서, 또는 과거의 금기사항을 폐기한다는 관점에서 부도덕을 정당화하며 옹호하는 것입니다. 입에 올리기조차 힘든 일들도 사회가 용인하는 일정 수준만 넘지 않으면 무대에까지 버젓이 올릴 수 있도록 허용하고 있습니다. 지금이야말로 우리 그리스도인들이 당면한 상황, 즉 이 사회의 상태를 생생하게 파악해야 할 때인 것이 확실합니다. 기독교 용어는 대중에게 더 이상 의미를 갖지 못합니다. 그들은 원하는 것은 무엇이든 얻을 수 있는 풍요로운 삶, 부요한 삶을 살면서 영적인 것들에는 아무 흥미도 느끼지 못하고 있습니다. 영혼이나 인생의 좀더 고차원적인 것들에는

---

* 존 밀턴의 「실락원」에서 사탄이 하는 말—옮긴이.

관심조차 없이 오직 먹고 마시고 즐기기만 합니다. 그들은 원하는 것을 얻었습니다. 그리고 그것을 지키는 일에만 골몰합니다.

제가 볼 때에는 이것이 "이런 유"—여러분과 제가 당면한 문제— 입니다. 이 점을 꼭 이해해야 합니다. 왜냐하면 주님은 두 번째로 "……외에 다른 것으로는 이런 유가 날 수 없느니라"라고 말씀하시기 때문입니다.* "이런 유"에 사용해 보았자 해결에는 전혀 도움이 되지 않는 방법들이 있습니다. 우리는 주님이 제자들에게 하신 말씀을 이렇게 달리 표현할 수 있습니다. 주님의 말씀은 요컨대 이런 것입니다. "너희가 지금 이 특정한 경우에 실패한 것은, 다른 경우들에는 적합하고 충분했던 능력이 여기에는 적합하지도 않고 유용하지도 않기 때문이다. 예전의 능력만으로는 속수무책일 수밖에 없고 절망적일 수밖에 없다. 아이를 아프고 힘없는 상태에서 끌어내 줄 수가 없다."

이것이야말로 지금 우리에게 필요한 두 번째 단계임이 확실합니다. 우리가 믿고 의지했던 그 많은 것들이 결국에는 아무 소용도 없었음이 분명히 입증되지 않았습니까? 오해하지 마시기 바랍니다. 그것들 자체에 무슨 잘못이 있다는 말이 아닙니다. 제자들이 가지고 있던 능력은 훌륭한 것으로서 약한 귀신들을 내쫓는 데에는 효력이 있었습니다. 그러나 이 아이에게는 무익했습니다. 이것이 요점입니다. 제가 지금부터 언급할 일들은 전부 일정한 한도 안에서는 아주 정당한 것들입니다. 저는 지금 그 일들 자체가 잘못되었

---

* 영어 어순에 따라 설명하고 있으므로 우리말 개역성경과는 순서가 다르다—옮긴이.

다고 말하는 것이 아닙니다. 제 말은 그런 일들로는 충분치 않다는 것이며, 여러분과 제가 그 점을 보지 못하고 더 큰 필요를 보지 못하는 한 아무리 조직을 만들고 애를 쓰며 수고해 보았자 지금까지처럼 아무 성과도 거두지 못한다는 것입니다.

이처럼 소용없는 것으로 판명된 것들 중에 무엇이 있습니까? 아직도 교회가 그것들을 신뢰하고 있는 만큼, 몇 가지만 짚어 보도록 하겠습니다. 그리스도인들이 아직도 신뢰하고 있는 것들은 다음과 같습니다. 먼저 변증의 문제—우리가 정말 해야 할 일은 기독교 신앙을 현대인들이 받아들일 만하게, 칭찬할 만하게 만드는 것이라고 믿는 문제—부터 다루어 봅시다. 사람들은 변증을 위해 책을 쓰고 강연을 하고 설교를 하면서, 기독교 신앙을 철학적으로 만들어 현대인들에게 제시하고자 합니다. 종교 철학을 다룬 책이나 훌륭한 그리스 철학자들을 비롯한 과거 철학자들의 위대한 저작들을 내세우며 기독교 신앙이 그 내용과 조화를 이룬다느니 기독교는 합리적인 것이라느니 운운하면서 기독교 신앙이 전적으로 온당함을 보여 주고자 하는 것입니다. 이것은 철학의 형태를 띤 변증입니다.

요즘은 특히 과학적인 측면의 변증에 관심을 두고 과학과 종교를 조화시키려 하고 있습니다. 우리는 요즘 사람들이 과학적인 정신과 과학적인 시각을 가지고 있기 때문에 과학적인 사실들과 충돌하는 듯한 복음과 성경, 특히 기적과 그에 관련된 내용들을 믿지 못한다고 주장합니다. 그 때문에 교회는 과학과 종교를 조화시킬 필요가 있다고 말하면서, 모호하게라도 하나님을 믿는다고 말하는 듯한 과학자가 나오면 결사적으로 붙잡으려 듭니다. 최근 리스 강좌

Reith Lecture*에 연사로 나온 과학자 한 사람이 결국 태초에 세상을 만들었을 수도 있는 하나님이 존재할 수도 있다고 믿는다는 간단한 말을 했을 때 얼마나 흥분했는지 모릅니다. 우리는 그런 일을 굉장하게 생각합니다! 우리가 얼마나 딱한 상태에 있는지 보십시오. 아무리 위대한 과학자라 해도 한낱 인간일 뿐인데 그가 하나님과 창조자의 존재 가능성을 인정하는 듯 보인다고 해서 다들 그렇게 흥분한 것입니다. 우리는 너무나 반가워하면서 저마다 그 이야기를 나누며 굉장한 일 아니냐고 말합니다! 아시다시피 이것은 우리가 그런 식의 방법을 굳게 믿고 있음을 보여 주는 예입니다. 그럴 때 우리가 참으로 해야 할 말은 "그 사람이 정말 그랬어? 참 괜찮은 사람이네! 멋있는 사람이야!" 하는 정도입니다. 그러고 나서는 잠시 멈추어 생각해 본 후에 이렇게 말해야 합니다. "그런데 어째서 그런 모호한 결론을 내리기까지 그토록 오랜 시간이 걸렸을까?" 그렇지 않고 그런 사람들을 결사적으로 붙잡으려 드는 것, 그들이 어떤 사람들이든, 그들의 말이 얼마나 모호하든 상관없이 무조건 붙잡으려 드는 것을 보면 우리의 전반적인 태도가 어떤 것인지 짐작할 수 있습니다. 그런 일들은 결국 우리가 현대적인 상황에 대처하기 위해 변증을 사용해야 한다고 믿고 있음을 보여 줍니다. 아, 결국 우리는 성경이 과학을 부인하지 않는다는 점을 보여 주고 싶은 것입니다. 과학이 권위의 주체이고, 성경은 거기 들어맞아야 한다고 여기는 것입니다. 그런 노력과 수고를 들이는 것이 현재의 상황에 대처하

---

* BBC의 라디오 강연 프로그램—옮긴이.

는 방법이라고 생각하는 것입니다.

고고학의 분야에서도 같은 일이 일어나고 있습니다. 오해하지 마십시오. 고고학은 아주 가치 있는 학문으로, 저는 성경의 역사를 확증해 주는 고고학의 모든 연구 성과들에 대해 하나님께 감사드리고 있습니다. 그러나 그렇다고 해서 고고학을 의지한다면 정말 딱한 노릇이 아닐 수 없습니다. 고고학자들 중에도 많은 학파가 있어서 각기 다른 해석들을 내놓고 있습니다. 그런데도 고고학이 성경의 진실성을 입증해 준다고 여기며 지푸라기라도 붙잡으려는 경향이 있는 것 같습니다. 그래서 이 분야에서도 유명한 사람들을 붙잡으려 듭니다. 작고한 조드C. E. M. Joad 교수가 전쟁으로 인해 악의 존재와 하나님의 존재를 믿게 되었다는 말을 책에 썼을 때 다들 얼마나 흥분했는지 모릅니다! 대체 왜 그리들 흥분했을까요? 그것은 딱하게도 한낱 변증에 지나지 않는 수단들을 믿고 의지하는 우리의 실상을 보여 줍니다.

18세기 초에도 같은 일이 일어났습니다. 사람들은 버틀러Joseph Butler 주교와 그의 뛰어난 변증을 의지했고 보일 강좌Boyle Lecture 등을 의지했습니다. 그들은 이런 일들을 통해 기독교 진리를 보여 주겠다고 나섰지만, 실제로는 그렇게 하지 못했습니다. 이런 방면의 일들로는 "이런 유"가 나올 수 없습니다.

이번에는 방법의 문제를 살펴봅시다. 사람들이 특정한 방법들을 굳게 신뢰하고 있는 것은 정말 비극적인 일입니다. 그중에 한 가지는 성경을 새롭게 번역하는 일에 열광하는 것입니다. 이러한 열광은 오늘날 비그리스도인들이 교회 안으로 들어오지 않는 것은 흠정역을 이해하지 못하기 때문이라는 믿음에 기초하고 있습니다. 이런 전문용어, 엘리자베스 시대에나 쓰던 언어, 칭의·성화 같은 말들이 현대인들에게는 아무 의미도 전달하지 못하기 때문이라는 것입니다. 현대인들이 원하는 것은 현대어·속어·관용어로 번역된 성경으로서 그런 성경을 주면 읽는다는 것입니다. "아, 이런 게 기독교로구나" 하면서 포용한다는 것입니다. 그래서 연이어 새로운 번역 성경들이 등장합니다. 우리에게 필요한 것은 가장 최신의 현대어로 번역된 성경뿐이라는 생각으로 모두가 새 성경을 사들입니다. 그야말로 비극적인 일 아닙니까? 정말로 번역 때문에 사람들이 그리스도께 나오지 못하는 것일까요? 200년 전 사람들은 오늘날의 사람들보다 칭의와 성화에 대해 더 잘 알았을까요? 1,000년 전에는 그런 말들이 흔히 쓰였을까요? 정말 그것이 문제일까요? 아닙니다. 문제는 사람의 마음이고 사람 안에 있는 악입니다. 말이나 용어가 아닙니다. 그런데도 우리는 이 방법을 신뢰하고 있습니다. 오해하지 마십시오. 사람들이 생각하는 만큼은 아니지만, 현대어로 번역한 성경에도 가치가 있을 수 있습니다. 흠정역을 개선하는 데에는 오랜 시간이 필요하며, 현대어로 번역할 때에는 신학적으로 잘못되지 않도록 주의를 기울여야 합니다. 그러나 아무리 훌륭하게 번역된 성경이 나와도, 그것이 곧 문제의 해결책이 될 수는 없습니다.

또 무엇이 있을까요? 오, 라디오와 텔레비전에 대한 믿음이 있습니다. 사람들은 이런 매체들을 활용해야 한다고 말합니다. 모든 사람이 라디오를 듣고 텔레비전을 봅니다. 그러니까 복음을 사람들의 집안으로 들여보내야 한다는 것입니다. 그러기 위해 톡톡 튀는

짧은 메시지를 전해야 한다는 것입니다. 이처럼 우리는 매체를 신뢰하고 있습니다. 그 다음으로는 광고를 들 수 있습니다. 사람들은 큰 사업체가 성공하는 것이 광고 덕분이니 우리도 교회를 광고하고 교회 안에 홍보국을 두어야 한다고 말합니다. 이런 식으로 교회가 어떤 곳이며 무엇을 하는 곳인지 알리겠다고 합니다. 여러 가지 상품 광고를 접할 때처럼 진리도 알려 주기만 하면 다들 기꺼이 환영하고 좋아하며 받아들일 것이라고 믿습니다. 그들은 이런 방법들을 통해 "이런 유"가 나올 수 있다고 생각합니다. 새 잡지, 새 인쇄물, 새 소책자가 필요하다고 주장하며, 그것들을 들고 나가 뿌려야 한다고 말합니다. 반半 대중적인 형태로 글을 쓰면 사람들이 메시지를 받아들일 것이라고 말합니다.

물론 대중 전도의 방법도 있습니다. 사람들은 전도할 때 이 모든 생각을 실행에 옮깁니다. 현대인들에게 호소력을 발휘할 수 있는 모든 것을 최신의 방식으로 제시하는 것입니다. 그렇게 하기만 하면, 현대적인 기술을 동원해서 그렇게 하기만 하면 현대인들을 붙잡을 수 있다는 믿음 때문입니다. 그러나 저는 이 시점에서 다음과 같은 질문을 던져야 한다고 생각합니다. 그렇게 한 결과가 무엇입니까? 그렇게 해서 현대의 문제에 조금이라도 영향을 끼쳤습니까? 물론 이처럼 다양한 방법과 변증과 그 밖의 일들을 통해서도 개인의 회심을 끌어낼 수는 있습니다. 그 점은 우리 모두 알고 있습니다. 여러분이 즐겨 사용하는 거의 모든 방법들이 같은 결과를 가져올 것입니다. 개인적인 회심은 일어나는 것입니다. 그러나 제가 묻고 싶은 점은 이것입니다. 우리의 주변 상황은 어떻게 되었으며,

대다수 사람들과 이 나라의 노동계층은 어떻게 되었습니까? 그들이 조금이라도 영향을 받거나 감동을 받았습니까? 이미 교회 안에 들어와 있는 자들이나 교회 언저리에 있는 자들 외에 영향을 받은 사람들이 있습니까? 이 나라의 영적인 상태, 종교적인 상태는 어떻습니까? 우리의 모든 활동에 조금이라도 영향을 받았습니까?

자, 저의 대답은 이 모든 정황이 아이에게서 귀신을 쫓아내려 애썼던 제자들의 처지, 다른 많은 경우에는 큰 성공을 거두었지만 이 경우에는 손도 댈 수 없었던 제자들의 처지로 우리를 이끌고 가는 듯하다는 것입니다. 주님은 그들에게 설명하시기를, 이 같은 것으로는 "이런 유"가 날 수 없다고 하셨습니다. 그렇다면 무엇이 있어야 할까요? "기도[와 금식] 외에 다른 것으로는 이런 유가 나갈 수 없느니라." 요컨대 주님은 제자들에게 충분한 능력이 없었기 때문에 실패했다고 말씀하시는 것입니다. "너희는 기존의 능력을 사용했고 그 능력을 굳게 믿었다. 큰 확신으로 이 일에 임했고 잘 대처할 수 있다고 자신했으며 즉시 성공할 수 있다고 생각했다. 그러나 현실은 그렇지 못했다. 지금은 잠시 멈추어 생각해야 할 때다. 너희가 실패해서 지금처럼 의기소침해진 원인은 악한 영들도 그 능력에 차이가 있음을 알지 못한 데 있다. 너희 능력으로는 충분치 못하다. 너희가 할 수 없었던 일을 내가 한 것은 내게 그만한 능력이 있기 때문이며, 내가 하나님이 성령을 통해 주신 능력으로 충만해 있기 때문이다. 이는 그가 내게 성령을 한량없이 주신 덕분이다. 하나님께 그분만이 주실 수 있는 능력을 구하지 않는 한 너희는 결코 '이런 유'를 다루지 못할 것이다. 너희는 너희 자신의 필요와 무능함과 무력함을 알아야 한다. 너희가 당면한 문제는 너희의 방법으로 벗어나거나 처리하기에 너무나 어려운 것임을 깨달아야 한다. 너희에게는 그 악한 권세 아래로 내려가 그것을 파할 수 있는 무언가가 필요한데, 그런 일을 할 수 있는 것은 오직 한 가지, 하나님의 능력뿐이다."

우리도 이것을 알아야 합니다. 사무치도록 절실하게 느껴야 합니다. 이 권위, 이 사명, 이 능력과 힘과 권능 없이 어떻게 성공할 수 있겠느냐고 자문해야 합니다. 우리에게 필요가 있음을 철저하고도 확실하게 알아야 합니다. 우리 자신이나 우리의 모든 방법 및 조직, 모든 요령에 대한 지나친 자신감을 버려야 합니다. 하나님의 성령으로 충만해져야 한다는 사실을 깨달아야 합니다. 하나님이 우리를 성령으로 충만케 하실 수 있다는 사실 또한 똑같이 확신해야 합니다. "이런 유"가 아무리 커도 하나님의 능력은 그보다 무한히 더 크다는 사실, 우리에게 필요한 것은 더 많은 지식이나 더 많은 이해력이나 더 많은 변증이 아니며 철학이나 과학이나 종교나 현대의 모든 기술과 좀더 조화를 이루는 것이 아니라는 사실을 알아야 합니다. 그렇습니다. 우리에게 필요한 것은 사람의 영혼 안으로 들어가 그것을 깨뜨리고 부수고 낮추어서 새롭게 만드는 능력입니다. 살아 계신 하나님의 능력입니다. 우리는 하나님이 100년 전, 200년 전에 가지고 계셨던 그 능력을 오늘날에도 똑같이 가지고 계심을 확신해야 합니다. 그리하여 이제부터 그 능력을 구해야 하며 그 능력을 달라고 기도해야 합니다. 그 능력을 간구하고 사모해야 합니다. "이런 유"에는 기도가 필요합니다.

자, 이것은 우리가 살펴보려는 주제의 도입부에 불과합니다. 그러나 이 도입부는 다음과 같은 질문을 던지게 만듭니다. 여러분은 현 상태에 대해 참으로 염려하고 있습니까? 절박한 심정을 가지고 염려하고 있습니까? 그 문제를 놓고 기도하고 있습니까? 오늘날 교회에 하나님의 능력이 나타나도록 늘 기도하고 있습니까? 아니면 인간의 모든 다양한 노력들을 전하는 주간신문들을 읽으면서 "좋아. 세상이 잘 돌아가고 있군"이라고 말하는 것으로 만족합니까? "기도〔와 금식〕외에 다른 것으로는 이런 유가 나갈 수 없느니라." 모든 고대 사본에 "금식"이라는 말이 있는 것은 아닙니다. 그러나 이것은 말 그대로 신체적인 금식만 가리키는 말이 아니라 집중을 가리키는 말입니다. 금식의 가치는 한 가지 주제에 전념케 하는 데 있습니다. 따라서 주님이 제자들에게 말씀하신 뜻은 이것입니다. "너희가 기도하기 전까지는, 기도에 집중하면서 하나님을 기다리기 전까지는, 그가 주시는 능력으로 충만해지기 전까지는 결코 이런 유의 문제를 다룰 수 없다. 자신에게 하나님의 능력이 주어졌음을 안 연후에야 권위를 가지고 나아갈 수 있는 것이다." 이것이 방법입니다. 유일한 방법입니다. 오직 강력한 성령의 부으심으로만 20세기 중반의 상황에 대처할 수 있다는 것은 굳이 설득할 필요조차 없는 확실한 사실 아닙니까? 여러분은 지금도 여전히 다른 것들을 의지하고 있습니까? 이것은 극히 중대한 질문입니다. 여러분은 기도, 온 교회의 기도가 절실히 필요하다는 사실을 알고 있습니까? 교인 한 사람 한 사람이 서로의 집에서 모이거나 친구들끼리 무리를 지어 모이거나 교회에 모이거나 어디든 원하는 곳에 모여서 부흥을 위해 기도하기 전까지는, 100년 전과 200년 전을 포함한 모든 부흥과 각성의 때에 그랬던 것처럼 지금도 하나님의 능력이 터져 나오기를 절박하게, 집중해서 구하기 전까지는 어디에서도 희망을 찾을 수가 없습니다. 그렇게 기도하기 전까지 희망이란 없습니다. 그러나 우리가 기도하는 순간, 희망이 생겨납니다. 오, 하나님이 그 능력을 나타내시면 이 불쌍한 아이에게 일어났던 일이 그대로 일어날 것입니다. 보기에도 쉽게, 별다른 노력 없이도 마귀가 쫓겨나가며, 고침 받은 아이가 회복되어 아버지 품에 안길 것입니다. 하나님이 일어나시면 원수들은 뿔뿔이 흩어지게 되어 있습니다. 이것이 역사에 등장하는 모든 위대한 부흥의 이야기입니다. 그러나 무엇보다 "이런 유"의 필요성을 먼저 깨달아야 합니다. 우리의 노력과 수고는 전부 헛되다는 사실과 오직 하나님의 능력을 구하고 기도하는 일만이 절대적으로 필요하다는 사실을 먼저 깨달아야 합니다. 그래야 비로소 부흥에 관심이 생길 것입니다.

2 부흥의 장애물

이삭이 그곳을 떠나 그랄 골짜기에 장막을 치고 거기 우거하며 그 아비 아브라함 때에 팠던 우물들을 다시 팠으니 이는 아브라함 죽은 후에 블레셋 사람이 그 우물들을 메웠음이라. 이삭이 그 우물들의 이름을 그 아비의 부르던 이름으로 불렀더라. (창 26:17-18)

이삭의 생애에 일어난 이 사건은 부흥이라는 주제 전반에 대해 많은 것을 가르쳐 줍니다. 여기에는 이삭이 경험했던 여러 가지 곤란하고 어려운 상황 가운데 한 가지가 묘사되어 있습니다. 전후 맥락을 읽어 보면 그 땅의 다른 지역에 살고 있던 이삭을 하나님이 아주 놀라운 방식으로 축복하셨음을 알게 됩니다. 그의 소유가 너무 많아지자 질투를 느낀 주변 사람들은 억지로 그를 이주시켜 버렸습니다. "아비멜렉이 이삭에게 이르되 네가 우리보다 크게 강성한즉 우리를 떠나가라"(창 26:16). 이삭은 할 수 없이 가족과 모든 종들과 소유물과 재산을 거느리고 그 땅을 떠나야 했습니다. 그는 그랄 골짜기에 이르러 거기 정착하기로 마음먹었습니다. 그곳에 도착하자마자 부닥치게 된 긴급하고도 아주 절실한 문제는 당연히 물을 확보하는 것이었습니다. 저는 바로 이 점을 강조하고 싶습니다. 다시 말해서 저는 물이 그들의 생존에 절대적으로 필요한 요소였을 뿐 아니라 제대로 사는 데에도 꼭 필요한 요소였다는 점에서 이 점을 강조하고 싶은 것입니다. 이삭이 부닥친 문제는 단순히 자신을 위해 장막을 치거나 처소를 세울 아름다운 장소를 찾는 것이 아니었습니다. 그는 오락이나 사치를 구하지 않았고 삶의 부수적인 요소들을 구하지도 않았습니다. 이 이야기의 핵심은 그가 삶에 절대적으로 필요한 무언가, 그것이 없으면 삶 자체가 유지되지 않는 무언가를 구했다는 것입니다.

이미 지적했다시피 오늘날의 상황에 대해 가장 먼저 깨달아야 할 특징은 우리가 절체절명의 위기에 처해 있다는 것입니다. 그래서 제가 이 점을 강조하는 것입니다. 한시가 급합니다. 다시 말해서, 저는 지금 이 순간 교회에 일차적으로 긴급히 필요한 것이 생명 그 자체임을 모르는 것이야말로 오늘날 교회의 문제라고 생각합니다. 우리 앞에 있는 것은 방법이나 조직의 문제가 아니며, 여기저기 조금씩 조정하거나 상황을 약간 개선시키는 문제도 아니고, 계속 최신의 것으로 바꾸어 나가는 등의 문제도 아닙니다. 제가 볼 때 우리는 사실상 생명이라는 기본적인 문제부터 해결해야 할 처지로 전락해 버렸습니다. 오늘날 사회가 안고 있는 문제는 피상적인 것이 아니라 아주 근본적인 것입니다. 삶을 바라보는 시각 전체가 관련되어 있습니다. 여러분도 아시겠지만 세상을 진지하게 주시하는 사람이라면 지금 현실에서 일어나고 있는 일들을 생각할 때 섬뜩함을 느낄 것입니다. 구식이고 시대에 뒤처진다는 혐의를 받고 있는 의료계의 잘 알려진 권위자 한 사람이 최근에 한 말이 있습니다. 그는 현재 일어나고 있는 몇 가지 일들을 생각할 때 거의 죽고 싶은 심정이 된다고 했습니다. 삶과 인생의 전체적인 흐름을 보면서 너무나 섬뜩한 느낌을 받았기 때문에 그런 심정을 토로한 것입니다. 이것이 지금 우리 앞에 놓인 상황이며 교회가 당면한 상황입니다. 지금까지는 과거의 유산에 의지해서 살아온 것이 분명합니다. 이 나라를 돌아다니면서 회중들을 살펴보면 금세 알 수 있습니다. 전통에 따라, 관습과 습관에 따라 한동안은 현상유지를 할 수 있습니다. 그러나 문제는 더 이상 의지할 유산이 없을 때, 자신이 절대적으로 궁극적인 무언가, 기초적인 무언가에 직면해 있음을 깨달을 때가 반드시 온다는 것입니다. 이것이 제가 말하는 바, 오늘날 기독교회가 처해 있는 전반적인 상황입니다. 실제로 우리는 이 사람 이삭과 같은 형편에 처해 있습니다. 우리의 당면 문제는 생명 그 자체가 결여되어 있다는 것입니다. 세상에 영향을 끼치며 현 상황의 전체적인 흐름을 바꾸는 데 긴요하면서도 근본적인 역할을 할 수 있는 능력과 활력, 모든 교회 활동의 토대가 되는 능력과 활력이 결여되어 있다는 것입니다. 우리에게는 생명이 필요하고, 능력이 필요하며, 성령 자신이 필요합니다.

교회에 일종의 방침이나 이런저런 조정이 필요한 경우도 있습니다. 그러나 오늘날의 난점은 그런 데 있지 않습니다. 우리가 해결해야 할 것은 그런 사소한 사안이 아닙니다. 지금 우리가 해결해야 할 것은 3등급이나 4등급에 해당하는 하위급 사안이 아닌 것입니다. 이것은 교회의 생명 전체가 달려 있는 문제입니다. 삶을 바라보는 영적인 시각, 세상이 대변하는 모든 것에 반하는 시각이 관련되어 있는 총체적인 문제입니다.

자, 이 본문이 우리에게 주는 위대한 교훈은 이것입니다. 물이라는 특별한 필요에 직면했을 때 이삭이 한 일이 무엇입니까? 여기에 우리가 귀를 기울여야 할 메시지가 있습니다. 무엇보다 먼저 주목하게 되는 것은 그가 **무엇을 하지 않았느냐** 하는 측면입니다. 이 측면을 이해하는 것이 아주 의미 있고도 중요합니다. 그는 쫓겨났습니다. 억지로 이주를 당했습니다. 그런데 그에게는 가족과 재산과 종들과 짐승들이 있었습니다. 빨리 물을 찾지 못하면 다들 목숨을 잃을 판국이었습니다. 전부 전멸하고 마는 것입니다. 이 긴급한 필요 앞에서 그가 한 일이 무엇입니까? 자, 여러분은 그가 물이 어디 있는지 탐사할 사람을 보내지도 않았고 수맥 찾는 사람을 보내지도 않았으며 새로운 수원을 찾아 낼 전문가를 보내지도 않았다는 사실을 알게 됩니다. 그렇습니다. 이 말씀이 전체적으로 전하고 있는 메시지는 "그 아비 아브라함 때에 팠던 우물들을 다시 팠으니"라는 것입니다. 이 또한 우리에게 유일하게 필요한 메시지인 것이 분명합니다. 일반적인 차원에서 교회를 볼 때, 오늘날 교회가 가지고 있는 전반적인 시각은 이삭의 시각과 완전히 반대되는 듯하기 때문입니다.

여러분은 책이나 종교 간행물에서 이런 시각을 계속 접할 것입니다. 그들은 이 원자 시대에 걸맞은 메시지, 제2의 엘리자베스 시대에 걸맞은 메시지가 우리에게 필요하다고 말합니다. 그러므로 우리 모두 진리를 추구하는 일에 동참하며 우리에게 필요한 메시지를 찾는 일에 동참해야 한다는 것입니다. 그러기 위해 우리는 탐사할 사람들을 부르며 과학자들을 찾고 철학을 찾습니다. 또 심리학도 여기에 기여한다고 생각합니다. 우리는 최신의 지식과 학식을 요구하며, 과학과 문화에서 가장 최근에 발전한 온갖 모양과 형태를 취하고 싶어 합니다. 우리의 전반적인 생각은 세상이 아주 심각한 곤경에 처해 있으므로 지각 있는 사람들이 마땅히 함께 모여 각자의 자원을 한데 모아야 한다는 것이며, 세계신앙대회를 열어 어떤 종교를 믿든 어떤 신을 섬기든 전부 불러 모아야 한다는 것입니다. 일반적으로 볼 때 현재 교회의 삶과 관련하여 가장 명백하게 나타나는 현상은 양심의 다양화입니다. 사람들은 거기에서 일정한 법칙을 찾고자 애쓰고 있습니다. 어떤 전언傳言을 찾고자 애쓰고 있으며 메시지를 찾고자 애쓰고 있습니다. 그들은 "우리가 살고 있는 시대는 원자 시대"라고 말합니다. "이 원자 시대에 걸맞은 메시지가 있어야 한다" 운운합니다. 이삭처럼 하는 대신 물을 탐사할 사람과 수맥 찾는 사람을 불러서, 우리를 계속 생존케 해 줄 수원지 내지는 물 공급처를 찾고자 애를 씁니다.

그렇습니다. 다시 말하지만 이 본문의 강조점은 이삭이 그런 종류의 시도를 전혀 하지 않았다는 데 있습니다. 그 대신 그가 한 일은 이것입니다. "그 아비 아브라함 때에 팠던 우물들을 다시 팠으니." 왜 그렇게 했을까요? 자, 저는 이 행동의 지혜로움을 아주 분명하고도 명백하게 알 수 있다고 생각합니다. 이삭은 자신의 처지가 불확실한 시도를 해 볼 만큼 여유롭지 못하다는 사실을 알았습니다. 물을 찾지 못하면, 그것도 아주 신속히 찾지 못하면 모두가 전멸해 버릴 아주 다급한 상황이었습니다. 그런 상황에서 이삭은 다음과 같이 추론했습니다. '우리는 탐사를 하거나 수맥 찾는 사람을 불러올 필요가 없다. 아버지 아브라함이 전에 이 지역에 사신 적이 있는데, 그때 아버지의 가장 큰 특징이 바로 물을 찾고 우물을 파는 이 일의 전문가였다는 것이다.' 창세기 앞부분에 나오는 아브라함의 이야기를 읽어 보면 이 말이 무슨 뜻인지 정확히 알 수 있습니다. 이삭은 아브라함이 가는 곳마다 물을 발견했다는 사실을 알고 있었습니다. 아브라함은 항상 성공적으로 물을 찾아 우물을 팠고, 필요한 물을 넉넉히 얻었습니다. 그래서 이삭이 "내가 지금 즉시 해야 할 일은 수원을 확보하는 것이다. 수원부터 얻어서 확보해 놓은 후에 원한다면 탐사를 해서 또 다른 수원을 찾거나 그 밖의 시도를 해 볼 수 있을 것이다"라고 말한 것입니다. 위기의 한복판에서 이런저런 시도를 해 보는 사람은 어리석은 사람입니다. 그럴 때 가장 먼저 해야 할 일은 확실한 공급처를 확보하는 것이며, 계속적인 생존에 절대 필요한 수원을 확보하는 것입니다. 그 밖의 다양한 시도는 그 다음에 하면 됩니다. 제가 볼 때에는 이것이 이삭의 논리였던 것이 분명합니다. 그는 말했습니다. "아, 내 아버지도 전에 여기 사셨지. 그때 어디에 우물들을 파셨더라? 거기 가면 확실히 물이 나올 거야." 그래서 그는 아버지 아브라함 시절에 팠던 우물을 다시 찾아갔습니다.

이것은 자연히 우리가 다루고 있는 주제에 대해 생각하게 만듭니다. 저는 교회사를 읽고 과거를 연구하는 것이야말로 정말 가치 있는 일이라는 것을 한 가지 원칙으로 제시하고 싶습니다. 지금 우리에게 과거의 역사를 읽고 그 역사가 주는 메시지를 찾는 일보다 중요한 일은 없는 것이 확실합니다. 저는 이삭이 아버지 아브라함 시절에 팠던 우물들을 다시 파야만 했던 그 이유들 때문에 우리도 과거를 돌아보아야 한다고 생각하는 바입니다. 과거를 무시하는 것은 아주 어리석은 짓입니다. 과거를 무시하는 사람, 우리의 문제가 완전히 새로운 것이라고 가정하는 사람, 따라서 과거로부터는 배울 점이 하나도 없다고 생각하는 사람은 성경에 지독히 무지할 뿐 아니라 세속 역사가 주는 가장 큰 교훈들에도 똑같이 무지한 자입니다. 그러나 그것이 현재 대다수 사람들의 시각을 지배하고 있는 사고방식임을 여러분도 인정하리라 생각합니다. 그들은 기본적으로 우리 문제가 새로운 것이자 아주 독특한 것이며 교회와 세상이 과거에 한 번도 부닥쳐 보지 못한 것이라는 가정하에 출발하고 있습니다.

자, 1959년과 관련하여 아주 흥미로운 사실이 한 가지 있습니다. 제가 지금껏 말해 왔듯이 올해는 미국·북아일랜드·웨일스·스코틀랜드, 더 나아가 잉글랜드 여러 지역에서 성령의 강력한 부으심을 경험한 지 100년이 되는 해인 동시에, 또 다른 어떤 일이 일어난 지 100년이 되는 해입니다. 그 다른 일이란 바로 찰스 다윈

Charles Darwin의 유명한 책 「종의 기원 *The Origin of Species*」이 출간된 것입니다. 다윈의 책이 오늘날 대다수의 사람들, 세상뿐 아니라 슬프게도 교회 사람들의 시각까지 지배하고 있다는 것은 의심할 여지 없는 사실입니다.

다윈 철학의 정수는 당연히 진화의 문제에 있습니다. 사람들은 진화가 삶 전체에 영향을 끼친다고 말합니다. 다윈 자신은 진화에 큰 관심을 갖지 않았지만, 헉슬리 T. H. Huxley 같은 공동 지지자들은 진화의 원리를 고수했으며 더 나아가 철학자 스펜서 Herbert Spencer도 그것을 고수했습니다. 그들의 주장은 요컨대 이런 것이었습니다. "이 원리는 삶 전체에 작용한다. 삶 전체에서 이러한 진보와 발전과 전진이 일어나는 것이다. 모든 것은 향상되며 앞으로 전진한다. 그러므로 지금 어떤 지점에 있든지 필연적으로 이전보다는 더 우월한 상태에 있는 것이다." 자, 교회도 이 사상을 고수하고 있습니다. 그래서 20세기의 처지가 이전의 처지와 본질적으로 다르다고 주장하는 것입니다. 이런 관점에서 본다면 우리는 과거를 무시해야 하며 과거를 잊어도 괜찮습니다. 과거는 우리에게 도움이 되지 않습니다. 그들은 과거에는 지금 우리와 같은 문제나 어려움들이 없었다느니, 우리가 가진 지식도 갖지 못했다느니 운운합니다. 이처럼 오늘날의 전체적인 시각과 사고방식은 과거로 돌아가는 일, "그 아비 아브라함 때에 팠던 우물들을 다시" 파는 일에 반대하고 있습니다.

자, 이것은 모든 오류 중에서도 가장 치명적인 오류입니다. 그 이유는 다음과 같습니다. 하나님은 여전히 동일하십니다. 하나님은 100년 전이나 오늘날이나 동일하십니다. 사실상 하나님은 1,000년 전이나 2,000년 전이나 그보다 훨씬 이전인 4,000년 전 아브라함 때나 전혀 다름이 없으십니다. 하나님은 영원부터 영원까지 동일하신 분입니다. 그는 전혀 변함이 없으십니다. 이처럼 하나님이 동일하시다는 것만 진리가 아니라 사람이 동일하다는 것 또한 똑같은 진리입니다. 하나님이 조금이라도 달라지셨고 사람이 조금이라도 달라졌다는 점만 저에게 입증해 준다면, 우리의 문제가 독특한 것이며 따라서 과거를 돌아보아서는 안 된다는 주장에도 기꺼이 귀를 기울이겠습니다. 그러나 사람은 과거에 늘 그러했듯이 지금도 여전히 동일한 존재입니다.

성경을 읽어 본 사람, 아니 인간의 역사라도 읽어 본 사람이 어떻게 이 점에 조금이라도 이의를 제기할 수 있는지 저는 이해할 수 없고 거의 믿을 수도 없습니다. 우리의 사고는 얼마나 피상적인지 모릅니다. 우리는 비행기를 타고 여행하며 원자를 분할할 수 있기 때문에 이런 일들을 할 수 없었던 선조들과 어떤 식으로든 다르다고 가정하고 있습니다. 그러나 인간 그 자체는 변하지 않았습니다. 인간이 어떻게 사고하고 무엇에 진정 흥미를 느끼며 어떤 식으로 행동하는지 들여다보면 인간 그 자체의 모습을 발견할 수 있습니다. 오늘날 인간의 기본적이고 주된 관심사나 4,000년 전 아브라함 시대의 관심사나 다를 바가 없습니다. 신문만 읽어 보아도 인간의 주된 관심이 여전히 먹고 마시고 전쟁을 일으키는 데 있으며 갖가지 쾌락과 성에 있음을 알 수 있습니다. 그 모든 내용은 구약성경에 이미 나오는 것들로서 인간은 여전히 같은 짓을 하고 있습니다. 오늘날 우리가 당면하고 있는 사회의 주요 문제들을 보십시오. 다 성경에 나오는 것들입니다. 도둑질·강도질·폭력·질투·시기·부정·이혼·분열·성 도착, 다 성경에 나오는 것들입니다. 과거에 그러했듯이 오늘날에도 인간은 이런 문제들을 안고 있습니다.

이처럼 우리가 당면하고 있는 문제들은 새로운 것이 아닙니다. 아브라함에게도 물을 찾는 문제가 있었고, 이삭에게도 정확히 같은 문제가 있었습니다. 모든 차이는 표면적인 것이고 중요치 않은 것이며 사소한 것입니다. 하나님은 여전히 동일하시며 인간도 여전히 동일합니다. 그렇습니다. 신약성경은 문제의 해결책 또한 여전히 동일하다는 점을 상기시키고 있습니다. "예수 그리스도는 어제나 오늘이나 영원토록 동일하시니라"(히 13:8). 그러므로 제가 보기에는 지나친 자부심과 교만으로 자신은 무언가 다른 존재이며 자신의 문제는 모든 선조들이 당면했던 문제들과 본질적으로 완전히 다른, 아주 새로운 것이라는 현대인의 이 암묵적인 가정만큼 심히 절망스러운 것은 없습니다. 그렇습니다. 이삭의 지혜에 귀를 기울이십시오. 그의 처지가 얼마나 다급했는지 보고, 그가 스스로 무슨 일을 하고 있는지 알았다는 사실을 기억하십시오. 우리는 과거의 역사에서 들어야 할 말이 많이 있습니다.

그렇다면 역사가 우리에게 말해 주는 바는 무엇일까요? 첫 번째 원리는 이것입니다. 교회의 역사를 돌아보는 즉시 여러분은 교회의 이야기가 직선 일로를 달리지 않는다는 사실, 굴곡 없는 성취의 기록이 아니라는 사실을 발견할 것입니다. 교회의 역사는 오르막길과 내리막길이 있는 역사입니다. 이것은 살짝만 살펴보아도 알 수 있는 사실입니다. 과거의 역사를 읽어 보면 교회 역사에 생명력과 활력과 능력이 충만했던 시기가 있었음을 발견하게 됩니다. 그 당시 통계는 사람들이 하나님의 집으로 몰려들었음을 입증해 주고 있습니다. 모든 사람들이 교회에 소속되기를 열망했고 갈망했습니다. 교회에는 충만한 생명력과 큰 능력이 있었습니다. 복음이 권위 있게 전파되었고 수많은 이들이 일정하게, 매일 매주 회심했습니다. 그리스도인들은 즐겨 기도했습니다. 기도회에 나오라고 채근할 필요가 없었습니다. 오히려 사람들을 돌려보내기가 힘들 정도였습니다. 사람들은 집에 가지 않고 밤새 기도하고 싶어 했습니다. 교회 전체가 살아 있었고 능력과 활력과 힘으로 가득 찼습니다. 누구나 하나님의 은혜를 풍성히 경험한 일과 성령이 찾아오신 일에 대해 이야기할 수 있었습니다. 하나님의 사랑을 알게 되었을 때의 떨림과 감동에 대해, 그 지식이 세상 전부보다 귀하게 느껴졌던 경험에 대해 이야기할 수 있었습니다. 그리고 이 모든 것의 결과로 나라 전체의 삶이 영향을 받고 변화되었습니다.

예를 들려면 끝도 없이 들 수 있습니다만, 그중에서도 가장 주목할 만한 예를 들어 보겠습니다. 그것은 바로 200년 전에 일어난 복음의 각성입니다. 이 나라가 윗필드와 웨슬리 형제 시대에 일어난 복음의 각성 덕분에 프랑스처럼 혁명을 겪지 않을 수 있었다는 것은 여러 세속 역사가들도 기꺼이 동의하고 있는 바입니다. 교회가 생명력과 능력으로 충만해지자 사회 전체가 영향을 받았습니다. 더 나아가 복음의 각성이 19세기 사람들의 삶에도 영향력을 끼쳤다는 것은 역사적 사실을 아는 사람이라면 누구나 기꺼이 인정하는 사실입니다. 실제로 제가 지금 언급하고 있는 100년 전 부흥의 때에도 같은 일이 일어났습니다. 부흥이 임할 때마다 늘 이런 일이 일어났습니다.

이것이 역사로 되돌아가서 볼 때 발견하게 되는 내용입니다. 교회가 늘 지금 같았던 것은 아닙니다. 여러분은 생명력과 활력과 능력이 넘쳤던 굉장한 시기에 대한 기록을 읽습니다. 아, 그러나 그 영광스러운 부흥과 재각성의 시기가 교회 역사상 심히 고갈되었던 시기, 심히 메마르고 냉담하며 생명 없는 시기에 뒤이어 찾아왔다는 사실에도 주목하게 됩니다. 과거를 돌아보는 일이 우리에게 격려가 되는 이유가 여기 있습니다. 이 큰 봉우리를 발견할 때마다 여러분은 매번 그 사이에 깊이 패여 있는 골짜기를 보게 됩니다. 여러분은 교회가 오늘날과 같은 상태에 빠져 세상이나 사회의 삶에 거의 아무런 의미도 갖지 못했던 시기, 생명력이나 활력이나 능력이나 증거나 그에 수반되는 것들을 하나도 갖지 못했던 시기가 여러 번 있었음을 발견할 것입니다. 그런 일이 과거에 아주 여러 번 있었음을 알게 되는 것입니다. 바로 그런 시기에 뒤이어 성령의 강력한 솟구침, 부으심이 임하곤 했습니다. 우리는 우리의 문제들만 바라보면서 "자, 그렇다면 이런저런 측면에서 기술을 개선하고 방법을 개선하기 위해 무슨 일을 하면 될까?"라고 말하는 대신 과거의 역사로 되돌아가야 할 훌륭한 이유를 여기에서 찾게 됩니다. 우리는 과거로 되돌아가 이 같은 역사의 교훈을 배워야 합니다. 무서운 골짜기의 존재와 거기에서 벗어날 수 있는 유일한 길이 무엇인지 배워야 하는 것입니다.

저의 두 번째 원리―교회사를 아무리 건성으로 대충 읽는다 해도 이 원리만큼은 아주 분명하게 보게 되리라고 생각합니다―는 이것입니다. 여러분은 이 크고 영광스러우며 강력한 시기가 임할 때마다 교회가 예전에 얻었던 무언가로 복귀하는 듯 보인다는 사실을 발견할 것입니다. 아니, 좀더 구체적으로 말해 보겠습니다. 여러분은 그런 시기가 올 때마다 교회가 사도행전에 나오는 모습으로 복귀하는 듯 보인다는 사실을 발견할 것입니다. 이처럼 교회는 부흥할 때마다 이삭이 했던 일을 하는 것 같습니다. 예전에 있었던 것으로 되돌아가 그것을 재발견하고 옛 수원을 찾아내는 것입니다. 제가 아는 한, 교회사에 이보다 더 확연히 나타나는 특징은 없습니다. 어느 시대든지 하나님이 교회를 찾아오신 위대한 부흥의 이야기를 읽어 보십시오. 항상 거의 똑같은 일이 일어나는 듯 보인다는 사실을 발견할 것입니다.

또 다른 방법으로도 시험해 보시기 바랍니다. 역사적으로 시험해 보았으니 지리적으로도 시험해 보십시오. 잉글랜드와 대영제국·미국·아프리카·중국·만주·한국·인도에서 일어난 부흥의 이야기를 읽어 보십시오. 어디든지 상관없습니다. 세계 어느 곳이든 마음대로 골라서 살펴보십시오. 어느 시기, 어느 장소나 괜찮습니다. 부흥이 임하는 때, 부흥이 임하는 경우에 늘 일어나는 일이 그곳에서도 정확히 반복해서 일어났거나 현재 일어나고 있는 듯 보인다는 사실을 발견할 것입니다. 이것은 우리가 무시할 수 없는 원리임이 확실합니다. 절실한 필요가 있는 이 시점에, 생명력과 능력, 물―그것이 없으면 아무것도 할 수 없고 생존할 수도 없는―이 긴급히 필요한 이 시점에, 과거로부터 내려온 위대한 기록과 증언이 우리에게 주어져 있습니다. 하나님은 과거에도 이런 경우들을 다루어 오셨으며, 지금도 여전히 다루고 계십니다. 우리가 찾으러 가기만 하면 언제든지 얻을 수 있는 수원이 존재하고 있습니다.

이것은 그 다음 원리로 우리를 이끌어갑니다. 이삭은 지혜롭게도 되돌아가 보기로 결정했습니다. 그는 수원을 확보하려 했습니다. 그래서 아랫사람들에게 명하여 아버지 아브라함이 팠던 옛 우물들을 찾아보게 했습니다. 옛 우물터로 돌아간 이들은 아브라함 사후에 블레셋 사람들이 우물을 막아 버렸음을 알게 되었습니다. 15절에 그 이야기가 나오고 있습니다. "그 아비 아브라함 때에 그 아비의 종들이 판 모든 우물을 막고 흙으로 메웠더라." 다시 말해서 그들이 옛 우물을 찾아냈고 물이 여전히 거기 있었음에도 물을 볼 수가 없었다는 것입니다. 그들은 그 물을 얻을 수도, 사용할 수도 없었습니다.

참으로 기이한 장면 아닙니까? 저 아래 깊은 곳에는 아주 깨끗한 물이 솟아나는 옛 수원이 있고, 이 위에는 그 물이 절실히 필요한 자들이 있습니다. 그들은 말합니다. "자, 물은 저 아래 있다. 그런데 문제는 그 물을 어떻게 얻느냐 하는 것이다. 대체 무슨 일이 일어난 것일까? 무엇이 잘못된 것일까? 왜 물이 보이지 않을까? 왜 물을 길어 낼 수가 없을까?" 그 답은 블레셋 사람들이 우물을 막아 버렸기 때문이라는 것입니다. 그들이 흙과 쓰레기와 잡동사니들로 우물을 메워 버렸기 때문에 물이 있는데도 얻을 수 없었고 볼 수 없었습니다. 제가 무엇보다 역설하고 싶은 원리, 강조하고 싶은 원리가 한 가지 있다면 바로 이것입니다. 친애하는 여러분, 오늘날 교회의 상태를 설명할 수 있는 말은 한 가지 뿐입니다. 즉, 블레셋 사람들의 소행 때문에 이런 상태가 되었다는 것입니다. 물이 있는데도 왜 볼 수 없습니까? 왜 마실 수 없습니까? 블레셋 사람들이 존재하기 때문이며, 그들이 흙과 쓰레기와 잡동사니들로 우물을 메워 버렸기 때문입니다.

이것이 우리 앞에 놓인 직접적인 문제입니다. 저는 이 사실을 보지도 못하고 알지도 못하며 직시할 생각도 없는 듯한 교회를 보면서 참기 힘들 때가 종종 있습니다. 제가 더욱 더 참기 힘든 것은 복음적인 사람들 중에도 이것을 직시할 생각이 없는 이들이 너무나도 많다는 점입니다. 그런 사람들은 말합니다. "나는 논쟁을 좋아하는 사람이 아니다. 나는 적극적인 복음을 설교하고 싶다. 우리는 친절하고 다정해야 한다. 이런 시대에 비판만 일삼아서는 안 된다. 문제가 너무 긴급하다. 모두 단결해야 한다. 그리스도인을 자처하는 자들은 모두 한 울타리 안에 모여야 한다."

자, 저는 여러분이 이런 유의 생각과 사고방식에 빠져 있는 한 문제는 점점 악화될 것이라고 주장하는 바입니다. 문제의 **원인**은 블레셋 사람들의 소행에 있습니다. 바로 이것이 원인입니다.

그러므로 다음과 같이 이 점을 강조해 보겠습니다. 오늘날 교회가 당면한 문제는 우리가 새로운 상황 속에서 살고 있다는 것이 아닙니다. 사람들은 항상 그것이 문제라고 말하지 않습니까? 모두가 신물을 느낄 정도로—정말 신물을 느꼈으면 좋겠습니다—거듭해서 그렇게 말하고 있습니다. 그들은 라디오, 텔레비전, 자동차를 비롯하여 현대인에게 제공되는 모든 것이 문제라고 말합니다. 교회는 사람들을 교회 밖으로 끌어내는 이 모든 것들과 맞서 싸워야 하는데, 실제로 그 삶 속에서 이런 싸움을 하지 않았다는 것입니다. 우리는 스스로 이런 문제에 전문가라고 생각하고 있지 않습니까? 그런데 사실 그것들은 상관이 없습니다. 전혀 상관이 없습니다. 그 이유를 말씀드리겠습니다. 형태는 다르지만 이런 문제는 언제나 있었습니다. 그래서 역사를 읽는 일이 중요하다는 것입니다. 200년 전에 일어난 복음의 각성 이전에도 교회들은 오늘날처럼 텅텅 비어 있었습니다. 어쩌면 더 심했다고도 할 수 있습니다. 복음 설교를 들으러 교회에 오는 사람이 없었습니다. 왜 그랬을까요? 사람들의 관심이 다른 데 있었기 때문입니다. 어떤 이는 말합니다. "하지만 그때는 텔레비전이 없었잖아요!" 저도 압니다. 그러나 그들은 닭싸움과 카드놀이를 몹시 즐겼습니다. 도박을 몹시 즐겼고 술을 몹시 즐겼습니다. 세상 사람들이 복음 설교를 들으러 교회에 나오지 않을 구실을 찾지 못한 적은 단 한번도 없습니다. 오늘날 사람들의 사고는 어처구니없을 정도로 피상적입니다. 쾌락의 형태가 바뀌었다고 해서 모든 상황이 새로워졌다고 생각하며, 20세기만의 문제라느니 모든 것이 우리에게 적대적이라느니 운운합니다. 그러나 지옥과 마귀는 항상 우리를 대적해 왔습니다. 세상은 항상 메시지를 미워했으며, 사람들은 늘 메시지를 피할 구실을 가지고 있었습니다. 그러므로 이런 주장에는 아무 설득력이 없습니다.

어떤 이는 말합니다. "아, 잠깐만요. 그렇다면 새로운 지식의 문제는 어떻게 되는 겁니까? 200년 전이나 4,000년 전의 죄에 대한 당신의 말은 맞을지도 모르지요. 그러나 선생님, 새로운 지식은 어떻게 되는 거지요? 여기에 우리의 문제가 있고, 20세기에만 적용되는 특수한 요인이 있는 겁니다. 1870년에 일반 대중도 교육을 받을 수 있는 법령이 통과되었지요. 그것을 무시하는 것은 사실에 정면으로 도전하는 태도입니다. 이제는 모든 사람이 교육을 받고 학식을 얻어서 위대한 인물들이 과학과 원자에 대해 하는 말들을 듣는단 말입니다. 오늘날의 인간은 아주 세련된 교양인들입니다. 모든 부분에서 엄청난 지식의 진보가 이루어졌다고요. 그런데도 우리의 문제와 상황이 여전히 똑같다는 말을 믿으라는 겁니까?"

그렇습니다. 그것을 믿으라는 것입니다. 과학 지식에 엄청난 진보가 있었다는 점은 저도 인정하지만, 그 모든 것은 이 문제와 아무 상관이 없습니다. **그야말로 아무 상관이 없습니다.** 이 새로운 지식이 하나님 앞에서 무슨 차이를 만들어 냈는지 저에게 보여 주기만 한다면, 기꺼이 그 말을 듣겠습니다. 그러나 과학 지식은 아무런 차이도 만들어 내지 못했습니다. 하나님은 세상을 만드신 분입니다. 인간은 하나님이 하신 일, 해 오신 일, 지금도 여전히 하고 계신 일을 이제 막 발견하기 시작했을 뿐입니다. 그렇기 때문에 여러분도 아시다시피 하나님 앞에서는 아무 차이가 없습니다. 현대의 지식이 하나님과 인간의 문제—또한 인간의 영혼이 하나님과 어떤 관계를 맺고 있느냐 하는 문제—를 어떤 식으로든 건드리며 거기에 영향을 끼친다는 조짐이 희미하고 어렴풋하게라도 보이고 있습니까? 주 예수 그리스도는 과연 누구시며 무슨 일을 하신 분입니까? 이 사실과 그 지식 사이에 무슨 관계가 있습니까? 아무 관계도 없습니다.

한 걸음 더 나아가 제가 상기시킬 수 있는 점은 이것입니다. 우리는 현대의 지식이 상황을 전부 바꾸어 놓기라도 한 듯 그 지식에 대해 떠들어 댑니다. 250년 전의 교회사를 읽어 보면, 제가 지금까지 말해 온 위대한 복음의 각성 시기가 오기 전에도 이신론의 시대가 있어서 사람들이 예배당을 찾지 않았다는 사실을 알게 됩니다. 그 이유가 무엇이었을까요? 그들의 지식 때문이었습니다. 그들도 정확히 같은 말을 했습니다. 17세기 중엽에 위대한 과학의 각성이 일어났습니다. 아이작 뉴턴Isaac Newton과 그 밖의 인물들이 그 시대에 살았고, 하비Willian Harvey는 혈액의 순환을 발견했습니다. 여러분도 기억하겠지만 찰스 2세 시대 초기에는 왕립학회가 설립되었습니다. 온 세계가 과학적이며 합리적인 분위기에 휩싸였습니다. 합리주의와 싸웠던 교회의 이야기를 읽어 보십시오. 17세기 말부터 18세기 초 사람들도 지금과 똑같은 말을 했음을 발견할 것입니다. 그때에도 새로운 지식이 문제였고 새로운 이해가 문제였습니다. 물리학과 천문학을 비롯한 모든 것들이 등장했습니다. 사람들은 거기에 문제가 있다고 말했습니다. 사실 교회는 언제나 똑같은 주장에 맞닥뜨렸습니다. 과거에도 늘 그러했지만 오늘날에도 이런 주장은 전혀 적절하지 못한 것이며 아무 의미가 없는 것입니다.

교회가 내세우는 또 다른 주장을 살펴보겠습니다. 사람들은 우리의 특별한 상황과 새로운 지식뿐 아니라 교회의 분열이 문제라고 말합니다. 오, 사람들은 이것이야말로 **원인**이라고 말합니다. 그들은 "물론 우리 처지가 절망적이며 곧 무슨 일이 일어나지 않으면 사실상 교회의 장래 전체가 문제시된다는 점을 강조하는 당신의 말은 전적으로 옳습니다"라고 말합니다. 그리고 연이어 이렇게 말합니다. "하지만 그 모든 것을 설명해 주는 원인은 단 한 가지, 교회의 분열이지요."

따라서 그들이 무엇보다 강조하는 것이 바로 교회 연합의 필요성입니다. 모두 함께 모여야 한다는 것입니다. 하나의 거대한 조직체를 만들어야만 문제에 대처할 수 있다는 것입니다. 그들은 교회가 분열되어 있는 한 어떤 축복도 얻을 수 없다고 말합니다. 교회가 분열되어 있는 한 복음도 전할 수 없다고 말합니다. 이것이 그들의 주장입니다.

그에 대한 답변은 무엇입니까? 그 답변 또한 교회사에 전부 나와 있습니다. 여러분도 아시다시피 그런 사람들은 교회사를 읽지 않습니다. 읽는다 해도 금세 잊어버립니다. 그들은 편견으로 눈이 멀어 노골적인 사실들조차 부인해 버립니다. 그런 사실들 중 첫 번째는 과거에 교회가 날카롭게 분열되었을 때, 오늘날보다 더 심하게 분열되었을 때에도 하나님이 부흥을 보내 주셨다는 것입니다. 그런 시기에도 큰 축복을 경험했다는 것입니다. 100년 전에 미국과 북아일랜드의 교회들은 끝없는 분열을 겪었습니다. 오늘날만큼, 아니 그보다 더 많은 교단으로 나뉘었습니다. 그런 일이 분명히 일어났는데도 하나님은 교회를 축복해 주셨고 성령을 부어 주셨습니다. 교회의 분열이 축복을 얻지 못하는 한 가지 원인이라는 말은 거짓말입니다. 그렇지 않습니다. 교회가 분열되었을 때에도 하나님은 축복해 주셨으며, 부흥이 임한 곳에는 다음과 같은 두 가지 주된 결과가 나타났다는 점을 역사는 아주 분명히 보여 주고 있습니다. 그중에 한 가지는 교회의 분열과 상관없이 모든 교단이 실제로 축복을 받으며 잠시 동안 놀라운 연합을 이룬다는 것입니다. 지금까지 부흥만큼 영적인 연합을 촉진했던 일은 없었습니다.

또한 부흥이 반드시 가져오는 또 다른 결과가 있는데, 그것은 전에 없던 새로운 분열을 일으키는 것입니다. 하나님의 축복과 능력을 경험한 사람들은 자연히 하나로 모이게 되어 있습니다. 그런데 그것을 아주 싫어하고 비난하며 정죄하는 사람들, 그 모든 일에 관여치 않는 사람들도 있게 마련입니다. 그래서 분열이 일어납니다. 존 웨슬리John Wesley는 국교회를 떠날 생각이 전혀 없었습니다. 그러나 감리교를 만들 수밖에 없는 상황이 되었고, 결국 국교회에서 쫓겨나 버렸습니다. 그 분열은 부흥이 초래한 것입니다. 매번 이런 일이 일어났습니다. 종교개혁을 보십시오. 루터Martin Luther는 로마 교회를 분열시키려고 일을 시작한 것이 아닙니다. 그러나 부흥의 축복이 로마 교회를 개신교와 로마 가톨릭으로 나누어 버렸습니다. 어느 시대에서나 같은 예를 볼 수 있습니다. 이것은 순수한 역사적 사실입니다. 그런데도 교회의 분열이 부흥의 걸림돌이라고 말하는 것입니다. 그것은 완전히 쓰레기 같은 말, 블레셋 사람들의 쓰레기 같은 말입니다. 바로 이런 말이 다른 것들과 더불어 우리와 물 사이를 가로막고 있으며, 우리의 유일한 필요인 수원에 다가가지 못하도록 막고 있습니다. 따라서 우리는 이 모든 주장을 일축하고 이런 주장들이야말로 장애물이 된다는 사실, 문제는 이런 것들이 아니라는 사실을 깨달아야 합니다. 이삭이 발견한 것처럼, 문제는 블레셋 사람들이 그 극악한 소행으로 우물을 막고 물을 숨기며 우리와 하나님의 축복 사이를 가로막고 있는 데 있습니다.

다음번에는 블레셋 사람들의 소행이 구체적으로 어떤 것인지 고찰해 보겠습니다. 우리는 정직하고 솔직해야 합니다. 명확하고 분명해야 합니다. 확신에서 나온 용기를 가져야 합니다. 그러려면 성령의 증거와 증언이 필요합니다. 그것을 구합시다. 하나님이 우리에게 정직한 마음을 주셔서 사실을 있는 그대로 직면케 해 주시기를, 문제의 진정한 원인을 보게 해 주시기를 구합시다. 그것을 본 후라야 이삭을 본받아 블레셋 사람의 쓰레기를 청소하고 다시 한번 하나님이 주시는 물, 성령의 능력이 나오는 옛 수원을 되찾을 수 있기 때문입니다. 그리하여 우리가 하나님의 모든 백성들과 더불어 비상한 축복이 임하며 성령이 강력하게 부어지는 시기로 들어서게 되기를 바랍니다.

불신앙 3

이삭이 그곳을 떠나 그랄 골짜기에 장막을 치고 거기 우거하며 그 아비 아브라함 때에 팠던 우물들을 다시 팠으니 이는 아브라함 죽은 후에 블레셋 사람이 그 우물들을 메웠음이라. 이삭이 그 우물들의 이름을 그 아비의 부르던 이름으로 불렀더라. (창 26:17-18)

블레셋 사람들의 행동을 계속 살펴보면서, 앞 장에서 제시된 원리를 교회 자체의 역사가 확증해 주고 있음을 다시금 밝히고자 합니다. 교회사는 블레셋 사람들이 우물을 막고 잡동사니들을 던져 넣어 물을 원하는 자들이 우물 아래 있는 수원에 이르지 못하도록 막아 버린 데서부터 항상 문제가 일어난다는 사실을 아주 분명하게 보여 주고 있습니다.

그 증거를 제시해 보겠습니다. 저는 이런 측면에서 다음과 같이 교회사를 요약해 볼 수 있다고 생각합니다. 어떤 진리들, 기독교 진리의 어떤 측면들을 넘어 버리거나 무시해 버리는 일은 오랜 역사상 교회가 침체에 빠질 때마다 어김없이 나타났던 주된 특징이었습니다. 이것이 제가 말하려는 첫 번째 요점입니다. 교회사를 읽으면서 교회가 빈사상태에 빠져 그 존재 의미를 완전히 잃은 듯한 침체의 시기들을 살펴보면, 교회의 전체적인 입장에 빠져서는 안 될 긴요한 진리들이 부인되거나 가려지거나 무시당한다는 특징이 그 당시 교회의 삶에 가장 크게 나타났다는 사실, 거기에 전혀 예외가 없다는 사실을 알게 됩니다.

그 예는 무수히 많습니다. 그중에서도 가장 눈에 띄는 예들만 들어 보겠습니다. 예컨대 16세기 종교개혁으로 이어지는 시기보다 앞서 있었던 암흑시대를 살펴봅시다. 그때 교회의 큰 특징이 무엇이었습니까? 정확히 다음과 같은 것이었습니다. 그때에는 구원의 긴요한 진리들을 찾아볼 수 없었습니다. 그 당시 로마 가톨릭 교회를 특징지었던 대부분의 가르침으로 인해 진리가 완전히 감추어졌고 혼잡해졌으며 덮여 버렸습니다. 사람들은 영적으로 살아 있지 못했습니다. 어둠과 무지에 갇혀 복음과 구원의 위대한 진리들을 알지 못했습니다. 왜 알지 못했습니까? 다른 것들이 그 진리들을 가리고 있었기 때문입니다.

이제 18세기로 가 봅시다. 위대한 복음의 각성, 특히 영국의 경우 윗필드나 웨슬리 형제와 관련된 부흥이 일어나기 전에도 정확히 같은 현상이 나타났습니다. 그 위대한 부흥이 일어나기 전 교회의 형편 역시 제가 지금 묘사한 바와 같았던 것입니다. 교회는 빈사상태에 빠졌습니다. 무용지물이 되어 버렸습니다. 대다수 사람들이 예배당을 찾지 않았고, 기독교가 살아 있다는 증거는 거의 전무하다시피 했습니다. 그 원인이 무엇이었을까요? 자, 형태는 좀 다르지만 그 당시 교회의 전반적인 상태 역시 어느 정도 종교개혁 이전 상태를 재연하는 것이었다고 할 수 있습니다. 그 원인이 무엇입니까? 기독교 신앙의 중요한 기본 교리를 설교하지 않은 것입니다. 사람들은 기본 교리를 믿지 않았습니다. 그 당시 분위기를 지배한 것은 이른바 이신론이었습니다. 그것은 하나님이 우주를 만드셨지만 실제적인 관심은 가지고 있지 않다고 보는 진리 체계였습니다. 그 당시의 위대한 주교 버틀러는 종교의 유비에 대한 유명한 책을 썼습니다. 그가 그 책을 쓴 것은 이신론과 합리주의를 반박함으로써 그것이 죽은 이론임을 드러내기 위해서였습니다. 그러나 여러분도 아시다시피 교회 역시 죽어 있었습니다. 이 모든 합리주의와 철학이 구원의 생수를 감추고 더럽혔습니다.

아주 흥미로운 사실은 1859년의 대부흥, 특히 아일랜드 부흥이 일어나기 전 역사에도 정확히 똑같은 현상이 기록되어 있다는 것입니다. 그 시기의 특징 또한 교회가 죽어 있었다는 것, 그것도 심각하게 죽어 있었다는 것입니다. 그런데 그 형태가 독특했습니다. 부흥이 일어나기 수년 전(제가 특별히 염두에 두고 있는 시기는 1820년대와 1830년대입니다) 북아일랜드 장로교회는 바른 교리에서 벗어나 있었습니다. 그들은 아리우스주의라는 교리를 신봉했습니다. 그것은 주 예수 그리스도가 영원하신 하나님이라는 것을 부인하는 교리였습니다. 아리우스는 주 예수 그리스도도 한낱 피조물로서, 성부와 동등하거나 성부처럼 영원한 존재가 아니라고 가르쳤습니다. 아리우스주의는 주님의 하나님 되심을 부인했습니다. 그것이 교회를 그처럼 무용하게 만든 원인이자 심각한 죽음의 상태에 빠뜨린 원인이었습니다. 교회가 그 잘못을 바로잡고 청산하며 올바른 교리로 복귀했을 때에야 사람들 사이에서 부흥이 일어났습니다. 이것이 제가 제시하는 첫 번째 증거입니다. 긴요한 진리들을 가리고 무시했던 것이야말로 교회가 죽고 침체에 빠졌던 모든 시기에 그 삶에 항상 나타났던 주된 특징입니다.

둘째로, 본질적인 진리를 부인하거나 무시했는데도 부흥이 일어난 사례는 교회사에 한 번도 등장하지 않습니다. 저는 이것이 엄청나게 중요한 요점이라고 생각합니다. 아무리 교회의 이름을 내걸었다 해도 기독교 신앙의 기본적이고 기초적인 항목들을 부인하는 곳에서 부흥이 일어난 경우는 단 한 차례도 없습니다. 예컨대 여러분은 유니테리언주의자들 사이에서 부흥이 일어났다는 말을 듣지 못했을 것입니다. 그런 사례가 없었기 때문에 듣지 못한 것입니다. 이것은 순전한 역사적 사실로서, 우리는 마땅히 사실을 직시해야 합니다.

셋째로, 여러분은 그런 교회들이 부흥의 한복판에 있었던 사람들을 항상 반대하고 박해했다는 사실을 교회사에서 아주 명확하게 보게 될 것입니다. 이 또한 저의 사적인 견해가 아닌 역사적 사실입니다. 100년 전 큰 부흥이 일어났을 때, 유니테리언주의자들은 미국과 북아일랜드를 비롯한 곳곳에서 부흥을 반대했습니다. 그런 사람들은 항상 부흥을 반대하게 되어 있습니다. 그들은 일관된 태도를 보일 수밖에 없습니다. 합리주의자들이기에 부흥을 싫어할 수밖에 없는 것입니다. 또한 여러분은 북아일랜드 역사를 통해 100년 전 로마 가톨릭 교회가 실제로 이른바 성수라는 것을 팔면서 사람들에게 그것을 뿌리거나 심지어 마심으로써 부흥이라는 해악을 피하고 면하라고 권했던 예를 읽게 될 것입니다. 지금 저는 재미로 이런 이야기를 하는 것이 아닙니다. 부흥에 진정 관심이 있는 사람이라면 무엇이 부흥을 방해하는지 알아야 한다는 단 한 가지 이유 때문에 이 이야기를 하는 것입니다. 긴요한 진리와 교리들을 가리는 것은 언제나 부흥에 장애물이 됩니다.

이 주제와 관련하여 제가 제시하려는 마지막 원리는, 기독교 신앙의 기본 교리를 재발견할 때 결국 부흥이 일어난다는 데 전혀 예외가 없다는 것입니다. 부흥에 앞서 항상 교리의 재발견이 이루어집니다. 우리가 보기에는 부흥이 갑자기 임하는 것 같고, 어떤 의미에서는 실제로 갑자기 임한다고 할 수도 있습니다. 그러나 역사를 주의 깊게 살펴볼 때마다 발견하게 되는 사실은 부흥이 실상 그 이전부터 조용히 진행되어 왔다는 것, 눈에 띄지 않는 사람들에 의해 미리 예비되고 있었다는 것입니다. 그 예비 작업은 항상 이 중대하고 영광스러우며 중심적인 진리들을 재발견하는 일로 이루어졌습니다. 예컨대 종교개혁의 역사를 보시기 바랍니다. 개신교의 부흥은 마르틴 루터가 오직 믿음으로 의롭다 하심을 얻는다는 중대한 진리를 불현듯 깨달은 후에야 일어났습니다. 그가 갈라디아서와 로마서의 진리로 되돌아간 것이 성령의 부으심을 예비하는 길이 된 것입니다. 영국을 비롯하여 개혁의 물결이 퍼져 나간 모든 나라에서도 같은 일이 일어났습니다. 17세기에도 마찬가지였습니다. 정도는 달랐지만, 똑같이 이런 진리들을 강조함으로써 청교도 시대의 큰 축복을 경험했습니다.

18세기에도 같은 일이 일어났다는 것은 우리 모두가 꼭 알아야 할 사실입니다. 그 당시는 죽은 시대였습니다. 합리주의를 반박하기 위해 보일 강좌가 개설되고 버틀러 주교의 「종교의 유비 *The Analogy of Religion*」가 나왔지만 아무 성과가 없었습니다. 그러다가 갑자기 부흥이 임했고, 윗필드와 웨슬리 형제 같은 인물들이 등장했습니다. 맞습니다. 그런데 이들을 통해 부흥이 일어난 방식은 어떤 것이었습니까? 자, 그 이야기는 이미 잘 알려져 있습니다. 존 웨슬리가 성령으로 마음이 "이상하게 뜨거워지는" 올더스게이트의 경험을 할 수 있었던 것은 그 석 달 전에 일어난 일 덕분이었습니다. 그가 올더스게이트 경험을 한 것은 1738년 5월 24일의 일이었지만, 오직 믿음으로 의롭다 하심을 얻는다는 진리에 눈을 뜬 것은 같은 해 3월의 일이었습니다. 그는 런던과 옥스퍼드 사이의 여행길에서 페터 뵐러 Peter Bülow와 그 유명한 대화를 나누었는데, 그것은 오직 믿음으로 의롭다 하심을 얻는다는 교리에 관한 것이었습니다. 그 교리를 깨닫고 그 교리에 사로잡힌 후에야 성령이 임하여 그를 사용하시기 시작했습니다.

웨슬리만 그랬던 것이 아닙니다. 윗필드에게도 어떤 의미에서 같은 일이 일어났습니다. 웨일스 쪽 사람들을 살펴보아도 확실히 같은 경험을 발견하게 됩니다. 그 당시 가장 위대했던 설교자로 대니

얼 롤런즈Daniel Rowlands라는 사람이 있습니다. 라일 주교Bishop Ryle는 롤런즈야말로 사도들 이후 가장 위대한 설교자일 것이라는 대담한 말을 하기도 했습니다. 그런데 그의 이야기도 다른 인물들과 다르지 않습니다. 그는 부교역자로, 또 설교자로 일했지만 사역은 무력하고 죽어 있었으며 아무 일도 일어나지 않았습니다.

그러던 어느 날, 그리피스 존스Griffith Jones라는 설교자의 설교를 들으러 갔다가 오직 믿음으로 의롭다 하심을 얻는다는 진리를 깨닫고 확신하게 되었습니다. 그렇게 진리를 알고 깨달았으면서도 그 능력까지는 느끼지 못한 채 몇 달이 흘러갔습니다. 그런데 어느 날 성찬식을 하던 중에 갑자기 성령이 임하여 그를 충만히 채워 주셨고, 18세기 웨일스 대부흥이 일어났습니다. 자, 부흥은 항상 이런 식으로 일어납니다. 이미 상기시켜 드렸듯이 100년 전, 특히 북아일랜드에서도 똑같은 일이 일어났습니다. 그들이 아리우스주의를 걷어 내고 우리 주요 구주 되신 예수 그리스도의 위격에 대한 온전한 진리의 중요성을 깨달았을 때 강력한 축복이 임했던 것입니다.

따라서 저는 부흥에 절대적으로 필요한 진리들이 있다고 주장하는 바입니다. 이런 진리들을 부인하거나 경시하거나 무시한 채 부흥의 축복을 기대할 권리는 우리에게 없습니다. 블레셋 사람들은 계속 찾아와 자기들의 흙과 쓰레기를 던져 넣음으로써 생수를 보지 못하도록 가리고 있습니다. 자, 솔직히 고백하지만 제 기질대로 한다면 이런 말은 하지 않을 것입니다. 저는 이런 말을 하는 것이 '남을 비판하고 비난하는 인물, 분리주의와 개인주의 성향을 가진 비협조적인 인물'이라는 혐의에 저 자신을 또 한번 노출시키는 일임을 알고 있습니다. 그러나 자신의 감정이나 평판 때문에 자신이 믿는 진리를 선포하지 못하는 사람은 결국 어떤 말도 할 자격이 없습니다. 이런 말을 해야만 한다는 것은 저로서도 즐거운 일이 아닙니다. 그런데도 이 말을 하는 것은 오직 성경에 근거한(또 지금까지 보여 드린 대로 교회사의 충분한 지지를 받고 있는) 확신, 진리를 경시하고 부인하며 심지어 무시하는 한 부흥을 경험할 수 없다는 깊은 확신이 있기 때문입니다. 우리는 블레셋 사람들의 소행에서부터 출발해야 합니다. 단순히 "부흥을 위해 기도하자"고 말하는 것은 무익한 일입니다. 그 전에 미리 해야 할 일이 있습니다. 블레셋 사람들의 소행부터 깨끗이 처리해야 하는 것입니다. 이삭이 했던 일이 바로 그것입니다. "그 아비 아브라함 때에 팠던 우물들을 다시 팠으니." 쓰레기와 잡동사니들과 흙을 치우자 예전처럼 물이 나왔습니다. 모든 부흥의 이야기들은 항상 이 예비 작업이 선행되었음을 분명히 보여 주고 있습니다.

이처럼 제가 여러분 앞에 제시해야 하는 진리, 우리가 믿어야 하는 진리들이 있습니다. 이런 진리들을 부인하는 한 부흥은 일어날 수 없습니다. 그러므로 우리는 이 진리들을 살펴보아야 하며 바른 위치에 가져다 놓아야 합니다.

그렇다면 블레셋 사람들이 그 극악한 소행으로 부인하고 감추어 놓은 진리들 중에 어떤 것들이 있을까요? 그 첫 번째가 여기 있습니다. 그들이 가장 먼저 감춘 것은 교회와 개인의 역사 가운데 행하시며 거기 개입하시고 그 안으로 뚫고 들어오시는 초월적이며 살아 계신 주권자 하나님에 관한 진리입니다. 이것을 출발점으로 삼아야 합니다. 이것이 모든 교리의 기초입니다. 예컨대 사도 바울이 디모데에게 쓴 말을 숙고해 보십시오. 그들은 어려운 상황에 처해 있었습니다. 디모데는 근심했고 소망을 잃었으며 과연 미래가 있을까 의심했습니다. 바울은 나이 들어 죽음을 눈앞에 두고 있었고, 디모데는 이처럼 겁을 먹고 불안해하고 있었습니다. 바울은 그에게 편지를 보내 "네 말이 정말 맞다. 나는 진리와 그 밖의 것들을 부인하는 자들에 대해 알고 있다"고 말합니다. 그리고 그가 연이어 하는 말은 이것입니다. "그러나 하나님의 견고한 터는 섰으니"(딤후 2:19). 모든 것의 토대는 초월적이고 살아 계신 주권자 하나님, 영원하고 영광스러운 자유 가운데 온 교회와 각 개인들의 삶 속에서 행하시며 거기 개입하시고 간섭하시는 하나님께 있습니다. 오늘날 교회의 삶에 무엇보다 두드러지게 나타나는 특징이 있다면, 바로 이 진리에서 출발하지 못하고 이 진리를 믿지 못한다는 것입니다.

오늘날 우리의 신은 무엇입니까? 철학자들의 신입니다. 철학자들의 신은 초월적이며 살아 계신 주권자 하나님이 아닌 추상적 개념입니다. 사람들은 "원인 없는 원인"에 대해 떠들어 댑니다. 하나님에 대해 이렇게 말할 수 있다니! 하나님은 추상적 개념이 아닙니다. 철학적 개념이 아닙니다. 하나님은 존재하시는 분입니다. 홀로 존재하시는 분입니다. 생명 그 자체시며 모든 생명체와 존재들을 지으신 분입니다. 사람들은 파이프를 입에 문 채 하나님에 대해 논쟁을 벌이면서, 마치 '하나님'이 자기 마음대로 주무를 수 있고 입에 올렸다 내렸다 할 수 있는 용어인 양 그에 대해 떠들어 댑니다. 그런 상태에서는 절대로 부흥을 경험할 수 없습니다. 여러분, 하나님은 추상적 개념이 아닙니다. 그는 논쟁의 대상이 아니며 우리 체계에 들어맞는 분이 아닙니다. 철학은 교회의 삶에 항상 저주가 되어 왔고, 오늘날에도 저주가 되고 있습니다.

하나님에 대한 이 영광스러운 진리를 가리는 또 다른 방식은 이른바 '내재의 철학'을 내세우는 것입니다. 즉, 하나님이 만물 안에 계시다고 보는 것입니다. 초월해 계시는 것이 아니라 내재해 계시다는 것입니다. 사람들은 하나님이 만물 안에 계시며 온 자연 안에 계시다고 말합니다. 딱히 범신론이라고 할 수는 없지만 범신론에 아주 가깝습니다. 그들이 말하는 요지는 하나님이 만물 안에 계시기 때문에 밖에서부터 어떤 행동을 하시리라고 기대해서는 안 된다는 것입니다. 하나님은 어디에나 계시며 만물 안에 계시므로 만물이 다 신성합니다. 그래서 그들은 신성한 것과 속된 것을 구분하기 싫어합니다. 이것이 하나님의 주권과 영원한 초월성을 부인하는 또 한 가지 방식입니다.

제가 앞서 이신론이라는 이름으로 언급했던 또 다른 믿음이 있습니다. 이신론이라는 말 자체는 요즘 자주 거론되지 않지만, 그럼에도 이신론은 아주 널리 퍼져 있습니다. 이신론이라는 이름은 200년 전에 붙여졌습니다. 그러나 오늘날의 풍조에도 같은 이름을 붙여야 합니다. 이신론은 하나님을 단순한 창조자로서만 믿는 믿음입니다. 이신론자들은 하나님이 세상을 창조하셨으나 더 이상 거기에 관심을 보이지는 않으신다고 말합니다. 이신론자들은 일종의 신적인 섭리를 믿지만 물질적인 영역에 국한해서 믿습니다. 도덕적인 영역이나 영적인 영역에서는 전혀 믿지 않는 것입니다. 이를테면 하나님을 그가 만든 우주에서 배제시킨다고 할 수 있습니다. 그들이 볼 때 하나님이 세상을 만드신 것은 마치 위대한 시계 제조공이 시계를 만들어 놓고 제 힘으로 가도록 내버려 두는 것과 같습니다. 여기에서 이 주제를 계속 다룰 필요는 없을 것입니다. 그러나 여러분 자신의 생각은 어떤 것인지 검토해 보기 바라며, 오늘날 교회 안의 다수를 지배하고 있는 생각은 또 어떤 것인지 알아보기 바랍니다. 사람들이 생각하는 하나님은 하나님이기는 하되 개입하지 않는 하나님입니다. 행동하지 않는 하나님, 항상 인간들 쪽에서 다가가야 하는 하나님입니다. 머나먼 영원의 세계 속에 철저히 무감하게, 냉정하게 존재하고 있기에 항상 인간들 쪽에서 움직여야 합니다. 이처럼 그는 멀찌감치 떨어져 있는 존재입니다. 결과적으로 이런 생각을 가진 사람들은 부흥을 믿지 않습니다. 부흥은 본질적으로 하나님의 행하심과 하나님의 들어오심, 하나님의 침입을 뜻하기 때문입니다.

이렇게 철학자들의 신이나 이신론자와 합리주의자들의 신을 믿는 한 우리는 결코 부흥을 경험할 수 없습니다. 기도는 실제로 거의 시간 낭비가 되어 버리며 아주 우스운 짓거리가 되어 버립니다. 기도를 이런 식으로 대하는 사람들이 얼마나 많은지 모릅니다. 그들에게 기도는 형식적이고 기계적인 일입니다. 자신이 가진 기도문을 읽든지 여러 가지 기도문을 뒤섞어서 기도하는 것이 전부입니다. 그런 기도에는 생생한 접촉도 없고 딱히 기대하는 내용도 없습니다. 하나님은 영원한 세계로 추방되고 인간이 무대의 중심을 차지합니다. 그들에게 중요한 것은 하나님에 대한 인간의 생각이지 인간에 대한 하나님의 생각이 아닙니다. 여러분은 하나님을 어떤 분으로 믿고 있습니까? 초월적이고 영원하신 우주의 주권자 하나님, 지금도 여전히 행동하시는 하나님으로 믿고 있습니까? 주님은 "아버지께서 이제까지 일하시니 나도 일한다"고 말씀하셨습니다(요 5:17). 내재론자도 틀렸고, 하나님을 우주 밖으로 거의 쫓아내다시피 하는 초월적 개념도 틀렸습니다. 하나님은 우리 위에 계시면서도 우리와 함께 계신 분, 행동하시며 개입하시는 분, 자기 백성을 찾아오시는 분입니다. 살아 계신 주권자 하나님에 대해 분명하고 정확한 개념을 가지고 있지 못하면서 어떻게 그분께 기도할 수 있겠습니까? 여러분도 아시다시피 블레셋 사람들의 소행은 그 개념을 모호하게 만드는 것입니다. 다시 물을 얻고 싶다면 이 문제부터 처리해야 합니다.

첫 번째 진리에 이어 감추어진 두 번째 진리가 있습니다. 그것은 이 책, 즉 성경의 권위와 관련된 진리입니다. 블레셋 사람들이 변함없이 하는 짓은—블레셋 사람들 중에도 또 갈라지는 무리와 분파가 있으므로 여기에서는 일반적인 측면에서 살펴볼 필요가 있습니다—계시를 부인하는 것입니다. 지금까지 제가 말한 식으로 하나님을 생각하는 사람들은 당연히 계시를 부인할 수밖에 없습니다. 그들은 감동을 믿지 않습니다. 성경에 기록되었듯이 하나님이 자신에 대한 진리를 명제와 진술로 계시하셨다는 사실을 전혀 믿지 않습니다. 그렇다면 그들의 입장은 어떤 것입니까? 그들은 어떻게 진리에 도달합니까? 그들의 대답은 진리 탐구로, 추론으로, 자신들의 시각과 성찰로 도달한다는 것입니다.

자, 그 내용은 아주 간단히 정리될 수 있습니다. 오늘날 사람들은 하나님을 찾는 인간의 탐구에 온통 강조점을 두고 있습니다. 마치 하나님이 한 번도 자신을 계시해 주신 적이 없는 양 그렇게 하는 것입니다. 그러나 성경 전체의 주장은 인간의 탐구로 하나님을 발견할 수 없기에 하나님이 먼저 인간을 찾으셨고 인간에게 자신을 계시해 주셨다는 것입니다. 이것이 기본명제입니다. 사람들은 이 기본명제를 부인하고 있습니다. 오늘날 모든 것을 지배하고 다스리는 것은 철학자와 사상가들이며 그들이 생각하는 하나님입니다. 그들은 공공연히 하나님께 도전하고 있으며 자신들이 가진 이미지에 따라 하나님을 만들어 내고 있습니다. 그러나 그 하나님은 진짜 하나님이 아닙니다. 날조된 개념일 뿐입니다.

이런 상황에서는 부흥에 대해 말하거나 부흥을 기대할 자격이 없으며 부흥의 소망은 더더욱 품을 수 없다는 것이 저의 주장입니다. 이 모든 문제들에 대해 우리가 최종적으로 기대는 권위는 무엇입니까? 성경에 기록된 말씀 없이 하나님과 축복의 가능성에 대해 무엇을 알 수 있습니까? 내 머리와 이성으로 무엇이 옳고 그른 것을 분별해 낼 수 있다고, 어쩌다 동의가 되는 내용이 나올 때 그것을 붙잡기만 하면 된다고 주장하겠습니까? 그렇다면 이 책이 아닌 나 자신이 권위의 주체가 되는 것입니다. 하나님의 계시가 아닌 내 이성이 표준이 되는 것입니다.

과거 부흥의 역사를 읽어 보면 남녀를 막론하고 이 책을 하나님의 말씀으로 믿었을 때 부흥이 찾아왔음을 발견할 것입니다. 그들은 성경을 문자 그대로 믿었고, 하나님이 주신 계시로 여겼으며, 하나님에 대한 진리이자 인간과 그분의 관계에 대한 진리, 그와 관련된 모든 것에 대한 진리로 여겼습니다. 또한 그들은 하나님의 감동을 받은 사람들이 이 책을 썼음을 믿었습니다. 그들은 이 책에 복종했으며, 재판관 내지는 무슨 내용이 옳고 그른지 판단하는 존재로서 이 책 위에 군림하지 않았습니다. 그러나 지난 150년 간 블레셋 사람들은 무섭게 움직였습니다. 오늘날 상황이 이렇게 된 것은 사람들이 기댈 수 있는 권위가 그 어디에도 없기 때문입니다. 사람들은 성경의 권위를 부정하면서 자신들의 견해와 철학, 과학, 학식을 위시한 모든 것을 내세웠습니다. 초자연적인 요소를 무시했고 기적을 믿지 않았습니다. 그런 것들과 과학은 양립할 수 없다고 생각했습니다. 그래서 그 모든 것을 덮어 버렸습니다. 철학자들의 체계에 맞지 않는다는 이유로 하나님 편에서 이루어지는 직접적인 행동들을 전부 의심했습니다. 이것은 절박한 문제입니다. 간곡히 청하건대 과거의 역사를 읽어 보십시오. 그러면 하나님이 주신 말씀의 권위보다 인간의 사상과 견해를 앞세웠을 때에는 부흥이 결코 일어나지 않았다는 사실을 발견할 것입니다.

세 번째로 사람들이 무시하고 있는 믿음의 중대하고 기본적인 항목은 죄에 빠져 하나님의 진노 아래 있는 인간에 대한 것입니다. 이것은 육에 속한 사람이 혐오하는 교리입니다. 그는 이 교리를 모욕으로 느낍니다. 육에 속한 사람은 언제나 그랬습니다. 이번에도 뒤로 돌아가 역사서들을 읽어 보십시오. 그러면 침체되고 죽어 있던 시기에는 언제나 이런 식으로 죄에 대해 믿지 않았다는 사실을 발견할 것입니다. 사람들은 하나님의 진노를 믿지 않았습니다. 기독교 신앙과 관련하여 죄와 하나님의 진노라는 이 두 가지 교리만큼 요즘 사람들이 혐오하는 교리는 없다고 생각합니다. 사람들은 심리학적 관점에서 죄를 설명함으로써 빠져 나가려 하고 있습니다. 죄에 대해 언급하는 것을 인류에 대한 모욕이라고 말하며, 하나님의 진노라는 사상에 대해서는 "이런, 하나님은 절대 그런 분이 아닙니다. 진노하는 신은 구약의 부족 신이지요"라고 말합니다. 불과 얼마 전에 한 저명한 설교자는 "시내 산 꼭대기에 앉아 진노와 정죄를 쏟아내는 구약의 하나님"은 믿지 않는다고 말했습니다. 자신이 믿는 하나님은 예수의 하나님이라는 것입니다. 이처럼 사람들은 하나님의 진노라는 사상과 하나님은 사랑이시라는 교리가 서로 양립할 수 없다고 말합니다.

제가 이런 주장을 블레셋 사람들의 소행이라고 말하는 것은 모든 부흥의 역사 자체가 이 점을 바로 드러내 주기 때문입니다. 남녀를 막론하고 부흥의 한복판에 있었던 사람들이 제일 처음 인식했던 것이 두 가지 있습니다. 그중에 한 가지는 자신이 말할 수 없이 죄로 가득 찬 존재라는 것입니다. 부흥이 임할 때 사람들은 자신의 죄를 깨닫고 신음하며 고뇌합니다. 자신의 무가치함과 악함이 얼마나 절실히 느껴지는지 도저히 살 수 없을 것 같은 생각이 들 정도입니다. 자기 자신을 대체 어찌하면 좋을지 알 수가 없습니다. 잠도 오지 않습니다. 격렬한 영혼의 고통으로 몸부림칩니다. 역사를 읽어 보면 이 점이 두드러지게 나타나는 것을 볼 수 있습니다. 성경이 가르치고 있는 사실은, 인간의 마음이 "만물보다 심히 부패하니 누가 그것을 알겠느냐"는 것입니다(렘 17:9).

사도 바울은 말합니다. "내 속 곧 내 육신에 선한 것이 거하지 아니하는 줄을 아노니……오호라, 나는 곤고한 사람이로다!"(롬 6:18, 24) 부흥의 때에는 남녀를 막론하고 바울 같은 느낌을 갖게 됩니다. 그들은 죄로 가득 찬 자신의 모습을 보고 공포에 떨며 구원해 달라고 부르짖습니다.

그때 그들이 맞닥뜨리는 것은 거룩하신 하나님의 진노입니다. 그 진노가 가장 격렬한 고통을 불러일으킵니다. 그들은 스스로 하나님의 진노를 받아 마땅한 존재라는 사실과 하나님이 하나님 되시려면 그의 신적인 성품과 존재를 다해 가장 강렬하게 죄를 미워하셔야 한다는 사실을 알며, 그가 실제로 죄를 미워하고 계시다는 사실을 압니다. 하나님도 친히 그렇게 말씀하셨습니다. 그 내용이 구약과 신약에 다 나오고 있습니다. 사람들이 구약의 대척점에 세우고 있는 예수님도 하나님의 진노에 대해 가르치셨습니다. 지옥에 대해 말씀하셨으며 "구더기도 죽지 않고 불도 꺼지지" 않는 곳에 대해 말씀하셨습니다(막 9:48). 이런 생각을 발설하신 분은 예수님 자신입니다. 이처럼 하나님의 진노에 대한 말씀은 구약뿐 아니라 신약에도 곳곳에 나오고 있습니다. 저는 성경 전체를 통틀어 마지막 책인 계시록 6장에 나오는 말씀, 종말에 주님을 보면서 산과 바위를 향해 자신들 위에 떨어져 가려 달라고 외치는 사람들에 대한 말씀보다 더 무서운 말씀을 알지 못합니다. 무엇으로부터 가려 달라고 외칩니까? 어린 양, 사랑의 성육신이신 하나님의 어린 양의 진노에서 가려 달라고 외칩니다. 세상 모든 것 중에 가장 무서운 것이 바로 그의 진노입니다. 부흥과 각성의 시대마다 이런 일이 일어났습니다. 사람들은 살아 계신 거룩한 하나님의 임재 앞에 떨었습니다. 무가치한 자신들의 모습을 보면서 대체 무엇을 해야 할지, 어디로 가야 할지 몰랐습니다. 몇 날 며칠씩 고통을 겪었습니다.

부흥의 때에는 이런 일이 일어납니다. 그런데 지금 사람들은 바로 이 진리를 부인하며 혐오하고 있지 않습니까? 블레셋 사람들이 바로 이 진리 위에 흙과 잡동사니를 던져 덮어 버리고 있지 않습니까? 오, 저는 단지 교리를 옹호하려는 것이 아닙니다. 그것은 제가 해야 할 일도 아니고 제가 힘쓰고 싶은 일도 아닙니다. 그럼에도 이 점을 절박하게 강조하는 것은 교회 안에 있는 사람들이(교회 밖에 있는 사람들은 개의치 않습니다) 거룩하고 의로우신 하나님, 조너선 에드워즈의 말대로 분노하시는 하나님 앞에 겸손해지고 낮아지며 엎드리지 않는 한 부흥의 소망은 없다는 깊은 확신 때문입니다. 부흥이라는 이 강력한 축복과 우리 사이를 가로막고 있는 것은 우리의 오만입니다. 교만입니다. 하나님 앞에 꿇어 엎드리는 대신 우리 자신을 높이고 우리의 이미지에 맞추어 하나님을 규정짓는 경향입니다.

그뿐만이 아닙니다. 이 터 위에 서지 않으면 아무리 앞으로 전진해 봐야 소용이 없습니다. 아시다시피 주 예수 그리스도를 믿는다고 말하는 것만으로는 충분치 않습니다. 물론 우리는 그가 누구시며 무슨 일을 하셨는지에 대한 교리도 살펴볼 것입니다. 그러나 초월적이고 거룩하신 주권자 하나님, 존재하시며 행동하시는 하나님에게서 출발하지 않는 믿음은 참된 것이 될 수 없습니다. 그가 주신 계시에 전적으로 복종하지 않는 사람, 자기 마음의 역병과 아담에게서 물려받은 본성의 악함을 깨닫지 못하는 사람, 온 존재를 다해 죄를 미워하시는 이 거룩하고 의로우신 하나님 앞에 자신은 아무 소망이 없으며 심히 절망적인 처지에 있다는 사실을 보지 못하는 사람은 부흥에 대해 말할 자격도 없고 부흥을 위해 기도할 자격도 없습니다. 부흥은 다른 무엇보다 더 하나님의 주권을 드러내는 일이자 죄에 빠진 인간의 죄악과 무력함, 소망 없음을 드러내는 일이기 때문입니다.

하나님이 이런 것들을 묵상하는 은혜를 우리에게 주시기 바랍니다. 여러분은 하나님에 대해 어떻게 생각하고 있습니까? 하나님께 어떻게 나아가고 있습니까? 하나님 앞에서 어떤 태도를 보이고 있습니까? 우리 자신으로부터 출발해 봅시다. 이것은 개인적인 문제이며 우리 모두에게 해당되는 문제입니다. 부흥의 때에 하나님은 아무에게도 이름이 알려지지 않은 무명인, 이른바 별 볼일 없는 교인들을 붙드십니다. 하나님은 종종 그런 자들을 통해 가장 강력한 역사를 일으키시곤 했습니다. 우리 중 아무에게도 알려지지 않은 누군가가 우리가 갈망하는 부흥의 때에 하나님께 사용되는 바로 그 도구가 될지 누가 알겠습니까? 그러므로 여러분에게 호소합니다. 이 진리들을 깊이 생각해 보십시오. 여러분은 이 진리들을 명확히 알고 있습니까? 여러분의 삶과 마음에 블레셋 사람들의 소행이 남긴 증거가 있지는 않습니까? 그렇다면 깨끗이 청소하십시오. 기본으로 돌아가십시오.

4 오염된 교리

> 이삭이 그곳을 떠나 그랄 골짜기에 장막을 치고 거기 우거하며 그 아비 아브라함 때에 팠던 우물들을 다시 팠으니 이는 아브라함 죽은 후에 블레셋 사람이 그 우물들을 메웠음이라. 이삭이 그 우물들의 이름을 그 아비의 부르던 이름으로 불렀더라. (창 26:17-18)

우리는 지금까지 블레셋 사람들이 수원을 막기 위해 쏟아 버린 쓰레기와 흙을 치우는 일이 어떻게 부흥에 순전하고도 참된 관심을 가진 교회의 급선무가 되어야 하는지 고찰해 보았습니다. 그저 "부흥에 대해 기도합시다"라고 말하는 것만으로는 부흥으로 나아갈 수 없습니다. 물론 기도도 해야 합니다. 저는 이 점을 강조하고 싶습니다. 그것도 강하게 강조하고 싶습니다. 그러나 제가 지금 말하려는 바는 기도하기 전에 꼭 해야 할 일이 있다는 것입니다. 기도의 선결조건들이 있습니다. 무릎을 꿇고 소리 내서 말만 하면 되는 것이 아닙니다. 성경은 일정한 방식과 조건에 따를 때에만 하나님께 나아갈 수 있다는 점을 처음부터 끝까지 아주 분명하고 확실하게 밝히고 있습니다. 그 조건들을 지키지 않는 기도는 기도가 아닙니다. 그 조건들을 지키지 않는 종교 의식은 아무 가치가 없습니다. 다음과 같이 설명해 보겠습니다. 우리는 성령의 부으심이 필요하다고 말합니다. 그러나 하나님의 영은 그 정의상 자신의 진리 위에만 부어질 수 있으며 그 진리만을 높이실 수 있는 것이 분명합니다. 성령은 거짓말을 높이실 수 없습니다. 진리를 부인하는 말을 높이실 수 없습니다. 부흥의 때에 부어지는 성령은 성경 저자들을 인도하셨던 바로 그분이십니다. 따라서 성령의 축복을 받고 싶다면 그의 진리에 부합되는 입장을 확실히 해야 하는 것이 분명합니다. 성령이 제시하신 조건을 지키지 않는 사람은 그의 축복을 구할 자격이 없습니다.

    블레셋 사람들의 쓰레기부터 치우는 것이 급선무라고 말하는 이유가 여기 있습니다. 물론 그 과정은 고통스럽습니다. 기꺼이 인정하는 바, 저도 그 일을 피할 수만 있다면 그렇게 하는 편이 더 좋습니다. 그 일을 하기보다는 "기도합시다"라고 말하고 기도모임을 마련하는 편이 훨씬 더 쉬울 것입니다. 그러나 성경을 참으로 믿는다면 그렇게 할 수가 없습니다. 그것은 앞뒤가 맞지 않는 일입니다. 우리는 성경의 순서를 따라야 합니다. 우리는 신앙의 긴요한 교리들에 대한 의심과 부인부터 청산해야 한다는 점을 고찰했습니다. 이제 여러분은 제 강조점을 알아챘을 것입니다. 제가 말하려는 바는 긴요하고 본질적인 교리들을 부인하거나 의심하거나 경시하거나 무시하는 것이야말로 블레셋 사람들의 첫 번째 소행이라는 것입니다. 그 외의 다른 교리들은 제 관심 밖에 있습니다. 교리에도 여러 가지가 있습니다. 그리스도인의 입장에 절대 없어서는 안 될 본질적인 교리들도 있고, 우리는 옳다고 믿지만 본질에 해당한다고는 말할 수 없는 교리들도 있습니다. 지금 제 관심은 그야말로 본질적인 교리들에 한정되어 있습니다. 지금은 세세한 부분들에 매일 때가 아니라 기본적인 부분들을 염려할 때입니다. 그래서 그런 기본적인 교리들 중 몇 가지를 고찰한 것입니다. 우리는 하나님의 초월성과 주권에 대한 교리, 성경의 권위에 대한 교리, 죄에 빠져 하나님의 진노 아래 있는 인간에 대한 교리를 살펴보았습니다. 그런데 그것은 또 다른 지극히 본질적인 교리로 우리를 이끌어 갑니다. 그 교리란 당연히 주 예수 그리스도의 위격에 관한 것입니다. 그가 기독교의 중심을 차지하고 계시며 결정적인 자리를 차지하고 계십니다. 성경을 읽어 보면 모든 곳에 그가 등장하신다는 것을 알 수 있습니다. 구약에도 그가 나오십니다. 구약 전체가 그를 고대하고 있습니다. 구약은 그와 그의 오심과 그가 오셔서 하실 일들에 대해 약속하고 있는 책입니다. 구약에서 주 예수 그리스도를 발견하지 못하는 사람은 영적인 소경입니다. 또한 신약은 당연히 그리스도만을 설명하고 묘사해 놓은 책입니다. 복음서와 사도행전은 전부 이 복되신 위격에 대한 내용으로 채워져 있습니다. 그가 중심에 계십니다. 성경은 결국 이분에 대한 책입니다. 바로 이분 안에서, 이분을 통해 하나님이 자기 백성을 찾아와 구속하시며 이 큰 구원을 베풀어 주시기 때문입니다.

다음으로 성령이 하시는 일에 대해 살펴봅시다. 우리는 성령의 능력이 필요하다는 것을 실감하고 있으며, 교회가 성령의 찾아오심을 위해 기도해야 한다는 것을 알고 있습니다. 그러나 주님이 친히 말씀하셨듯이 성령이 하시는 최고의 일은 주 예수 그리스도를 영화롭게 하시는 것입니다. 주님은 말씀하셨습니다. "보혜사 곧 아버지께서 내 이름으로 보내실 성령 그가 너희에게 모든 것을 가르치시고 내가 너희에게 말한 모든 것을 생각나게 하시리라"(요 14:26). "그는 자의로 말하지 않고"(요 16:13). 그렇습니다. 그는 "내 영광을 나타내"시는 분입니다(요 16:14). 이처럼 성령이 하시는 최고의 일은 주 예수 그리스도께 관심을 집중시키며 그를 가리켜 보이시는 것입니다.

또한 역사적인 증거를 찾아보고 오랜 교회사에 등장하는 모든 부흥의 이야기들을 읽어 보면, 그 당시 교회의 삶의 중심에 어김없이 주 예수 그리스도가 계셨음을 발견하게 됩니다. 사람들이 애송하는 200년 전의 위대한 찬송들도 한번 살펴보시기 바랍니다. 찰스 웨슬리Charles Wesley, 필립 다드리지Philip Doddridge, 아이작 와츠Isaac Watts, 윌리엄 윌리엄스William Williams와 그 밖의 많은 사람들이 대부분의 찬송들을 지었습니다. 그 찬송들의 큰 주제가 무엇입니까? 주 예수 그리스도입니다. "사랑하는 우리 주 나를 품어 주소서……"*라는 가사보다 더 18세기에 찾아온 부흥과 각성

---

* 찬송가 441장—옮긴이.

의 시기를 대표하는 말은 없습니다. 17세기 말부터 18세기 초를 특징지었던 그 모든 이신론과 철학적인 설교 한복판으로 주 예수 그리스도에 대한 뜨겁고 경건하며 힘찬 영적 설교가 들어갔고, 인격적으로 그를 아는 지식이 생겨났습니다. 이 찬송들은 바로 그 내용으로 가득 차 있습니다. 여러분은 다른 부흥의 시기에도 항상 똑같은 일이 일어났음을 발견할 것입니다. 부흥이 일어나면 모든 것이 그분께로 집중됩니다. 100년 전에 부흥이 임했던 모든 나라에서 가장 많이 불린 찬송들도 다 우리 주와 구주 되신 예수 그리스도의 위격에 대한 것들이었습니다. 20세기에 부흥을 경험한 모든 곳에서 같은 일이 일어났습니다.

이 모든 이유들로 볼 때 주 예수 그리스도를 우리의 묵상과 삶과 생각과 기도의 중심에 모시지 않는 한, 결정적이고도 중심적이며 긴요한 자리에 모시지 않는 한, 우리에게는 부흥을 구할 자격이 없는 것이 분명하지 않습니까? 그런데 실제 상황은 어떻습니까? 여러 사람들과 신앙 이야기를 나누다 보면, 교인들조차 주 예수 그리스도에 대해서는 한마디도 하지 않은 채 장시간 이야기하는 것을 보게 됩니다. 제가 다음과 같은 이야기를 질리지도 않고 계속하는 것은, 목회자로서 이런 경험을 익히 해 왔기 때문입니다. 사람들이 저를 찾아와 이런 식의 말들을 할 때, 저는 다음과 같은 질문을 던집니다.

"오늘 밤에 죽는다면 어떨 것 같습니까?"

"오, 저는 하나님을 믿습니다."

"좋습니다. 그렇다면 당신이 믿는 하나님 앞에 섰을 때 무슨 말을 하겠습니까? 무엇을 의지하겠습니까?"

"글쎄요, 저는 늘 선하게 살려고 노력했습니다. 선한 일을 하려고 최선을 다했지요."

"그럼에도 죄를 짓지 않았습니까?"

"물론입니다. 죄를 지었지요."

"그렇다면 그 죄는 어떻게 하겠습니까? 그 죄에 대해 하나님 앞에서 뭐라고 말씀드리겠습니까?"

"글쎄요, 저는 하나님이 사랑의 하나님이신 것을 믿습니다."

"그 사실이 어떤 도움이 될까요?"

"글쎄요, 하나님 앞에서 죄를 인정하고 용서를 구하면 용서해 주실 것을 믿는다는 거지요. 제가 의지하는 건 그겁니다."

이렇게 저는 그들을 밀어붙이고 연이어 질문을 던지며 따져 묻습니다. 그러면 그들은 계속해서 같은 종류의 대답을 내놓습니다.

제가 말하고 싶은 요점은 그들이 주 예수 그리스도는 그 이름조차 언급하지 않는다는 것입니다. 그들은 용서를 믿고 있으며, 용서의 필요성을 알고 있습니다. 그러나 주 예수 그리스도 없이도 하나님께 용서받을 수 있다고 생각하는 것 같습니다. 그들은 성찬의 떡과 포도주에 담긴 의미, 그의 죽음과 피 흘림의 참된 의미를 보지 못합니다. 그 의미를 전혀 이해하고 있는 것 같지 않습니다. 주 예수 그리스도 없이도 직접 하나님께 나아갈 수 있다고 생각하는 것 같습니다. 기독교라는 이름을 내세우지만 사실 그 안에 그리스도는 거의 없는 경우가 얼마나 많은지 모릅니다. 그들의 사고에는 그리스도가 들어 있는 것 같지 않습니다. 이런 사람들이 보기에는 그리스도가 절대적으로 긴요한 분이 아니기 때문에 설령 그를 역사에서 지워 버린다 해도 여전히 같은 입장을 유지할 것입니다. 그들은 상당 부분 구약시대 성도들의 수준에서 살고 있는 것 같습니다. 아니, 사실은 그 수준에도 미치지 못합니다. 구약의 성도들은 메시아의 오심을 고대했지만 이들은 그분의 필요성 자체를 전혀 못 느끼는 듯하기 때문입니다.

이것은 블레셋 사람들의 소행임이 분명합니다. 어떤 식으로든 주 예수 그리스도를 가려 버리는 것, 어떤 식으로든 그를 중심에서 밀어내 어딘가로 치워 버리는 것은 모두 블레셋 사람들의 소행입니다. 오, 특히 이 20세기에 블레셋 사람들이 얼마나 활발하고 분주하게 움직이고 있는지 모릅니다. 친애하는 여러분, 토론의 여지가 전혀 없는 분명한 사실들이 있습니다. 첫째는 그의 유일무이한 신성입니다. 그의 영원하심입니다. 사도 바울이 골로새서 1장에서 그를 어떻게 묘사하고 있는지 보십시오. 주 예수 그리스도의 유일무이한 신성과 영원하심, 하나님과 동등하심, 성육신, 한 인격 안에 두 본성이 있다는 이 복된 진리를 부인하는 자들과 논쟁하느라 시간을 낭비할 필요가 없습니다. 모든 부흥의 시기로 돌아가 보십시오. 이것은 논란의 여지 없는 진리입니다. 그들은 바로 이 진리를 자랑했습니다. 바로 이 진리가 그들의 생명이었습니다. 제가 볼 때 이것은 절대적인 본질에 해당하는 진리입니다. 저는 예수를 믿는다고 하면서도 동정녀 탄생이나 그가 행하신 기적을 믿지 않는 사람, 문자 그대로 몸으로 부활하신 사실을 믿지 않는 사람을 도무지 이해할 수가 없습니다.

사도 바울은 이에 대해 논쟁을 벌이지 않습니다. 그 대신 다음과 같이 말합니다. "그리스도께서 만일 다시 살지 못하셨으면 우리의 선파하는 것도 헛것이요 너희 믿음도 헛것이며……너희가 여전히 죄 가운데 있을 것이요"(고전 15:14, 17). 바울이 고린도전서 15장에서 말하는 것은 문자 그대로의 부활입니다. 그는 그리스도의 영이 영속한다는 식으로 말하지 않습니다. 단순히 "그는 죽으셨지만 여전히 우리를 도우실 수 있다"고 주장하지도 않습니다. 그렇습니다. 그는 문자 그대로 몸의 부활에 대해 말하고 있습니다. 그는 "부활이 사실이 아니라면 내가 전하는 모든 말은 틀린 것이다"라고 말합니다. 그리스도인을 자처하면서도 주님이 몸으로 부활하신 사실을 부인하며 그것은 중요한 문제가 아니라고 말하는 사람들이 있습니다. 여러분이 만약 그런 입장을 가지고 있다면, 분명히 말하건대 여러분은 부흥을 구할 자격도 없고 부흥을 기대할 자격도 없습니다. 성령은 부활의 증인들 중에 한분이기 때문입니다. 사도 베드로가 그 점을 어떻게 표현했는지 기억하십니까? 그는 말합니다. "우리는 이 일에 증인이요 하나님이 자기를 순종하는 사람들에게 주신 성령도 그러하니라"(행 5:32). 성령은 이 일에 증인이요, 성육신의 증인이요, 주님의 사역과 가르침과 기적의 증인이요, 그 죽음의 증인이요, 문자 그대로 몸으로 영광스럽게 부활하신 일의 증인입니다. "우리는 이 일의 증인이요……성령도 그러하니라." 성령이 증거하시는 바로 그 일과 그가 영화롭게 하려고 오신 바로 그분을 부인하면서 어떻게 축복해 달라고 구할 수 있으며 능력으로 임해 달라고 구할 수 있겠습니까?

이런 사실들을 분명히 하지 않고서 "기도합시다"라고 말하는 것이 무슨 소용이 있겠습니까? 블레셋 사람들의 쓰레기를 치우기 전에는 우물물에 이를 수가 없습니다. 부흥은 무엇보다 하나님의 아들이신 주 예수 그리스도를 영화롭게 하는 일입니다. 교회의 삶의 중심에 그분을 다시 모시는 일입니다. 여러분은 부흥의 때에 사람들이 그리스도께 개인적으로 뜨겁게 헌신하는 모습들을 보게 됩니다. 부흥은 찬송하게 하며 찬양의 노래를 부르게 합니다. 교회의 삶의 중심이신 그리스도를 찬송하게 합니다. 여러분은 블레셋 사람들의 소행을 청산할 필요를 느끼지 못합니까? 그를 높이지 않는 기독교, 그를 위해 살지 않는 기독교, 그를 증거하며 살지 않는 기독교는 아무 가치가 없습니다.

이번에는 그가 하신 일에 대해 생각해 봅시다. 그렇습니다. 그의 위격이 먼저입니다. 그러나 그가 하신 일에 대해서도 생각해 보아야 합니다. 그가 하신 일이라고 할 때, 제가 말하려는 바는 무엇일까요? 자, 제가 특별히 강조하고 싶은 것은 그의 속죄, 즉 십자가의 죽음과 찢기신 몸과 피 흘림입니다. 이번에도 여러분이 직접 확인해 볼 수 있는 순수한 사실을 예로 들겠습니다. 여러분은 부흥의 때마다 어김없이 그리스도의 피가 크게 강조되었음을 발견할 것입니다. 부흥기에 불렸던 찬송들은 무엇보다 그의 피에 대한 것이었습니다. 저는 그 찬송들을 여러 언어로 인용할 수 있습니다. 이보다 더 크게 나타나는 부흥의 특징은 없습니다. 사도는 골로새서 1장에서 다시금 그 점을 설명하고 있습니다. "화평을 이루사……." 어떻게 화평을 이루셨습니까? "십자가의 피로" 이루셨습니다(20절).

물론 제가 지금 이 시대에 지극히 인기 없는, 이상한 말을 하고 있음을 아주 잘 압니다. 이 피의 신학을 비웃으면서 스스로 똑똑하다고 생각하는 기독교 설교자들이 있습니다. 그들은 조롱으로 이 신학을 일축해 버립니다. "구약의 피투성이 종교, 황소와 염소의 피에 젖은 종교, 그리스도의 피를 이야기하며 그것을 실체화하려는 모든 시도"라고 일축해 버리는 것입니다. 그들은 당연히 이렇게 말합니다. 그래서 교회가 이 모양이 되어 버린 것입니다. 그러나 부흥이 임한 교회들은 십자가를 자랑하며 그의 피를 내세웁니다. 히브리서 기자의 표현대로 우리가 성소에 들어갈 담력을 얻는 유일한 길이 바로 예수의 피를 힘입는 것이기 때문입니다(히 10:19). 성령은 바로 이것을 높이십니다. 바로 이것을 증거하십니다. 하나님의 아들이 세상에 오셔서 천사보다 조금 못하게 되셨습니다. 무엇을 위해서였습니까? 죽임을 당하기 위해서, 만인을 위해 죽음을 맛보기 위해서였습니다.

기독교 복음의 중추이자 중심이자 핵심은 이것입니다. "이 예수를 하나님이 그의 피로 인하여 믿음으로 말미암는 화목제물로 세우셨으니"(롬 3:25). "자기도 의로우시며 또한 예수 믿는 자를 의롭다 하려 하심이니라"(롬 3:26). "그의 피로 말미암아 구속 곧 죄 사함을 받았으니"(엡 1:7). "피 흘림이 없은즉 사함이 없느니라"(히 9:22). 우리 복음의 핵심은 하나님이 "죄를 알지도 못하신 자로 우리를 대신하여 죄를 삼으신 것은 우리로 하여금 저의 안에서 하나님의 의가 되려 하심"이라는 것입니다(고후 5:21). 교회가 알고 있는 설교자 중에 가장 위대한 설교자는 자기 자신에 대해 이렇게 말하기를 좋아했습니다. "그러나 내게는 우리 주 예수 그리스도의 십자가 외에 결코 자랑할 것이 없으니 그리스도로 말미암아 세상이 나를 대하여 십자가에 못 박히고 내가 또한 세상을 대하여 그러하니라"(갈 6:14). 이것이 그가 내세우며 자랑했던 것이었습니다. 또한 그는 고린도 교인들에게 다음과 같이 말하고 있습니다. "내가 너희 중에서 예수 그리스도와 그의 십자가에 못 박히신 것 외에는 아무것도 알지 아니하기로 작정하였음이라"(고전 2:2).

그런데도 사람들은 그의 십자가 죽음이 우발적인 사건 내지는 평화주의자의 죽음에 불과했다고, 또는 그 비슷한 것이었다고 말하는 것입니다. 그들은 그 사건이 모든 것의 중심에 있음을 알지 못합니다. 바로 그 죽음으로 우리의 구원이 이루어졌다는 사실을 알지 못합니다. 우리가 죄 사함을 얻고 자유로워진 것은 하나님이 우리 모두의 죄악을 그에게 담당시키셨기 때문임을 알지 못합니다. 그들은 말합니다. "아, 그건 기계적인 생각입니다. 상업적인 생각에 가깝지요. 당신은 이 일을 거의 물질적인 것으로 만들어 버리는군요. 이건 하나님의 사랑이 크게 나타난 사건에 불과하다고요." 그렇지 않습니다. 십자가는 거룩하고 영존하시며 영원토록 공평하고 의로우신 하나님이 우리 죄의 형벌을 자신의 독생자, 지극히 사랑하는 아들에게 지우심으로써 구원의 길을 여신 지점입니다. 사람들이 십자가의 피를 부인하며 자랑해야 할 십자가를 오히려 조롱하는 한, 부흥은 일어날 가망이 없습니다.

> 주 달려 죽은 십자가
> 우리가 생각할 때에
> 세상에 속한 욕심을
> 헛된 줄 알고 버리네.*
> ―아이작 와츠

그들은 죽음과 피와 십자가라는 이 복된 사실 위에 잡동사니와 흙과 온갖 쓰레기를 쏟아 부었습니다. 그러니 교회가 이 모양이 된 것도 놀랄 일이 아닙니다. 이처럼 우리의 중심 메시지가 감추어져 버렸으니 세상이 이 모양이 된 것도 놀랄 일이 아닙니다. 지금 우리에게 있는 것이 무엇입니까? 여러분, 블레셋 사람들의 소행을 청산하지 않는 한 소망은 없습니다. 가장 값진 진리를 덮고 있는 쓰레기부터 청소해야 합니다.

이제 그 다음 교리, 즉 성령의 위격과 사역에 대해 살펴봅시다. 이것은 여러 가지 면에서 제가 다루었던 모든 교리 중에 가장 실제적인 교리입니다. 그런데 슬프게도 우리가 지금까지 주로 염두에 두었던 사람들, 즉 성경의 권위를 부인하고 죄와 속죄의 교리를 일축하는 사람들에게만 해당된다고 볼 수 없는 일들을 이야기해야만 하겠습니다. 아, 제가 볼 때 많은 복음주의자들도 똑같은 잘못을 범하고 있습니다. 이 말을 하는 제 마음속에는 깊은 비탄이 있습니다. 그럼에도 우리가 부흥에 관심을 가지고 있다면 이 말을 들어야만

---

* 찬송가 147장―옮긴이.

합니다. 블레셋 사람들은 성령의 위격과 사역을 가리는 데 항상 관심을 기울여 왔습니다. 또는 여러 가지 방법을 동원하여 성령을 소멸해 왔다고도 할 수 있습니다. 그들은 어떻게 이런 일을 해 왔을까요? 자, 여기 그 몇 가지 방법이 있습니다. 한 가지는 그를 완전히 잊어버리고 무시하는 것입니다. 그런 사람들이 많이 있습니다. 물론 그들에게 물어보면 성령을 믿는다고 말합니다. 그러나 실제로는 완전히 잊고 있습니다.

    이것이 전부가 아닙니다. 성령을 잊어버린 것은 아니지만 그를 어떤 영향력 정도로만 생각하는 이들도 있습니다. 그들은 성령을 인격체로 믿지 않습니다. "오, 성령의 영향이 나타났다"는 말은 합니다. 그러나 그의 인격에 대해서는 말하지 않음으로써 그를 심히 근심시킵니다. 주님은 **그**를 보내겠다고 하시면서 다음과 같이 말씀하셨습니다. "내가 아버지께 고하겠으니 그가 또 다른 보혜사를 주사." "내가 너희를 고아와 같이 버려두지 아니하고." "그가 너희를 모든 진리 가운데로 인도하시리니." 이처럼 주님은 성령에 대해 말씀해 주셨습니다. 그렇습니다. 우리는 삼위일체를 믿습니다. 성부 하나님과 성자, **그리고** 성령을 믿습니다. 성령을 "그것"이라고 부르면서 어떻게 그가 우리를 찾아와 축복해 주실 것을 기대할 수 있겠습니까? 누가 여러분을 "그것"이라고 지칭하면 좋겠습니까? 단순히 하나의 매개체나 힘으로 생각하면 좋겠습니까? 당연히 싫을 것입니다. 어떤 식으로든 한 인격체의 인격성을 의심하는 것보다 더 모욕적인 일은 없습니다. 그런데 사람들은 성령께 그런 짓을 합니다. "그것"이라고 부르면서 하나의 영향력 정도로만 취급하는 것입니다. 그렇지 않습니다. 그는 복되신 인격체입니다.

또는 이렇게 설명해 봅시다. 사람들은 요한복음 14장부터 16장까지 주님의 가르침에 나타나 있는 지위를 성령께 드리고 있지 않습니다. 그 본문을 다시 읽어 보십시오. 주님은 성령을 "그"라는 복되신 인격체로 부르실 뿐 아니라 그의 역할에 대해 말씀해 주고 계십니다. 주님은 성령이 무슨 일을 하시는지, 어떻게 우리 편에 서시는지, 어떻게 우리에게 말씀하시며 우리를 격려해 주시는지, 어떻게 우리를 진리로 돌이키시며 우리에게 진리를 알려주시는지, 어떻게 우리에게 빛을 비추시며 지각을 주시는지, 어떻게 죄와 의와 심판에 대해 세상을 책망하실 수 있는지에 대해 말씀해 주십니다. 이것이 성령의 사역입니다. 우리가 사도행전이라고 부르는 책을 '성령행전'이라고 부르자고 제안하는 이들이 있는데, 상당히 일리 있는 제안입니다.

우리는 성령의 인격과 사역에 대한 교리와 관련하여 부흥이라는 주제의 가장 결정적인 요점으로 나아갈 필요가 있습니다. 그 요점이란 바로 성령의 부으심입니다. 또는 성령 세례라고 해도 좋겠습니다. 성령의 부으심은 부흥의 문제 전반에서 결정적으로 중요한 요점인 것이 분명합니다. 제가 볼 때 부흥은 그 정의상 하나님의 영이 부어지는 일, 성령이 그 능력으로 한 개인이나 다수의 사람들에게 동시에 임하시는 일을 뜻하기 때문입니다. 부흥의 이야기들을 읽어 보면 그 점을 알게 될 것입니다. 물론 블레셋 사람들의 소행은 그 점을 부인하며 논박하는 것입니다. 많은 이들이 많은 방법을 동원해서 그렇게 하고 있습니다. 어떤 이들은 부흥을 한낱 히스테리로 일축해 버림으로써 논박합니다. 그들은 말합니다. "아, 당신이 부흥이라고 말하는 건 집단 히스테리에 불과해요. 단순한 사람들을 흥분시키는 것이지요. 그래서 당신이 벨기에령 콩고나 저 멀리 스코틀랜드 북서부 섬들에서 어쩌다 일어난 부흥 얘기를 하는 것 아닙니까? 영국 같은 나라에는 그런 예가 없지요. 부흥이라는 건 단순한 사람들의 집단 히스테리라고요." 여러분도 이런 가르침을 익히 들었으리라 생각합니다. 이것은 순전히 블레셋 사람들의 소행입니다. 그리스도인을 자처하면서도 이른바 역사상 위대한 부흥이란 집단 히스테리의 증거에 불과하다고 서슴없이 말하는 이들도 있습니다. 이보다 더 성령을 근심시키는 일이 있을까요? 그들은 말합니다. "당신도 알겠지만 이렇게 잘 교육받은 세련된 나라 사람들에게 그런 일이 일어날 것을 기대해서는 안 되지요. 그런 일은 원시적인 사람들 사이에서나 일어나는 겁니다." 이보다 더 성령을 훼방하는 태도를 저는 알지 못합니다. 엄중히 경고하는 바, 누구든지 말로 인자를 거역하는 사람, 즉 그를 반대하는 자는 사하심을 얻어도 성령을 훼방하는 자는 이 세상뿐 아니라 오는 세상에도 사하심을 얻지 못한다고 주님이 친히 가르치셨습니다. 사랑하는 여러분, 하나님의 성령이 하시는 일을 심리적인 현상이나 히스테리 증상으로 돌려 버리는 이 무서운 훼방의 죄를 짓지 않도록 조심하십시오.

이처럼 부흥을 히스테리로 일축해 버리지는 않지만 그와 똑같이 성령을 소멸하는 죄를 짓는 듯 보이는 이들이 있습니다. 제가 이렇게 생각하는 것은 그들이 "성령 세례는 경험적 차원의 일이 아니다. 사람은 거듭날 때, 중생할 때 누구나 성령 세례를 받는다. 그러므로 우리는 모두 성령 세례를 받은 자들이다. 우리는 모두 이 세례를 받았다"라고 주장하기 때문입니다. 자, 그들이 말하는 성령 세례란 사도행전 2장에 나오는 사건을 가리킨다는 것을 기억하십시오. 그들은 말합니다. "그렇다. 그것은 성령 세례였다. 우리 모두 그 세례를 받았다. 그것은 의식되지 않는 일이기에 그 사실을 모르고 있을 뿐이다. 성령 세례는 우리가 믿고 중생하는 순간에 임한다. 그것은 하나님이 우리를 그리스도의 몸에 연합시키시는 행위에 불과하다. 그것이 바로 성령 세례다. 그러므로 다른 성령 세례를 달라고 기도하는 것, 교회에 성령을 부어 달라거나 성령으로 새롭게 세례를 달라고 구하는 것, 능력의 세례를 달라고 하나님께 구하는 것은 쓸데없는 짓이다. 성령 세례는 경험적인 차원의 일이 아니다. 이미 우리 모두에게 일어난 일이므로 새삼스레 구해서는 안 된다."

다른 방식으로 같은 주장을 펴기도 합니다. 오순절 사건은 단 한번 일어난 일로서 다시는 반복될 필요가 없으므로 성령이 부어지기를 기도하는 것은 잘못이라고 가르치는 것입니다. 그들은 말합니다. "하나님은 오순절 날 교회에 성령을 부어 주셨다. 그때 이후로 성령은 계속 교회 안에 계시므로 또 성령을 부어 달라고 기도하는 것은 사실상 잘못된 일이다." 그런 종류의 설교가 대세를 이루고 있으니, 사람들이 부흥을 위해 기도하지 않는 것도 놀랄 일이 아니며, 교회가 오늘날 이 모양이 되어 버린 것도 놀랄 일이 아닙니다.

또 제가 볼 때 다음과 같은 방식으로 똑같은 잘못을 범하는 이들도 있습니다. 그들은 성령 충만에 대해서만 이야기합니다. 그들은 말합니다. "당신은 바로 이 부분에 집중해야 합니다. 그리스도인과 교인들에게 요구되는 것은 오직 성령 충만한 상태를 유지하는 것임이 확실해요. 성령 충만하기만 하다면 다른 게 뭐가 더 필요하겠습니까?" 또한 그들은 말합니다. "당신이 이야기하는 성령 세례나 성령의 찾아오심을 위해 기도할 필요는 없습니다. 왜 그저 성령 충만한 상태를 유지하라고 말하지 않는 것입니까?" 아시겠지만 지금 우리가 다루고 있는 것은 한편으로는 복음을 전하며 다른 한편으로는 이미 회심한 자들에게 성령 충만한 상태를 유지하는 일의 중요성만 가르치면 된다고 생각하는 사람들의 입장입니다. 그들은 이 두 가지만 있으면 더 이상 아무것도 필요치 않다고 말합니다. 이번에도 아주 심각하게 말씀드리건대, 사람들이 부흥을 위해 기도하지 않는 주된 이유가 바로 여기 있습니다. 사람들은 부흥을 위해 기도할 필요성을 느끼지 못합니다. 예컨대 성령이 오순절 날에만 홀연히 임하신 것이 아니라 그 다음날에도 교회에 임하셨다는 점을 생각지 않는 것입니다. 여러분은 사도행전 4장에서 그 기록을 읽을 수 있습니다. 온 교인이 함께 모여 하나님께 기도하고 있었습니다. 그런데 그렇게 기도하는 중에 홀연히 성령이 임하셨고 그들이 모인 건물의 벽이 진동했다고 성경은 전합니다. 그처럼 고넬료와 그 집안에도 또 한번의 성령 세례, 성령의 부으심이 임했으며 다른 곳에서도 같은 일이 일어났습니다. 그런데 그 모든 일을 무시하고 잊어버린 것입니다. 아시다시피 지금 사람들은 이런 일이 필요치 않다고 믿고 있습니다. 그들은 복음을 전하는 한편 성령 충만에 대해 이처럼 달리 가르치라고 말하며, 성령의 부으심에 대해서는 어떤 여지도 두려 하지 않습니다. 이처럼 성령의 부으심을 기대하지 않으니 당연히 경험하지도 못합니다.

또 딱한 사람들이 있는데, 어떤 점에서는 이들이 가장 딱하다 해야 할 것입니다. 그들은 이 같은 성령의 찾아오심을 위해 기도하지 말아야 할 뿐 아니라 부흥이라는 것 자체를 위해서도 기도하지 말아야 한다고 말합니다. 그들은 다음과 같이 논리를 전개합니다. "우리는 말세에 살고 있다. 그리스도의 재림이 임박했다. 지금 성령은 이미 뒤로 물러나 계신 상태인데, 하나님이 이처럼 성령을 물러나게 하셨다면 우리가 무슨 자격으로 그의 오심과 부으심을 위해 기도할 수 있단 말인가? 예언은 또 다른 부흥이 결코 없으리라는 점을 아주 명백히 밝혀 주고 있다. 그리스도가 오실 것이므로, 그것도 아주 속히 오실 것이므로 부흥이 일어날 시간적 여유가 없다. 그러므로 부흥을 구하지 말아야 한다."

이것은 온갖 반론 중에서도 가장 딱한 반론이라고 말하고 싶습니다. 성경 전체 중에 단 한 곳, 즉 데살로니가후서 2장만을 해석하고 거기에만 모든 논리의 근거를 두고 있기 때문입니다. 그들의 논리는 자신들이 믿고 가르치는 바야말로 2장을 설명할 수 있는 유일한 내용이라는 억측에 근거하고 있습니다. 그런 사람들은 지극히 어렵고 분명치 않은 본문을 가장 의심스럽게 설명해 놓고서도 자신들의 말이 가장 성경적이라는 적극적인 가정하에 절대 부흥을 위해 기도해서는 안 된다고 주장합니다. 여러분도 알겠지만 그들은 때와 기한을 정해 놓고 있습니다. 그러나 성경은 때와 기한은 우리의 알 바가 아니라고 말합니다. 성경은 주 예수 그리스도조차 재림의 날을 알지 못하신다고, 그 날을 아시는 분은 오직 하나님뿐이라고 말합니다. 그런데도 그들은 이 같은 결론을 내리면서 성령이 이미 물러나셨기 때문에 부흥을 위해 기도해서는 안 된다고 자신만만하게 주장하는 것입니다. 제가 볼 때 이런 자들은 성령을 소멸하는 무서운 죄를 짓고 있으며, 따라서 현재 교회의 전체적인 상태와 영적인 고갈에 부분적인 책임을 져야 합니다.

다시 말해서 그토록 많은 사람들이 논박하고 부인하며 무시하는 것은 제가 말하는 바 성령의 즉각적이고 직접적인 활동이라고 말하고 싶습니다. 그들은 성령이 오직 말씀을 통해서만 일하신다고, 그러므로 말씀에서 직접 얻을 수 있는 것 외에 다른 것을 기대해서는 안 된다고 말합니다. 제가 볼 때 그들은 성령을 소멸하고 있습니다. 사도행전 13장을 보면 성령이 안디옥 교회에 "바나바와 사울을 따로 세우라……"라고 말씀하고 계시기 때문입니다. 또 15장을 보면 예루살렘에 소집된 회의에서 "성령과 우리는……가한 줄 알았노니"라고 말하는 장면이 나옵니다. 16장에도 바울이 아시아에서 복음을 전하고 싶어 했지만, 성령이 "전하지 못하게" 하셨다는 말씀이 나옵니다. 그는 비두니아에서 설교하기를 원했습니다. 그런데 성령이 그를 막아 전하지 못하게 하셨습니다. 이것은 성령의 생생하고도 강력한 활동입니다. 이를테면 성령이 직접 오셔서 통제하시고 이끄시고 인도하시고 명령을 내리시고 무슨 일을 해야 할지 지시하신 것입니다. 즉, 성령이 그들에게 강림하신 것입니다. 부흥이 임하면 항상 이런 일이 일어납니다. 그런데도 사람들의 마음속에서는 이 사실이 완전히 잊혀져 버린 것 같습니다.

이 장을 마무리하면서 다음과 같은 사실을 다시 한번 제시하고 싶습니다. 이 사실은 제게 아주 놀랍고도 의미심장한 것입니다. 제가 지금부터 말하는 내용을 직접 확인해 보시기 바랍니다. 20세기에 나온 책들 중에 성령에 대한 교리를 다룬 여러 책들을 보면서 부흥을 언급하는 단락이나 대목이나 장이 있으면 찾아서 보여 주십시오. 아시다시피 성령의 인격과 사역을 다룬 책들은 있지만, 그런 책들도 부흥은 언급하고 있지 않습니다. 성령의 찾아오심, 성령의 부으심은 언급하고 있지 않습니다. 아니, 아예 언급할 생각조차 하지 않습니다. 저는 그런 저자들이 누구인지 알려 드릴 수 있습니다. 그들은 부흥에 대해 한마디도 언급하지 않습니다. 그 이유가 무엇입니까? 제가 지금껏 말씀드린 이런 가르침 때문인 것이 분명합니다. 그들은 더 이상 부흥을 믿지 않습니다. 우리는 그저 성령 충만한 상태만 유지하면 된다는 것입니다. 온 교회가 그런 상태를 유지하도록 권면해야 한다는 것입니다. 부흥의 때에는 늘 성령이 홀연히 임하셨습니다. 그러나 그들의 머릿속에는 성령이 그런 식으로 임하여 놀라운 일들을 행하신다는 생각 자체가 없습니다. 과거로 돌아가 1860년경에 성령의 인격과 역사에 대해 기록한 책들을 읽어 보십시오. 예를 들어 스미턴George Smeaton이나 그 밖의 사람들이 쓴 책들을 읽어 보십시오. 종교적 각성과 부흥에 대한 대목들이 있을 것입니다. 그들은 이 주제를 특별히 다루었습니다. 과거에는 늘 그랬습니다. 그런데 지난 70-80년 사이에 성령이 교회에 찾아오신다는 개념, 성령 세례라는 개념 자체가 사라져 버렸습니다.

심지어 복음주의 진영의 저자들마저 부흥을 언급하지 않습니다. 성령은 이른바 일상적인 일뿐 아니라 비상한 일, 즉 부흥도 일으키신다는 점에서 볼 때, 이것은 하나님의 영을 소멸하는 태도임이 분명합니다. 물론 우리는 복음도 전해야 하고 성령 충만에 대해서도 설교해야 합니다. 맞습니다. 그러나 거기에서 더 나아가 온 교회에 성령을 부어 달라고 하나님께 부르짖어야 합니다. 부흥, 즉 평상적이고 일상적인 일을 넘어서는 성령의 부으심과 강림을 구해야 하는 것입니다. 오랜 교회 역사가 수백 년에 걸쳐 계속되어 오는 동안 하나님은 때때로 그 주권과 무한한 은혜로 이처럼 놀랍고 진기하며 비상한 일을 교회에 행해 주셨습니다.

여러분이 성령에 대해 어떤 교리를 믿고 있는지 다시 한번 검토해 보시기 바랍니다. 하나님의 이름으로 권하건대, 그가 성령을 통해 주기적으로 행하시는 가장 두드러진 역사, 성령을 보내어 우리를 찾아오게 하시고 성령으로 세례를 주시며 기적적이고 놀라운 방식으로 온 교회를 부흥시키시는 이 역사를, 여러분의 깔끔하고 정돈된 교리로 배제하고 밀어내지 않도록 조심하십시오.

5 일그러진 정통신앙

이삭이 그곳을 떠나 그랄 골짜기에 장막을 치고 거기 우거하며 그 아비 아브라함 때에 팠던 우물들을 다시 팠으니 이는 아브라함 죽은 후에 블레셋 사람이 그 우물들을 메웠음이라. 이삭이 그 우물들의 이름을 그 아비의 부르던 이름으로 불렀더라. (창 26:17-18)

이 본문으로 되돌아와 블레셋 사람들이 아버지의 우물에 던져 넣은 돌조각들을 치워야 했던 이삭의 필요를 읽으면서 서슴없이 주장하게 되는 바는, 지난 100년간 교회의 특징으로 점점 더 크게 자리 잡게 된 무서운 변절이야말로 오늘날 교회의 상태를 이렇게 만든 원인이요 그 결과 세상의 전체적인 상태 또한 이렇게 만든 원인이라는 것입니다. 그렇기 때문에 우리는 이 쓰레기부터 청산해야 한다는 사실에서 출발했습니다. 그리고 기독교의 긴요한 교리들이 무엇인지 고찰했으며, 바로 그 교리들을 무시하거나 오해하거나 부인하는 것이 블레셋 사람들의 변함없는 표지라는 점도 고찰했습니다. 몇 가지 중요한 교리는 이미 다루었지만, 이제 또 언급해야 할 특별한 교리가 두 가지 더 있습니다. 오직 믿음으로만 의롭다 하심을 얻는다는 것은 절대적인 본질에 해당하는 교리임이 분명합니다. 부흥이 일어나면 어김없이 이 교리가 다시금 크게 강조되곤 했습니다. 이 교리의 의미는, 우리 자신과 우리의 선함, 도덕, 온갖 업적이 더 이상 고려의 대상이 될 수 없다는 것입니다. 부흥의 역사를 읽어 보십시오. 모든 사람이 절망에 빠진 모습을 보게 될 것입니다. 그들은 자신들의 선함이 전부 더러운 누더기에 불과하며 자신들의 의 또한 전부 무가치하다는 사실을 압니다. 그렇습니다. 스스로 아무것도 할 수 없음을 느끼고 하나님의 자비와 긍휼을 외쳐 구합니다. 의롭다 하심은 오직 믿음으로만 얻는 것입니다. 그것은 하나님만 해 주실 수 있는 일입니다. 그들은 "하나님이 의롭다 하시지 않으면 우리는 망할 수밖에 없다"고 말합니다. 완전히 무력한 모습으로 하나님 앞에서 기다립니다. 자신이 과거에 신앙생활 했던 것이나 교회에 성실하게 출석했던 것, 그 밖에도 자신들이 했던 많고 많은 일들에는 신경도 쓰지 않고 의미도 두지 않습니다. 그 모든 일이 아무 소용도 없다는 것, 그간의 신앙생활조차 무가치하다는 것, 그 어떤 것도 무가치하다는 것을 알기 때문입니다. 오직 하나님이 경건치 않은 자를 의롭다고 해 주셔야 합니다. 이것이 부흥의 때마다 부각되는 중대한 메시지입니다.

물론 이 교리가 중요한 이유는 다음과 같습니다. 부흥의 때에 이 교리를 붙드는 자들은 언제나 즉시 구원받을 수 있다는 사실 또한 깨닫게 마련입니다. 아시다시피 이것이 모든 부흥에 두드러지게 나타나는 특징입니다. 골드스미스Oliver Goldsmith의 말을 빌자면 "조롱하러 온 어리석은 자들이 남아서 기도"합니다. 순전히 호기심으로 찾아왔던 사람들이 갑자기 성령에 붙들립니다. 그 자리에서 하나님과 중대한 교류가 이루어집니다. 새사람이 됩니다. 자, 믿음으로 의롭다 하심을 얻는다는 교리를 붙잡지 않는 사람은 이 같은 즉각적인 역사와 즉각적인 결과 또한 믿지 못합니다. 그런데 지금 교회에는 무의식적으로 인간의 행위를 붙드는 태도, 구원의 문제 전체를 행위의 결과로 여기는 태도가 여전히 많이 남아 있습니다. 마치 우리 스스로의 힘으로 그리스도인이 될 수 있는 것처럼 말입니다!

따라서 이 중대한 교리를 명확히 짚고 넘어가는 일이 꼭 필요합니다. 마르틴 루터를 혁명적으로 변화시켜 종교개혁을 일으키게 한 교리도 이것이었고, 윗필드와 웨슬리 형제, 웨일스의 롤런즈와 해리스Howell Harris를 비롯하여 하나님이 사용하신 모든 이들이 18세기에 재발견한 교리도 이것이었습니다. 믿음으로 의롭다 하심을 얻는다는 이 교리를 깨달았을 때 실제로 성령이 부어졌습니다. 부흥은 항상 이런 식으로 일어납니다. 그러므로 결코 이 결정적인 교리를 소홀히 하거나 무시해서는 안 됩니다.

또 한 가지는 당연히 중생의 교리입니다. 특별히 200년 전에 이 교리가 중시되었다는 점을 말씀드리고 싶습니다. 이 교리가 강조하는 점 또한 성령의 역사가 절대적으로 필요하다는 것입니다. 이 교리는 사람이 거듭나서 새로운 본성을 얻지 않는 한 그 어떤 것도 충분치 못하다는 사실을 일깨워 줍니다. 인간이 어떤 결단을 내리든, 그것이 본성의 변화에서 나온 결단이 아닌 한 아무 가치가 없습니다. 이 점은 쉽게 설명할 수 있습니다. 우리는 사람들의 결단을 유도해 내는 일, 거의 자신이 원하는 방향으로 설득하는 일이 심리학적으로 가능하다는 사실을 잘 알고 있습니다. 사교邪敎 집단들도 그런 일을 할 수 있고 거짓 종교들도 그런 일을 할 수 있습니다. 지금 그런 종교들이 번창하는 이유가 여기 있습니다. 정통신앙에서 거리가 먼 신흥 종교 운동들도 성과를 낼 수 있습니다. 그들도 교세를 늘려 나갑니다. 여러분도 그런 사람들―집에 찾아오는 다양한 종교의 사람들―을 익히 알고 있을 것입니다. 그런 운동들도 성공을 거두고 있습니다. 그들은 대중 집회를 열고 수많은 결신자들을 얻습니다. 우리는 사람의 마음에 압력을 가함으로써 이런 일들을 할 수 있다는 것을 압니다. 따라서 한 사람이 믿기로 결심하고 일정한 방식으로 삶을 바꾸기로 결단했다는 사실 자체가, 곧 그 사람이 그리스도인이 되었음을 입증해 주는 것은 아닙니다.

그렇다면 우리를 그리스도인으로 만드는 것은 무엇일까요? 중생의 역사입니다. 하나님의 영이 인격 아주 깊은 곳에서 역사하여 새로운 삶의 원리, 완전히 새로운 삶의 원리를 심음으로써 '새사람'을 만들어 내셔야 합니다. 모든 부흥과 각성의 시기에는 항상 이 교리가 부각됩니다. 이런 중생의 역사 때문에 부흥과 각성의 시기마다 눈에 띄는 극적인 변화가 나타나는 것입니다. 아무 소망이 없던 사람, 가장 가까운 친지와 친구들조차 포기한 사람, 자기 자신조차 포기한 사람, 백약이 무효하다고 느끼던 사람, 완전한 절망에 빠져 있던 사람, 하나님과 모든 사람에게 버림받았다고 느끼던 사람들에게 갑자기 이 역사가 일어납니다. 그들은 자신들이 새로운 피조물이 되었다는 사실, 그래서 삶을 완전히 새롭게 보게 되었을 뿐 아니라 자신들 속에 새로운 삶을 살고 싶다는 열망이 생겼다는 사실을 깨닫습니다. 이것이 중생입니다. 오랜 교회 역사에 등장하는 모든 부흥의 이야기와 역사를 읽어 보면 이런 역사가 두드러지게 나타났던 것을 알 수 있습니다. 다시 말해서 부흥에 관련된 일들은 전부 주권자이신 하나님의 활동을 강조해서 보여 주고 있습니다. 그가 개입하십니다. 그가 역사하십니다. 그가 일하십니다. 중생의 역사가 일으키는 효과와 결과물들이 그 점을 아주 명백히 보여 주고 있습니다.

그 외에도 몇 가지 주된 교리, 제가 본질이라고 부르는 결정적인 교리들이 있습니다. 이 교리들에는 논란의 여지가 있을 수 없습니다. 저는 우리가 이 교리들에 대해 논하느라 너무 많은 시간을 낭비해 왔다고 생각합니다. 이 교리들은 그야말로 본질적인 것으로서, 이 교리들을 떠난 사람은 성령의 영향력과 나타남을 구하거나 기대할 자격이 없습니다.

이런 교리들로 정의되는 정통신앙은 우리에게 절대 없어서는 안 될 본질적인 것입니다. 이런 교리들을 부인하는 것은 잘못된 일이요 이단적인 일이자 블레셋 사람들의 소행으로서, 교회의 사역을 고사시키며 지금 여러분과 제가 살고 있는 시기와 같은 무서운 영적 고갈의 시기를 불러옵니다. 그러므로 우리는 무엇보다 먼저 본질적인 교리라는 이 중대한 관점에서 정통신앙의 절대적인 필요성을 살펴볼 필요가 있습니다.

자, 이 점을 밝혔으니 우리 중에 특히 복음주의자를 자처하는 사람들에게 해당하는 두 번째 문제들을 다루어야겠습니다. 이런 문제들을 엄밀하게 구분 짓기란 매우 어렵습니다. 저는 이 항목 아래 포함시키고 있지만, 여러분은 그 다음 항목에 포함시키고 싶은 문제들도 있을 것입니다. 꼭 이런 분류가 필요한 것은 아니지만, 그럼에도 가능하다면 분류하는 편이 도움이 됩니다. 제가 제시하려는 두 번째 항목은 **일그러진 정통신앙**입니다. 첫 번째 항목에서는 정통신앙을 다루되 주로 정통적이지 않은 사람들을 염두에 두고 다루었습니다. 이번에는 정통적이기는 하지만 몇 가지 측면에서 일그러져 있는 경우를 살펴보려 합니다. 제가 볼 때 이 또한 결정적으로 중요한 부분입니다. 아, 정통적이기는 하지만 생명력은 전혀 없는 개인과 교회가 많다는 것을 우리는 너무나 잘 알고 있습니다. 복음적인 모든 교회에 하나님의 성령이 강림하시지 않는 이유가 무엇입니까? 문제가 무엇입니까? 어딘가 잘못된 데가 있는 것이 분명합니다. 이런 이유 때문에 저는 일그러진 정통신앙—또는 중심에서 벗어난 정통신앙이라고 해도 좋습니다—을 구성하는 몇 가지 요소를 제시하고자 합니다.

이 항목에서 무엇보다 우선적으로 문제가 되는 태도는 하나님 자신보다 하나님에 대한 사실들에 관심을 갖는 것입니다. 정통적이지 않은 사람들의 문제점은 하나님과 주 예수 그리스도와 성령에 대해 잘못된 교리를 믿는다는 것이었습니다. 그런데 지금 제가 지적하려는 문제점은 삼위에 대한 교리를 바르게 믿기는 하되, 그 교리를 삼위 하나님의 자리로까지 격상시킬 무서운 위험이 있다는 것입니다. 이것은 아주 치명적인 잘못입니다. 그러나 복음적인 사람들, 정통적인 사람들이 흔하디흔하게 걸려드는 덫이기도 합니다. 여러분은 정통신앙을 가졌으면서도 죽어 있을 수 있습니다. 왜 그렇습니까? 교리와 정의定意 그 자체에 매여, 교리의 전적인 목적이 교리 그 자체를 붙들게 하려는 데 있는 것이 아니라 삼위 하나님을 알고 이해하며 함께 교제하는 자리로 나아가게 하려는 데 있다는 점을 깨닫지 못하기 때문입니다.

   신약성경은 여러 군데에서 이 문제를 충분히 다루고 있습니다. 또한 교회사도 이 문제를 아주 분명하게 보여 주고 있는 것이 확실합니다. 실제로 오늘날 완벽한 정통신앙을 가지고 있으면서도 상당 부분 죽어 있는 교회와 교파들이 눈에 띕니다. 그들의 교리는 영혼을 구원하는 일에도, 실제로 교인들에게 구원의 확신을 심어 주는 일에도 사용되고 있는 것 같지 않습니다. 왜 그렇습니까? 교리의 차원에만―지적인 관심에만, 지적으로 오류를 바로잡는 일에만―머물고 있기 때문입니다. 아무리 참된 교리라도 그것으로 삼위 하나님을 생생하게 인식하는 일을 대체해 버리는 것은 무서운 잘못입니다.

   이 점은 설교에도 적용됩니다. 물론 교리에 입각하지 않은 설교는 결과적으로 아무데도 쓸모가 없습니다. 맞습니다. 그러나 교리에 관해 설교하는 것과 교리에 입각해서 설교하는 것은 다르다는 점을 기억합시다. 제 말뜻은 순전히 지적이고 기계적인 방식으로 교리를 설교할 수도 있다는 것입니다. 교리에서 출발하여 교리를 해설하고 교리로 끝나 버리는 것은 교리에 관해 설교하는 것입니다. 그것은 설교의 임무가 아닙니다. 설교의 임무는 하나님과 주 예수 그리스도와 성령에 대한 교리, 삼위 하나님이 우리의 구원을 위해 하시는 일에 대한 교리에 입각해서 말씀을 전하는 것입니다. 아시다시피 그리스도인은 인생을 살아가는 내내 덫을 만나게 됩니다. 하나님이 하시는 모든 일을 망치고 우리를 장악하고자 노리는 원수 마귀가 늘 곁에 있다는 사실을 알고 조심할 필요가 있습니다. 단순히 정의만 내리고 진술만 하느라 시간을 낭비해서는 안 되며, 거기 매여서 삼위 하나님을 아는 지식에 이르지 못하고 그리스도인의 충만한 생명을 올바로 받아들여 살아가는 일에 실패해서는 안 됩니다. 현실적으로 볼 때 죽은 정통신앙은 이단만큼이나 해롭습니다. 죽은 정통신앙은 아무데도 쓸모가 없기 때문입니다.

제가 강조하고 싶은 그 다음 내용도 '일그러진 정통신앙'이라는 항목에 속하는 것으로서, 주로 교리 그 자체의 측면에서 정통성을 지키려는 태도입니다. **이것은 균형을 잃은 태도이며, 교리를 이해하는 부분에서나 구원의 절대적인 본질을 이루는 교리를 제시하는 부분에서나 참된 성경적 균형을 유지하지 못하는 태도입니다.** 성경적 균형을 유지하면서 교리를 붙들지 않는 사람은 메마르고 건조하며 무익해집니다. 사도 바울의 표현대로 지식은 교만하게 하고 사랑은 덕을 세웁니다(고전 8:1). 교리만큼 균형을 잃기 쉬운 영역도 없습니다. 진리의 일정 측면들을 과도하게 강조하다가 거기에만 온 관심을 빼앗겨 버리기 십상입니다.

이것은 단순한 저의 사견이 아닙니다. 교회사를 읽어 보면 이런 잘못이 어김없이 같은 결과를 초래했음을 알게 됩니다. 신약성경을 읽어 보십시오. 로마서 14장에서 사도가 다루는 문제점도 이런 것 아닙니까? 고기를 먹는 문제 외에는 아무것도 중요치 않다고 말하는 자들이 있었습니다. 그들은 밤낮으로 그 문제만 이야기했고, 만날 때마다 그 문제를 화젯거리로 삼았습니다. 바로 이것입니다. 그들은 그 문제로 교회를 분열시켰고 정죄를 일삼았습니다. 그런데 보십시오. 바울은 하나님의 나라는 그런 것이 아니라고 말하고 있습니다! "하나님의 나라는 먹는 것과 마시는 것이 아니요 오직 성령 안에서 의와 평강과 희락이라"(롬 14:17).

우리가 항상 조심해야 할 문제가 이것입니다. 이것은 영적으로 살아 있고 깨어 있으며 교리에 올바른 관심을 가진 자들에게 마귀가 늘 들이미는 미묘한 시험입니다. 저는 예언의 문제에 과도한 관심을 가지다가 메마르고 무익해진 이들이 많다고 서슴없이 말할 수 있습니다. 교회들도 그런 경우가 있습니다. 그들은 예언에 모든 시간을 투자합니다. 만날 때마다 맨 처음 하는 말이 "뉴스 기사 봤습니까? 이러이러한 예언이 성취된 거 아닐까요?"라는 것입니다. 때와 기한의 문제를 생각하는 데 시간을 다 써 버립니다. 예언이 모든 관심을 차지합니다. 주 예수 그리스도에 대한 이야기는 거의 하지 않습니다. 그분과의 경험에 대한 이야기도 거의 하지 않습니다. 거룩하게 구별된 백성이라는 인상도 주지 못합니다. 그렇습니다. 그들은 때와 기한이라는 문제에서만 전문가일 뿐입니다.

예전에 설교하러 가던 길에 만났던 사람이 생각납니다. 칸막이가 된 기차 객실에 앉아 있는데, 그 사람이 타임지와 성경을 들고 들어왔습니다. 저는 그가 어떤 사람이며 무엇을 하려 하는지 즉석에서 정확히 진단할 수 있었습니다. 그리고 제 진단이 옳다는 것이 곧 확인되었습니다. 오, 그렇습니다. 그는 오로지 예언에만 관심이 있는 사람이었습니다. 그는 예언이 이루어졌는지 잡지를 샅샅이 살펴보았습니다. 그에게 타임지는 성경에 나오는 예언들의 증거물에 불과했습니다. 몇몇 이들이 그렇듯이 예언에 온 관심을 쏟다 보면 부흥은 일어날 수 없다는 주장을 하는 데까지 이르게 됩니다. 그들은 수백 년 전 사람들도 같은 말을 했다는 사실, 주님이 문 앞에 오셨다고 말하면서 그가 곧 오실 테니 부흥을 구하지 말라고 했다는 사실을 모릅니다. 그들은 이런 식으로 성령을 소멸해 버립니다. 그러니까 부흥이 일어나지 않습니다.

    이것은 한 가지 예에 불과합니다. 세례, 그것도 특별한 형식의 세례를 가장 높은 자리에 올려놓는 듯한 사람들도 있지 않습니까? 또 방언을 유일하게 중시하는 듯한 사람들도 있지 않습니까? 그런 사람들은 사실상 성령에 대한 교리 전체를 방언의 문제에 국한시켜 버립니다. 늘 방언만 이야기하며, 방언을 시금석으로 내세우고, 방언 못하는 사람들을 배척합니다. 또 다른 이들은 교회 질서를 문제 삼기도 합니다. 아직도 감독제를 교회의 절대적인 본질로 가르치는 이들이 있습니다. 장로제에 대해 거의 같은 주장을 내세우는 이들도 있습니다. 이처럼 고갈된 시대, 사람들이 하나님의 이름을 더럽히고 무시하는 시대, 우리가 살고 있는 이런 무서운 시대에도 오로지 교회 정치나 봉사의 형태 같은 문제에 시간을 쏟아 붓는 이들도 있습니다.

이 모든 방식들이 다 성령을 소멸하는 것입니다. 주변적인 문제들을 중심적이고 주된 자리에 올려놓아서는 안 됩니다. 그러므로 교리에 대한 관심이라는 측면에서 스스로 점검해 볼 것을 요청하는 바입니다. 혹시 여러분의 교리로 삼위 하나님을 가리고 있지는 않습니까? 중심을 잘 잡고 있으며 바르고 합당한 균형을 유지하고 있습니까? 여러분이 사람들을 만날 때 맨 처음 꺼내는 이야기는 무엇입니까? 오직 한 가지 생각에만 빠져 있고 한 가지 교리만 위해 산다는 인상을 주고 있습니까, 아니면 하나님과 주 예수 그리스도를 알고 그분들과 함께 일하며 교류한다는 인상을 주고 있습니까? 마음속에 하나님의 사랑이 있기 때문에 사람들을 그분께로 이끌고 싶어 한다는 인상, 그 사랑 때문에 자신이 하나님을 알듯이 그들도 하나님을 알기를 갈망한다는 인상을 주고 있습니까? 오, 분별없이 중심을 잃는 것처럼 비극적인 일은 없습니다. 교회의 역사, 부흥의 역사는 사람들이 곁길로 벗어나 한 가지에 치우칠 때마다 성령이 소멸되고 그의 역사가 방해받았다는 사실을 아주 명확하게 보여 주고 있습니다. 중심을 잡게 해 달라고 기도합시다. 건전한 정신을 잃지 않게 해 달라고 기도합시다. 우리가 받은 것은 "두려워하는 마음이 아니요 오직 능력과 사랑과 근신하는 마음"입니다(딤후 1:7). 절제와 균형과 질서입니다. 그러니 이런 일들을 보면서 자기 자신을 점검해 봅시다.

그 다음은 여러 가지 면에서 훨씬 더 중요한 것으로서, **일그러진 교회관**의 문제입니다. 저는 특별히 정통적이고 복음적인 사람들에게 이런 문제가 있는 게 아닌가 싶어 불편한 마음이 듭니다. 성도들의 만남은 없고 대규모 대중 집회와 모임만 있습니다. 성도들의 모임이라기보다는 운동에 가깝습니다. 신약성경에 나오는 교회의 개념 자체가 사라지고 있는 듯합니다. 이제는 모든 사람이 교회를 일반적인 의미의 집회와 모임의 차원에서 생각합니다. 집회 규모가 아주 클 경우에는 특히 더 그렇습니다. 사람들이 산지사방에서 찾아오고, 멀리서부터 버스를 타고 오며, 토요일 밤이나 다른 요일 밤 모임을 위해 장거리 버스를 이용합니다. 이제 어느 날에 모이느냐는 전혀 문제가 되지 않습니다. 우리는 더 이상 주일 교회 모임을 위해 준비하지 않습니다.

저는 이 문제를 아주 진지하면서도 주의 깊게 살펴보라고 말씀드리고 싶습니다. 저는 여러분이 역사를 연구해 본다면 교회를 지역교회의 측면보다는 대형 집회와 운동의 측면에서 생각하려는 경향이 심화될수록 부흥이 일어나는 빈도가 줄어든다는 사실을 발견하리라 생각합니다. 이것은 역사에 입각한 진술입니다. 여러분은 교회 밖의 집회와 모임들이 똑같이 강조되고 있음을 알 것입니다. 사람들은 마치 교회가 어딘가 잘못되기라도 한 것처럼 "중립적인 장소에서 모입시다"라고 말합니다. "아, 보통 사람은 교회에 올 생각을 하지 않아요"라고 말합니다. 자, 그것도 어느 정도는 맞는 말일 수 있습니다. 그러나 교회에서 부흥이 일어나면 보통 사람들뿐 아니라 그 친구들까지 전부 교회로 몰려온다는 사실을 기억해야 합니다. 사람들은 늘 그랬습니다. 항상 교회 밖에만 있던 사람들이 어떻게 교회 안으로 들어왔습니까? 교회에서 무언가 이상하고 놀라운 일이 벌어지고 있다는 소식을 갑자기 듣고 들어왔습니다. 그럴 때 보통 사람들은 오순절 날 예루살렘에서 교회가 나타낸 반응과 같은 반응을 나타냅니다. 성령이 사도들에게 임하셨고, 그들이 이상한 언어로 말한다는 소문이 퍼져 나갔습니다. 사람들은 "이 어찐 일이냐?"라고 물었습니다. 그리고 호기심으로 그 광경을 보러 왔습니다. 그들은 "저희가 새 술이 취하였다"고 말했습니다. 아시다시피 그 일이 그들의 관심을 끌었고, 소문은 계속해서 널리 퍼져 나갔습니다.

이것이 과거에 사람들이 교회 안으로 들어온 방식입니다. 결국 보통 사람들은 능력에만 끌리게 되어 있습니다. 실제로 그들이 조직적인 대중 집회에도 **끌리느냐** 하는 문제가 제기될 수 있습니다. 사방에서 그런 집회를 찾아오는 자들은 오히려 믿는 자들이라는 것, 그것은 신자들의 대규모 대중 집회에 불과할 뿐 보통 사람들은 여전히 교회 밖에 머물러 있다는 것을 여러분도 알고 있지 않습니까? 그러므로 이 점을 자세히 살펴봅시다. 하나님은 항상 교회를 통해 일해 오셨습니다. 역사와 부흥의 이야기를 읽어 보십시오. 1859년 얼스터에서 일어난 일을 읽어 보십시오. 성도들이 함께 모여 있던 한 작은 모임에서 부흥이 시작되었음을 발견할 것입니다. 이제 사람들은 그 사실을 거의 생각지 않는 것 같습니다. 그러나 아시다시피 교회는 함께 모인 성도들, 하나님의 백성이기에 함께 하나님께 기도 드리려고 모인 사람들로 이루어지는 곳입니다. 이른바 중립적인 대중 집회라는 개념은 치워 버립시다. 하나님이 사용하시는 단위는 그 백성이자 성도들의 모임인 교회입니다. 하나님은 바로 그들을 찾아오십니다. 그는 "두세 사람이 내 이름으로 모인 곳에는 나도 그들 중에 있느니라"라고 말씀하십니다(마 18:20). 우리는 "아, 최소한 2·3천 명은 되어야지"라고 말합니다. 아니, 그렇지 않습니다! "두세 사람이 내 이름으로 모인 곳에는 나도 그들 중에 있느니라." 왜 오랜 교회 역사가 입증해 주는 신약성경 그 자체의 가르침 대신 큰 사업에 대한 구상이 우리의 생각과 전략을 지배하게 합니까?

교리 부분에서도 제가 일그러진 정통신앙의 주된 문제로 지목하는 것이 있습니다만, 지금은 실제 영역부터 다루어 보겠습니다. 불행하지만 저는 이 영역에 속한 일들을 세세히 살펴보지 않을 수 없습니다. 바로 이런 일들 때문에 하나님의 백성들이 부흥을 생각조차 하지 못하는 것이 분명하다고 믿기 때문입니다. 그들은 이런 여타의 일들에 너무 흥분하며 달려드는 탓에 전체적인 상황이나 부흥의 필요성은 생각조차 하지 못합니다. 실제 영역을 살펴보면 이런 일들이 제가 지금까지 말한 내용의 연장선상에 있음을 알게 될 것입니다. 종교 사업에 오락적인 요소가 늘어나고 있는 모습을 보십시오. 여러분도 알아채셨습니까? 이제 사람들은 예배 순서가 아닌 프로그램에 대해 이야기하고 있습니다. 그 프로그램의 항목들을 보셨습니까? 저는 집회 프로그램들을 보거나 읽을수록 다름 아닌 버라이어티 공연이 생각날 때가 점점 더 많아진다는 사실을 고백하는 바입니다. 홍보지를 잘 살펴보면 그런 말들이 노골적으로 등장하는 것도 보게 됩니다. 그들은 '누구누구 연출'이니 '누구누구 후원'이니 '특집' 같은 말들을 씁니다. 저는 이런 홍보지들을 수없이 보았습니다. 모일 모처에 모임이 있는데 '이러이러한 특집이 있다'는 식의 홍보지 말입니다. 이런 용어가 어디에서 나왔는지 아시지 않습니까? 이것은 하나님의 교회에서 나온 용어가 아닙니다. 영화 등에서 사용되는 오락의 개념에서 따온 것입니다. 우리는 과거로 돌아가 역사를 읽어 볼 필요가 있습니다. 부흥의 시기에는 이런 현상을 찾아볼 수 없습니다. 오히려 그와 정반대되는 모습이 나타납니다. 이런 현상은 육신적인 것이고 인간적인 것이며 육체적인 것입니다. 안타깝지만 요즘 노래와 관련된 상황도 마찬가지라는 말을 덧붙여야겠습니다.

저는 노래 그 자체를 반대하는 것이 아닙니다. 우리는 시와 찬미와 신령한 노래로 하나님을 찬양해야 합니다. 맞습니다. 그러나 여기에도 균형감각이 필요합니다. 노래가 점점 더 우위를 차지하는 모습이 보이십니까? 사람들, 그리스도를 믿는다는 사람들이 모여서 내내 노래만 부릅니다. 그들은 말합니다. "오, 우리는 사이사이에 말씀도 끼워 넣습니다." 그러나 중심을 차지하는 것은 역시 노래입니다. 이런 시대, 범죄와 폭력과 죄와 성 도착이 난무하는 시대, 하나님의 이름을 모욕하고 거룩한 것에 침을 뱉는 무서운 시대에 세상의 상태를 전체적으로 보고 있는 사람이라면 지금이 노래할 때가 아니라 설교할 때임을 확실히 알 것입니다. 워즈워스 William Wordsworth가 밀턴 John Milton에 대해 했던 말이 생각납니다. "명료한 삶과 고매한 사고가 더 이상 없다." 우리의 경우에는 명료한 말과 고매한 사고가 더 이상 없다고 말하면 거의 맞을 것입니다. 우리는 노래만 하고 있습니다. 마냥 행복한 분위기에 젖어 있습니다. 함께 노래하고 있습니다. 그러나 친애하는 여러분, 지금은 노래할 때가 아닙니다. "우리가 이방에 있어서 어찌 여호와의 노래를 부를꼬?"(시 137:4) 시온이 이 모양인데 어찌 수금을 잡을 수가 있습니까?

지금은 노래할 때가 아니라 생각할 때이며 설교할 때이고 죄를 깨우쳐야 할 때입니다. 하나님의 메시지를 선포할 때이며 악을 향한 하나님의 진노와 우리의 온갖 어리석은 탈선을 선포할 때입니다. 노래할 때는 나중에 찾아올 것입니다. 위대한 부흥이 먼저 임하게 합시다. 하늘의 창문이 열리게 합시다. 수천 명의 남녀가 하나님의 나라에 들어오는 모습을 목격합시다. 그 후에 노래할 때가 찾아올 것입니다. 사람들을 즐겁게 해 주려는 이 미묘한 유혹, 그럼으로써 사람들의 관심을 끌어 구원할 수 있다고 생각하려는 유혹, 그럼으로써 우리도 스스로 행복해질 수 있다고 생각하려는 유혹을 경계합시다. 영국에서는 이런 경향이 다른 나라들만큼 심하게 나타나지 않는다는 것을 저도 압니다. 몇몇 나라들을 보면 정말 무섭고 겁이 날 정도입니다. 전에 어떤 종교 회합에 참석했는데—미국에서 가장 큰 복음주의 회합으로 여겨지는 모임이었습니다—성경적이어야 할 예배를 시작하기 전이나 가르치고 촉구하는 시간을 가지기 전에 온갖 종류, 온갖 유형의 노래를 40분 동안이나 계속 했습니다. 실로폰 독주, 오르간 독주, 합창이 40분 내내 이어졌습니다. 기도 시간은 짧았고, 성경을 읽는 시간은 전혀 없었으며, 메시지는 간단히 전달되었습니다. 장담하건대, 부흥의 때에는 그렇지 않습니다. 하나님이 은혜로 우리에게 자비를 베푸시며 우리를 내려보시고 찾아오실 때에는 그렇게 할 수가 없습니다. 여러분에게 엄숙히 묻겠습니다. 지금이 오락을 구할 때입니까? 오히려 금식하며 베옷을 입고 재를 뒤집어쓴 채 영혼의 고통으로 몸부림치며 하나님을 기다려야 할 때가 아닙니까? 그런 것과 노래는 서로 섞일 수가 없습니다. 공존할 수가 없습니다.

다른 이야기도 해야겠습니다. 어떤 점에서는 이 또한 같은 문제의 연장선상에 있다 할 것입니다. 여러분은 지금 복음 전도가 중요하다고 생각하십니까? 아니면 교회의 생명이 중요하다고 생각하십니까? 교회는 별 문제 없으니 외부 사람들을 데려오는 일에만 힘쓰면 된다는 전제 아래 행동해도 괜찮을까요? 저는 이번에도 다만 교회사를 읽어 볼 것을 요청하는 바입니다. 그러면 부흥이 언제나 교회 안에서 이루어진 일로부터 시작된다는 사실을 발견할 것입니다. 부흥은 교회 안에서 시작됩니다. 교회에 없는 것을 되살릴 수는 없습니다. 있기는 있되 시들고 약해진 생명을 되살리는 것입니다. 역사적으로 볼 때 그 순서는 다음과 같습니다. 한 개인이나 교회 안의 작은 모임에 어떤 역사가 일어납니다. 그 역사와 하나님의 부으심으로 인해 강력한 복음 전도가 이루어집니다. 교회에서 시작된 일이 밖으로 퍼져 나가는 것입니다. 그런데 제가 볼 때 오늘날 사람들은 교회는 무시한 채 복음 전도에만 전적인 에너지와 돈과 열정을 쏟아 붓는 것 같습니다. 그러나 교회 자체는 사실상 더 악화되거나 현상 유지에 머물 뿐입니다. 교회의 생명에 양분이 공급된 것이 아니기에, 항상 외적이고 표피적인 자극만 있었을 뿐 교회 자체가 더 깊어지고 영적이 된 것이 아니기에 그런 것입니다. 이번에도 역사를 읽어 보시기 바랍니다. 부흥의 출발점에는 항상 지역 단위의 교회가 있으며 성도들의 모임이 있다는 사실을 발견할 것입니다. 강력한 복음 전도는 교회가 참으로 부흥될 때에만 이루어질 수 있습니다. 이것이 부흥이 전해 주는 이야기입니다.

이 점은 일그러진 정통신앙이라는 전체 항목 아래 있는 또 다른 소항목으로 나아가게 만듭니다. 이번에는 교리를 직접 언급하거나 실제 문제를 직접 언급하는 대신 영에 대해 생각해 보겠습니다. 영 the spirit. 영은 무서운 것입니다. 교리는 완전히 올바르고 정통적인데 영은 잘못될 수가 있습니다. 이처럼 잘못된 영은 어떻게 나타날까요? 무엇보다 먼저 자랑으로, 이생의 자랑으로 나타납니다. 거드름을 피우며 자신의 지위와 출생을 크게 내세우는 것보다 무서운 일이 있을까요? 하나님의 교회에 이런 자랑이 끼어들어야 하겠습니까? 야고보서 2장을 읽어 보십시오. 야고보는 초대교회 그리스도인들이 금가락지를 끼고 온 사람과 더러운 옷을 입고 온 사람을 차별한 일을 두고 심히 책망하고 있습니다. 자랑. 이생의 자랑. 온유하고 겸손하신 나사렛 예수의 영에 이보다 더 반대되는 것은 없습니다. 하나님이 우리를 불쌍히 여겨 주시기를.

그러나 이생의 자랑만이 문제는 아닙니다. 지식의 자랑도 똑같이 나쁩니다. "아, 그래, 나는 그리스도인으로서 많은 책을 읽었지. 나는 교리를 아는 사람이야. 청교도 서적을 전부 읽은 사람이라고. 그런데 저기 저 사람은 청교도에 대해 아무것도 모르는군." 이것은 지식의 자랑입니다. "나는 위대한 신학자야. 이런 일들을 이해할 지각도 없고 머리도 없는 저 세리와는 다르지." 이 또한 얼마나 추한 지식의 자랑인지 모릅니다. "지식은 교만하게 하며." 지식은 당연히 교만하게 만듭니다. 하나님이 우리를 이 죄에서 지켜 주시기를 바랍니다. 이런 의미에서든 또 다른 의미에서든 교만한 사람은 성령의 다루심을 기대할 자격이 없습니다.

또 지각을 자랑할 수도 있습니다. "난 다 알아. 내게는 모든 것이 분명하고 명료하다고. 그런데 저 사람은 아무것도 모르지." 좋습니다. 저는 양쪽의 가능성을 다 언급해야 한다는 것을 압니다. 지각이 없는 사람은 또 그 사람대로 자신의 지각이 부족함을 거의 자랑하다시피 드러내는 경우가 아주 많습니다. 이 이야기를 할 때마다 예전에 만난 한 사람이 떠오릅니다. 주말에 설교하기 위해 어떤 마을을 방문했는데, 한 사람이 역으로 마중을 나왔습니다. 그런데 제가 미처 말을 꺼낼 틈도 없이 이렇게 말하는 것이었습니다. "물론 저는 이 교회 중진이 아닙니다. 아시겠지만 그냥 아주 평범하고 별 볼일 없는 사람이지요. 저는 위대한 신학자도 아니고 위대한 연설가도 아닙니다. 기도회에도 나가지 않고요. 아시겠지만 저는 그저 교회를 방문하시는 설교자의 짐을 들어 드리는 사람일 뿐입니다." 그 말을 들으면서 '오, 사람은 정말 이상한 존재야!'라는 생각이 들었습니다. 무지를 자랑하는 것도 지식과 지각을 자랑하는 것만큼이나 나쁩니다. 어떤 형태의 자랑이든 자랑은 하나님 보시기에 가증스럽고 거슬리는 것입니다.

영이라는 부분에서 발생하는 또 다른 문제점이 있습니다. 그것은 비난의 정신입니다. 우리는 진실을 말하되 사랑 안에서 해야 합니다. 고린도전서 13장의 인도를 받아야 하는 것입니다. 우리는 전부 무서운 죄인들 아닙니까? 우리 모두 이 죄를 크게 짓고 있습니다. 우리는 비난하는 사람들입니다. 격려할 뿐 아니라 책망하라는 사도의 명령을 이행하는 사람과 비난하는 사람 사이에는 엄청난 차이가 있습니다. 우리는 비난하는 사람이 되어서는 안 됩니다.

또 다른 문제점을 봅시다. 우리는 당을 지어서는 안 됩니다. 당 짓는 것은 치명적인 잘못입니다. 부흥의 역사는 이 점을 아주 분명히 증거해 주고 있습니다. 설령 부흥이 임했다 해도 당 짓는 영이 끼어들어 구원의 절대적인 본질이라 할 수 없는 교리 때문에 분열을 일으키기 시작할 때, 성령은 소멸되어 버립니다. 18세기에 일어난 웨슬리와 윗필드 사이의 논쟁 및 그 추종자들 사이의 논쟁에서 그 예를 볼 수 있습니다. 성령의 역사는 잠시 중단되었습니다. 웨일스에서도 같은 일이 일어났습니다. 대니얼 롤런즈와 하월 해리스가 논쟁을 벌인 1751년부터 1763년까지 건조하고 메마른 시기가 이어졌습니다. 그 후 두 사람이 마음을 모으자 다시 성령이 임하셨습니다. 당 짓는 일은 마귀로부터 오는 것입니다.

조심합시다. 유다서는 믿음의 도를 위해 힘써 싸우라고 말합니다. 그 말대로 해야 합니다. 그렇게 하지 않는 것은 죄짓는 것입니다. 우리는 복음을 전파할 뿐 아니라 변론하도록 세움을 입었습니다. 우리는 복음을 변론해야 하며, 제가 열거한 이 교리들을 지키기 위해 필요하다면 피 흘리기까지 싸워야 합니다. 물론 그렇다고 당을 지어서는 안 됩니다. 당을 짓고 분열의 영을 조장하며 자신들의 표어를 내세우는 것, 주 예수 그리스도보다 그 표어에 더 관심을 갖는 것처럼 치명적인 잘못은 없습니다. 그것은 당을 짓는 죄입니다.

당 짓는 사람은 만나기만 하면 같은 문제를 꺼냅니다. 하나님의 영광과 그리스도의 피에 대해 상대방이 하는 말에는 신경도 쓰지 않으면서 "아, 하지만 당신은 이 점을 강조하지 않네요"라고 말합니다. 자기가 특별히 관심을 가지고 있는 부분, 구원의 절대적인 본질이라 할 수 없는 부분을 문제 삼는 것입니다. 바로 이런 것이 당 짓는 것입니다.

우리는 항상 이런 일들을 경계해야 합니다. 마귀는 우리가 진리에 관심을 가지고 있음을 알기 때문에 그 모든 것을 무너뜨리기 위해 우리를 심하게 압박하여 성령을 소멸하는 자리로 밀어 넣으려 합니다. 여기에 좁고 협소한 마음, 시기와 질투, 자만심의 요소도 덧붙일 수 있습니다. 여러분은 교회가 지금 그런 것들로 가득 차 있음을 알 것입니다. 그런데 어떻게 그런 교회에 하나님의 축복이 임하기를 기대할 수 있을까요? 저는 앞으로 나아가려고 분투하는 교회들, 작은 교회들을 알고 있습니다. 그러나 전반적인 상황은 이런 좁고 협소한 마음, 시기와 질투, 자만 때문에 점점 악화되는 중입니다. 하나님께 사용되기 위해 준비하는 일과 거룩해지는 일에 관심을 갖기보다 사소한 것들에 관심을 가지며 분주하게 지내는 잘못도 덧붙일 수 있습니다. 모든 부흥의 시기에 가장 크게 나타났던 특징은 크고도 깊은 진지함이었습니다.

이런 일들에 대해 제 말만 듣지 말고 직접 책을 읽어 보시기 바랍니다. 경건한 로버트 머리 맥체인Robert Murray McCheyne이 던디의 강단에 올라 채 입을 열기도 전에 사람들이 눈물을 흘리며 무너졌던 이야기를 다시 읽어 보십시오. 왜 그런 일이 일어났을까요?

자, 그에게는 장중함이 있었습니다. 그는 하나님 앞에 있다가 왔습니다. 그는 가벼운 태도로 강단에 오르지 않았으며, 사람들을 편하게 해 주고 분위기를 띄우기 위해 한두 마디 농담을 던지지 않았습니다. 그렇습니다. 그에게는 하나님의 광채가 있었습니다. 무서울 정도의 진지함이 있었습니다. 거룩하신 하나님을 믿고 그 하나님이 죄에 진노하신다는 말씀을 믿으면서, 복음을 듣지 못한 사람들은 전부 지옥에 간다는 사실을 믿으면서 어떻게 실없는 말을 할 수 있으며 경박하게 익살을 떨 수가 있습니까? 그럴 수 없습니다. 하나님께 속한 것들을 크고 깊고 심원한 진지함으로 대하는 태도보다 더 큰 부흥의 특징은 없습니다.

마지막으로, 우리가 완벽한 정통성을 지킨다 해도 삶에서 실패한다면, 하나님의 거룩한 법에 순종하지 않는다면, 죄를 짓고 이미 알고 있는 죄에 계속 거한다면, 그 정통신앙은 아무데도 쓸모가 없습니다. 자신의 욕망을 하나님보다 앞세우는 사람은, 그렇습니다, 아무리 모든 교리와 모든 이해가 정통적이고 바르다 하더라도 부흥을 기대할 자격이 없습니다. 여러분은 부흥이 임할 때마다 예외 없이 모든 사람이 죄를 깊이, 뼈저리게 깨달았다는 사실을 발견할 것입니다. 그들은 하나님도 자신들을 용서하실 수 없을 것 같은 느낌을 받았습니다. 그들은 전에도 교회에 다녔습니다. 맞습니다. 그러나 교회에 다니면서도 여전히 죄짓는 삶을 살았고, 그 사실을 알면서도 아무런 조처도 취하지 않았습니다. 그러다가 부흥이 임하자 이를테면 지옥에 떨어진 것처럼 겁에 질려 공포에 떨었던 것입니다. 개중에는 그 두려움을 이길 수가 없어서 자리에서 일어나 자기 죄를 고백하는 사람들도 있었습니다. 그러나 그렇게 공개적으로 고백하든 고백하지 않든 죄를 깨닫게 된다는 것만큼은 분명한 사실입니다. 죄는 어떤 모양, 어떤 형태의 것이든 성령의 찾아오심을 막는 주된 장애물이 됩니다.

지금까지 제가 일그러진 정통신앙 내지는 이상한 정통신앙이라고 이름 붙인 부분을 살펴보았습니다. 하나님의 은혜로 우리가 이런 일들에 대해 숙고하고 묵상하게 되기를, 부흥의 역사와 성경의 조명 아래 고찰하게 되기를, 그리고 그 진리를 우리 자신에게 적용하게 되기를 바랍니다.

6 죽은 정통신앙

이삭이 그곳을 떠나 그랄 골짜기에 장막을 치고 거기 우거하며 그 아비 아브라함 때에 팠던 우물들을 다시 팠으니 이는 아브라함 죽은 후에 블레셋 사람이 그 우물들을 메웠음이라. 이삭이 그 우물들의 이름을 그 아비의 부르던 이름으로 불렀더라. (창 26:17-18)

이제 부흥의 장애물이라는 주제의 또 다른 단계, 슬프지만 이번에도 필히 고찰할 필요가 있는 단계에 이르렀습니다. '죽은' 정통신앙이라는 말보다 이 단계에 더 합당한 표현은 없을 것 같습니다. 이것이야말로 모든 위험 중에 가장 큰 위험이라는 것을 수세기에 걸친 교회 역사가 명확하게 보여 주고 있다고 저는 생각합니다. 이것은 우리 중 많은 이들이 현재 당면하고 있는 가장 큰 위험인 것이 확실합니다. 복음주의적이라고 할 수 있는 개 교회나 교파에게도 가장 큰 위험이지만, 복음주의적인 시각을 가진 개인들에게도 가장 큰 위험입니다. 죽은 정통신앙이 존재할 수 있다는 것은 생각만 해도 무서운 일입니다. 그럼에도 이것은 분명한 사실입니다.

이제 이 말의 뜻을 분석해 봅시다. 이것은 고통스럽지만 꼭 필요한 과정입니다. 이렇게 죽어 있는 상태는 어떤 식으로 드러날까요? 일단은 어느 정도 일반적인 차원에서, 하나의 태도 내지는 일반적인 상태로서 살펴보는 것이 좋겠습니다. 저는 이런 상태를 가장 완벽하게 요약해 주는 말이 '자족'이라고 생각합니다. '자만'이라고 말하기는 약간 주저되는데, 두 단어를 합쳐서 '자만하며 자족하는 태도smug contentment'라고 말하면 되겠습니다. 자, 제 말뜻은 이것입니다. 자족이란 진리를 믿는 사람들, 자신이 진리를 믿는다는 사실을 자각하는 사람들이 빠지는 상태입니다. 그들이 진리를 믿는다는 데에는 의문의 여지가 없습니다. 질문을 던져 보거나 교리문답을 해 보면 그들의 신앙이 정확하고 정통적이라는 것을 알 수 있습니다. 그들의 신조나 신앙에는 아무 흠이 없습니다. 그러나 그들은 그 교리들을 믿기만 하는 것이 아니라 그것을 믿는 자기 자신에게 만족을 느끼기 때문에, 즉 자기만족에 빠지기 때문에 자족이라는 요소가 끼어드는 것입니다. 그들은 진리를 믿습니다. 진리를 믿지 않는 자들, 정통적이지 않은 자들, 자유주의자들, 이른바 모더니스트들을 공격합니다. 물론 정통신앙은 옳고 비정통적인 신앙은 그릅니다. 그럼에도 자기 자신을 바라보는 방식에서 심히 잘못된 길로 갈 수가 있는 것입니다. 자족감과 만족감, 자만의 요소가 끼어들면 바른 신앙도 무너질 수 있습니다. 욥이 자신을 위로하러 온 친구들에게 "너희만 참으로 사람이로구나"라고 말하지 않을 수 없었던 것도 바로 그 때문입니다(욥 12:2). 자, 욥의 친구들은 이런 태도를 완벽하게 보여 주고 있습니다. 오, 그들의 말은 전부 옳았습니다. 그러나 그 말은 가련한 욥에게 아무 쓸모가 없었을 뿐 아니라 사실상 그의 상황을 더 힘들게 만드는 역할을 했습니다. 욥은 제가 지금 말하고 있는 이 자만하며 자족하는 태도에 반발했습니다.

이런 태도가 겉으로 드러나는 또 다른 방식은 당연히 옹호에 주된 관심을 기울이는 것입니다. 자신들이 옳은 것을 알기에, 자신들이 옳은 것이 확실하기에 그 입장을 옹호하는 것만을 유일한 임무로 여기는 것입니다. 여러분은 이런 상태에 빠진 개인이나 교회가 순전히 옹호하는 일에만 대부분의 시간을 쓰는 모습을 볼 것입니다. 이른바 변증이 큰 우위를 차지합니다. 변증이 주된 관심사가 됩니다. 그들이 읽고 출판하는 책은 거의 어김없이 변증에 관한 것들입니다. 아시다시피 그들은 자신들의 입장을 옹호합니다. 자, 저는 이것이 아주 심각하고도 중요한 문제라고 믿습니다. 누군가 저에게 지난 80년간 복음주의의 상태에 대해 말해 달라고 한다면, 바로 이것을 가장 큰 특징으로 제시하겠습니다. 이를테면 복음주의는 안으로 움츠러든 채 일종의 철의 장막 내지는 방어기제 뒤에 숨어서 옹호하고 변증하는 일에 대부분의 에너지를 써 왔다고 할 수 있습니다. 지푸라기라도 붙잡아 활용하고자 애쓰는 모습들을 보면 딱하기 그지없습니다. 어떤 부류의 인물이든 기독교 신앙을 믿는다는 암시를 비친 사회 저명인사는 그 즉시 붙잡히게 마련이며—그는 순식간에 위대한 그리스도인이 되어 버립니다—왕족이나 그 밖의 사람들이 깊은 영적 체험을 했다는 식의 소문이 퍼져 나가게 마련입니다. 우리는 항상 자신의 입장을 옹호합니다. 그리고 크게 흥분하면서 그 일에 지대한 관심과 에너지를 쏟아 붓습니다. 이것은 방어적이고 소극적인 태도이자 자신의 입장을 고수하는 데에만 만족하는 죽은 정통신앙의 일부분입니다. 이런 상태를 정의해 주는 또 다른 말이 성경에 나옵니다. 그것은 "시온에서 안일한"이라는 것입니다. 아모스 6:1에 나오는 이 표현을 기억하십니까? 제가 볼 때 이것은 자신들에게 안전감을 주기에 충분한 종교를 원하지만 그 이상은 전혀 요구하지 않는 사람들을 묘사하는 표현입니다. 그들은 안전을 추구하며 일종의 안정감을 원합니다. 그러다 보니 결국 죽음이라는 중대한 사실과 죽음 너머에 대한 생각은 저 멀리 밀어내 버립니다. 오직 이런 이유에서만 종교에 관심을 갖는 이들이 많이 있습니다. 그들은 종교 그 자체에는 관심이 없습니다. 정말 적극적으로 하나님을 갈망하는 마음도 없습니다. 그저 자신들의 안전에 대해 한정적이고 소극적인 관심만 가지고 있을 뿐입니다. 그러니까 일종의 낙하산으로서의 종교에만 관심을 갖는다고 말할 수 있습니다. 낙하산이 필요할지 그렇지 않을지는 알 수 없습니다. 사고는 일어날 수도 있고 일어나지 않을 수도 있습니다. 그러니 가까이에 이런 장치를 해 놓으면 아주 좋다는 것입니다. 아, 종교에 대해 생각하느라 인생을 전부 허비하지 말라는 것입니다. 종교가 있으면 좋지만, 그렇다고 너무 심각하게 생각하거나 지나친 관심을 두지는 말라는 것입니다. 삶의 주요 부분과 관심은 세상에 속한 것들에 투자하되, 만약의 경우를 위해 이런 대비도 해 두라는 것입니다. 종교는 안전감만 주면 그만이지, 그 이상의 의미는 없다는 것입니다.

이것은 당연히 또 다른 요소로 우리를 이끌어 갑니다. 제 이야기를 계속 들어보면 여러분도 제 말을 인정하게 되리라 생각합니다. 그런 사람들은 언제나 '보편적인 메시지'라고 할 만한 것을 아주 선호합니다. 너무 특정한 메시지는 원치 않습니다. 어느 정도 보편적인 권면을 듣고 싶어 합니다. 보편적으로 도움이 될 만한 이야기를 듣고 싶어 하는 것입니다. 이처럼 그들이 좋아하는 것은 흥미로운 메시지입니다. 그들은 보편적인 개념에 흥미를 느낍니다. 종교는 삶을 바라보는 유익한 시각을 제공해 준다고 생각합니다. 물론 맞는 말입니다. 그러나 그것은 너무 적은 것만 바라는 태도이며, 보편적인 개념과 사상에 스스로를 가두어 버리는 태도입니다. 여러분은 "얼마나 흥미로운 말씀인가, 얼마나 힘이 되는 권면인가"라고 말합니다. 문학작품이 인용되는 것도 당연히 좋아하면서 "얼마나 아름다운 말씀인가, 얼마나 놀라운 말씀인가"라고 말합니다. 지금 설명하는 이런 태도를 저는 아주 일반적인 의미에서 후기 빅토리아-에드워드 시대의 종교라고 부릅니다. 그런데 슬프게도 그것이 오늘날까지 그대로 유지되고 있습니다. "우리는 종교가 있다. 그리고 그 종교가 괜찮다고 생각한다"라는 식입니다.

그렇다면 하나님의 집에 나아갈 때는 어떻게 할까요? 자, 우리는 구원의 중대한 교리들을 설교하지 않습니다. 사람들은 말합니다. "아니, 우리는 인물 연구에 관심이 있습니다. 관심이 아주 많지요. 우리는 성경 인물들을 택해서 여유롭게 살펴봅니다. 그러면 얼마나 흥미로운지 몰라요! 거의 소설을 읽는 것 같습니다. 당연히 마음이 어지러워질 일도 없지요. 우리는 아브라함이나 이삭 같은 인물들을 관찰합니다. 그런 인물들을 보면서 각각의 차이점 등을 찾아보는 것은 흥미로운 일입니다." 19세기 말부터 20세기 초 문학을 찾아보면 이런 계열의 책들이 무수히 출간되었음을 알 수 있습니다. 인물 연구를 비롯한 이런저런 연구들에 대한 관심은 성경에 여유롭게 접근할 때 전형적으로 나타나는 특징입니다. 아주 보편적이고 동떨어져 있는 주제, 아주 흥미로운 주제, 우리나 우리의 당면 문제와는 별 상관없는 주제에만 관심을 갖는 것입니다. 이런 식의 태도가 일반화되어 왔습니다.

그 다음으로 필히 짚고 넘어가야 할 점은 사람들이 남에게 조사받거나 방해받기 싫어한다는 것입니다. 이를테면 그런 사람들에게는 항상 보편적인 내용만 가르쳐야 합니다. 항상 우리와 동떨어진 이야기만 해야 합니다. 우리와 별 상관 없는 이야기만 해야 합니다. 우리와 너무 밀접한 문제는 꺼내지도 말아야 합니다. 저는 빅토리아 시대의 초대 수상이었던 멜버른 경 Lord Melbourne의 말을 종종 인용하곤 하는데, 그의 말에 이 모든 경향이 완벽하게 표현되어 있습니다. "알다시피 종교가 개인적인 것이 되기 시작하면 상황이 힘들어진다." 그렇습니다. 종교는 괜찮은 것입니다. 보편적인 것입니다. 의지할 수 있고 필요할 때 사용할 수 있도록 뒤에서 대기하고 있는 것입니다. 그러나 종교가 나를 방해해서는 안 됩니다. 오, 이런 태도는 전부 구약성경에 나오는 것입니다. 사람들은 선지자들에게 소리쳤습니다. "부드러운 말을 하라"(사 30:10).

구약성경을 읽어 보십시오. 그러면 언제나 참 선지자들보다 거짓 선지자들이 훨씬 더 큰 인기를 누렸음을 발견할 것입니다. 가련한 예레미야가 거짓 선지자들에게 얼마나 괴롭힘을 당했는지 모릅니다. 비단 예레미야만 그런 일을 겪었던 것이 아닙니다. 그처럼 거짓 선지자들이 인기를 누린 이유가 무엇이겠습니까? 다음과 같은 메시지를 전했기 때문임이 분명하지 않습니까? 그들은 평강이 없는데도 "평강하다, 평강하다" 했습니다. 성경은 "내 백성의 상처를 심상히 고쳐 주며 말하기를 평강하다 평강하다 하나 평강이 없도다"라고 하면서 그들을 고소하고 있습니다(렘 6:14). 이 설교자들, 이 선지자들은 백성들에게 모든 일이 잘되어 가고 있으며 그들은 하나님의 백성이 분명하니 걱정할 것이 전혀 없다는 인상을 주었습니다. 그러나 참 선지자는 백성들을 찾아와 조사하고 검증하고 정죄하며 책망했습니다. 백성들은 "제까짓 게 뭐라고 이러는 거야?"라고 말했습니다. 말이 나온 김에 말씀드리자면, 제 목회에 대해 사람들이 한 말 중에 가장 큰 기쁨이 되었던 말, 가장 큰 격려가 되었던 말이 있습니다. 그것은 어떤 부인이 항의조로 한 말이었습니다. "이 사람은 우리가 마치 죄인인 것처럼 말한다니까요!" 그렇습니다. 아시다시피 사람들은 자신들은 조사받아서는 안 되고 검토당해서는 안 된다고 생각합니다. 자신들에게는 아무 문제도 없다고 생각합니다. 물론 저 밖에 있는 죄인들이나 자유주의자들은 비난받아 마땅합니다. 그러나 자신들은 정통적인 사람들이 아니냐는 것입니다! 자신들에게는 비난이 아니라 교훈이 필요하다는 것입니다. 자신들은 보편적인 강의나 강연, 인물 연구를 원한다는 것입니다. 그런 연구가 얼마나 흥미롭고 좋으냐는 것입니다. 자신들은 방해받기 싫다는 것입니다. 자신들에게는 잘못된 데가 없다는 것입니다. 성경과 교회 역사 곳곳에서 볼 수 있듯이, 이런 사람들은 자신들을 조사하거나 검증하거나 자신들에게 불편한 느낌을 주는 것은 무엇이든 싫어합니다.

그러므로 마지막으로 지적하고 싶은 요점은 이것입니다. 이런 사람들의 종교와 예배에는 생동감이 없습니다. 그들은 아무것도 기대하지 않으며, 따라서 아무것도 얻지 못합니다. 그들에게는 아무 일도 일어나지 않습니다. 그들은 하나님을 만난다는 생각 없이, 그를 기다린다는 생각 없이 그의 집에 나아갑니다. 예배 중에 무슨 일이 일어날 수 있다는 생각이 머리를 스쳐가는 법도 없고 마음에 떠오르는 법도 없습니다. 그렇습니다. 우리는 주일 아침마다 예배를 드립니다. 그것이 우리의 관례입니다. 습관입니다. 마땅한 의무입니다. 그러나 하나님이 홀연히 자기 백성들을 찾아오실 수 있으며 임하실 수 있다는 생각은 전혀 하지 않습니다. 하나님 앞에 서면 얼마나 떨릴까, 그가 가까이 계심을 느끼거나 그의 능력을 느낀다는 것은 과연 어떤 것일까 상상조차 해 보지 않습니다. 그저 모든 의무를 형식적으로 이행할 뿐입니다. 바로 이런 것이 자만하며 자족하는 태도입니다. 전에 어떤 사람이 그런 자들에 대해 묘사하는 말을 들은 적이 있습니다. 그는 이렇게 말했습니다. "사실 그런 사람들은 단순히 전능자의 모닝콜을 받고 교회에 가는 듯한 인상을 주더군요." 교회에 가는 것은 마땅히 해야 할 옳고 바른 일입니다. 그들은 교회에 가야 한다고 믿습니다. 오, 그 생각은 맞습니다. 그러나 하나님이 홀연히 자신들을 만나주실 수 있다. 무언가 놀라운 일이 일어날 수 있다는 개념은 가지고 있지 않습니다. 우리는 자기 자신을 검토해 보아야 합니다. 우리는 무슨 일이 일어나기를 기대하는 마음으로 하나님의 집에 나아갑니까? 아니면 그냥 설교 듣고 찬송 부르고 사람들을 만나겠다는 생각으로 나아갑니까? 우리가 살아 계신 하나님의 임재 안에 있다는 생각, 성령이 교회 안에 계시다는 생각, 그 능력의 손길을 느낄 수 있다는 생동감 넘치는 생각이 얼마나 자주 머릿속에 떠오릅니까? 사람들과 함께 모여 하나님을 만나며 그 앞에서 같이 말씀을 듣는다는 관점에서 생각하는 경우가 얼마나 많이 있습니까? 그저 바른 신앙을 가진 데 만족하는 무서운 위험에 빠져 있지는 않습니까? 그렇다면 우리는 생명력을 잃은 것입니다. 긴요한 것을 잃은 것이며 예배를 진정 예배 되게 하는 것, 성령과 진리 안에 있는 것을 잃은 것입니다.

자, 죽은 정통신앙에는 몇 가지 표징들이 있는데, 지금까지 저는 그것을 자족하는 태도, 자만하며 자족하는 태도라는 일반적인 항목 아래 요약해 보았습니다.

이번에는 좀 다른 각도에서 살펴봅시다. 죽은 정통신앙의 두 번째 특징—이것은 당연히 첫 번째 특징에 직접 연결되는 것입니다—은 열광을 싫어하는 것입니다. 자, 이것은 아주 중요한 주제입니다. 좀 더 성경적인 용어를 쓰자면 다음과 같이 말할 수 있습니다. 이것은 성령을 소멸하는 죄입니다. 열광을 싫어하는 것은 곧 성령을 소멸하는 것입니다. 교회의 역사, 특히 부흥의 역사를 익히 아는 사람이라면 부흥기에 가장 활발하게 활동했던 이들이 바로 이런 이유로 비난받았다는 사실을 알 것입니다. 여러분 중에는 로널드 녹스 Ronald Knox가 쓴 「열광 *Enthusiasm*」이라는 책을 보거나 읽은 분들이 있을 것입니다. 그 책의 전체 주제는 사람들이 열광에 빠지는 시기들이 있는데, 자신은 그것을 탈선으로 본다는 것입니다! 그는 냉정하고 지적인 거리를 유지하며 열광을 혐오하고 있습니다.

자, 이미 말했듯이 이런 비난은 역사에 흔히 등장하는 것입니다. 예컨대 18세기 인물들의 이야기를 읽어 보시기 바랍니다. 조지 윗필드도 계속해서 이런 비난에 맞서 해명을 해야 했고 주교들의 냉대를 받아야 했습니다. 주교들은 말했습니다. "보시오, 우리가 반대하는 것은 당신의 교리가 아니라 당신이 그 교리를 전하는 방식과 그 교리를 행하는 방식이오." 존 웨슬리도 계속해서 같은 비난을 받았는데, 심지어 어머니인 수재너 웨슬리 Susannah Wesley에게까지 비난을 받았습니다. 왜 그는 다른 사람들처럼 설교할 수 없는 것입니까? 왜 그렇게까지 흥분하며 말해야 하는 것입니까? 왜 굳이 이런 혼란을 일으키는 것입니까? 수재너 웨슬리는 아주 경건한 여성이었지만 갑자기 열광주의자가 되어 버린 아들을 이해할 수가 없었습니다. 교회의 관점에서 18세기 문학을 읽을 때 아주 분명히 드러나는 한 가지 사실은 바로 이런 비난이 끊임없이 제기되었다는 것입니다.

이처럼 열광이라고 불리는 태도를 반대하는 것이야말로 무엇보다 큰 부흥의 장애물이 될 수 있다는 점에서, 우리는 반드시 이 주제를 살펴보아야 합니다. 이것은 죽은 정통신앙에 빠져 있는 사람들에게 특히 큰 위험이 됩니다. 이 주제가 극히 어렵다는 사실은 저도 기꺼이 인정합니다. 선을 긋기가 몹시 어려운 부분들이 있습니다. 그럼에도 우리는 필히 이 작업을 해야 합니다. 성경이 그것을 강요하며 교회사가 그것을 강요하기 때문입니다. 다행히도 성경이 이 주제를 다루고 있기 때문에 아무 안내도 없이 우리의 견해를 세워야 하는 처지는 면할 수가 있습니다. 고린도전서 14장을 직접 읽어 보시기 바랍니다. 사도는 거기에서 바로 이 주제를 다루고 있습니다. 앞으로 부흥이 임하면 14장의 중요성을 깨닫고 당장 펼쳐 보게 될 것입니다. 생명이 교회 안으로 들어올 것이고, 그 생명과 삶이 통제되지 않은 채 풍성하게 표출되거나 과도하게 표출되는 문제에 부닥칠 것이기 때문입니다.

그러므로 오늘날 교회의 상태와 형편을 살피면서 우리가 과연 어떤 위치에 있는지 알아보려면 이 가르침을 붙잡아야 합니다. 제가 이해한 바에 따르면, 신약성경은 이 문제와 관련해서 우리를 도와주고 인도해 줄 두 가지 큰 원칙을 제시하고 있습니다. 첫 번째 원칙은 "모든 것을 적당하게 하고 질서대로 하라"는 것입니다(고전 14:40). 그러나 동시에 기억해야 할 다른 말씀도 있습니다. "성령을 소멸치 말며"(살전 5:19). 우리는 신약성경이 아주 분명하게 밝히고 있는 이 두 가지 입장을 살피면서 그 각각의 특징을 알아보아야 합니다.

첫째로, "모든 것을 적당하게 하고 질서대로 하라"는 말씀부터 살펴봅시다. 사도는 몇몇 잘못을 저지른 자들에게 이 편지를 썼는데, 그 잘못 중에 한 가지는 혼란이었습니다. 고린도 교회에는 큰 혼란이 있었습니다. 그 혼란은 종종 모든 사람이 저마다 말을 하려는 데서 비롯되었습니다. 그들은 방언의 문제에 열성적이었습니다. 그 문제를 영적으로 바라보지 못하고 모두가 한꺼번에 방언을 했습니다. 또 예언할 때도 두세 사람이 한꺼번에 했습니다. 사도는 그것이 큰 잘못이라고 말하고 있습니다. "하나님은 어지러움의 하나님이 아니시요 오직 화평의 하나님이시니라"(고전 14:33). 그는 낯선 사람이 와서 이런 모습을 보고 내릴 수 있는 결론은 한 가지뿐이라고 말합니다. 여러분은 사도의 표현을 기억할 것입니다. "너희를 미쳤다 하지 아니하겠느냐?"(고전 14:23) 이것은 복음을 증거하는 일이 아닙니다. 요컨대 사도는 모든 사람이 한꺼번에 말을 하는 바람에 무슨 말을 어떻게 골라 들어야 할지 모를 지경이 된다면, "그야말로 혼란이 야기될 것이며 복음 전부가 싸잡혀 욕을 먹게 될 것이다. 자연의 피조세계를 보라. 무엇보다 질서 있는 모습이 눈에 띄지 않는가. 하나님은 어지러움의 하나님이 아니요 화평의 하나님이다"라고 말합니다.

개중에는 아주 실제적인 경험을 한 그리스도인, 성령의 능력을 경험한 것이 틀림없는 진정한 그리스도인들도 있었습니다. 그들은 그런 혼란을 기독교의 표지로 여기면서, 모두가 한꺼번에 외치지 않으면 성령이 임하시지 않은 것이라고까지 생각했던 것 같습니다. 그러나 그것은 그야말로 혼란에 불과할 뿐입니다. 그렇기 때문에 그들은 고린도전서 14장을 읽고, 한 번에 한 사람씩만 말하라는 사도의 명령에 주목할 필요가 있었습니다. 혹시 누가 먼저 입을 열었더라도 다른 형제에게 할 말이 있다는 것을 알면 바로 말을 멈추고 두 번째 형제에게 기회를 넘겨주어야 합니다.

그런데 이런 사람들이 늘 대꾸하는 말이 있습니다. "아, 우리도 어쩔 수가 없습니다. 말씀하시는 분은 우리 안에 계신 성령이시거든요. 우리도 통제할 수가 없어요." 사도는 그런 자들에게 이 심오한 말씀을 주고 있습니다. "예언하는 자들의 영이 예언하는 자들에게 제재를 받나니"(고전 14:32). 그러므로 성령이 너무 충만해서 도저히 자제할 수가 없다고 말하는 사람, 그럴 때마다 소리를 질러야겠다는 사람에게는 "예언하는 자들의 영이 예언하는 자들에게 제재를 받나니"라고 말해 주면 됩니다. 통제할 수 있는 한 통제해야 합니다. 통제하려고 애써야 합니다. 그러면 혼란이 생길 리가 없습니다. 혼란이 일어나면 복음은 언제나 욕을 먹게 되어 있습니다.

이번에는 첫 번째 요소와 함께 찾아오는 두 번째 요소에 대해 이야기해야겠습니다. 그것은 흥분 내지는 거짓된 기쁨의 감정입니다. 그런 감정은 순전히 육신에 속한 것일 수 있습니다. 사람을 흥분시킬 수 있는 것들은 얼마든지 많습니다. 축구 경기 중계방송을 들어 보면 흥분, 그것도 동물적인 흥분을 느낄 수 있습니다. 사람들은 목이 쉴 때까지 소리를 질러 댑니다. 그런 감정은 전적으로 육신에 속한 것입니다. 그런데 이런 요소가 예배와 신앙의 영역에도 들어올 수 있습니다. 예배와 신앙에도 이런 요소가 필요하다고 생각하는 듯한 사람들, 그래서 일부러 감정을 조작해 내며 연출해 내고자 애쓰는 사람들이 있습니다. 그들은 사람들을 흥분상태로 몰아넣어 자신이 무엇을 하고 있는지 모르게 만들며 아주 행복한 듯 착각하게 만듭니다. 그러나 그 감정은 육신에 속한 것이며 거짓 기쁨입니다. 그래서 사도는 고린도 교인들에게 이런 일들도 적절히 할 것을 명하고 있습니다. 한 사람은 시를 읊으려 하고 또 한 사람은 신령한 노래를 하려 하며 또 다른 사람은 예언의 말을 하려 합니다. 이 위대한 사도는 그 "모든 것을 적당하게 하고 질서대로 하라"고 말합니다.

세 번째 요소는 감정적이 되는 것입니다. 제가 감정emotion이 아니라 감정적emotionalism이라는 표현을 쓰고 있음을 알아채셨을 것입니다. 두 가지는 완전히 다릅니다. 감정적이라는 것은 감정에 휩쓸리는 상황 내지는 상태를 가리킵니다. 감정이 주도권을 잡아 버립니다. 일종의 황홀경에 빠져 버립니다. 감정적인 상태가 나쁜 것이라면, 일부러 그런 상태를 연출해 내는 일은 얼마나 더 나쁘겠습니까? 노래를 부르든 주문을 외든 그 밖의 방법을 쓰든 원시 부족처럼 온갖 춤을 추거나 그 비슷한 행동을 하든, 일부러 감정을 조작해 내려는 시도는 전부 신약성경의 정죄 대상입니다. 단순히 감정을 이용하는 것은 절대로 옳은 일이 아닙니다. 성경은 처음부터 끝까지 그런 행동을 정죄하고 있습니다. 감정에 접근할 때에는 지각과 정신을 통해, 진리로써 해야 합니다. 다짜고짜 감정에 호소하는 것은 분명한 잘못으로서 반드시 문제를 일으키게 되어 있습니다. 이처럼 감정적이 되는 것, 특히 인위적으로 그런 상태를 연출해 내는 것은 부흥 전체의 평판을 악화시킨다는 점에서 큰 장애물인 것이 분명합니다.

이 주제를 가지고 부흥의 역사를 읽어 보면 아주 흥미롭습니다. 사람들은 자주 이것을 부흥에 반대하는 첫 번째 이유로 내세우곤 했습니다. "저건 순전히 감정적인 현상이다. 저 혼란을 좀 보라. 저건 동물적인 흥분에 불과하다. 다들 제정신이 아니다. 집단 히스테리다." 이런 비난은 과거에도 늘 제기되었으며 앞으로도 늘 제기될 것입니다. 신약성경이 범사에 헤아려 좋은 것만을 취하라고 말하는 이유가 여기 있습니다. 저는 지금 데살로니가전서 5:21을 재인용하고 있습니다. 데살로니가 교회에도 같은 문제가 있었습니다. 그곳에도 성령으로 충만해진 사람들이 있었기 때문에 이런 문제가 발생하기 쉬웠습니다. 왜 이런 문제가 발생하기 쉬운지에 대해서는 나중에 다룰 수 있기를 바랍니다. 지금은 단순히 이런 일들이 나타나기 쉽다는 사실 자체만을 지적하고 넘어가겠습니다. 이런 이유 때문에 사도는 "자, 범사에 헤아려 보라. 영들을 시험해 보라"고 말하고 있습니다. 영들을 검토해서 과연 성령이 맞는지, 육신이나 마귀가 참된 것을 위조하여 그 모든 역사를 사람들의 눈에 거슬려 보이게 하고자 육신에 작용하고 있는 것은 아닌지 확인해 보라는 것입니다. 제가 보기에는 이것이 "모든 것을 적당하게 하고 질서대로 하라"는 명령에 대한 일반적인 해석인 것 같습니다. 이것은 무슨 일이 있어도 꼭 붙잡아야 할 사도의 명령입니다. 그러나 이것 말고도 붙잡아야 할 명령이 있습니다.

"성령을 소멸치 말며." 무슨 뜻입니까? 교회에는 모든 것을 적당하게 하고 질서대로 하라는 첫 번째 명령을 아주 분명히 지키는 사람들이 있습니다. 사실 그들은 이 명령의 전문가라고 할 만합니다. 그런데 문제는 이 명령을 너무 확실히 지키다가 성령을 소멸하는 잘못을 범한다는 것입니다. 거짓에 반대하다가 그만큼 거짓된 또 다른 입장에 빠져 버리는 것입니다. 무슨 뜻일까요? 자, 예컨대 혼란이 일어날까 봐 두려워하는 경우를 생각해 보십시오. 적어도 이런 사람들은 혼란을 일으킬 위험은 없지 않습니까? 그들의 입장은 모든 것을 완벽하게 통제해야 한다는 것이며, 모든 것을 훌륭하고 질서 있게, 정확하고 형식에 맞게, 무엇보다 점잖게 해야 한다는 것입니다. 몇몇 교회를 택해서 신약 서신서의 조명 아래 살펴보면 그 차이가 보일 것입니다. 이런 교회들은 형식적이고 죽어 있으며 심히 점잖은 입장을 취하기 때문에 굳이 신약성경의 모든 선례들을 참고할 필요가 없습니다. 역사적인 관점에서 몇 가지 사실들을 살펴보면 아주 흥미롭습니다. 여러분은 어느 시기든지 예배 형식이 고정될수록 성령의 역사가 확연히 줄어들며 신약성경에서도 점점 더 멀어진다는 사실을 발견할 것입니다. 신약 교회의 특징은 자발성과 생명력, 활기와 원기에 있습니다. 그러나 성령과 그의 영향력에서 떨어져 나갈수록 만사가 형식적이 되어 버립니다. 그렇게 해서 예배 형식이 생겨나는 것입니다. 여러분은 교회가 침체기에 빠질 때마다 예배가 더더욱 형식적이 되고 사람들이 일정한 예배 형식을 채택하며 예전과 의식으로 돌아서는 경향이 있음을 발견할 것입니다. 이 모든 것이 형식적인 종교의 일부를 이루고 있습니다.

다른 한편으로 여러분은 부흥이 일어날 때마다 이런 종류의 형식적인 관습들이 전부 중단되었다는 사실을 발견할 것입니다. 신약성경이 보여 주는 단순함으로 돌아가 보십시오. 혹시 마음 상할 분이 계실지 모르겠습니다만 대성당의 예배와 주 예수 그리스도께서 호수에 띄운 배에 앉아 인도하셨던 예배, 고린도와 데살로니가와 로마와 그 밖의 곳에서 서로의 집에 모여 드렸던 예배 사이에는 현격한 차이가 있습니다. 두 예배는 완전히 다릅니다. 후자의 예배에는 허식이나 예식, 의식, 절차, 예복, 옷을 차려 입는 일이 없습니다. 그렇습니다. 오직 성령이 자유롭게 행하시며 일하실 뿐입니다. 사람들은 마음에서 우러나온 노래를 부릅니다. 모든 부흥과 각성의 시기에는 이런 모습이 나타납니다. 부흥이 없는 교회는 성가대를 강조합니다. 그것도 그냥 성가대가 아니라 돈을 주는 성가대입니다. 사중창단에게도 돈을 주고 독창하는 사람에게도 돈을 줍니다. 회중은 앉거나 서서 듣기만 합니다. 심지어 성가대가 회중을 위해 노래를 불러 주기도 합니다. 이것은 성령을 소멸하는 일입니다. 그런 사람들에게는 "모든 것을 적당하게 하고 질서대로 하라"고 말할 필요가 없습니다. 그것만이 그들의 유일한 관심사이기 때문입니다.

　더 나아가 오늘날 프로그램을 준비하는 무서운 경향이 교회의 삶에 나타나고 있음을 알아채셨는지요? 모든 것을 미리 잘 짜 놓습니다. 물론 어느 정도는 이런 준비가 필요함을 저도 알고 있습니다. 그러나 우리는 성령을 소멸하는 수준까지 나아간 것이 확실합니다. 모든 순서를 미리 정해 놓고 각각의 시간을 할당합니다. 정해진 시간에 시작해서 정해진 시간에 마무리합니다. 목회를 하고 있는 제 친구들은 주일에 여러 교회로 설교하러 갈 때마다 이런 모습들을 점점 더 많이 보게 된다고 말합니다. 심지어 복음적인 교회도 외부에서 목사님이 오면 예배 순서지를 건네준다는 말이 거듭해서 들려옵니다. 문자 그대로 순서를 제시해 주는 것입니다. 11시 성경 봉독을 시작으로 12시 축도에 이르기까지 모든 순서가 시간에 맞추어 열거되어 있습니다. 제가 볼 때 이것은 아주 심각한 문제입니다.

저도 설교를 길게 해서 득 될 것이 없다는 사실은 알고 있습니다. 그저 설교를 길게 하려는 목적으로 잡아 늘이는 것은 의미가 없는 일입니다. 그러나 문제는 그것이 아닙니다. 진짜 문제는 우리가 성령께 과연 기회를 드리고 있느냐 하는 것입니다. 프로그램에 매여 성령을 밀어내고 있지는 않습니까? 우리는 왜 이런 형식을 추구합니까? 왜 이처럼 모든 것을 제한해 놓습니까? 성령이 홀연히 임하시면 어쩌려고 이렇게 합니까? 저는 이 문제를 아주 심각하게 제기하는 바입니다.

라디오 설교에 무슨 가치가 있느냐, 그것이 어떤 이들에게 도움이 되느냐에 상관없이 제가 라디오 설교를 하지 않는 주된 이유가 여기 있습니다. 한번은 어느 종교 프로그램 연출자에게 이런 질문을 던진 적이 있습니다. "성령이 홀연히 임하시면 이 프로그램은 어떻게 될까요?" 그는 솔직한 사람이어서 사실 그런 문제는 한 번도 생각해 본 적이 없음을 인정했습니다. 당연히 그럴 것입니다. 그들은 프로그램에 매인 사람들입니다. 시간을 정확히 지켜야 하는 사무적인 영역에서는 그렇게 하는 것을 이해할 수 있습니다. 그러나 제가 염려하는 점은 이런 요소가 교회 안에까지 들어오고 있다는 것입니다. 영국에도 이런 요소가 들어오고 있습니다. 미국에서는 몇 년 전부터 모든 순서를 분 단위로 짜 놓고 기술적인 부분까지 정해 놓은 후에 모든 것을 순서에 따라 연출해 내고 있습니다. 전에도 말했듯이 이것은 항상 같은 시간에 모든 순서가 초 단위까지 정확하고도 매끄럽게 진행되는 일종의 공연을 떠올리게 합니다. 하나님의 이름으로 묻겠습니다. 여기 어디에 성령이 자유롭게 행하실 여지가 있습니까? 그렇습니다. 자신 있게 말하건대 신앙이 우리를 통제하는 것이 아니라 우리가 이런 식으로 신앙을 통제하고 있습니다. 과거에도 그러했듯이 부흥이 임할 때마다 경험하게 되는 일은 시간 그 자체가 사라져 버리는 것입니다. 시간을 아예 잊어버립니다. 예배 시작은 평소대로 할 수 있지만 끝은 언제가 될지 모릅니다. 그것은 성령의 자유입니다! 이처럼 우리는 혼란을 두려워하다가 자칫 성령을 소멸하는 또 다른 극단으로 달려갈 수 있습니다.

그 다음으로 인위적인 흥분과 거짓 기쁨을 두려워하는 문제에 대해 생각해 봅시다. 이 경우에도 우리는 두려움이 지나친 나머지 성령을 소멸하는 죄를 지을 수 있습니다. 제가 직접 경험한 사건을 통해 설명해 보겠습니다. 몇 년 전 휴가 기간에 어떤 지역 교회의 주일예배에 참석하게 되었습니다. 훌륭하고 독실하며 아주 정통적인 회중이 모여 있었고, 하나님의 사람이 설교하고 있었습니다. 그가 본문으로 삼은 말씀은 "무지개가 구름 사이에 있으리니"였습니다(창 9:16). "무지개가 구름 사이에 있으리니", 정말 영광스러운 말씀 아닙니까? 그러나 그 불쌍한 설교자는 거짓 기쁨을 너무나 두려워한 나머지 설교 전체를 거짓 기쁨과 거짓 평강의 위험을 말하는 데 할애해 버렸습니다. 저는 지금 제 형제를 비난하려는 것이 아닙니다. 우리는 모두 잘못을 범하기 쉬운 사람들입니다. 그러나 여러분이 짐작하다시피 그 설교가 제 마음에 남긴 것은 오직 구름뿐이었습니다. 무지개는 볼 수가 없었습니다. 그는 거짓된 것을 두려워하다가 참된 것까지 소멸해 버렸습니다. 우리는 극단에 치우치기 쉬운 사람들로서, 양 극단을 심하게 오고 갑니다. 정통적이기는 하되 거짓 흥분과 몇몇 영적 운동의 지나친 면들을 두려워한 나머지 성령을 소멸하고 방해하며 참된 것을 부인하다가 완전히 죽어 버리는 교회들이 있습니다.

제가 마지막으로 지적하려는 요점은 감정적이 될까 봐 두려워서 감정 자체를 쓸어내 버리는 심각한 위험에 빠진 이들이 우리 중에 있다는 것입니다. 오, 지나친 감상에 빠져서 문제가 되는 경우가 있을 수 있습니다. 저는 지금 그런 감상을 쓸어내지 말아야 한다고 말하는 것이 아닙니다. 감상은 약하고 맥없는 것입니다. 완악한 사람들도 감상에 빠진 자신의 모습을 보면서 '나에게도 아직은 느낌이라는 것이 있구나' 하고 믿어 버릴 수 있습니다. 그러나 우리가 원하는 것은 그런 감상이 아닙니다. 툭하면 눈물을 흘리는 병든 감상이 아닙니다. 우리가 원하는 것은 감정, 하나님이 주시는 감정입니다. 하나님에게서 멀어진 것을 애통해하며 마지막으로 울어 본 적이 언제입니까? 여러분, 우리 중에는 우는 법을 잊어버린 사람들도 있습니다. 하나님의 영광을 느끼고 너무 기뻐서 울어 본 적, 그 순전한 기쁨 때문에 마지막으로 울어 본 적이 언제입니까? 많은 이들이 감정을 두려워합니다. 우리가 받은 훈련과 교육, 삶을 대하는 태도 전부가 감정에 재갈을 물려 놓은 탓입니다. 우리는 감정을 점잖지 못한 것, 유쾌하지 못한 것으로 생각합니다. 감정에 강철을 입히고, 하나님이 주신 것에 재갈을 물립니다. 오늘날 삶의 많은 영역들에서도 마찬가지입니다. 더 이상 위대한 설교자들이 많이 나오지 않는 이유가 여기 있을지도 모르겠습니다. 사람들은 웅변을 불신합니다. 모든 이야기를 오직 대화로만, 가벼운 대화로만 나누려 듭니다. 열변을 토해서도 안 되고 감동을 받아서도 안 됩니다. 어느 누구도 감동시키면 안 되며 어느 누구도 감동받으면 안 됩니다. 모든 이야기는 조용한 진술로만 이루어져야 합니다. 심지어 그리스도의 십자가에 대해서도 조용히 이야기해야 합니다. 주님의 영광이나 성령 충만에 대해서도 조용히, 아무 감정 없이 말해야 합니다. 이처럼 어떤 이들은 감정적이 되지 않으려 하다가 하나님이 주신 참되고 건전한 감정까지 놓치고 맙니다.

이 모든 것의 원인이 어디에 있을까요? 저는 사이비 지성주의, 곧 무엇이 점잖은 것인지에 대한 오해에 그 원인이 있다고 생각하며, 이것이야말로 부흥의 가장 큰 장애물 중에 하나라고 굳게 믿습니다. 아시다시피 우리는 우리의 학식에 자부심을 가지고 있습니다. 요컨대 우리는 '선조들이 부흥을 경험한 것은 당연히 우리 같은 통제력이나 자제심이 없고 우리 같은 교육도 받지 못했기 때문이다. 그들은 미숙하고 미개했다. 그러니까 그런 사람들에게는 부흥이 일어나고 우리에게는 일어나지 않는 것이다. 우리는 지적인 사람들이니까'라고 생각합니다. 하나님이 우리를 불쌍히 여겨 주시기를. 사도 바울은 세상에 알려진 가장 위대한 지성인 중에 한 사람입니다. 그런 그가 얼마나 거대한 감정의 물결에 휩쓸렸는지 보십시오. 한 가지 요점에서 출발했다가도 그리스도의 이름을 언급하는 순간 그만 정신을 잃고 맙니다. 지금까지 무슨 말을 하고 있었는지 까맣게 잊은 채 엄청난 웅변을 쏟아 냅니다. 그렇게 다 쏟아 낸 후에야 다시 이전의 요점으로 돌아갑니다. 여러분의 용어를 쓰자면 이런 모습을 무질서하다거나 일관성이 없다고 할 수도 있을 것입니다. 맞습니다. 그러나 바로 여기에 인간의 영광이 있습니다. 이 지적인 거인은 진리에 감동할 줄 아는 사람이었고 그 감동으로 눈물 흘릴 줄 아는 사람이었습니다. 저는 조지 윗필드가 은혜와 구원의 영광에 대해 설교하면서 두 뺨이 젖도록 눈물을 흘렸으며 듣는 이들도 그와 함께 울었다는 이야기를 읽은 적이 있습니다. 다른 인물들도 다 마찬가지였습니다. 그런데 우리만 완고하게 지적인 태도를 고집하며 감정을 통제하려 드는 것입니다. 지금 제 말은 감정적이 되라는 것이 아닙니다. 그것은 저도 싫습니다. 제 말은 감정을 가지라는 것입니다. 거짓된 것을 두려워하다가 성령을 소멸치 않게 해 주시기를, 사이비 지성주의에 빠져 지나치게 점잔을 빼면서 성령을 억제하다가 건조하고 황량하며 상대적으로 열매도 없고 무력하며 쓸모없는 상태에 빠지지 않도록 막아 주시기를 기도합니다. 오, 신약성경의 이 두 가지 큰 명제를 생각합시다. "모든 것을 적당하게 하고 질서대로 하라." 우리는 확실히 이 명령에 따라야 합니다. 그러나 하나님의 이름으로 분명히 말하건대, 성령을 소멸하지 말고 예언을 멸시치 마십시오. 능력이 임하기를 기대하면서, 하나님과 그리스도께서 우리를 녹이시고 움직이시고 깨뜨리시며 정신을 잃게 만드시는 경험을 하게 되기를 기대하면서 자유롭게 하나님의 집으로 나아갑시다. 신약성경 각 장에 묘사되어 있는 교회의 모습에 좀더 가까이 다가갑시다. 성령을 소멸치 말며 예언을 멸시치 말되 범사에 헤아려 좋은 것을 취합시다.

| 7
| 영적 무력증 |

이삭이 그곳을 떠나 그랄 골짜기에 장막을 치고 거기 우거하며 그 아비 아브라함 때에 팠던 우물들을 다시 팠으니 이는 아브라함 죽은 후에 블레셋 사람이 그 우물들을 메웠음이라. 이삭이 그 우물들의 이름을 그 아비의 부르던 이름으로 불렀더라. (창 26:17-18)

이번에도 이삭과 우물 이야기를 계속해서 살펴보려는 것은, 우리가 이미 알아챘듯이 부흥의 생수를 탐색한다는 것이 무엇인지 이 오래된 이야기가 아주 충실하게 보여 주고 있기 때문입니다. 블레셋 사람들의 소행으로 우물이 막혀 버렸습니다. 우리는 그 쓰레기들의 상당부분을 이미 다루었습니다. 정통신앙이 전혀 없는 경우와 정통신앙은 있지만 일그러진 경우를 다루었고, 여러분에게 상기시키는 바 지금은 죽은 정통신앙의 문제를 검토하고 있는 중입니다.

그렇다면 이렇게 죽은 상태의 또 다른 표징은 무엇일까요? 자, 한 가지는 진리를 적용하지 않는 것입니다. 진리를 믿는 것과 적용하는 것은 아주 다른 일입니다. 우리는 처음 믿을 때 진리를 들었고 그 진리를 적용했습니다. 그렇지 않았다면 그리스도인이 되지 못했을 것입니다. 그런데 일단 그 첫 단계를 거친 후에는 단순히 진리를 듣고 읽는 데 만족하면서, 그 진리를 적용하거나 그 진리에 비추어 스스로 검토해 볼 생각을 전혀 하지 못할 수가 있습니다. 이것이야말로 그리스도인의 삶에서 가장 우려할 만한 한 가지 위험이 아닐까요? 물론 그런 상태에서도 주일마다 규칙적으로 교회에 출석할 수는 있습니다. 성경을 읽을 수도 있고 성경을 이해하는 데 도움이 될 만한 책들을 읽을 수도 있습니다. 그러다가 마음이 흔들리거나 죄의식을 느낄 때도 가끔 있고, 자기 앞에 옳은 것이 주어져 있으며 자기 속에 무언가 적합하지 않은 것이 있음을 의식할 때도 가끔 있습니다. 그러나 불행히도 그에 대해 무슨 조처를 취하지는 않습니다. 무언가 느끼기는 하지만 금세 잊고 맙니다. 호세아 선지자의 표현 그대로입니다. "너희의 인애가 아침 구름이나 쉬 없어지는 이슬 같도다"(호 6:4). 나타났는가 했는데 금세 사라져 버리는 것입니다. 제가 볼 때 그리스도인의 삶 전체와 관련하여 가장 무서운 위험 중에 한 가지가 바로 이것인 것 같습니다. 피상적인 흔들림에 만족할 뿐 결코 그 흔들림을 직시하지 않으며 실제로 상황이나 문제를 해결해 보고자 달려들지 않습니다. 이런 흔들림에 대해 계속 생각해 보면서 "왜 내 마음이 이렇게 흔들리는 거지? 대체 어떻게 하면 좋을까?"라고 묻지 않습니다.

저는 이 또한 모든 회중을 괴롭히는 위험 중에 가장 큰 위험에 속한다고 믿습니다. 예배 시간에 무언가 느낌이 올 수 있습니다. 그래서 '이 느낌에 대해 한번 생각해 봐야지' 하고 마음먹을 수 있습니다. 그러나 예배가 끝난 후 사람들과 말을 하기 시작하고 다른 화제를 입에 올리다 보면 모임 중에 받았던 느낌은 사라지고 다시는 회복되지 않습니다. 우리는 이런 식으로 인생을 흘려보냅니다. 피상적이고 일시적인 흔들림은 느끼되 열매는 하나도 맺지 못하는 것입니다. 이 이야기만 계속할 수는 없습니다. 그러나 구약 선지서에 묘사된 이스라엘 자손의 상태를 보면 알 수 있듯이, 그 당시의 주된 문제점도 이것이었던 듯합니다. 그들도 약간의 흔들림은 느꼈습니다. 그러나 거짓 선지자들이 재빨리 치료해 주었습니다. 우리는 모두 자기 자신에게 이런 거짓 선지자 노릇을 하고 있습니다. 이것이 우리가 진리를 적용하지 못하고 있음을 보여 주는 한 가지 표징입니다.

이번에는 다른 식으로 설명해 보겠습니다. 요즘은 일반적으로 묵상의 기술, 참으로 생각할 줄 아는 기술을 무시하는 경향이 있지 않습니까? 그러나 교회의 이야기를 읽어 보면, 특히 이 나라에서 하나님과 그 백성들의 일이 크게 중시되었던 좀더 나은 시기의 이야기를 읽어 보면, 교회 전체의 이야기뿐 아니라 그리스도인 개인들의 전기를 읽어 보면, 우리와는 너무나도 다른 모습에 놀라지 않을 수가 없습니다. 묵상이 그들의 삶에서 얼마나 큰 자리를 차지하고 있었는지 모릅니다. 그들은 몇 시간씩 말씀을 생각하고 묵상했습니다. 또는 반추했다고 해도 좋을 것입니다. 그런데 이제는 그런 모습이 거의 사라져 버렸습니다. 물론 우리의 평계는 다들 너무 바쁘다는 것입니다. 우리는 정말이지 너무 **바쁩니다**. 궁극적으로는 전혀 중요치 않은 일들이 우리의 삶 전체를 가득 채우고 있습니다. 우리의 프로그램에는 빈틈이 없습니다. 우리는 "시간이 없다"고 말합니다. 심지어 교회 일도 너무 바쁘게 하면 영혼에 큰 해가 될 수 있습니다. 사람이 피상적이 되고 건조해지며 결국 아무 데도 쓸모없이 되어 버립니다. 그렇습니다. 묵상은 절대 놓쳐서는 안 될 요소입니다. 한 유명한 찬송가 가사가 이 점을 완벽하게 표현해 주고 있습니다. "너 성결키 위해 시간을 들이라······"* 거룩해지려면 시간을 들여야 합니다. 그러나 오늘날 우리는 여기저기 뛰어다니며 활동하느라 여념이 없습니다. 그래서 그리스도인들의 영적인 삶에 깊이가 사라져 버렸습니다. 물론 활자화된 것만 읽으면 우리가 아주 굉장한 사람들인 것처럼 보일 수도 있습니다. 종교 잡지들은 활동을 보도합니다. 그들이 말하는 뉴스란 곧 활동이기 때문에 활동에만 관심을 보이는 것입니다. 누군가 무슨 일을 하는 것, 그것이 뉴스입니다. 묵상을 뉴스 칼럼에 실을 수는 없는 노릇입니다. 묵상은 너무 깊은 것이어서 극적인 흥밋거리가 되지 못합니다. 그러나 그리스도인의 삶을 검증하는 방법은 그 삶에 깊이가 있는지, 참된 지각이 있는지 알아보는 것입니다. 그런 깊이와 참된 지각은 묵상과 생각으로만 생겨날 수 있습니다. 묵상은 그리스도인이 살면서 훈련해야 할 한 부분입니다. 참된 부흥의 시대를 살펴보면 어김없이 묵상하는

---

* 찬송가 212장 참조―옮긴이.

모습을 발견할 수 있습니다.

이제 여기에 따르는 또 다른 문제를 살펴봅시다. 묵상은 항상 진정한 자기검토를 불러오게 되어 있습니다. 그러나 오늘날 자기검토는 인기를 얻지 못하고 있습니다. 심지어 자기검토는 잘못된 일이라고 가르치는 사람들까지 있습니다. 그들은 "아니, 자기를 검토해서는 안 된다. 항상 주님만 바라보아야 한다"고 말합니다. 그들이 그 말을 하는 방식은 잘못되어 있습니다. 물론 우리의 모든 삶은 궁극적으로 주님을 바라보는 삶입니다. 그러나 자기검토 없이 그저 주님을 바라보기만 하면 되는 것이 아닙니다. 성경은 자신을 검토하고 시험하며 검증할 것을 권면하고 있습니다. 다시 말하지만, 과거의 문헌들은 이 점을 아주 명확하게 보여 주고 있습니다. 부흥과 관련해서 하나님이 눈에 띄게 사용하신 인물들의 생애를 읽어 보십시오. 그가 누구든지 간에 항상 자신을 검토했다는 사실과 자신의 모습에 두려움을 느꼈다는 사실을 알게 될 것입니다. 그 두려움은 예외 없이 하나님께 나아가 기도하게 만들었습니다. 자신의 모습에 깜짝 놀라 기도하게 만들었던 것입니다. 자신을 검토하지 않는 사람은 참으로 기도하지 못할 뿐 아니라 완전히 피상적인 삶을 살게 됩니다. 요즘 자기검토를 언급하는 경우가 얼마나 드문지요! 우리는 큐티를 하고 짧은 성경 본문을 읽은 후 급하게 기도하는 것으로 모든 일을 다 했다고 믿습니다. 자기검토는 다 어디로 가 버린 것입니까? 성경은 육신을 죽이는 일―땅에 있는 지체를 죽이는 일―에 대해 얼마나 많은 말을 하고 있는지 모릅니다. 사도는 이렇게 명하고 있습니다. "땅에 있는 지체를 죽이라"(골 3:5). "영으로써 몸의 행실을 죽이면……"(롬 8:13). 이것이 바울의 교훈입니다. 그런데 우리는 이런 이야기를 전혀 듣지 못하고 있습니다. 성화에 대해 잘못된 개념을 가지고 있기 때문입니다. 이 부분에서도 우리는 "주님만 바라보면 된다"고 말합니다. 그리하여 우리의 삶은 완전히 피상적인 것이 되어 버립니다. 깊이만 없는 것이 아니라 참되고 생생한 거룩함도 없습니다. 이상의 것들은 진리를 적용하지 못할 때 나타나는 이런저런 측면들에 불과합니다.

사실의 균형을 맞추고 공정한 진술을 하기 위해, 자기검토를 전혀 믿지 않고 행하지 않는 사람들이 대다수인 반면, 잘못된 자기검토에 빠진 이들도 있다는 말을 덧붙여야겠습니다. 이 또한 똑같이 해로운 일입니다. 자기검토를 잘못 적용하다가 죽은 정통신앙에 빠지는 자들이 있습니다. 자기검토를 하는 데에는 바른 방법만 있는 것이 아니라 그른 방법도 있습니다. 바른 방법은 당연히 성경이 지시하고 있는 것으로서 항상 좋은 결과를 낳게 되어 있습니다. 그러나 그른 방식은 불건전한 결과, 잘못된 반성을 낳습니다. 이것은 아주 미묘한 문제입니다. 오늘날 교회에는 완벽한 정통신앙을 가지고 자신을 검토하는 데 시간과 관심을 들이는 훌륭한 사람들, 그러나 너무 마비되어 있는데다가 어떤 의미에서는 자기검토 외에 다른 일은 하나도 하지 않는 탓에 어디에도 사용할 수가 없는 사람들이 많이 있습니다. 그들은 그저 자신을 검토하는 일에만 모든 시간을 투자합니다. 자신을 들여다보면서 자신이 무가치하다는 생각에만 매달리며 그 죄와 무가치함을 심하게 의식한 나머지 다른 일은 하나도 하지 못합니다. 오로지 자신의 상태를 살피는 데만 시간을 다 써 버립니다. 실제로 그들은 자기검토에 바쁜 나머지, 또 자신을 검토해 본 결과에 침체된 나머지 부흥이나 그 밖의 것들을 위해 기도할 여유를 갖지 못합니다. 항상 자신의 영혼만 놓고 기도하며 자신의 개인적인 상태만 놓고 기도합니다.

자, 이것은 아주 잘못된 태도이며 아예 성찰을 하지 않는 피상적인 삶 못지않게 해로운 태도인 것이 분명합니다. 그러므로 그리스도인은 영적으로 침체되거나 비참한 상태에 빠져서는 안 된다는 것, 절대 그래서는 안 된다는 것을 한 가지 원칙으로 내세울 수 있습니다. '비참한 그리스도인'이란 그 자체로 모순된 말입니다. 그리스도인은 이런 식으로 침체될 권리가 없습니다. 그런데 왜 사람들은 그토록 자주 이런 상태에 빠지는 것일까요? 제가 볼 때 그 대답은 성경에 비추어 자신을 검토해 보지 않기 때문이라는 것입니다. 성경적인 방법을 따르는 사람은 다음과 같이 할 것입니다. 그는 먼저 진리로 자신을 조사해 봅니다. 그리고 그것을 적용합니다. 그것으로 자신에게 설교를 합니다. 말을 겁니다. 묵상합니다. 자신의 죄를 지적하며 그에 대해 어떠한 변명의 여지도 주지 않습니다. 또한 그는 여기에서 멈추지 않고 다음 단계로 나아갑니다. 이처럼 자신의 진정한 상태를 발견한 후에 성경을 통해 주 예수 그리스도와 그의 정결케 하는 피 앞으로 나아가는 것입니다. 다시 말해서 침체와 병적인 상태에 빠져 자신만 들여다보고 있는 그리스도인은 오직 믿음으로 의롭다 하심을 얻는다는 교리를 진정으로 적용하지 못했다고 할 수 있습니다. 자기 죄에 막혀 멈추어 서 있다면, 베옷을 입고 먼지와 재를 뒤집어쓰는 자리에 멈추어 서 있다면, 그렇습니다, 여러분은 영적이지 못한 것입니다. 여러분은 그리스도를 바라보며 다시금 진리를 적용하는 자리로 나아가야 합니다. 그가 내 죄를 덮어 주시고 소멸해 주셨다는 사실과 이제 내가 새로워져서 앞으로 나아갈 수 있게 되었다는 사실을 깨닫고, 결국에는 감사하며 찬양하는 상태에 이르게 될 것을 확신해야 하는 것입니다.

여러분은 이 모든 문제가 얼마나 미묘한지 알고 있을 것입니다. 그런데 지금 상황이 바로 이렇지 않습니까? 피상적인 삶을 살면서 부흥을 위해 기도하지 않는 사람들이 많이 있습니다. 그들은 부흥이 필요하다는 생각조차 하지 못합니다. 그저 이런저런 활동으로 바쁘게 지내며 여기저기 뛰어다닐 뿐입니다. 그들은 부흥에 대해 생각할 여유가 없습니다. 그들은 모든 게 잘되어 가고 있지 않느냐고 말합니다. 한번 주변을 둘러보라고 말합니다. 그 외양과 겉모습을 보라고 말합니다. 이제부터 말씀드리겠지만, 그들은 자신들의 진정한 상태를 인식하지 못하고 있습니다. 그런가 하면 병적인 자기중심적 태도와 내향적인 태도 때문에 실제로 남들은 생각할 시간이 없는 이들도 있습니다. 아시다시피 자신을 전혀 검토하지 않는 쪽이나 잘못 검토하는 쪽이나 죽은 정통신앙에 빠진다는 점에서는 똑같습니다.

이번에는 좀더 적극적인 측면, 제가 특히 이 시점에 강조하고 싶은 측면을 살펴보기로 합시다. 저는 그것을 다음과 같은 제목으로 표현하고자 합니다. 죽은 정통신앙은 일반적으로 그리스도인들의 삶에 일어날 수 있는 영광스러운 일들을 깨닫지 못하는 잘못을 범하며, 따라서 그와 대비되는 자신의 궁핍함을 보지 못하는 결과를 낳습니다. 제 말은 그리스도인들이 지금 이 세상에 살면서 얻을 수 있는 것들을 보지 못한다는 뜻입니다. 우리가 얻을 수 있는 것들이란 곧 사도 바울이 에베소서 3장 말미에서 말하고 있는 종류의 일들을 의미합니다. 사도는 자신이 에베소 사람들을 위해 기도한다고 말합니다. 그들은 믿은 지 어느 정도 된 사람들이었고, 성령으로 인침을 받은 자들이었습니다.

그들은 훌륭한 그리스도인들이었습니다. 그런데도 바울은 그들을 위해 다음과 같이 기도하고 있습니다.

> 그 영광의 풍성을 따라 그의 성령으로 말미암아 너희 속사람을 능력으로 강건하게 하옵시며 믿음으로 말미암아 그리스도께서 너희 마음에 계시게 하옵시고 너희가 사랑 가운데서 뿌리가 박히고 터가 굳어져서 능히 모든 성도와 함께 지식에 넘치는 그리스도의 사랑을 알아 그 넓이와 길이와 높이와 깊이가 어떠함을 깨달아 하나님의 모든 충만하신 것으로 너희에게 충만하게 하시기를 구하노라(엡 3:16-19).

제가 하려는 말이 바로 이것입니다.

또 바울이 빌립보서 3장에서 소망하는 내용에도 제가 하려는 말이 나오고 있습니다. 이것을 보면 그의 입장이 어떤 것이었는지 알 수 있습니다. 그는 자신이 다음과 같은 것에 관심이 있다고 말합니다.

> 그 안에서 발견되려 함이니 내가 가진 의는 율법에서 난 것이 아니요 오직 그리스도를 믿음으로 말미암은 것이니 곧 믿음으로 하나님

께로서 난 의라. 내가 그리스도와 그 부활의 권능과 그 고난에 참예함을 알려 하여 그의 죽으심을 본받아 어찌하든지 죽은 자 가운데서 부활에 이르려 하노니(빌 3:9-11).

그리스도인의 삶에서 가장 높은 경지요 가장 깊은 경지라 할 만한 것이 있습니다. 지금 이 세상을 살고 있는 그리스도인들도 그 경지를 경험할 수 있습니다. 거듭 말씀드리지만, 성경뿐 아니라 성도들의 전기 및 부흥의 때에 일어난 일들에 대한 이야기들을 읽어 보면 이런 가능성에 대해 알고 있었던 인물들을 보게 됩니다. 그들은 하나님과 주 예수 그리스도를 친밀하게 아는 지식을 얻었습니다. 하나님과 예수 그리스도가 자신들을 찾아오신다는 것이 무엇인지 알고 있었으며, 그 임재에 사로잡힌다는 것이 무엇인지 알고 있었습니다. 그중에 옛 청교도에 관한 이야기가 있습니다. 그 청교도는 산중턱을 지나가던 길에 한 가지 체험을 하게 되었습니다. 그는 아주 황량한 길을 걸어가다가 도시락으로 주머니에 넣어온 빵과 함께 약간의 물을 마시려고 우물가에 앉았습니다. 그런데 홀연히 주 예수 그리스도가 나타나 자신을 보여 주셨습니다. 이 사람은 그 짧은 한순간의 경험을 통해 자신이 50년간 읽고 연구하고 묵상해서 배운 것보다 더 많은 것을 배웠다고 말했습니다. 이런 일은 언제든지 일어날 수 있습니다.

    이런 사례는 부흥의 역사에도 나옵니다. 여러분은 거기에서 하나님이나 주 예수 그리스도와 대화를 나누고 교제했던 이들의 이야기, 그가 임재하신 것과 그의 사랑이 나타난 것을 알았던 이들의 이야기를 들을 것입니다. 주 예수 그리스도가 가까이 다가오시는 느낌에 거의 압도당한 이야기, 하나님의 영광과 사랑으로 충만해진 이야기를 들을 것입니다. 조너선 에드워즈 같은 사람들의 삶에서도 같은 이야기를 발견할 것이며, 제가 계속해서 지적했듯이 신학적 견해가 각기 다른 그리스도인들의 삶에서도 같은 이야기를 발견할 것입니다. 윗필드나 웨슬리에게서도 발견할 것이며, 피니Charles Finney나 무디D. M. Moody를 비롯한 많은 성도들의 삶에서도 발견할 것입니다.

우리는 이런 일들을 경험하고 있습니까? 우리에게도 이런 일이 가능하다는 것을 알고 있습니까? 앞으로 점점 더 밝혀지겠지만, 부흥은 하나님이 자신을 생생하게 나타내시는 것입니다. 그러나 부흥이 일어나지 않아도 우리는 이런 경험을 할 수 있습니다. 이런 일들은 개별적으로도 일어날 수 있습니다. 그런데 왜 우리는 이런 일들에 대해 아는 바가 없는 것일까요? 왜 우리는 이런 일들을 목말라 하고 갈망하며 사모하지 않는 것일까요? 저는 그 부분적인 이유를 말씀드릴 수 있다고 생각합니다. 그것은 우리가 라오디게아 교회 교인들과 너무나 비슷한 상태에 있기 때문입니다. 부활하신 주님은 그들에게 이렇게 말씀하셨습니다. "네가 말하기를 나는 부자라. 부요하여 부족한 것이 없다 하나 네 곤고한 것과 가련한 것과 가난한 것과 눈먼 것과 벌거벗은 것을 알지 못하도다"(계 3:17). 여러분도 아시겠지만, 오늘날 교회의 상태도 그들과 똑같습니다. 많은 복음적인 신자들과 교회들도 마찬가지입니다. 우리는 가난하고 벌거벗었으며 곤고하고 가련하고 눈멀었으면서도 그것을 모르고 있습니다. 요컨대 우리의 입장은 '우리는 복음적인 사람들이다. 우리에게는 아무런 문제가 없다'는 것입니다. 그러나 정말 아무런 문제가 없을까요? 명백히 틀린 사람들과 비교해서 자신을 검토하는 것은 전혀 도움이 되지 않습니다. 우리는 아주 쉽게 그렇게 비교하고 나서 '우리는 아무 문제 없다'고 생각할 수 있습니다. 라오디게아 교인들처럼 다 가졌다고 생각하는 것입니다. 그러나 정말 다 가졌습니까? 아닙니다. 저는 자신의 진정한 영적 상황과 상태를 보지 못하는 것이야말로 우리의 문제가 아닐까 하는 두려운 생각이 듭니다. 오, 슬프게도 우리는 활동에 비추어 자신을 검토하기를 고집합니다. 바쁘게만 지내면 아무 문제가 없다고 가정하는 것입니다. 그러나 친애하는 여러분, 그리스도인을 가늠하는 시금석은 바쁜 생활이나 활동이 아니라 하나님을 아는 지식과 주 예수 그리스도를 아는 지식입니다. 바쁘게 지내기는 어렵지 않습니다. 그러나 하나님의 임재를 깨닫기 위해 노력하다 보면, 금세 그 일에 시간이 필요하다는 사실을 알게 됩니다.

다른 방식으로 설명해 봅시다. 저는 어떤 의미에서 우리가 하나님보다는 우리 자신에게 지나친 관심을 쏟는 데 침체의 부분적인 원인이 있다고 믿습니다. 수년간 큰 인기를 누린 가르침이 있는데, 「그리스도인이 행복한 삶을 사는 비결 *The Christian's Secret of a Happy Life*」*이라는 유명한 책 제목이 그 내용을 완벽하게 표현해 주고 있습니다. '행복해지려면 무엇을 해야 하는가?' 이것이 요즘

---

* 피어설 스미스 부인 Mrs. Pearsall Smith 저.

의 지배적인 시각입니다. 오, 그러나 문제는 그것이 아닙니다. 중요한 것은 '그리스도인이 하나님과 함께하는 삶을 사는 비결', 그리스도인이 하나님을 알 수 있는 비결입니다. 단순히 나를 근심시키는 몇 가지 죄에서 벗어나는 것만을 목적으로 삼아서는 안 됩니다. 물론 그런 죄들도 해결해야겠지만, 단지 그것만을 관심사로 삼아서는 안 되는 것입니다. 우리의 관심사는 "그리스도와 그 부활의 권능과 그 고난에 참예함을" 아는 것이 되어야 합니다(빌 3:10). 그렇습니다. 바울은 "내가 이미 얻었다 함도 아니요……"라고 말하고 있습니다(12절). **바울 같은 사람이** 이렇게 말해도 됩니까? 그러나 그는 자신이 얻은 것에 만족하지 못했습니다. 아시겠지만 그의 기준은 자신의 행복이 아니라, 주님과 그 부활의 권능과 그 고난에 참예함을 어디까지 알 수 있느냐 하는 것이었기 때문입니다. 우리는 너무 주관적이고 자기중심적이며 오직 자기 자신에게만 관심을 가진 사람들로서 우리의 사소한 문제들만 해결받고 싶어 합니다. 또 자신은 지금 여러 문제들로부터 자유롭다고 느낄 수도 있습니다. 그러나 제가 묻고 싶은 것은 이것입니다. 여러분은 그리스도를 어디까지 알고 있습니까? 그 사랑의 넓이와 길이와 깊이와 높이를 얼마나 알고 있습니까? 지식에 넘치는 그리스도의 사랑을 아는 것과 하나님의 모든 충만하심으로 충만해지는 것이 여러분의 가장 큰 소원입니까? 그것을 기준 삼아 마지막으로 자신을 검증해 본 것이 언제입니까? 문제는 이것입니다. 이 기준으로 자신을 검증해 보지 않는 사람은 정통신앙은 가졌을지 몰라도 실상은 죽은 자입니다.

　제가 볼 때 정통신앙을 죽게 만드는 또 다른 요소는 체험 자체를 아주 이상한 방식으로 배제해 버리는 것입니다. 그들의 표어는 "믿음으로 받아들이라"라는 것입니다. 물론 회심에는 믿음이 필수적입니다. 오직 믿음으로만 의롭다 하심을 얻을 수 있습니다. 그 단계에서는 "말씀을 믿으십시오. 모든 것을 말씀에 거십시오. 말씀에 자신을 맡기십시오"라고 말하는 것이 옳습니다. 이것은 우리가 맨 처음에 전해야 할 정확한 말입니다. 그러나 단지 거기에서만 멈추어서는 안 됩니다. 연이어 이렇게 말해 주어야 합니다. "자, 지금은 이것이 당신이 해야 할 일의 전부입니다. 그러나 일단 믿은 후에는 체험과 확신을 얻게 될 것이며 확실한 지식을 얻게 될 것입니다." 그런데 오늘날에는 이 두 번째 단계를 무시하는 경우가 너무 많습니다. 많은 이들이 체험은 중요치 않다고 가르칩니다. 우리는 그리스도인의 삶을 사는 내내 "감정에 개의치 말라"는 말을 듣습니다. 처음부터 끝까지 "믿음으로 받아들이라. 체험에 개의치 말라"는 말을 듣는 것입니다. 그런 이들은 거의 우월감까지 내보이면서 이렇게 말합니다. 그리고 "큰 체험에 대해 말하는 이들이 있는데, 그렇다고 믿음이 큰 게 아니다. 진정한 믿음은 아무 느낌이 없어도 믿는 것이다"라는 말을 덧붙입니다.

자, 이미 말했듯이 예비단계에서는 이 말이 맞습니다. 그러나 그렇게 믿고 난 후에도 아무 느낌이 없고 아무 체험이 없다면, 그것은 믿음이 아니라 단순한 지적 동의이자 지적인 신념에 불과하다고 저는 말하겠습니다. 왜냐하면 성경 전체가 하나님을 체험하는 일에 대해 가르치고 있기 때문입니다. 우리는 하나님을 체험하게 되어 있습니다. 그를 알게 되어 있습니다. 단순히 믿은 후에 계속해서 "믿음을 붙들며 "믿음으로 받아들이는" 것이 아닙니다. 그것은 첫 단계일 뿐입니다. 깨달음과 이해가 뒤따라와야 합니다. 저는 이것이야말로 현재 정통신앙이 그토록 많이 죽어 있는 이유를 설명해 주는 잘못이자 부흥의 심각한 장애물이 되는 잘못이라고 생각합니다.

이렇게 요약해 보겠습니다. 저는 체험 그 자체에는 관심이 없습니다. 저는 모든 사람이 그저 체험만 추구해야 한다고 말하는 것이 아닙니다. 그렇습니다. 제 말은 하나님을 추구하고, 그의 사랑을 알기를 추구하며, 이 지식과 하나님의 모든 충만하심으로 충만해지기를 추구해야 한다는 것입니다. 그렇습니다. 체험 자체가 중요한 것이 아닙니다. 하나님을 체험하는 것, 하나님을 아는 것이 중요합니다. 성경에 나오는 인물들은 하나님을 알았습니다. 하나님과 대화를 나누었습니다. 하나님의 임재를 깨달았습니다. 제가 지금껏 그 생애를 소개했던 다른 인물들의 삶도 마찬가지였습니다. 그런데 이제는 우리의 개념 자체에 아예 이런 요소가 사라져 버리고 없는 것 같습니다. 저는 우리가 잘못된 체험을 할까 봐 두려운 나머지 체험 자체를 아예 거부해 버린 데 그 원인이 있다고 말하고 싶습니다. 우리는 극단으로 치우칠까 봐 두려워서 성령을 소멸하는 죄를 짓고 있습니다. 고통스러운 말이기는 하지만—이것은 저 자신에게 하는 말이기도 합니다—우리 모든 사람의 문제점은 너무 건전하다는 것입니다. 오늘날 우리는 주변에서 겸손을 찾아보기가 어렵습니다. 온유하고 겸손하며 자신의 무가치함과 불완전함을 인식하고 자기 죄를 탄식하는 태도 대신 허풍스럽고 얄팍한 자신감이 이 시대의 대세를 이루고 있습니다. 그렇습니다. 우리는 두 손을 놓고 편히 쉬고 있습니다. 만족하고 있습니다.

오, 사도 바울은 우리와 얼마나 달랐는지 모릅니다. 여러분은 그의 말을 기억할 것입니다. "뒤에 있는 것은 잊어버리고……." 그는 놀라운 일들을 행했습니다. 그의 이야기를 다시 읽으며 상기해 보십시오. 그런데도 뭐라고 말하고 있습니까? "뒤에 있는 것은 잊어버리고 앞에 있는 것을 잡으려고 푯대를 향하여 그리스도 예수 안에서 하나님이 위에서 부르신 부름의 상을 위하여 좇아가노라"(빌 3:13-14). 그는 앞으로 좇아가고 있습니다. 제가 아는 그리스도인들 중에 앞으로 좇아간다는 인상을 주는 이들은 극히 드뭅니다. 오늘날 그보다 좀더 흔한 태도는 뒤로 물러앉는 것입니다. 앞으로 힘껏 달려 나가려 하는 사람, 더 많이 갈망하고 소원하며 추구하는 사람, 더 많이 일하고 더 많이 기도하려는 사람을 찾아볼 수가 없습니다. 바울은 "푯대를 향하여……좇아가노라"라고 말합니다. 그러나 그리스도인들은 그렇게 살고 있는 것 같지 않습니다. 제가 보기에는 푯대를 향하여 좇아가는 것이 아니라 오히려 제자리에서 맴을 돌고 있는 것 같습니다. 진보하고 성장한다는 증거가 많이 보이지 않습니다. 사람들은 구원받은 후에 이런저런 일을 맡고 여기저기 불려 다닙니다. 그렇게 남은 인생을 살아갑니다. 아주 바쁘게, 아주 활동적으로 살아가는 것입니다. 개중에는 신경쇠약에 걸릴 정도로 바쁘게 일하다가 완전히 지쳐 떨어지는 이들도 있습니다. 그들의 문제가 무엇입니까? 푯대를 향하여 좇아가지 않고 한자리에 서만 계속 맴을 도는 것입니다. 성장도 없고 발전도 없습니다. 50년간 복음을 전하거나 이런저런 행사를 벌이면서 바쁘게 살았음에도 불구하고 하나님을 아는 지식은 처음 믿은 때나 50년 후나 제자리에 멈추어 있을 수 있습니다.

이것은 잘못입니다. 우리는 주 예수 그리스도를 아는 지식과 은혜에서 자라가야 할 사람들입니다. 뒤에 있는 것은 잊어버리고 앞에 있는 것을 잡기 위해 푯대를 향하여 좇아가야 할 사람들입니다. "내가 그리스도와 그 부활의 권능과 그 고난에 참예함을 알려 하여." 자라지 않는 것은 무서운 일입니다. 우리의 문제는 그리스도께 삶의 중심을 두지 않는 것입니다. 그리스도가 우리의 삶을 다스리시게 하지 않는 것입니다. 우리는 말합니다. "아, 그렇지 않습니다. 우리는 그리스도를 위해 일하고 있어요." 말은 이렇게 해 놓고 그리스도는 뒤에 내버려 둔 채 우리의 하잘것없는 활동을 위해 바쁘게 돌아다닙니다. 우리는 우리가 하는 일을 축복해 주시기를 구합니다. 그러나 그리스도 그분 자신은 얼마나 자주 구하고 있습니까! 하나님과 주 예수 그리스도와 우리 삶에 임하시는 성령의 임재야말로 참된 기독교입니다. 부흥의 때에 하나님께 쓰임받은 사람들은 전부 이것을 추구했습니다. 그들의 이야기를 읽어 보십시오. 제 말에만 의존할 필요가 없습니다. 부흥이 오기 전에는 항상 이런 추구가 있었습니다. 크게 쓰임받은 사람들은 스스로 라오디게아 사람들 같다고 느끼면서 "우리에게는 아무것도 없다. 오, 우리가 얼마나 헐벗었는지!"라고 말했습니다.

죽은 정통신앙의 또 다른 표징, 앞서 말한 표징들에 이어지는 표징은 하나님의 영광에 진정한 관심을 갖지 않는다는 것입니다. 이것이야말로 우리에게 해당하는 특징 아닙니까? 우리는 신을 인정하지 않는 이런 세대에 살면서 하나님의 영광에 진정한 관심을 가지고 있습니까? 저는 지금 이 세대의 죄를 보면서 분개하느냐고 묻는 것이 아닙니다. 그것을 묻는 것이 아닙니다. 신성모독·죄·악·외설·성 도착 등, 거리에서 보고 신문에서 읽는 모든 일들로 인해 분개하며 불쾌히 여기기는 쉽습니다. 그러나 꼭 그리스도인이기 때문에 그런 일들에 분개하는 것은 아닙니다. 바리새인들도 그런 일들을 보면 똑같이 불쾌감을 느낍니다. 그렇다면 그리스도인을 가늠하는 시금석은 무엇일까요? 사람들이 하나님께 영광을 돌리지 않는 모습을 보고 마음으로부터 탄식하며 슬퍼하는 것입니다. 구약성경으로 돌아가 시편을 읽어 보십시오. 사람들이 하나님을 무시하고 그를 모욕하는 말을 하며 그의 거룩함을 더럽히는 것을 보면서 마음이 찢어졌던 시편 기자들의 모습을 보십시오. 그들은 그런 일들을 볼 때 마음이 찢어졌습니다. 성령 안에서 탄식했으며 잠을 이루지 못했습니다. 이것이 그들의 짐과 근심이 되었습니다.

우리도 이 세대에 살면서 같은 영향을 받고 있습니까? 하나님의 일이 어떤 형편에 처해 있는지 보며 탄식한다는 것이 무엇인지 알고 있습니까? 하나님이 사람들 가운데 영광을 받으시고 높임을 받으시는 일에 관심을 가지고 있습니까? 하나님이 영광 중에 나타나시기를 얼마나 간절히 갈망하며 소원하고 있습니까? "하나님은 일어나사 원수를 흩으시며"라고 얼마나 자주 기도하고 있습니까?(시 68:1) 자기 속에 그런 감정이 일어나는 것을 얼마나 자주 느끼고 있습니까? 단순히 우리의 활동이나 교회의 성공 내지는 우리가 어쩌다 관심을 갖게 된 조직과 관련해서만 그런 생각을 합니까?

아니면 하나님 중심의 시각을 가지고 있기 때문에, 하나님을 위해 탄식하는 마음이 있기 때문에, 그의 영광이 다시 나타나기를 소원하는 마음이 있기 때문에 그런 생각을 합니까? 부흥의 때에는 항상 이런 태도가 나타나게 되어 있습니다. 교회가 이득을 얻기를 바라는 것도 아니며 사람들이 교회로 몰려들기를 바라는 것도 아닙니다. 그렇습니다. 하나님과 그의 영광이 알려지는 것이야말로 무엇보다 우선되는 소원이자 주된 관심사입니다.

이제 여기에 상응하는 그 다음 특징, 즉 외부 사람들의 영혼에도 진정한 관심을 갖지 못한다는 특징에 대해 살펴봅시다. 여러분은 말할 것입니다. "아, 하지만 저는 선교사역에 아주 관심이 많습니다. 그와 관련해서 많은 활동을 하고 있지요." 제가 묻는 것은 그런 것이 아닙니다. 제가 묻는 것은 그리스도인의 삶에 적합한 일을 하고 있느냐, 즉 국내외 선교사역을 지원하고 있느냐가 아닙니다. 제가 묻는 것은 믿지 않는 사람들의 상태를 보면서 가슴과 머리로 진정 탄식하고 있느냐는 것입니다. 우리는 선조들이 영혼의 부담이라고 불렀던 것에 대해 얼마나 알고 있습니까? 그 부담이 나를 짓누르고 있습니까? 자, 그리스도인이라면 마땅히 이런 부담에 짓눌려야 합니다. 우리가 믿는다고 주장하는 바를 참으로 믿는다면 이런 부담에 짓눌려야 합니다. 저들이 하나님을 모욕하며 지옥으로 향하고 있다는 사실을 참으로 믿는다면 그로 인해 마음이 짓눌려야 합니다. 그러나 우리는 너무 바쁘기 때문에, 멈추어서 생각하며 이해하려 들지 않기 때문에, 분석하지 않기 때문에, 하나님과 그분의 영광과 사람들의 진정한 상태에 대해 제대로 모르고 있기 때문에 부담을 느끼지 않습니다. 우리에게는 경건한 관심도 없고 잃은 자들의 영혼에 대한 부담도 없지 않습니까?

필요하다면 제가 이 점을 입증해 드릴 수 있다고 생각합니다. 저는 영국 각지의 많은 목회자들이 이런 경험에 대해 말하는 것을 들었습니다. 그들은 말합니다. "우리 교회에는 원하는 만큼 자주, 규칙적으로 출석하는 교인들이 많습니다. 대규모 집회가 열릴 때에는 특히 더 잘 참석하지요. 그러나 매주 모이는 기도모임에는 쉽게 빠지더군요." 우리는 그 이유를 설명하고 넘어가야 합니다. 만약 그들이 사람들의 영혼에 진정으로 부담을 느끼며 관심을 가지고 있는 자들이라면, 별 볼일 없는 작은 기도모임에 참석해서 규칙적으로 기도할 것입니다. 이것이 시금석입니다. 참으로 부담을 느끼는 사람은 그 부담에 짓눌려 무릎을 꿇고 하나님 앞에 간청하게 되어 있습니다. 그가 하는 최고의 활동은 기도입니다. 물론 다른 일들도 하지만, 무엇보다 크고 중요한 일은 기도입니다. 이것은 하나님만 다루실 수 있는 영역에 속한 일임을 알기 때문입니다. 그는 이 부담을 알고 있습니다. 이 부담을 느끼는 사람은 기도하게 되어 있습니다.

잃은 자들의 영혼에 대한 부담이 없는 사람은 참으로 절박하게 기도할 수가 없습니다. 참으로 소망하고 기대하면서 기도할 수가 없습니다. 우리는 기도하고 또 기도해야 합니다. 그런데 참된 기도는 하나님을 인식할 때, 거룩하신 하나님 앞에 선다는 것이 무엇인지 알게 될 때, 그의 거룩한 이름과 그 일에 열심을 품기 시작할 때, 사람들의 영혼의 상태를 보고 부담을 느낄 때에만 나올 수 있습니다. 그때, 오직 그때에만 우리는 참된 기도를 드리게 됩니다. 오, 자신을 매질해서 기도할 수도 있지만 그것은 기도가 아닙니다. 모임이나 운동을 조직해서 기도할 수도 있지만 그 또한 기도가 아닙니다. 사람들은 항상 조직화된 일에 참여할 준비가 되어 있습니다. 남이 하라고 하는 일을 남이 하라는 방식대로 하는 쪽이, 이를테면 정말 혼자서 하나님을 만나며 스스로 문제에 직면하는 쪽보다, 그런 기도를 계속해 나가는 쪽보다 훨씬 더 쉽기 때문입니다. 그러나 이것이 기도하는 방법입니다. 기도하는 유일한 방법입니다. 제가 볼 때 현 상태에 대해 내릴 수 있는 진단은, 하나님과 그의 존재 및 그의 일에 대해 아주 피상적이고 초보적인 지식에 만족해 버리는 데 우리의 진정한 문제가 있다는 것입니다. 우리는 우리에게 어떤 가능성이 있는지 알아보기 위해 멈추어 서지 않습니다. 우리가 실패했다는 것도 깨닫지 못하며, 우리가 한 사람도 그리스도께 이끌지 못하고 있다는 것과 그들 속에 그리스도께 나아가고 싶다는 소원을 불러일으킬 만한 모습을 보여 주지 못하고 있다는 것도 깨닫지 못합니다. 그저 피상적이고 초보적인 지식에 만족한 채 바쁜 활동으로 인생을 소진할 뿐입니다. 부흥이 오기 전에 필연적으로, 변함없이 나타나는 현상은 하나님을 목말라 하는 것입니다. 목마름, 살아 계신 하나님을 아는 지식에 대한 타는 듯한 목마름을 느끼며, 그의 행하심과 나타나심과 일어나 원수를 흩으시는 능력을 보고자 하는 불타는 소원을 느낍니다.

하나님이 우리 모두를 다음과 같은 질문에 직면하게 해 주시기를, 앞으로도 계속해서 직면하게 해 주시기를 바랍니다. 우리는 하나님을 얼마나 알고 있습니까? 뒤에 있는 것은 잊어버리고 푯대를 향하여 좇아가고 있노라고, 우리의 최대 소원은 주님과 그의 부활의 능력을 알며 그의 죽으심에 참예하는 것이라고 얼마나 솔직하게 말할 수 있습니까? "어찌하든지 죽은 자 가운데서 부활에 이르려 하노니." 우리는 하나님의 충만하심과 지식에 넘치는 그리스도의 사랑을 얼마나 알고 있습니까? 얼마나 경험하고 있습니까? 그 충만하심과 사랑이 우리에게 생생한 실재로 다가오고 있습니까? 하나님을 목말라 하는 마음, 그의 영광이 나타나기를 갈망하는 마음이야말로 부흥에 선행되는 본질적인 요소입니다.

8 부흥을 기대하라

이스라엘 자손들에게 일러 가로되, 후일에 너희 자손이 그 아비에게 묻기를 이 돌은 무슨 뜻이냐 하거든 너희는 자손에게 알게 하여 이르기를 이스라엘이 마른 땅을 밟고 이 요단을 건넜음이라. 너희 하나님 여호와께서 요단 물을 너희 앞에 마르게 하사 너희로 건너게 하신 것이 너희 하나님 여호와께서 우리 앞에 홍해를 말리시고 우리로 건너게 하심과 같았나니, 이는 땅의 모든 백성으로 여호와의 손이 능하심을 알게 하며 너희로 너희 하나님 여호와를 영원토록 경외하게 하려 하심이라 하라. (수 4:21-24)

우리는 지금까지 부흥의 장애물과 걸림돌들을 살펴보았습니다. 반드시 거기에서부터 출발해야 하는 것이 분명했기 때문입니다. 그러나 장애물만 살펴보는 것으로는 충분치 않습니다. 출발은 거기에서 해야 하고 항상 주시해야 할 조건과 규칙들이 있다는 사실 또한 알아야 하지만, 그렇다고 거기에서 멈추어 버리면 안 됩니다. 앞으로 더 나아가야 합니다. 그렇지 않으면 낙심해서 주저앉게 되기 때문입니다. 자신을 검토하고 상황을 있는 그대로 본 사람은 확실히 인간의 힘으로는 이 문제에 대처할 수 없다는 사실을 알게 됩니다. 이것을 모르기 때문에 그토록 많은 이들이 여전히 다양한 활동과 조직으로 분주하고 바쁘게 지내는 것입니다. 그런 시도를 그만두기 전까지 희망은 없습니다. 인간으로서는 이 문제에 대처할 수 없다는 것이 우리의 현실입니다. 지금부터 함께 이 주제 전체를 적극적으로, 좀더 직접적으로 살펴볼 수 있다는 사실을 기쁘게 여기자고 말하는 이유가 여기 있습니다.

다시 한번 일깨워 드리지만, 우리에게 부흥이 필요하다는 이것이야말로 교회의 사활이 걸린 중대한 문제입니다. 이 긴급한 필요에 전 세계 그리스도인들의 마음과 기도가 모이고 합해져야 합니다. 이제 19세기의 유명한 강해설교자 앨버트 반스Albert Barnes의 말을 인용하려 하는데, 제가 볼 때에는 그의 말이 이 점을 아주 완벽하게 표현해 주고 있습니다. 그는 다음과 같이 썼습니다.

> 신앙을 고백하는 그리스도인의 거대한 공동체가 부흥이 실재하며 소원할 만한 것임을 확신하게 되는 그날, 종교의 역사에는 새 시대가 열릴 것이며 오순절 날과 같은 능력이 나타날 것이다.

저는 이 말이 전적으로 옳다고 확신합니다! 오늘날 교회 안에 있는 우리가 당면한 가장 큰 문제는 신앙을 고백하는 대다수 그리스도인들이 "부흥이 실재하며 소원할 만한 것임을" 확신하지 못한다는 데 있습니다. 이미 지적했듯이 이 주제는 거의 언급조차 되고 있지 않습니다. 남자든 여자든 다른 방면에 너무 바빠서 부흥을 생각할 여유가 없으며, 부흥을 위해 절박하게 기도할 여유는 더더욱 없습니다. 그러나 앨버트 반스의 말처럼 부흥을 생각하고 부흥을 위해 기도하는 것이야말로 무엇보다 중요한 일임이 분명합니다. 그러므로 부흥을 생각하고 부흥을 위해 기도하도록 도와주는 일이 있다면 그것이 무엇이든 최고로 값지다 해야 할 것입니다. 제가 아는 한 이런 측면에서 가장 훌륭한 도움을 주는 일 중에 하나는 과거 위대한 부흥의 이야기를 살펴보는 것입니다.

100년이 지난 지금, 우리가 하나님 백성의 역사에 위대한 해로 기록된 1859년의 일을 되새기는 이유가 여기 있습니다.

그러나 이 점은 분명히 해 둡시다. 우리는 단순히 역사적인 관점에서 이 모든 일에 관심을 갖는 것이 아닙니다. 우리의 관심은 단순한 골동품 수집 취미에서 나온 것이 아닙니다. 순전히 옛 이야기 속의 역사를 읽어 볼 양으로 부흥의 기록을 읽는 것은 아무 의미가 없습니다. 그렇습니다. 우리가 과거에 일어난 일을 읽고 연구하며 고찰하려는 동기와 관심은 그 일에 숨어 있는 큰 원리를 찾으려는 데 있어야 합니다. 다시 말해서 우리 시대, 우리 세대에 구하고 기도해야 할 것이 무엇인지 찾아내기 위해 역사를 읽고 연구해야 한다는 것입니다. 우리는 골동품 수집가의 관심과 동기가 아니라 실용주의자의 관심과 동기를 가지고 접근해야 합니다. 다시 말해서 100년 전의 일에 대해 알려 주는 것은 무엇이든 활용하되, 하나님이 이스라엘 자손에게 요단 강 한복판에서 가지고 나와 길갈에 세우게 하신 돌 열두 개를 활용하기 원하셨던 바로 그 방식대로 활용해야 하는 것입니다.

이제 제가 이 흥미로운 사건에 여러분의 주의를 환기시키는 것은, 제가 볼 때 이 사건이 지금 이 시점을 살고 있는 우리에게 아주 직접적으로 말해 주는 바가 있기 때문입니다. 하나님은 범상치 않은 일, 기이한 일, 경이롭고 기적적인 일을 행해 주셨습니다. 그가 무엇보다 먼저 하신 일은 이스라엘 자손들을 원수인 애굽 사람들에게서 건져 내시는 것이었습니다. 그는 홍해를 갈라 마른 땅을 밟고 건너게 해 주셨습니다. 이스라엘 백성들은 그 후 40년간의 광야생활을 거치고 마침내 요단 강 앞에 서게 되었습니다. 강 저편에는 그들이 그토록 기다리고 갈망하던 축복의 땅, 젖과 꿀이 흐르는 약속의 땅 가나안이 펼쳐져 있었습니다. 광야와는 정말 대조되는 곳이었습니다!

그런데 문제는 이 강을 어떻게 건너느냐 하는 것이었습니다. 그 답은 이번에도 하나님이 요단 강 물을 갈라서 마른 땅을 밟고 건너게 해 주신다는 것입니다. 아시다시피 하나님은 여호수아에게 이에 대한 명령을 내리셨고, 여호수아는 그 명령을 백성들에게 전달했습니다. 그는 제사장들이 법궤를 메고 서 있던 자리에서 돌 열두 개를 가지고 나오라고 했습니다. 그것을 가지고 나와 길갈에 세우라고 한 것입니다. 그 이유가 무엇입니까? 자, 오늘 본문에 그 내용이 나와 있습니다.

제가 볼 때 우리가 1859년에 일어난 부흥을 기념하는 것은 이 열두 돌을 길갈에 세운 일에 비견될 만합니다. 우리는 이들과 같은 입장에 처해 있습니다. 이 주제를 연구하면서 제가 해야 할 일은 어떤 의미에서 여러분으로 하여금 다음과 같은 질문을 던지게 만드는 것입니다. "이 돌은 무슨 뜻이냐?" 여러분이 이야기하고 있는 이 모든 일들은 다 무슨 뜻일까요? 이 책과 팸플릿들은 다 무엇일까요? 이 기념집회들은 다 무엇일까요? 이것이 대체 무엇일까요? 우리는 여기에 대해 아무것도 모르고 있습니다. 유다 자손들이 자신들의 생전에 "이 돌은 무슨 뜻이냐?"라는 질문을 받게 되는 것처럼, 저는 이 시대 사람들에게서 "이 일은 대체 어떤 것이며 우리와 무슨 상관이 있느냐?"라는 질문을 끌어내는 것이야말로 이 연구를 통해 얻을 수 있는 주된 성과라고 믿습니다.

그러므로 본문을 계속 고찰해 봅시다. 우리에게 즉시 떠오르는 의문은 당연히 '이런 일이 굳이 필요하다니, 참 이상하다'는 것입니다. 역사에 길이 남을 엄청난 사건이 벌어졌으니 굳이 후손들에게 상기시키지 않아도 될 것 같지 않습니까? 이 사건들은 너무나 눈에 띄는 것들입니다. 홍해와 요단 강을 건넌 이 두 사건은 너무나 두드러진 것이어서 이렇게 가시적이고 외적이며 객관적으로 상기시킬 필요가 전혀 없다는 생각이 들 수 있습니다. 그런데도 하나님은 이런 명령을 내리셨습니다. 인간의 본성을 너무나도 잘 알고 계셨기 때문입니다. 그는 우리가 정말 놀랄 만큼 쉽게 잊어버리는 사람들임을 알고 계십니다. 이런 기념비적인 사건도 다음 세대 이스라엘 자손들의 정신과 의식에서 완전히 지워질 수 있으며 금세 잊혀질 수 있음을 아시는 것입니다.

그래서 하나님은 백성들의 기억을 일깨우고 그들의 주의를 끌 수 있도록 "돌을 가져오라"고 말씀하셨습니다. 그 돌을 본 사람들이 "이 돌은 무엇이냐? 여기에 무슨 뜻이 있느냐?"라고 물으면 그때 대답하도록 이런 명령을 내리신 것입니다.

이렇게 잘 잊어버리는 성향은 우리가 우리 자신에 대해 가장 먼저 깨달아야 할 한 가지 특징입니다. 그렇습니다. 우리는 가장 크고 놀라운 일들도 금세 잊어버리는 성향을 가지고 있습니다. 어느 영역에서든 마찬가지입니다. 지난번에 분석한 내용으로 볼 때, 죄의 가장 파괴적인 영향력은 정신뿐 아니라 기억력까지 마비시키는 것으로 나타난다고 말하고 싶습니다. 이것은 비단 신앙의 영역에만 국한된 일이 아닙니다. 모든 영역에서 다 그렇습니다. 우리는 위대한 인물들을 얼마나 금세 잊어버립니까! 한 시대와 세대를 풍미했던 사람들이 그 다음 세대에게는 아무 의미도 지니지 못합니다. 그러다가 갑자기 어떤 기념물을 보게 되면 "이 사람이 누구지? 대체 무슨 일을 했지?"라고 묻게 되는 것입니다. 그들이 자기 시대에 이룬 탁월한 업적, 동시대인들이 잊힐 리가 없다고 생각했던 탁월한 업적도 시간이 지나 다른 세대가 등장하면 금방 잊히게 되어 있습니다. "요셉을 알지 못하는 새 왕이 일어나서"(출 1:8).

이런 의미에서 명성만큼 덧없는 것이 없습니다. 위대한 인물들만 그런 것이 아닙니다. 위대한 사건들도 마찬가지입니다. 역사상 가장 두드러졌던 사건들도 금세 잊혀집니다. 어떤 위대한 원칙이나 큰 자유를 위해 죽음까지 불사하며 싸웠던 선조들의 희생을 모조리 잊어버리는 세대가 등장합니다. 그 희생에 대해 아무것도 모를 뿐 아니라 사실상 관심조차 갖지 않는 세대가 나타납니다. 그들은 그 희생의 열매와 유익은 모두 받아 누리면서도 "이런 일들이 어떻게 이루어지게 되었을까?"라고 묻는 수고는 하지 않습니다. 자, 이것이 인간의 본성 아닙니까? 인간이 이렇게 된 원인이 대체 무엇일까요? 특히 신앙의 영역에서 이렇게 된 원인이 무엇일까요? 하나님이 이 돌들을 세우라고 명령하셔야 할 정도로 이런 굉장한 사건조차 잊어버리는 세대가 등장하는 이유는 무엇일까요? 몇 가지 답을 간단히 말씀드려 보겠습니다.

아마도 그 주된 원인은 우리 자신에 대한 몰입, 이 특정한 시대 및 세대에 대한 몰입, 특히 활동에 대한 몰입에 있지 않나 합니다. 우리는 아주 자기중심적인 사람들로서 자기 일을 하느라 바쁘게 살아갑니다. 우리는 우리가 태어나기 전, 지난 모든 시대에도 사람들이 세상에 살았다는 사실을 인식하지 못하는 것 같습니다. 병적인 자기중심성과 자기집중에 빠져 있습니다. 사람들의 삶은 전적으로 자기 울타리 안에 갇혀 있으며, 그 울타리 밖을 내다보는 경우가 거의 없습니다. 그러니 '장막'이라는 말이 들어간 표현이 많은 것도 새삼스러운 일이 아닙니다. 철의 장막, 죽의 장막을 비롯한 장막들은 늘 존재해 왔습니다. 인생이 얼마나 왜소해질 수 있는지를 보면 놀랍습니다. 우리는 소소한 활동들을 하면서 이렇게 울타리 안에 갇힌 채 소소한 삶을 살아갑니다. 우리는 저 너머를 내다보지 못하며 우리 외에 다른 것의 존재를 인식하지 못합니다. 물론 이에 부가되는 특징도 있습니다. 그것은 우리의 모든 진보와 놀라운 지식과 기술과 깜짝 놀랄 만한 능력을 고려할 때 과거로부터는 도움 받을 것이 전혀 없다고 생각하는 태도로서, 특히 오늘날 이런 특징이 두드러지게 나타나고 있습니다. 우리가 최고인데 과거로부터 들을 말이 뭐가 있겠습니까? 이런 생각이 만연해 있습니다. 물론 이전 세대도 마찬가지였고 이후 세대도 마찬가지일 것입니다. 그들도 우리 시대를 돌아보면서 간단히 무시하고 넘어갈 것입니다. 이런 일에서 우리는 초보자에 불과합니다.

지난번에 분석한 내용으로 볼 때, 그 이유는—거듭 말하는 바이지만—우리의 주관주의에 있다고 믿습니다. 이러한 주관주의는 심지어 우리의 성경 읽기와 연구까지 오염시키고 있습니다. 우리는 모두 자기 자신과 자신의 문제에 병적으로 집착한 나머지 성경도 우리의 문제를 도와주는 책 정도로 생각하며 읽습니다. 도움을 바라는 마음으로, 이런저런 것들을 바라는 마음으로 읽는 것입니다. 성경이 이른바 "영혼의 홍역과 유행성 이하선염"을 해결해 줄 일종의 약국이나 되는 것처럼 말입니다. 성경에 대한 우리의 **접근법**은 객관적이지 못하고 너무나 주관적입니다. '하나님이 행하신 일을 알고 싶어서 성경을 읽는다. 하나님이 역사에 개입하시고 행하신 일들을 보기 위해 성경을 읽는다'는 생각으로 성경을 읽는 경우가 얼마나 있는지 의문입니다. 성경은 단순히 나의 사소한 문제들에 답변해 주거나 내가 알고 싶어 하는 다양한 일들에 대해 알려 주는 책이 아닙니다. 성경은 하나님의 활동과 나타나심, 그 능하신 행동과 행위를 기록해 놓은 책입니다. 내가 할 일은 그것들을 관찰하는 것입니다. 뒤에 서서 주 하나님이 "땅의 모든 백성으로 여호와의 손이 능하심을 알게" 하기 위해 행하신 일들을 바라보는 것이며(수

4:24), 하나님의 행하심을 보는 것입니다. 그런데 우리는 성경을 더 이상 그런 식으로 읽지 않는 것 같아 걱정입니다. 그렇지 않습니까? 우리는 그저 자신에게 도움이 될 사소한 단어 하나를 원합니다. 하루를 시작할 멋진 생각 한 토막을 원합니다. 짧고 급한 기도를 드리고 밖으로 뛰어나가기 전에 필요한 말을 원합니다. 아름다운 생각거리를 원합니다. 제 말을 오해하지 마시기 바랍니다. 이제 저는 심각한 오해를 불러일으킬 수도 있는 말을 하려 합니다. 저는 오늘날 가장 복음적인 사람들의 주된 문제점은 성경을 너무 경건하게, 말하자면 주관적으로 읽는 것이라고 진심으로 믿는 바입니다. 우리는 성경이 살아 계신 하나님이 행하신 일들을 펼쳐 보여 주는 강력한 파노라마라는 것을 모르는 듯합니다. 그 결과 하나님이 행하신 일을 우리에게 일깨워 줄 외적인 무언가가 필요하게 되었습니다. 이 파노라마가 우리 앞에 전부 펼쳐져 있는데도 주목하지 않고 그냥 지나쳐 버리기 때문에 우리의 주의를 잡아끌 만한 돌, 기념물이 필요하게 된 것입니다.

이것은 성경 여러 군데에서 찾아볼 수 있는 원리입니다. 예를 들어 성찬식을 보십시오. 정확히 같은 원리가 들어 있습니다. 우리는 죄를 지은 결과 너무 둔하고 어리석어져서 우리를 위해 죽으신 아들의 죽음과 고통, 수치, 십자가에서 겪으신 일들조차 전부 잊어버리기 쉽습니다. 또 우리를 향한 그의 영원한 사랑도 잊어버립니다. 그래서 주님이 친히 함께 모여 떡을 떼며 잔을 마시는 의식을 제정하시고 명하신 것입니다. "이를 행하여 나를 기념하라"(눅 22:19). 이 또한 길갈에 돌을 세우는 일입니다. 우리는 그런 사람들이기 때문에, 치명적인 영적 나태함에 빠져 있는 사람들이기 때문에 객관적인 기념물이 필요합니다. 손에 잡히는 무언가가 지속적으로 우리의 기억을 일깨워 주어야 하며, 외부의 무언가가 "이 성찬상의 의미가 뭐지?", "이 돌의 의미가 뭐지?"라고 묻게 해 주어야 하는 것입니다. 하나님은 우리의 약함과 나태함과 어리석음의 수준에 맞추어서, 자신의 전능하신 행동과 행위를 외적으로 기억시켜 줄 무언가를 제공해 주셨습니다. 그래서 제가 그 무언가 중 한 가지인 1959년의 일로 인해 하나님께 감사드리는 것입니다. 제가 그때 일을 언급하는 간단한 이유는 올해가 1859년에서 100년이 지난 해라는 데 있습니다. 여러분은 제가 이 사실을 놓치지 않고 있다는 점, 지금 말하는 이런 이유 때문에 이 사실을 계속 붙들고 있다는 점을 알아챘을 것입니다. 이것이 부흥이라는 주제에서 우리가 여덟 번째로 고찰해야 할 사항입니다. 제가 지금까지 여러분의 마음속에 "그 일의 의미가 뭐지?"라는 질문을 불러일으키지 못했다면, 여러분 속에 새로운 관심과 호기심을 만들어 내지 못했다면, 지금까지 한 말은 전부 헛것입니다. 이 모든 일을 연구함으로써 **무언가를** 알게 되는 것만으로는 충분치가 않습니다. 이 모든 일이 무엇을 뜻하는지에 대해 참으로 관심을 갖게 되었습니까? 이 모든 기록에 담긴 의미가 무엇입니까? 저는 그 실제적이고 완전한 대답이 여호수아 4장 말미에 나오는 이 구절들에 제시되어 있음을 보여 드리고자 합니다. 이 본문에 답이 다 나와 있습니다. 아시겠지만 하나님이 친히 설명해 주고 계십니다. 저는 다만 그 설명을 제시할 뿐입니다.

　무엇보다 먼저, 여기에는 우리에게 **사실**을 일깨워 준다는 의미가 들어 있습니다. "이 돌은 무슨 뜻이냐?" 이후 세대들은 이렇게 물을 것입니다. 무심코 길을 가다가, 산책길이나 여행길에 문득 이 열두 개의 돌을 보고 물을 것입니다. "이 돌들이 왜 여기 있는 거지?"

여호수아는 그때 "이 돌들은 예전에 일어난 일을 기념하기 위해 세운 것"이라고 대답해 주라고 말했습니다.

돌들이 일깨워 주는 것은 이론이 아닌 역사입니다. 사상이 아닌 사실입니다. 떡과 포도주가 가리키고 있는 것이 무엇입니까? 오, 사실입니다. 그리스도가 본디오 빌라도에 의해 십자가에 못 박히셨다는 사실입니다. 우리의 모든 신분은 사실에 근거하고 있습니다. 저도 여기에서 더 나아가지 않고 이론만 다룰 수 있었으면 좋겠습니다. 우리는 사실을 생략하고 가르침만 고수할 수 있다는 믿음을 심어 주는 아주 교묘한 이론적 가르침의 시대에 살고 있기 때문입니다. 그러나 그것은 거짓말입니다! "이 돌은 무슨 뜻이냐?" 이 돌은 사실을 뜻하는 것입니다! 이렇게 기적적인 방법으로 홍해를 건너고 요단 강을 건넜다는 사실을 뜻하는 것입니다. 하나님이 하신 일, 실제로 하신 일을 뜻하는 것입니다.

우리가 올해를 기념하는 이유도 똑같습니다. 100년 전에 무언가 놀랍고 굉장한 일이 일어났다는 것은 꾸밈없는 실제 사실입니다. 1859년에 문자 그대로 어떤 일이 일어났고 그 가운데 많은 사실들이 신문에까지 보도되었습니다. 신문사는 정치적이지 않은 기사는 거의 싣지 않습니다. 그들이 흥미를 느낀 설교는 어떤 모양, 어떤 형태로든지 정치가 개입되어 있는 것들이었습니다. 그들은 영적인 문제에는 관심이 없었습니다. 그런데도 1859년에 일어난 일은 실제로 신문에 보도되었습니다. 그 내용들이 머리기사로 다루어졌습니다. 그것은 경이로운 일이었습니다! 명백한 사실이었습니다. 실제적인 행동이었습니다. 분명히 역사적인 영역에서 일어난 일이었습니다.

그러나 본문의 설명에서 알 수 있듯이, 이것은 단 한번만 일어나는 유일무이한 사건이 아닙니다. "너희는 자손에게 알게 하여 이르기를 이스라엘이 마른 땅을 밟고 이 요단을 건넜음이라. 너희 하나님 여호와께서 요단 물을 너희 앞에 마르게 하사 너희로 건너게 하신 것이 너희 하나님 여호와께서 우리 앞에 홍해를 말리시고 우리로 건너게 하심과 같았나니"라는 말씀에 주목하셨습니까? 저는 이 점을 강조하고 싶습니다. 1859년에 일어난 일은 거대한 연속선상에 있는 일들 중 하나에 지나지 않습니다. 그것은 한 가지 예, 수세기에 걸친 교회 역사에 주기적으로 일어났던 많은 일들 중 한 가지 실례에 지나지 않습니다. 그것은 우리가 '부흥', 신앙의 '부흥'이라고 부르는 일의 한 가지 예입니다. 단 하나의 예에 불과한 것입니다. 다른 예들도 얼마든지 많이 있습니다.

말이 나온 김에 몇 가지 실례를 들어 보겠습니다. 심지어 종교개혁이 일어나기 오래 전에도 존 위클리프John Wycliffe와 롤라드파The Lollards와 관련된 아주 신앙적인 부흥이 이 땅에 일어났습니다. 그것은 1859년에 일어난 부흥만큼이나 명백한 부흥이었습니다. 물론 유럽 대륙에서도 얀 후스Jan Huss라는 위대한 인물을 통해 똑같은 일이 일어났습니다. 그의 이름과 관련하여 지금은 체코슬로바키아가 된 모라비아에서 진정한 부흥이 일어났고, 하나님이 그를 부흥의 도구와 통로로 사용하셨습니다. 그것은 성령의 놀라운 운동이었습니다. 북이탈리아 발도파The Waldensians 사이에서도 성령의 역사가 일어났습니다. 그 또한 진정한 부흥이었습니다. 그 일은 실제로 로마 가톨릭의 사제이자 설교자였던 위대한 인물 요한 타울러Johann Tauler를 통해 일어났습니다. 하나님의 영이 그에게 임하여 그가 있던 지역에서 부흥을 주도하게 하신 것입니다. 그 역시 똑같은 부흥이었습니다.

그 다음으로 당연히 꼽아야 할 것은 종교개혁입니다. 그것이 개혁이었을 뿐 아니라 부흥이었음을 절대 잊지 맙시다. 단순히 신학 운동으로만 생각해서는 안 됩니다. 그것은 신학운동이었을 뿐 아니라 부흥이었습니다. 하나님의 영이 사방으로 쏟아져 나갔고 사람들은 설교에 귀를 기울였습니다. 설교와 성경 읽기가 최고로 중요한 일이 되었습니다. 이것이 바로 신앙의 각성이며, 우리가 말하는 부흥입니다. 17세기에도 부흥이 일어났습니다. 200년 전, 윗필드와 웨슬리 형제를 비롯한 아주 많은 사람들의 이름과 관련하여 아주 놀라운 방식으로 복음의 대각성이 일어난 것입니다. 18세기 말과 19세기 초 역사에서도 같은 일을 볼 수 있습니다. 1857년과 1859년 사이에 미국과 북아일랜드·웨일스·스코틀랜드·스웨덴을 비롯한 세계 곳곳에서 두드러지고 괄목할 만한 일이 일어났습니다.

이처럼 이 일은 기나긴 교회 역사 내내 일어났던 일련의 사건들 중에 하나일 뿐입니다. 그 이야기들을 하나하나 읽어 보면 그 사이에 어떤 공통점이 있음을 알 수 있습니다. 거기에는 동일한 일반적

특징이 나타나 있습니다. 여호수아는 하나님이 예전과 똑같이 요단강을 가르셨다고 말했습니다. 시대와 상관없이, 나라와 상관없이, 문명과 상관없이, 그 밖의 무엇과도 상관없이 모든 경험에 공히 나타나는 일반적인 특징들이 있습니다.

그렇다면 100년 전에 일어난 일은 어떠했을까요? 이 사건을 연속되는 다른 부흥의 사건들과 묶어 주는 특징은 무엇입니까? 부흥이란 무엇입니까? 우리는 부흥을 교회의 삶에 비상한 은총과 활력이 나타나는 시기라고 정의할 수 있습니다. 물론 부흥은 그 정의상 일차적으로 교회와 그리스도인들, 신자들 사이에서 먼저 일어납니다. 거듭 말하지만 정의상 그 순서가 맞습니다. 부흥은 **되살리는 것**입니다. 무언가 되살아났다고 말할 때, 거기에는 생명을 가진 무언가가 이미 있었다는 뜻이 담겨 있습니다. 그런데 그 생명이 쇠약해지고 시들기 시작하다가 거의 꺼지기 직전에 이릅니다. 생명과 활력의 표시가 거의 나타나지 않기 때문에 사람들은 "이젠 죽었어. 끝났어"라고 말합니다. 부흥은 그 생명을 일깨우고 자극해서 다시 밖으로 끌어내는 일을 의미합니다. 이 일은 일차적으로 하나님의 교회, 즉 신자들 사이에서 일어납니다. 교회 밖에 있는 사람들이 영향을 받는 것은 이차적인 현상에 불과합니다. 이것은 부흥과 전도운동을 단번에 구별하도록 도와준다는 점에서 아주 중요한 정의입니다. 이 두 가지를 혼동하면 큰 해를 입게 됩니다. 스스로 부흥을 일으키겠다고 공표하는 사람들만큼 심히 어리석은 사람들은 없습니다. 그들이 말하는 것은 부흥이 아니라 전도운동입니다. 오, 슬프게도 실제로 이런 혼동을 끌어들인 사람은 피니입니다. 피니 이후 계속해서 이런 혼동이 일어났습니다. 그러나 이것은 지독한 오해이며 목적을 혼동하는 태도입니다. 이 두 가지의 차이를 밝혀 보겠습니다.

전도운동은 교회 밖에 있는 사람들에 대해 교회가 어떤 행동을 하기로 결정하는 것입니다. 그러나 부흥은 교회가 결정해서 하는 일이 아닙니다. 그것은 교회에 **이루어지는** 일이며, 교회에 생기는 일입니다. 이 두 가지는 본질적으로 다릅니다. 대규모 전도운동을 벌였는데도 교회가 전보다 악화되거나 전과 똑같은 상태에 머물 수 있습니다. 제가 이 말을 덧붙이는 것은 교회들이 이런 운동을 벌인 결과, 이른바 '전도운동 후유증'에 빠져 사람들이 기도모임과 정규적인 교회 모임에 잘 참석하지 않는다는 말을 계속 듣게 되기 때문입니다. 전도활동을 장려하는 다른 여러 조직들도 마찬가지입니다. 전도운동은 주로 교회 밖에 있는 사람들과 관련된 일입니다. 그러나 부흥의 전체적인 본질은 그 일이 교회에, 교회 안에 있는 사람들에게 일어난다는 데 있습니다. 교회 안에 있는 사람들이 영향을 받고 감동을 받으며, 그들 가운데서 굉장한 일들이 일어납니다.

그렇다면 여기에서 일어나고 있는 이 일은 무엇일까요? 이 일은 무엇을 뜻하는 것일까요? 이 돌들은 무엇을 뜻하는 것일까요? 100년 전에 여러 나라에서 무슨 일이 일어난 것일까요? 이 질문에 가장 잘 대답하는 길은 "그것은 어떤 의미에서 오순절 사건의 반복"이라고 말하는 것입니다. 교회에 이런 일이 일어날 때, 우리는 사도행전 2장에 기록된 오순절 사건을 필연적으로, 거의 반사적으로 돌아보며 되새기게 됩니다. 이 일의 일반적인 특징 몇 가지를 말씀드리겠습니다.

부흥의 본질은 함께 모인 다수의 사람들, 교회 전체, 또는 다수의 교회, 지역, 나라 전체에 성령이 임하신다는 데 있습니다. 부흥이라는 말이 의미하는 바가 이것입니다. 또는 성령의 찾아오심이라고 말해도 좋습니다. 종종 성령의 부으심이라는 표현이 쓰이기도 합니다. 이런 표현들이 흥미로운 것은, 사람들이 무언가 갑자기 자신들 가운데 임했음을 의식했다는 의미가 그 안에 들어 있기 때문입니다. 하나님의 영이 사람들 가운데 강림하십니다. 하나님이 내려와 그들 가운데 거하십니다. 이것이 성령의 세례이고 부으심이며 찾아오심입니다. 이 일의 영향은 하나님의 임재와 능력을 전에는 몰랐던 방식으로 그 즉시 인식하는 것으로 나타납니다. 저는 지금 그리스도인들에 대해 말하고 있습니다. 전에도 여러 번 모였던 교인들이 모여 있을 때 이런 일이 일어납니다. 불현듯 하나님의 임재를 인식하게 되며, 그의 위엄과 두려우심을 인식하게 됩니다. 성령이 문자 그대로 모임을 주재하시고 관장하시며 능력을 나타내시고 그들을 인도하시고 이끄시며 지도하시는 듯 보입니다. 바로 여기에 부흥의 본질이 있습니다.

이것이 무슨 뜻일까요? 자, 여러분이 읽을 수 있는 모든 부흥의 이야기에 공히 나타나는 일반적인 특징들이 있습니다. 부흥의 즉각적인 영향은 그 자리에 있는 사람들이 영적인 것들을 인식하기 시작하며 전과는 달리 그것들을 명확히 보기 시작하는 것으로 나타납니다. 이 또한 신자들, 교인들에게 해당하는 말입니다. 신자들이 갑자기 하나님의 임재와 능력을 의식하기 시작할 때 첫 번째로 나타나는 영향은 영적인 사실들이 실재로 다가오는 것입니다. 이 모든 영적인 것들에 대한 이야기는 전에도 들었습니다. 천 번, 아니 수천 번 들었을 수도 있습니다. 그런데 그랬던 사람들이 다음과 같은 간증을 하게 됩니다. "아시겠지만 모든 게 갑자기 분명하게 다가왔어요. 갑자기 빛이 환하게 비치면서 제가 익히 알고 있던 사실들이 말하자면 황금 글자처럼 눈에 확 들어왔습니다. 그게 정말 무슨 뜻인지 이해하게 된 거지요. 제 인생에 한 번도 경험하지 못한 방식으로 그 모든 것들을 보게 되었습니다." 이것이 그들이 하는 말입니다. 성령이 정신과 지각을 밝혀 주십니다. 그래서 영적인 것들을 분명히 보게 될 뿐 아니라 그 능력까지 느끼기 시작합니다.

이처럼 그들이 알게 되는 영적인 것들에는 무엇이 있을까요? 무엇보다 먼저 알게 되는 것은 하나님의 영광과 거룩하심입니다. 사람들이 갑자기 하나님의 임재를 깨달을 때 어떤 영향이 나타나는지에 주목하며 성경을 읽어 본 적이 있습니까? 그들은 욥처럼 손으로 입을 막거나 이사야처럼 "화로다, 나여! 망하게 되었도다. 나는 입술이 부정한 사람이요"라고 말했습니다(사 6:5). 무엇이 문제이기에 그렇게 말했을까요? 오, 그들은 하나님의 거룩하심과 위엄과 영광을 깨달았던 것입니다. 부흥의 때에는 항상 이런 일이 일어납니다. 그러나 전도운동을 벌일 때 항상 이런 일이 일어나는 것은 아닙니다. 그렇지 않습니까? 전도운동을 벌일 때에는 웃음 많은 가벼운 분위기가 주조를 이루며 분명한 조직체가 개입되게 마련입니다. 그러나 부흥이 일어날 때에는 그렇지 않습니다. 사람들이 오히려 두려움에 사로잡힙니다. 경외감과 거룩한 두려움을 느끼며, 위엄 있고 영광스러우며 거룩하고 심히 순결하신 하나님을 인식합니다.

이미 살펴보았듯이 이것은 필연적으로 죄에 대한 깊고 무서운 인식, 극심한 죄책감으로 연결되게 되어 있습니다. 모든 남녀가 스스로 악하고 부정하며 심히 무가치한 존재라고 느끼게 되며, 특히 하나님 앞에 자기 자신이 얼마나 무력한 존재인지 깨닫게 됩니다. 주님의 비유에 나오는 세리처럼 이 모든 것을 너무나 절감한 나머지 감히 고개도 들지 못합니다. 그들은 문에서 멀리 떨어진 곳에 서서 가슴을 치며 말합니다. "하나님이여, 불쌍히 여기소서. 나는 죄인이로소이다." 하나님의 거룩하심이 보이고, 자신의 죄 많고 비참하고 무가치한 모습이 보입니다. 자신이 그 어떤 선도 행한 적이 없음을 깨닫습니다. 전에는 선을 많이 행했다고 생각했습니다. 그런데 지금 보니 아무것도 아닙니다. 다 쓸데없는 것들입니다. 그들은 바울처럼 그것들이 다 배설물과 누더기였다고 고백합니다. 극도의 무력감과 절망감 속에 엎드려 하나님의 사랑과 자비와 긍휼을 의지합니다.

이것은 성경에서 늘 볼 수 있는 모습입니다. 여러분이 직접 그 이야기들을 읽어 보십시오. 어떤 이야기에서든 같은 모습을 보게 될 것입니다. 이것이 바로 상황을 주관하시는 성령의 죄를 깨우치시는 역사입니다. 사람들은 한동안 그런 상태와 자리에 붙잡혀 있습니다. 몇 시간 동안 붙잡혀 있기도 하고, 몇 날, 몇 주, 몇 달 동안 붙잡혀 있기도 합니다. 그들은 거의 자포자기하기에 이릅니다. 그러다가 하나님과 주 예수 그리스도의 사랑을 분명하게 보게 되며, 특별히 그의 십자가 죽음을 분명하게 보게 됩니다. 그리고 마침내 그 죽음의 의미를 깨닫습니다. 오, 이론적으로는 전에도 늘 그 죽음을 믿었고 성찬식에도 참여했습니다. 그러나 아무 느낌이 없었습니다. 그 죽음이 진정한 실재로 다가오지 않았습니다. 그렇습니다. 그들은 그 죽음을 믿었고 진심으로 그 죽음을 의지했습니다. 그러나 그 죽음의 능력은 한 번도 느끼지 못했으며 그 죽음으로 무엇이 녹아 없어졌고 무엇이 깨져 사라졌는지는 알지 못했습니다. 그들은 자신의 무가치함을 느끼고 운다는 것이 무엇인지, "하나님이 세상을 이처럼 사랑하사 독생자를 주셨으니 이는 저를 믿는 자마다 멸망치 않고 영생을 얻게 하려 하심이니라"라는 말씀을 깨닫고 그 사랑과 기쁨 때문에 운다는 것이 무엇인지 몰랐습니다. 그런데 불현듯 그 모든 것이 실재로 다가오면서 하나님의 아들이 **나를** 진정으로 사랑해서 **나를** 위해 자신을 주셨음을 알게 됩니다. '그가 **나를** 위해 죽으셨다. **내** 죄까지 사하셨다'는 개인적이고 인격적인 문제로 받아들이게 되는 것입니다. 그러면서 마음속에 평안이 밀려옵니다. 기쁨이 밀려옵니다. 성부 하나님, 성자 하나님, 성령 하나님을 찬양하는 마음과 사랑에 푹 잠기게 됩니다.

이것이 사람들을 사로잡는 유일한 관심사가 됩니다. 만나자자 이 이야기를 꺼냅니다. 모두가 이 이야기를 나눕니다. 이것이 대화의 주요 주제이자 모든 관심을 사로잡는 주제가 됩니다. 사람들이 함께 모여 이것에 대해 이야기하고 싶어합니다. 그래서 서로 만나 모임을 갖습니다. 매일 밤 모여 이 일들에 대해 이야기하기 시작합니다. 하나님을 찬양하며 그의 영광을 찬송하기 시작합니다. 기도하기 시작합니다. 이처럼 성령의 운동을 경험한 이들과 함께 모이기 위해 매 시간, 매일 밤 일이 끝나기만을 이제나저제나 기다립니다. 이런 마음은 당연히 교회 밖에 있는 사람들, 이런 일에 대해 아무것도 모르는 사람들에 대한 큰 관심으로 이어집니다.

지금 제가 하는 이야기는 여러 책에 나오는 내용을 개괄한 것입니다. 사람들은 자기 가족, 남편이나 아내·아버지·어머니·자녀·형제·자매 등 자신들이 교회 밖에 있음을 모르는 이들에게 관심을 갖기 시작합니다. 그들에게 이 일들에 대해 이야기해 줍니다. 그렇게 해야만 할 것 같은 부담이 있기 때문입니다. 그들은 자신들을 몰아가는 압박감을 느낍니다. 그래서 사람들에게, 친구와 모든 이들에게 이 일들에 대해 이야기해 주며, 그들을 위해 기도하기 시작합니다. 기도는 모든 부흥에 항상 나타나는 큰 특징입니다. 그들은 큰 기도모임을 갖고 매 시간 중보기도를 합니다. 사람들의 이름을 불러가며 기도하고 탄원합니다. 이를테면 하나님을 놓아 드리지 않는 것입니다. 그들은 이상한 긴박감으로 이 일에 몰입합니다.

그렇게 얼마가 지나고 나면 이 모든 이야기를 들은 사람들, 오랫동안 알고 지냈던 이 신자들의 변화를 곁에서 지켜본 사람들, 교회 밖에 있는 사람들이 모임에 참석하기 시작하며 "이 어쩐 일이냐?"라고 묻기 시작합니다. 그렇게 그들도 교회 안에 들어와 동일한 경험을 하게 됩니다. 이런 일이 이어지면서 수천 명씩 회심하는 일이 일어납니다. 실로 이웃 전체가 성령으로 충만해진 것처럼 보입니다. 마치 모든 곳에 성령이 계신 것 같습니다. 모임에서만 사람들이 회심하는 것이 아닙니다. 모임 장소에 오는 도중에, 모임 장소에 채 도착하기도 전에 회심하는 이들도 있습니다. 어떤 이들은 일터에서, 탄광에서, 산꼭대기에서 회심합니다. 한밤중에 깨어나는 이들도 있습니다. 평소처럼 잠자리에 들었는데, 갑자기 무서운 죄의식을 느끼고 일어나 기도하며 하나님께 불쌍히 여겨 달라고 탄원하는 것입니다. 그 순간 그들에게 말을 건 사람은 아무도 없습니다. 그 일을 행하신 분은 성령입니다. 이처럼 성령이 모든 영역을 다스리십니다. 모든 이들의 삶을 채워 주십니다.

부흥의 때에는 이런 일이 일어납니다. 이처럼 죄의 큰 깨달음과 큰 기쁨, 주님에 대한 큰 두려움과 감사 및 찬양이 이를테면 기묘하고 이상하게 혼합되어 나타나는 것입니다. 어떤 사람의 표현대로 부흥의 때에는 항상 신적인 무질서가 나타나게 마련입니다. 죄를 깨닫고 신음하며 괴로워하는 이들이 있는가 하면, 큰 구원을 주신 하나님을 찬양하는 이들도 있습니다. 이 모든 일들로 인해 사람들이 교회로 모여들고 모임이 길어집니다. 마치 시간을 잊어버린 듯합니다. 사람들이 영원 속으로 들어가 버린 것 같습니다. 저녁 6시 반에 시작된 모임이 다음날 새벽까지 이어지는데도 아무도 시간 가는 줄 모릅니다. 도중에 한두 차례 커피를 제공한 것도 아닌데 말입니다. 성령이 상황을 주도하시면 시간도, 몸과 육체의 필요도 전부 잊어버리게 되어 있습니다.

부흥은 실로 천국의 나날들이 이 땅에 임하는 것을 의미합니다. 지금까지 부흥을 정의한 글 가운데 아주 중요한 것 한 가지를 인용하겠습니다. 부흥, 즉 성령의 찾아오심을 경험한 한 시市에 실제로 다음과 같은 일이 일어났습니다. 이 글은 저 위대하고 경건한 조너선 에드워즈가 1735년 매사추세츠 노샘프턴의 그 작은 시에서 일어난 일을 기록해 놓은 것입니다.

이 역사는 곧 그 마을을 영광스럽게 바꾸어 놓았다. 그리하여 연이어 찾아온 봄과 여름에 그 마을은 말하자면 하나님의 임재로 충만해졌다. 그때처럼 사랑으로 충만하고 기쁨으로 충만하면서도 고뇌로 충만했던 적은 없었다. 거의 모든 집에 하나님이 계시다는 표시가 눈에 띄게 나타났다. 각 가정마다 자신들에게 주신 구원으로 인해 기뻐하던 시절이었다. 부모들은 자녀들이 새로 태어난 것을 기뻐했고, 남편은 아내가, 아내는 남편이 새로 태어난 것을 기뻐했다. 그때는 하나님의 성소에서 그의 행하심을 볼 수 있었다. 하나님의 날에는 기쁨이 있었고, 그의 성막은 평화로웠다. 그 당시 공공 집회는 아름다웠다. 회중의 예배에 활기가 넘쳤다. 모두가 공적 예배에 진정으로 전념했다. 모든 청중은 목회자의 입에서 나오는 말씀을 열심히 받아들였다. 사람들은 때때로 집회에서 선포되는 말씀을 듣고 눈물을 흘렸다. 어떤 이들은 슬픔과 고뇌로 울었고, 또 다른 이들은 기쁨과 사랑으로 울었으며, 또 다른 이들은 이웃의 영혼에 대한 염려와 연민으로 울었다.*

이렇게 해서 부흥의 때에 일어나는 일들을 대략 개괄해 보았습니다. "이 돌은 무슨 뜻이냐?" 자, 100년 전에 여러 나라에서 일어난 일은 바로 부흥이었습니다. 하나님의 역사였습니다. 여러분은 이런 일들에 대해 알고 있습니까? 이런 일들에 흥미를 느끼고 있습니까? 관심을 가지고 있습니까? 감동을 받고 있습니까? 오늘날에도

---

* 조너선 에드워즈, 「전집 Works」, 런던, 1840년, 제1권, 348쪽.

이런 일만 일어나면 모든 문제가 해결된다는 사실이 눈에 들어오기 시작하지 않습니까? 부흥은 하나님이 그 백성을 찾아오시는 일입니다. 천국의 나날들이 이 땅 위에 임하는 일이요, 성령이 교회에 거하시는 일이요, 생명이 하나님의 백성들에게 한없이 넘쳐나는 일입니다. 저는 우리가 이미 보고 느낀 무언가가 '저 열정이 대체 무엇일까? 오, 우리도 저런 열정을 알았으면. 오, 우리에게도 저런 열정이 생겼으면' 하는 소원을 불러일으킬 줄 믿습니다. '우리도 저런 열정을 느껴서 하나님께 탄원할 수 있었으면, 우리에게 자비와 긍휼을 베푸셔서 그 큰 구원으로 찾아와 달라고 탄원할 수 있었으면' 하는 소원을 불러일으킬 줄 믿습니다.

9 부흥의 특징

이스라엘 자손들에게 일러 가로되, 후일에 너희 자손이 그 아비에게 묻기를 이 돌은 무슨 뜻이냐 하거든 너희는 자손에게 알게 하여 이르기를 이스라엘이 마른 땅을 밟고 이 요단을 건넜음이라. 너희 하나님 여호와께서 요단 물을 너희 앞에 마르게 하사 너희로 건너게 하신 것이 너희 하나님 여호와께서 우리 앞에 홍해를 말리시고 우리로 건너게 하심과 같았나니, 이는 땅의 모든 백성으로 여호와의 손이 능하심을 알게 하며 너희로 너희 하나님 여호와를 영원토록 경외하게 하려 하심이라 하라. (수 4:21-24)

우리는 부흥의 일반적인 특징 몇 가지—하나님의 위엄과 자신의 죄와 주 예수 그리스도를 통해 주신 구원의 기이함을 느끼는 것, 또 다른 이들도 그것을 알게 되기를 소원하는 것—를 살펴보았습니다. 또한 부흥의 때에는 성령이 모든 것을 주관하시며 공동체 전체의 삶을 주관하신다는 사실을 인식하게 된다는 점도 살펴보았습니다.

이제 우리는 부흥의 특별한 점들을 강조해야 하는데, 제가 볼 때 이것은 아주 의미심장한 특징들입니다. 그 첫 번째 특징은 모든 계층, 모든 연령, 모든 기질, 모든 지적인 유형의 사람들이 영향을 받는다는 것입니다. 이 점은 상세히 설명할 가치가 충분하지만, 지금 이 자리에서 설명하지는 않겠습니다. 그러나 저는 다음과 같은 이유에서 이 점을 강조하는 바입니다. 복음적인 회심을 심리학적인 차원의 일로 일축해 버리는 사람들에게 최종적으로 제시할 수 있는 답변 중 한 가지가 바로 이것입니다. 특정 유형, 이른바 '종교적인 유형'의 사람들만 복음적인 회심을 하는 것이 아닙니다. 부흥의 이야기가 보여 주는 가장 인상적인 사실 한 가지는 우리가 생각할 수 있는 사회 모든 부류, 모든 유형의 사람들이 계층이나 연령이나 기질이나 그 밖의 모든 것을 뛰어넘어 한데 어울린다는 것입니다. 이것은 참 놀라운 특징인 동시에, 이상하게도 모든 부흥의 이야기에 일정하게 나타나는 특징이기도 합니다.

또 다른 특징은 부흥이 찾아와 잠시 지속되다가 사라진다는 것입니다. 이 특징은 부흥이 하나님의 제한된 행동임을 강조해 준다는 점에서 아주 중요합니다. 부흥은 갑자기, 또는 점진적으로 찾아와 절정으로 치달았다가 갑자기, 또는 점진적으로 종결됩니다. 여기에는 신중하게 생각해야 할 점이 있습니다. 부흥이 시작된 날짜와 종결된 날짜를 정확히 제시할 수 있는 경우들이 가끔 있습니다. 이미 말했듯이 이 사실은 부흥이 단순히 심리적 체험의 영역에 속한 일이 아닌 하나님의 역사임을 강조해 준다는 점에서 중요합니다. 심리적 체험의 영역에서는 똑같은 자극과 요인만 제공하면 똑같은 결과가 나오지만, 부흥이 일어날 때에는 그렇지가 않습니다.

이것은 그 다음 요점으로 연결되는데, 그것은 부흥의 결과가 이후에도 죽 지속된다는 것입니다. 예외가 있습니다. 개중에는 옛 생활로 다시 돌아가는 사람들도 있습니다. 그러나 부흥의 큰 특징은 교회의 삶 속에 들어온 이 능력을 통해 회심한 모든 남녀가 이후에도 계속해서 신앙을 지켜 나간다는 것입니다. 그들은 사람들의 호소를 듣고 앞으로 나간 것이 아닙니다. 대단한 역사가 일어났다고 생각했는데 나중에 확인해 보면 기대했던 숫자의 10퍼센트만 교회에 남더라는 말을 대부분의 복음 전도자들이 하곤 합니다. 그러나 부흥의 때에는 그렇지 않습니다. 부흥의 때에는 사람들이 자라지 않는 것이 오히려 예외적인 현상입니다. 그들은 계속 교회 안에 남아 신앙을 지킵니다.

여러분은 문헌들에서 그 증거를 발견할 것입니다. 저도 거듭해서 이 점을 상기하곤 합니다. 저는 100년 전에 여러 목회자들이 쓴 글을 계속 읽고 있는 중인데, 그들 모두 자발적으로 밝히고 있는 요점도 동일한 것입니다. 즉, 자리에서 일어나 믿겠다고 했던 사람들이 그 후에도 계속 믿음을 지켰다는 것입니다. 물론 그 목회자들은 자신들의 집회가 얼마나 효력이 있는지 시험하면서 사람들을 앞으로 초청하지 않았습니다. 여기에서도 전도운동과 부흥 사이의 흥미로운 차이점을 볼 수 있습니다. 전도운동을 할 때에는 사람들에게 앞으로 나오라고 호소해야 하지만, 부흥의 때에는 그럴 필요가 없습니다. 요청하지 않아도 자진해서 앞으로 나오기 때문입니다. 최근에 콩고 부흥의 현장에 있었던 한 사람의 글에 그 점이 잘 나타나 있습니다. 그는 자신의 경험을 기록한 작은 책에서 아주 웅변적으로 그 이야기를 해 주고 있습니다. 한번 인용해 보겠습니다.

> 나는 20년간 그 지역에서 설교하면서 집회가 끝날 때마다 그리스도를 위해 결단하라고 호소했으며, 사람들을 앞으로 끌어내리려고 애를 썼지만 성공하지 못했다. 그런데 이 일이 임하자, 이 일이 일어나자, 앞으로 나오라고 요청할 필요가 없어져 버렸다.

어떤 면에서는 앞으로 나오는 사람들이 너무 많아 다 처리하기가 힘들 정도였다고 합니다. 심지어 설교가 끝나기도 전에 앞으로 나오려는 사람들을 말릴 길이 없었습니다. 부흥의 때에는 이런 일이 일어납니다. 그리고 그 결과는 지속됩니다.

이 말을 입증해 줄 구체적인 사실들이 있습니다. 몇 가지 수치를 말씀드려 보겠습니다. 제가 수치 이야기를 꺼내기 주저했던 것은, 이 시대가 수치에 과도한 의미를 부여하는 바람에 오히려 수치가 현실을 제대로 반영하지 못하는 탓입니다. 사람들은 그 수치들이 맞는지 확인하기 위해 기다리지 않습니다. 그 즉시 발표하고 싶어서 조바심을 냅니다. 그럼에도 불구하고 수치들을 살펴보면 흥미롭습니다. 제가 지금 강조하려는 것은 집회가 끝날 때 앞으로 나온 사람들의 수가 아닙니다. 제가 여러분에게 보여 드리고 싶은 것은 기독교회에 들어온 후 계속해서 열심 있는 교인으로 활동했던 사람들의 수입니다.

조너선 에드워즈와 태넌트 가家를 비롯한 여러 사람들의 주도 하에 미국에 대각성 운동이 일어났던 1730년부터 1745년 사이에 5만 명이 교회로 들어왔다고 합니다. 큰 부흥이 미국을 휩쓴 1857 년부터 1859년 사이에는 50만 명이 들어온 것으로 추정됩니다. 제가 지금 무엇을 강조하고 있는지에 주목하시기 바랍니다. 저는 지금 교회에 들어온 사람들을 강조하고 있습니다. 그들은 결신한 즉시 인정받지 못했습니다. 시험과 검토의 과정을 거쳐야 했습니다. 그들은 초신자로서 교육과 훈련을 받았습니다. 이처럼 저는 지금 결신한 사람들에 대해 말하고 있는 것이 아닙니다. 우리는 결신만 하면 교인으로 받아들이는 일에 아주 익숙하지만, 그 당시 사람들은 그렇지 않았습니다. 제가 지금 말하는 사람들은 회심과 중생의 증거가 분명하여 교회의 온전한 일원으로 인정받은 자들입니다. 100년 전 미국에서 50만 명의 사람들이 이런 식으로 교회의 일원이 되었습니다. 그 기간에 얼스터에서만 10만 명이 교회에 들어왔고 웨일스에서는 5만 명이 교회에 들어왔습니다. 그 수치를 상기해 보면 이 뚜렷한 사실들에 담긴 의의를 알게 될 것입니다.

이런 회심자들과 교인들에게는 하나님과 거룩함에 대한 큰 열심이 반드시 나타난다는 사실도 강조해야겠습니다. 사람들이 집회장을 가득 채웁니다. 일하고 싶은 열망에 사로잡힙니다. 교회와 관련된 사업이나 일들이 크게 고무됩니다. 예컨대 '제2차 복음각성 운동'을 다룬 에드윈 오어Edwin Orr의 책을 읽어 보면 이 부분에 대한 뚜렷한 사실들을 발견하게 됩니다. 그 책은 100년 전 부흥으로 인해 어떤 많은 일들이 비롯되었는지 보여 주고 있습니다. 그것은 일시적인 감정이 아니었습니다. 하나님과 그의 이름과 그의 일에 대한 열심에 사로잡힐 만큼 깊고 심오한 감정이었습니다. 그뿐 아니라 기존 교회들이 비좁아 새 교회들을 아주 많이 지어야 했습니다. 이미 말했듯이 부흥은 교회에서 먼저 시작하게 되어 있습니다. 교회가 먼저 든든히 세워집니다. 반면에, 전도운동은 교회에 어떤 영향도 끼치지 못할 때가 아주 많습니다.

부흥이 일어나면 목회로 부름받는 사람들의 수도 엄청나게 늘어납니다. 이 또한 부흥의 시기에 항상 일어나는 현상입니다. 좀더 일반적인 차원에서 말하자면, 부흥의 때에는 교회뿐 아니라 교회 밖에 있는 세상의 도덕적인 경향과 수준도 눈에 띄게 영향을 받고 높아집니다. 음주와 그 밖의 다양한 혐의로 즉결심판소나 다른 법정에 기소된 건수를 기록한 공공기관의 통계를 보면 그 수치에 깜짝 놀라게 됩니다. 또 어떤 지역이나 동네의 삶을 특징지었던 습관들, 악한 습관들이 갑자기 사라지는 모습도 볼 수 있습니다. 그중에 유명한 예가 있습니다. 약 150년 전 북웨일스에 존 엘리아스John Elias라는 위대한 설교자가 있었습니다. 그는 방탕과 부도덕, 죄와 비행으로 잘 알려진 유명한 장에서 설교를 했습니다. 그 단 한번의 설교로 장은 열리지 않게 되었습니다. 그 장은 그의 손에 끝장이 났고 다시는 되살아나지 못했습니다.

부흥의 때에는 이런 종류의 일이 일어납니다. 대규모 전도운동이 벌어졌을 때의 보고서를 읽어 보면 그때에도 나라 전체가 경건해진 것 같다는 생각을 할 수 있습니다. 그러나 부도덕한 행위와 범죄가 발생한 수치를 확인해 보면 어떤 영향도 받지 않았음을 알게 됩니다. 부흥의 때에는 그렇지 않습니다. 회심하지 않은 사람들도 영향을 받고 감화를 받습니다. 지역 사회 전체의 삶에 건전한 정신이 들어가고 부흥이 끝난 후에도 그 일반적인 영향력이 수년 간 지속됩니다.

자, 지금까지는 부흥의 때에 일어나는 현상들을 일반적인 차원에서 살펴보았습니다. 그러나 각기 다른 시간, 다른 장소에 임했던 각각의 부흥에 독특하게 나타났던 특이한 현상들도 간략하게 언급하고 싶습니다. 모든 부흥이 공유하는 일반적인 특징들이 있는가 하면, 이처럼 아주 흥미로울 뿐 아니라 저에게는 매혹적으로까지 보이는 특이한 특징들도 있습니다. 예를 들면 부흥이 시작되는 방식이 각각 다릅니다. 이미 말했듯이 부흥은 갑자기 임하기도 하고, 점진적으로 임하기도 합니다. 전혀 예기치 못하게 임하기도 하고, 부담을 느끼는 다수의 사람들이 관심을 가지고 몇 달 또는 몇 년에 이르도록 기도한 끝에 임하기도 합니다. 부담을 느끼며 관심을 가지는 사람들이 불과 얼마 되지 않는데도 하나님이 응답해 주시는 경우도 간혹 있습니다. 이런 이야기들을 읽어 보셨습니까? 꼭 읽어 보시기 바랍니다. 사실이 기록된 자료들을 찾아서 읽어 보면 이런 점들을 입증해 주는 실례들을 접하게 될 것입니다.

부흥이 임하는 집회의 형태도 각기 다를 수 있습니다. 때로 부흥은 사람이 많지 않은 기도모임, 소수로 이루어진 작은 기도모임에 임합니다. 실제로 북아일랜드에서는 두 사람만 모인 경우도 있었습니다. 숫자는 중요치 않습니다. 100년 전 뉴욕의 그 유명한 정오 기도모임에는 한동안 한 사람만 나와 혼자 기도하기도 했습니다. 이처럼 부흥은 기도모임 중에 임할 수도 있고 설교 시간에 임할 수도 있습니다. 또는 복음 전도자가 일련의 정기 집회를 여는 동안 임할 수도 있습니다. 그가 원래 계획했던 것은 전도운동입니다. 그런데 그 계획과 달리 부흥이 불현듯 찾아옵니다. 이처럼 부흥이 시작되는 방식은 무궁무진합니다. 조너선 에드워즈의 경우, 그가 목회하던 노샘프턴의 한 시민이 갑자기 비극적인 죽음을 맞이했다고 합니다. 그런데 결국 하나님이 그 죽음을 부흥의 **가장 큰** 요인으로 사용하셨음을 에드워즈는 믿어 의심치 않는다고 말했습니다. 이처럼 하나님이 큰 재난이나 이상한 사건, 사람들을 두렵게 만들거나 놀라게 하는 일, 이생의 삶이 덧없음을 일깨워 주는 사건들을 사용하실 때가 종종 있습니다.

이처럼 부흥은 극소수의 사람들과 더불어 일어날 수도 있고 큰 무리 가운데서 일어날 수도 있습니다. 하나님은 숫자나 그 밖의 요인에 얽매이지 않으십니다. 성경은 그 예로 가득 차 있습니다. 하나님의 가장 위대한 역사가 적은 수의 사람들, "남은 자"들에게 일어났습니다. 그러나 마찬가지로 큰 무리에게 일어날 수도 있습니다. 일정한 규칙과 규정을 도출해 내고자 애쓰는 사람들―부흥이 이런 식으로 한 번 일어났으니 앞으로도 같은 식으로 일어나리라고 여기는 사람들―이 영적인 영역의 법칙들을 완전히 오해하게 되는 이유가 여기 있습니다. 부흥이 시작되는 방식은 무궁무진합니다.

이번에는 부흥의 때에 하나님이 사용하시는 사람들의 유형이 얼마나 다양한지 봅시다. 이 또한 아주 매력적인 주제입니다. 하나님은 때로 조너선 에드워즈 같은 아주 위대한 인물을 사용하셨습니다. 에드워즈는 모든 시대를 통틀어 가장 위대한 철학자에 속하는 사람이며, 미국이 낳은 가장 위대한 철학자로 꼽힐 만한 사람입니다. 그의 중요성은 모든 사람이 인정하고 있으며, 종교에 일차적인 관심이 없는 사람들도 인정하고 있습니다. 그의 저술들은 아직도 거듭 출간되고 있습니다. 200년 전, 하나님은 뉴잉글랜드 지역에서 어느 누구보다 에드워즈를 크게 사용하셨습니다. 윗필드도 어느 기준에서 보나 위대한 인물이자 위대한 웅변가였습니다. 존 웨슬리 또한 모든 면에서 탁월한 사람이었으며 조직의 천재였고 지적으로 아주 유능한 사람이었습니다. 이 모든 18세기의 인물들은 확실히 두드러진 능력의 소유자들로서, 하나님은 그 뛰어난 사람들을 사용해서 평범한 대중 사이에 큰 부흥을 일으키셨습니다.

그런데 흥미로운 사실이 있습니다. 그것은 하나님이 늘 그런 사람들만 사용하시지는 않았다는 것입니다. 물론 그런 사람들을 사용하실 때도 있기는 했습니다. 루터도 천성적으로 위대한 인물이었고 칼뱅Jean Calvin이나 존 녹스John Knox나 그 밖의 사람들도 위대한 인물들이었던 것으로 볼 때, 이처럼 위대한 인물들을 사용하시는 것이 일반적인 법칙인 듯 보이기도 합니다. 그러나 아시다시피 하나님이 늘 그렇게 뛰어난 사람들만 사용하셨던 것은 아닙니다. 100년 전으로 돌아가 보면 아주 다른 사례를 만나게 됩니다. 하나님은 그때 단순하고 무식한 무명의 사람들, 지극히 평범한 사람들을 사용하셨습니다. 미국에서도 그러했고 얼스터에서도 그러했습니다. 여러분 중에 제임스 맥퀼킨James McQuilkin이라는 이름을 들어 본 사람이 얼마나 있습니까? 그는 100년 전에 북아일랜드에서 쓰임받은 사람이었습니다. 제임스 맥퀼킨은 지극히 평범한 사람이었지만 하나님이 붙잡아 사용하셨습니다. 웨일스에서도 같은 일이 일어났습니다. 가장 크게 사용된 인물로 데이비드 모건David Morgan이 있습니다. 그는 실제로 복음 사역자였지만, 아주 평범한 무명의 사역자로서 아무 재능도 없는 사람이었습니다. 그런데 하나님이 붙잡아 사용하시면서 근 2년간 사자 같은 인물로 만들어 주셨습니다. 이것이야말로 우리가 유심히 상고해 볼 만한 주제 아닙니까? 이에 대해 곰곰이 생각해 볼 필요가 있지 않습니까? 하나님은 세상의 약한 것들을 택하여 강한 것들을 부끄럽게 하시는 분입니다. 이것이 우리가 배울 수 있는 한 가지 원리입니다. 위대한 사람을 쓰실 수도 있고 아주 보잘것없는 사람을 쓰실 수도 있습니다. 사람이 어떠하냐는 전혀 문제가 되지 않습니다.

이번에는 부흥이 일어나는 지역과 그 확산에 대해 생각해 봅시다. 부흥은 아주 좁은 지역에서 일어나 그 지역에만 국한될 수 있습니다. 반면에 전 지역을 포괄할 수도 있습니다. 100년 전이나 200년 전처럼 나라 전체를 포괄할 수도 있고 동시에 여러 나라를 포괄할 수도 있습니다. 이것은 아주 의미 있는 사실입니다. 심리학적 차원에서 종교적 현상을 해명할 수 있다고 생각하는 심리학자들의 공격을 생각하면 특히 더 그렇습니다. 이 문제는 나중에 다룰 수 있기를 바랍니다.

지금은 말썽 많은 문제 한 가지를 다루기로 합시다. 그것은 부흥의 시기에 가끔 증거로 제시되는 이른바 '현상'의 문제입니다. 여기에도 상당한 다양성이 존재합니다. 강력한 부흥이 임했는데도 어느 정도 조용하게 진행되는 경우가 간혹 있습니다. 그때 사람들이 느끼는 감정은 아주 깊고 심오한 것입니다. 많은 사람들이 회심하지만 그 과정은 조용히 진행됩니다. 물론 항상 그런 것은 아닙니다. 실제로 부흥의 규칙에 좀더 가까운 일은 일정한 현상이 나타나기 시작하는 것입니다. 이를테면 다음과 같은 현상들이 나타납니다. 남자든 여자든 그냥 죄를 깨닫는 것이 아니라 그 죄 때문에 괴로워서 몸부림을 칩니다. 단순히 자신들이 죄인으로서 구주를 믿어야 한다는 사실을 알게 되는 것이 아닙니다. 몸이 아플 정도로 강하게 압도하는 힘이 느껴집니다. 문자 그대로 영혼의 고통 때문에 몸부림을 치게 됩니다. 존 버니언John Bunyan의 이야기는 여러분도 알고 있지 않습니까? 그는 「넘치는 은혜 *Grace Abounding*」라는 책에서 거의 18개월간 죄의 깨달음에서 오는 고통으로 얼마나 심하게 몸부림을 쳤던지, 들판에서 먹이를 먹는 거위가 다 부럽게 느껴졌다고 쓰고 있습니다. 그는 차라리 사람으로 태어나지 않았으면 더 좋았겠다고 생각했습니다. 부흥의 때에는 이처럼 고통으로 몸부림치며 무섭게 죄를 깨닫는 일들이 나타납니다. 사람들이 영혼의 고통으로 몸부림치며 신음합니다. 울부짖고 흐느끼며 소리를 내면서 괴로워합니다. 그러나 항상 그 정도에서 그치는 것은 아닙니다. 때로는 죄의 깨달음이 너무 크고 성령의 능력이 너무 강하게 느껴진 나머지 의식을 잃고 쓰러지기도 합니다. 몸에 경련을 일으키는 경우도 있습니다. 무의식 상태, 일종의 혼수상태에 빠져 몇 시간씩 정신을 못 차리기도 합니다.

지금 이 시점에서 제가 가장 바라는 일은 여러분에게 사실을 일깨워 드리는 것입니다. 현상은 가변적인 것입니다. 이런 현상들이 나타날 수도 있고 나타나지 않을 수도 있습니다. 그러나 일반적으로 부흥이 일어날 때에는 이런 방면의 일들이 일어납니다. 이 문제는 후에 다시 다룰 것입니다. 일반적으로 사람들이 부흥이라는 개념 자체를 비판할 때, 바로 이 점에 초점을 맞추어서 비판하기 때문입니다.

 그렇다면 이 돌들이 의미하는 바는 무엇일까요? 이 돌들이 우리에게 말해 주는 바는 무엇일까요? 자, 지금까지 저는 이 질문에 답변해 왔습니다. 이 돌들은 1859년에 일어난 종류의 일을 뜻하는 것입니다. 부흥의 때에 항상 일어나는 종류의 일을 뜻하는 것입니다. 거기에는 일반적인 특징들도 있고 가변적인 특징들도 있습니다. 그러므로 우리는 교회 역사에 때때로 발생하는 이 두드러진 사건을 고찰해야 하는 것이 분명합니다.

 한 걸음 더 나아가 보겠습니다. 이런 일들이 다 사실이라면, 이 사실들의 진정한 특징 내지 본질은 무엇일까요? 우리는 본문으로 되돌아갈 필요가 있습니다. 어느 날 길갈을 지나가던 사람들이 이 돌들이 서 있는 것을 보고 말합니다. "이 돌은 무슨 뜻이냐?" 그때 그들에게 들려주어야 할 대답은 이것입니다. "너희 하나님 여호와께서 요단 물을 너희 앞에 마르게 하사 너희로 건너게 하신 것이 너희 하나님 여호와께서 우리 앞에 홍해를 말리시고 우리로 건너게 하심과 같았나니." 이스라엘 자손들은 질문하는 자들에게 "땅의 모든 백성으로 여호와의 손이 능하심을 알게" 하기 위해 이 돌들이 세워졌다고 말해 주어야 합니다.

이 돌들은 우리에게 사실을, 기적이 일어났다는 사실을 일깨워 줍니다. 이 돌들이 그러하다면 지금까지 일어났던 모든 부흥도 마찬가지입니다. 부흥은 기적입니다. 부흥은 기적적인 일이며 예외적인 현상입니다. 여호와의 손이 나타나는 일이며, 그 능하심이 나타나는 일입니다. 다시 말해서 부흥은 하나님의 직접적인 행동과 개입으로만 설명될 수 있는 일입니다. 홍해를 가르실 수 있는 분은 하나님뿐입니다. 요단 물을 가르실 수 있는 분도 하나님뿐입니다. 그것은 기적이었습니다. 바로 그 기적 때문에 하나님의 능하신 행위들 중에서도 독특한 이 행위를 일깨우는 기념물이 세워진 것입니다. 부흥은 이 범주에 속해 있는 일입니다. 이 점을 검토해 보겠습니다. 부흥의 사건은 사람이 일으킬 수 없는 차원의 것입니다. 전도 운동은 사람이 일으킬 수 있지만 부흥은 사람이 일으킬 수 없으며 실제로 일으킨 사례 또한 없습니다. 오, 사람들은 그런 시도를 여러 번 해 왔으며 지금도 여전히 하고 있습니다. 안타깝게도 피니는 일정한 일들을 하기만 하면 언제든지 원할 때 부흥을 경험할 수 있다고 가르침으로써 이 점에서 교회 전체를 오도해 버렸습니다. 그러나 그에 대한 답변은 언제든지 "아니다!"라는 것입니다. 이것은 저의 사견이 아닙니다. 사실의 문제입니다. 인위적으로 부흥을 일으켜 보고자 애썼던 사람들을 우리 모두 알고 지켜보고 살펴보지 않았습니까? 그들은 피니의 방법론을 전부 도입했습니다. 그의 책을 읽고 외우며 그가 가르친 바를 실천하고자 애썼습니다. 사람들로 하여금 죄를 고백하게 하고 자신들의 방법을 따르게 하고자 애썼습니다. 부흥이라는 결과가 나타나기를 기대하면서 피니가 시킨 일들을 전부 실행에 옮겼습니다. 그렇게 모든 지시에 따르면서 사람들에게 버티기 힘든 큰 압력을 가했는데도 부흥은 일어나지 않았습니다. 부흥은 그 정의상 하나님의 능하신 행동이며 주권적인 행동입니다. 그만큼 우리와는 아무 상관이 없는 일인 것입니다. 인간은 아무것도 할 수 없습니다. 하나님, 오직 하나님만 이 일을 하실 수 있습니다. "이 돌들을 세우라." 왜 세워야 합니까? 자, 이것은 여호와의 손이 나타난 일이요 그 능하심이 나타난 일임을 알리기 위해서입니다. 이것은 인간과 상관없는 하나님의 주권적인 행동임을 알리기 위해서입니다. 제가 방금까지 말한 모든 구체적인 부흥의 특징들은 바로 이 사실에 부합되는 것이며 이 사실을 예증해 주는 것입니다.

사람은 부흥을 일으킬 수 없을 뿐 아니라 부흥을 설명할 수도 없다는 점 또한 아주 중요합니다. 저는 이것을 부흥에 대한 정의의 일부로 제시하고자 합니다. 교회에서 일어나는 일을 하나님의 주권적인 행동이 아닌 다른 것으로 설명할 수 있다면, 그것은 부흥이 아닙니다. 다른 식으로 설명이 가능한 일은 부흥이 아닙니다. 여러분은 기적도 마찬가지임을 알 것입니다. 설명할 수 있는 기적은 더 이상 기적이 아닙니다. 제가 「성경은 진리다」라는 제목의 책이 출간되었다고 해서 흥분하는 사람들을 아주 딱하게 여기는 이유가 여기 있습니다. 이 책의 저자는 구약성경에 나오는 기적들이 실제로 일어났다는 사실을 입증하려 듭니다. 그가 계속해서 말하려 하는 바가 무엇입니까? 자, 이런 종류의 기적들이 아주 자연스럽게, 상당히 자주 일어날 수 있다는 것입니다. 제가 말하려는 요점을 명확히 하기 위해 한 가지 예를 들겠습니다. 모세가 바위를 쳐서 물이 솟아난 사건을 기억하십니까? 이 책의 저자는 말합니다. "아, 지금 우리는 아주 행복한 위치에 있다. 우리는 이 사건이 일어났다는 것을 진심으로 믿을 수 있기 때문이다." 어떤 근거에서 그렇다는 것일까요? 그는 연이어 다음과 같은 이야기를 하고 있습니다. 지난 세계대전 때 어떤 부사관 휘하에 있던 많은 병사들이 일정한 장소에서 한 가지 작업을 하고 있었는데, 그 작업 상태가 부사관의 마음에 들지 않았다고 합니다. 그래서 부사관이 "그 곡괭이 이리 줘 봐" 하면서 곡괭이를 잡고 산울타리 옆에 있던 돌 한 조각을 우연히 파냈는데 물이 똑똑 흘러나오기 시작했습니다. 그러니까 모세가 바위를 쳤을 때 물이 솟아 나왔다는 말도 믿을 수 있다는 것입니다. 정말이지 딱한 노릇 아닙니까? 이런 식으로 설명이 가능한 일은 기적이 아닙니다. 기적은 하나님이 친히 행하시는 주권적이며 직접적인 행위로서 설명이 불가능합니다. 이것은 부흥의 본질에 해당하는 진리입니다. 사람은 부흥을 설명할 수 없습니다.

부흥에는 방법이라는 것이 없습니다. 대개의 경우에는 사용된 방법을 보고 결과를 예측할 수 있지 않습니까? 일정한 조건을 갖추면 일정한 결과가 나오게 되어 있습니다. 광고하는 사람들은 이에 대한 모든 지식을 가지고 있습니다. 방법만 정확하게 사용하면 아주 좋은 결과를 얻을 수 있습니다. 사람들은 참 잘 속아 넘어가기 때문에 거의 원하는 대로 움직일 수가 있습니다. 우리는 선전의 시대, 남의 영향을 쉽게 받는 시대에 살고 있습니다. 그러나 부흥을 일으킬 수 있는 방법은 없습니다. 하나도 없습니다. 부흥의 기록들을 직접 찾아서 읽어 보십시오. 대중 동원도 없고 밴드도 없고 합창단도 없고 아무것도 없습니다. 사전 광고도 없습니다. 어떤 것도 없습니다. 그런데도 부흥이 일어납니다. 어떤 방법을 사용했느냐 하는 차원에서는 부흥을 설명할 길이 없습니다. 사용된 방법 자체가 없기 때문입니다.

이번에는 부흥에 사용된 사람들을 다시 살펴보기로 합시다. 사도행전 4장에 나오는 것과 같은 종류의 일들이 부흥의 때에 얼마나 자주 일어나는지 아십니까? 예루살렘 종교 당국자들에게 고민거리가 생겼습니다. 사람들이 다 알고 있는 한 남자, 매일 성전 미문에 앉아 구걸하던 남자, 나이 마흔이 되도록 한 번도 걸어 본 적이 없는 남자가 있었습니다. 그런데 갑자기 그가 멀쩡하게 걷고 뛰면서 성전으로 들어가 하나님을 찬양하는 광경이 목격된 것입니다. 그 사실이 모든 사람에게 알려졌습니다. 이런 기적을 일으킨 자들이 누구입니까? 베드로와 요한이었습니다. 그런데 그들은 어떤 자들이었습니까? 바로 이것이 고민거리였습니다. 그들은 배운 것 하나 없는 무식꾼들이었습니다! 그에 대해 당국자들이 한 말은 요컨대 이런 것이었습니다. "주목할 만한 기적이 일어났고 모든 사람이 그 사실을 알고 있다는 점을 부인할 수 없다. 그런데 배우지 못한 무식꾼들—어부들—이 이런 기적을 행했다는 것이 수수께끼다. 이것이 과연 가능한 일인가? 그런 자들이 기적을 행하다니? 그들은 배운 바도 없고 훈련받은 바도 없는, 그야말로 아무것도 없는 자들이다. 그런데도 이런 일을 행했다. 대체 어떻게 대처하면 좋은가?" 아시다시피 사람은 기적을 이해할 수도 없고 설명할 수도 없습니다. 기적이라는 결과는 능력의 정도에 따라 나오는 것이 아닙니다. 당국자들의 질문에 대한 답변은 하나님이 이 무식꾼들을 사용해서 기적을 행하셨다는 것입니다.

자, 1858년과 1859년, 그리고 1904년과 1905년에 영국 제도에서 가장 마지막으로 일어난 주요한 부흥이 사도행전의 사건과 유사하다는 점은 이미 상기시킨 바 있습니다. 그때 하나님이 사용하신 인물은 에반 로버츠Evan Roberts였습니다. 그는 아주 평범한 사람이었습니다. 그런데 하나님은 그 평범한 사람을 사용하셨습니다. 그러니까 인간의 차원에서는 그 부흥을 설명할 길이 없는 것입니다. 인간의 차원에서 부흥을 설명하는 것은 전혀 합당치 않은 일입니다. 그렇다면 다른 논거를 찾아보아야 합니다. 하나님께 사용된 인물들에게 어떤 변화가 있었는지 보시기 바랍니다. 우리가 읽은 사도들의 경우를 보십시오. 오순절 이전에 얼마나 약하고 무력했는지 보십시오. 또 오순절 이후에 타는 듯한 능력으로 충만해진 모습을 보십시오. 자신의 주님을 부인했던 베드로가 어떤 용기를 가지고 적대적인 군중과 자신을 죽일 권한을 가진 당국자들에게 두려움 없이 맞서는지 보십시오. 1738년 5월 24일 이전, 완전히 실패한 목회자였던 존 웨슬리를 보십시오. 그리고 그 후의 그를 보십시오. 재능도 똑같고 능력도 똑같고 모든 것이 똑같은 동일인의 이런 변화를 어떻게 설명하겠습니까? '웨슬리'라는 인간의 차원에서는 설명할 길이 없습니다. 그러면 무엇입니까? 오, 하나님의 성령이 사람들에게 임해서 그런 일들을 하게 하신 것입니다. 기적을 일으키신 것입니다.

100년 전 북아일랜드와 웨일스에서도 같은 일이 일어났습니다. 데이비드 모건David Morgan에 대해서는 이미 언급한 바 있습니다. 그는 아주 평범한 목회자로서 이를테면 그럭저럭 목회를 해 나가고 있었습니다. 아무도 그의 이름을 알지 못했습니다. 그만큼 주목받을 만한 일을 한 적이 없었기 때문입니다. 그런데 갑자기 성령의 능력이 임하더니 2년 동안 지속되었고, 이미 말했듯이 사자처럼 설교할 수 있게 되었습니다. 아시다시피 사람은 동일했습니다. 인간의 차원에서는 이런 일을 설명할 길이 없습니다. 이런 일을 설명할 수 있는 길은 한 가지뿐입니다. 즉, 능하신 "여호와의 손"이 이렇게 하셨다는 것입니다. 그 손은 없는 것들을 택하여 있는 것들을 부끄럽게 할 수 있는 손, 있는 것들을 비웃을 수 있는 손입니다.

또 부흥이 일어난 장소들을 보십시오. 대도시에서 시작된 경우도 있고 한 마을이나 작은 동네에서 시작된 경우도 있습니다. 제가 이 점을 강조하는 이유는 제게는 이 사실이 다른 어떤 사실보다 영광스럽게 다가오기 때문입니다. 아시다시피 사람들은 무슨 일이든 대도시에서 하고 싶어 하지 않습니까? 사람들은 거창한 방식으로 일을 하며 그것을 성공의 본질로 생각합니다. 그러나 1857-1859년의 부흥을 볼 때 '하늘의 유머'라는 말을 사용할 만하다는 생각이 들지 않습니까? 그 부흥이 어디에서 일어났습니까? 북아일랜드의 수도인 벨파스트에서 일어나지 않았습니다. 코너라는 들도 보도 못한 마을에서 일어났습니다. 이것이 하나님이 일하시는 방식입니다. 그는 아들을 세상에 보내실 때 예루살렘에서 태어나게 하지 않으셨습니다. 유다에서 가장 작은 성읍인 베들레헴에서 태어나게 하셨습니다. 이처럼 존귀와 영광을 받으실 하나님은 인간의 차원에서 설명할 통로를 아예 차단해 버리셨습니다. 하나님의 능한 일은 종종 베들레헴이나 코너 같은 듣도 보도 못한 작은 마을에서 일어납니다. 200년 전에도 정확히 같은 일이 일어났습니다. 그때 부흥이 시작된 곳은 뉴잉글랜드의 노샘프턴이라는 작은 시였습니다. 하월 해리스가 갑자기 하나님께 붙들린 곳도 웨일스의 트레베카라는 작은 동네였고, 대니얼 롤런즈가 하나님께 사로잡힌 곳도 그처럼 작은 마을이었습니다. 여러분이 듣도 보도 못한 곳들에서 이런 일들이 일어난 것입니다. 하나님은 이와 같은 방식으로 일하십니다.

이것은 놀라운 일입니다. 다음번 부흥도 여러분과 제가 듣도 보도 못한 작은 마을에서 시작될 수 있습니다. 우리처럼 대도시에 사는 사람들은 지나치시고 폐하시며, 이름이 알려지지 않은 작은 곳에 사는 소수의 무리들에게 능한 일을 행하실 수 있는 것입니다. 부흥의 때에는 얼마든지 이런 일이 일어날 수 있습니다. 부흥은 어디에서나 일어날 수 있습니다. 하나님께 감사드리십시오! 이 사실은 삶을 아주 낭만적으로 만드는 동시에 희망적으로 만들어 줍니다. 부흥이 일어나는 장소에는 제한이 없습니다. 왜 그렇습니까? 이 또한 부흥이 하나님의 역사임을 보여 주기 위해서입니다. 여러분은 그 일을 설명할 수가 없습니다.

셋째로, 인간은 부흥을 통제할 수 없습니다. 부흥은 갑자기 시작됩니다. 또 갑자기 끝납니다. 부흥이 일어나는 동안에는 무슨 일이 어떻게 일어날지 알 수가 없습니다. 이 부분에서 사람은 지극히 무력하다고 할 수 있습니다. 사람이 성령을 소멸시키고 방해할 수 있다는 것은 전적으로 맞는 말이지만, 그렇다고 모든 규칙과 조건을 지키기만 하면 부흥을 일으킬 수 있다는 것은 완전히 틀린 말입니다. 그렇지 않습니다. 부흥의 시작과 과정과 끝은 하나님의 손안에 들어 있습니다. 모든 것이 성령과 그의 능력에 달려 있습니다.

마지막으로 부흥의 압도하는 성격에 대해 생각해 보시기 바랍니다. "이 돌은 무슨 뜻이냐?" 이 돌이 거기 서 있는 것은 "여호와의 손이 능하심"을 알리기 위해서입니다. 오순절 날 예루살렘에 있던 사람들이 그러했듯이, 부흥이 일어날 때 사람들은 "이게 무슨 일이지? 대체 무슨 일이야?"라고 묻게 됩니다. 부흥은 토네이도처럼 찾아옵니다. 물이 범람하는 것과 거의 비슷합니다. 마치 홍수가 일어난 것 같습니다. 경악할 만한 일들이 벌어지고, 그 엄청남에 놀란 사람들이 입을 다물지 못합니다. 아주 서정적이면서도 놀라운 예를 한 가지만 들어 보겠습니다. 300년 전, 스코틀랜드에 킬시스의 존 리빙스턴John Livingston of Kilsyth이라는 설교자가 살았습니다. 그런데 존 리빙스턴의 인생에 아주 놀라운 날이 찾아왔습니다. 그는 자서전에서 자신이 아주 평범한 설교자였다고 말합니다. 그런데 인생 말년에 과거를 회고하며 다음과 같은 이야기를 쓰고 있습니다. "알다시피 내가 결코 잊지 못할 날이 있었다. 1630년 6월이었다……." 그는 쇼츠라는 곳에서 성찬 예배를 드리고 있었습니다. 쇼츠의 커크라는 곳에서 일어난 부흥에 대해 읽어 보신 적이 있습니까? 친애하는 여러분, 한번 읽어 보십시오. 그 일은 이렇게 일어났습니다. 그들은 여러 차례 예배를 드렸습니다. 그렇게 주말이 지나갔습니다. 존 리빙스턴과 다른 많은 사람들은 예배를 드리고 난 주일 저녁에 기도모임 및 이른바 연합 모임을 갖고 이 일들에 대해 서로 이야기를 나누었습니다. 그런데 월요일 아침에 존 리빙스턴에게 설교해 달라는 요청이 들어왔습니다. 그는 들에 나가 묵상하다가 갑자기 설교할 수 없다는 느낌, 설교는 자신의 능력에 넘치는 일이며 자신은 설교하기에 합당치 못한 사람이라는 느낌에 사로잡혔습니다. 그는 도망치고 싶었습니다. 그런데 갑자기 하나님의 말씀이 들리는 것 같았습니다. 도망치지 말라, 하나님은 그런 식으로 일하지 않으신다는 음성이 귀가 아닌 심령에 들려온 것입니다. 그 소리가 돌아가야겠다는 생각을 하게 만들었습니다. 그는 돌아가서 에스겔서 36장을 설교했다고 합니다. 그의 말에 따르면 "한 시간 반을 설교한 후에 메시지를 적용하기 시작" 했습니다. 그런데 그가 적용하기 시작했을 때 갑자기 성령이 임하셨고, 그는 한 시간을 더 적용에 바쳤습니다. 그렇게 했을 때 사람들은 말 그대로 바닥에 쓰러져 버렸습니다. 그 한 번의 예배로 500명이 회심하기에 이르렀습니다.

    오, 현대인들이여, 제가 여기에서 꼭 해야 할 말은 불행히도 리빙스턴은 그 집회의 효력을 시험해 보지 않았다는 것입니다. 제가 500명이 회심했다고 말하는 것은 500명이 마지막 순서에 초청을 받고 앞으로 나아갔다는 뜻이 아닙니다. 그들은 그런 일을 하지 않았습니다. 그 500명은 참으로 죄를 깨달았습니다. 어떤 이들은 바닥에 쓰러져 실려 나갔습니다. 또 다른 이들은 고통으로 신음하면서 집으로 돌아가 며칠동안 그 고통에서 헤어나지 못했습니다. 그 한 번의 설교로 500명이 교회 안에 들어왔습니다. 진정으로, 영구히, 건전하게 회심한 것입니다. 부흥의 때에는 그런 일이 일어납니다. 가련한 리빙스턴은 자신이 그런 일을 경험한 것은 그 후 단 한 번뿐이라고 말합니다. 긴 생애 중에 단 이틀뿐이었던 것입니다. 그러나 얼마나 대단한 날들이었습니까! 그 일은 존 리빙스턴이 한 것이 아닙니다. "여호와의 손"이 존 리빙스턴을 통해, 그 안에서 하신 것입니다. 웨일스의 레니들로즈라는 작은 시에서 설교한 사람의 이야기도 있습니다. 그가 한 번 설교한 후 6개월 동안 그 작은 시 주변 지역 여러 교회에 1,000명이 들어왔습니다.

이것이 무엇입니까? 능하신 "여호와의 손"이 하신 일입니다. 오순절 때 기적과 방언과 그 밖의 많은 일들이 나타났습니다. 이런 일들은 가변적인 것으로서 항상 같은 일이 일어나는 것은 아닙니다. 그러나 종류가 어떤 것이든 능한 일이 일어납니다. 기적적인 일이 일어나고 인간이 설명할 수 없는, 인간의 이해를 넘어서는 일이 일어납니다. 실제로 부흥의 때에 하나님이 사용하신 사람들에게 물어보면 전부 같은 말을 할 것입니다. 존 리빙스턴처럼 그들도 갑자기 능력이 임하는 것을 느꼈습니다. 그들 스스로 그런 일들을 한 것이 아닙니다. 하나님께 붙잡힌 것이고 자기 한계를 넘어 사용된 것입니다. 그들은 자유를 얻었습니다. 권위를 얻었습니다. 두려워하지 않는 마음을 얻었습니다. 그들은 맨 처음 사도들이 가졌던 담대함을 가지고 하나님의 사람으로서 말했습니다. 그들은 능력이 임한 때와 떠난 때를 알았습니다. 윗필드와 웨슬리를 비롯한 모든 사람의 일기에 그 내용이 기록되어 있습니다. 이것은 여호와의 손이 하시는 일입니다. 성령과 그 능력이 나타남으로써 이루어지는 일입니다. 사도 바울은 그 점을 잘 알았기 때문에 다음과 같이 말하고 있습니다. "우리의 싸우는 병기는 육체에 속한 것이 아니요 오직 하나님 앞에서 견고한 진을 파하는 강력이라. 모든 이론을 파하며 하나님 아는 것을 대적하여 높아진 것을 다 파하고 모든 생각을 사로잡아 그리스도에게 복종케 하니"(고후 10:4-5). 바로 이것입니다.

마지막으로 사도행전 2장에 묘사된 바에 따라 부흥을 살펴보시기 바랍니다. 사도들은 다락방에 모여 기도했습니다. 열흘 동안 그렇게 모였습니다. 그런데 홀연히 하늘로부터 급하고 강한 바람 같은 소리가 나더니 온 집을 가득 채웠습니다. 바로 이것입니다. 물론 늘 이런 소리가 들리는 것은 아닙니다. 그러나 하나님의 강한 바람이 분다는 것만큼은 늘 의식할 수 있습니다. 하나님의 성령이 설교자와 기도 위에 강림하시며, 기도하는 자들과 연합으로 모인 모임 위에 강림하십니다. 급하고 강한 바람 소리가 들립니다. 여호와의 능하신 손이 나타납니다! 친애하는 여러분, 우리는 이런 일에 대해 아는 바가 있습니까? 이런 일을 믿습니까? 이런 사실들을 믿습니까? 이런 설명을 믿습니까? 우리는 하나님과 주 예수 그리스도를 믿는다고 자처합니다. 그렇다면 기적도 믿습니까? 기적이 일어날 수 있음을 믿습니까? 하나님이 오셔서 우리는 할 수도 없고 이해할 수도 없고 통제할 수도 없고 설명할 수도 없는 일들을 행하심을 믿습니까? 자, 여러분에게 묻겠습니다. 여러분에게는 이런 일들을 간절히 알고 싶어 하는 마음이 있습니까? 이런 일들이 오늘날에도 일어나는 것을 간절히 보고 싶어 하는 마음이 있습니까? 그런 성령의 찾아오심을 위해 기도하고 있습니까? 장담하건대 하나님이 우리

기도에 응답하여 이 일을 다시 행해 주신다면, 단지 교회만 경악하며 놀라는 것이 아니라 교회 밖에 있는 사람들까지 요즘은 볼 수 없는 태도로, 가만히 내버려 두면 절대 보이지 않을 태도로 귀를 기울이며 관심을 보일 만한 현상이 나타날 것입니다.

이것이 이 돌들에 담긴 의미입니다. 또한 제가 부흥에 여러분의 주의를 환기시키는 이유이기도 합니다. 이것은 하나님만 하실 수 있는 일입니다. 하나님이 해 오신 일입니다. 우리 다같이 이 일을 다시 행해 주실 것을 간구하며 호소하기로 결심합시다. 우리의 체험과 흥분을 위해서가 아닙니다. 그의 능하신 손이 알려지고, 그의 위대한 이름이 사람들 가운데서 영광을 얻으며 높임을 받게 하기 위해서입니다.

부흥의 목적 10

이스라엘 자손들에게 일러 가로되, 후일에 너희 자손이 그 아비에게 묻기를 이 돌은 무슨 뜻이냐 하거든 너희는 자손에게 알게 하여 이르기를 이스라엘 마른 땅을 밟고 이 요단을 건넜음이라. 너희 하나님 여호와께서 요단 물을 너희 앞에 마르게 하사 너희로 건너게 하신 것이 너희 하나님 여호와께서 우리 앞에 홍해를 말리시고 우리로 건너게 하심과 같았나니, 이는 땅의 모든 백성으로 여호와의 손이 능하심을 알게 하며 너희로 너희 하나님 여호와를 영원토록 경외하게 하려 하심이라 하라. (수 4:21-24)

여러분도 기억하시겠지만, 우리가 여호수아서의 이야기를 계속해서 살펴보고 있는 것은 하나님이 행하신 큰일들을 상기시키는 기념물과 상징물을 세우는 일이 왜 중요한지 이 이야기가 완벽하게 보여 주고 있기 때문입니다. 우리는 하나님이 행하시는 원리가 절대 불변한다는 사실을 알았습니다. 우리는 역사적인 사실, 의미 있고 기적적인 사실들을 고찰하라는 요청을 받고 있습니다. 그러므로 이 세 부흥이라는 이 위대한 주제의 또 다른 측면으로 나아갈 필요가 있습니다. 부흥의 목표와 목적은 무엇일까요? 기적적인 일이 일어납니다. 그런데 그 일은 왜, 대체 왜 일어나는 것일까요? 두려운 마음으로 묻겠습니다. 하나님은 왜 때때로 이런 일을 행하시는 것일까요? 제가 이 질문을 던지는 것은 100년 전에 일어난 일이 그와 비슷한 여러 사건들 중에 하나에 불과하다는 사실을 우리가 계속 상기해 왔기 때문입니다. 오랜 교회 역사를 읽어 보면 이렇게 성령이 찾아오시고 부어지시는 경우가 때때로 있습니다. 교회 역사상 이보다 더 명백한 사실은 없습니다. 실로 그 자체가 곧 교회 역사처럼 보일 정도입니다. 오순절 날 성령의 큰 부으심이 있었습니다. 그 찾아오심은 한동안 지속되다가 점점 스러져 마침내 소멸되었습니다. 교회는 무력한 상태에 돌입했고, 이제 끝이 왔다고 생각하는 이들이 있을 만큼 심각한 상태에 빠졌습니다. 그러다가 하나님이 갑자기 성령을 부어 주시자 다시 한번 정점으로 올라갔습니다. 그런 상태가 한동안 지속되다가 또 점차 사라졌습니다. 이처럼 교회의 역사는 올라갔다 내려갔다 하는 일종의 그래프를 이루고 있습니다. 이런 일이 수 세기에 걸쳐 계속되어 왔습니다.

자, 우리가 이 시점에서 관심을 기울여야 할 질문은 이것입니다. 왜 하나님은 이따금씩 이런 일을 행하시는 것일까요? 그 대답이 지금 우리가 살펴보고 있는 이 본문에 아주 완벽하게 나와 있습니다. 첫 번째 이유는 24절에 나옵니다. "이는 땅의 모든 백성으로 여호와의 손이 능하심을 알게 하며." 이것이 우리에게 제시된 첫 번째 이유입니다. 하나님은 이따금씩 이런 일을 행하십니다. 교회에 부흥과 축복을 보냄으로써 교회 밖에 있는 자들에게 무언가를 보여 주십니다. 땅의 모든 백성들이 주목할 만한 일을 행해 주십니다. 우리가 이 문제를 계속해서 고찰하는 주된 이유가 여기 있음을 늘 기억해야 합니다. 제가 부흥이라는 주제 전체에 여러분의 주의를 환기시키는 주된 이유, 모든 이들에게 부흥을 위해 기도하며 부흥을 기다리고 사모할 것을 촉구하는 주된 이유가 여기 있습니다. 즉, 하나님의 영광 때문에 부흥을 구해야 한다는 것입니다. 아시다시피 하나님과 그의 영광을 대표하는 나라는 이스라엘밖에 없었습니다. 다른 모든 나라들은 이방국가로서 다양한 신들을 섬겼으며 이스라엘의 하나님은 믿지도, 예배하지도 않았습니다. 하나님은 이스라엘을 택하셨습니다. 자신을 위해 한 나라를 택하심으로써 그들을 통해, 그들을 도구 삼아 자신의 영광을 나타내시고, 세상 모든 나라에 그 영광을 증거하게 하셨습니다. 이것이 이스라엘 자손의 진정한 역할이었습니다. 다른 나라들은 이스라엘을 지켜보면서 늘 조롱하며 비웃을 준비를 하고 있었습니다. 그들은 이스라엘이 패할 때마다, 또는 무력해 보이거나 어려움에 빠질 때마다 이렇게 말했습니다. "저들의 하나님은 어디 있는 거야? 저들이 그토록 떠들고 자랑하던 하나님은 대체 어디 있는 거냐고? 그 능력은 다 어디로 가 버렸지?"

하나님이 기적적인 행동을 보여 주시는 첫 번째 이유는 이 모든 백성들과 나라들로 하여금 "여호와의 손이 능하심을" 알게 하시기 위해서입니다. 하나님은 스스로 명예를 회복하시며, 자신의 영광과 능력을 주장하십니다. 그는 이런 일을 행하심으로써 교회 밖에 있는 사람들, 교회를 조롱하고 놀리는 사람들에게 그들을 제지하고 사로잡으며 경악시킬 만한 무언가를 보여 주십니다. 자, 이 점을 결코 잊어서는 안 됩니다. 이것이 우리가 부흥에 관심을 갖는 주된 이유입니다. 체험 그 자체를 위해 부흥을 추구해서는 안 됩니다. 부흥의 때에 수반될 수 있는 체험에 대해 지난번에 말씀드렸지만, 일차적으로 그런 체험 자체를 위해 부흥을 추구해서는 안 됩니다. 그런 사람들이 있습니다. 어떤 종류의 체험이든 체험을 약속하는 집회에 항상 달려가는 사람들, 이 집회 저 집회 돌아다니는 사람들, 항상 자기 생각만 하면서 체험을 하고 싶어 안달하며 체험에 목말라 하는 사람들이 있습니다. 그러나 본문은 그렇게 말하고 있지 않습니다. 부흥의 일차적인 목적은 하나님의 영광과 능력, 하나님의 이름, 하나님의 명예를 드러내려는 데 있습니다. 이 점을 무엇보다 확실히 짚고 넘어가기로 합시다.

개인의 문제나 교회의 문제를 해결하는 데 도움이 될 방법이라면 무엇에든지 덥석 달려들 태세를 갖추고 있는 이들이 있습니다. 몇 년 전까지만 해도 교회의 주요 교단들은 전도에 전혀 관심이 없었습니다. 그들은 전도를 무시했고 조소했으며 도외시했습니다. 그런데 오늘날에는 모든 교단들이 전도에 대해 많은 논의를 벌이고 있습니다. 교회가 점점 비어 가는 현실이 보이는 탓입니다. 사람들은 출석률이나 더 나아가 재정 문제를 해결하는 데 도움이 될 만한 방법이라면 무엇이든 붙잡으려 합니다. 부흥에 관심을 갖는 것도 그 때문인 것이 틀림없습니다. 그러나 그것은 무서운 일입니다. 그렇습니다. 우리가 이런 일들에 관심을 갖는 최우선적인 이유, 지배적인 이유는 하나님의 영광에 있어야 합니다. 친애하는 여러분, 사람들이 하나님의 이름을 망령되이 일컫고 더럽히는 모습을 볼 때 절로 탄식이 나옵니까? 하나님을 부인하는 시대―하나님의 능하신 일과 행위를 기록해 놓은 이 책을 공석에서든 사석에서든 조롱할 정도로 교만해진 시대―에 우리가 살고 있다는 사실로 인해 절로 탄식이 나옵니까?

우리는 이런 시대에 살고 있습니다. 우리가 부흥을 위해 기도해야 할 주된 이유는 하나님 이름의 명예가 회복되고 그의 영광이 나타나는 것을 간절히 보고자 하는 데 있습니다. 우리는 열국과 모든 백성들의 주목을 끌 만한 일이 일어남으로써 그들이 멈추어 서서 다시 생각하게 되기를 간절히 바라야 합니다. 이것이 우선입니다. 여러분은 성경에서 이런 소원을 계속 만나게 됩니다. 이것을 시편의 **단 한 가지** 주요 주제로 내세울 수는 없습니다. 그러나 많은 점에서 볼 때 여러 가지 주요 주제들 중 하나로 꼽을 수 있습니다. 시편을 읽어 보십시오. 성령의 찾아오심을 위해 기도하는 이들을 만나게 될 것입니다. 그 모든 이들이 성령의 찾아오심을 구하는 이유는 조롱하는 이방인들을 잠잠케 하기 위해서입니다. 시편 기자는 그들을 잠잠케 할 만한 일을 행해 달라고 하나님께 부르짖습니다. 이것이 시편 기자들이 항상 추구했던 목적입니다. 그들은 하나님이 이런 식으로 무언가를 행하시고 말씀해 주시기를, 모든 사람에게 "너희는 가만히 있어 내가 하나님 됨을 알지어다"라고 명해 주시기를 바랐습니다(시 46:10). 시편 46편의 큰 주제가 이것입니다. 46편 기자가 이 말씀의 대상으로 삼고 있는 것은 열방과 그 군주들입니다. 그들은 하나님을 반대하며 하나님이 대체 어디 있느냐고 묻습니다. 그에 대해 시편 기자는 이렇게 대답하고 있습니다. "들으라. 전쟁을 쉬게 하시는 하나님이 여기 계시다. 그는 일어나 자신을 변호하시는 분이다." 하나님은 그들에게 자신을 드러내시면서 "가만히" 있으라고, 포기하고 굴복하라고, 그의 "하나님 됨"을 인정하라고 말씀하십니다.

자, 이것은 오늘 본문이 우리에게 상기시키는 점이기도 합니다. 하나님은 이 기념물을 세우는 일차적인 이유―하나님이 이처럼 영광을 나타내심으로써 이스라엘 밖에 있는 백성들을 잠잠케 하신다는 사실을 알리려는 것―를 백성들에게 말해 주라고 친히 여호수아에게 명하셨습니다. 부흥은 항상 이런 결과를 가져왔습니다. 교회 밖에 있는 사람들, 기독교에 적대적인 사람들의 이목을 끌었던 것입니다. 부흥은 참으로 진기한 현상이었기 때문에 그럴 수밖에 없었습니다. 우리가 이미 인정했듯이 부흥은 기적적인 일입니다. 사람들을 놀라게 만드는 일이며, 필히 멈추어서 바라보고 생각하게 만드는 일입니다. 물론 좋지 않은 이유나 단순한 호기심 때문에 멈추어서 생각하게 될 수도 있습니다. 동기야 어떻든 상관없습니다. 일단 멈추어서 생각하게 만든다는 사실이 중요합니다. 물론 우리는 그 고전적인 예를 사도행전 2장에서 찾아볼 수 있습니다. 2장에는 오순절 날 일어났던 사건이 기록되어 있습니다. 성령이 부어지자 예루살렘 사람들과 예루살렘에 모인 나그네들이 다 이목을 집중하며 "이 어찐 일이냐?"라고 물었습니다. 그것은 진기한 현상이었습니다. 무언가 사건이 벌어졌습니다. 사람들은 거기에 주목하지 않을 수가 없었습니다. 그래서 여러분도 기억하고 있듯이 베드로가 일어나 그 사건에 대해 설명하게 되었던 것입니다. 부흥이 임하면 항상 이런 일이 일어나게 되어 있습니다. 이런 결과를 가져오는 일이라면 부흥이라고 불러도 손색이 없다는 것이 저의 주장입니다. 부흥 외에 다른 일들은 우리가 거의 다 시도해 보았지만 아무 성과가 없었습니다. 대중은 잠시 흥미를 보이는 듯했으나 거기에서 더 나아가지 않았습니다. 그렇습니다. 사람의 일로는 이런 결과를 가져올 수 없습니다. 이런 일을 하실 수 있는 분은 하나님 한분뿐입니다. 노골적으로, 분명하게 말씀드리겠습니다. 우리에게 필요한 것은 흥밋거리가 아니라 사람들을 놀라게 만들 하나님의 행동입니다. 이것이 차이점입니다. 인간은 묘기를 부릴 수 있습니다. 인간은 묘기 부리는 데 아주 재간이 있습니다. 인간은 무언가 새롭고 신선한 것을 생각해 낼 수 있으며, 또 그것을 널리 광고합니다. 그러나 사람들은 언제든지 그것이 인간이 하는 일임을 알아채고 "대단한 묘기로군"이라고 말합니다. 자, 이런 묘기로는 사람들을 우리가 바라는 자리까지 끌고 갈 수가 없습니다. 그러나 하나님이 일어나 행동하시면 사람들이 주목하지 않을 수 없는 일이 일어납니다. 사람들은 그 일을 이해하지 못합니다. 심리학자들도 설명하지 못합니다. 인간의 묘기는 어렵지 않게 설명할 수 있지만 이 일은 설명할 수가 없습니다. 이것이 인간이 조직해서 하는 일과 하나님이 그 능력의 오른손을 나타내고 그 손의 능하심을 드러내며 하시는 일 사이의 차이점입니다.

이 시대에 긴급히 필요한 것은 바로 이 같은 하나님의 일인 것이 확실합니다. 우리는 이 나라 대다수의 사람들이 어떤 상황에 처해 있는지 알고 있습니다. 교회 출석률은 전체 인구의 5퍼센트에 지나지 않습니다. 우리는 설교하고 금식하고 땀 흘리고 기도하면서 우리가 할 수 있는 모든 일을 다 하고 있습니다. 그러나 그런 노력도 전부 허사로 돌아가고 있는 듯 보입니다. 지금 우리에게 필요한 일은 하나님의 능력이 강하게 나타나고 전능자의 행하심이 나타나서 사람들이 주목하며 보고 듣지 않을 수 없게 되는 것입니다. 과거 모든 부흥의 역사는 부흥이 늘 이런 결과를 가져왔으며, 거기에 전혀 예외가 없었음을 아주 분명하게 보여 주고 있습니다. 제가 부흥에 여러분의 주의를 환기시키는 이유가 여기 있습니다. 부흥을 위해 기도하라고 촉구하는 이유도 여기 있습니다. 하나님이 행동하시면 인간의 조직으로 50년간 이룰 수 있는 일보다 더 많은 일이 한순간에 이루어질 수 있습니다. 그러므로 이 엄청난 가능성을 깨닫고, 비뚤어지고 왜곡된 이 세대 사람들—심지어 하나님의 거룩한 이름을 모독하며 그분의 존재까지 부인하는 사람들—가운데 그 능력을 알리시며 영광을 나타내 달라고 하나님께 탄원합시다. 하나님을 위해, 그 이름의 영광을 위해 성령을 보내 달라고 중보하며 간구합시다.

이처럼 부흥을 구하는 첫 번째 큰 이유는 "땅의 모든 백성으로 여호와의 손이 능하심을 알게" 하려는 데 있습니다. 두 번째 이유는 "너희로 너희 하나님 여호와를 영원토록 경외하게" 하려는 것입니다. 지금껏 강조해 왔듯이 부흥은 세상뿐 아니라 교회에도 아주 중요한 일입니다. "**너희로**" 알게 하기 위해, "**너희로** 너희 하나님 여호와를 영원토록 경외하게 하기 위해" 부흥은 필요합니다. 그렇다면 부흥은 교회에 어떤 유익을 끼칠까요? 본문이 아주 명백히 가르치고 있는 몇 가지 유익을 열거해 보겠습니다.

첫째로 부흥은 교회로 하여금 하나님의 능력의 임재를 비상하게 인식하게 해 줍니다. "너희[이스라엘 자손들] 하나님 여호와를 영원토록 경외하게 하려 하심이라." 자, 앞장 10절에는 이 점이 훨씬 더 뚜렷하고 강력하게 표현되어 있습니다. "또 말하되 사시는 하나님이 너희 가운데 [계신]⋯⋯줄을 이 일로 너희가 알리라." 바로 이것입니다. 여호수아는 사시는 하나님이 그들 가운데 계신 줄을 알게 하기 위해 이런 일이 일어날 것이라고 말했습니다. 이스라엘 자손들의 이야기를 읽어 보면 그들이 이 점을 상기할 필요가 있었다는 것을 아주 분명하게 알 수 있습니다. 그들은 하나님의 백성이었음에도 불구하고, 하나님이 자신들을 위해 그토록 많은 일을 해 주셨음에도 불구하고, 애굽에서 끌어내시고 홍해를 건너게 해 주셨음에도 불구하고, 광야에서 하늘의 떡인 만나를 먹여 주리지 않게 하시며 그 발이 부르트지 않도록 인도해 주셨음에도 불구하고 계속해서 두려워하고 불평했으며 다른 나라와 다른 백성과 그들이 섬기는 신들을 쳐다보며 주저하고 의심했습니다. 그들은 하나님과 자신들의 관계를 전혀 모르는 백성들처럼 행동했습니다. 그래서 하나님이 요단 강에서 이런 일을 행하심으로써 사시는 하나님이 그들 가운데 계심을 알리고자 하셨던 것입니다.

자, 오늘날 교회에 가장 필요한 일도 이것입니다. 한편으로 볼 때 지금 교회의 주된 문제, 매일의 생활과 삶을 영위하고 있는 우리 각 사람의 주된 문제는 사시는 하나님이 우리 가운데 계심을 모른다는 데 있습니다. 교회가 무엇입니까? 하나님이 거하시는 기관이요 몸입니다. 하나님은 교회 안에 거하실 것을 약속하셨습니다. "내가 너희 가운데 있겠다. 너희 가운데 거하겠다. 너희 사이에서 행하겠다"고 말씀하셨습니다. 그는 이스라엘 자손에게도 그렇게 말씀하셨습니다(예를 들어 출 29:45-46을 보십시오). 교회는 그 약속을 정확히 이어받고 있습니다. 교회는 인간이 만든 조직이나 기관이 아닙니다. 사도 바울이 에베소서 2장 말미에서 설명하고 있듯이 교회는 하나님이 거하시는 큰 건물이요 거처입니다.

이것은 신약 서신서 여러 군데에서 찾아볼 수 있는 주장입니다. 그런데 오늘날 교회는 이 점을 깨닫지 못하고 있는 것 같습니다. 사람들은 교회를 단순한 하나의 기관, 여러 기관들 중의 한 기관, 인간이 만든 기관으로 생각하기를 고집합니다. 그러나 교회는 그런 곳이 아닙니다. 교회는 하나님이 거하시는 몸입니다. 부흥의 때에 하나님은 바로 이 사실을 우리에게 일깨우십니다. 부흥이 임하여 하나님이 행동하시면, 그 자리에 있는 모든 이들이 그가 계신 것을 알게 됩니다. 물론 우리는 그가 계신 것을 믿는 사람들입니다. 믿음으로 그 사실을 받아들이는 사람들입니다. 맞습니다. 그럼에도 우리는 그것을 **알아야만** 합니다. 깨달아야만 합니다. 그가 가까이 계심을 인식해야만 합니다. 이것이 부흥이 우리에게 끼치는 유익입니다. 하나님은 말씀하십니다. "내가 이 일을 하면 내가 너희 가운데 있으며 너희 한가운데서 행하고 있음을 모두가 깨달을 것이다. 나,

살아 있는 하나님이 너희 중에 내려와 있다. 너희 가운데 임재해 있다. 너희는 내 백성이다. 내가 너희 안에 거하고 있으며 너희 안에서 행하고 있다." 바로 이것을 오늘날 교회는 깨달아야 합니다.

물론 교회는 깨닫지 못하고 있습니다. 이것을 항상 잊고 지냅니다. 저는 이 유익을 첫 번째로 꼽았지만, 이것 말고도 꼭 기억해야 할 유익이 또 있습니다. 하나님은 그가 우리 가운데 계시다는 사실을 일깨우시는 동시에 교회가 나타내야 할 능력은 오직 하나님의 능력이라는 사실, 교회의 할 일은 오직 *그의* 능력을 나타내는 것뿐이라는 사실도 일깨우십니다. 복음이 무엇입니까? 자, 여러분은 사도 바울의 답변을 기억할 것입니다. "복음은 모든 믿는 자에게 구원을 주시는 하나님의 능력이 됨이라"(롬 1:16). 우리는 얼마나 쉽게 이 사실을 잊어버리는지요. 얼마나 쉽게 복음을 하나의 체계나 사상의 집합체 내지는 단순한 일개 진리로 전락시켜 전하는지요. 아, 그런 일은 능력이 없어도 할 수 있습니다. 사도 바울은 "경건의 모양은 있으나 경건의 능력은 부인하는 자"가 있다고 말합니다(딤후 3:5). 기독교는 일차적으로 생명입니다. 능력입니다. 에너지의 표출입니다. 사시는 하나님이 우리 가운데 계시다는 것을 깨달을 때, 이 엄청난 능력도 점점 더 깨달아 가게 됩니다.

이 깨달음은 하나님과 바른 관계를 맺으며 항상 그의 능력을 의지하는 것이야말로 유일하게 중요한 일이라는 또 다른 깨달음으로 우리를 이끌어 갑니다. 여러분은 사도가 고린도 교회에 편지를 쓰면서 바로 이 점—그들에게 갔을 때 사람의 지혜로 전하지 않았다는 점, "지혜의 권하는 말로 하지" 않았다는 점—을 강하게 주장했음을 기억할 것입니다(고전 2:1-4). 사도는 사람의 지혜를 가지고 복음을 전할 수 있었습니다. 그는 아주 유능하고 학식이 높은 사람이었고 몹시 박식한 사람이었기 때문입니다. 그러나 그는 자신이 찾아간 곳이 학문의 중심지이며—고린도에는 대학이 있었습니다—그리스인들이 어떤 사고방식을 가지고 있는지 알았으면서도 전혀 그런 쪽으로 접근하지 않았습니다. 그는 후에 자신이 그리스도를 위해 어리석은 자가 되었으며 그 때문에 많은 고린도인들이 자신을 멸시했다고 말합니다. 그런데도 자신은 그런 식으로 고린도인들에게 나아가지 않았다는 것입니다. 그러면 어떤 식으로 나아갔습니까? 오, 그는 말합니다. "다만 성령의 나타남과 능력으로 하여 너희 믿음이 사람의 지혜에 있지 아니하고 다만 하나님의 능력에 있게 하려 하였노라"(고전 2:4-5).

우리 모두 이 점을 기억할 필요가 있습니다. 모든 설교자들을 위해 한 가지 고백을 하겠습니다. 저 자신을 포함하여 모든 설교자들이 부닥치는 중대한 시험은 설교원고를 다 썼다고 해서 만족해 버리는 것입니다. 여러분은 주일을 위해 두 편의 원고를 작성합니다. 자, 거기까지는 좋습니다. 여러분은 원고를 보면서 말할 수 있으며 메시지를 전달할 수 있습니다. 그러나 그 원고가 곧 설교는 아닙니다! 원고는 완전한 무용지물이 될 수 있습니다. 오, 재미도 있고 어느 정도 지적인 자극과 유익도 있는 원고를 준비할 수 있지만, 그렇다고 그것이 곧 설교인 것은 아닙니다. 설교는 성령의 나타남과 능력입니다. 설교자는 설교원고 준비를 마쳤다 해도, 또 그 내용이 아주 완벽하다고 해도 성령의 능력이 그 원고와 자신 위에 임하지 않는 한 아무 쓸데없는 휴지조각이 될 수 있음을 알아야 합니다. 설교자는 성령의 능력을 위해 기도해야 합니다.

그러나 설교자만 기도해서는 안 됩니다. 듣는 자들도 기도해야 합니다. 예배드리러 가기 전에 하나님의 성령이 설교자에게 임하여 그와 그의 메시지를 사용해 주시기를 기도하는 사람들이 얼마나 많이 있습니까? 설교자뿐 아니라 청중도 그것을 위해 기도해야 합니다. 그렇지 않으면 설교자와 메시지 자체를 바라보게 됩니다. 그러면 안 됩니다. 모두 함께 하나님을 바라보아야 하며, 자신들이 하나님만 주실 수 있는 능력에 전적으로 의존하고 있는 존재임을 알아야 합니다. 부흥이 있는 곳에는 언제나 하나님의 능력이 나타나게 되어 있습니다. 사람들에게 굳이 기도하라고 말하지 않아도 알아서 기도합니다. 더 많은 능력이 나타나는 것을 보고 싶기 때문입니다. 부흥은 기도하도록 격려합니다. 부흥의 이야기들을 읽고 하나님이 행하신 일들을 돌아보는 것이 유익한 이유가 여기 있습니다. 우리는 그런 이야기들을 읽으면서 사시는 하나님이 우리 가운데 계심을 깨닫게 됩니다. 우리는 이런 능력이 나타나게 해 달라고 기도해야 합니다.

소극적인 차원에서 말하자면, 이것은 현재 교회의 저주가 되고 있는 온갖 형태의 자기 의존에서 벗어난다는 뜻입니다. 오늘날 교회의 상태를 설명하기란 어렵지 않습니다. 아주 쉽습니다. 오늘날 교회가 왜 이 모양이 되었는지 말씀드리겠습니다. 그것은 교회가 다음과 같은 형태의 자기 의존에 빠져 버렸기 때문입니다.

첫째는 학문과 학식에 의존하는 것입니다. 이런 현상은 19세기

중반에 시작되었습니다. 사람들은 "아, 우리는 좀더 많은 교육을 받고 있고 좀더 많이 진보했습니다. 그러니 지난 시대에 윗필드와 웨슬리 같은 사람들이 했던 일들은 더 이상 원치 않는 게 당연하지요. 우리는 학식 있는 설교를 원합니다"라고 말하기 시작했습니다. 그래서 실제로 학식 있는 설교들이 등장했습니다. 형식과 문체, 용어 선택이 큰 관심사로 떠올랐습니다. 설교집들이 출간되었습니다. 설교자는 원고를 쓸 때 확실히 그것을 전달할 예배보다 출판을 염두에 두게 되었습니다. 모든 것이 학구적이고 학문적이며 철학적이 되었고, 대단한 설교문들이 배출되었습니다. 이것이 오늘날 교회의 상태를 설명해 주는 첫 번째 주된 이유이자 원인입니다. 즉, 인간의 학식과 지식과 지혜를 의존하는 태도가 문제인 것입니다.

둘째는 당연히 조직에 의존하는 것입니다. 지난 100년간 교회는 오랜 역사상 유례가 없는 방식으로 그 조직과 기관들을 확장해 왔습니다. 이 한 세기만큼 교회가 산하 부서들을 많이 거느렸던 적은 없었습니다. 모든 것이 조직화되고 있습니다. 연령별 모임을 비롯하여 그 밖에 온갖 모임들이 생겨났습니다. 어떤 취미를 가지고 있든 그 취미생활을 어떻게 해야 하는지, 아이들은 어떻게 다루어야 하는지, 젊은이들은 어떻게 다루어야 하는지 등의 이런저런 조언을 담은 문건들을 보내 주는 본부들이 생겨났습니다. 이처럼 모든 것이 완벽한 조직을 갖추고 있음에도 교회의 상태가 어떤지 한번 보십시오. 그런데도 사람들은 조직에 의존하고 있습니다.

또 다른 이들은 활동에 의존합니다. 그저 바쁘게 움직이기만 하면 굉장한 일들이 벌어질 것처럼 생각합니다. 물론 조직을 만들고 활동을 벌이면 신문에는 나올 수 있습니다. 신문사에는 늘 기사거리가 필요하기 때문입니다. 사람들은 "굉장한 일들이 벌어지고 있다. 한번 보라"고 말합니다. 그러나 실제 상황은 어떻습니까? 교회의 모습을 보면 그 답을 알 수 있습니다. 그렇습니다. 친애하는 여러분, 우리는 우리가 부산하고 바쁘게 움직이는 것과 하나님의 능하신 손이 나타나는 것 사이의 차이점을 다시 한번 배울 필요가 있습니다.

하나님이 행동하시면, 그래서 사람들이 사시는 하나님이 자신들 가운데 계심을 알게 되면 자연히 겸손해지고 낮아지게 되어 있습니다. 그들은 더 이상 계산하지 않습니다. 인간이 한 일이 아닌 하나님이 행하신 일들이 보도되고, 하나님이 행하심으로써 사람들에게 나타난 결과들이 보도됩니다. 부흥은 언제나 사람들을 겸손하고 낮아지게 만들고, 바닥에 엎어지게 만들며, 스스로 아무것도 할 수 없는 존재로 느끼게 만들고, 경외감과 경건한 두려움으로 가득 차게 만듭니다. 오, 우리에게서는 이런 모습을 찾아보기가 얼마나 어려운지요. **인간**이 얼마나 앞으로 불쑥 튀어나와 있는지 모릅니다. 그러나 부흥이 임하면 하나님의 능력이 확연하게 나타나기 때문에 인간은 뒤로 물러나 바닥까지 낮아지게 되어 있으며 하나님께만 영광을 돌리게 되어 있습니다.

그 다음으로 말하고 싶은 요점은 논리적으로 당연히 뒤따라오는 내용입니다. 즉, 이 모든 일이 일어날 때 사람에 대한 온갖 형태의 두려움이 사라진다는 것입니다. 여호수아 3:10은 이렇게 말하고 있습니다. "또 말하되 사시는 하나님이 너희 가운데 계시사 가나안 족속과 헷 족속과 히위 족속과 브리스 족속과 기르가스 족속과 아모리 족속과 여부스 족속을 너희 앞에서 정녕히 쫓아내실 줄을 이 일로 너희가 알리라."

이스라엘 자손은 막 약속의 땅에 들어가려는 시점에서 이 모든 족속에 대한 이야기를 들었습니다. 미리 보낸 정탐꾼들이 돌아와서 한 말은 "너희도 알겠지만 그 땅에는 거인들이 살고 있다. 그들을 보니 우리는 마치 메뚜기처럼 약해 보이더라"라는 것이었습니다. 그래서 그들은 떨었고, 약속의 땅에 들어가서 맞서야 할 이 큰 세력들을 두려워했습니다. 그런데 그 두려움에 대한 해답이 여기 나오고 있습니다. "사시는 하나님이 너희 가운데 계심을 아는데, 헷 족속이 다 무엇이고 기르가스 족속과 여부스 족속이 다 무엇이며 그들이 전부 합쳐 덤빈들 또 무슨 상관이란 말이냐? 그들은 아무것도 아니다." 사시는 하나님이 우리 가운데 계심을 깨달을 때 사람에 대한 두려움은 즉시 사라지게 되어 있습니다. 지금 교회에 필요한 것이 있다면 바로 이것입니다. 교회는 너무나 두려워하고 있습니다. 조직화된 죄를 두려워하고 있습니다. 그래서 다음과 같은 논리를 내세웁니다. "현재 세상을 볼 때 우리는 무언가 조처를 취해야만 한다. 세상은 젊은이들을 끌어당기고 있으며, 행복하고 유쾌한 토요일 밤 시간을 제공하고 있고, 그들을 즐겁게 해 주면서 노래나 이런저런 것들을 가르쳐 주고 있다. 그러니 우리도 똑같이 해야 한다. 팝 그룹이든 뭐든 토요일 밤 예배에 데리고 오라. 알다시피 젊은이들은 그런 것을 좋아한다." 세상은 그런 일들을 하고 있으며 젊은이들도 "그런 게 좋다"고 말합니다. 교회는 젊은이들을 잃을까 봐 두려운 나머지 자신들도 똑같이 해야 할 것처럼 느끼고 있습니다. 오, 이 얼마나 큰 비극이며 하나님의 길에서 벗어나는 일입니까?

교회는 오랫동안 젊은이들을 두려워해 왔습니다. 그래서 그들을 끌어당기고자 이런저런 기관들을 확장해 왔습니다. 또한 교회는 현대 세계의 유혹을 두려워하고 있습니다. 사람들은 말합니다. "우리가 뭘 할 수 있겠는가? 지금 우리는 텔레비전과 경쟁하고 있다. 200년 전에는 텔레비전이 없었다. 라디오도 없었고 영화도 없었다. 거기에 우리의 문제가 있는 것이다. 우리는 이에 대해 무언가 조처를 취해야만 한다." 그들은 이런 조직체와 세력들을 두려워하고 있습니다. 또한 세상의 학식과 지식 앞에 주눅 들어 있습니다. 그들은 말합니다. "여러 라디오와 텔레비전 프로그램에서 전문가들이 하는 말을 들어 보라. 사람들은 이런 수준 높은 이야기들을 듣고 있다. 그리스도인이 된다는 것은 과연 지적으로 인정받을 만한 일인가? 당신은 진심으로 기적에 대해 계속해서 이야기할 수 있는가? 홍해와 요단 강을 가른 일에 대해 말할 수 있는가? 사람들은 그 모든 이야기를 믿으려 들지 않을 게 뻔하다!" 그래서 복음을 손질하고 수정합니다. 학식과 지식과 과학이 두려워서 그렇게 하는 것입니다. 이것이 교회가 지난 100년간 해 온 일이며, 오늘날 이 모양이 되어 버린 이유입니다. 또한 사람들은 공산주의가 확산되고 있다고 말하면서, 공산주의가 다양한 방법들을 사용해서 성공했다면 우리도 그런 방법들을 활용해야 한다고 말합니다. 우리도 좀더 효과적인 문건을 만들어야 한다는 것입니다. 좋습니다. 계속 그런 시도들을 해 보십시오. 그런 방법들에 의존하는 것은 곧 실패를 예약하는 것입니다.

우리는 이런 세력들을 두려워할 필요가 전혀 없습니다. 이런 세력들은 과거에도 늘 있었습니다. 이것은 새삼스러운 일이 아닙니다. 교회는 항상 세상과 육신과 마귀에 맞서 싸워야 했습니다. 초기에는 로마 제국과 싸워야 했고, 유대인들의 악의와 싸워야 했습니다. 이처럼 교회를 제거하려 드는 원수들은 늘 있었습니다. 그래서 교회가 흔들리고 두려움에 빠진 적도 많이 있었습니다. 그러나 부흥이 임하면 두려움은 사라집니다. 사시는 하나님이 자신들 가운데 계시면서 "가나안 족속과 헷 족속과 히위 족속과 브리스 족속과 기르가스 족속과 아모리 족속과 여부스 족속을 너희 앞에서 정녕히 쫓아내실 줄을" 깨닫게 되기 때문입니다. 아시다시피 여호수아는 그들의 이름을 하나하나 거명하고 있습니다. 저도 지금까지 그 세력들을 한 가지 한 가지 짚어 보고자 했습니다. 사시는 하나님이 우리 가운데 계시는데 그 모든 세력들을 두려워할 필요가 뭐가 있습니까? 오, 그의 능력을 살짝이라도 접할 수 있다면. 오, 이것이 해답이라는 사실과, 그의 능력을 접하면 모든 원수와 반대자들에 대한 두려움은 아침 이슬처럼 사라져 버린다는 사실을 교회가 깨닫는다면. "그를 두려워하라, 성도들아, 그러면 다른 것은 하나도 두렵지 않으리." 어떤 찬송 시인은 이렇게 썼습니다. 얼마나 맞는 말인지 모릅니다. 부흥은 우리에게 이런 유익을 끼칩니다.

요컨대 부흥은 우리로 하여금 하나님을 바라보게 해 줍니다. 계속해서 하나님을 바라보며 의지하게 해 줍니다. 우리에게 최고로 필요한 일, 유일하게 필요한 일은 하나님, 사시는 하나님을 아는 것이며 그 힘의 강력함을 아는 것입니다. 다른 것은 하나도 필요 없습니다. 사시는 하나님의 능력이 있고 그 하나님이 우리 가운데 계시다는 사실만 안다면 다른 것은 하나도 중요치 않습니다. 그러니 그를 기다립시다. 그를 바라봅시다. 홍해 앞에서 모세가 부르짖었던 것처럼, 원망하고 불평하는 백성들을 보며 어찌 할 바를 몰랐을 때 부르짖었던 것처럼 우리도 하나님께 부르짖읍시다. 하나님은 모세에게 이렇게 대답하셨습니다. "너는 어찌하여 내게 부르짖느뇨? 이스라엘 자손을 명하여 앞으로 나가게 하라"(출 14:15). 그래서 그들은 앞으로 나아갔습니다.

> 그가 주신 모든 힘으로
> 그의 큰 능력 안에 서라.
> 싸울 무장을 갖추기 위해
> 하나님의 갑주를 입으라.
> ―찰스 웨슬리

여러분, 우리에게 필요한 것이 바로 이것입니다. 제가 부흥을 위해 기도하라고 촉구하는 이유가 여기 있습니다. 그를 바라보아야 합니다. 하나님이 이런 일을 행하시는 것은 우리를 격려하시기 위해서입니다. 그가 우리 가운데 계심을 알리시기 위해서입니다. 우리는 100년 전의 부흥을 생각하면서 하나님께로 돌아가야 합니다. 여러분, 다른 것은 잊으십시오. **전부** 잊으십시오. 우리에게 필요한 일은 사시는 하나님이 우리 가운데 계심을 아는 것입니다. 다른 것은 전부 묵살하십시오. 사소한 차이 때문에 시간을 낭비할 필요가 없습니다. 우리 모두에게 필요한 일은 사시는 하나님의 능력의 손길을 아는 것입니다. 그러니 그 손길을 알게 될 때까지 계속해서 기다립시다.

물론 하나님은 우리를 원수들에게서, 안팎의 원수들에게서 구원하기 위해서도 이 일을 행하십니다. 그렇습니다. 하나님은 자기 백성들을 애굽과 광야에서 끌어내 축복의 땅 가나안으로 이끌기 위해 이 모든 일을 행하셨습니다. 여러분, 그가 이 일을 행하시는 것은 우리를 축복의 땅—젖과 꿀이 흐르는 땅 가나안—으로 이끄시기 위해서입니다. 이것이 교회에 의미하는 바가 무엇일까요? 부흥이 일어나면 반드시 하나님의 풍성한 은혜를 즐거워하며 찬양하고 감사하게 된다는 것입니다. 부흥의 큰 특징은 결국 찬양하고 경배하며 예배하고 한껏 즐거워하게 만드는 것입니다. 영원토록 순전히 즐거워하게 만드는 것입니다.

결론적으로 저는 또 다른 사실로 여러분의 관심을 돌리고 싶습니다. 우리는 부흥의 때에 일어나는 중대한 사실에 대해 고찰해 왔습니다. 그 사실의 본질과 기적적인 성격, 하나님의 전능한 능력에 대해 고찰해 왔습니다. 우리는 "하나님은 왜 이 일을 행하시는가?"라는 질문을 던졌습니다. 이제 제가 던지고 싶은 마지막 질문은 "하나님은 언제 이 일을 행하시는가?"라는 것입니다. 여러분도 그 답을 궁금히 여기기를 바랍니다. 확신하건대 부흥을 기대하고 갈망하는 사람들이라면 마땅히 "오, 하나님이 언제 이 일을 행해 주실까? 많은 이들이 수년 간 기도했는데도 아무 일도 일어나는 것 같지 않구나. 대체 언제가 되어야 부흥을 보내 주실까?"라고 물을 것입니다. 자, 그 답이 여기 여호수아의 이야기에 나오고 있습니다. 이것은 교회사가 확증해 주고 있는 답이기도 합니다.

제가 볼 때 부흥의 시기를 결정짓는 주된 요인이 두 가지 있는 것 같습니다. 첫째는 이것입니다. 하나님은 항상 큰 시험과 좌절의 시기에 뒤이어 이 일을 행하시는 듯합니다. 우리가 살펴본 대로 본문은 두 가지 사건, 즉 홍해를 건넌 사건과 요단 강을 건넌 사건을 상기시키고 있습니다. 하나님이 언제 이런 놀라운 일을 행하십니까? 오, 한동안 애굽에 머문 이후에, 애굽에서 감독들에게 매질을 당하며 부족한 짚으로 벽돌을 만드는 속박과 구속과 학대의 기간을 보낸 후에 이 일을 행하십니다. 속박의 기간, 무미건조한 기간, 학대와 박해와 시련의 기간이 지난 후에 이 일을 행하시는 것입니다. 하나님은 애굽 시절 이후에 이 일을 행하십니다. 광야 시절 이후에 이 일을 행하십니다. 지금 이스라엘 자손들은 요단 강을 눈앞에 두고 있습니다. 그렇습니다. 그들은 집 없는 광야생활, 짐승들이 울부짖는 메마른 광야생활, 폭풍과 시련과 시험과 실험의 연속이었던 40년간의 광야생활을 이제 막 마쳤습니다. 그들은 광야에서 이 모든 일을 겪었습니다. 그 이야기를 읽어 보십시오. 얼마나 애처로운지 모릅니다. 그렇습니다. 그들은 광야를 경험했습니다.

그런데 그에 더하여 또 다른 재앙이 닥쳤습니다. 그들 중 많은 이들에게는 마치 세상 전부가 끝난 것처럼 보이는 일이었습니다. 그들의 위대한 지도자 모세가 죽었습니다. 산 위에 올라가더니 다시는 돌아오지 않았습니다. 그는 자신들이 노예로 비탄에 빠져 살고 있었을 때 처음으로 하나님의 메시지를 가지고 찾아와 전해 준 사람이었습니다. 또 자신들을 인도하여 수많은 고비를 넘게 해 준 사람이었습니다. 그런데 이제는 그가 떠나고 없는 것입니다. 지금부터는 여호수아라는 사람이 그들을 이끈다고 합니다. 여호수아가 대체 누구입니까? 어떤 사람입니까? 아시다시피 상황은 극히 절망적으로 보였습니다. 광야에서 40년이나 살았는데 이제 지도자까지 잃고 만 것입니다.

아, 이로 인해 하나님께 감사드리십시오. 바로 이런 경험 후에 하나님은 부흥을 보내 주십니다. 애굽을 거친 후에, 광야를 경험한 후에 보내 주시는 것입니다. 하나님은 기독교회가 오랜 세월 광야에 있었던 것을 알고 계십니다. 1830년이나 1840년 이전의 교회 역사를 읽어 보면 거의 매 10년마다 규칙적으로 많은 나라에서 부흥이 일어났음을 알게 됩니다. 그런데 그 후로는 그렇지가 못했습니다. 1859년 이후 딱 한 번 주요한 부흥이 일어났을 뿐입니다. 오, 우리는 파괴적인 고등비평이 활개 치며, 강단과 회중석을 비롯한 모든 곳에서 악이 자행되는 메마른 시기를 거쳐 왔습니다. 사람들은 사시는 하나님과 속죄와 화해에 대한 믿음을 저버리고 인간의 지혜와 철학과 학식으로 돌아섰습니다. 우리는 오랜 교회 역사상 가장 황폐한 시기를 거쳤습니다. 먼 나라로 떠난 탕자처럼 쥐엄열매만 먹으며 돼지들과 함께 들판에서 지냈습니다. 그렇습니다. 우리는 속박당하고 있고 두려워하고 있으며 박해와 조롱을 겪고 있습니다. 그런 상태가 계속되어 왔습니다. 우리는 아직도 광야에 있습니다. 마치 광야에서 벗어난 것처럼 암시하는 그 어떤 말도 믿지 마십시오. 우리는 아직 벗어나지 못했습니다. 그러나 하나님께 감사드리십시오. 하나님은 언제나 이런 시기가 지난 후에 행동하시고 능한 일을 행하시며 그 능력을 나타내십니다.

이 이야기에 나타나는 두 번째 요인 또한 아주 중요합니다. 단지 애굽과 광야를 지났다고 해서 하나님이 행동하시는 것은 아닙니다. 정말 중요한 순간, 위기의 순간은 홍해에 맞닥뜨렸을 때, 실제로 요단 강가에 서게 되었을 때 찾아옵니다. 바로 그런 순간에 하나님은 능한 일을 행하십니다. 아시다시피 우리는 40년 동안 광야를 지나왔을 수 있습니다. 그러나 단지 광야를 지나왔다고 해서 바로 능한 일이 일어나는 것은 아닙니다. 그렇습니다. 단지 광야만 지나온 것이 아니라 실제로 결정적인 상황에 부닥쳤을 때 능한 일은 일어납니다. 현대적인 용어로 말하자면 하나님은 우리가 이런 결정적인 상황에 맞닥뜨릴 때, 아무 소망도 없고 힘도 없는 상태에서 이런 상황에 맞닥뜨릴 때마다 이처럼 능한 일을 행하시는 것 같습니다. 홍해의 장면을 기억하십니까? 이스라엘 자손들은 앞으로 나아가라는 명령을 받았습니다. 그러나 대체 어디로 나아가라는 것입니까? 자, 그들이 이끌려 간 곳은 비하히롯과 바알스본이라는 두 산 사이였습니다. 뒤에는 바로와 군사들과 병거, 곧 애굽 군대가 쫓아오고 있었습니다. 이스라엘 자손들은 방어 수단 하나 없이 무방비 상태로 적군에 노출되어 있었습니다. 이쪽도 산이요 저쪽도 산이었습니다. 뒤에는 적군이 있었고 앞에는 홍해가 있었습니다. 아무 소망 없는, 철저하게 절망적인 상황 속에서 백성들은 원망과 불평을 터뜨리며 대체 왜 이런 일이 일어나는 것이냐고 모세에게 따지고 들었습니다. 모세는 하나님 앞에 엎드리는 것밖에 할 수 있는 일이 없었습니다. 그때 하나님이 응답하셨고 홍해가 갈라졌습니다.

요단 강에서도 정확히 같은 일이 일어났습니다. 성경은 1년 중 요단 강이 크게 범람하는 시기가 몇 달 있는데 이때가 바로 그런 시기였다는 흥미로운 세부사항을 알려주고 있습니다. 그들은 강을 건널 수가 없었습니다. 강물이 그들 앞에서 범람하고 있었습니다. 어떻게 그 물결을 헤치고 건너갈 수 있겠습니까? 바로 그때, 하나님이 일어나 능력의 오른손을 드셨고 그 영광을 나타내셨습니다. 도전의 형식으로 말씀드려 보겠습니다. 지금까지 일어난 모든 부흥의 역사와 이야기들을 읽어 보십시오. 하나님이 부흥을 보내시기 위해 이런 식으로 사용하셨던 개인이나 무리, 소수의 무리들은 언제나 극한 좌절과 궁극적인 절망의 상태가 어떤 것인지 알고 있었다는 사실을 어김없이 발견할 것입니다. 한 사람 한 사람이 전부 알고 있었습니다. 윗필드와 웨슬리의 일기를 읽어 보십시오. 그 모든 이들의 일생을 읽어 보십시오. 그들은 언제나 자신들이 극도로 무력하며 절대적으로 무력한 존재임을 깨닫는 자리로 나아갔습니다. 자신들이 궁극적으로 무능한 존재임을 알았습니다. 앞에는 홍해가 있고 뒤에는 적군이 있습니다. 양쪽에는 산이 버티고 서 있습니다. 꼼짝없이 갇혀서 굴복해야만 할 상황입니다. 이것이 항상 필요한 전제조건입니다. 하나님은 항상 이런 순간에 행동하십니다.

고백하건대 오늘날 저를 괴롭히고 절망시키는 점이 바로 이 점입니다. 교회는 여전히 너무 건재하며, 너무 자신만만하고, 또 다른 운동들을 조직해서 더 열심히 활동하면 된다는 확신에 차 있습니다. 교회는 아직 홍해에 이르지 못했습니다. 비하히롯과 바알스본 사이에 이르지 못했습니다. 그런 경험이 무엇인지 모르고 있습니다. 그것을 모르는 한, 신앙의 부흥과 성령의 부으심을 기대할 근거는 많지가 않습니다. 아시다시피 우리가 이미 겪어서 알고 있는 상황보다 훨씬 더 나쁜 상황이 닥칠 것입니다. 여러분은 지금 상황도 충분히 나쁘다고 생각할지 모르지만 그렇지 않습니다. 하나님이 우리를 불쌍히 여기시기를 원합니다. 불쌍히 여기셔서 비하히롯과 바알스본과 믹달에 이르게 하시고 적군과 홍해 사이에 끼어 극심한 좌절을 겪게 해 주시기를, 범람하는 요단 강 앞에서 완전히 불가능한 상황에 부닥쳐 궁극적인 절망을 경험하게 해 주시기를 원합니다. 우리를 그런 깨달음의 자리로 인도해 주시기를 원합니다. 그의 영광과 거룩함을 보여 주시기를 원합니다. 심히 무력하고 소망 없는 우리의 모습을 보여 주시기를 원합니다. 우리가 이 모든 것을 보고 사람들에게서 돌이켜 사시는 하나님만 바라보게 되기를 원합니다. 그러면 분명코 하나님이 우리의 기도를 들어 그 영광과 능력을 나타내 주실 것입니다.

11 부흥의 영향

다 놀라며 의혹하여 서로 가로되, 이 어찐 일이냐 하며 또 어떤 이들은 조롱하여 가로되, 저희가 새 술이 취하였다 하더라. (행 2:12-13)

우리는 지금까지 성경에 기록된 내용에 따라 부흥을 고찰해 왔습니다. 부흥의 일반적인 특징들을 살펴보았고 그 목표와 목적을 고찰했습니다. 우리는 부흥이 크고 뚜렷한 현상으로서, 일차적으로는 교회를 되살리고 이차적으로는 외부 세계의 주목을 끌어 구원으로 이끌기 위해 주시는 일임을 분명히 알았습니다. 부흥은 하나님이 교회에 그의 역사를 확증해 주시며 자기 백성을 든든히 세우고 격려하기 위해 주시는 일종의 표적입니다. 동시에 제가 이미 말했듯이 교회 밖에 있는 사람들에게로 흘러넘치는 강력한 축복이기도 합니다.

자, 부흥을 이같이 설명하고 그 주요한 특징과 성격을 살펴보며 특히 그 목표와 목적을 고찰한 후에 논리적으로 나아가게 되는 단계는 다음과 같은 질문을 던지는 것이라고 저는 생각합니다. 그렇다면 부흥은 특히 교회 밖에 있는 사람들에게 어떤 영향을 끼칠까요? 여호수아서에 나오듯이, 부흥은 세상 모든 나라들로 "여호와의 손이 능하심을 알게" 하려고 주어지는 것입니다. 그러나 곧바로 제기되는 질문은 부흥이 정말로 그런 영향을 끼치느냐, 모든 사람이 그 능하심을 수긍하게 만드느냐 하는 것입니다. 우리가 사도행전 2장의 이 유명하고도 잘 알려진 본문을 고찰하려는 것은 바로 이 질문에 답하기 위해서입니다. 여기에는 우리에게 아주 중요한 대답이자 부흥을 갈망하며 기다리는 사람이라면 누구나 긴급히 관심을 가져야 할 대답이 나와 있습니다. 여하튼 이런 반발은 얼마든지 나올 수가 있습니다. 우리는 이 본문뿐 아니라 성경 다른 곳에서도 이런 반발을 발견하게 됩니다. 모든 시대에 걸친 부흥과 교회의 역사를 읽어 보아도 이런 식의 반발이 계속 반복되었던 것을 알 수 있습니다. 성경은 말합니다. "다 놀라며 의혹하여 서로 가로되 이 어찐 일이냐 하며." 여러분은 제자들을 비롯하여 다락방에 모인 120명의 사람들에게 어떻게 성령이 부어졌는지 기억할 것입니다. 성령이 강하게 부어진 결과, 제자들은 각기 다른 방언으로 말하기 시작했습니다. 그와 비슷한 다른 현상들도 틀림없이 많이 나타났을 것입니다. 그 소리가 퍼져 나가자, 사방에서 사람들이 몰려들어 이목을 집중하며 말했습니다. "이 어쩐 일이냐?" 그들은 놀랐습니다. 어떤 이들은 의심했고, 어떤 이들은 "저희가 새 술이 취하였다", 즉 술 취했다고 조롱했습니다. 아시다시피 하나님이 성령을 부어 강력한 현상을 일으키실 때에는 일부에서 이런 반발이 나오게 마련입니다.

본문이 분명하게 말해 주고 있듯이, 부흥에 수반되는 어떤 현상들은 당연히 이런 반발을 불러일으키게 되어 있습니다. 오순절 날 성령이 부어졌기 때문에 다른 방언으로 말하는 현상이나 그 밖의 현상들이 나타났다는 것, 그 현상들이 이런 반발을 불러일으켰다는 것은 의심할 여지 없는 사실입니다. 그 때문에 어떤 이들은 의심하고 놀라워했으며, 또 어떤 이들은 술 취했다고 조롱했습니다. 자, 실제로 부흥의 역사를 살펴보면 예외 없이 이와 똑같은 반발이 나타났음을 알게 됩니다. 아예 부흥이라는 개념 자체를 인정하지 않는 이들도 나옵니다. 교회 밖뿐 아니라 안에도 그런 이들이 나옵니다. 그렇기 때문에 저는 이 현상의 문제를 다루는 일이 아주 중요하다고 생각합니다.

이 현상은 여러 항목으로 세분될 수 있습니다. 첫째로, 대부분의 부흥은 감정에 쏠리는 경향을 보이는 것이 분명합니다. 지금까지 일어났던 부흥에는 늘 감정적인 요소가 있었다고 저는 생각합니다. 아주 깊고 심오한 감동을 받는 이들이 있었는가 하면, 부흥의 기간에 가끔씩 크게 흥분된 행동을 보이는 이들도 있었습니다. 제가 짚고 넘어가려는 사실이 바로 이것입니다. 왜 이런 경향이 나타나는지에 대해서는 나중에 다루기로 하고, 지금은 사실 자체만 모아서 말씀드리기로 하겠습니다. 부흥의 때에는 여타의 현상들이 나타납니다. 일반적으로 대부분의 비판은 이 여타의 현상들을 대상으로 하고 있습니다. 여기에서 제가 말하는 여타의 현상이란 다수의 사람들이 각성하고 회심하는 일, 다수의 교인들이 소생하여 생기를 얻는 일을 넘어서 일어나는 현상들을 의미합니다. 그에 더하여 일어나는 현상들을 의미하는 것입니다. 이런 부가적인 현상의 문제는 아주 중요할 뿐 아니라, 사실은 아주 매력적이기도 합니다.

이 점을 분명히 짚고 넘어갑시다. 부흥이 일어났다고 해서 항상 이런 현상들이 나타나는 것은 아닙니다. 100년 전의 부흥에 얽힌 아주 재미있는 사실을 예로 들어 봅시다. 그 당시 미국과 북아일랜드·웨일스·스코틀랜드가 부흥을 경험했고, 다른 나라들도 어느 정도 부흥을 경험했다는 점은 이미 여러 차례 상기시킨 바 있습니다. 자, 우리가 고찰하려는 이런 부가적인 현상들이 미국이나 웨일스에서는 확실히 아주 적게 나타났고 스코틀랜드에서는 거의 나타나지 않은 반면, 북아일랜드에서는 매우 확연하고 뚜렷하게 나타났던 것을 보면 흥미롭습니다. 더 이상 세부적으로 살펴보지 않고 이 사실 자체만 생각해도 그렇습니다. 왜냐하면 이것은 부흥이 일어난다고 해서 반드시 이런 현상들이 나타나는 것은 아니라는 점을 입증해 주기 때문입니다. 우리는 이 점을 염두에 두어야 합니다. 이런 현상들 없이도 부흥을 경험할 수 있습니다. 물론 전반적으로는 부흥이 일어날 때 이런 현상들도 나타나기 쉬운 것이 맞습니다. 그 나타나는 정도는 지역과 나라마다 한없이 다양하지만 말입니다.

그렇다면 제가 말하는 이런 현상들에는 무엇이 있을까요? 제가 볼 때 이런 현상들을 분류하기에 가장 좋은 방법은 크게 두 가지 항목으로 나누어 보는 것입니다. 첫째로 물리적인 현상이 있습니다. 이 강력한 능력의 영향을 받은 사람들은 죄에 대한 깨달음 때문에 문자 그대로 바닥에 쓰러지거나 더 나아가 기절해서 상당한 시간 동안 무의식 상태에 빠질 수 있습니다. 1859년 북아일랜드에 부흥이 일어났을 때 사람들은 "맞았다"는 표현을 썼습니다. 말 그대로 누군가에게 머리를 맞은 것처럼 바닥에 쓰러져 완전히 의식을 잃어버렸기 때문입니다. 다른 지역, 다른 나라에 부흥이 임했을 때에도 자주 이런 일이 일어났습니다. 사람들이 비몽사몽 상태에 빠진 듯 보일 때도 있습니다. 자리에 앉거나 선 채로 먼 곳을 바라보며 분명히 무언가를 응시하는 것 같기는 한데, 의식도 없고 주변도 전혀 인식하지 못합니다. 소리도 듣지 못하는 것 같고 주위에서 일어나는 일도 전혀 보지 못하는 것 같습니다. 그들은 영적인 눈으로 남들이 보지 못하는 무언가를 분명히 봅니다. 비몽사몽이라는 것밖에는 그런 경험을 표현할 말이 없습니다. 이처럼 물리적인 현상들이 몇 가지 나타납니다. 다른 현상들도 있지만 그것들을 전부 상세하게 열거하는 것은 저의 목적이 아닙니다. 이처럼 물리적인 영역에 속한 일군의 현상들, 순전히 물리적인 것으로 간주되며 심지어 의학적인 것으로 취급되는 현상들이 있습니다. 이미 말했듯이 이런 현상은 1859년 북아일랜드 부흥에 아주 두드러지게 나타났던 특징이었습니다.

이런 물리적인 현상에 더하여 정신적인 현상들—몸에 큰 충격을 주는 것은 아니지만 정신에는 분명히 영향을 끼치는 일들—이 있습니다. 예컨대 부흥이 일어나는 동안 아주 비범한 언변의 은사가 주어지는 경우가 있습니다. 예전에 교회에서 기도 순서를 맡았다면 아주 주저하며 머뭇거렸을 사람들이 갑자기 놀라운 달변으로 기도하기 시작하며, 전에는 입에도 올리지 못했던 언어들을 놀라울 만큼 풍성하게 구사하면서 기도하기 시작합니다. 그런 예는 얼마든지 많이 있습니다. 1904년과 1905년의 웨일스 부흥을 잘 기억하고 있는 사람을 만나 그가 다니던 교회 목회자에게 일어난 일을 전해들은 적이 있습니다. 그는 여러 해 동안 그 교회 목사로 일해 온 유능한 사람으로서, 훌륭하고 건전하다고 할 만한 설교를 하면서도 늘 주저하며 머뭇거렸다고 합니다. 헛기침을 자주 했고, 주제를 제외한 모든 면에서 형편없는 연사였습니다. 그런데 그 목사님이 어느 날 장로교 노회 모임에 참석했습니다. 전에도 비슷한 경우에 아주 여러 번 참석한 적이 있는 모임이었습니다. 그런데 그때 그 모임에 온 다른 많은 목사님들이 부흥의 기간 동안 자신들의 교회에서 일어난 일들을 보고했습니다. 그것을 듣고 교회로 돌아온 목사님은 완전히 다른 설교자가 되어 버렸습니다. 그 다음 주일 강단에 선 목사님을 본 교인들이 과연 예전의 그 목사님이 맞는지 의심할 정도였습니다. 주저하는 태도도 없었고 말을 더듬는 습관도 사라졌습니다. 전에 없던 능력으로 자유롭고 권위 있게 말했습니다.

이것은 비단 그 목사님만의 경험이 아닙니다. 기도할 때나 대화할 때, 또는 글을 쓸 때에도 간혹 그런 언변의 은사가 주어집니다. 그뿐 아니라 예언의 은사가 주어지는 경우도 아주 많습니다. 문자 그대로 미래를 내다보는 능력이 주어지는 것입니다. 우리는 이런 일들을 외면하지 말아야 합니다. 제가 볼 때 우리는 온갖 학식과 지식으로 성령을 소멸할 심각한 위험에 빠져 있기 때문입니다. 저는 지금 실제 있었던 사실을 이야기하는 중입니다. 여러분은 미래를 내다보는 예언의 현상이 자주 나타났음을 알 것입니다. 그 형태에는 여러 가지가 있습니다. 제가 아는 사람이 다니던 교회 목사님에게도 이 은사가 있었습니다. 그 또한 1904년과 1905년의 부흥 때 이 은사를 받았습니다. 후에 완전히 사라지기는 했지만, 부흥이 지속되는 동안에는 그 교회에 일어날 일을 미리 예언했다고 합니다. 그것도 한 번만 예언한 것이 아니라 매일 아침마다 예언했습니다. 그는 새벽 두시 반에 일어나 그날 일어날 일들을 직접, 정확하게 들었고, 실제로 하루 동안 그 일들이 일어났습니다. 이 또한 정신적인 현상에 속하는 예입니다.

아주 불가사의한 지식이 생기는 경우도 있습니다. 예컨대 북아일랜드에는 읽을 줄도 모르고 쓸 줄도 모르는 사람들, 성경조차 읽어 본 적이 없는 사람들이 있었습니다. 그런데 여전히 글을 읽을 줄 몰랐음에도 불구하고 성경을 찾으면 그 내용을 깨닫는 능력이 갑자기 생겨났습니다. 이 특별한 방면에 속하는 예들은 무수히 많습니다. 여러 가지 재능─분별하는 은사, 이해하는 은사, 계획하는 은사─이 주어졌습니다. 정신적인 영역에서 아주 놀랄 만한 능력들이 한동안 분명하게 사람들에게 주어졌습니다.

이런 것들이 여러분이 주목해야 할 물리적인 현상과 정신적인 현상들입니다. 부흥의 기간에는 이런 현상들이 나타날 수 있고 실제로도 나타납니다. 이제 우리가 부닥치게 되는 질문은 이것입니다. 이 일은 무엇입니까? 우리는 이 일을 어떻게 설명해야 합니까? 제가 사도행전 2장의 맥락에서 이 문제를 살펴보려는 이유가 여기 있습니다. 약속한 일이 이루어지고 성령이 부어져서 이런 결과들이 나타나게 되자, 예루살렘에 모여 있던 사람들이 이 모든 일의 의미를 물었습니다. 어떤 이들은 말했습니다. "왜 그런 걸 묻습니까? 너무 분명하잖아요. 이자들은 새 술을 잔뜩 마신 겁니다. 취한 거라고요." 그 후 몇 백 년 동안 사람들은 죽 이런 입장을 취해 왔습니다. 부흥이 일어날 때마다 그러했듯이 100년 전에도 여러 가지 설명들이 등장했고, 오늘날에도 여전히 그런 설명들이 나오고 있습니다. 그래서 제가 이 모든 일에 여러분의 주의를 환기시키는 것입니다. 어떤 이들은 이런 현상들 때문에 부흥이라는 개념 자체를 일축하고 비난합니다. 그래서 부흥을 위해 기도하라고 권면해도 "절대 그럴 수 없습니다. 우리는 그런 일이 일어나기를 원치 않아요. 우리는 그런 체험에는 관심이 없습니다"라고 말합니다. 이처럼 그들은 자신들도 깨닫지 못하는 사이에 성령을 소멸하는 죄를 자주 짓고 있습니다.

그러므로 사람들이 내놓는 설명, 특별히 오늘날 내놓고 있는 설명들을 몇 가지 살펴보기로 합시다. 덧붙일 말이 있습니다. 제가 이 문제에 각별한 관심을 갖는 것은 아시다시피 요즘 사람들이 여기에 지대한 관심을 보이고 있기 때문이며, 심리학적인 견지에서 회심을 비롯한 그 밖의 일들을 설명하려 드는 현대의 몇몇 심리학자들에게 제시할 완벽한 답변이 저에게 있기 때문입니다. 무슨 뜻인지 말씀드려 보겠습니다. 이 모든 일이 이른바 '세뇌'의 한 형태에 불과한 것처럼 암시하는 이들이 있습니다. 그런 이들은 이 일을 현재 공산주의자들이 사용하고 있는 기술과 비교하거나, 세계대전이 벌어지기 전과 벌어지는 동안 독일에서 히틀러 같은 인물들이 아주 노골적으로 사용했던 기술과 비교하곤 합니다. 사람들은 "이 일의 정체가 대체 뭘까?"라고 물은 후 "답은 아주 분명하다. 정신에 계속 충격을 가함으로써 목적을 달성하는 것이다. 그들은 사람을 점점 지치게 만든다. 다수를 데려다가 개인이 아닌 군중으로 취급하고, 좁은 공간에 가두어 놓은 채 잠도 재우지 않고 음식도 제대로 먹이지 않는다. 온갖 수단을 동원하여 사람들을 압도해서 저항하지 못하게 만든다. 말을 했다가 소리를 질렀다가 하면서 정신에 충격을 가한다. 그리하여 거의 무너지기 직전이 되면 더더욱 박차를 가하고 더 강한 압박을 가해서 완전히 무너뜨려 버린다. 그렇게 무너진 사람에게 사상을 주입하기란 식은 죽 먹기다. 정신에 가르침만 주입하면 즉시 믿고 받아들이며 신봉자가 되는 것이다. 다음에는 그들이 밖으로 나가 또 다른 이들을 전향시킨다."

자, 이 설명이 어떻게 들립니까? 이 부분을 분명하게 알아봅시다. 물론 이런 일이 있을 수 있고, 실제로도 이런 일이 일어나고 있습니다. 히틀러가 이런 짓을 했다는 것은 의심할 바 없는 사실입니다. 또 지금도 이런 짓을 하고 있는 정권들이 있다는 것 또한 틀림없는 사실입니다. 이상과 같은 기술을 사용해서 정신의 방어벽을 무너뜨리고 자신들의 주의 주장을 주입하는 자들이 있습니다. 자, 사람들은 부흥의 기간에 일어나는 일들도 이와 똑같은 것이라고 말합니다.

우리는 이런 주장에 어떻게 대응해야 할까요? 한 가지 아주 분명하고 명백하게 짚고 넘어갈 점이 있습니다. 저는 부흥에만 관심이 있습니다. 전도운동에는 관심이 없습니다. 이 두 가지를 구분하는 것이 아주 중요합니다. 전도운동을 벌일 때에는 의도적으로 기술을 사용하지만 부흥이 일어날 때에는 그렇지가 않습니다. 자, 저는 그 차이를 분명히 밝히며 강조하고 싶습니다. 저는 기술이 전혀 사용되지 않는 부흥에만 관심이 있습니다. 저의 논의는 오직 부흥에만 해당되는 것입니다. 저는 여기에서 대규모 전도운동에서 일어나는 일들을 다룰 생각이 전혀 없습니다.

그러므로 다음과 같이 설명해 보겠습니다. 부흥을 세뇌와 관련시켜 일반적인 용어로 설명하려 드는 사람은 완전히 실패할 수밖에 없습니다. 부흥의 시작을 전혀 설명할 수가 없기 때문입니다. 예컨대 북아일랜드에서 일어난 일을 보십시오. 북아일랜드의 부흥은 한 사람에게서 시작되었습니다. 미국의 부흥도 마찬가지였습니다. 단 한 사람에게서 모든 일이 시작되었습니다. 그의 정신에 충격을 가하는 일 같은 것은 없었습니다. 무슨 기술이 사용된 것도 아니었습니다. 그저 한 사람이 죄를 깨닫고 회심한 후, 다른 사람들에게 그 이야기를 해 주어야겠다는 욕구를 느끼기 시작한 것이 전부입니다. 다수의 군중은 없었습니다. 특별한 기술 같은 것도 전혀 없었습니다. 이것이 그 이야기의 놀라운 점입니다. 한 사람이 먼저 시작했고, 나중에 두 명이 합류해서 몇 달 동안 함께 기도했습니다. 기도 모임에 참석한 인원은 그 세 명뿐이었습니다. 그렇게 몇 달 동안 계속해서 기도하는 가운데 서서히 다른 사람들이 모임에 들어오기 시작했습니다. 정신에 충격을 가함으로써 이런 일이 일어난다고 생각하거나 세뇌로 설명하려 드는 사람은 부흥의 시작과 기원을 전혀 밝혀 낼 수가 없습니다.

이런 식의 설명이 불가능한 또 다른 이유는 부흥이 동시에 여러 나라에서 일어났다는 사실에 있습니다. 100년 전에도 그러했고, 200년 전에도 그러했습니다. 뉴잉글랜드 지역에서 조너선 에드워즈의 주도하에 대부흥이 일어났을 때, 잉글랜드와 웨일스와 스코틀랜드를 비롯한 다른 나라들에서도 부흥이 일어났습니다. 부흥을 세뇌로 볼 경우 이 사실을 설명할 수가 없습니다. 왜 각기 다른 지역에서 동시에 이 모든 일이 일어났을까요? 서로 접촉도 없었고, 다른 지역에서 무슨 일이 일어나고 있는지도 알지 못했는데 말입니다. 이 점은 설명되지 못한 채 남을 수밖에 없습니다.

또 다른 논거가 있습니다. 사람들이 인위적으로 부흥을 일으키려 했던 적이 많이 있었습니다. 그들은 부흥의 이야기를 읽고 "아, 부흥이 어떻게 일어나는지 알겠다. 한 사람이 먼저 기도를 시작하면 다른 사람들이 거기 합세하는구나. 또는 한 무리가 먼저 철야기도를 하면 그 다음에 부흥이 일어나는구나"라고 말합니다. 그리고 연이어 "우리도 그렇게 해야지"라고 말합니다. 이런 식으로 사람들은 부흥 때 있었던 일들을 그대로 답습하곤 했습니다. 그들은 아주 사소한 사항들까지 따라했습니다. 또 부흥을 다룬 피니의 책이나 강연 기록을 읽고 그가 시키는 일들을 전부 실행에 옮겼습니다. 피니는 자신이 말한 대로만 하면 부흥이 일어난다고 장담했지만, 부흥은 일어나지 않았습니다. 사람들은 자신들의 기술과 방법을 동원해서 최선을 다해 부흥을 일으키려 했습니다. 그러나 부흥은 일어나지 않았습니다. 개인적인 회심자들은 많이 얻었을지도 모릅니다. 그러나 부흥은 일어나지 않았습니다. 부흥을 세뇌로 설명할 경우, 이 점 또한 해결할 수가 없습니다.

마지막으로 이런 설명으로는 제가 다루었던 흥미롭고 기이한 정신적 현상의 문제도 전혀 해결할 수가 없습니다. 아예 설명할 엄두조차 낼 수가 없습니다. 그들은 어떻게 사상을 주입할 수 있는지 설명합니다. 어떻게 결단을 끌어낼 수 있는지 설명합니다. 어떻게 사람들의 정신에 영향을 끼칠 수 있는지 설명합니다. 오, 그 말은 맞습니다. 그러나 지금 우리의 관심은 불가해한 정신적 현상들과 경이로운 예언, 놀라운 능력, 기이한 일들에 있습니다. 사람들이 내놓는 이런 설명으로는 부흥과 관련해서 나타나는 이런 현상들을 설명하려는 엄두조차 낼 수가 없습니다.

흔히 제기되는 두 번째 설명은 부흥이 집단 히스테리에 불과하다는 것입니다. 사람들은 말합니다. "물론 이런 일이 일어나는 것은 사람들이 단순히 히스테리에 빠진 탓이다. 히스테리에 빠진 사람들에게 무슨 일이 일어나는지 알지 않는가? 그렇다. 일종의 유행병처럼 다수의 사람들이 동시에 히스테리에 빠지는 경우가 있다." 이 설명은 어떻게 들립니까? 무엇보다 먼저 밝힐 것은 이 설명 또한 부흥의 기원과 시작이라는 문제를 전혀 해결하지 못한다는 것입니다. 북아일랜드에서 부흥의 출발점이 된 그 한 사람, 그 한 무리에게 히스테리 증세가 있었다는 증거는 없습니다. 전혀 없습니다. 북아일랜드에서는 그런 증상이 전혀 나타나지 않았습니다. 미국과 웨일스에서도 마찬가지입니다. 이 일은 왜 갑자기 일어나는 것일까요? 우리는 설명할 길이 없습니다. 이 일은 왜 확산될까요? 그 또한 설명할 길이 없습니다. 이런 도전에 대한 둘째 대답으로, 100년 전 북아일랜드에 살았던 의사 카슨이 제시한 일련의 요점들을 말씀드리겠습니다. 그는 확실히 아주 현명하고 사려 깊었던 그리스도인 내과의사로서, 그 모든 현상의 한복판에서 사례를 조심스레 수집하고 분석했으며 그 문제를 집중적으로 살펴보았습니다. 자, 그는 부흥을 히스테리로 보는 이런 진단을 배제하기 위해 히스테리에는 적절한 정도를 넘어선다고 생각되는 다섯 가지 요소가 있음을 지적했는데, 저는 그의 지적에 전적으로 동의하는 바입니다. 여기 그 다섯 가지 요소가 있습니다. 어느 정도는 의학적인 내용들이지만, 여러분도 흥미를 느끼리라 생각합니다.

첫째로, 목에 무언가 걸린 것처럼 느껴지는 것은 거의 틀림없는 히스테리 증상입니다. 사람들은 목이 막히고 메어서 숨을 쉴 수 없는 듯한 느낌을 받습니다. 히스테리에 빠지면 이런 증상이 거의 틀림없이 나타납니다. 그런데 100년 전 북아일랜드에는 이런 증상이 나타났다는 증거가 전혀 없습니다.

둘째로, 히스테리의 특징은 웃음과 울음을 거의 동시에 터뜨리거나, 금세 웃었다 울었다 하는 것입니다. 걷잡을 수 없는 웃음이 터져 나오는가 하면 걷잡을 수 없는 울음이 터져 나옵니다. 웃음과 울음이 거의 뒤섞여 나올 때도 있고 쉴 새 없이 연달아 나올 때도 있습니다. 그러나 카슨 박사의 경험에 따르면 북아일랜드에는 그런 일이 전혀 없었습니다.

셋째로, 히스테리에 빠지면 거의 틀림없이 팔다리, 말단 부분에 경련이 일어납니다. 카슨 박사는 부흥의 기간에 그런 경련이 일어난 사례를 한 번도 보지 못했습니다.

넷째로, 히스테리가 거의 전적으로 여성에게 국한된 증상이라는 것은 아주 엄밀한 의학적 사실입니다. 의학계의 권위자들에게 물어 보아도 모두가 여기에 동의할 것입니다. 그런데 이런 현상이 나타난 북아일랜드와 여타 지역에서는 남자들도 똑같은 빈도로 같은 일을 경험했습니다.

다섯째로 카슨 박사가 아주 훌륭하게 지적하고 있는 점은 여성 중에서도 일반적으로 몸이 연약하고 허약한 일정 유형의 여성들에게 히스테리가 나타난다는 것입니다. 실제로 히스테리는 모든 여성들에게 나타나는 것이 아니라 일정 유형의 여성들에게 국한되어 나타납니다. 이 부분에서도 북아일랜드에서는 부흥이 모든 유형의 여성과 남성과 청년, 즉 강하고 튼튼한 사람들에게까지 영향을 끼쳤다는 답변을 제시할 수 있습니다.

저는 이 모든 것, 카슨 박사가 제시한 이 다섯 가지 요소만으로도 부흥을 집단 히스테리로 보려는 시도를 완전히 배제하기에 충분하다고 봅니다. 그럼에도 이 의학적인 증거에 더하여 저의 셋째 요점을 말씀드리고자 합니다. 그것은 이런 현상들을 목격한 사람들의 특징만 보아도 부흥을 히스테리로 보려는 시도를 배제하기에 충분하다는 것입니다. 세상에서 가장 냉정하고 합리적이며 지적인 인물을 찾으라면, 저 위대한 조너선 에드워즈가 바로 그 사람일 것입니다. 그런데 그런 사람이 200년 전에 이런 현상들을 목격하고 그것을 하나님이 일으키신 일로 믿었습니다. 조너선 에드워즈는 히스테리에 빠져 쉽게 착각에 빠지는 유형의 인물이 아니었습니다. 오히려 그와는 정반대되는 사람이었습니다. 이런 현상들을 설명했던 아치볼드 알렉산더 Archibald Alexander 같은 다른 인물들도 마찬가지였고, 1859년의 부흥을 경험한 카슨 박사와 그 밖의 사람들도 마찬가지였습니다. 이처럼 그 현상들을 직접 체험한 사람들뿐 아니라 그에 대해 기록하고 설명했던 사람들의 면면만 보아도 이런 견해를 배제하기에 충분합니다.

마지막으로 저의 넷째 주장은 이것입니다. 즉, 부흥이 낳은 결과를 한번 보라는 것입니다. 히스테리는 사람을 무기력하게 만드는 아주 무익한 병입니다. 거의 굴욕감까지 느끼게 만듭니다. 기운만 소진시킬 뿐, 의미 있거나 유익한 결과는 하나도 가져오지 못합니다. 히스테리에 빠진 사람은 그 결과를 포함한 모든 부분에서 수치심을 느낍니다. 반면에, 부흥이 일어날 때 어떤 놀랍고 경이로운 결과들이 뒤따라오는지 이미 상기시켜 드린 바 있습니다.

부흥의 때에 일어나는 현상에 대한 세 번째 설명은 심리적인 것입니다. 제가 볼 때 첫 번째 설명은 전혀 근거가 없습니다. 히스테리로 보는 설명도 마찬가지입니다. 저는 심리적 설명이 앞의 두 설명보다 훨씬 더 심각하다고 생각하는데, 현대의 심리학자들은 좀처럼 이 문제를 언급하지 않습니다. 이런 설명을 시도하는 사람들이 얼마나 피상적으로 부흥을 진단하는지를 보면 흥미롭습니다. 여기에서 심리적인 현상이란 텔레파시 같은 것을 가리킵니다. 진짜인 줄은 알지만 이해할 수는 없는 이상한 현상, 사고의 전이 내지는 마음의 전이 같은 것을 가리킵니다. 제가 지금 염두에 두는 것은 최면술 같은 것들입니다. 이런 것들은 논박할 수는 없지만 그렇다고 설명하기는 아주 어려운 현상들입니다. 이것은 정신의 능력을 가지고 다른 사람의 정신에 영향을 끼치는 행위입니다. 남의 마음을 읽을 수 있는 재능을 타고나는 사람들이 있습니다. 예컨대 그리스도인은 아니지만 전형적인 고전 인문학자인 고 길버트 머리 Guilbert Murray 교수 같은 사람을 보십시오. 길버트 머리 교수는 남의 마음을 읽을 줄 아는 능력이 있었습니다. 그의 능력은 자주 시험대에 오르곤 했습니다. 그는 자신은 이쪽 방에, 다른 사람들은 저쪽 방에 있는 상태에서 그들의 생각을 알아맞힐 수 있었습니다. 여러분도 이런 종류의 일들에 대해, 그들의 표현대로라면 초감각적인 현상들에 대해 읽어 본 적이 있으리라 믿습니다. 사람들은 시간에 대해서도 이런 실험들을 하고 있습니다. 또 정신의 영역에서도 이해할 수 없는 현상들이 일어납니다. 자, 부흥의 때에 일어난 일도 전적으로 이런 것이라고 말하려는 사람들이 있습니다. 저는 그에 대한 답변으로 다음과 같은 질문을 던지고 싶습니다. 왜 전에는 이런 능력이 전혀 없었던 사람들이 갑자기 이런 능력을 보이기 시작하는 것일까요? 왜 이런 일이 갑자기 일어나는 것일까요? 왜 그렇게 공통적으로 일어나는 것일까요? 왜 집단적으로 동시에 일어나는 것일까요? 왜 부흥이 일어날 때마다 이런 일이 갑자기 시작되는 것일까요? 이런 설명을 하는 사람들 또한 부흥에는 어김없이 영적인 결과물들이 뒤따른다는 사실을 직시해야만 합니다.

    네 번째로 내놓는 설명은 이 모든 것을 마귀의 역사로 보는 것입니다. 100년 전 북아일랜드의 부흥에 대해 로마 가톨릭이 취한 입장이 이런 것이었습니다. 유니테리언파도 그렇게 말했습니다. 교회에 속했지만 실제로는 유니테리언파와 다를 바 없었던 많은 이들도 똑같이 말했습니다. 이것은 아주 많은 사람들이 하는 말입니다. 이 모든 일이 마귀의 역사라는 것입니다. 그러나 이 이론에는 해결하기 힘든 난점이 있습니다. 그중에 몇 가지는 다음과 같습니다. 마귀가 왜 갑자기 이런 일을 일으킬까요? 마귀가 이런 짓을 하는 납득할 만한 목적을 찾을 수 있습니까? 교회가 메마르고 고갈되며 건조한 시기에 빠져 있는데, 마귀가 왜 갑자기 사람들이 주 예수 그리스도와 신앙에 이목을 집중할 만한 일을 벌이겠습니까? 두 번째 방법으로 이 점을 좀더 강하게 설명해 보겠습니다. 저는 부흥의 결과 자체가 이 일을 마귀의 소행으로 볼 가능성을 완전히 차단해 버린다고 생각합니다. 지금껏 상기시켜 드렸듯이 부흥의 주요 결과는 수천 명이 주 예수 그리스도께로 돌아와 참된 신자가 되는 것입니다. 교회가 너무 비좁아 큰 건물을 지어야 할 정도로 많이 몰려옵니다. 구름 떼처럼 몰려와 사역에 헌신합니다. 복음이 아주 놀라운 방식으로 퍼져 나갑니다. 마귀가 과연 이런 결과를 불러올 일을 하겠습니까? 주님이 누가복음 11:15-18에서 특정한 비난에 답하신 말씀을 들어 보십시오. 어느 날 오후, 주님은 한 벙어리 귀신을 쫓아내셨습니다.

예수께서 한 벙어리 귀신을 쫓아내시니 귀신이 나가매 벙어리가 말하는지라. 무리들이 기이히 여겼으나 그중에 더러는 말하기를 저가 귀신의 왕 바알세불을 힘입어 귀신을 쫓아낸다 하고 또 더러는 예수를 시험하여 하늘로서 오는 표적을 구하니 예수께서 저희 생각을 아시고 이르시되 스스로 분쟁하는 나라마다 황폐하여지며 스스로 분쟁하는 집은 무너지느니라. 너희 말이 내가 바알세불을 힘입어 귀신을 쫓아낸다 하니 만일 사단이 스스로 분쟁하면 저의 나라가 어떻게 서겠느냐?(눅 11:14-18)

이것이 최종적인 답변입니다. 이것이 정말 마귀의 역사라면, 마귀는 이루 말할 수 없는 바보인 셈입니다. 자기 왕국을 스스로 분열시키고, 하나님과 그리스도의 나라를 확장시키며, 사람들을 구원에 이르게 하고, 자신에게는 해로운 짓을 벌이니 말입니다. 그러나 마귀는 바보가 아닙니다. 마귀는 놀라운 지혜와 치밀함과 능력을 가지고 있습니다. 부흥이 마귀의 역사라는 것보다 우스운 생각은 없습니다. 요한은 첫 번째 서신 4:2, 3에서 말합니다. "하나님의 영은 이것으로 알지니―지금 역사하는 영이 어떤 영인지 의심이 생긴다면 이것으로 알아볼지니―곧 예수 그리스도께서 육체로 오신 것을 시인하는 영마다 하나님께 속한 것이요 예수를 시인하지 아니하는 영마다 하나님께 속한 것이 아니니 이것이 곧 적그리스도의 영이니라. 오리라 한 말을 너희가 들었거니와 이제 벌써 세상에 있느니라." 사람들로 하여금 예수를 그리스도라 고백하게 만드는 영은 마귀의 영일 수가 없습니다. 그런 일을 하는 영은 살아 계신 하나님의 성령뿐입니다.

이렇게 해서 잘못된 설명들을 급히 훑어보았습니다. 그렇다면 바른 설명은 무엇일까요? 그 내용이 전부 우리 앞에 주어져 있지 않습니까?

> 다 놀라며 의혹하여 서로 가로되 이 어찐 일이냐 하며 또 어떤 이들은 조롱하여 가로되 저희가 새 술에 취하였다 하더라. 베드로가 열한 사도와 같이 서서 소리를 높여 가로되 유대인들과 예루살렘에 사는 모든 사람들아, 이 일을 너희로 알게 할 것이니 내 말에 귀를 기울이라.

베드로는 이렇게 말한 후에 그들의 말을 부인하고 있습니다. "**때가 제 삼시니 너희 생각과 같이 이 사람들이 취한 것이 아니라**"(행 2:12-15). 그는 먼저 잘못된 설명을 다루면서 그것을 비웃습니다. 그런 설명이 얼마나 합당치 못한 것인지 보여 줍니다. 그러고 나서 바른 설명을 해 주고 있습니다. "이는 곧 선지자 요엘로 말씀하신 것이니." 그는 연이어 요엘의 예언을 인용합니다.

그렇다면 이 현상들에 대한 바른 설명은 무엇일까요? 첫째로, 우리는 하나님의 경건한 사역자들도 이런 현상들을 설명하는 부분에서는 의견이 각각 달랐다는 점을 기억해야 합니다. 100년 전 북아일랜드에 살았던 무어 J. H. Moore라는 목사의 교구에서 부흥이 시작되었습니다. 그러나 그는 기이한 현상을 싫어해서 그것을 저지했고, 실제로 그가 담당한 코너 교구에서는 어떤 현상도 일어나지 않았습니다. 그러나 다른 사람들은 견해가 달랐습니다. 이런 견해 차이는 언제나 있게 마련입니다. 조너선 에드워즈는 이 같은 현상을 옹호했습니다. 그는 이런 현상들이 주로 하나님의 성령에게서 나온다고 믿었습니다. 200년 전 잉글랜드 동부에서 설교했던 존 베리지John Berridge라는 사람은 그런 현상을 장려하기까지 했습니다. 그는 그런 현상들이 성령의 두드러진 표지라고 믿었습니다. 다른 한편으로 웨슬리와 윗필드는 그런 현상을 불편해했으며, 그에 대해 확신을 갖지 못했습니다. 제가 이 말을 하는 것은 이것이 그만큼 간단한 문제가 아니므로, 무엇보다 경건한 두려움과 경외감을 가지고 조심스럽게 접근함으로써 나중에 후회할 어리석은 말을 하거나 성령을 소멸시키는 죄를 짓지 말아야 한다는 점을 알리기 위해서입니다.

그렇다면 어떻게 접근해야 할까요? 물론 성경은 이에 대해 많은 이야기를 해 주고 있습니다. 그러니 성경의 관점을 가지고 접근해 보기로 합시다. 먼저 구약을 펴서 선지서들을 읽어 보십시오. 선지자들은 어떻게 메시지를 받았고 어떻게 그 메시지를 전달했습니까? 성경 기록은 그들이 성령 안에 있었다고, 또는 한 영이 그들에게 임했다고 말하고 있습니다. 그들은 황홀경에 빠졌습니다. 때로는 비몽사몽의 상태에 빠지기도 했고 한껏 고양되기도 했습니다. 예컨대 사울 왕의 이야기를 읽어 보시기 바랍니다. 어떻게 그에게 은사가 임해서 사람들이 "사울도 선지자들 중에 있느냐?"라고 묻게 되었는지, 어떻게 그것이 속담이 되었는지 보십시오(삼상 10:11). 예언의 영이 임했습니다. 성경은 그 점을 아주 분명하게 밝히고 있습니다. 실제로 이와 관련하여 일반적인 차원에서 언급해야 할 또 다른 사실이 있습니다. 그것은 때로 음악을 연주할 때 영이 더 잘 임했다는 것입니다. 여러분은 예언을 어떻게 설명해 왔습니까? 베드로는 말합니다. "경의 모든 예언은 사사로이 풀 것이 아니니……오직 성령의 감동하심을 입은〔성령이 움직이신〕사람들이 하나님께 받아 말한 것임이니라"(벧후 1:20-21). 예언이 어떻게 왔다고 합니까? 하늘의 영감이 어떻게 임했다고 합니까? 여러분, 여러분의 지성주의로 구약성경에 나오는 예언의 현상 전체와 선지자들을 도외시하지 않도록 조심하십시오. 그들은 분명히 붙잡힌 바 되었습니다. 그들은 황홀경의 상태가 무엇인지를 알고 있었습니다.

이것은 구약에 나오는 내용이니, 이번에는 신약으로 와서 그 당시에 일어났던 일들을 살펴보기로 합시다. 제자들, 즉 사도들과 그 밖의 사람들에게 무슨 일이 일어났는지 사도행전 2장을 읽어 보십시오. 그 일이 어찌나 기이했던지, 그 자리에 있던 어떤 이들이 볼 때에는 마치 술에 취한 것 같았습니다. 그들은 말했습니다. "이건 취했다고밖에 볼 수 없어. 완전히 미친 거라고." 미쳤다는 것은 그 후에도 심심찮게 등장했던 비난입니다. 그런데 사도는 이 비상한 현상을 어떻게 설명하고 있는지 보십시오. 그는 말합니다. "이는 곧 선지자 요엘로 말씀하신 것이니." 이것은 요엘이 이미 예언했던 일이라는 것입니다. "하나님이 가라사대 말세에 내가 내 영으로 모든 육체에게 부어 주리니." 전에도 하나님은 성령을 주셨습니다. 그러나 부어 주시지는 않았습니다. 여기 이 사람, 저기 저 사람에게 제한적으로 주셨을 뿐입니다. 그런데 이제는 "부어" 주신다는 것입니다. 온 땅을 뒤덮도록 부어 주시며, 이를테면 한 묶음으로 부어 주신다는 것입니다. "내가 내 영으로 모든 육체에게 부어 주리니 너희의 자녀들은 예언할 것이요 너희의 젊은이들은 환상을 보고 너희의 늙은이들은 꿈을 꾸리라. 그때에 내가 내 영으로 내 남종과 여종들에게 부어 주리니 저희가 예언할 것이요." 바로 이 일이 북아일랜드의 제분소 소녀들에게 일어났습니다. 가난하고 궁핍한 집에서 아무 교육도 받지 못한 채 무식하게 자라난 불쌍한 소녀들이 어느 날 갑자기 예언을 하기 시작했습니다. 그들은 놀라운 지식을 발휘하며 비범하게 말했습니다. 이것이야말로 선지자 요엘이 예견하고 예언했던 일로 보이지 않습니까? 젊은이들은 환상을 보고 늙은이들은 꿈을 꿉니다. "그 일이 지금 일어나고 있다"고 베드로는 말했습니다. 그는 "이것이 바로 그 성령의 부으심"이라고 말했습니다. 이처럼 부흥의 결과는 성경에 이미 예언되어 있는 것입니다.

또 다른 사실들도 있습니다. 사도행전 10:10-12에는 베드로 사도가 어느 집 지붕에서 환상을 보는 이야기가 나옵니다. 그는 비몽사몽간에 여러 짐승들로 가득한 보자기가 하늘에서 내려오는 모습을 보았습니다. 사도행전 16장에도 아시아에서 말씀을 전하고자 하는 바울을 성령이 막으신 이야기가 나옵니다. 그래서 비두니아로 가려고 했는데 성령은 그것도 허락지 않으셨습니다. 그 후에 바울은 마게도냐 사람이 도움을 청하는 환상을 보았습니다. 그는 사도행전 22장에서 자신이 "비몽사몽간에" 겪은 일을 이야기하고 있습니다. 이 시대의 과학적인 친구들처럼 성경을 부인하는 자리로 나아가지 않도록 조심합시다. 성령이 임하시면 비몽사몽의 상태에 빠질 수 있습니다. 고린도전서 12-14장만 읽어 보아도 고린도 교회에 나타난 온갖 특이한 현상들 때문에 사도가 교육하고 인도하며 제재해야 했던 것과 모든 일을 적당하게 하고 질서대로 하라고 명령해야 했던 것을 알 수 있습니다. 이것은 성경의 증거입니다.

그렇다면 우리는 이런 일을 어떻게 설명해야 하며 거기에서 어떤 결론을 끌어내야 할까요? 일련의 명제들로 제시해 보겠습니다. 하나님이 이처럼 비상한 현상을 일으키심으로써 사람들로 하여금 하나님과 그분의 일을 주목하게 하시려는 것이 분명하고도 명백하게 보이지 않습니까? 이런 현상만큼 사람의 이목을 잡아끄는 것은 없습니다. 하나님은 그 나라를 확장하시는 일에 사람들의 주의를 환기시키며 집중시키기 위해 이런 현상을 사용하십니다. 저는 여기에 그런 요소가 있다고 확신합니다. 두 번째로 꼭 기억해야 할 사실은, 성령이 한 사람 전체에 영향을 끼치신다는 것입니다. 다른 영향들도 마찬가지입니다. 강한 자극을 받으면 전체가 다 영향을 받게 되어 있습니다. 운동경기 방송을 듣거나 그 현장에 직접 가 본 적이 있습니까? 사람들이 흥분해서 목이 쉬도록 소리를 지르며, 자리에서 일어나 손에 잡히는 것은 무엇이든 흔들어 대는 모습을 보지 않았습니까? 그들은 다른 사람을 치면서도 스스로 무슨 짓을 하고 있는지 의식하지 못합니다. 이처럼 운동경기에서는 이런 일이 일어나도 이상하거나 별나게 여기지 않으면서, 부흥의 때에 이런 일이 일어나면 "아, 저건 다 심리적인 현상이야"라고 말하는 것입니다. 극장이나 공연장에서 사람들이 음악에 도취되어 넋을 잃고 우는 모습을 본 적이 없습니까? 당연히 보았을 것입니다. 아시다시피 사람은 몸과 혼과 영으로 되어 있으며, 그것들은 서로 분리될 수 없습니다. 사람의 어떤 부분에든 한 부분에 강력하게 다가가는 일은 다른 부분들에도 영향을 끼치기 쉽습니다. 우리는 몸이 정신에 어떤 영향을 끼치는지 다 알고 있습니다. 몸 상태가 좋지 않으면, 몸이 찌뿌듯하거나 아프면 정신도 제 기능을 발휘하지 못합니다. 다른 한편으로 정신에 무슨 일이 있어도 몸이 영향을 받습니다. 갑자기 좋은 자극을 받으면 온몸의 상태가 좋아지고 강해지며 힘이 솟는 듯합니다. 인간의 본질과 체질을 왜곡하지 않도록 조심합시다. 인간은 통합된 존재로 반응합니다. 영적인 부분만 반응하고 나머지 부분, 혼과 몸은 아무 영향도 받지 않으리라고 보는 것은 그야말로 어리석은 생각입니다.

그러므로 우리는 부흥의 시기에도 이런 통합적인 반응이 나타날 것을 예상해야 합니다. 또한 개인에 따라 각기 다른 반응이 나타날 것도 예상해야 합니다. 물론 성경 자체가 그 완벽한 증거를 보여 주고 있습니다. 동일한 성령이 바울과 베드로와 요한을 감동시키셨습니다. 그럼에도 여러분이 성경 몇 구절만 제게 읽어 주면, 세 사람 가운데 누가 쓴 구절인지 알아맞힐 수 있습니다. 동일한 성령이 세 사람을 감동시키셨습니다. 맞습니다. 그러나 그 메시지는 성령이 사용하신 그 사람들을 통해, 그들의 머리와 기질과 사고방식을 통해 우리에게 전달되고 있습니다. 개인의 특성은 소거되지 않습니다. 사람에 따라 각기 다른 문체와 각기 다른 표현이 나타납니다. 성령은 동일하시지만 나타나는 모습은 각각 다릅니다. 부흥의 때에도 마찬가지입니다. 이런 점에서 볼 때 부흥의 시기에는 어른들보다 아이들이 더 격렬히 반응하리라는 것을 예상할 수 있습니다. 일정 유형의 사람들이 다른 유형의 사람들보다 더 격렬히 반응하리라는 것을 예상할 수 있습니다. 그리고 실제로도 그렇다는 것이 입증되고 있습니다. 이로써 증명될 수 있는 단 한 가지 사실은, 어떤 강한 자극이 작용하고 있음을 보여 주는 표지로서 이런 현상들이 발생한다는 것입니다. 너무 강력한 일이 일어나기 때문에 신체에까지 그 영향이 나타납니다.

더 나아가 이런 현상들 자체는 중요치 않다는 사실을 기억해야 한다고 말하고 싶습니다. 현상 자체를 추구하거나 장려하거나 자랑해서는 안 됩니다. 현대적인 용어로 하자면 현상이란 '부수 현상 epiphenomena'이자 부차적이며 우발적인 부수물일 뿐, 결정적이고 본질적인 요소가 아닙니다. 이 점을 생각하면 왜 부흥이 진행될수록 현상들이 사라지는 경향이 나타나는지 알 수 있습니다. 주저 없이 덧붙이는 바, 부흥과 관련된 현상들 중에는 제가 볼 때 순전히 몸의 이상으로 야기되는 것들도 있습니다. 부흥이 일어나면 히스테리에 빠지는 이들, 실제로 히스테리에 빠지는 이들이 생깁니다. 또 다른 신체적인 현상을 나타내는 이들도 있습니다. 이것은 분명한 사실입니다. 그러나 이것을 설명하기가 어렵다고는 생각지 않습니다. 사람의 몸은 약한 것입니다. 그리고 어떤 사람의 몸은 다른 사람의 몸보다 더 약합니다. 그렇기 때문에 이처럼 강력한 영적 능력이 임할 때 어떤 몸에는 이상이 나타날 수 있는 것입니다. 이것은 도움이 필요한 상황이자 반半 의학적인 대처가 필요한 상황으로서, 옆에서 기도해 주며 진정시켜 줄 필요가 있습니다. 위대한 부흥의 지도자들은 항상 그렇게 대처했습니다.

하나님의 성령이 강력한 능력으로 역사하실 때마다 마귀도 항상 기회를 엿본다는 사실 또한 기억해야 합니다. 마귀는 가능한 한 성령의 역사를 불신하게 만들려 합니다. 지금까지 항상 그런 시도를 해 왔습니다. 자신이 만들어 낸 가짜 현상을 끌어들이려 했고, 사람들을 극단으로 몰아가려 했습니다. 그래서 특정인들에게는 성공을 거둔 적도 적잖았습니다. 성경에 영들을 시험하고 검증하라는 말씀이 그토록 많이 나오는 이유가 여기 있습니다. 우리는 미혹당하지 말아야 합니다. 우리에게는 시금석이 주어져 있습니다. 우리가 할 일은 항상 그 시금석들을 적용하는 것입니다.

그러므로 저는 현상이란 부흥에 본질적이거나 긴요한 요소가 아니며 그 자체가 신앙적인 일도 아니라는 결론을 내리고자 합니다. 저는 그런 현상들이 본질적으로 하나님의 성령에게서 나온다고 믿습니다. 그러나 인간의 몸과 본성이 연약하기 때문에 신체적인 요소나 심리적인 요소와 일부 뒤섞이는 경향이 있으며, 마귀가 역사한 결과와 일부 뒤섞이는 경향도 있다는 점을 항상 고려해야 합니다. 그렇다고 아주 사소한 부분 때문에 전체를 모조리 무시해 버리는 것보다 어리석고 우스운 짓은 없습니다. 그러면 신약성경도 전부 무시해 버려야 합니다. 신약성경은 이 일에 항상 간섭하려 드는 다른 세력들이 있기에 참과 거짓의 존재를 알고 이해해서 거짓을 이기라고 말하기 때문입니다. 신약성경은 이런 일이 있을 것을 예상하고, 거짓과 가짜를 조심하라고 가르칩니다.

그러므로 사도 베드로의 말처럼 성령이 부어져서 부흥이 일어날 때에는 이런 현상들이 나타날 수 있다는 말로 이야기를 마무리 짓기로 합시다. 그렇다고 특이한 현상과 기이한 체험 그 자체를 추구해서는 안 됩니다. 우리가 추구해야 할 것은 하나님의 영광과 능력과 힘이 나타나는 것입니다. 우리가 추구해야 할 것은 부흥입니다. 부흥이 임하면 이상하고 별나게 보일 정도로 놀라운 일들이 일어날 것입니다. 그럴 때 하나님이 우리 가운데 역사하고 계심을 항상 생각하면서, 거짓과 가짜와 악한 영에 속한 모든 것을 골라내서 제지해야 합니다. 현상을 조작해 내려 하는 사람은 누구든지 마귀의 도구입니다. 그는 자청해서 정신적이고 심리적인 쪽으로 가 버립니다. 그래서는 안 됩니다. 그런 현상에 집중해서는 안 됩니다. 이런 부차적인 부수물을 주실지 주시지 않을지는 하나님의 주권적인 지혜에 맡겨야 합니다. 광신적인 인간의 역사, 보이지 않는 권세 및 세력의 역사, 마귀의 역사와 성령의 역사를 구별하기는 어렵지 않습니다.

그러므로 성령을 소멸하지 않도록 조심하며, 하나님의 영광과 우리에게 부어지는 성령께 시선을 고정합시다.

12. 부흥은 어떻게 임하는가

백성이 이 황송한 말씀을 듣고 슬퍼하여 한 사람도 그 몸을 단장하지 아니하니. (출 33:4)

출애굽기 33장은 구약성경에 나오는 아주 위대한 장들 중에 하나입니다. 어느 관점에서 보나 위대하고 영광스러운 장이라 할 만합니다. 여기 나오는 일화는 이스라엘 자손들의 길고도 굴곡진 역사에 등장하는 결정적인 일화들 중에 하나임이 확실합니다. 신약성경이 말하고 있듯이, 이 일들은 "우리의 거울"이 되게 하기 위해 기록된 것입니다(고전 10:6). 초대교회가 대부분 이방인들로 구성되어 있었던 시절에 성령께서 그들에게 있던 새 성경과 구약성경을 하나로 통합하도록 인도하신 이유도 여기 있는 것이 틀림없습니다. 구약성경은 그리스도인으로서 살아가는 우리 모두에게 크고도 심오한 가치를 갖는 가르침과 예증들로 가득 차 있습니다. 그렇기 때문에 구약성경을 무시하는 것, 신약성경에서뿐 아니라 구약성경에서 복음과 복음적인 가르침의 원리를 찾지 못하는 것이야말로 어떤 경우든 어리석기 짝이 없는 일입니다. 여러분은 신약성경 기자들이 이스라엘 자손들, 곧 구약 율법의 다스림을 받던 교회에 일어났던 일들을 계속 언급한다는 사실을 알 것입니다.

이제 제가 이 이야기에 특별히 여러분의 관심을 집중시키는 것은 이것이 우리가 연구하고 있는 교회의 부흥과 영적인 각성이라는 문제 전반에 아주 큰 빛을 던져 주기 때문입니다. 여러 가지 면에서 이 이야기 역시 교회가 건조하고 메마른 시기를 거쳐 각성과 부흥의 시기로 들어갈 때 일어나는 일들을 보여 주는 구약의 완벽한 실례들 중 하나라 할 만합니다. 이제 우리가 살펴보고자 하는 이 일은 기나긴 교회 역사상 아주 여러 차례 반복되어 왔습니다. 자, 이 이야기의 독특한 특징은 부흥이 어떻게 임하는지, 부흥이 교회에 임할 때 어떤 원리와 과정이 분명하게 나타나는지 알려 주되, 지금껏 우리가 살펴본 그 어떤 이야기보다 명확하게 알려 준다는 데 있습니다. 그러나 아주 명백하고도 확실하게 짚고 넘어가야 할 점이 있습니다. 저는 주로 일반적인 차원에서 교회의 문제를 다룰 것이고 교회에 부흥이 필요하다는 주제를 다룰 것입니다. 그러나 이것은 각 개인에게도 완벽하게 적용되는 메시지인 것이 분명합니다. 물론 부흥의 진정한 의미는 그 일이 다수의 개인들에게 한꺼번에, 동시에 일어난다는 것입니다. 그렇다고 부흥이 임할 때까지 개별적인 체험을 미루어 둘 필요는 없습니다. 이처럼 우리가 지금부터 살펴볼 모든 내용은 제가 설명하는 조건에 해당하는 각 개인에게도 곧장, 바로 적용되는 것들입니다.

자, 이 본문은 일반적인 의미에서 부흥이 임하는 절차와 단계를 특별히 교훈적인 방식으로 보여 주고 있습니다. 부흥의 전 역사를 볼 때, 생명력을 잃은 채 거의 빈사상태에 빠져 있던 교회가 어느 날 갑자기, 이를테면 단번에, 한 걸음에 강력한 능력을 얻고 부흥되며 영향력을 행사하는 상태로 옮겨 가는 사례는 거의 찾아보기 힘듭니다. 그렇습니다. 일반적으로 부흥은 특정한 단계와 절차를 거치게 되어 있습니다. 출애굽 때 일어난 이 사건의 미덕은 그 단계와 절차를 일화의 형식으로 아주 명백하고 확실하게 밝힐 수 있도록 도와준다는 데 있습니다. 그러므로 제가 할 일은 이 이야기를 있는 그대로 전달하는 것뿐입니다. 사실 이 이야기 자체가 거의 스스로 설교하고 있습니다. 이스라엘 자손의 삶 속에 일어난 이 특별한 이야기를 설명하는 것보다 쉬운 일은 없을 듯합니다.

이제 이스라엘 백성들이 어떤 형편과 상태에 처해 있었는지부터 살펴봅시다. 33:1-11에는 그 배경이 나오고 있습니다. 이 시기는 이스라엘 역사상 가장 심각했던 침체기에 속합니다. 여러분은 그들이 어떻게 애굽의 종살이에서 벗어나자마자 원망과 불평을 터뜨리며 여러 가지 모습으로 뒷걸음질 쳤는지 기억할 것입니다. 그런데 이번 경우는 그중에서도 가장 심각한 경우였던 것이 분명합니다. 모세는 율법을 받기 위해 하나님의 부르심을 받아 산으로 올라갔습니다. 그는 아론에게 이를테면 백성들을 맡기고 떠난 후 여러 날 동안 산에 머물렀습니다. 그런데 성경은 백성들이 조바심을 냈다고 기록하고 있습니다. 그들은 "모세는 대체 어디 있는 거야?"라고 물었습니다. "우리를 설득해서 애굽을 떠나게 하고 이 광야까지 끌고 들어오더니, 대체 어디로 가 버린 거지? 무슨 일이라도 생긴 거 아니야? 이제 우리는 안중에도 없나 보지? 그가 말하던 하나님, 우리에게 복을 주겠다던 하나님, 젖과 꿀이 흐르는 땅으로 인도해 주겠다던 하나님은 대체 어디 있는 거야? 모세라는 작자한테 무슨 일이 생긴 거냐고?" 그들은 조바심을 내다 못해 아론을 찾아가 말했습니다. "보십시오, 우리는 이제 지쳤습니다. 모세도 더 이상 기다릴 수 없고 그가 대변한다던 하나님도 기다릴 수가 없습니다. 다른 신을 만들어 주십시오." 여러분도 기억하시다시피 아론은 모든 백성에게 귀걸이를 빼서 가져오라고 했습니다. 그리고 그것을 전부 불에 던져 녹인 후에 금송아지 형상을 만들었습니다. 백성들은 그 금송아지를 예배하며 "이스라엘아, 이는 너희를 애굽 땅에서 인도하여 낸 너희 신이로다"라고 말했습니다(출 32:4). 이처럼 그들은 금송아지를 예배했을 뿐 아니라 공개적으로 죄와 악을 저질렀으며 악덕을 행했습니다. 그들은 금송아지 앞에서 춤을 추었고 극도로 수치스럽게 행동했습니다. 자, 이것이 오늘 다룰 일의 배경을 이루는 핵심 내용입니다. 이것은 불순종과 반역의 이야기이며 스스로 신을 만들어 섬긴 일에 대한 이야기입니다. 여러분은 여기에서 잘못된 예배를 보게 됩니다. 스스로 섬길 신을 결정해 버린 인간의 월권행위를 보게 됩니다. 그럴 때 인간은 당연히 죄를 짓게 되어 있으며, 공개적으로 부도덕하고 부끄러운 짓을 하게 되어 있습니다.

    그 내용을 세세히 적용하지는 않겠습니다. 그러나 영적으로 민감한 사람, 성경과 지난 100년간의 교회사를 아는 사람이라면 누구나 이것이 현재 교회의 상태를 너무나 잘 재현해 놓은 일종의 초상화임을 알 것입니다. 교회는 이런 짓을 거듭해 왔습니다. 물론 자기의 신을 세웠다는 점에서 그렇습니다. 그것을 어떻게 증명하겠느냐고 묻는다면, 지난 100년간 이른바 비평적인 태도로 성경을 대한다고 하면서 저질러 온 일들을 간단히 지목해 보이겠습니다. 그것은 이스라엘의 죄를 반복한 것에 지나지 않습니다. 인간은 더 이상 계시를 받아들이지 않았으며 그 계시에 굴복하지 않았습니다. 오히려 스스로 계시를 판단하는 자리에 앉아 계시가 어떠해야 하는지를 결정지었습니다. 그것은 금송아지를 만드는 죄입니다. 새 신을 세우는 죄입니다. 교회가―저는 특별히 '교회'가 이렇게 했다는 점을 밝히고 싶습니다―성경 위에 올라서서 그 위에 군림했습니다. 철학을 계시의 자리에 올려놓았습니다. 인간은 서슴없이 구약의 하나님에 대한 의견을 피력했고, 지금도 그렇게 하고 있습니다. 다른 나라의 한 저명한 교회 지도자는 구약의 하나님을 약자를 괴롭히는 협박자라고 부르면서 자신은 그런 하나님을 믿지 않는다고 말했습니다. 영국에도 기독교 설교자를 자처하는 사람들 중에 "시내 산 위에 앉아 협박을 늘어놓는 하나님"은 믿지 않는다고 말하는 이들이 있습니다. 자신들이 믿는 분은 신약의 하나님, 주 예수 그리스도의 하나님이라는 것입니다. 그 말을 들으면 마치 예수님은 구약의 하나님을 믿지 않으셨던 것 같습니다!

이 내용을 오래 다룰 필요는 없습니다. 아시다시피 이런 일은 전부 출애굽 이야기의 재판再版입니다. 인간은 자기의 신을 만들어 왔습니다. 주 예수 그리스도에 대해서도 같은 짓을 저질렀습니다. 그들은 기적을 믿지 않습니다. 그렇기 때문에 기적은 일어난 적이 없다고, 성경의 이야기들은 현실성이나 사실성이 없는 신화에 불과하다고, 그저 영적인 진리를 전달하는 이야기에 지나지 않는다고 말합니다. 그들은 동정녀 탄생이나 기적, 문자 그대로 몸을 가지고 부활한 일 등을 부인합니다. 자, 물론 이 모든 것은 이스라엘 자손이 한 짓과 똑같은 것입니다. 그 당시 이스라엘 자손들은 아주 노골적으로 우상을 섬겼습니다. 실제로 금귀고리를 녹여서 금송아지 형상을 만들었으며 눈에 보이는 신상을 세웠습니다. 그러나 그 원리는 전혀 다르지 않습니다. 인간이 자기 신을 만들어 놓고 그 신의 모습이 어떠해야 하는지, 또 자신들이 누구를 믿고 무엇을 믿을 것인지 스스로 판단하고 결정했다는 점에서는 다 똑같은 것입니다. 그러고 나서 그들은 자신들이 만들어 놓은 신에게 일종의 예배를 드립니다. 물론 이런 짓을 하기 시작할 때 항상 일어나는 일은 도덕적인 타락에 빠지는 것입니다. 이스라엘 백성들은 금송아지를 만들어 예배하는 데서 그치지 않고 그 앞에서 춤을 추며 술을 마시고 죄를 짓기 시작했습니다. 그들은 심히 난잡한 짓을 했습니다. 물론 오늘날 우리가 목격하고 있는 광경도 똑같습니다. 복음적이었던 과거의 종교가 윤리적이지도, 도덕적이지도, 사회적이지도 않다는 이유로 새로운 신을 세운 사람들, 자신들이 원하는 조건을 갖춘 새로운 신을 만들어 낸 이 똑똑한 사람들이 오늘날 우리가 보는 바와 같은 도덕적인 상황을 빚어낸 것입니다. 경건이 없으면 도덕도 없습니다. 영국 역사상 가장 도덕적인 시기들은 부흥과 영적인 각성이 일어난 이후에 찾아왔습니다. 새 신을 세울 때 일어나는 현상은 윤리의 쇠락과 도덕의 붕괴입니다. 이처럼 우리는 교회와 세상에서 똑같은 일을 겪어 왔습니다. 거짓 예배, 거짓 신앙, 거짓 신이 나올 때마다 무서운 악과 죄와 악덕의 상태에 빠지는 경험을 한 것입니다.

그런 상태에 빠졌을 때 일어나는 일이 무엇입니까? 자, 이스라엘 백성들에게 무슨 일이 일어났는지 기억하십니까? 하나님은 그들을 벌하셨습니다. 하나님은 언제나 죄를 벌하십니다. 종종 했던 말이지만 또 한번 반복하겠습니다. 저는 20세기에 우리가 경험한 두 차례의 세계대전이 19세기의 배교에 대한 하나님의 벌이었다고 생각합니다. 이 외에는 달리 적절한 설명을 찾을 수가 없습니다. 하나님은 이스라엘을 무섭게 벌하셨습니다. 산에서 내려온 모세는 백성들의 기막힌 상황을 보고 굉장한 도전을 던졌습니다. 진문에 서서 "누구든지 여호와의 편에 있는 자는 내게로 나아오라"라고 말한 것입니다(32:26). 그러자 레위 자손이 전부 모여 나아왔습니다. 이런 상황이 되면 반드시 이와 같은 일이 뒤따르게 되어 있습니다. 강력한 촉구가 나오고, 일종의 구별이 이루어집니다. 감사하게도 우리는 이 일에 대해 어느 정도 아는 바가 있습니다. 오늘날 교회에도 구별이 이루어지고 있습니다. 이 점을 아주 분명하게 짚고 넘어가도록 합시다. 이처럼 성경을 새롭게 대하려는 태도에 항상 저항하는 자들이 있었다는 것은 감사한 일입니다. 불꽃이 꺼지지 않도록 지키는 자들, 이것이 진리이며 이것 외에는 진리가 없음을 아는 자들이 늘 있었습니다. 오늘날 우리도 구별되라는 요청을 받고 있습니다. 제가 교회 내에서 구분을 해도 된다고 인정하는 유일한 경우가 바로 이것입니다. 하나님의 말씀과 계시와 가르침에 복종하는 자들과 그렇지 않은 자들은 서로 구분되어야 합니다. 저는 교단의 문제에 관심이 없습니다. 저의 유일한 관심사는 "여호와의 편에 있는 자"와 자기 신, 자기 사상, 자기 생각을 섬기는 자들을 구별하는 것입니다. 이것이 우리가 본문에서 들어야 할 첫 번째 요점입니다.

이것은 우리의 당면과제인 모세의 중보로 이어집니다. 모세의 말은 성경 전체를 통틀어 인간의 입에서 나온 가장 영광스러운 진술이라 할 만합니다. "여호와께로 다시 나아가 여짜오되, 슬프도소이다. 이 백성이 자기들을 위하여 금신을 만들었사오니 큰 죄를 범하였나이다. 그러나 합의하시면 이제 그들의 죄를 사하시옵소서." 그러고 나서 그는 잠깐 말을 멈춥니다. 곧바로 말을 이을 수가 없는 것입니다. 그는 잠시 침묵했다가 다시 입을 엽니다. "그렇지 않사오면 원컨대 주의 기록하신 책에서 내 이름을 지워 버려 주옵소서"(출 32:31-32). 모세는 여기에서 중보자가 되고 있습니다. 주 예수 그리스도를 예시하는 일종의 모형이 되고 있습니다. 중재자가 되고 있습니다. 백성들과 하나님의 진노 사이에 서서 "나를 벌해 주소서"라고 말하고 있습니다. 물론 그는 그 벌을 감당할 수 없었습니다. 그것은 그가 감당하기에 너무나 벅찬 것이었습니다. 그럼에도 모세의 고귀한 정신은 이 위대한 사건에서 아주 환하게 빛나고 있습니다. 그러나 제가 주의를 환기시키고 싶은 것은 이러한 모세의 중보에 하나님이 보이신 반응입니다. 그 내용이 33:1-3에 나오고 있습니다.

여호와께서 모세에게 이르시되, 너는 네가 애굽 땅에서 인도하여 낸 백성과 함께 여기서 떠나서 내가 아브라함과 이삭과 야곱에게 맹세하기를 네 자손에게 주마 한 그 땅으로 올라가라. 내가 사자를 네 앞서 보내어 가나안 사람과 아모리 사람과 헷 사람과 브리스 사람과 히위 사람과 여부스 사람을 쫓아내고 너희로 젖과 꿀이 흐르는 땅에 이르게 하려니와 나는 너희와 함께 올라가지 아니하리니 너희는 목이 곧은 백성인즉 내가 중로에서 너희를 진멸할까 염려함이니라 하시니.

자, 이것은 의미심장한 말씀입니다. 하나님이 모세에게 주신 대답은 요컨대 이런 것입니다. "나는 이 백성을 젖과 꿀이 흐르는 약속의 땅 가나안에 들어가게 해 주겠다고 약속했다. 그래서 명하는 것이니 너는 그들을 데리고 올라가거라. 네가 그들을 약속의 땅으로 데려가거라. 그들이 지금까지 해온 짓으로 볼 때, 나는 더 이상 함께 가지 않는 편이 좋겠다. 지금까지는 너희 가운데 있었지만―여러분이 기억하시다시피 하나님은 낮에는 구름으로, 밤에는 불기둥으로 자신의 임재를 나타내셨습니다―이제는 더 이상 너희와 함께 올라가지 않겠다. 어떤 점에서 내가 너희와 함께 가는 것이 오히려 너희의 멸망을 부르는 일이 될 수도 있다. 그러니 내가 직접 가는 대신 천사를 보내서 너희를 인도하며 원수들을 물리치게 해 주겠다." 그는 모세에게 말씀하셨습니다. "그러니 가거라. 내가 너를 지도자로 임명했으니 이 백성들을 이끌고 올라가 젖과 꿀이 흐르는 기업의 땅 가나안으로 들어가거라. 내가 직접 가는 대신 천사를 보내 도와줄 테니 가거라."

이것이 그 당시 이스라엘의 처지였습니다. 우리의 지대한 관심사는 이 말씀에 모세와 교회가 어떤 반응을 보였느냐 하는 것입니다. 부흥의 첫 단계에는 항상 이런 특징이 나타나게 되어 있습니다. 여러분은 그들의 처지를 알고 있습니다. 그들은 죄를 지었고 하나님은 그 죄에 대해 판결을 내리셨으며 심판을 선언하셨습니다. 여기에서 볼 수 있듯이, 부흥의 첫 단계 내지 첫걸음은 자신이 바로 이런 상황에 처해 있음을 깨닫는 것입니다. 하나님을 거역하고 등을 돌린 백성들, 그의 이름을 훼방하고 그 종 모세를 비난하던 백성들, 아론을 부추겨 송아지를 만들게 하고 그것을 섬기던 백성들, 죄를 짓던 백성들이 갑자기 멈추어 섰습니다. 어찌 되었든지 간에 자신들의 상황에 대해 무언가를 깨달은 것입니다. 자, 이것이야말로 결정적으로 중요한 일인 것이 분명합니다. 이런 깨달음이 없는 한 부흥이 일어날 가망은 없습니다. 부흥은 자기 상황을 깨닫는 것입니다. 그 상황의 심각성을 인식하는 것입니다. 하나님의 말씀에 함축된 의미를 알아차리는 것입니다. 하나님이 자신들을 떠나겠다고 하시더니 정말로 떠나 버리셨습니다. 늘 있던 구름이 사라져 버리고 없습니다. 불기둥도 더 이상 보이지 않습니다. 떠나겠다고 하시더니 정말로 떠나 버리셨습니다. 하나님의 임재를 보여 주던 표적과 상징들이 다 사라져 버렸습니다. 더 나아가 백성들은 하나님이 자신들을 기뻐하지 않으시기 때문에 이렇게 떠나셨다는 사실을 인식했고 깨달았습니다.

자, 어떤 부흥이든 좋으니 그 역사를 한번 읽어 보시기 바랍니다. 교회사에 기록된 위대한 영적 운동에 대해 읽어 보시기 바랍니다. 부흥이 일어날 때마다 예외 없이 이런 인식이 생겨났음을 알게 될 것입니다. 마르틴 루터의 경우에도 면죄부 판매를 비롯한 중세 교회의 폐해들을 먼저 인식하지 않았습니까? 실제로 이것이 그가 제일 처음 다루었던 문제였습니다. 믿음으로 의롭다 하심을 얻는다는 교리를 명확히 세우기 전에 교회의 기막힌 상황을 먼저 인식했고, 그 죄와 수치스러운 처지를 먼저 인식했던 것입니다. 그는 우상 숭배가 교회 안까지 침투하여 참되신 하나님과 그 아들 주 예수 그리스도를 예배하지 못하도록 가리고 있는 상황을 먼저 인식했습니다. 루터는 이스라엘 백성들처럼 자신의 현실에 눈을 떴습니다. 이것이 꼭 거치게 되는 첫 번째 단계입니다. 일반적으로 볼 때 오늘날 교회에도 이런 인식의 증거가 있노라고 자신 있게 말할 수 있다면 얼마나 행복할까요. 모든 남녀가 하던 일을 멈춘 채 현실을 직시하며 기독교회의 실제 형편을 보기 시작했다는 조짐이 보인다고 말할 수 있다면 얼마나 감사할까요. 지금 그런 증거가 하나라도 나타나고 있습니까? 어찌 되었든지 간에 그런 증거가 어느 정도 나타나기 전까지는 참된 부흥이 일어날 가망이 없습니다. 이것이 첫 단계입니다.

감히 말하지만 복음주의적인 교회들에서도 이런 증거들을 많이 볼 수 없지 않습니까? 물론 우리가 특별히 빠지기 쉬운 위험은 자기 마음과 생각에 갇혀 연례 집회와 기념일들을 챙기고 자신의 업적을 보고하며 여름 행사와 겨울 행사를 치르는 등등의 일로 분주하게 지내는 것입니다. 우리에게는 그 모든 일이 멋지고 훌륭하게 보입니다. 우리는 무언가 잘못되었음을 깨닫지 못하고 있는 듯합니다. 교회의 상태를 제대로 점검해 보려면 명백하고 분명하게 잘못된 것과 비교하며 대조해서는 안 됩니다. 신약성경이 그리고 있는 교회상에 비추어 검토하거나, 모든 위대한 개혁과 부흥의 시기, 즉 하나님이 교회 한가운데 계시면서 그 임재와 영광을 영적으로 크게 나타내셨던 시기의 교회상에 비추어 검토해야 합니다. 그것과 비교해 볼 때, 하나님을 아는 지식과 영성이라는 기준에서 평가해 볼 때, 설사 복음주의 교단이라 할지라도 과연 어떤 결과가 나올지 의문입니다. 중요한 것은 **하나님에 대해** 아느냐가 아닙니다. **하나님을** 아느냐, 그와 그의 임재를 직접 체험했느냐입니다. 우리가 이 연구를 계속해 나가면서 살펴볼 점이 이것입니다.

현재 교회의 상태에 만족하고 있습니까? 자기 자신의 상태에 만족하고 있습니까? 자신이 진리를 믿고 있으며 복음주의적인 신앙을 가지고 있다는 것, 자유주의 신학에 물들지 않았다는 것에 만족하고 있습니까? 물론 그것은 좋은 일입니다. 그러나 과연 그것이 전부일까요? 우리의 영적인 실태와 상황은 어떻습니까? 이 사도들, 바울과 그 밖의 사람들의 체험을 읽을 때 어떤 느낌이 듭니까? 바울처럼 우리도 "내가 그리스도와 그 부활의 권능과 그 고난에 참예함을 알려 하여……내가 이미 얻었다 함도 아니요……뒤에 있는 것은 잊어버리고……좇아가노라"고 말하는 일종의 긴장 상태에 있노라고 정직하게 말할 수 있습니까?(빌 3:10-14) 그런 긴장과 관심, 진력하며 앞으로 좇아가려는 심정이 있습니까? 그런 심정에 대해 얼마나 알고 있습니까? "말할 수 없는 영광스러운 즐거움으로" 주 예수 그리스도를 기뻐한다고 정직하게 말할 수 있습니까?(벧전 1:8) 바울처럼 "내게 사는 것이 그리스도니 죽는 것도 유익함이니라"라고, "떠나서 그리스도와 함께 있을 욕망을 가진 이것이 더욱 좋으나"라고 말할 수 있습니까?(빌 1:21, 23) 여러분은 죽음을 생각할 때 어떤 느낌이 듭니까? 병이 들어서 회생할 가능성이 없을 때, 죽을지도 모른다는 생각이 들기 시작할 때 어떤 마음이 될 것 같습니까? 자, 이것이 우리 자신을 검증해 보는 방법입니다. 자신에게 필요가 있음을 깨닫지 못하는 사람은 부흥을 위해 참으로 기도하며 중보하게 될 가능성이 없습니다. 만사가 잘 돌아가고 있습니까? 모든 것이 만족스러워 보입니까? 뒤에 물러앉아 팔짱을 낀 채 "만사가 멋지게 진행되고 있다. 저 보고서들을 좀 보라"고 말할 수 있습니까? 이 점에서 우리는 본문에 나오는 이스라엘 백성들과 비슷합니까, 아니면 스스로 부유하고 풍성하다고 말하며 만사가 잘 돌아가고 있다고 말했던 라오디게아 사람들, 실상은 자신들이 가난하고 가련하며 눈멀었다는 사실을 몰랐던 라오디게아 사람들과 비슷합니까?

하나님이 우리에게 은혜를 베풀어 주시기를, 그리하여 우리 자신을 점검하게 해 주시며 정직하게 보게 해 주시기를 원합니다. 신약성경에 묘사된 교회와 우리의 차이를 알겠습니까? 하나님이 지금 교회를 기뻐하지 않으신다는 것을 알겠습니까? 하나님이 부흥으로 그 백성 가운데 마지막으로 강림하신 후 이토록 긴 시간이 흐르고 있는 이유가 무엇입니까? 왜 이처럼 지독히도 긴 시간이 필요한 것입니까? 왜 우리의 처지가 이렇게 되어 버렸습니까? 왜 교회가 이토록 의미 없는 곳이 되어 버렸습니까? 왜 아무런 영향도 끼치지 못하는 곳이 되어 버렸습니까? 왜 모든 남녀가 이처럼 죄 가운데 살고 있는 것이며 상황이 악화일로에 있는 것입니까? 친애하는 여러분, 여러분과 제가 밟아야 할 첫 단계는 바로 이 같은 현실을 깨닫는 것입니다. 이 현실 앞에 멈추어 서서 그것에 대해 생각하기 시작하며 거기에 관심을 갖고 현재 우리의 처지를 깊이 인식하는 것입니다.

물론 이 단계에만 그쳐서는 안 됩니다. 그저 깨닫기만 하는 것은 아무 소용이 없습니다. 33:4에 나오는 두 번째 단계로 나아가야 합니다. "백성이 이 황송한 말씀을 듣고 슬퍼하여 한 사람도 그 몸을 단장하지 아니하니." 여기 그 다음으로 해야 할 일이 있습니다. 그것은 바로 회개입니다. 사실을 직시하지 못하면 당연히 회개도 할 수 없습니다. 사실을 직시했다면, 그 다음으로 부닥치는 문제는 "회개할 것이냐?" 하는 것입니다. 현실을 보더라도 피상적인 호기심으로만 보면 아무 소용이 없습니다. 후회와 회개는 완전히 다릅니다. 후회하는 사람은 어떤 의미에서 사실을 보기는 하되 그 일에 오랜 시간을 들이지는 않습니다. 그는 말합니다. "아, 내가 바보였어. 그런 짓을 하면 안 되는 거였는데. 괜히 그런 짓을 해서 지금 고생하잖아." 그리고 나서 그 일을 잊은 채 계속 살아갑니다. 이런 것은 아무 가치 없는 후회일 뿐입니다. 회개는 그보다 훨씬, 훨씬 더 깊은 것입니다. 사도 바울은 고린도후서 7장에서 이 점을 단번에 설명하면서, 회개의 의미에 대해 고전적인 진술을 해 주고 있습니다.

> 그러므로 내가 편지로 너희를 근심하게 한 것을 후회하였으나 지금은 후회하지 아니함은 그 편지가 너희로 잠시만 근심하게 한 줄을 앎이라. 내가 지금 기뻐함은 너희로 근심하게 한 까닭이 아니요 도리어 너희가 근심함으로 회개함에 이른 까닭이라. 너희가 하나님의 뜻대로 근심하게 된 것은 우리에게서 아무 해도 받지 않게 하려 함이라. 하나님의 뜻대로 하는 근심은 후회할 것이 없는 구원에 이르게 하는 회개를 이루는 것이요 세상 근심은 사망을 이루는 것이니라. 보라, 하나님의 뜻대로 하게 한 이 근심이 너희로 얼마나 간절하게 하며 얼마나 변명하게 하며 얼마나 분하게 하며 얼마나 두렵게 하며 얼마나 사모하게 하며 얼마나 열심 있게 하며 얼마나 벌하게 하였는가! 너희가 저 일에 대하여 일절 너희 자신의 깨끗함을 나타내었느니라(고후 7:8-11).

이것은 참된 회개에 대한 완벽한 정의입니다. 이스라엘 자손들의 경우를 보십시오. 이 정의의 완벽한 실례를 볼 수 있습니다. 회개는 단순히 하던 일을 멈추고 그렇게 하지 말았어야 한다고, 무언가 잘못되었다고 생각하는 것이 아닙니다. 그렇습니다. 여러분은 그 잘못이 얼마나 심각한 것인지, 얼마나 무서운 속성을 가진 것인지 깨달아야 합니다. 이스라엘 자손들은 그것을 깨달았기 때문에 자신들을 혐오했습니다. 바울이 고린도인들에게 말하고 있는 바가 바로 이것입니다. "너희는 죄를 힐끗 보고 그냥 넘긴 것이 아니라 자신들을 자세히 점검해 보았다. 자신들을 때리고 벌하며 미워했고 스스로에게 죄를 갚았다." 이것이 회개의 본질입니다. 자신이 저지른 짓의 심각성을 깨닫는 것입니다. 이스라엘 백성들은 말했습니다. "우리는 하나님께 등을 돌렸다. 금송아지 신을 만들어 섬김으로써 죄를 지었다. 우리 스스로 부끄러운 짓을 저질렀다. 우리 손으로 만든 일개 우상 앞에서 벌거벗고 춤을 추었다." 그 죄가 그들의 가슴을 파고들었습니다. 그들은 그 죄를 미워하고 혐오했으며 자신들을 철두철미하게 정죄했습니다. 아, 그보다 훨씬 더 중요한 점은 하나님이 보시기에 자신들의 죄가 얼마나 심각한지 깨달았다는 것입니다. 그들은 "우리가 우리를 보아도 이토록 악한데 하나님이 보시기에는 어떨까?"라고 말했습니다.

탕자도 그것을 알지 않았습니까? 그는 돼지와 함께 들판에서 지내기 전까지 자기가 대단한 사람인 줄 알았습니다. 그러다가 정신을 차렸을 때 가장 먼저 일어난 일은 자신의 실상을 보며 자신이 얼마나 큰 바보였는지 깨닫는 것이었습니다. 그는 자신을 꾸짖고 미워하며 정죄했습니다. 그러고 나니 아버지 생각이 났습니다. "내가 나를 봐도 이렇게 기가 막힌데, 아버지는 잘난 척하며 유산을 받아 집을 떠나는 내 모습을 보시면서 얼마나 더 기가 막히셨을까? 나는 아버지와 집이 제공해 준 모든 것을 걷어차 버렸다. 내가 봐도 너무나 어리석은데 아버지 보시기에는 어떨까? 도대체 무슨 면목으로 돌아가서 아버지 얼굴을 뵙지? 오, 그때 아버지의 마음이 얼마나 괴로웠을까!" 우리 죄가 하나님 보시기에 어떨지 생각해 보았습니까? 저는 죄를 깨달을 때 마음이 얼마나 부대끼는지 알고 있습니다. 우리는 그 부대낌을 얼른 면하고 싶어서 하나님께 용서를 구합니다. 여러분은 그렇게 용서를 구하기 전에 자신의 죄가 하나님께 어떻게 보일지 깨닫는 단계를 거칩니까? 하나님의 피조물인 우리, 하나님의 백성으로서 모든 것을 받아 누린 우리가 어떻게 이토록 어리석고 이기적으로 그분께 등을 돌리고 자기 신을 만들어 각기 제 갈 길로 가 버릴 수 있단 말입니까? 오, 가서 부흥의 역사를 다시 읽어 보십시오. 처음에 각 사람에게 일어나는 일을 보십시오. 예외 없이 이런 깨달음이 가장 먼저 찾아온다는 사실을 발견할 것입니다. 그들은 자기 죄가 하나님 보시기에 얼마나 무섭고 끔찍한지 보기 시작합니다. 교회의 상태와 개인적인 고뇌는 잠시 뒷전으로 밀려납니다. 하나님 앞에 자기의 죄만 보일 뿐입니다. 그 죄가 너무나도 무섭게 느껴집니다. 부흥이 임할 때, 특히 그 초기에는 이처럼 하나님의 거룩하심과 자기 죄의 심히 죄 됨을 보고 어찌 할 바를 모르는 몇 사람이 반드시 나오게 되어 있습니다. 이미 살펴보았듯이 개중에는 그것을 너무 날카롭게 인식한 나머지 물리적으로 쓰러져 버리는 사람들도 있습니다. 그러나 쓰러지느냐 아니냐는 중요치 않습니다. 정말 중요한 일은 하나님 앞에서 죄를 깨닫는 것입니다.

이스라엘 자손들은 여기에서도 더 나아가 자신들이 죄를 지었기 때문에, 하나님이 그 죄를 보셨기 때문에 자신들을 떠나가셨으며 가나안에 자신들끼리만 올라가라고 말씀하신다는 것을 불현듯 깨달았습니다. 천사는 보내 주겠지만 하나님은 가시지 않는다는 것입니다. 애굽에서 이를테면 자신들 한가운데로 들어오셨던 하나님, 홍해에서 그 능력을 보여 주셨던 하나님, 양쪽에는 비하히롯과 바알스본이 서 있고 뒤에는 바로의 군대가 쫓아오며 앞에는 홍해가 넘실거릴 때 자신들과 함께 계셨던 하나님, 강림하여 홍해를 갈라 주셨던 하나님, 그토록 강력하게 임하셨던 영광스럽고 거룩하신 하나님이 이제는 더 이상 자신들과 함께 가지 않으신다는 것입니다. 이 말씀을 들은 백성들은 어찌할 바를 몰랐습니다. 그들은 두렵고 슬펐습니다. "백성이 이 황송한 말씀을 듣고." 그것은 정말 황송한 말씀이었습니다. "나는 너희와 함께 올라가지 아니하리니 너희는 목이 곧은 백성인즉 내가 중로에서 너희를 진멸할까 염려함이니라." 그들은 진멸당할지도 모른다는 위협감 때문에 고민했던 것이 아닙니다. "나는 너희와 같이 가지 않겠다. 너희끼리 올라가라. 천사는 보내 주겠지만 나는 가지 않겠다"는 말씀 때문에 고민한 것입니다.

오, 이것은 엄청난 일입니다. 여기에 모든 문제의 핵심이 있습니다. 참으로 각성한 모든 남녀는 하나님이 자신들과 함께하시지 않는 것이야말로 가장 심각한 문제라는 것을 깨닫기 시작합니다. 이 말씀의 강도가 온전히 느껴집니까? 하나님은 지금 이들을 약속의 땅으로 보내고 계십니다. 하나님은 말씀하십니다. "올라가거라. 내가 너희에게 가나안 땅을 주겠다고 약속했으니 그 약속을 지키겠다. 너희는 젖과 꿀이 흐르는 땅에 들어갈 것이다. 너희 앞에 천사를 보내서 아모리 족속과 헷 족속을 비롯한 원수들을 물리쳐 주겠다. 가거라. 약속의 땅으로 올라가거라. 나는 너희를 애굽의 종살이에서 끌어냈고 이제 약속의 땅으로 들여보내려 한다. 가거라, 모세야, 이들을 이끌고 가거라. 내가 천사를 보내서 너희와 함께 가게 하겠다."

그러자 백성들이 말했습니다. "아닙니다. 주께서 같이 가지 않으시면 우리도 가지 않겠습니다."

이것이 영적인 지각의 본질입니다. 여러분과 저는 바로 이런 단계에 이르러야 합니다. 백성들은 갑자기 눈이 열려, 하나님이 함께하시지 않으면 다른 복은 아무리 받아 봐야 헛것이라는 크고도 깊은 깨달음을 얻게 되었습니다. 가나안이 다 무슨 소용이란 말입니까? 젖과 꿀이 다 무슨 소용이란 말입니까? 하나님이 함께하시지 않는데 기업을 얻으면 뭐하겠습니까? 그들은 하나님의 임재를 느끼며 그와 교제하고 사귀는 것이야말로 그 무엇에도 비할 수 없는, 무한히 중요한 일임을 알게 되었습니다.

이것을 오늘날 교회에 적용할 필요가 있을까요? 하나님이 우리 가운데 계시다는 큰 깨달음이 없어도 원수는 이길 수 있습니다. 오, 그렇습니다. 우리 대신 원수를 이겨 줄 천사들, 원수를 멸하고 우리를 약속의 땅으로 인도해 줄 천사들이 있습니다. 우리는 가나안에 들어와 있으며 젖과 꿀을 얻고 있습니다. 만사가 다 형통한 듯 보입니다. 그러나 시편 106편은 이스라엘 백성들에 대해 무서운 말씀을 하고 있습니다. "여호와께서 저희의 요구한 것을 주셨을지라도 그 영혼을 파리하게 하셨도다"(15절). 겉으로는 번창하며 풍요로울 수 있고, 교회도 눈에 띄게 잘되는 듯 보일 수 있습니다. 재정도 넉넉하고 교인도 많고 목회도 성공적이고 회심자도 있는데다가 원수는 물러가고 만사가 형통해서 기독교 신문에까지 실릴 수 있습니다. 모든 것이 훌륭해 보입니다. 그러나 제가 던지고 싶은 무서운 질문은 이것입니다. 그 가운데 하나님이 계십니까? 우리 가운데 참으로 하나님이 계십니까? 우리는 그의 영광스러운 임재에 대해 마땅히 알아야 할 만큼 알고 있습니까? 이스라엘 백성의 문제는 바로 그것이었습니다. 그들의 말은 요컨대 "가나안도 필요 없고 젖과 꿀도 필요 없습니다. 원수들에게도 관심 없습니다. 우리는 당신 자신을 원합니다"라는 것이었습니다.

시편 기자는 말합니다. "하나님이여, 사슴이 시냇물을 찾기에 갈급함같이 내 영혼이 주를 찾기에 갈급하니이다"(시 42:1). 그는 축복을 찾지 않습니다. 하나님, 살아 계신 하나님을 찾습니다.

바울은 "그렇다, 나는 성공한 전도자로서 많은 일을 이루었다. 그러나, 오, 나는 그에 만족하지 않는다"라고 말합니다. "내가 그리스도와 그 부활의 권능과 그 고난에 참예함을 알려 하여."

이스라엘 백성들은 말했습니다. "싫습니다. 우리는 당신 없이 갈 수 없습니다. 당신의 임재가 꼭 필요합니다." 그들은 외적인 번영이나 어떤 형태의 성공도 하나님의 부재를 보상할 수 없음을 깨달았습니다. "사람이 만일 온 천하를 얻고도 제 목숨을 잃으면 무엇이 유익하리요?"(막 8:36)

그리스도인들이여, 제가 여러분에게 묻는 것은 선한 삶을 살고 있는가가 아닙니다. 행복한가도 아닙니다. 성경은 읽는가, 기도는 하는가도 아닙니다. 교회 활동을 열심히 하는가, 다른 형태의 기독교적인 활동을 열심히 하는가도 아닙니다. 제 질문은 이것입니다. 여러분은 하나님을 알고 있습니까? 하나님이 여러분과 함께하고 계십니까? 그가 여러분의 삶 가운데 함께하고 계십니까? 아니면 하나님과 함께 가고 있기는 하지만 이를테면 그는 멀리 계시고 그가 보내신 천사나 지도자에게서 힘과 능력을 얻고 있습니까? 우리가 물어야 할 것은 이것입니다. 여러분은 하나님과 어떤 개인적인 관계를 맺고 있으며 어떤 교제를 나누고 있습니까? 이스라엘 백성들은 회개했습니다. 회개의 목적, 궁극적인 목표는 하나님과 나의 관계 외에는 그 무엇도 중요치 않다는 사실을 깨닫는 것입니다. "오, 주여, 당신을 떠나서는 그 어떤 것도 저를 기쁘게 하거나 괴롭게 할 수 없습니다." 그들은 상황을 직시했을 뿐 아니라 회개했습니다.

그러나 그들은 거기에서도 더 나아가—성경은 얼마나 완벽한지요—회개의 온전한 증거를 나타냈습니다. 이 또한 후회와 회개의 차이점입니다. 회개는 금세 지나가는 일시적인 감정이 아닙니다. 회개는 의지에 영향을 끼칠 만큼 깊은 것입니다. 사도가 고린도후서 7장에서 말하고 있듯이 회개는 행동으로 이어지게 되어 있습니다. 바울은 "너희는 문제를 바로잡았다. 그 문제를 해결하기 위해 조처를 취했다"라고 말합니다. 자신이 해야만 한다고 느끼는 일을 실천에 옮기지 않는 한, 그 사람은 회개한 것이 아닙니다. 본문에서 알 수 있듯이 이스라엘 백성들은 그것을 실천에 옮겼습니다.

백성이 이 황송한 말씀을 듣고 슬퍼하여 한 사람도 그 몸을 단장하지 아니하니, 여호와께서 모세에게 이르시기를, 이스라엘 자손에게 이르라. 너희는 목이 곧은 백성인즉 내가 순식간이라도 너희 중에 행하면 너희를 진멸하리니 너희는 단장품을 제하라. 그리하면 내가 너희에게 어떻게 할 일을 알겠노라 하셨음이라. 이스라엘 자손이 호렙 산에서부터 그 단장품을 제하니라(출33:4-6).

이렇게 하기 전까지는, 어떤 모양, 어떤 형태로든 우리가 해야 할 일을 하기 전까지는 진정으로 회개한 것이 아닙니다. 회개한다는 것은 특히 하나님이 보시기에 죄를 지었음을 깊이 깨닫고, 그가 보시기에 기뻐하실 만한 일이라면 무엇이든 하기를 소원한다는 뜻입니다. 죄를 버리고 그의 명령을 따른다는 뜻입니다. "단장품을 제하라." 이스라엘 자손들은 단장품을 제했습니다. 그렇습니다. 그들을 넘어뜨린 것은 바로 그 단장품이었습니다. 금송아지도 그 단장품으로 만들었습니다. 그래서 단장품이라면 생각하기도 싫었습니다. 하나님은 "단장품을 제하라"고 명하셨고, 그들은 단장품을 제했습니다.

그리스도인들의 전기와 부흥의 이야기들을 읽어 보면 제 말이 무슨 뜻인지 정확히 알게 될 것입니다. 부흥의 때에는 항상 이렇게 제하는 일이 있게 마련입니다. 늘 해오던 일이지만 이제 더 이상 해서는 안 된다는 사실을 깨닫습니다. 그 자체로서는 해롭지 않더라도 하나님과 자신을 가로막는 것이기에 포기합니다. 단장품을 없앱니다. 자기 자신도 포기합니다. 자신을 새롭게 구별하고 헌신해서 하나님께 바칩니다. 거듭 말하건대 이것이 회개의 핵심적인 본질입니다. 회개하는 사람은 행동해야 한다는 것을 압니다. 거기에는 몇 가지 단계가 있습니다. 구체적으로 무슨 일을 해야 하는지 제가 일일이 말씀드릴 필요는 없을 것입니다. 설사 일일이 말한다 해도 그것이 해당되는 사람들이 있는가 하면 해당되지 않는 사람들도 있을 것이기 때문입니다. 이처럼 구체적인 부분은 각기 다르다 해도 우리는 모두 무언가를 제할 필요가 있습니다. 이 점에서는 한 사람도 예외가 없습니다. 흡연이나 음주나 그밖에 이런저런 사항을 꼭 집어 이야기하는 것은 무의미합니다. 모든 이들의 삶에 있는 그 무언가—어떤 단장품—를 버리면 됩니다. 자신이 죄를 지었다는 사실과 자신이나 자신 같은 사람들의 죄 때문에 교회가 이 모양이 되었다는 사실을 깨달은 사람, 그것이 하나님 보시기에 무엇을 의미하는지 깨달은 사람은 진정으로 회개하며 자신을 검토할 것입니다. 무언가 문제되는 것들을 발견하고, 기꺼이, 기쁜 마음으로 그것을 처리할 것입니다. "이스라엘 자손이 그 단장품을 제하니라."

이것이 전부는 아닌 것이 분명합니다. 이것은 첫 단계요 시작에 불과합니다. 무언가 잘못되었다는 사실, 그것도 심히 잘못되었다는 사실, 하나님은 경건한 슬픔과 심오하고 깊은 회개로 우리를 부르신다는 사실을 막 깨닫기 시작했을 뿐입니다. 여러분은 자신에게 만족하고 있습니까? 교회의 상태에 만족하고 있습니까? 모든 것이 괜찮아 보입니까? 그럭저럭 해 나갈 수 있을 것 같습니까? 모임, 봉사, 활동, 다 훌륭해 보입니다! 정말 그렇습니까? 하나님을 아는 지식은 어디 있습니까? 우리 가운데 하나님이 계십니까? 우리 삶 속에 그가 계십니까? 우리는 그와 어떤 관계를 맺고 있습니까? 이 질문 앞에 정면으로 서 보십시오. 그러면 참으로 경건한 슬픔과 회개, 실천으로 나타나는 슬픔과 회개로 나아가게 될 것입니다. 하나님이 우리를 불쌍히 여겨 주시기를, 우리 눈을 열어 이 상황을 보게 해 주시기를, 정직한 마음을 주시고 우리 내면의 진실을 알게 해 주시기를 원합니다.

13 기도와 부흥

모세가 항상 장막을 취하여 진 밖에 쳐서 진과 멀리 떠나게 하고 회막이라 이름하니 여호와를 앙모하는 자는 다 진 바깥 회막으로 나아가며 모세가 회막으로 나아갈 때에는 백성이 다 일어나 자기 장막 문에 서서 모세가 회막에 들어가기까지 바라보며 모세가 회막에 들어갈 때에 구름 기둥이 내려 회막 문에 서며 여호와께서 모세와 말씀하시니 모든 백성이 회막 문에 구름 기둥이 섰음을 보고 다 일어나 각기 장막 문에 서서 경배하며 사람이 그 친구와 이야기함같이 여호와께서는 모세와 대면하여 말씀하시며 모세는 진으로 돌아오나 그 수종자 눈의 아들 청년 여호수아는 회막을 떠나지 아니하니라. (출 33:7-11)

지난 장은 이스라엘 자손이 그 죄를 진정으로 회개하며, 하나님이 다시금 자신들 가운데로 들어오시기를 갈망하는 모습으로 끝났습니다. 오늘은 거기에서 좀더 나아가려 합니다. 이전 것은 이를테면 예비단계에 불과하기 때문입니다. 그것은 우리가 함께 살펴보고 있는 이 문제의 다음 단계로 나아가게 해 줍니다. 우리는 여기에서 부흥이라는 주제 전체와 관련하여 아주 중요한 문제를 생각하게 됩니다. 부흥의 과정에는 명확한 단계와 절차가 있습니다. 역사의 어느 기록을 읽어 보아도 극심한 죄와 실패에 빠져 있던 교회가 어느 날 갑자기 강력한 부흥의 시기로 돌입하는 경우는 없습니다. 그렇습니다. 부흥에는 중간단계가 있게 마련입니다. 우리를 불쌍히 여겨 다시 한번 부흥시켜 주시는 것이 하나님의 은혜로운 뜻일진대, 그 부흥이 임할 때 제대로 알아보기 위해서는 이 중간단계들을 알아 놓는 일이 중요합니다.

이제 우리가 살펴볼 것은 기도와 중보의 단계입니다. 33장은 기도와 중보에도 역시 단계와 절차가 있다는 교훈을 여러 면에서 주고 있습니다. 저는 이 사실을 특별히 강조하고 싶습니다. 그 첫 단계가 33:7-11에 나오고 있습니다. 두 번째 단계는 33:12-17에 나옵니다. 그리고 33:18-23에 세 번째 단계, 즉 가장 높은 단계가 나오고 있습니다.

자, 저는 이 부분, 이 특별한 단계들을 조심스럽게 연구해 볼 것을 권하는 바입니다. 제 생각에 우리는 바로 이 지점에서 부흥이라는 문제 전체의 중추와 핵심에 도달하기 때문입니다. 허다한 사람들이 생각에 혼동을 겪는 것은 기도에 세 단계가 있을 수 있다는 이 사실을 모르는 탓인 경우가 많습니다. 그들은 자신들의 사고와 성령론에서 부흥을 완전히 배제해 버립니다. 성령의 부으심에 대해 어떤 여지도 남겨두지 않습니다. 성령 세례 교리를 오해한 나머지 부흥이 일어날 여지를 남겨두지 않으며, 부흥의 큰 특징인 예외적인 일들이 일어날 여지도 남겨두지 않습니다.

이스라엘 백성들은 붙들린 바 되었습니다. 붙잡힌 바 되었습니다. 자신들의 죄를 깨닫기 시작했고 그 죄를 회개했습니다. 그러나 그것이 전부는 아닙니다. 그것을 넘어서는 일이 일어납니다. 이제 기도의 첫 단계를 살펴봅시다. 7절부터 읽겠습니다. "모세가 항상 장막을 취하여 진 밖에 쳐서 진과 멀리 떠나게 하고 회막이라 이름 하니 여호와를 앙모하는 자는 다 진 바깥 회막으로 나아가며." 여기 심오한 가르침이 있습니다. 본문에서 언급되고 있는 회막에 대해 확실히 알아봅시다. 여기에서 회막이란 시내 산에서 하나님이 모세에게 주신 설계에 따라 최종적으로 만들어진 성막, 즉 구약성경에 자주 등장하는 성전의 전신前身을 가리키는 말이 아닙니다. 성막은 더 나중에 세워집니다. 이것은 일찍이 모세가 회중 한가운데, 이스라엘 진영 한복판에 세워 놓았던 일종의 천막으로서, 그와 다른 이들이 기도하던 장소인 동시에 백성들이 하나님을 만나기 위해 다 함께 나아가던 '만남의 장막'입니다. 만남의 장막, 즉 회막은 아주 놀랍고 의미심장한 말인 만큼 잠시 멈추어 생각해 보고자 합니다. 비국교도 선조들은 자신들의 예배 처소를 일반적으로 '만남의 집'이라고 불렀는데, 그야말로 좋은 옛말이라고 생각합니다. 아시다시피 교회당은 사람들과 만나는 장소지만 단지 사람들만 만나는 장소는 아닙니다. 교회당의 본질적인 의미는 하나님과 만나는 장소라는 데 있습니다. 하나님이 교회가 만남의 집이라는 사실을 우리의 마음과 생각 속에 점점 더 분명히 새겨 주시기를, 주일에 모일 때마다 "우리는 하나님을 만나러 간다"라고 말하게 해 주시기를 원합니다.

　모세가 이처럼 특별한 행동을 하기까지 분명한 이끌림이 있었다는 사실을 이해하는 것이 중요합니다. 그는 진 한가운데 있던 장막을 취하여 진 바깥 멀리 떨어진 곳에 세웠습니다. 바로 여기에 우리가 주목해야 할 점들이 많이 있습니다. 첫째는 당연히 모세 자신이 이런 행동을 취했다는 것입니다. 제가 여기에 주목하는 이유는, 오랜 교회사에 나타나는 성령의 활동을 살펴볼 때 이처럼 갑자기 부담을 느끼기 시작하는 개인이나 모임, 그 부담의 무게 때문에 행동을 취하는 개인이나 모임이 일반적으로 가장 먼저 등장하고, 결국 그로부터 위대한 부흥이 일어나는 경우가 많기 때문입니다. 저 위대한 역사를 한번 보십시오. 종교개혁이라는 강력한 운동이 어디에서 비롯되었습니까? 어디에서 시작되었습니까? 종교개혁의 경우에도 선구자—위클리프와 얀 후스와 그 밖의 사람들—가 있었다는 사실은 저도 압니다만, 실질적인 개혁은 마르틴 루터라는 한 사람, 지극히 평범한 수도사였던 그 한 사람이 어느 날 갑자기 이런 부담을 느끼면서부터 시작되었습니다. 그 부담이 어찌나 컸던지 그는 행동을 취하지 않을 수 없었습니다. 단 한 사람, 바로 그 한 사람을 통해 하나님은 교회에 강력한 운동을 일으키셨습니다.

　다른 부흥의 이야기를 통해서도 이 점은 얼마든지 예증될 수 있습니다. 100년 전 북아일랜드 부흥의 이야기를 다시 읽어 보십시오. 그 큰 운동을 통해 수많은 사람들이 회심했을 뿐 아니라 북아일랜드 장로교회와 다른 교회들이 전부 되살아났고 상황 전체가 변화되었습니다. 웨일스와 미국에서도 동시에 같은 일이 일어났습니다.

자, 여러분은 어떤 경우에든지 단 한 사람에게서 운동이 시작되었다는 사실을 발견할 것입니다. 1857년, 뉴욕 시 풀턴 가에서 기도모임을 시작한 인물을 보십시오. 그는 아주 평범한 사람이었지만 이런 부담을 느끼고 행동을 취했습니다. 북아일랜드 부흥도 제임스 맥퀼킨이라는 단 한 사람에게서 시작되었습니다. 웨일스 부흥도 마찬가지로 험프리 존스Humphrey Jones라는 한 사람에게서 시작되었습니다. 그는 미국에서 일어난 부흥의 능력을 느낀 후, 자기 나라에 대한 부담을 가지고 대서양을 건너가 웨일스 사람들에게 부흥의 이야기를 전하기 시작했습니다. 자, 제가 이 점을 강조하는 이유는 단 한 가지입니다. 즉, 이것이야말로 제가 즐겨 말하는 바 그리스도인의 삶과 교회사에 나타나는 '낭만적인' 요소이기 때문입니다. 제게는 이 사실이 얼마나 영광스럽게 다가오는지 모릅니다. 저는 이 사실을 가볍게 건너뛸 수가 없습니다. 제가 모르는 누군가, 이 책을 읽고 있는 그 누군가를 하나님이 사용하실 수도 있기 때문입니다. 이런 일은 오직 교회에서만 일어날 수 있습니다. 세상에서는 일어나지 않습니다. 세상은 지도자와 위인들을 찾아다니지만, 사도 바울이 고린도전서에서 말하고 있듯이 하나님은 미련한 자를 택하여 지혜로운 자를 부끄럽게 만드는 일을 계속 해 나가십니다. 그는 없는 것들을 사용하심으로써 "있는 것들을 폐하"십니다. 이 일은 누구에게나 일어날 수 있습니다. 여기에는 일정한 규칙이 없습니다. 이 경우에는 모세에게 이런 일이 일어났지만, 반드시 위대한 지도자에게만 이런 일이 일어나라는 법은 없습니다. 여러분은 하나님이 때로 하찮은 선지자들을 택하여 사용하신 사례들을 볼 것입니다. 오랜 교회 역사에도 이런 일이 계속 있어 왔습니다. 나사렛에서 구주가 나오리라고 누가 생각이나 했겠습니까? 나사렛에서 무슨 선한 것이 날 수 있느냐는 속담도 있지 않습니까? 이것이 세상의 사고방식입니다. 그런데 그 나사렛에서 온 세상의 구주가 나오셨습니다. 그러므로 이 사실을 분명히 깨닫고, 교회를 사로잡은 듯 보이는 이 통탄할 만한 현대적 관습을 떨쳐 버립시다. 이런 관습은 평범한 교인들로 하여금 '나는 아무것도 아니니 대형 집회의 군중 속에 파묻혀 있으면 그만이다. 모든 일은 두세 사람이 알아서 할 것이다'라고 생각하게 만듭니다. 그렇지 않습니다. 성경은 정반대로 가르치고 있습니다. 바로 **여러분이** 하나님이 사용하시는 그 사람이 될 수 있습니다. 여러분은 이름 없는 교인입니다. 그러나 그 사실은 중요치 않습니다. 하나님의 손에 붙들리면 누구나 통로가 될 수 있습니다.

이처럼 부흥이 임할 때에는 한 개인이나 모임이 부담을 느끼기 시작합니다. 그러므로 저는 다음과 같이 물을 자격이 있습니다. 여러분은 이 부담을 느낀 적이 있습니까? 그런 적이 없다면 그 이유는 무엇입니까? 여러분은 작금의 상황에 관심을 가지고 있습니까? 하나님의 영광을 위해 열심을 품은 적이 있습니까? 현재 교회의 모습을 보면서 탄식하고 있습니까? 그렇지 않다면 그 이유는 무엇입니까? 이 부담이 누구에게나 찾아올 수 있는 것이라면 왜 여러분에게는 찾아오지 않는 것입니까? 자, 이 문제는 여기까지만 다루기로 합시다. 그러나 부흥이 단 한 사람의 행동에서 비롯될 수 있다는 사실은 기억해 둡시다.

이제부터는 모세의 행동을 관찰해 보겠습니다. 그의 행동은 아주 의미심장한 것이기 때문입니다. 모세는 진 한가운데 있던 장막을 취하여 "진 밖에" 쳐서 진과 멀리 떨어지게 했습니다. 여기에도 우리가 강조해야 할 요점이 있는데, 이 또한 부흥의 역사에 반드시 등장하는 요소이기 때문입니다. 대부분의 기독교 진리가 그러하듯이 이 점도 오해를 사기 쉽습니다. 그러나 몇몇 어리석은 자들이 오해할 수 있다고 해서 사실이 아닌 것은 아니며 강조해서는 안 되는 것도 아닙니다. 그렇다면 이 요점의 내용은 무엇일까요? 자, 모세는 여기에서 기도와 중보의 처소를 세우고 있습니다. 그는 백성들이 회개하는 것을 보고 기뻐했습니다. 그러나, 오, 그것으로는 충분치 않았습니다. 하나님의 임재가 사라져 버렸습니다. 구름기둥이 없어졌고, 하나님은 더 이상 그들과 동행하지 않겠다고 말씀하셨습니다. 물론 우리는 회개해야 합니다. 그러나 이미 살펴보았듯이 회개하는 데서만 그쳐서는 안 됩니다. 모세는 하나님의 임재가 회복되기를 바랐습니다. 그래서 기도의 처소를 세웠습니다.

이제 이 일이 이루어진 방식에 주목하시기 바랍니다. 이 일은 복잡한 조직을 통해 이루어진 것 같지 않습니다. 모세는 이 일에 대해 어떤 공식적인 진술이나 언급도 하지 않았고 백성들에게 무슨 연설을 하지도 않았습니다. 부담을 느낀 후 더 이상 예전처럼 진 한가운데서 중보할 수 없다고 생각하고 진 밖으로 회막을 옮겼을 뿐입니다. 그는 자신처럼 진 밖으로 나가야겠다는 부담을 느끼는 사람은 누구든지 찾아올 수 있도록 그 문을 개방해 놓았습니다. 여러분은 성경이 어떻게 이 점을 강조하고 있는지 눈치 챘을 것입니다. "여호와를 앙모하는 자는 다 진 바깥 회막으로 나아가며." 그것은 분명 눈에 띄지 않는 행동이었습니다. 그 일은 아주 조용히, 소란스러운 광고 없이, 거창한 선언 없이, 단순히 진 밖으로 나가는 행동을 통해 이루어졌습니다. 중보의 필요와 무언가 비상한 행동을 취해야 할 필요를 느낀 사람들이 진 밖으로 나감으로써 이루어진 것입니다. 모세 자신이 먼저 그렇게 하기를 원했습니다. 그는 다른 이들도 동참할 수 있도록 문을 열어 놓았습니다. 이것이 우리가 성경에서 들을 수 있는 내용의 전부입니다.

여러분은 모든 부흥의 역사에서도 정확히 같은 일을 발견할 것입니다. 제임스 맥퀼킨이 먼저 두 사람에게 이야기를 했습니다. 그리하여 전체적인 상황을 알게 된 세 사람이 좁은 골목에 있는 작은 교실에서 모임을 가지게 되었습니다. 저는 북아일랜드에 갔을 때 그 교실을 방문하는 영예를 누렸습니다. 그곳이 보고 싶어 원래 일정을 변경하면서까지 찾아간 것입니다. 그들은 자신들의 마을인 코너 켈스에서 모이지 않고 마을 밖에 있는 한적한 작은 교실을 찾았습니다. 함께 사는 마을 사람들과 그 주변 지역 사람들을 위해 평안하고 고요하게 기도하며 중보할 수 있는 장소를 찾은 것입니다. 이처럼 그들은 기도의 부르심을 느꼈습니다.

지금 강조해야 할 점이 바로 이것입니다. 저는 성경이 이 점을 묘사하고 있는 방식에 마음이 끌립니다. "여호와를 앙모하는 자는……." 모든 사람이 다 간 것이 아닙니다. 모세가 느꼈던 부담을 똑같이 느끼기 시작한 자들이 진 안에 있었습니다. 그들은 "모세는 혼자 기도하기 위해 진 밖으로 나간다. 좋다, 우리도 나가자. 우리도 나가서 그와 함께 기도하자"라고 말했습니다. 그렇게 한 사람씩

한 사람씩 진 밖으로 나가게 되었습니다. 그렇습니다. 이 일은 크게, 조직적으로 이루어지지 않았습니다. 몇 시에 어떻게 기도회를 갖겠노라고 거창하게 알리는 방식으로 이루어지지 않았습니다. 부흥은 절대 그런 식으로 일어나지 않습니다. 현재 교회의 상태와 관련하여 저를 거의 두렵게까지 만드는 부분이 바로 이 부분입니다. 우리는 조직부터 만들고 봅니다. 우리의 첫 번째 행보는 위원회를 꾸린 다음 적절하게 광고하는 것입니다. 우리는 모든 일을 조직적으로, 거창하게 해 나갑니다. 그것은 성경과 정반대되는 태도입니다. 오랜 교회 역사에 등장하는 부흥의 이야기와도 정반대되는 태도입니다. 친애하는 여러분, 장담하건대 다음번 부흥이 임할 때에는 모두가 깜짝 놀라게 될 것입니다. 특히 조직적으로 부흥을 일으키고자 했던 자들은 더 크게 놀랄 것입니다. 부흥이 이처럼 눈에 띄지 않는 방식으로 임할 것이기 때문입니다. 사람들은 부담이 느껴지기 때문에, 자기 자신을 도저히 주체할 수가 없기 때문에, 기도하지 않고서는 견딜 수가 없기 때문에, 이를테면 조용히 진 밖으로 빠져나갈 것입니다. 그들은 동일한 부담을 가지고 하나님께 부르짖는 이들과 더불어 기도하기를 원합니다. 그래서 회막을 세웁니다.

그 다음 요점은 모세가 진 밖에, 진에서 멀리 떨어진 곳에 장막을 쳤다는 것입니다. "진과 멀리 떠나게 하고." 이 점도 오해를 사기가 아주 쉽습니다. 그러나 이것이야말로 이 말씀이 전하고 있는 요점이며 우리가 배워야 할 가르침입니다. 역사상 부흥이 일어날 때에는 반드시 이렇게 따로 떨어져 나오는 일이 생깁니다. 그 당시 이스라엘 진은 하나님의 교회였음을 잊지 맙시다. 구약 이스라엘은 광야에 있는 교회였습니다. 우리는 지금 교회에 대해 이야기하고 있는 것입니다. 그런데 모세가 무슨 일을 했습니까? 이를테면 교회 한가운데 있는 장막을 밖으로 옮겨 진에서 멀리 떨어뜨려 놓았습니다. 오랜 교회 역사상 부흥이 교회 내의 공식적인 활동으로 일어난 적은 단 한번도 없습니다. 심한 말처럼 들리지 않습니까? 그럼에도 다시 한번 말씀드리겠습니다. 부흥이 교회의 공식적인 활동으로 이루어진 적은 단 한번도 없습니다. 이미 언급한 위클리프나 얀 후스 같은 종교개혁의 위대한 선구자들에 대해 읽어 보았을 것입니다. 그들은 항상 비공식적으로 활동했고, 공적인 자리에 있는 자들은 그것을 싫어했습니다. 마르틴 루터도 마찬가지였습니다. 로마에서 무슨 일이 일어난 것이 아닙니다. 그렇습니다. 작은 방에 있던 이 수도사에게 무슨 일이 일어났습니다. 이런 일이 역사상 계속 이어져 왔습니다.

영국 국교회에 종교개혁이 일어난 후, 그에 만족하지 못했던 사람들도 이 모범에 따라 똑같은 일을 했습니다. 그렇게 해서 청교도 신앙이 생겨났습니다. 여러 분파로 이루어진 감리교의 이야기도 익히 알 것입니다. 200년 전, 감리교가 어떻게 시작되었습니까? 정확히 같은 방식으로 시작되었습니다. 웨슬리 형제와 윗필드 같은 이들은 국교도였습니다. 그러나 국교회 안에서 새 일을 시작하지 않고, 진 밖에 '홀리 클럽'이라는 것을 만들어 따로 모였습니다. 한 줌밖에 안 되는 인원이 사적으로 모인 것입니다. 한동안은 그런 모임이 있다는 사실조차 알려지지 않았습니다. 그저 같은 느낌에 이끌린 사람들이 함께 모였을 뿐입니다. 그것은 비공식적인 모임이었으며, 이를테면 진 밖에 있는 모임이었습니다. 칼뱅주의 감리교와 아르미니우스주의 감리교 모두 그렇게 시작되었습니다. 플리머스 형제단의 초기 역사를 보아도 그들이 부름을 받았을 때 정확히 같은 일이 일어났던 것을 알 수 있습니다. 첫 단계에서는 이처럼 같은 마음으로 교회를 염려하는 사람들이 함께 모이는 일이 일어납니다.

그러므로 우리는 이 점을 확실히, 주의 깊게 살펴보아야 합니다. 어떤 이는 "그렇다면 새 교단을 만들라는 말입니까?"라고 묻습니다. 그것은 이 가르침과 완전히 동떨어진 생각입니다. 그러면 이 일은 공적인 것이 되고 하나의 운동이 되며 조직과 연결되게 되는데, 그것은 제가 말하려는 바가 아닙니다. 제가 말하려는 바는 하나님이 그의 교회에서 움직이기 시작하실 때, 부흥의 길을 예비하실 때, 항상 이 같은 방식을 쓰시는 듯하다는 것입니다. 그는 이를테면 따로 불러낸 자들에게 이런 부담을 주시며, 그 부담을 의식한 자들은 조용히, 알려지지 않게, 눈에 띄지 않게 모임을 갖기 시작합니다.

제 눈에 현재 아주 심각하게 비치는 문제가 또 있습니다. 오늘날 사람들은 후원이라는 말을 즐겨 씁니다. 복음주의적인 그리스도인들, 영적인 정신을 가진 사람들조차 하나님이 무슨 일을 시키신다고 생각할 때 많은 후원을 받기 원하며, 그 후원의 주체가 누구든 크게 개의치 않습니다. 공적인 교회의 후원도 반기고, 전혀 복음적이지 않은 사람들의 후원도 반깁니다. 큰 성당들을 찾아가 후원을 청하는 일도 마다치 않습니다. 그러나 오늘 이 이야기에는 후원받았다는 말이 나오지 않습니다. 참된 영적 각성과 부흥의 때에 하나님이 크게 사용하신 이들도 후원에는 관심이 없었습니다. 그들의 시선은 살아 계신 하나님께 고정되어 있었습니다. 물론 세상적인 방식으로 일하고자 한다면 광고도 해야 할 것이고 저명인사의 이름도 빌리고 싶을 것입니다. 예를 들어 어떤 시에서 집회를 열 계획이라면 그 시의 시장이 참석해 주기를 바랄 것입니다. 그가 신앙을 고백하는 그리스도인이 전혀 아니더라도 말입니다. 또 어떤 주의 주지사가 그리스도인이냐 아니냐도 문제가 되지 않습니다. 그 주지사의 후원을 받아 집회를 열기만 한다면 사람들의 이목을 끌 수 있을 것이고 큰 성공을 거둘 수 있을 것입니다. 이 모든 일은 모세나 모세와 비슷한 다른 인물들의 행동과 정반대되는 것입니다. 아시다시피 살아 계신 하나님과 그의 비할 데 없는 능력을 구하는 사람에게는 인간의 후원이 필요 없기 때문입니다. 그들이 관심을 갖는 것은 성령의 후원입니다. 사도 바울이 고린도에 갔을 때 한 일이 무엇입니까? 그는 사람들을 준비시키고 대규모 대중 집회를 기획하기 위해 대리인을 미리 보내지 않았습니다. 그렇습니다. 그는 "……약하며 두려워하며 심히 떨었노라. 내 말과 내 전도함이 지혜의 권하는 말로 하지 아니하고……"라고 말합니다(고전 2:3-4). 그의 관심은 어디 있었습니까? 오, "성령의 나타남과 능력"에 있었습니다. 그는 성령 없이 감히 나아갈 수가 없었습니다. 성령이 함께 계셔야만 했습니다. 성령만 함께 계시다면 사람들이 무슨 상관이며 그들이 무엇을 하든 뭐가 중요하겠습니까? 후원이 무슨 필요가 있겠습니까? 성경에는 후원 같은 것이 나오지 않습니다. 모든 개혁과 부흥의 시대, 가장 강력한 시대를 기록하고 있는 교회 역사에도 후원은 나오지 않습니다. 그렇습니다. 그저 각 사람이 똑같은 부담의 무게를 느끼고 밖으로 나가 함께 모일 뿐입니다.

여기에서 강조해야 할 요소가 한 가지 더 있습니다. 모세가 장막을 진 밖으로 옮긴 데에는 또 다른 동기, 아주 중요한 동기가 있었던 것이 분명합니다. 그것은 바로 구별하는 것이었습니다. 모세는 진 한가운데서는 그 일을 할 수 없다고 생각했습니다. 진은 부정해졌습니다. 그래서 의도적으로 장막을 옮겨 진에서 멀리 떨어뜨려 놓았습니다. 그것은 아주 의도적인 행동이었습니다. 그런 행동을 통해 모세가 하고 있는 말은 요컨대 이런 것입니다. "우리는 하나님의 방법으로 이 일을 해야 한다. 이 부정하고 죄로 가득 찬 환경을 떠나 진 밖에서 모여야 한다." 그렇습니다. 바로 이런 것이 구별되는 것입니다. 또는 거룩을 위해 부르심을 받았다고 표현해도 좋습니다. 이번에도 제가 말하고 싶은 점은, 역사상 모든 부흥에 이와 똑같은 요소가 똑같은 방식으로 나타난다는 것입니다. 하나님이 사용하신 이들에게 무슨 일이 일어났습니까? 아무나 한 사람 골라서 살펴보십시오. 거의 모든 경우에 그들의 우선되는 관심이 교회의 상태가 아닌 자기 영혼의 상태에 있었음을 발견할 것입니다. 그들은 하나님의 거룩하심에 관심을 가졌습니다. 200년 전 옥스퍼드에서 시작된 작은 운동에 대해서는 이미 언급한 바 있습니다. 그들이 자신들의 모임에 붙인 이름이 무엇이었는지 아십니까? '홀리 클럽'이었습니다. 그들에게 무슨 일이 일어났습니까? 웨슬리 형제와 윗필드, 그리고 그들과 함께했던 다른 이들에게 무슨 일이 일어났습니까? 그들에게 일어난 일은 다음과 같은 것이었습니다. 그들은 말했습니다. "그렇다, 교회는 여전히 교회다. 그러나 너무나 보잘것없어졌으며 죄에 물들어 버렸다. 사람들은 아주 안이한 태도로 하나님의 계명과 신약성경에 나오는 그리스도인의 삶 전부를 대하고 있다. 이것은 잘못이다. 우리는 거룩에 헌신해야 하며 스스로 정결해져야 한다." 그 열심이 지나친 나머지 약간은 율법주의적이 되어 버린 측면도 없지는 않지만, 여하튼 그들은 마땅히 살아야 할 삶을 생각하며 그 규칙과 규정을 정해 놓았습니다. 그래서 감리교도라는 이름을 얻은 것입니다. 그들은 말했습니다. "우리는 모여서 함께 성경을 연구해야 하며 함께 기도해야 한다. 모든 것을 질서 있게 methodically 해야 한다." 그래서 감리교도Methodist라고 불린 것입니다! 그렇습니다. 그들은 거룩을 추구했습니다. 하나님은 항상 이런 방식으로 일해 오셨습니다. 한 개인이나 다수의 사람들이 어느 날 갑자기 하나님을 떠나 먼 곳으로 떠내려 와 있음을 깨닫습니다. 그들의 첫 번째 관심사는 하나님이 거룩하신 것처럼 자신들도 거룩해지는 것입니다. 그의 임재 안으로 들어가는 것이고 그의 영광을 알게 되는 것입니다.

그렇기 때문에 일종의 구별이 불가피해집니다. 어떤 이는 말합니다. "아, 당신은 교회를 분열시킬 작정입니까?" 분열시키려는 것이 아닙니다. 제가 말하려는 바는 하나님의 성령이 우리 중 누구라도 다루기 시작하실 때 이런 구별이 생겨난다는 것입니다. 그렇게 구별되어 나온 사람들은 과시하지 않으며, '내가 너보다 거룩하다'는 바리새인의 태도를 취하지 않습니다. 그렇습니다. 일단 하나님의 영광과 교회의 상태로 인해 부담을 느끼기 시작한 사람은 그 즉시 구별되어야 한다는 부르심을 느끼고 이를테면 진 밖으로 나가게 됩니다. 그렇다고 물리적으로 진을 벗어나야 한다는 점을 지나치게 강조할 필요는 없습니다. 물론 그 당시에는 물리적으로 진을 벗어났던 것이 틀림없습니다. 그러나 중요한 것은 원리입니다. 오, 제가 말하고자 하는 점이 바로 이 점입니다. 지금처럼 심각한 부도덕과 불경건과 불신앙이 판치는 시대, 악이 소리를 높일 뿐 아니라 교만하게 자랑까지 하는 시대, 악이 사방으로 뻗쳐 나가고 있는 이때에 제가 묻고 싶은 것은 이 한 가지뿐입니다. 우리는 이런 것으로부터 구별되어야 한다는 부르심에 대해 아는 바가 있습니까? 우리는 그리스도인으로서 더 한층 진력하라는 부르심을 받았습니다. 평범한 기독교로는 충분치 않습니다. 그 이상이 필요합니다. 참된 생명과 삶, 하나님의 다스림을 받는 거룩한 삶을 나타내는 것 말고는 이 상황에 대처할 길이 없다는 느낌이 들지 않습니까? 이들이 느낀 것도 바로 그런 것이었습니다.

그래서 모세도 장막을 진 밖으로 옮겨 진에서 멀리 떨어뜨려 놓은 것입니다. 그는 "이 장막은 구별되어야 한다. 거룩해져야 한다"고 말했습니다. 모세의 행동에서 제가 또 강조하고자 하는 점은 그가 무언가 비상한 행동, 부가적인 노력의 필요성을 분명히 보여 주고 있다는 것입니다. 부흥의 초기 단계에 항상 일어나는 일이 두 가지 있습니다. 진정한 의미에서 부흥에 관심을 갖는 이들은 단순히 '부흥이 임하면 놀라운 일이 일어나고 굉장한 경험을 하게 되겠지'라는 태도로 약간의 흥분거리나 흥밋거리, 즐거움, 특별한 현상을 찾고자 애쓰지 않습니다. 그들은 부흥을 절대 이런 식으로 생각하지 않습니다. 친애하는 여러분, 만약 여러분이 집회나 흥분되는 경험이나 놀라운 일만 생각한다면, 부흥의 문제를 전혀 이해하지 못하고 있는 것입니다.

부흥에 참되고 진정한 관심을 가진 사람의 첫 번째 표지는 자신이 얼마나 무가치하며 부정한지 인식하는 것입니다. 우리는 구별되어야 합니다. 어떻게 해서든지 일상의 바깥 어딘가에 장막을 세워야 합니다. 예외적인 일을 해야 합니다. 비상한 일을 해야 합니다. 특별한 노력을 기울여야 합니다. 자, 제가 여러분의 마음에 새기고 싶은 질문, 남기고 싶은 질문은 이것입니다. 이렇게 예외적으로 악한 시대에 여러분은 어떤 예외적인 일을 하고 있습니까? 그저 하나님의 집에 예배드리러 가고 일상적인 일들을 하는 데 만족하고 있습니까? 물론 교회가 축복을 받아 모든 것이 평안했던 시절에도 사람들은 하나님의 집에 나아가 선교회 일을 하고 주일학교 교사를 했으며 각 부서에서 교회의 일상적인 일들을 맡아 했습니다. 지금 저는 그 이야기를 하고 있는 것이 아닙니다. 제가 여러분에게 묻는 것은 이것입니다. 여러분은 우리가 살고 있는 이 시대로 인해 하나님이 무언가 예외적인 일을 하라고 부르신다고, 밖으로 나가라고 부르신다고, 이를테면 어느 정도 구별되기 위해 의도적인 행동을 취하라고 부르신다고 느낀 적이 있습니까? 이것이 본문이 우리에게 주는 큰 교훈입니다.

이 본문의 검토를 마치면서 오히려 저의 관심을 끄는 부분은 나머지 백성들에 대한 기록입니다. 그들은 모세와 그 외에 한두 사람이 기도하기 위해 진 밖 회막으로 나아가는 모습을 보았습니다. 8절은 이렇게 말하고 있습니다.

> 모세가 회막으로 나아갈 때에는 백성이 다 일어나 자기 장막 문에 서서 모세가 회막에 들어가기까지 바라보며.

여기에 아주 놀라운 점이 있습니다. 그들은 흥미롭게 구경만 했습니다. 무슨 일이 벌어지고 있다는 것은 알았지만, 그 일이 무엇인지는 알지도 못했고 이해하지도 못했습니다. 그들은 기도하고 중보하기 위해 모세 일행과 함께 진을 떠나 하나님과 만나는 장막으로 나아가지 않았습니다. 모세가 장막을 진 밖으로 옮겨 놓고 몇몇 사람들과 함께 정기적으로 거기에 간다는 사실은 모두 알고 있었습니다. 그래서 장막 문에 서서 모세가 회막으로 가는 모습을 지켜보며 그에 대해 수군거렸고, 그가 대체 무슨 일을 하는지, 거기에서 정확히 무슨 일이 일어나고 있는지를 놓고 수군거렸습니다. 무서운 사실은 원래 그 장막은 진 한가운데 있어야 했다는 것입니다. 그러나 이제는 옮겨져서 그 자리에 없었습니다.

교회사를 읽어 보면 그 후에도 이런 일이 반복되었음을 알게 됩니다. 처음에 몇 사람이 부르심을 느끼고 따로 떨어져 나갑니다. 다른 사람들은 "대체 무슨 일이지? 아무개에 대해 들은 말 좀 있어?" 하면서 수군대기 시작합니다. 그들은 장막 문에 서서 구경합니다. 무슨 일이 일어나고 있다는 느낌은 받습니다. 그러나 그 일이 어떤 것인지는 전혀 알지 못합니다. 오, 교회 전체가 움직일 때까지 기다려야 한다면 부흥은 결코 일어나지 않을 것입니다. 교회는 움직일 생각을 하지 않습니다. 그러나 걱정하지 마십시오. 하나님의 방법은 각 개인을 붙들어 사용하심으로써 결국 다수에게까지 영향을 끼치게 하시는 것입니다. 그러나 이 단계에서는 단지 무슨 일이 일어나고 있다는 막연하고 일반적인 인식만 있는 상태에서 모세와 몇 안 되는 동행자들의 행동을 동경의 눈빛으로 바라볼 뿐입니다. 오늘날 교회도 이런 단계에 있다고 생각하면 정말 행복합니다. 저는 그렇게 믿습니다. 우리가 모퉁이를 돌았다고 믿으며, 이렇게 말할 수 있다는 사실로 인해 하나님께 감사를 드립니다. 지역 교회만 그렇다는 말이 아닙니다. 지역 교회를 포함하여 전체적으로 그렇다는 것입니다. 저는 몇 명 안 되지만 살아 계신 하나님의 개입만이 우리의 필요를 채울 수 있음을 깨닫기 시작한 자들, 비유적으로 말하자면 진 밖, 진에서 멀리 떨어진 곳에 세워진 장막으로 나아가 하나님을 기다리는 자들이 드디어 여기저기 나타나고 있다고 믿습니다. 또한 그들을 지켜보고 있는 교회 전체에 무언가 조짐이 나타나고 있으며 막연한 관심이 생겨나고 있다고 믿습니다.

그렇다면 이런 행동이 가져오는 결과는 무엇일까요? 그 답이 33:9-11에 나오고 있습니다. 그 내용을 잠깐 요약해 보겠습니다. 하나님은 이런 행동을 인정해 주시며 격려하기 시작하십니다. 그는 이 행동을 아주 기뻐하신다는 표시를 보여 주십니다. "모세가 회막에 들어갈 때에 구름기둥이 내려 회막 문에 서며." 그동안은 하나님이 거두어 가셨기 때문에 구름기둥이 없었습니다. 임재의 가시적인 표지가 철회된 것입니다. 그런데 모세가 이런 행동을 한 결과, 예전처럼 구름기둥이 돌아왔습니다. 하나님이 그 임재를 나타내 보이셨습니다. 이 일이 우리에게 무슨 의미를 갖는지 궁금히 여기는 분들을 위해 말씀드리겠습니다. 이 일의 의미는 교회의 삶에 무언가 변화가 일어나기 시작하는 것이야말로 부흥의 변함없는 첫 번째 표지라는 것입니다. 교회가 새롭게 소생되는 듯 보입니다. 예배가 뜨거워집니다. 한때 사라지고 없었던 것, 따뜻하고 부드러운 마음이 회복됩니다. 격려가 주어집니다. 사람들의 기도에 새로운 자유로움이 생겨나고 새로운 기대감과 동경이 생겨납니다. 구름기둥이 돌아온 것입니다. 이 일을 분별하려면 깨어 있어야 합니다. 하나님이 주시는 격려의 표시를 볼 줄 알아야 합니다. 완악함과 경박함은 점점 사라지고 새로운 부드러움과 새로운 관심, 새로운 성격의 고뇌가 생겨납니다. 제가 아는 어떤 나이든 분들이 말하기를, 자신들은 교회 기도모임에 가서 '오!'라는 외침을 주시기를 구한다고 했습니다. 갈망하고 탄식하고 기다리며 '오!'라고 외치게 되기를 구한다는 것입니다. 그 외침이 나온다는 것은 곧 구름기둥이 돌아왔다는 표시입니다.

여러분도 기억하시겠지만 하나님은 모세에게 그를 아주 기뻐하고 계심을 알리는 매우 확실한 표지를 주셨습니다. 하나님은 그를 바라보시며 사람이 친구에게 말하듯이 얼굴을 대면하여 말씀하셨습니다. 다시 말해서 이런 부담을 느끼는 사람에게는 무엇보다 하나님이 그의 말을 들으시며 응답하신다는 암시를 주십니다. 자, 이 또한 예외 없이 일어나는 일입니다. 모든 부흥의 역사를 볼 때 이런 사람들은 고통으로 몸부림치는 기간을 통과하게 마련이며, 그 후에 모든 것이 바로잡혔다는 것과 하나님이 자신들의 기도를 들으셨다는 것, 곧 무슨 일이 생기리라는 것을 감지하는 시점에 이르게 됩니다. 하나님은 모세에게도 그렇게 해 주셨습니다. 그의 기도를 듣고 응답하신다는 확신을 주셨습니다. 또한 여러분은 자기 장막 문에서 모세와 다른 이들이 회막으로 가는 것을 구경만 했던 백성들에게도 의미심장한 변화가 일어나는 것을 보게 됩니다. 그들은 구름기둥을 보고 자기 장막 문 앞에서나마 하나님을 경배하기 시작했습니다. 자, 보시다시피 온 교회가 영향을 받으며 연루되는 일이 시작되고 있습니다. 이렇게 되기까지 오랜 시간이 걸릴 수도 있지만, 여하튼 이런 일이 다음 단계로 일어납니다.

마지막으로 우리는 11절에 다다르게 되는데, 이것은 아주 경이로운 구절입니다. "사람이 그 친구와 이야기함같이 여호와께서는 모세와 대면하여 말씀하시며." 이것은 최고의 격려입니다. 그 다음 부분도 주목해서 보시기 바랍니다. "모세는 진으로 돌아오나 그 수종자 눈의 아들 청년 여호수아는 회막을 떠나지 아니하니라." 이 또한 아주 놀라운 일입니다. 아시겠지만 이 모든 일의 의미는 다음과 같습니다. 하나님이 모세에게 그의 말을 듣고 응답하신다는 암시를 주신 후, 그는 백성들에게 이 일을 보고하고 그간 있었던 일을 알리기 위해 진으로 돌아갔습니다. 구름기둥이 돌아온 것은 하나님이 다시 한번 은혜를 베풀어 그들을 외면하지 않고 바라보아 주신다는 의미이며 하나님이 모세 자신과 대면하여 말씀하신다는 의미임을 알리기 위해 진으로 돌아갔습니다. 즉, 백성들을 격려하기 위해 돌아간 것입니다. 여러분은 여기에서 모세가 얼마나 영적인 정신을 가진 사람이었으며 하나님의 길에 정통한 사람이었는지 알게 됩니다. 그런데 그는 이처럼 백성들에게 보고하기 위해 진으로 들어가면서, 자기 종 여호수아는 회막에 남겨 자신이 돌아올 때까지 기다리게 했습니다. 왜 그렇게 했을까요? 아, 더 많은 것이 임하기를 기대했기 때문입니다. 그중 하나라도 놓치기를 원치 않았기 때문입니다. 그래서 자신은 보고하기 위해 진으로 돌아가면서도 여호수아는 회막에 남겨 둔 것입니다. 하나님이 혹시라도 무슨 일을 더 행하시면 어떻게 하겠습니까? 그들은 더 많은 일을 기대했습니다. 이것은 시작일 뿐이었고 초기단계일 뿐이었습니다. 실로 주저 없이 말하건대, 이 단계에 있다는 것은 사실상 부흥은 아직 구경조차 못했다는 뜻입니다. 이것은 예비단계이자 준비단계에 불과합니다. 그러나 그들에게는 기대하는 영이 있었습니다. 모세는 자신이 백성들에게 보고하는 동안 하나님이 혹시라도 계시를 더 주실까 싶어 여호수아를 회막에 남겨 두었습니다. 그는 장차 일어날 일이 더 있음을 알았습니다. 그것을 놓치고 싶은 마음이 전혀 없었습니다. 그래서 긴장을 풀지 않고 기다렸습니다. 자신의 수종자이자 종인 여호수아를 통해 하나님의 임재 안에 계속 머물렀습니다. 여러분과 제가 학수고대하는 그날이 오면, '하나님이 움직이고 계시구나. 무언가 비상한 일이 곧 일어나겠구나' 하는 것을 확실히 알 수 있습니다.

그러므로 1단계 연구를 마치면서 우리 자신은 과연 이 단계까지 와 있는지 자문해 보아야 합니다. 우리는 저 회막에 대해, 따로 떨어져 나와 긴급히 중보하라는 부르심에 대해 아는 바가 있습니까? 바로 이것이 우리가 배워야 할 두 가지 요점입니다. 우리는 거룩해져야 하고, 많은 백성을 위해 중보해야 하며, 하나님의 임재를 기다리는 가운데 더 많은 것을 기대해야 합니다.

14 부흥의 때에 구해야 하는 것

모세가 여호와께 고하되, 보시옵소서, 주께서 나더러 이 백성을 인도하여 올라가라 하시면서 나와 함께 보낼 자를 내게 지시하지 아니하시나이다. 주께서 전에 말씀하시기를 나는 이름으로도 너를 알고 너도 내 앞에 은총을 입었다 하셨사온즉 내가 참으로 주의 목전에 은총을 입었사오면 원컨대 주의 길을 내게 보이사 내게 주를 알리시고 나로 주의 목전에 은총을 입게 하시며 이 족속을 주의 백성으로 여기소서. 여호와께서 가라사대, 내가 친히 가리라. 내가 너로 편케 하리라. 모세가 여호와께 고하되, 주께서 친히 가지 아니하시려거든 우리를 이곳에서 올려 보내지 마옵소서. 나와 주의 백성이 주의 목전에 은총 입은 줄을 무엇으로 알리이까. 주께서 우리와 함께 행하심으로 나와 주의 백성을 천하 만민 중에 구별하심이 아니니이까. 여호와께서 모세에게 이르시되, 너의 말하는 이 일도 내가 하리니 너는 내 목전에 은총을 입었고 내가 이름으로도 너를 앎이니라. (출 33:12-17)

우리는 이스라엘 자손들의 죄 때문에 하나님이 어떻게 자신의 임재를 철회하셨으며 그들이 어떻게 회개했는지, 또 모세가 어떻게 그들을 위해 중보했으며 하나님이 어떻게 그의 기도를 들으시고 다시 구름기둥을 회막 문에 보내 주셨는지 살펴보았습니다.

어떤 의미에서는 바로 여기, 이 지점부터 부흥 그 자체를 위한 기도가 사실상 시작되었다고 말하는 것이 옳습니다. 지금까지의 기도는 모두 하나님께 다시 돌아와 주시기를 구하는 기도였습니다. 그동안은 징계의 일환으로 얼굴을 완전히 감추고 계셨더라도 이제는 더 이상 외면하지 말아 주시기를 구하는 기도였습니다.

이제 우리는 그 단계를 지나 제가 그토록 강조하고 싶은 요점에 이르게 되었습니다. 모세는 지금까지 일어난 일들에 대해 크게 감사했던 것이 분명합니다. 구름기둥이 돌아온 것은 주목할 만한 사건이었습니다. 구름기둥이 회막 문에 선 것을 보고 모든 백성이 일어나 각각 그 장막 문에서 경배했다는 기록으로 볼 때, 백성들도 구름기둥이 돌아온 것을 볼 수 있었음을 알게 됩니다. 모세는 이 사건의 의미를 훨씬 더 선명하게 이해할 수 있었고, 당연히 그로 인해 깊이 감사드렸습니다. 구름기둥이 돌아왔다는 것은 이를테면 하나님이 다시 돌아와 모세의 말을 들으시며 그에게 말씀하신다는 뜻이었습니다. 여러분은 모세가 이쯤에서 멈추었어도 괜찮았겠다고 생각할 수 있습니다. 확실히 그 이상은 필요치 않다고 느낄 수 있습니다. 그러나 우리가 살펴보고 있는 이 본문의 전체적인 목적은 모세가 여기에 만족하지 못했음을 보여 주려는 데 있습니다. 그는 그 이상을 원했기 때문에 회막으로 돌아와 계속해서 기도했습니다. 그는 이미 받은 모든 것으로는 충분치 않다고 아뢰었습니다. 그 이상을 갈망하면서 더 많은 것을 달라고, 별도의 것을 더 달라고 탄원하기 시작했습니다. 바로 여기에서 우리는 사실상 부흥이라는 문제 전반의 결정적인 요점에 이르게 됩니다. 부흥은 별도로 일어나는 일입니다. 부가적으로 일어나는 일입니다. 아주 비상한 일입니다. 제가 이 점을 강조하는 것은, 부흥이 그 정의상 일상적인 수준에서 크게 벗어난 무언가 특별하고 비상하며 예외적인 일이라는 요점을 파악하지 못하는 선량한 그리스도인들이 오늘날 분명히 많다고 생각하기 때문입니다.

다시 말해서 교회가 하나님의 축복을 받고 그의 임재를 인식하며 그의 일을 감당할 능력을 부여받는 것은 부흥이 아닙니다. 어떤 의미에서 모세는 그 모든 것을 이미 받았다고 할 수 있습니다. 하나님이 다시 돌아오셨습니다. 축복을 약속해 주셨습니다. 모세와 대면하여 말씀하시면서 이를테면 개인적인 확신을 심어 주셨습니다. 모세는 그것을 근거로 '이제는 됐다. 원래 자리로 돌아왔다. 모든 것이 바로잡혔다. 하나님의 임재가 회복되었으니 이제는 앞으로 나아가도 된다'고 추론할 수 있었습니다. 그러나 모세는 그에 만족하지 않았습니다. 거듭 말하지만, 교회가 축복을 받고 하나님의 임재를 의식하며 그의 일을 감당할 능력을 부여받는 것은 부흥이 아닙니다. 부흥은 그 모든 일을 넘어서는 것입니다. 우리는 이 특별한 사례에서 그 점을 명확하게 볼 수 있습니다. 모세는 자신들이 무언가 아주 특별한 것, 일상에서 벗어난 것을 필요로 하는 상황에 처해 있음을 감지했습니다. 그래서 그것을 위해 계속 기도했습니다.

제가 볼 때 이것이야말로 부흥과 그 의미를 전반적으로 이해하는 데 결정적으로 중요한 요점입니다. 오늘날 이 요점을 놓치고 있는 사람들이 많은데, 슬프게도 복음주의자들 중에도 그런 이들이 많이 있습니다. 그들은 다음과 같이 주장합니다. "정통신앙을 지키며 하나님의 축복을 받고 그의 임재를 인식하는 것, 정규사역을 감당하고 회심자를 얻고 좀더 열심히 노력하는 것 외에 더 필요한 일은 없는 것이 확실하다." 그러면서 다음과 같이 묻습니다. "당신은 무엇을 더 요구하는 것인가? 회심하고 성령 충만을 아는 것 이상으로 요구할 게 뭐가 있단 말인가? 그것이야말로 가장 바람직한 일 아닌가? 교회의 이상적인 상태 아닌가? 자신이 누구를 믿는지 알고 정통 신앙노선을 지키면 되지 않는가? 요컨대 에베소서 5:18에 나오는 사도의 권면에 따라 계속해서 성령 충만한 상태를 유지하면 되지 않는가?"

이것은 부흥의 의미에 대한 완벽한 무지를 드러내는 주장입니다. 부흥은 그 모든 것을 넘어서는 일입니다. 그 모든 것에 부가되는 일, 예외적인 일, 어떤 의미에서 그 놀라운 특질로 사람들을 깜짝 놀라게 만드는 일입니다.

이 점을 명확히 알지 못하면 부흥에 관심이 생기지도 않을뿐더러 부흥을 위해 기도하지도 않게 될 것이 분명합니다. 지금까지 대다수의 사람들은 이런 태도를 보여 왔습니다. 그들은 만사가 잘되어 가고 있다고 말합니다. "우리를 보라. 사회를 보라. 종교 잡지에 실린 기사들을 보라. 만사가 잘되어 가고 있으며 모든 일이 놀랍게 이루어지고 있다." 그래서 그들은 부흥을 생각지 않고, 부흥의 필요성을 느끼지 못하며, 부흥을 위해 기도하지 않습니다. 그들은 말합니다. "우리가 할 일은 현 상태를 유지하는 것뿐이다. 하나님이 우리를 축복하고 계시다. 모든 것이 제자리를 잡고 있다." 그들이 이처럼 다 된 위치에 있는 양 착각하는 것은 결정적으로 부흥의 본질적인 의미를 이해하지 못한 탓입니다. 그래서 지금 제가 부흥이라는 전반적인 문제의 가장 결정적인 측면이라고 말하는 부분을 살펴보려 하는 것입니다. 이 측면은 33장 두 번째 문단에 아주 명료하게 묘사되어 있습니다. 모세가 그토록 많은 것을 받고서도 회막으로 다시 돌아온 것은 더 원하는 바가 있었기 때문입니다. 그는 그 '더'를 위해, 별도의 것을 위해 탄원하기 시작했습니다.

이제 우리 앞에 놓인 첫 번째 질문은 그가 과연 무엇을 위해 기도했느냐 하는 것입니다. 그는 부가적으로 더 필요한 것이 있다고 느꼈습니다. 이 질문의 대답들을 살펴보며 그것들을 짚어 나가다 보면, 부흥의 부담을 느끼는 이들의 기도에 항상 특징적으로 나타나는 요소들을 보게 될 것입니다. 실제로 그들의 기도에는 믿어지지 않을 정도의 동질성이 나타나고 있습니다. 물론 이 문제들을 관통하는 원리를 알고 나면 이런 동질성이 나타나는 것도 그리 놀랄 일은 아니지만 말입니다. 부흥이 오기 전, 제 역할을 감당했던 중보자들이 항상 주의를 집중했던 기도제목들이 있습니다. 오늘날의 상황이 염려된다면 우리도 마땅히 그 기도제목들에 관심을 가져야 합니다. 모세가 구한 것이 무엇입니까? 그가 무엇보다 먼저 구한 것은 어떤 의미에서 개인적인 확신이었다고 할 수 있습니다. 그것이 13절의 메시지입니다. "내가 참으로 주의 목전에 은총을 입었사오면……." 그는 자신이 은총을 입었음을 알았고, 그것을 기도의 근거로 내세웠습니다. 우리는 다음과 같은 그의 기도를 읽을 수 있습니다. "내가 참으로 주의 목전에 은총을 입었사오면 원컨대 주의 길을 내게 보이사 내게 주를 알리시고 나로 주의 목전에 은총을 입게 하시며 이 족속을 주의 백성으로 여기소서." 거의 모순되는 말처럼 들리지 않습니까? 그는 "제가 당신의 목전에 은총을 입었다면, 당신의 목전에 은총을 입을 수 있도록 이 일을 해 주십시오"라고 말합니다. 하나님은 그를 알고 계시며 사람이 그 친구에게 하듯이 그와 이야기를 나누신다고 이미 말씀하셨습니다. 그런데도 모세는 "내게 주를 알리시고"라고 기도하고 있는 것입니다.

그렇다면 이 말의 의미는 무엇일까요? 자, 여기 그 차이를 보여주는 특징 한 가지가 나오고 있습니다. 모세는 하나님이 자신을 받아 주시고 돌보아 주신다는 사실만을 아는 데서 만족하지 않았습니다. 그것을 알았지만 그에 만족하지 않고 좀더 많은 것을 알고자 했습니다. 모세는 "내게 주를 알리시고"라고 기도했습니다. 오, 그는 하나님에 대해 이미 알고 있었고, 하나님이 자신에게 큰 관심을 가지고 계시며 인자를 베푸신다는 표증을 가지고 있었습니다. 그러나 그에 만족하지 않았습니다. 그 이상을 원했습니다. 하나님을 인격적으로 알고 싶었습니다. 직접적으로 알고 싶었습니다. 하나님이 참으로 자신을 사랑하신다는 사실을 한 점 의심이나 불안 없이 알고 싶었습니다. 물론 그는 하나님이 자신을 사랑하신다는 것을 알았습니다. 그러나 그 표증을 얻고 싶었습니다. 그에 대해 온전한 확신을 얻고 싶었습니다.

이것은 모든 시대에 걸쳐 교회에 등장했던 위대한 성도들의 삶에 나타나는 특징이자, 특별히 하나님이 부흥과 중보라는 부분에서 그 손을 얹으셨던 사람들에게 나타나는 특징입니다. 그들에게 맨 처음 일어나는 일은 하나님을 더 깊이 알고 싶다는 소원이 생기는 것입니다. 물론 그들은 훌륭한 사람들이고 정통적인 사람들입니다. 그들은 하나님을 믿고 있으며 스스로 구원받았음을 알고 있고 구원의 확신까지 가지고 있으면서도―심지어 그 확신이 생긴 지 이미 수년이 지났는데도―무언가 더 큰 것, 더 깊은 것에 주리고 목말라 하기 시작합니다. 그들은 성경을 읽으면서 그 속에 하나님과 그의 사랑에 대한 더 깊고 충만한 지식이 있음을 느끼고 그 지식을 얻고 싶어 합니다. 그들은 교회의 일상적인 상태라고 할 수 있는 것에 더 이상 만족하지 못합니다. 무언가 평범치 않은 것, 비상한 것을 알고 싶어 합니다. 이 점을 아주 잘 표현하고 있다고 생각되는 찬송가 가사를 소개해 보겠습니다. 자, 이 찬송의 작사자는 다음과 같이 쓰고 있습니다.

> 구하오니 말씀해 주소서, 온유하신 예수여,
> 오, 당신 말씀 얼마나 달콤한지,
> 내 요동하는 심령에 속삭이사
> 세상이 줄 수 없는 평안을 주시네.

가사는 이렇게 이어집니다.

> 너는 내 것이라 이르소서, 오, 구주여,
> 분명한 확신을 주소서……
> ―윌리엄 윌리엄스 William Williams

바로 이것입니다. 이 사람은 구주가 자신을 사랑하신다는 것을 알고 있습니다. 그런데도 무엇을 원하는지 보십시오.

> 너는 내 것이라 이르소서, 오, 구주여.

오직 구주의 사랑을 아는 사람만이 이것을 구합니다. 이 사람은 무언가 특별한 것, 비상한 것, 부가적인 것을 구하고 있습니다. 이 점을 장황하게 논할 필요는 없는 것이 확실합니다. 인간적인 차원에서도 이에 대해 어느 정도 알 수 있기 때문입니다. 사랑한다는 말을 듣는 것은 중요한 일입니다. 자신이 사랑받고 있음을 이미 아는 사람도 단지 아는 것만으로 충분하게 여기지 않습니다. 사랑한다는 말을 직접 듣고 싶어 합니다. 그것은 별도의 일입니다. 부가적인 일입니다. 세상 어느 것과도 비교할 수 없는 일입니다.

> 너는 내 것이라 이르소서, 오, 구주여.

모세가 구한 것도 바로 이것이었습니다. 그는 하나님이 자신에게 직접 말씀해 주시기를 원했습니다. 아시다시피 그는 일반적이고 평범하고 일상적인 것에 만족하지 않았습니다. 그는 말했습니다. "그렇습니다. 저는 이미 그런 자리에 있습니다. 그러나 저는 그 이상을 원합니다. 부가적인 무언가, 오, 내 영과 마음에 이 모든 것을 특별히 인 쳐 줄 무언가를 원합니다." 그는 그 무언가를 얻기 위해 부르짖었습니다.

부흥이라는 하나님의 축복을 갈망하기 시작한 개인들도 같은 일을 경험하게 됩니다. 다시 말해서 교회에 임하시는 성령의 존재를 아주 강렬하고 생생하게 인식하고 싶다는 소원을 품게 되는 것입니다. 오, 우리는 성령이 교회에 계시다는 것을 알고 있습니다. 오순절 이후 성령은 계속 교회에 계셨습니다. 맞습니다. 그러나 이 사람 모세가 구하는 바, 부흥을 간구하는 자들이 항상 구하는 바는 단순히 성령이 교회에 계시다는 사실을 알거나 의식하는 데 그치는 것이 아니라, 모든 의심과 망설임이 무색할 만큼 그 사실이 선명하게 드러나고 나타나는 것입니다. 그들은 분명한 표증, 비상한 표증, 사랑을 확증해 줄 부가적인 표증을 구합니다. 모세가 구했던 것이 바로 그것입니다. 우리가 부흥에 관심을 가지고 있다면 마땅히 구해야 할 것도 바로 그것입니다. 정통신앙을 가지고 있다는 데 눈이 가리고 성령이 교회에 계시며 하나님이 우리를 축복하신다는 사실을 이미 알고 있다는 데 눈이 가려 실상은 우리가 거의 아무것도 모르고 있다는 사실을 깨닫지 못하고 있는 것은 아닙니까? 예컨대 사도행전에 나오는 사람들과 비교해 보면 우리가 전혀 모르고 있는 일이나 건드려 보지도 못한 일들이 더 많음을 알 수 있습니다. 우리는 마치 바닷가에서 찰박거리는 아이들과 같습니다. 거대하고 깊은 대양이 앞에 있지만 그 대양에 대해 아는 바가 무엇이 있습니까? 이 부가적인 것, 하나님의 사랑이라는 대양의 이 깊이, 비상한 이 표증을 얻기 위해 한 사람의 마음으로부터 터져 나오는 외침이 여기 있습니다. "내게 주를 알리시고."

물론 모세는 "주의 길을 내게 보이사"라고도 구했습니다. 여기에서 그가 말하는 바는 하나님의 목적과 계획을 보여 달라는 것입니다. 그는 백성들이 가나안에 올라가 약속의 땅으로 들어갈 때 하나님이 함께해 주신다는 절대적인 확증을 달라고 구했습니다. 여러분도 기억하시듯이 하나님은 그들과 함께 가시는 대신 천사를 보내 주겠다고 말씀하셨습니다. 모세는 말합니다. "아니, 주께서 친히 가셔야 합니다. 원컨대 주의 길을 저에게 보여 주십시오. 주의 위대한 계획과 목적을 살짝이라도 보여 주십시오." 이것이 그가 드린 기도였습니다. 모세는 하나님이 자신을 축복하시고 높이시리라는 것을 믿음으로 아는 데 만족하지 않고 대담한 간구를 하기 시작했습니다. "그 계획을 살짝이라도 보여 주시기 바랍니다. 주의 비밀을 나누어 주시기 바랍니다. 제게 은밀히 말씀해 주시기 바랍니다. 우리가 앞으로 더 나아가기 전에 주께서 참으로 우리와 함께하신다는 절대적인 확신을 주시기 바랍니다"라고 말했습니다.

하나님이 함께하신다는 절대적인 확신을 갖는 것과 단지 그러리라고 **가정하는 것** 사이에는 엄청난 차이가 있습니다. 그런데 우리에게는 후자의 경향이 있지 않습니까? 우리는 쉽게 가정하는 경향이 있습니다. 하나님이 우리와 함께하실 것이라고 가정해 버리는 것입니다. 우리는 교회에 예배드리러 올 때 어떤 마음을 가지고 옵니까? 우리와 함께해 주시며 우리를 지켜보아 달라는 기도를 특별히 드리고 옵니까, 아니면 당연히 함께해 주실 것이라고 가정하고 옵니까? 하나님의 임재를 가정하는 것이야말로 우리의 문제라는 생각이 들지 않습니까? 물론 어떤 의미에서는 그런 태도가 전적으로 옳다고 할 수도 있습니다. 우리는 보는 것으로 행하는 사람들이 아니라 믿음으로 행하는 사람들이니 말입니다. 그것은 맞습니다. 그러나 이 이야기는 그 이상의 것을 구하는 부르짖음에 대해 말해 주고 있습니다. 여기에는 이를테면 모세와 백성들로 대변되는 교회가 나옵니다. 그들은 중대한 임무를 앞둔 상태에서 많은 어려움과 큰 원수들에게 둘러싸여 있었습니다. 모세는 말했습니다. "주께서 전에 제게 말씀하신 것과 저를 위해 행하신 일에 의지하여 감히 주 앞에 나아가도 되겠습니까? 나아가서 구해도 되겠습니까? 오, 주께서 이제부터 하실 일을 말씀해 주십시오. 우리에게 확신을 주십시오. 주께서 우리와 함께하심을 알게 해 주십시오."

이것은 부흥을 구하는 기도입니다. 그저 한주 한주, 한달 한달, 한해 한해 살아가는 데 만족하는 것이 아닙니다. 하나님의 축복을 확실히 누리려 하는 것입니다. 오해하지 마십시오. 저는 매일 하는 사소한 일들을 무시하는 것이 아닙니다. 다만 우리가 하루의 사소한 일들에만 **머물러 있음을** 깨우치려는 것입니다. 사소한 일들도 있지만 큰 일들도 있습니다. 저는 그 더 큰 일을 갈망하는 태도에 대해 말하고 있는 것입니다. 모세는 큰 일을 구했습니다. 하나님께 "친히 큰 일을 행하겠다고 말씀해 주시겠습니까?"라고 요청했습니다. 이것이 바로 아들의 영입니다. 자식만 이런 요청을 할 수 있습니다. 종은 감히 꿈도 꾸지 못할 일들을 자식은 아버지께 요청합니다. 아버지가 곧 무슨 일이 일어나리라는 암시를 줍니다. 자식은 조금씩 조바심이 나서 말합니다. "그게 뭔지 말씀해 주세요. 살짝만 보여 주세요. 보고 싶어요." 자식은 기다리지 못하고 안달합니다. 그것이 잘못입니까? 당연히 아닙니다. 그것은 자녀의 영입니다. 아버지께 나아가 "제 마음이 편하고 즐거워지게 좀 알려 주세요"라고 요청하는 자녀의 영입니다.

하나님은 모세의 청을 들어주셨습니다. 그와 함께 가겠다고 말씀해 주셨습니다. "내가 친히 가리라. 내가 너로 편케 하리라." 모세의 근심을 덜어 주시겠다는 것입니다. 당신이 하실 일을 미리 알려 주어서 염려하거나 걱정할 필요가 없게 해 주시겠다는 것입니다. 이처럼 하나님은 그의 기도를 들어주셨습니다.

이것은 또한 간구입니다. 개인적인 확신을 주시기를 소원하는 것이요, 교회에 하나님의 사랑을 알리시며 주의 비밀한 계획과 목적과 제안과 생각을 알리시기를 소원하는 것입니다. 이런 소원을 품어 본 적이 있습니까? 비밀이 나에게 허락되었으면 하는 갈망을 품어 본 적이 있습니까? 지금 이 순간 하나님이 우리를 위해 무슨 일을 행하실지 알고 싶지 않습니까? 모세는 그것을 위해 기도했습니다.

이것이 모세의 첫 번째 기도제목이었습니다. 이제 두 번째 기도제목을 생각해 봅시다. 이것은 첫 번째에 필연적으로 따라오는 기도이자 그에 수반되는 기도로서, 즉 능력을 구하는 것입니다. 하나님은 모세에게 "내가 친히 가리라. 내가 너로 편케 하리라"고 말씀하셨습니다. 그러자 모세는 이렇게 기도합니다. "주께서 친히 가지 아니하시려거든 우리를 이곳에서 올려 보내지 마옵소서."

교회사를 살펴보면 부흥이 일어나기 전에 항상 사람들이 이렇게 능력을 구했다는 사실을 분명히 알 수 있습니다. 중보자들은 언제나 이 기도제목을 강하게 의식하게 마련인데, 거기에는 여러 가지 이유가 있습니다. 첫째는 당연히 자신들 앞에 있는 문제가 얼마나 엄청난 것인지 깨달았기 때문입니다. 이스라엘 자손들에게는 약속의 땅에 살고 있는 강대국들—아말렉을 비롯한 여러 족속들—과 강력한 원수들에 맞서 그 땅을 정복해야 하는 엄청난 임무가 주어져 있었습니다. 그들은 여기저기 떠돌아다니는 일종의 유목민에 불과했습니다. 그런 그들이 한 땅에 정착해서 그 땅을 정복하며 거기 집을 짓고 살아야 했던 것입니다. 그들은 그 문제가 얼마나 엄청난 것인지 불현듯 깨달았습니다. 제가 이 점을 강조하는 것은 오늘날 우리 앞에 있는 문제가 얼마나 엄청난 것인지 깨닫지 못하는 사람들이 너무나도 많기 때문입니다. 이보다 더 비극적인 상황은 없습니다. 자신들 앞에 있는 문제가 얼마나 엄청난 것인지 깨닫기만 한다면 굳이 부흥을 위해 기도하라고 호소하지 않아도 기도할 것입니다. 그러나 우리의 눈은 닫혀 있는 것 같습니다. 다들 "만사가 잘되고 있다"고 말합니다. "이 보고서들을 좀 보라. 굉장하지 않은가? 저 다양한 활동들을 좀 보라. 다 잘되어 가고 있지 않은가?"라고 말합니다.

그러나 잠깐만 기다리십시오. 수치는 항상 분석해 볼 필요가 있습니다. 몇몇 열광적인 사람들에게 휩쓸려 앞으로 나아가지 않도록 조심해야 합니다. 그들이 제시하는 수치와 내용이 다른 수치들도 있습니다. 신문과 여러 교단들의 통계를 주의 깊게 보십시오. 그 수치들을 살펴보십시오. 교인들이 줄어들고 있으며 주일학교 출석률과 예배 출석률이 낮아지고 있는 상황을 보십시오. 어떤 교단이든 무서운 속도로 그 수가 줄어들고 있습니다. 여러분은 몇몇 기독 신문들을 읽으면서 국민 전체가 회심한 나라들도 있나 보다 생각할 것입니다. 그러나 그렇지 않습니다. 교회들이 내놓는 통계들은 상황이 그렇지 못함을 증명해 주고 있습니다. 교회는 해마다 쇠락의 길을 걷고 있습니다. 악과 죄와 불경함과 신성모독이라는 측면에서 볼 때, 교회가 쇠락하고 있는 현실이 확실히 보이지 않습니까? 영국에서도, 다른 나라들에서도 확실히 보이지 않습니까? 복음은 아예 고려의 대상으로도 삼지 않는 현대의 지성주의가 보이지 않습니까? 번영을 구가하는 인간들이 자기 영혼이나 하나님께는 눈길도 주지 않는 현실이 보이지 않습니까? 이 나라만 그런 것이 아닙니다. 다른 나라들도 다 마찬가지입니다.

　이 나라에서 신앙이 있노라 자처하는 사람은 10퍼센트에 불과하고 그나마 예배 참석을 고려해 본 사람은 그 절반밖에 되지 않는 상황에서 어떻게 마음 편히 지낼 수 있습니까? 그런데도 자기만족에 빠져 있을 수 있습니까? 이런 것이 과연 만사가 잘되고 있는 것입니까? 여러분, 상황은 점점 악화되고 있으며 갈수록 심상치 않게 돌아가고 있습니다. 또한 저는 우리의 온갖 노력이 주된 상황은 건드려 보지도 못한 채 무위로 돌아가고 있는 모습도 보고 있습니다. 그렇다고 개인의 회심을 얕보는 것은 아닙니다. 당연히 아닙니다. 제가 말하려는 요점은 모세와 이스라엘 백성들이 이미 본문에 나오는 바와 같은 상태에 있었음에도 별도의 일, 비상한 일, 예외적인 일을 해 주실 것을 간청했다는 것입니다. 그것은 저의 간청이기도 합니다. 지금 하고 있는 일들을 비난하려는 것이 아닙니다. 그런 일들만으로는 충분치 않음을 밝히려는 것입니다.

제가 볼 때 사람들의 비극은 "이걸로 충분하다. 만사가 순조롭다"라고 말하는 것입니다. 그렇지 않습니다. 주된 상황은 그 어느 때보다 악화되어 있습니다. 지금이야말로 능력과 비상한 표증을 위해 부르짖고 간청하기 시작해야 할 시점입니다. 모세와 백성들은 문제의 본질을 깨달았고, 단지 문제의 본질만 깨달은 것이 아니라 자신들의 약함도 깨달았습니다. 모세는 하나님께 "주께서 친히 가지 아니하시려거든 우리를 이곳에서 올려 보내지 마옵소서"라고 말했습니다. 성경은 모세가 지면에서 가장 온유한 사람이었고, 그로 인해 칭송을 들었다고 말합니다. 그러나 그는 자신이 약하고 무능한 사람임을 알았습니다. "당신이 저와 함께 가겠다고 약속하지 않으시면 한걸음도 더 나아가지 않겠습니다. 저 같은 사람이 어떻게 이런 상황에 대처할 수 있겠습니까? 주께서 주신 지혜만으로는 충분치 않습니다. 제가 원하는 것은 절대적인 확신입니다. 주의 힘과 능력입니다"라고 말했습니다. 아시다시피 모세는 하나님 없이 나아가기를 두려워했습니다. 하나님이 임재하시며 능력을 주신다는 절대적인 확신 없이는 나아가려 하지 않았습니다. 이 또한 부흥의 때가 임하기 전 교회에 항상 나타나는 모습이며, 우리는 아직도 갈 길이 멀다는 생각을 제가 종종 하게 되는 이유입니다. 우리는 여전히 우리가 하는 일에 자신감을 가지고 있습니다. 자부심을 느끼고 있습니다. 스스로 놀라운 일을 하고 있노라 확신하고 있습니다. 자신들이 무능하다는 것과 약하다는 것을 모르고 있습니다. 자신들에게 능력이 필요하다는 것을 모르고 있습니다. 우리의 문제를 스스로 타개할 수 있다고 생각하는 한 우리에게는 희망이 없습니다. 부흥은 이처럼 하나님의 능력이 나타나지 않고서는 아무 일도 할 수 없음을 깨닫는 데서부터 시작됩니다. 우리는 그렇게 자신의 무능함과 연약함을 깨닫는 자리로 되돌아가야 합니다. 사도 바울은 자신의 무능함과 연약함을 늘 인식하고 있었습니다. 그의 말은 아무리 인용해도 질리지가 않습니다. 이것이야말로 성경 어떤 본문보다 오늘날 교회의 모든 교파 앞에 제시할 필요가 있는 본문입니다.

> 내가 너희 가운데 거할 때에 약하며 두려워하며 심히 떨었노라. 내 말과 내 전도함이 지혜의 권하는 말로 하지 아니하고 다만 성령의 나타남과 능력으로 하여 너희 믿음이 사람의 지혜에 있지 아니하고 다만 하나님의 능력에 있게 하려 하였노라(고전 2:3-5).

과거에 하나님이 사용하신 사역자들의 사례 또한 아무리 인용해도 질리지가 않습니다. 그들은 성령이 자신들과 함께하시며 능력을 주신다는 절대적인 확신 없이는 감히 설교단에 서려 들지 않았습니다. 모세가 깨달았던 것도 바로 그것입니다. 그는 자신에게 이런 예외적인 능력이 필요함을 알았기 때문에 하나님께 그 능력을 구했습니다.

이처럼 우리는 모세가 하나님의 임재를 구하며 개인적인 확신과 능력을 구한 일에 대해 살펴보았습니다. 세 번째로 모세는 교회와 교회의 사명을 특별히 인증해 주실 것을 구했습니다. 그것이 16절의 메시지입니다. 여러분은 여기에서 모세의 주장을 들을 수 있습니다. 그는 말했습니다. "나와 주의 백성이 주의 목전에 은총 입은 줄을 무엇으로 알리이까? 주께서 우리와 함께 행하심으로 나와 주의 백성을 천하 만민 중에 구별하심이 아니니이까?" 다시 말해서 이것은 하나님이 교회에 원래 의도하셨던 바를 이루어 달라는 기도입니다. 교회는 원래 구별되어야 하는 곳입니다. 세상에 없는 유일무이한 곳입니다. 모세는 하나님께 아뢰었습니다. "이제 제가 이 별도의 것을 구하는 이유는 염려가 되기 때문입니다. 여기 주의 백성들이 있습니다. 그러나 우리가 진정 당신의 백성이라는 것을 다른 나라들이 어찌 알겠습니까? 그들은 지금 우리를 구경하면서 비웃고 조롱하고 놀리며 멸망시키려 하고 있습니다. 이제 구하오니, 우리가 세상 여러 나라 중에 하나가 아닌 바로 당신의 백성임을, 구별된 백성이요 하나밖에 없는 백성임을, 그들과는 완전히 다른 백성임을 명명백백히 드러내 주십시오."

부흥을 구한다는 것은 교회도 이같이 되게 해 달라고 구하는 것입니다. 이런 일은 오직 성령의 특별한 부으심으로만 일어난다는 것이 저의 주장입니다. 우리에게 필요한 것은 인간의 말로는 설명할 수 없는 일입니다. 온 세상의 이목이 집중될 만큼 뚜렷하고 두드러진 일입니다. 부흥은 그런 것입니다. 부흥의 때에는 항상 그런 일이 일어납니다. 우리 힘으로는 결코 그런 일을 일으킬 수가 없습니다. 물론 우리가 할 수 있는 일도 많이 있고, 그런 일은 힘닿는 한 해야 합니다. 우리는 진리를 전하거나 옹호할 수 있으며, 변증하는 일에 몰입하거나 여러 가지 운동을 벌일 수도 있고, 세상에 대단한 모습을 보여 주기 위해 노력할 수도 있습니다. 그러나 아시다시피 세상은 그런 것에 감명받지 않습니다. 아무리 우리가 노력해도 변하지 않습니다. 우리에게 필요한 것은 세상의 이목을 능히 잡아끌 만큼, 우리가 우리 주장대로 하나님의 유일무이한 백성이자 구별된 백성임을 능히 입증해 줄 만큼 압도적이고 신적이며 비상한 일입니다. 이것이 모세의 기도에 나오는 세 번째 간구의 핵심입니다.

자, 우리가 살고 있는 시대를 제가 제대로 이해하고 있다면, 오늘날 우리에게 가장 긴급히 필요한 일이 바로 이것입니다. 우리의 문제가 무엇입니까? 그렇습니다. 교회의 유일무이한 특징이 이제는 사라지고 없다는 것입니다. 교회는 다른 매개체나 집단들과 너무나 똑같아 보이며, 여러 기관 중에 하나로 보일 뿐입니다. 세상에 있는 좋은 단체들이나 조직들과 교회를 구별하기가 얼마나 힘든지 모릅니다. 어떤 교단의 교회든지 교회들의 회합을 본 다음, 정치단체나 문화단체를 한번 보십시오. 과연 그 차이를 발견할 수 있을지 의문입니다. 이를테면 고위성직자들이나 교회에서 직임을 맡은 자들이 즐겨 입는 특별한 옷차림 외에 그들을 구별할 수 있는 특징이 있습니까? 어떤 모임에 갔는데 우연히도 모든 사람이 평범한 옷차림을 하고 있었다면, 과연 그들에게서 하나님의 교회이자 하나님의 백성임을 보여 주는 유일무이한 특징을 찾아낼 수 있겠습니까? 친애하는 여러분, 우리는 우리의 유일무이한 특징을 잃어버렸습니다. 우리는 다 괜찮은 사람들이고 존경받는 사람들이며 잘 차려입고 다니는 사람들입니다. 맞습니다. 우리는 신앙을 가진 사람들입니다. 오, 그러나 기독교 단체가 아니더라도 이런 모습을 보이는 곳들은 얼마든지 많이 있습니다.

여러분은 "하지만 우리는 큰 일들을 할 수 있습니다. 대규모 운동도 벌일 수 있고 교회에 출석할 신봉자들도 많이 얻을 수 있지요"라고 말할지도 모릅니다. 그러나 불교도 현재 똑같은 일을 하고 있습니다. 지금 불교계는 크게 부흥하고 있는 중입니다. 인도와 그 밖의 나라에서, 심지어 이 나라에서도 수천 명씩 불교로 귀의하고 있습니다. 사교들도 번창일로를 걷고 있습니다. 그들도 우리가 하는 모든 일을 할 수 있고, 거창한 운동을 벌일 수 있으며, 다수의 신봉자들을 끌어들이고자 애쓰고 있습니다. 그들도 이 모든 일을 할 수 있습니다. 거짓 종교들도 마찬가지입니다. 그러나 이렇게 해도 세상은 일반적으로 아무 영향이나 감화를 받지 않으며 감명도 받지 않습니다. 이 모든 일에는 유일무이한 특징이 없습니다. 우리에게 필요한 것은 이것이 인간의 일이 아닌 하나님의 일이라는 사실을 극히 분명하고도 확실하게 보여 줄 초자연적인 표증입니다. 사도 바울은 그것을 성령의 나타남과 능력이라고 부르고 있습니다. 우리에게 필요한 것은 오순절 날 일어났던 바로 그런 일입니다. 사도행전 2장을 읽어 보십시오. 우리에게는 바로 그런 일이 필요합니다. 어떤 이는 "그러면 강하고 급한 바람 소리를 구하라는 겁니까?"라고 묻습니다. 아닙니다. 꼭 그런 바람 소리나 방언을 구하라는 것이 아니라, 만인에게 무언가가 일어났음을 알릴 수 있는 성령의 강림을 구하라는 것입니다. 제가 구하는 것은 바로 그것입니다.

또한 저는 사도행전 4장에 기록된 사건과 같은 일을 구합니다. 4장에는 큰 어려움에 처한 작은 교회의 모습이 나옵니다. 당국자들이 가두고 죽이겠다는 위협과 함께 복음 전하는 일을 금지했을 때 그들이 한 일이 무엇입니까? 돌아가서 기도한 것입니다. 하나님께 자비를 구하며 "특별한 일을 행해 주십시오. 능력으로 복음을 전하게 해 주시고 표적이 따르게 해 주십시오"라고 청한 것입니다. 그러자 모인 곳이 진동했습니다. 그들은 특별한 일을 구했고, 하나님은 그들이 구한 것을 주셨습니다. 그리하여 사도들은 "큰 권능으로 주 예수의 부활을 증거"할 수 있었습니다. 그렇습니다. 하나님의 성령이 또 한번 부어졌습니다. 오순절이 반복된 것입니다. 다시 한번 성령 세례가 주어진 것입니다. 하나님은 이번에도 성령을 부어 주셨고, 오순절 날 성령으로 충만해졌던 사람들은 다시금 성령으로 충만해졌습니다. 저는 사도행전 10장에서 베드로가 고넬료와 그의 권속들에게 설교했을 때 일어났던 일이 우리에게도 일어나기를 구합니다. 성경은 그가 설교할 때 성령이 임하심으로써 베드로처럼 편협한 사람, 편협한 유대인조차 이 이방인들이 참으로 회심했음을 확신케 해 주셨다고 말합니다. 여러분은 베드로가 한 말을 기억할 것입니다. "이 사람들이 우리와 같이 성령을 받았으니 누가 능히 물로 세례 줌을 금하리요?" 제가 구하는 일이 바로 이것입니다. 하나님의 능력이 나타나, 사람이 아닌 하나님이 그 일을 하셨음을 분명하고도 확실하게 보여 주시기를 구하는 것입니다. 바로 이것이 다른 점입니다.

또 다른 예를 들어 보겠습니다. 히브리서 2:3-4에 나오는 내용을 기억하십니까? 거기에는 바로 이 점을 뚜렷이 보여 주는 예가 나오고 있습니다. 히브리서 기자는 다음과 같이 말합니다. "우리가 이같이 큰 구원을 등한히 여기면 어찌 피하리요? 이 구원은 처음에 주로 말씀하신 바요 들은 자들이 우리에게 확증한 바니 하나님도 표적들과 기사들과 여러 가지 능력과 및 자기 뜻을 따라 성령의 나눠 주신 것으로써 저희와 함께 증거하셨느니라." 하나님이 그들에게 증거하셨습니다. 하나님이 확증해 주셨습니다. 그것을 통해 초대교회가 세워졌습니다. 비상하고 예외적인 증거와 확증을 통해 이들이 하나님의 사람들이며 하나님의 복음을 전하고 있다는 사실이 입증됨으로써 초대교회가 세워진 것입니다. 사도 베드로도 같은 이야기를 하고 있습니다. 그 말씀이 그의 첫 번째 서신 1:11-12에 나옵니다. "자기 속에 계신 그리스도의 영이 그 받으실 고난과 후에 얻으실 영광을 미리 증거하여 어느 시 어떠한 때를 지시하시는지 상고하니라. 이 섬긴 바가 자기를 위한 것이 아니요 너희를 위한 것임이 계시로 알게 되었으니 이것은 하늘로부터 보내신 성령을 힘입어……."

바로 이것입니다. 하나님은 교회가 인간의 것이 아닌 하나님의 것이며 하나님의 능력을 지닌 유일무이한 곳임을 비상한 증거와 표지로 보여 주십니다. 아, 사람 혼자서도 설교할 수 있다는 것은 저도 잘 압니다. 성령이 없어도 설교할 수 있습니다. 지성만 가지고서도 말씀을 해설할 수 있습니다. 그러나 그것만으로는 충분치 않습니다. 우리에게는 성령의 나타남과 능력이 필요합니다. 사람도 예배를 주재할 수 있습니다. 회심자를 얻을 수 있습니다. 교인 수를 늘릴 수 있습니다. 그러나 하나님은 사람이 결코 할 수 없는 일을 하십니다. 하늘로부터 성령을 보내시고, 능력을 내리시며, 유일무이한 일을 하시고, 그 임재와 능력을 특별하게 나타내 보이십니다. 모세는 바로 그것을 구했습니다. 이것이 늘 세 번째로 구하게 되는 기도제목이자, 여러 가지 면에서 자신의 처지를 깨닫고 부흥의 필요를 느낀 이들의 입과 입술에서 흘러나오는 가장 절박한 기도제목입니다. "당신의 말씀을 인증해 주소서. 주 하나님, 알게 해 주소서. 우리가 당신의 백성임을 한 점 의심과 의혹 없이 알게 해 주소서. 우리를 흔들어 주소서!" 저는 건물을 흔들어 주실 것을 구하지 않습니다. 우리 자신을 흔들어 주실 것을 구합니다. 오순절 날 그러했듯이 온 세상이 우리를 쳐다보며 "이게 무슨 일이지?"라고 묻지 않을 수 없게 만들 만한 놀라운 일, 경이로운 일, 신적인 일을 행해 주시기를 구합니다. 종교개혁이 일어났을 때처럼, 200년 전 윗필드와 웨슬리 형제를 비롯한 그 밖의 사람들에게 성령이 부어졌을 때처럼, 100년 전 미국과 북아일랜드와 웨일스와 스코틀랜드와 그 밖의 곳에서 부흥이 일어났을 때처럼 사람들이 묻게 해 주시기를 구합니다. "이게 무슨 일이지? 대체 무슨 일이야?" 사람은 부흥을 연출하거나 기획할 수 없는 것이 분명합니다. 부흥은 명백히 하나님이 하시는 일입니다. 하나님은 당신의 백성과 그 백성이 하는 일, 그 백성이 전하는 메시지를 인증해 주십니다. "그렇다. 이들은 내 백성이다. 나는 지금 너희 가운데서는 결코 하지 않을 일을 이들 안에서 행하고 있다. 이것은 오직 내 백성 가운데서만 행하는 일이다"라고 말씀해 주십니다. 우리는 부흥을 구하는 기도가 사역에 대한 정례적인 축복을 구하는 기도가 아니라―그런 기도는 항상 드려야 합니다―그에 더하여 비상한 일, 부가적인 일, 특별한 일, 하나님 자신과 그가 자기 백성들 가운데서 일하신다는 사실을 인증해 줄 일을 구하는 기도임을 분명히 알아야 합니다.

15 부흥을 위해 기도하는 진정한 이유

모세가 여호와께 고하되, 보시옵소서, 주께서 나더러 이 백성을 인도하여 올라가라 하시면서 나와 함께 보낼 자를 내게 지시하지 아니하시나이다. 주께서 전에 말씀하시기를 나는 이름으로도 너를 알고 너도 내 앞에 은총을 입었다 하셨사온즉 내가 참으로 주의 목전에 은총을 입었사오면 원컨대 주의 길을 내게 보이사 내게 주를 알리시고 나로 주의 목전에 은총을 입게 하시며 이 족속을 주의 백성으로 여기소서. 여호와께서 가라사대, 내가 친히 가리라. 내가 너로 편케 하리라. 모세가 여호와께 고하되, 주께서 친히 가지 아니하시려거든 우리를 이곳에서 올려 보내지 마옵소서. 나와 주의 백성이 주의 목전에 은총 입은 줄을 무엇으로 알리이까. 주께서 우리와 함께 행하심으로 나와 주의 백성을 천하 만민 중에 구별하심이 아니니이까. 여호와께서 모세에게 이르시되, 너의 말하는 이 일도 내가 하리니 너는 내 목전에 은총을 입었고 내가 이름으로도 너를 앎이니라. (출 33:12-17)

출애굽기의 이 위대한 장을 더 연구하기 전에 지금까지 우리가 이 장을 통해 배운 바를 일깨우고 싶습니다. 모세는 자신과 관련하여 개인적인 확신을 먼저 구했습니다. 또 능력을 구하되 자기 자신을 위한 능력과 백성을 위한 능력을 구했고, 세 번째로 교회와 교회의 메시지를 인증해 줄 예외적인 증거를 구했습니다. 이제 우리는 그가 **왜** 이런 것들을 구했는지 살펴보아야 합니다. 그가 이렇게 기도한 동기가 무엇입니까? 이것은 우리에게 아주 중요한 문제인 것이 분명합니다. 제가 상황을 바로 파악하고 있다면, 우리는 이러한 목적과 동기의 영역에서 계속 잘못된 길을 가고 있기 때문입니다. 우리는 잘못된 목적지를 향해 출발하고 있습니다. 그렇기 때문에 모세의 기도에서 큰 유익과 교훈을 끌어내야 하는 것입니다. 물론 여러분은 여기에서 모세에게 해당하는 내용이 하나님께 탄원하는 중보자들, 하나님의 성도들에게도 그대로 해당한다는 사실을 성경 곳곳에서 발견할 것입니다. 더 나아가 여러분에게 일깨우고 싶은 점은, 과거 위대한 부흥의 역사를 읽어 보고 하나님이 눈에 띄게 사용하신 이들의 이야기를 읽어 보아도, 부흥이 오기 전 탄원과 중보의 일을 했던 이들의 모습을 연구해 보아도 모세를 움직였던 동기와 똑같은 동기가 그들을 움직였다는 사실을 어김없이 발견하게 된다는 것입니다.

그러므로 우리는 동기의 문제를 아주 분명하게 짚어 보아야 합니다. 저는 지금 여러분에게 부흥을 위해 기도할 것을 요청하고 있습니다. 맞습니다. 그런데 왜 부흥을 위해 기도해야 할까요? 왜 누구든지 부흥을 위해 기도해야 할까요? 오늘 본문에 처음으로 나오는 대답은 하나님의 영광에 대한 염려 때문이라는 것입니다. 그 말씀이 13절 끝에 나오고 있습니다. "내가 참으로 주의 목전에 은총을 입었사오면 원컨대 주의 길을 내게 보이사 내게 주를 알리시고 주의 목전에 은총을 입게 하시며 **이 족속을 주의 백성으로 여기소서**." 이것이 이 기도의 동기입니다. 이 기도의 이유입니다. 모세가 일차적으로 염려한 것은 하나님의 영광이었습니다. 자, 여러분은 그가 이 특정한 논거를 하나님께 계속 내세우고 있음을 발견할 것입니다. 앞 장인 32:11-12에도 그 예가 나오고 있습니다. 이스라엘 자손이 금송아지를 만들어 하나님께 반역을 저지르자, 진노하신 하나님이 모세에게 다음과 같이 말씀하셨습니다.

> 내가 이 백성을 보니 목이 곧은 백성이로다. 그런즉 나대로 하게 하라. 내가 그들에게 진노하여 그들을 진멸하고 너로 큰 나라가 되게 하리라. 모세가 그 하나님 여호와께 구하여 가로되, 여호와여, 어찌하여 그 큰 권능과 강한 손으로 애굽 땅에서 인도하여 내신 주의 백성에게 진노하시나이까? 어찌하여 애굽 사람으로 이르기를 여호와가 화를 내려 그 백성을 산에서 죽이고 지면에서 진멸하려고 인도하여 내었다 하게 하려 하시나이까?(출 32:9-12)

모세가 무엇을 염려하고 있는지 아시겠습니까? 그는 하나님의 이름, 즉 그분의 명성과 영광을 염려하고 있습니다. 오늘 본문에서 모세가 다시금 강조하고 있는 것도 그것입니다. 그는 "이들은 주의 백성입니다"라고 말합니다. 요컨대 이들의 상황에는 하나님의 명예와 영광이 연루되어 있다는 것입니다. 이들은 결국 하나님의 백성입니다. 이들 스스로 그렇게 주장해 왔고 하나님도 그 주장이 맞다는 표지를 주셨습니다. 경이롭고 기적적인 방법으로 애굽에서 이끌어내셨고, 홍해를 건너게 해 주셨습니다. 그런데 이제 와서 광야에 버려두고 떠나시겠다는 것입니까? 그러면 애굽 사람들이 뭐라고 하겠습니까? 다른 나라들은 또 뭐라고 하겠습니까? 하나님은 과연 실패하신 것입니까? 그는 이 백성에게 큰일 행할 것을 약속해 주셨습니다. 그런데 이제 그 약속을 이행하실 수 없다는 것입니까? 성취하실 수 없다는 것입니까? 모세는 이 모든 상황에 하나님 자신의 영광과 명예가 걸려 있다고 아룁니다. 이런 호소는 시편에도 끊임없이 나오며, 선지서에도 계속해서 나옵니다. 그들은 "주의 이름을 위해" 일해 주시기를 청합니다. 마치 "우리는 아무 말도 할 자격이 없습니다. 그럼에도 참으로 우리 자신을 위해서가 아니라 주의 이름을 위해, 영광을 위해, 주의 영원한 명예를 위해 구합니다"라고 말하는 듯합니다. 그처럼 모세도 하나님의 이름과 영광을 염려했으며, 그 때문에 질투했습니다. 그래서 하나님 자신을 위해 이 별도의 일, 특별한 일을 행해 달라고 구한 것입니다.

자, 모든 요점을 세세히 파고들 수는 없습니다. 그러나 이것만큼은 중요한 요점 아닙니까? 결국 교회는 하나님의 것입니다. "하나님이 물과 말씀으로 만드신 새 피조물"입니다. 우리는 하나님이 특별히 그 소유로 삼으신 백성들입니다. 그가 왜 우리를 어두운 데서 불러내어 그의 기이한 빛에 들어가게 하셨을까요? 그의 미덕과 탁월함, 아름다운 덕을 선전케 하시기 위함인 것이 확실합니다. 그러므로 우리는 일차적으로 하나님의 이름과 영광과 명예 때문에 이 주제에 관심을 가져야 합니다. 좋든 싫든 세상은 우리를 보고 하나님과 주 예수 그리스도와 기독교 신앙 전체를 판단하는 것이 사실입니다. 우리는 그의 대리자들이며, 그의 이름이 걸려 있는 자들이고, 그에 대한 이야기를 하는 자들입니다. 교회 밖에 있는 사람들은 교회를 하나님의 대리자로 간주합니다. 그러므로 저는 우리가 여기 나오는 모세의 본을 따라야 한다고 주장하는 바입니다. 즉, 하나님의 영광을 가장 먼저 염려해야 한다는 것입니다.

그런데 요즘은 이 부분이 거의 언급되지 않고 있다고 말하면 불공평할까요? 물론 오늘날 교회는 크게 염려하고 있습니다. 무엇을 염려하고 있습니까? 오늘날 교회가 염려하는 것은 통계와 숫자입니다. 사람들은 교회가 텅 비었다고 말하면서, 다시 사람들을 모아 교회를 채울 방법과 수단들에 대해 논의합니다. 숫자와 등록과 재정과 조직에 관심을 쏟습니다. 교회의 연례 회의나 회합에서 하나님의 영광과 그 이름의 명예에 대한 염려를 표명했다는 소식을 얼마나 들어 보았습니까? 그렇습니다. 우리는 오히려 교회를 인간의 조직체로 여기는 듯한 태도를 취하고 있습니다. 물론 우리는 자기 사업체가 잘 굴러가지 않을 때 염려하듯이 교회에 일어나는 일들을 보면서 염려합니다. 우리는 사업가처럼 기관과 조직을 놓고 염려합니다. 그러나 모세가 일차적으로 염려한 것은 그런 것이 아니었습니다. 그가 첫 번째로 염려한 것, 주로 염려한 것은 하나님의 영광이었습니다. 여러분은 교회의 현 상태를 보면서 탄식하고 있습니까? 탄식하고 있다면 그 이유가 무엇입니까? 사람들이 교회로 몰려들던 빅토리아 시대 말기나 에드워드 시대 말기를 기억하는 노인이기 때문입니까? 교회가 전성기를 구가하던 시절에 일종의 향수를 느끼기 때문입니까? 아니면 하나님의 이름을 염려한다는 것이 무엇인지 알고 있기 때문입니까? 우리는 고통을 느끼고 있습니까? 상처받고 있습니까? 탄식하고 있습니까? 주변의 경건치 않은 모습과 하나님의 이름을 망령되이 일컫는 모습을 보면서 마음과 정신과 영혼이 무겁게 짓눌리는 것을 느끼고 있습니까? 이러한 열심, 거룩한 열심에 대해 알고 있습니까?

여러분은 "어찌하여 열방으로 저희 하나님이 어디 있느냐 말하게 하리이까?"라고 말하는 시편 79편 기자의 염려에 주목한 적이 있습니까? 열방은 이렇게 말하고 있습니다. "저들은 자기들의 하나님이 위대하며 다른 모든 신들보다 뛰어나다고 떠들어 댄다. 이스라엘의 하나님이야말로 참 신이라면서 그를 자랑하고 그 하나님이야말로 놀라운 신이라고 떠드는 것이다. 그런데 그 대단한 하나님은 지금 대체 어디 있는가? 저들의 꼴을 좀 보라! 그토록 대단한 하나님의 보호를 받는다는 자들이 저런 꼴이 될 수 있는가? 저들의 말이 정말 맞다면 저 지경이 되었을 리가 없다"라며 비웃고 있습니다. 아시다시피 여기에 일차적으로 연루되어 있는 것은 하나님의 영광과 명예와 이름입니다. 여기에서 문제가 되는 것은 우리의 제도가 아닙니다. 우리의 성공이나 실패가 아닙니다. 여기에서 일차적으로 문제가 되는 것은 하나님의 영광입니다. 시편 기자는 당연히 그 점을 알고 있었습니다. 시편 2편을 보시기 바랍니다. 이 점을 얼마나 잘 표현하고 있는지 모릅니다. 시편 기자는 말합니다. "세상의 군왕들이 나서며 관원들이 서로 꾀하여 여호와와 그 기름 받은 자를 대적하며……." 물론 그들이 공격한 대상은 다윗이었고 이스라엘 자손이었습니다. 그러나 다윗에게는 영적인 마음을 가진 자의 통찰력이 있었습니다. 그는 말합니다. "이것은 나를 대적하는 것이 아니라 하나님을 대적하는 것이다. 이자들이 나서서 대적하는 대상은 여호와와 그 기름 받은 자이다."

사실 이것은 시편 전체에 흐르고 있는 큰 주제이기도 합니다. 시편 83편에 나오는 다른 예 한 가지만 더 들어 보겠습니다. 시편 기자는 말합니다. "대저 주의 원수가 훤화하며 주를 한하는 자가 머리를 들었나이다. 저희가 주의 백성을 치려 하여 간계를 꾀하며 주의 숨긴 자를 치려고 서로 의논하여." 그렇습니다. 이것은 전부 하나님을 대적하는 것입니다. 사도행전 4장에는 그에 대한 놀랍고도 거의 서정적이라 할 만한 예가 나오고 있습니다.

당국자들은 베드로와 요한을 심문하고 복음 전파를 금지한 후, 교회를 제거하고 교회의 모든 복음 전파를 끝장낼 작정으로 사도들을 심히 위협했습니다. 베드로와 요한은 따로 모여 있던 신자들에게 돌아와 그들과 함께 기도하기 시작했습니다. 그리고 다음과 같이—그들이 시편 2편을 어떻게 인용하고 있는지 주의해서 보시기 바랍니다—말했습니다. "세상의 군왕들이 나서며 관원들이 함께 모여 주와 그 그리스도를 대적하도다." 그들은 이 말씀을 자신들의 말로 바꾸고 있습니다. "과연 헤롯과 본디오 빌라도는 이방인과 이스라엘 백성과 합동하여 하나님의 기름 부으신 거룩한 종 예수를 거스려 하나님의 권능과 뜻대로 행하려고 예정하신 그것을 행하려고 이 성에 모였나이다. 주여, 이제도 저희의 위협함을 하감하옵시고……"(행 4:26-29). 보시다시피 그들은 명확한 통찰력을 가지고 있었습니다. 여러분은 그들이 전적으로 자신들의 문제를 놓고 기도했을 것이라고 생각할 수 있습니다. 그러나 그들은 자신들의 문제를 일차적으로 구하지 않았습니다. 그들은 이 모든 일이 사실상 하나님을 대적하는 것임을 알았습니다. 우리는 확실히 이 점을 다시 붙잡을 필요가 있습니다. 우리는 항상 우리 자신만 생각하면서 너무 주관적으로 접근합니다. 그것은 부흥을 위해 기도하는 길이 아닙니다. 우리가 무엇보다 먼저 염려해야 할 것은 하나님과 그 영광과 명예와 이름입니다.

제가 볼 때 이것이야말로 부흥이라는 주체 전체의 핵심입니다. 구약성경에 나오는 위대한 기도들을 죽 살펴보십시오. 그들은 하나님께 열정을 가지고 있었으며, 이처럼 위대하신 하나님이 마땅히 받아야 할 경배를 받지 못하시는 것 때문에 괴로워하며 비참해 했습니다. 그래서 하나님 자신과 그 영광을 위해 친히 그 이름을 옹호해 달라고, 일어나 원수들을 흩어 달라고 기도했습니다. 이것이 부흥을 위해 기도하는 첫 번째 동기입니다.

두 번째 동기—이것은 어떤 경우에도 두 번째 동기가 되어야지 첫 번째 동기가 되어서는 안 됩니다—는 교회 그 자체의 명예에 대한 염려입니다. 덧붙이자면, 이 장에서 가장 놀라운 것은 모세가 교회—그 당시 교회는 이스라엘 민족이었습니다—에 대한 관심을 표현하는 방식입니다. 하나님은 애정 어린 관심으로 모세 개인을 놀랍게 축복해 주겠다고 통고하셨지만, 모세는 그에 만족하지 않았습니다. 그는 자신만 개인적으로 축복을 받는 것이 아니라 이스라엘 자손 전체가 그 축복 안으로 들어오기를 원했습니다. 출애굽기 32장에서 그는 다시 한번 놀라운 본보기를 보여 주는데, 이것은 구약에서 가장 영광스러운 본문 중에 하나라 할 만합니다. "이튿날 모세가 백성에게 이르되 너희가 큰 죄를 범하였도다. 내가 이제 여호와께로 올라가노니 혹 너희의 죄를 속할까 하노라 하고, 여호와께로 다시 나아가 여짜오되, 슬프도소이다. 이 백성이 자기들을 위하여 금신을 만들었사오니 큰 죄를 범하였나이다. 그러나……." 그는 말을 멈춥니다. 마치 털썩 주저앉아 더 이상 말을 잇지 못하는 듯한 모습입니다. 그는 영혼의 격렬한 고통을 느끼고 있습니다. "그러나 합의하시면 이제 그들의 죄를 사하시옵소서……." 이제 그는 다음과 같이 말할 수 있습니다. "그렇지 않사오면 원컨대 주의 기록하신 책에서 내 이름을 지워 버려 주옵소서"(출 32:30-32). 즉, "이들도 복에 참여시켜 주지 않으신다면 저는 더 이상 살고 싶지 않습니다"라는 것입니다.

하나님은 모세에게 "그들을 진멸하고 너로 큰 나라가 되게 하리라"라고 말씀하셨습니다. 그러나 모세는 말합니다. "그렇다면 저도 같이 진멸해 주십시오. 그들 없이 저 혼자서만 살고 싶지는 않습니다."

오, 이것이 참된 중보입니다. 이 사람은 지금 온 교회의 상태를 염려하고 있습니다. 교회가 축복받지 못하는 한, 자기 한 사람의 생명과 안녕과 행복은 아무 의미가 없다는 것입니다. 그는 32장에서 이 모든 생각을 반복하여 표명하고 있습니다. "이 족속을 주의 백성으로 여기소서."

이 문제를 더 다룰 수도 있지만, 지금은 그 다음 논의를 진행해야 하니 이 이야기만 하고 넘어가겠습니다. 제가 볼 때 저와 여러분, 우리 모두가 자신들의 문제를 잊고 교회, 하나님의 몸, 이 땅 위에 있는 그의 백성들을 염려하게 되기 전까지는 부흥이 일어날 가망이 없습니다. 우리는 주관적이고 자기중심적인 기도를 너무 많이 드리고 있습니다. 각자의 문제와 어려움들을 놓고 기도하느라 지치고 힘이 빠진 나머지 교회를 위한 기도는 꺼내지도 못합니다. 온통 내 축복, 내 필요, 내 이런 일, 내 저런 일에 대한 기도뿐입니다. 자, 제가 가혹하고 매정하게 굴려고 이런 말을 하는 것이 아닙니다. 우리의 문제는 하나님이 직접 처리해 주겠다고 약속하셨습니다. 그런데 교회를 위한 기도는 우리의 기도와 중보에서 어떤 자리를 차지하고 있습니까? 우리는 우리 자신과 우리 가족을 넘어서 기도하고 있습니까? 우리는 세상 앞에 서서 기독교가 세상의 유일한 희망이라고 말하는 사람들입니다. 교회, 오직 교회에만 세상에 필요한 메시지가 있다고 말하는 사람들입니다. 우리는 사회의 여러 문제들을 보고 있습니다. 그 문제들은 우리를 향해 아우성치고 있으며 매주 점점 더 늘어나고 있습니다. 그리고 우리는 기독교가 그 유일한 해답임을 알고 있습니다. 좋습니다. 그렇다면, 우리가 정말 그것을 알고 믿는다면, 하나님의 이름으로 묻건대 여러분은 교회에 복음 전할 능력을 달라고, 하나님을 대적하여 일어난 이 모든 성채들을 완전히 무너뜨릴 능력을 달라고, 그의 거룩한 임재 안에서 흩어 버릴 능력을 달라고 얼마나 자주 기도하고 있습니까? 복음 전하는 자들에게 성령의 능력을 달라고 얼마나 많은 시간을 들여 기도하고 있습니까? 여러분은 이 일을 놓고 중보하고 있습니까? 염려하고 있습니까? 여러분, 모세는 자기 자신의 문제보다 이 일을 더 염려했습니다. 그는 자기 혼자 약속의 땅에 들어가려 하지 않았습니다. 자기 혼자 위대한 사람이 되기를 원치 않았습니다. "아니, 교회가 더 중요합니다. 그들 모두가 저와 함께 당신을 모시고 갈 수 없다면 저도 가지 않겠습니다"라고 말했습니다.

우리는 교회에 대해 다시 생각하기를 배워야 합니다. 요즘은 우리의 접근법 자체가 주관적이 되어 버렸습니다. 전도도 주관적으로 하고, 성화聖化도 주관적으로 가르칩니다. 처음부터 끝까지 모든 일을 주관적으로 해 버립니다. 자기 자신에게서 출발하며 자기의 필요와 문제에서 출발합니다. 하나님은 우리에게 답을 제시해 주고 필요한 것을 제공해 주는 대리인에 불과합니다. 그러나 이 모든 접근법은 잘못된 것입니다. 전도를 할 때든지 다른 일을 할 때든지 반드시 하나님과 그의 영광에서 출발해야 합니다. 만유 위에 계시는 하나님, 만유가 속해 있는 하나님으로부터 출발해야 하는 것입니다. 인간은 하나님을 영화롭게 하지 않습니다. 그렇기 때문에 우리는 사소한 개인적 문제만 해결 받으면 되는 것이 아니라 구원을 받아야 합니다. 교회를 채우려는 동기로 전도하면 반드시 실패하게 되어 있습니다. 물론 교회는 채울 수 있겠지만, 그것이 도움이 되거나 유익이 되지는 못할 것이며 주요한 문제들은 여전히 해결되지 않은 채 남을 것입니다. 중요한 것은 교회관입니다. 교회를 하나님의 백성으로 여겨야 하며, 하나님의 이름이 걸린 곳으로, 하나님이 존재케 하신 곳으로 여겨야 합니다. 이것이 중요합니다. 교회를 기관과 조직의 집합체로 생각하는 대신, '교회는 하나님의 백성'이라는 개념으로 돌아가야 합니다. '교회는 하나님의 이름을 위해 존재하는 곳'이라는 개념으로 돌아가야 합니다. 이처럼 하나님이 그의 이름을 우리 위에 두셨기 때문에 우리는 교회를 위해 탄원해야 합니다. 그렇습니다. 교회는 하나님의 것이므로 마땅히 그 영광과 명예를 위해 기도해야 합니다.

모세가 기도한 세 번째 이유는 당연히 이스라엘 밖에 있는 이방인들에 대한 염려에 있었습니다. 그는 이방인들에게 알리고 싶어 했습니다. "〔우리가 있는 이 광야에서〕 나와 주의 백성이 주의 목전에 은총 입은 줄을 무엇으로 알리이까? 주께서 우리와 함께 행하심으로 나와 주의 백성을 천하 만민 중에 구별하심이 아니니이까?"

이것이 부흥을 위해 기도하는 또 하나의 동기입니다. 우리는 하나님의 이름과 명예와 영광을 위해, 또 그의 소유 된 교회를 위해 부흥을 구합니다. 맞습니다. 그러나 또한 교회 밖에서 비웃고 조롱하며 놀리고 비아냥거리는 사람들을 위해서도 부흥을 구해야 합니다. 하나님의 백성들이 한 명씩 나아가 말합니다. "오, 하나님, 일어나 저들을 잠잠케 해 주십시오. 우리가 저들을 향해 '조용하라, 잠잠하라, 그만 하라'고 말할 수 있는 일을 행하여 주십시오."

"너희는 가만히 있어 내가 하나님 됨을 알지어다"(시 46:10). 이것은 하나님의 백성이 드리는 기도입니다. 그들은 교회 밖에 있는 사람들에게 주목합니다. 그 예가 성경 전체에 나오고 있습니다. 교회의 상태에 부담을 느끼며 하나님의 이름이 훼방받는 것을 보면서 마음이 무너졌던 이들은 모두 교회 밖에 있는 자들을 염려했습니다. 오, 여러분은 성경이 아주 강렬한 언어로 그 점을 표현하고 있음을 발견할 것입니다. 때로는 그 언어가 너무 강렬하게 드러난 저주 시편들을 보면서 고민에 빠지는 이들도 적으나마 있습니다. 그러나 저주 시편들은 하나님의 영광에 대한 열심의 표현일 뿐입니다. 시편 104편의 기자는 "죄인을 땅에서 소멸하시며"라고 말합니다. 그는 죄인들이 주의 위대한 피조세계를 망치고 있다고 말합니다. 그는 산을 보고 골짜기를 보고 시내를 봅니다. 우택에 흡족한 하나님의 백향목을 봅니다……. 그는 새들과 온갖 피조물들이 다 힘을 합쳐 하나님의 놀라우심과 영광을 나타내 보인다고 생각합니다. 그런데 죄인은 하나님이 자신에게 베푸신 그 모든 선에도 불구하고 계속해서 하나님을 욕하고 반역하며 훼방합니다. 시편 기자는 의분과 열심을 품고 말합니다. "죄인을 땅에서 소멸하시며."

저는 이것이야말로 시편 기자들을 제대로 설명하는 길이라고 말하고 싶습니다. 그들은 사적인 복수의 열망에 불타서 그런 말을 한 것이 아닙니다. 하나님과 그의 영광과 그의 위대한 이름을 위한 열정 때문에 그런 말을 한 것입니다. 하나님이 떨치고 일어나셔서 오늘날 라디오와 텔레비전에 나와 점잔을 빼며 말하는 이 교만한 훼방꾼들—이른바 철학자라는 사람들, 경건치 못한 교만한 자들—의 입을 막고 혀를 묶을 일을 행해 주시기를 소원하는 마음이 우리 안에 없다면 무언가 잘못된 것입니다. 하나님이 정말 하나님이시라는 것, 영원한 하나님이시라는 것을 그들에게 알려 주시기를 소원하는 마음이 때때로 솟구치지 않습니까? 아, 그렇습니다. 그들의 비난을 무색케 하는 일을 행하여 그 입을 틀어막아 주셨으면 하는 소원이 솟구칩니다. 물론 거기에만 그치는 것은 아닙니다. 그 교만한 자들이 자신들의 죄가 드러난 것을 보고 깨달으며 참으로 진리를 알게 되기를 소원하는 마음이 연이어 생겨납니다. 우리는 그들의 이목과 관심을 집중시킬 일, 그들의 입에서 "이게 대체 뭐지? 결국 이들이 옳았던 건가? 우리의 논거가 무너진 듯 보이지 않는가? 우리는 하나님이 실패해서 이들을 광야에 팽개치고 떠나 버린 줄만 알았다. 만사가 이들에게 불리하게 돌아가고 있는 줄만 알았다"라는 말이 나올 만큼 기이하고 놀라운 일을 행해 주시기를 소원합니다. 하나님이 불현듯 개입하여 기적적인 일을 행하시고 이방인들로 그것을 경험케 하신다면, 그들도 '아, 결국은 저들이 옳았나 보다'라고 생각지 않을 수 없을 것입니다. 그것이 죄를 깨닫고 회심으로 나아가는 첫걸음입니다. 먼저 흥미를 느껴야 합니다. 부흥의 때에는 사람들이 항상 흥미를 느낍니다. 노상 하나님의 이름을 조롱하던 자들이 순전히 호기심으로 관찰하러 왔다가 회심하는 경우가 종종 생깁니다. 지금 모세는 바로 그런 일을 위해 기도하고 있습니다. 사람들이 이목과 관심을 집중하게 되기를, 하나님이 이스라엘을 이끌고 계시며 인도하고 계시다는 사실에 점점 더 관심을 갖게 되기를 기도하는 것입니다.

 이것을 보면서 우리는 과연 교회 밖에 있는 사람들에게 어느 정도의 관심을 가지고 있는지 묻지 않을 수 없습니다. 세상에는 아무 관심조차 없는 지극히 훌륭하고 점잖은 사람들, 세상의 모든 흉포함과 더러움과 추함이 무서워 옷자락을 끌어당기며 비켜 가는 사람들만 모여 있을 때, 교회는 무서운 상태에 빠지게 됩니다. 우리는 조롱하는 자들의 입이 다물어지기를 소원할 뿐 아니라 목자 없는 양 같은 그들의 눈이 열려 자기 고통의 원인을 보기 시작하기를, 그리하여 죄악의 사슬에서 벗어나며 수치와 악과 더러움의 속박에서 벗어나게 되기를 소원해야 합니다. 우리는 참으로 그들을 염려하고 있습니까? 그들이 영향을 받고 감화를 받을 만한 일을 행해 주시기를 기도하고 있습니까?

제가 이해한 바에 따르면 이 세 가지가 모세로 하여금 하나님께 이런 간구를 드리게 만든 주된 동기들입니다. 우리가 주목할 점이 또 한 가지 있는데, 그것은 모세가 기도한 방식입니다. 우리는 지금까지 그가 무엇을 위해 기도했으며 왜 그렇게 기도했는지 살펴보았습니다. 이제는 *그가 어떻게 기도했는지* 살펴보도록 합시다. 우리에게 필요한 교훈이 있다면 바로 이것입니다.

성경의 모든 위대한 기도에 늘 나타나는 요소들이 있습니다. 모세의 기도에 나타나는 첫 번째 특징은 담대함과 확신입니다. 그의 기도에는 주저함이 없습니다. 조용한 확신이 있을 뿐입니다. 오, 제가 사용하고픈 표현대로 하자면 그의 기도에는 거룩한 담대함이 있습니다. 이것은 늘 응답받는 기도의 **큰 특징**입니다. 당연히 그럴 수밖에 없습니다. 하나님이 자신을 받아주신다는 확신도 없고 지성소에 들어가는 길도 알지 못하는 사람은 진정으로 기도할 수 없을 뿐 아니라 중보는 더더구나 할 수 없기 때문입니다. 무릎을 꿇었을 때 머릿속에 떠오르는 죄들을 어찌 처리해야 할지 모르는 사람, 하나님이 자기 말을 들으시는지 그렇지 않은지 몰라서 죄 사함과 용서를 구하는 일에만 시간을 다 써 버리는 사람이 어떻게 기도할 수 있겠습니까? 어떻게 모세처럼 중보할 수 있겠습니까? 모세는 확신과 거룩한 담대함으로 하나님을 대면했습니다. 이미 살펴보았듯이 그는 하나님이 자기 가까이 계시다는 암시를 받았기에 자신감과 확신을 가지고 아뢸 수 있었습니다.

이것은 기도에 절대적으로 중요한 요소입니다. 여러분은 지성소에 들어가는 길을 알고 있습니까? 그 길은 오직 하나로서, 히브리서 4:14에 완벽하게 나와 있습니다. "그러므로 우리에게 큰 대제사장이 있으니 승천하신 자 곧 하나님 아들 예수시라······." 히브리서 기자는 이렇게 말한 후에, 그는 우리 연약함을 체휼하시는 대제사장이시요 우리와 한결같이 시험을 받은 자로되 죄는 없으신 분이라고 설명하고 있습니다. 그러고 나서 기도의 문제로 나아가 "그러므로 우리가 긍휼하심을 받고 때를 따라 돕는 은혜를 얻기 위하여 은혜의 보좌 앞에 담대히 나아갈 것이니라"라고 말합니다. "그러므로"라는 말에 주목하셨습니까? "그러므로······담대히 나아갈 것이니라." 이 말씀이 가리키고 있는 것이 무엇입니까? 오, 큰 대제사장이시며 승천하신 하나님의 아들 예수에 대한 진리, 그에 관한 모든 진리입니다. 이것만이 우리가 하나님께 담대히 나아갈 수 있는 유일한 길입니다. 자기 자신만 바라보고 있으면 담대해질 수도 없고 감히 말을 꺼낼 수도 없습니다. 욥처럼 손으로 입을 가리게 될 뿐입니다. "내가 주께 대하여 귀로 듣기만 하였삽더니 이제는 눈으로 주를 뵈옵나이다. 그러므로 내가 스스로 한하고 티끌과 재 가운데서 회개하나이다"(욥 42:5-6). 자기 자신을 보면 도저히 입이 떨어지지 않습니다. 그러나 중보하려면 입을 열어야 합니다. 그렇다면 어떻게 해야 자신감과 확신을 가지고 기도할 수 있을까요? 그 답은 하나뿐입니다. 하나님의 아들 예수께서 나의 큰 대제사장이시라는 사실과 그의 피로 내가 지성소에 들어갈 권한을 얻어 담대히 나아갈 수 있다는 사실을 알아야 하는 것입니다. 모세의 기도에 실려 있는 자신감과 확신을 보십시오. 여러 세기에 살았던 성도들의 기도를 읽어 보아도 같은 특징을 볼 수 있습니다.

대단히 가치 있고 흥미로운 두 번째 요점이 있는데, 그것은 기도에 이치를 따지며 논쟁하는 요소가 개입된다는 것입니다. 아주 외람된 말이지만 어김없는 사실입니다. 저는 이 점을 여러분에게 일깨우고 싶습니다. "모세가 여호와께 고하되, 보시옵소서, ―이것은 그가 실제로 하나님과 논쟁하고 있다는 의미입니다―주께서 나더러 이 백성을 인도하여 올라가라 하시면서 나와 함께 보낼 자를 내게 지시하지 아니하시나이다. 주께서 전에 말씀하시기를……." 보시다시피 그는 하나님께 전에 말씀하셨던 내용을 상기시켜 드리고 있습니다. 하나님과 논쟁을 벌이고 있습니다. "주께서 전에 말씀하시기를 나는 이름으로도 너를 알고 너도 내 앞에 은총을 입었다 하셨사온즉." 그는 마치 하나님께 "논리적으로 일관되게 논증해 보십시오. 저에게 이런 말씀을 해서 놓고 손 놓고 계실 수는 없습니다"라고 말하는 듯합니다. "그런즉―여전히 그는 논쟁하고 있습니다―내가 참으로 주의 목전에 은총을 입었사오면 원컨대 주의 길을 내게 보이사 내게 주를 알리시고 나로 주의 목전에 은총을 입게 하시며 이 족속을 주의 백성으로 여기소서." 그런 다음 16절에서는 "[주께서 그렇게 하시지 않는다면] 나와 주의 백성이 주의 목전에 은총 입은 줄을 무엇으로 알리이까? 주께서 우리와 함께 행하심으로 나와 주의 백성을 천하 만민 중에 구별하심이 아니니이까?"라고 말합니다. 그는 이처럼 하나님께 이치를 따지고 들었습니다. 하나님과 논쟁을 벌였습니다. 하나님이 친히 하신 약속을 일깨우면서 그 약속에 비추어 탄원했습니다. "오, 하나님, 당신이 말씀하셨으니 지키셔야 하지 않습니까……"라고 아뢰었습니다.

어떤 이는 하나님께 그런 식으로 말해도 되느냐, 너무 뻔뻔하지 않느냐고 물을 것입니다. 아닙니다. 두려움과 확신은 공존하는 것입니다. 히브리서 기자는 은혜의 보좌 앞에 담대히 나아가는 일에 대해 많은 이야기를 하는 동시에 항상 경건함과 두려움으로 나아가야 한다는 사실을 일깨우고 있습니다. 그것은 지극히 합당한 일입니다. 지금 여기에서 이루어지고 있는 일도 그런 것입니다. 우리는 지금 율법 아래 있는 자가 율법을 주신 분께 말씀드리는 모습을 보고 있는 것이 아닙니다. 그렇습니다. 이것은 자식이 아버지께 말씀드리는 모습입니다. 자식이 아닌 어른이라면 감히 누리지 못할 자유를 어린 자식은 누릴 수 있습니다. 오, 그렇습니다. 여기 나오는 것은 어린아이의 말입니다. 모세는 그것을 알고 있습니다. 하나님은 지금까지 이를테면 얼굴을 맞대고 그와 말씀하셨고, 모세는 그 사실을 알고 있습니다. 그는 사랑과 경외함과 거룩한 두려움을 가지고 나아가 감히 하나님과 논쟁을 벌입니다. "전에 이렇게 말씀하셨으니……" 하면서 따지고 듭니다.

이번에도 수세기에 걸쳐 하나님이 교회에서 사용하셨던 사람들, 특히 부흥의 때에 사용하셨던 사람들의 전기를 읽어 볼 것을 권합니다. 그러면 그들이 이와 똑같은 거룩한 담대함으로 논쟁하고 이치를 따지며 가정하고 약속을 주장했다는 사실을 알게 될 것입니다. 오, 저는 이것이야말로 기도의 전적인 비밀이라는 생각을 가끔 합니다. 토마스 굿윈Thomas Goodwin은 에베소서 1:13에 나오는 성령의 인침을 강해하면서* 다음과 같은 놀라운 용어를 사용하고 있습니다. 그는 말합니다. "그에게 **청원하라**, 청원하라." 그를 가만히 내버려 두지 말라는 것입니다. 이를테면 그가 친히 하신 약속을 주장하면서 조르라는 것입니다. 그가 말씀하신 대로 해 달라고 청하라는 것입니다. 성경을 인용하라는 것입니다. 아시겠지만 하나님은 이런 기도를 듣기 좋아하십니다. 자식이 그동안 아버지가 했던 말을 제대로 듣고 있었던 것이 분명할 때, 그래서 그 말을 내세우며 요청할 때 아버지가 좋아하듯이 말입니다. 아버지는 그런 모습을 기뻐합니다. 자식이 약간 조급하게 굴 수도 있지만, 그것은 문제가 되지 않습니다. 설사 조급하게 군다 해도 아버지는 그런 태도를 반가워합니다. 하나님은 우리를 사랑하시는 우리 아버지십니다. 그는 우리가 그의 약속을 주장하고 성경을 인용하면서 "이렇게 말씀하셨으면서 어떻게 잠자코 계실 수가 있습니까?"라고 따지는 것을 좋아하십니다. 그것은 하나님의 마음을 기쁘게 하는 말입니다. 그에게 청원하십시오!

기도와 관련하여 우리가 주목해야 할 또 한 가지 요소는 정연함과 솔직함입니다. 명확하게 간구하십시오. 모세가 여기에서 모호하고 막연하며 일반적인 기도를 드리지 않았다는 데 주목하시기 바랍니다. 그렇습니다. 그는 한 가지 큰 필요에 전념했습니다. 물론

---

* 「에베소서 1장 강해 *An Exposition of the First Chapter of the Epistle of the Ephesians*」

그는 하나님을 경배했으며 경외감과 거룩한 두려움을 가지고 있었습니다. 맞습니다. 그러나 이 시점에서는 단 한 가지 일, 즉 하나님의 임재에만 전념하고 있습니다. 그 문제에서 고개도 돌리지 않고 있습니다. 그는 말합니다. "주께서 우리에게로 오시지 않으면 저도 움직이지 않겠습니다. 반드시 우리와 함께 가셔야만 합니다." 그는 그 이유를 대면서 그에 관한 모든 논증으로 강권하고 있습니다. 저로서는 교회가 이 한 가지─부흥을 위한 기도─에 전념한다는 생각이 들기 전까지는 기뻐할 수도, 기운을 낼 수도 없습니다. 우리는 이 한 가지에 전념하는 지점에 아직 이르지 못했습니다. 여전히 여러 위원회들을 꾸려 이런저런 일들을 하기로 결정하고 하나님께 그 일들을 축복해 달라고 구하는 상태에 머물러 있습니다. 그래서는 안 됩니다. 계속 그런 상태에 머물러서는 소망이 없습니다. 우리는 부흥을 위해 기도하는 이 한 가지에만 전념해야 합니다. 이 기도의 부담을 느껴야 하며, 이 기도를 유일한 소망으로 삼아야 합니다. 이 기도에 전념해야 하고, 이 자세─정연하고 정돈된 자세, 전념하는 태도, 논증하는 자세, 항상 긴박하게 기도하는 자세─를 유지해야 합니다. 여기에 나오는 모세의 모습은 창세기 32장에 나오는 야곱의 모습과 유사합니다. 참된 중보기도에는 항상 이런 요소가 개입되게 마련입니다. 야곱은 "가게 하지 아니하겠나이다"라고 말했습니다. 자신은 끝까지 놓지 않겠다고 말했습니다. 그래서 밤이 새도록, 날이 밝을 때까지 씨름했습니다.

"나로 가게 하라."

"당신이 내게 축복하지 아니하면 가게 하지 아니하겠나이다."

여기에는 긴박감이 나타나 있습니다. 성경의 위대한 기도들을 읽어 보십시오. 항상 이런 긴박감이 나타나는 것을 보게 될 것입니다. 사도행전 4장에는 하나님께 "지금" 움직여 달라고 기도하는 그리스도인들이 나옵니다. 그들은 "오, 하나님, 우리의 이 상황을 생각하시고―지금―이 일을 행해 주십시오"라고 아뢰었습니다. 표지를 달라고, 표적을 달라고, 거룩한 담대함을 가지고 증거할 수 있게 해 주시며 사람들이 함구령을 내린 부활의 소식을 증거할 수 있게 해 달라고 요청했습니다. 모세의 기도에 나타나고 있는 긴박감을 보십시오. 그는 자신의 기도제목으로 계속해서 되돌아가고 있으며, 그 제목을 되풀이해서 아뢰고 있고, 여러 각도에서 각기 다른 형태로 그것을 표현하고 있습니다. 그러나 그 안에 담긴 내용은 한 가지입니다. "주께서 친히 가지 아니하시려거든 우리를 이곳에서 올려 보내지 마옵소서." 그는 "가게 하지 아니하겠나이다"라고 하면서 긴박하게 조르고 있습니다.

제가 볼 때 이상과 같은 것들이 이 본문이 주고 있는 몇 가지 교훈입니다. 우리도 기도의 말은 합니다. 그러나 진정한 의미에서 기도한 적이 있습니까? 이런 대면, 이런 만남에 대해 아는 바가 있습니까? 죄 사함의 확신을 가지고 있습니까? 자기 자신과 자신에 대한 집착에서 벗어나 중보의 기도를 하고 있습니까? 하나님의 영광과 교회의 이름에 진정한 부담을 느끼고 있습니까? 교회 밖에 있는 사람들을 염려하고 있습니까? 하나님의 이름을 위해 탄원하면서 그가 하신 약속에 근거하여 우리의 기도를 들으시고 응답해 달라고 구하고 있습니까? 오, 나의 하나님께서 우리를 모세와 같은 중보자로 만들어 주시기를 원합니다. "아, 하지만 그는 특별한 위인이었잖아요"라고 말할 필요는 없습니다. 과거 부흥의 역사가 보여 주듯이, 하나님은 모세를 사용하신 것과 똑같은 방식으로 평범하고 하찮은 사람들도 사용하십니다. 100년 전에도 무명의 제임스 맥퀼킨이라는 사람에게 이런 부담을 주셨습니다. 그는 북아일랜드의 모세였습니다. 우리 중 누구라도 그렇게 사용될 수 있습니다. 하나님이 우리를 모세와 같은 중보자로 삼아 주시기를 원합니다.

16 부흥이 임할 때 일어나는 일

여호와께서 모세에게 이르시되, 너의 말하는 이 일도 내가 하리니, 너는 내 목전에 은총을 입었고 내가 이름으로도 너를 앎이니라. (출 33:17)

지금까지 이 특정한 연구를 해 오면서 모세가 무엇을 위해 기도했으며 왜 기도했는지, 어떻게 기도했는지 고찰해 보았습니다. 이제는 하나님이 모세의 기도를 들어 응답하시면서 그가 요청한 바로 그 일을 그와 이스라엘 자손들을 위해 해 주겠다고 약속하신 부분을 다룰 차례입니다. 따라서 이번에 다룰 주제는 하나님이 교회에 긍휼과 자비를 베풀어 축복을 보내 주신다는 것입니다. 결국 부흥이란 하나님이 그 백성들의 기도를 들어 응답하셔서 그 영광과 힘과 능력을 나타내 주시는 일이기 때문입니다. 그러므로 우리가 무엇을 기대해야 하며 무엇을 기도로 구해야 하는지 알고 이해하는 것이 중요합니다. 그 답을 찾으려면 당연히 사도행전 2장으로 돌아가야 합니다. 교회에 일어나는 모든 신앙의 부흥은 어떤 의미에서 오순절 역사의 반복이자 그 기원과 시초로 돌아가는 일이며 그것을 되살리는 일인 것이 분명하기 때문입니다. 오늘날 오순절 역사에 대해 아주 허술하고 위험하게 말하고 쓰는 경우가 많이 있습니다. 사람들은 오순절 역사가 단 한번으로 끝나 버린 일이며 다시는 반복되지 않는다는 설명을 아무 비판 없이 받아들이고 있습니다.

자, 이 점을 검토하는 것은 중요한 일입니다. 그 설명이 사실이라면 부흥을 구하는 것은 심각한 잘못이 되기 때문입니다. 그러나 물론 그것은 사실이 아닙니다. 오순절 날 일어났던 일이 반복될 수 없다는 말은 오직 한 가지 의미에서만 할 수가 있습니다. 그 일은 그 후 계속될 일들의 시초에 불과합니다. 시초는 당연히 반복될 수 없습니다. 그러나 시초가 반복될 수 없다고 해서 처음에 일어났던 일이 다시는 일어나지 않는다는 뜻은 결코 아닙니다. 여러분, 모든 신앙의 부흥은 실제로 오순절 날 일어난 일이 반복되는 것입니다. 그런데도 오순절 역사가 단 한번으로 끝났다고 여전히 말할 수 있다는 것이 저는 도저히 믿어지지가 않습니다. 사도행전 11장으로 가서 베드로가 이방인 고넬료와 그 권속에게 세례를 준 일에 대해 다른 사도들 앞에서 변명하는 장면을 보십시오. 그는 다음과 같이 말하고 있습니다.

성령이 내게 명하사 아무 의심 말고 함께 가라 하시매, 이 여섯 형제도 나와 함께 가서 그 사람의 집에 들어가니 그가 우리에게 말하기를, 천사가 내 집에 서서 말하되 네가 사람을 욥바에 보내어 베드로라 하는 시몬을 청하라. 그가 너와 네 온 집의 구원 얻을 말씀을 네게 이르리라 함을 보았다 하거늘, 내가 말을 시작할 때에 성령이 저희에게 임하시기를 처음 우리에게 하신 것과 같이 하는지라(행 11:12-15).

그의 말에 주의하시기 바랍니다. 그는 성령이 **"처음 우리에게 하신 것과 같이"** 고넬료와 그 권속에게도 임하셨다고 말합니다. "오순절 날 우리에게 일어났던 일이 그들에게도 일어났다"라고 말한 것입니다. 다시 말해서 오순절 날 임했던 성령 세례가 고넬료와 그 권속에게도 임했습니다. 베드로는 정확히 그렇게 주장했습니다. "내가 주의 말씀에 요한은 물로 세례를 주었으나 너희는 성령으로 세례 받으리라 하신 것이 생각났노라. 그런즉 하나님이 우리가 주 예수 그리스도를 믿을 때에 주신 것과 같은 선물―정확히 똑같은 선물―을 저희에게도 주셨으니 내가 누구관대 하나님을 능히 막겠느냐?" 그는 사도행전 15장에서도 같은 주장을 반복하고 있습니다.

그러므로 우리도 이 점을 명확히 알아, 오순절 역사는 단 한번으로 끝났다는 말을 더 이상 하지 말아야 한다고 굳게 믿는 바입니다. 그것은 단 한번으로 끝난 일이 아닙니다. 그 후 계속될 일들의 시초일 뿐입니다. 물론 '시초'가 반복될 수 없다는 사실은 저도 기꺼이 인정합니다. 그러나 그것은 중요치 않습니다. 정말 중요한 것은 똑같은 역사가 나중에 또 일어났다는 점입니다. 오순절 날 일어났던 일이 그 후 베드로가 고넬료와 그 권속에게 설교할 때에도 정확히 똑같은 방식으로 일어났습니다. 성령은 예루살렘 다락방에 모인 사람들에게 임하셨던 것처럼 그들에게도 임하셨습니다. 물론 모든 부흥의 때에도 같은 일이 일어납니다.

실제로 여러분에게 제시할 훨씬 더 좋은 증거가 있습니다. 사도행전 4장을 보면 오순절 날로부터 불과 며칠 지나지 않았을 때 사도들과 그 밖의 사람들에게 같은 일이 일어났음을 알게 됩니다. 사도들은 더 이상 예수 그리스도의 이름으로 설교하지 말라는 명령을 받은 후, 모여 있던 그리스도인들에게로 돌아가 그들과 함께 기도했습니다. 31절은 이렇게 말합니다. "빌기를 다하매 모인 곳이 진동하더니 무리가 다 성령이 충만하여 담대히 하나님의 말씀을 전하니라." 2장에 쓰인 것과 정확히 똑같은 용어가 여기에도 쓰이고 있습니다. 2장에서는 세례라는 말을 쓰고 있지 않지만, 내용상으로는 세례를 의미하고 있습니다. 주님은 "이 성에 유하라"라고 말씀하셨고(눅 24:49), "예루살렘을 떠나지 말고 내게 들은 바 아버지의 약속하신 것을 기다리라. 요한은 물로 세례를 베풀었으나 너희는 몇 날이 못 되어 성령으로 세례를 받으리라"라고 말씀하셨습니다(행 1:4-5). 그러므로 오순절 역사는 곧 성령 세례입니다. 성경은 그 일을 "저희가 다 성령의 충만함을 받고"라는 말로 묘사하고 있습니다(행 2:4). 그런데 여기 사도행전 4장에서도 무리가 다 성령으로 충만해진 것을 볼 수 있습니다. 그것은 그들 자신이 한 일이 아니라 그들에게 일어난 일이었습니다. 그들이 한 일은 오직 기도한 것뿐이었습니다. 그런데 하나님이 다시 성령을 부어 넘치도록 충만케 해 주셨습니다. "무리가 다 성령이 충만하여 담대히 하나님의 말씀을 전하니라"(행 4:31).

자, 부흥의 때에는 정확히 이런 일이 일어납니다. 이처럼 성령을 부어 그 백성들을 다시금 충만케 하시는 분은 하나님입니다. 에베소서 5:18에서 "성령의 충만을 받으라"고 말하는 것은 이 영역에 해당하는 명령이 아닙니다. 에베소서에서 명령하고 있는 일은 여러분과 제 편에서 해야 합니다. 그러나 여기 나오는 이 일은 우리에게 이루어지는 것입니다. 성령이 우리에게 임하시며 우리 위에 부어집니다. 여기에 해당되는 표현은 "내가 내 영을 부어 주리라"라는 것입니다. 이 일은 오직 하나님만 하실 수 있습니다. 그러나 성령 충만한 상태를 계속 유지할 책임은 여러분과 제게 있습니다. 우리는 성령을 근심시키거나 소멸시켜서는 안 됩니다. 성령께 순종해야 합니다. 그렇게만 하면 계속해서 성령 충만한 상태를 유지할 수 있습니다. 그러나 여기 나오는 일은 그와 다른 것입니다. 이것은 성령이 우리에게 넘치도록 부어지는 것입니다. '쏟아진다', '부어진다'는 것이 이 일에 해당하는 표현입니다. 그런데도 현대의 많은 가르침들은 이러한 성경적 표현을 전혀 사용하지 않고 있습니다. 우리는 그런 사람들이 성령의 부어 주심에 대해 말하거나 쓰는 경우를 볼 수가 없습니다. 그들은 이런 표현을 입에도 올리지 않습니다. 그렇습니다. 오순절 역사가 단 한번으로 끝났다는 이론을 고수하는 탓에 이런 표현을 쓰지 않는 것입니다. 그러나 성경은 그들과 같은 식의 말을 전혀 하고 있지 않습니다. 제가 보여 드렸듯이 오히러 성경은 그와 정반대되는 입장을 명확하고도 뚜렷하게 밝히고 있습니다. "성령이 저희에게 임하시기를 처음 우리에게 하신 것과 같이 하는지라." 어떤 이론에 대한 흥미나 광신적 종교 집단에 대한 두려움 때문에 성령을 소멸하지 않도록 조심합시다.

이 점은 명확해졌으니, 이제 이런 일이 일어날 때 생기는 일들을 연이어 고찰해 봅시다. "부흥이 뭡니까?"라고 묻는 이가 있습니다. "당신은 왜 이런 일에 관심을 갖는 겁니까? 왜 우리한테 그 일을 위해 기도하라고 촉구하는 겁니까?" 이에 대한 대답은 그 어떤 것보다 부흥이야말로 오늘날 가장 필요한 일이기 때문이라는 것입니다. 대체 언제가 되어야 교회가 이 점을 깨닫게 될까요? 오순절, 즉 성령강림절은 교회가 특별히 기념하고 있는 절기입니다. 오, 성령 강림이야말로 교회에 필요한 일이요 유일한 소망임을 깨닫지 못하는 것보다 더 큰 비극이 있을까요? 그런데 교회는 그것을 깨닫지 못하고 있습니다. 교회 내 여러 분파들이 상황을 조사하고 교회의 문제를 찾기 위해 이런저런 회의나 회합을 개최하는 모습을 보면 정말 비극이라는 생각이 듭니다. 그들은 현재 상황과 교회의 당면 문제를 조사해 봅니다. "실상이 이러한데 우리는 무엇을 해야 하는가?"라고 물어 봅니다.

그래서 결국 그들이 제안하는 바가 무엇입니까? 그들이 기도하고 금식하며 마음을 낮추라는 중대한 요청을 한 적이 있습니까? 하나님께 우리를 불쌍히 여겨 주시며 성령으로 새롭게 세례를 달라고 부르짖은 적이 있습니까? 그런 일이 일어난 적이 있습니까? 없습니다. 제 생각에 그들이 하는 일은 특별위원회를 소집하는 것뿐입니다. 어떤 단체는 상황을 조사하기 위해 무려 8개의 특별위원회를 소집하기도 했습니다. 비극이라고 해야 할지, 정말 실소를 터뜨릴 일이라고 해야 할지 모르겠습니다. 물론 정치인들은 그런 식으로 일을 하고 사업가들도 그런 식으로 일을 합니다. 정치나 사업의 영역에서 그렇게 하는 것은 전적으로 온당한 일이며, 명백히 상식적인 조처입니다. 그러나 하나님의 이름으로 묻건대, 교회도 그렇게 한다는 것은 그야말로 비극 아닙니까? 오늘날 이런 세상에 대응하는 방법이 고작 조사위원회를 꾸리고 연구위원회를 꾸리는 것이라니! 실제로 어떤 경우에는 기독교 신앙이 진정 무엇이며 그 신앙을 어떻게 표현해야 하는지 보고하기 위한 위원회까지 두기도 합니다. 세상은 불타고 지옥문은 열리고 있는데, 교회는 자기 메시지가 무엇인지 몰라서 헤매고 있는 것입니다. 상황에 대처할 방법을 몰라서 헤매고 있는 것입니다.

어느 교파나 마찬가지입니다. 모두가 정확히 같은 형편에 처해 있습니다. 능력이 필요하다는 말은 한마디도 하지 않습니다. 하나님 앞에서 기도하고 마음을 낮추며 몸부림치라는 요청도 전혀 하지 않습니다. 교회는 주께서 친히 초대교회에 명하신 일만 빼고 전부 하고 있습니다. 그들은 말합니다. "아, 아시다시피 지금은 그때와 상황이 다르거든요. 지금은 20세기라고요." 저는 그에 대해 다음과 같이 답변하는 무례를 범하고자 합니다. 지금이 20세기라는 사실은 작금의 상황과 아무 상관이 없습니다. 죄에 빠진 인간은 조금도 변하지 않았습니다. 여러분, 우리는 지금 하나님의 능력이라는 주제를 다루고 있습니다. 인간의 피상적인 변화를 언급하는 것은 이 주제와 무관한 일일 뿐 아니라 이치에도 닿지 않는 일입니다. 여러분, 세상은 언제나 똑같았습니다. 사도행전의 상황을 보십시오. 그보다 더 절망적인 경우를 상상할 수 있습니까? 우리는 사도행전에서 한 줌밖에 안 되는 사람들을 보게 됩니다. 그들은 아주 평범한 자들이었습니다. 나중에 그들은 무지하고 무식한 자들로 묘사되기도 합니다. 영광의 주님은 하늘로 돌아가시면서 자신의 일과 권익을 그들의 손에 맡기셨습니다. 유대인들은 주님을 대적했듯이 그들을 대적했습니다. 또 이방인들은 전부 이교도였습니다. 이것이 그들이 처한 상황이었습니다. 한 줌밖에 안 되는 사람들이 자신들을 반대하는 완전히 적대적인 세상에서 살아야 했던 것입니다. 이보다 더 불리한 상황은 없습니다. 이보다 더 어려운 상황은 없습니다. 그러나 여러분은 성령이 임하셨을 때 어떤 일이 일어났는지 기억할 것입니다. 그들은 사자처럼 강한 능력의 소유자가 되었습니다. 그 즉시 세상을 뒤엎기 시작하더니, 결국 일개 작은 종파에서 대 로마 제국의 공식 종교로 발돋움하기에 이르렀습니다. 어떻게 그런 일이 일어날 수 있었을까요? 그들이 조사 및 연구 위원회를 열었습니까? 그것은 말도 안 되는 일입니다. 그들이 한 일이라고는 오로지 하나님이 약속하신 것, 즉 성령의 부으심이라는 선물을 기다리며 계속 기도한 것뿐입니다.

　이런 일이 모든 시대에 걸쳐 계속되어 왔습니다. 이번에도 역사를 통해 그 점을 입증해 보일 수 있습니다. 종교개혁 때에도 마찬가지 아니었습니까? 마르틴 루터라는 한 사람, 무명의 일개 수도사에게 무슨 소망이 있었습니까? 그가 뭐라고 유서 깊은—거의 1,500년에 달하는, 적어도 1,200년에서 1,300년은 너끈히 포괄하는—교회와 시대에 정면으로 맞설 수 있겠습니까? 한 사람이 벌떡 일어나 "나는 옳고 당신들은 전부 틀렸다"고 말한다는 것은 완전히 주제넘은 짓처럼 보입니다. 아마 오늘날이었다면 그런 말이 나왔을 것입니다. 그러나 아시다시피 루터는 하나님의 성령이 다루신 사람이었습니다. 그래서 단신으로도, 혼자서도 일어선 것이며, 성령이 그를 높여 주신 것입니다. 그렇게 일어난 종교개혁은 지금까지 지속되어 오고 있습니다. 어느 시대에나 같은 일이 일어났습니다.

그러므로 우리가 던져야 할 질문은 이것입니다. 하나님이 성도의 부르짖음과 탄원을 듣고 축복을 내리실 때 어떤 일이 일어납니까? 그때 일어나는 일들의 유형은 다음과 같습니다. 물론 세세한 부분은 각기 다를 수 있습니다. 모든 부흥은 어떤 의미에서 동일한 것임에도, 사소한 차이는 늘 있게 마련입니다. 그래도 주요한 특징은 항상 똑같습니다. 각각의 차이점들이나 서로간의 편차는 그리 중요치 않습니다. 중요한 것은 중심이 되는 이 큰 특징들입니다. 하나님이 성도의 부르짖음을 듣고 응답하기 시작하실 때 가장 먼저 교회에 일어나는 일은 무엇일까요? 실제적으로 가장 먼저 일어나는 일은 하나님과 그의 능력이 자신들 가운데 있음을 교회가 의식하는 것입니다.

> 오순절 날이 이미 이르매 저희가 다 같이 한 곳에 모였더니 홀연히 하늘로부터 급하고 강한 바람 같은 소리가 있어 저희 앉은 온 집에 가득하며 불의 혀같이 갈라지는 것이 저희에게 보여 각 사람 위에

임하여 있더니 저희가 다 성령의 충만함을 받고 성령이 말하게 하심을 따라 다른 방언으로 말하기를 시작하니라(행 2:1-4).

사람들이 하나님의 능력과 임재를 의식합니다. 여기에서 사람들이 "바람 같은 소리"를 들었던 것처럼 물리적인 현상이 나타나는 경우도 간혹 있습니다. 늘 그런 것은 아니지만 부흥의 때에는 종종 물리적인 현상이 나타나곤 합니다. 여러분은 부흥에 관한 여러 이야기와 기록들을 통해 그 내용을 읽을 수 있습니다. 누가 그런 기록을 남겼느냐는 중요치 않습니다. 그런 일은 누구라도 증거하려 할 것입니다. 그러나 물리적인 현상이 나타나든 그렇지 않든 모든 사람이 전에는 한 번도 느끼지 못했던 영광스러운 임재를 문득 의식하게─능력과 영광이 임한 것을 감지하게─됩니다. 그래서 제가 부흥의 때에는 항상 이런 일이 일어난다고 말하는 것입니다.

그럴 때 여기에서처럼 "불의 혀같이 갈라지는" 현상이 수반될 수도 있고 방언을 하게 될 수도 있습니다. 물론 매번 그런 현상이 반복되는 것은 아닙니다. 때로는 그 능력과 영광이 너무 강렬하게 다가온 나머지 바닥에 쓰러져 버리는 이들도 있습니다. 어떤 사람이 갑자기, 뜻하지 않게 복음을 한마디 듣습니다. 그때 몸이 감당치 못할 정도로 영광스러운 임재를 체험한 탓에 말 그대로 실신해 버리는 경우가 가끔 있다는 말을 여러분도 들었을 것입니다. 물론 우리는 이런 체험에만 머물러 있어서는 안 됩니다. 그러나 이런 체험들은 이 큰일, 즉 하나님과 성령의 임재하심과 주재하심을 강조해 주는 역할을 합니다. 부흥을 다루고 있는 스프레이그William Sprague의 책, 「부흥에 대한 강의 *Lectures on Revival*」에도 같은 내용이 나옵니다. 그 책의 마지막 부분에는 사람들의 증언이 실려 있습니다. 교회의 위대한 인물들이 교회 부흥의 시기에 겪은 일들을 들을 때마다 항상 발견하게 되는 사실은, 그들이 단순히 하나님을 믿는 자리에서 더 나아가 하나님이 실재 그 자체로 다가오시는 경험, 이를테면 하나님이 자신들 가운데 내려오시는 경험을 했다는 것입니다. 인도자가 누구든 그가 모임을 이끌어나가는 것이 아닙니다. 성령이 모임을 주재하시며 주도권을 행사하시기 시작합니다. 그리고 모든 사람이 그의 임재와 영광과 능력을 인식합니다. 오순절 날에도 이런 일이 일어났습니다. 정도와 규모의 차이는 있지만 교회가 부흥을 경험할 때에는 늘 이런 일이 일어나게 되어 있습니다.

그러나 그것이 전부는 아닙니다. 이러한 인식이 생겨난 결과, 교회는 진리에 강한 확신을 갖게 됩니다. 진리를 탐구하거나 연구할 위원회를 발족시킬 필요가 없습니다. 그런 위원회가 없어도 진리에 대해 절대적인 확신을 갖게 됩니다. 사도행전의 이야기는 이 점을 아주 명확하게 보여 주고 있습니다. 이 사람들, 사도들을 보십시오. 이들이 불과 몇 주 전, 주님의 십자가 처형 직후에 확신을 잃고 얼마나 심히 동요했는지 기억하십니까? 그들은 주 예수 그리스도를 믿었고, 그가 메시아이심을 알았습니다. 그런데 그런 분이 십자가에서 죽임을 당하시자 마음에 충격을 받고 혼란에 빠져 버렸습니다.

요한복음 마지막 장에는 제자들이 서로 이야기하다가 베드로가 불쑥 "나는 고기 잡으러 가겠어"라고 말하는 장면이 나옵니다. "뭐라도 해야지 견딜 수가 있나. 너무 비참해. 어떻게 이런 일이 있을 수 있는지."

그러자 다른 제자들도 "우리도 같이 가겠네"라고 말했습니다.

이보다 더 절망스러운 장면은 없습니다. 그들은 동요했고 만사에 확신을 잃었습니다. 그런데 그 후에 주님이 나타나 그들을 가르쳐 주셨습니다. 오, 그렇습니다. 그 가르침이 제자들의 상태를 호전시켜 준 것은 틀림없는 사실입니다. 그러나 그들이 지각을 얻고 확신으로 가득 차 하나님의 큰일에 대해 즉시 전하기 시작한 것은 오순절 역사가 일어난 후였습니다. 그 후로 그들은 **다시는** 의심하지 않았고, **다시는** 이해하는 데 어려움을 겪지도 않았습니다.

베드로를 보십시오. 오순절 사건 후에 그가 어떤 설교를 했는지 보십시오. 여러분은 그가 구약을 해설하며 요엘의 예언에 담긴 의미를 밝히는 모습을 봅니다. 전에는 없던 지각이 생겨났습니다. 전에도 주님은 성경을 두루 설명해 주셨지만 제자들은 분명히 깨닫지 못했습니다. 그런데 이제는 이해하게 된 것입니다. 여기에서 베드로는 밝아진 정신과 감동된 마음으로 이야기하고 해설하며 설명하면서 비범한 설교를 하고 있습니다. 자, 이 또한 부흥이 일어날 때마다 변함없이 나타나는 특징입니다. 부흥의 때에는 사람들이 이런 큰일들에 대해 의심을 품지 않습니다. 그 일들을 참으로 **알며**, 자신들이 아는 그 일들을 증거합니다. 요컨대 다음과 같이 증거하는 것입니다. "저는 수년간 주 예수 그리스도를 믿었지만, 자꾸 의심이 들어서 괴로웠습니다. 그런데 그때 이후로는 확실히 알게 되었습니다. 주님은 저를 사랑하신다고, 저를 위해 당신을 내주셨다고 말씀해 주셨습니다." 그들이 증거하는 내용은 자신들이 그리스도와 하나님과 영적인 세계를 그 무엇보다 분명히 확신하게 되었다는 것입니다. 그들은 그것을 즉각적으로 알게 됩니다. 직접적으로 알게 됩니다. 이를테면 믿음으로만, 간접적으로만 아는 단계를 넘어서는 것입니다. 그 모든 것이 아주 생생하게 다가옵니다. 절대적인 확신과 자신이 생겨납니다. 이 또한 부흥의 때에 보편적으로 경험하게 되는 일입니다.

그 다음으로 제가 주목하는 점은 교회가 큰 기쁨과 찬양으로 가득 차게 된다는 것입니다. 사도행전 2장 끝부분에 나오는 말씀을 다시 읽어 보십시오. "날마다 마음을 같이 하여 성전에 모이기를 힘쓰고 집에서 떡을 떼며 기쁨과 순전한 마음으로 음식을 먹고 하나님을 찬미하며 또 온 백성에게 칭송을 받으니 주께서 구원받는 사람을 날마다 더하게 하시니라." 교회는 원래 이러해야 합니다. 예수 그리스도와 하나님께 큰 기쁨과 찬양을 돌리며, 자신이 얻은 큰 구원과 새 생명, 천국의 느낌을 자랑해야 하는 것입니다. 이것은 하나님이 교회에 성령을 부어 주실 때마다 자주 반복되어 온 간단한 유형에 불과합니다. 조지 윗필드의 일기에서 읽은 것으로 기억되는 다음의 이야기는 아무리 반복해서 인용해도 질리지가 않습니다. 한번은 그가 잉글랜드 첼트넘에서 설교하는데 갑자기 "주 하나님께서 우리 가운데 임하셨다"고 합니다. 우리는 그런 일에 대해 아는 바가 있습니까? 그런 일을 믿고 있습니까? 그런 일이 일어날 수 있음을 믿고 있습니까? 조지 윗필드는 가장 최악의 상태를 기준으로 보아도 영국에서 가장 위대한 설교자라 해야 할 인물입니다. 그러나 그런 인물의 사역에도 편차는 있었습니다. 그래서 이 일이 일어났을 때 윗필드 자신도 크게 놀랐습니다. 그는 아주 은혜로운 예배를 드리며 설교하던 중에 주님이 자신들 가운데 내려오셨다는 사실을 문득 깨달았습니다. 그런 놀라운 일은 큰 기쁨과 찬양과 감사를 불러오게 되어 있습니다. 교회가 부흥의 상태로 들어가면 굳이 찬양하라고 독려할 필요가 없습니다. 오히려 찬양을 말리기가 더 힘듭니다. 그만큼 사람들이 하나님으로 충만해집니다. 얼굴만 보아도 알 수 있습니다. 모습 자체가 달라집니다. 기쁨과 찬양이 가득한 천상의 표정이 얼굴에 떠오릅니다. 이것이야말로 오늘날 교회에 필요한 일이라는 생각이 들지 않습니까? 사람들이 교회 밖에 머물러 있는 것은 그리스도인들이 너무나 불행해 보이기 때문입니다. 그들은 교회 밖에 있는 자신들이 오히려 우리보다 훨씬 더 행복하다는 인상을 받을지도 모릅니다. 그러나 성령이 임한 교회는 기쁨으로 충만해집니다. 피상적으로, 육체적으로, 가식적으로 기뻐하는 것이 아닙니다. 속에서부터 우러나오는 기쁨으로 기뻐하는 것입니다. 성령의 능력이 인격 전체를 환히 빛나게 만들며 "말할 수 없는 영광스러운 즐거움으로" 기쁘게 만듭니다.

제가 강조해야 할 또 다른 요소는 사람들이 아주 자유롭게 예배드리고 감사드리게 된다는 것입니다. 성경은 이렇게 말하고 있습니다. "저희가 사도의 가르침을 받아 서로 교제하며 떡을 떼며 기도하기를 전혀 힘쓰니라.……날마다 마음을 같이 하여 성전에 모이기를 힘쓰고 집에서 떡을 떼며 기쁨과 순전한 마음으로 음식을 먹고 하나님을 찬미하며 또 온 백성에게 칭송을 받으니"(행 2:42-47). 예배를 드립니다! 감사를 드립니다! 이번에도 알게 되는 사실은, 하나님이 부흥을 보내시면 굳이 함께 모여 예배드리고 찬양하며 말씀을 살펴보자고 독려할 필요가 없다는 것입니다. 독려하지 않아도 자신들이 먼저 그렇게 하려 듭니다. 매일 밤 몇 시간씩 모임을 가지며, 심지어 다음날 새벽까지 모임을 갖는 경우도 있습니다. 초대교회 때 그랬던 것처럼 밤마다 모이는 일이 몇 달씩 계속됩니다. 초대교회 사람들은 날마다 모였습니다. 그들은 서로 떨어져 지낼 수가 없었습니다. 기이한 일이 일어났고 주의 기쁨을 맛보았으니 그처럼 모이려 했던 것이 당연합니다. 그들은 함께 주님께 감사드리고 싶어 했고, 함께 기도드리고 싶어 했습니다. 이 일이 다른 이들에게도 퍼져 나가게 해 달라고 함께 구하고 싶어 했습니다. 부흥과 각성의 시기에 늘 그렇듯이, 교회에 이런 일이 일어나면 바깥세상이 깜짝 놀라게 마련입니다. 우리에게 필요한 일이 바로 이것입니다. 군중을 불러 모으고 사람들을 끌어 모으기 위해 불확실하고 세상적인 방법에 의지하지 않아도 됩니다. 그렇습니다. 우리에게 필요한 것은 이런 내적인 촉구이며, 성령의 강권이고, 똑같은 영광의 체험을 공유한 사람들이 함께 모이는 것입니다.

부흥의 시기에 교회와 관련하여 주목해야 할 그 다음 사실은 능력과 담대함으로 진리를 선포하게 된다는 것입니다. 베드로를 다시 보시기 바랍니다. 그는 불과 몇 주 전까지만 해도 자기 목숨 하나 보전하려고 일개 여종 앞에서 주 예수 그리스도를 부인할 정도로 무서움과 겁에 질려 있던 사람입니다. 그런데 그랬던 사람이 지금은 예루살렘 한복판에서 설교하고 있습니다. 그는 당국자들이 자신을 주시하고 있고 자신의 말에 촉각을 곤두세우고 있다는 것을 알면서도, 그들이 주 예수 그리스도를 십자가에 못 박으면서 했던 일을 약간의 얼버무림도 없이 아주 분명하게 밝히고 있습니다. "그가 하나님의 정하신 뜻과 미리 아신 대로 내어준 바 되었거늘 너희가 법 없는 자들의 손을 빌어 못 박아 죽였으니"(행 2:23). 그는 다음 장에서도 같은 말을 반복합니다. 똑같은 사람들을 향해 다시 한번 다음과 같이 말하는 것입니다.

> 아브라함과 이삭과 야곱의 하나님 곧 우리 조상의 하나님이 그 종 예수를 영화롭게 하셨느니라. 너희가 저를 넘겨주고 빌라도가 놓아 주기로 결안한 것을 너희가 그 앞에서 부인하였으니, 너희가 거룩하고 의로운 자를 부인하고 도리어 살인한 사람을 놓아 주기를 구하여 생명의 주를 죽였도다. 그러나 하나님이 죽은 자 가운데서 살리셨으니 우리가 이 일에 증인이로라(행 3:13-15).

그는 백성들과 관원들과 방백들을 공격하고 있습니다. 베드로에게 그들은 더 이상 두려운 존재가 아닙니다. 온 세상도 마찬가지입니다. 설사 지옥문이 열린다 해도 거룩한 담대함에 넘쳐 아무 두려움 없이 부활을 증거하며 하나님의 진리를 선포할 것이 틀림없습니다. 이 또한 부흥의 역사에 변함없이 나타나는 특징입니다. 이런 일이 교회 전체에도 일어나고 각 개인들에게도 일어납니다. 무디는 이 같은 성령의 부으심, 성령 세례를 경험한 후에 "예전에 전했던 과거의 설교들을 똑같이 전했다"고 말하면서, "그러나 그것은 완전히 다른 설교였다"고 덧붙였습니다. 그렇습니다. 결과가 달랐습니다. 같은 설교였지만 같은 설교가 아니었습니다. 나중에 전한 설교에는 성령의 나타남과 능력이 있었습니다. 다른 많은 이들도 같은 일을 경험했습니다.

부흥이 임하면 교회에 이런 일들이 일어납니다. 그렇다면 바깥세상에는 무슨 일이 일어날까요? 이처럼 성령이 크게 찾아오시는 경험을 한 교회는 이제 바깥세상에 관심을 갖게 됩니다. 그래서 기도하는 가운데 세상에 복음을 전합니다. 교회는 그 일에 관심을 갖습니다. 이처럼 부흥이 일어날 때 바깥세상에 가장 먼저 일어나는 일은 호기심에 끌리는 것이라고 성경은 말합니다. "그때에 경건한 유대인이 천하 각국으로부터 와서 예루살렘에 우거하더니 이 소리가 나매 큰 무리가 모여 각각 자기의 방언으로 제자들의 말하는 것을 듣고 소동하여……." 큰 무리가 모여 "이 어찐 일이냐?"라고 물었습니다(행 2:5-6, 12). 오늘날 교회의 당면 문제는 교회 밖에 있는 이 대중을 어떻게 하겠느냐 하는 것입니다. 이미 살펴보았듯이 교회는 연구위원회를 꾸려서 그 문제를 풀려 할 때가 많습니다. "그들에게 **무엇을** 전할지 연구하는 위원회를 만들겠다. 그 다음에는 그 내용을 **어떻게** 전할지 연구하는 위원회를 또 만들겠다"는 것입니다. 그들은 이것을 '의사소통의 문제'라고 부릅니다. '어떻게 사람들로 하여금 귀를 기울이게 만들까?'의 문제라는 것입니다. 그들은 마치 이전 시대에는 그런 문제가 전혀 없었다고 생각하는 듯합니다! 그러나 그런 문제는 늘 있었습니다. 처음부터 있었습니다. 그렇다면 우리는 이 대중을 어떻게 해야 합니까? 어떻게 그들을 끌어 모아야 합니까? 우리가 할 수 있는 일이 무엇입니까? 그들의 이목을 끌 구경거리를 보여 주면 됩니까? 밝고 즐거운 무언가를 제공하면 됩니까? 제가 전에 갔던 어떤 수련회에서처럼 모임을 시작하면 됩니까? 그들은 먼저 익살스러운 노래를 부른 다음, 아주 조금씩 진지한 노래로 옮겨 가다가 마지막에 찬송을 불렀습니다. 그것이 비결입니까?

오, 교회에 사람들을 불러 모으고 싶다면 부흥을 구하십시오! 부흥이 시작되는 순간 사람들은 교회로 몰려올 것입니다. 장담하건대 돈 한 푼 쓸 필요가 없습니다. 밖에 있는 사람들을 끌어 모으기 위해 수천 파운드씩 광고비를 쓰는 교회를 향해 말합니다. 그렇게 하지 않아도 부흥이 임하면 신문들이 바로 그 사실을 보도해 줄 것입니다. 물론 그들의 동기는 완전히 잘못된 것입니다. 그 일이 싫기 때문에, 그 일을 우습게 생각하기 때문에, 사람들이 미쳤거나 취했다고 생각하기 때문에 보도하는 것입니다. 그러나 상관없습니다. 여하튼 무료로 이 일을 광고해 줄 것입니다. 그리고 오순절 날 예루살렘에서 그러했듯이, 무슨 일이 일어났는지 보기 위해 사람들이 찾아올 것입니다. 우리는 얼마나 어리석은지 모릅니다! 우리의 '똑똑함'으로 외려 일을 망치고 있습니다. 우리는 스스로 교회를 채울 수 있다고 생각합니다. 대체 언제가 되어야 정신을 차려서 우리 자신은 그렇게 할 수 없다는 사실, 오직 성령만 그렇게 해 주실 수 있다는 사실을 깨달을까요? 그 깨달음을 주시는 분도 성령입니다.

또한 우리는 사도행전에서 사람들이 회의적인 태도로 멸시했다는 기록을 읽게 됩니다. 그들은 "저들은 새 술에 취했어"라고 조롱했습니다. "그래서 문제가 생긴 거라고."

그러나 베드로는 일어나 말했습니다. "때가 제 삼시니 너희 생각과 같이 이 사람들이 취한 것이 아니라." 상식적으로 한번 생각해 보라는 것입니다. 그는 다음과 같은 요지로 말했습니다. "다른 것은 차치하더라도 어떻게 이런 대낮에 취할 수 있단 말인가? 그것은 있을 수 없는 일이다. 분명한 점은 선지자 요엘이 이미 이 일을 예언했다는 것이다." 그러면서 그는 설교를 시작했습니다. 그리고 적용하는 단계에 이르러 "형제들아, 내가 조상 다윗에 대하여 담대히 말할 수 있노니……"라고 말했고, 연이어 "그런즉 이스라엘 온 집이 정녕 알지니 너희가 십자가에 못 박은 이 예수를 하나님이 주와 그리스도가 되게 하셨느니라"라고 말했습니다(행 2:36). 그 다음으로 주목할 말씀은 이것입니다. "저희가 이 말을 듣고 마음에 찔려 베드로와 다른 사도들에게 물어 가로되, 형제들아, 우리가 어찌 할꼬 하니." 베드로는 아직 설교를 마치지 못했습니다. 채 설교를 마치기도 전에 사람들이 이렇게 소리친 것입니다. 베드로는 설교를 마친 후에 찬송을 한 곡 부르고 나서 '이제 초청해야지'라고 생각하며 앞으로 나오라고 설득한 것이 아닙니다. 절대 그런 것이 아닙니다. 설교가 채 끝나기도 전에 사람들이 먼저 "우리가 어찌 할꼬?"라고 소리쳤습니다. 그 모임은 따로 시험해 볼 필요가 없었습니다. 성령이 직접 일하셨습니다. 사람들은 죄를 깊이 깨닫고 마음이 낮아졌으며 비탄과 무서움과 두려움에 사로잡혔습니다. 그래서 설교 도중에 뛰어들어 "형제들아, 우리가 어찌할꼬?"라고 소리쳤습니다. 그들은 영혼의 고통으로 몸부림쳤고 죄를 깊이 깨닫고 괴로워했습니다.

 이것은 모든 부흥에 해당하는 이야기이기도 합니다. 이처럼 거의 무질서하게 보일 정도로 사람들이 중간에 끼어드는 일들이 항상 일어납니다. 어떤 이는 이런 현상을 신적인 무질서라고 명명하기도 했습니다. 그것은 회개로 이어집니다. 베드로는 "너희가 회개하여 각각 예수 그리스도의 이름으로 세례를 받고 죄 사함을 얻으라"라고 말했고, 사람들은 그 말대로 했습니다. 부흥이 임하면 단순히 결단하느냐 마느냐가 문제되지 않습니다. 깊은 회개가 일어나고 개혁이 일어납니다. 사람들이 새 생명을 얻고 옛 생활을 청산합니다. 부흥이 임하면 주변이 전부 변화되며, 사회의 도덕 수준에도 대변혁이 일어납니다. 부흥의 이야기들을 읽어 보십시오. 이것은 명확한 사실입니다. 저의 사적인 생각이나 이론이 아닌 사실의 문제인 것입니다. 통계를 보아도 알 수 있습니다. 부흥이 일어나고 성령이 역사하시면 전반적인 도덕 수준이 달라집니다. 각 개인이 술을 끊는 등의 노력을 할 뿐 아니라 술집 문이 닫히며 주류업계 자체가 망해 버립니다. 실제로 100년 전 북아일랜드에서도 한 술집 주인이 회개하는 일이 일어났습니다. 그는 손님들이 전부 발길을 끊어 버리자 집회를 찾아갔습니다. 시중들 손님이 한 명도 없다 보니 "어떻게 이런 말도 안 되는 일이 일어날 수 있지?" 하면서 집회를 찾아간 것입니다. 그런데 그 자신도 거기에서 회심하여 복음 전도자가 되었습니다. 이런 것이 부흥입니다. 사람들이 진심으로 회개하고 죄 사함과 새 생명을 얻으며, 그것이 완전히 새로운 행실로 드러납니다.

 이처럼 부흥의 시기에는 회심자들이 교회에 합류하는 일이 일어났습니다. 일시적으로만 결단한 것이 아닙니다. 완전히 교회에 합류했고 교회 안으로 들어왔습니다. 그래서 여기저기 교회들이 세워졌습니다. "저희가 사도의 가르침을 받아 서로 교제하며 떡을 떼며 기도하기를 전혀 힘쓰니라." 실제로 100년 전에 부흥이 일어났을 때에도 수많은 예배당이 새로 세워지는 아주 진기한 현상이 나타났습니다. 이미 교회 안에 있던 사람들이 새로운 자극을 받고 좀 더 정기적으로 출석하는 바람에 그렇게 된 것이 아닙니다. 그렇습니다. 교회 밖에 있던 사람들이 들어왔기 때문에, 그들이 회심하고 변화되어 교회 안으로 들어왔기 때문에 그렇게 된 것입니다. 사람들은 오늘날 교회에도 그런 일이 있어야 한다고 말합니다. 등록 교인 수와 주일학교 학생 수를 비롯한 모든 것이 감소하고 있습니다. 예배당은 문을 닫고, 교인들은 사람들을 불러 모으고자 애쓰고 있습니다. 그래서 이런저런 일을 하는 위원회들을 만들어 보지만 아무 소용이 없습니다. 사람들을 교회 안으로 끌어들이고 싶다면, 여기 그 방책이 있습니다. 절대 실패할 리 없는 확실한 방책이 있습니다. 그것은 성령이 교회에 임하시는 것이며, 하나님의 영이 다시금 교회에 부어지는 것입니다. 교회가 증거하고 설교할 수 있는 힘과 능력과 권위로 새롭게 세례를 받는 것입니다.

더 이상 무슨 말이 필요하겠습니까? 모든 일이 여기 달려 있음을 모르시겠습니까? 하나님이 교회를 출범시키신 방법도 이것이었고, 계속 유지시켜 오신 방법도 이것이었습니다. 교회가 인간들의 손에 넘어가 거의 죽을 지경에 이른 적이 많았지만, 그때마다 하나님은 거듭해서 같은 일을 해 주셨습니다. 처음에 하신 일을 되풀이해서 해 주신 것입니다. 그러면 교회는 빈사상태에서 벗어나 생명력과 활력과 능력이 넘치는 새로운 시기로 돌입하곤 했습니다. 이것이야말로 지금 이 시점에 최고로 필요한 일 아닙니까? 자, 여러분도 그렇다고 믿는다면 쉬지 말고 하나님께 기도하십시오. 원한다면 다른 모든 활동들을 여전히 계속해도 좋습니다. 전에 하던 일들을 계속해 나가십시오. 모든 노력을 중단한 채 마냥 기다리기만 하라는 것이 아닙니다. 그렇습니다. 원한다면 하던 일을 계속 하십시오. 그러나 이 점만큼은 말씀드려야겠습니다. 부흥을 위해 기도할 시간을 확보해 놓고, 다른 어떤 일보다 그 일에 더 많은 시간을 쓰는지 확인하십시오. 성령이 능력으로 임하시면 여러분과 제가 50년이나 100년 동안 진력해서 이루어 낼 일보다 더 많은 일들이 이루어질 것이기 때문입니다. 성령의 능력, 바로 이것이 오순절에 담긴 의미이며 성령강림절에 담긴 의미입니다. 사도들을 놀라게 했고 고넬료의 집에서 가르치던 베드로를 놀라게 했던 방식으로 하나님의 능력이 임하는 것입니다. 베드로가 고넬료의 집에서 설교했을 때에도 말하는 도중에 성령이 임하셨습니다. 베드로는 그 사실을 거의 믿을 수가 없었습니다. 그는 과거에 이방인들도 교회에 들어올 수 있음을 믿지 않던 사람이었습니다. 지붕에서 환상을 보았을 때 반발하던 그의 모습을 여러분도 기억할 것입니다. 그런 그를 설득하기 위해 환상이 필요했습니다. 그런데 하나님이 처음에 예루살렘에서 유대인들에게 행하신 일을 이방인들에게도 행하시는 것을 보면서 그는 이렇게 말했습니다. "이 사람들이 우리와 같이 성령을 받았으니 누가 능히 물로 세례 줌을 금하리요?"(행 10:47)

하나님이 우리를 긍휼히 여기시고 불쌍히 여기셔서 다시 한번 그 복되신 성령을 우리에게 부어 주시기를 기도하십시오.

17 하나님의 영광이 계시되다

모세가 가로되, 원컨대 주의 영광을 내게 보이소서. 여호와께서 가라사대, 내가 나의 모든 선한 형상을 네 앞으로 지나게 하고 여호와의 이름을 네 앞에 반포하리라. 나는 은혜 줄 자에게 은혜를 주고 긍휼히 여길 자에게 긍휼을 베푸느니라. 또 가라사대, 네가 내 얼굴을 보지 못하리니 나를 보고 살 자가 없음이니라. 여호와께서 가라사대, 보라, 내 곁에 한 곳이 있으니 너는 그 반석 위에 섰으라. 내 영광이 지날 때에 내가 너를 반석 틈에 두고 내가 지나도록 내 손으로 너를 덮었다가 손을 거두리니 네가 내 등을 볼 것이요 얼굴은 보지 못하리라. (출 33:18-23)

여러분도 기억하시겠지만 모세는 하나님께 자비와 긍휼을 베풀어 그 백성들에게로 돌아와 달라고 구했습니다. 우리는 그 다음으로 모세가 어떻게 그 이상의 것을 하나님께 구했는지 살펴보았습니다.

그는 개인적인 확신을 구했습니다. 하나님께 이치를 따지면서—논쟁까지 벌이면서—그분 자신을 비상하게 나타내 달라고, 그리하여 모세와 이스라엘 자손들이 하나님의 목전에 은총 입은 자들임을 주변 백성들에게 알려 달라고 탄원했습니다. 그에 대한 하나님의 대답은 "너의 말하는 이 일도 내가 하리니 너는 내 목전에 은총을 입었고 내가 이름으로도 너를 앎이니라"라는 것이었습니다. 지난 장에서 우리는 오순절에 담긴 메시지라는 관점에서 하나님이 이 특별한 기도에 어떻게 응답하셨는지 고찰해 보았습니다.

우리는 이제 이 위대한 장의 세 번째이자 마지막 문단에 이르게 되었습니다. 이것은 이 거룩한 책 전체를 통틀어 가장 비범한 이야기들 중 하나인 것이 확실합니다. 우리는 이 부분을 대할 때 상당히 주저하면서, 모호하게 접근할 수밖에 없습니다. 우리는 여기에서 거룩한 땅을 밟게 됩니다. 이런 진술은 경외감을 가지고 대해야 마땅합니다. 저는 여기에서 모세가 불타는 떨기나무를 보았을 때 주신 말씀을 우리에게도 주고 계시는 듯한 느낌을 받습니다. "이리로 가까이 하지 말라. 너의 선 곳은 거룩한 땅이니 네 발에서 신을 벗으라"(출 3:5). 이처럼 이것은 대단히 비범하고 놀라운 일화지만, 그럼에도 분명히 알아 둘 필요가 있습니다. 제가 생각할 때 이 이야기를 분명히 알아야 하나님이 부흥과 각성을 통해 은혜로 교회와 그 백성들을 찾아오실 때 일어나는 일들을 한 단계 더 나아가 이해할 수 있기 때문입니다. 이것은 여전히 우리가 기본적으로 다루어야 할 주제입니다. 우리가 이처럼 성경의 서로 다른 부분들을 고찰해 보는 것은, 성령이 우리를 특별히 찾아오시도록 하나님이 허락하실 때 정확히 일어나는 일들을 좀더 깊고 분명하게 알려는 목적 때문입니다.

이 지점에서 한 가지 분명히 짚고 넘어가고 싶은 점이 있습니다. 우리는 지금 부흥을 다수의 사람들에게 동시에 영향을 끼치는 사건으로 보면서 일반적인 관점에서 이 주제를 다루고 있지만, 각 개인에게도 어느 때든지 이 모든 일이 일어날 수 있음을 잊어서는 안 됩니다. 제가 굳이 이런 해명을 하는 것은 이 점을 분명히 모르는 듯한 이들이 있기 때문입니다. 각 개인들도 여기에서 묘사하고 있는 체험, 성경에 나오는 체험을 할 수 있습니다. 부흥은 단지 다수가 동시에 이런 체험을 하는 상태요 상황일 뿐입니다. 그러므로 부흥의 원리들을 고찰할 때 이 사실을 굳게 붙잡기로 합시다. 다시 말해서 이런 일들을 체험하기 위해 부흥이 올 때까지 꼭 기다릴 필요는 없다는 것입니다. 개인적으로도 얼마든지 이런 일들을 체험하게 해 달라고 구할 수 있습니다. 그러나 하나님은 때로 함께 모인 다수의 사람들에게, 교회 전체에, 한 지역에, 또는 한 나라에, 세계 여러 나라에 이런 일들을 허락하기를 기뻐하십니다. 100년 전인 1859년에도 그렇게 하셨듯이 말입니다.

이 점을 염두에 두면서 오늘 본문을 살펴봅시다. 그 내용은 다음과 같이 나누어 볼 수 있습니다. 첫 번째 부분은 모세의 요청인 것이 분명합니다. "원컨대 주의 영광을 내게 보이소서." 자, 사실 이것은 사람을 거의 아연케 하는 말입니다. 모세는 아직도 만족치 못하고 있습니다. 하나님이 약속하신 그 모든 것, 자신이 방금 받은 그 모든 응답에도 불구하고 만족치 못하는 것입니다. 40일 밤낮을 산에서 지내면서 하나님과 교제했던 이 사람 모세를 생각해 보십시오. 그는 이미 영광의 체험을 했습니다. 33장에 기록된 체험을 했습니다. 성경은 하나님이 "사람이 그 친구와 이야기함같이 여호와께서는 모세와 대면하여 말씀하시며"라고 말하고 있습니다. 그것은 아주 비상한 일입니다. 또한 하나님은 확신과 만족을 달라는 그의 요청에도 응하시면서 "너의 말하는 이 일도 내가 하리니"라고 말씀하셨으며, 어느 정도 즉각적으로 그의 요청을 들어 주셨습니다. 그런데도 더 달라는 것입니다. 그는 여전히 만족치 못하고 있습니다. 여기에서 멈추지 않고 더 나아가 "주의 영광을 내게 보이소서"라고 구하고 있습니다. 이것을 큰 믿음에 늘 끼어드는 대담함이라고 설명해도 전혀 무리가 없을 것입니다. 이런 예는 성경 다른 곳들에도 나오고 있습니다. 그러나 아마도 여기 나오는 예—그런 응답을 받고서도 감히 더 나아가 그 이상을 구하는 모세의 대담함—가 그 중에서도 가장 두드러진 편에 속한다 할 것입니다. 그는 마치 한 단계 한 단계 올라가고 있는 듯합니다. 하나님이 "좋다, 이것도 주마" 하시면, 모세는 "좀더 주십시오"라고 말합니다. 그리고 이제 여러 가지 면에서 최종적이고 궁극적이라고 할 만한 요청, 즉 하나님의 영광을 보고 알게 해 달라는 요청을 하고 있습니다.

이것이 우리가 이 시점에서 특별히 관심을 가져야 할 부분입니다. 논의를 좀더 진전시키기 전에 몇 가지 질문을 던져 봅시다. 우리는 이처럼 단계와 과정을 밟아 올라가는 일에 대해 아는 바가 있습니까? 그리스도인으로서의 경험을 되돌아볼 때, 이처럼 한 걸음 한 걸음, 한 계단 한 계단 올라가는 일이 무엇인지에 대해 알게 된 바가 있습니까? 이처럼 하나님 앞에 점점 더 담대해지고 점점 더 확신에 넘치며 점점 더 많은 것을 열망하게 되는 일에 대해 알게 된 바가 있습니까? 모세처럼 우리도 이미 받은 모든 것들로 인해 하나님께 감사를 드리면서도, 그 이상의 것을 위해 갈망하고 분투하며 이를테면 고지를 향해 올라가고 있습니까? 자, 성경이 가르치고 있는 원리는 이것입니다. "무릇 있는 자는 받아 풍족하게 되고 없는 자는 그 있는 것까지 빼앗기리라"(마 25:29). 제가 이에 대해 아는 바가 있느냐고 묻는 단순한 이유는 우리 중 많은 이들의 주된 특징, 그렇습니다, 심지어 복음적인 사람들의 주된 특징 역시 자기만족이라고 말하지 않을 수 없는 이 불편한 느낌에 있습니다. 우리는 회심했으니까, 거기에서 더 나아간 경험도 있으니까 다 되었다고 생각합니다. 모세의 발자취를 좇아 "오, 당신이 이미 약속해 주신 것에 감사를 드립니다. 그러나 이제 당신의 영광도 보여 주시겠습니까?"라고 말하면서 분투하고 추구하며 믿음의 날개를 달고 올라간다는 증거가 얼마나 많이 나타나고 있습니까? 좀 더 직접적으로 말해 보겠습니다. 우리는 하나님을 향한 소원, 하나님의 영광을 알고자 하는 소원을 어느 정도까지 느끼고 있습니까? 저는 이것이야말로 믿음의 정점이라고 생각합니다. 아시다시피 모세는 더 이상 특정한 축복을 구하지 않습니다. 지금까지는 축복을 구했지만, 이제는 그 단계에 머물지 않습니다. 그는 축복을 넘고 은사를 넘어 하나님 자신을 구하고 있습니다. 지금 그를 가득 채우고 있는 것은 하나님을 인격적으로 알고 대면하며 만나려는 열정입니다. 은사들을 무시하는 것이 아닙니다. 오히려 그 은사들 때문에, 그 은사들과 관련해서 하나님의 영광을 얼핏 보았기 때문에, 자기 자신과 은사 및 축복은 전부 잊어버린 채 하나님과 그의 영광만을 갈망하는 것입니다.

서는 이것이야말로 우리 모두에게 던져 보아야 할 질문이라고 생각합니다. 우리는 이런 갈망에 대해 아는 바가 있습니까? 우리가 그리스도인이 된 지 벌써 수년이 지났을 수 있습니다. 그러나 하나님을 인격적이고 직접적으로 알며 체험하게 되기를 참으로 갈망해 본 적이 있습니까? 오, 우리가 우리의 일을 위해 기도하고 교회를 위해 기도하며 선교사들을 위해 기도하고 우리가 조직한 운동을 위해 기도한다는 것은 저도 알고 있습니다. 당연히 알고 있습니다. 그러나 저의 관심은 그런 데 있지 않습니다. 개인적인 복은 누구나 구하는 법입니다. 그러나 하나님을 향한 소원에 대해서는 얼마나 많은 것을 알고 있습니까? 모세가 구한 것은 바로 그것이었습니다. "주의 영광을 보여 주십시오. 주의 영광으로 한 걸음 더 가까이 나아가게 해 주십시오." 시편 42편의 시인이 구한 것도 당연히 같은 것입니다. "하나님이여, 사슴이 시냇물을 찾기에 갈급함같이 내 영혼이 주를 찾기에 갈급하니이다. 내 영혼이 하나님 곧 생존하시는 하나님을 갈망하나니." 시인이 원하는 것은 바로 이것, 살아 계신 하나님 자신입니다. 그래서 그는 갈망하며 갈급해 합니다. 시편 17:15에도 같은 사상이 나오고 있습니다. 시인은 장차 도래할 일을 기다리면서 "나는 의로운 중에 주의 얼굴을 보리니 깰 때에 주의 형상으로 만족하리이다"라고 말합니다.

제가 여기에 여러분의 주의를 환기시키는 것은 구약 율법 아래 있던 사람들도 이런 소원을 품었기 때문입니다. 우리는 이 점을 기억해야 합니다. 모세와 시편 기자는 복음의 약속들을 멀리서밖에 볼 수 없었습니다. 이처럼 직접 보지 못했으면서도 그 약속들에서 눈을 떼지 않았고 그 약속들이 성취될 것을 믿었습니다. 그렇습니다. 그때는 아직 약속이 이루어지기 전이었고 성취되기 전이었습니다. "너희 조상 아브라함은 나의 때 볼 것을 즐거워하다가 보고 기뻐하였느니라"(요 8:56). 아브라함은 약속을 믿었습니다. 믿음으로 보았습니다. 히브리서 기자가 11장에서 말하고 있듯이 거기 나오는 모든 인물들이 그렇게 했습니다. 약속을 받지 못했지만 믿었고, 멀리서 바라보았습니다. 아시다시피 그들은 그런 상황 속에서도 하나님의 영광을 보고 알기를 갈망했습니다. 그러나 여러분과 저는 신약시대에 살고 있습니다. 우리는 메시아의 오심과 갈보리 죽음을 내다보는 위치에 있는 것이 아니라 뒤돌아보는 위치에 있습니다. 우리에게는 신약의 기록과 명백한 진술들이 주어져 있습니다. 모든 일이 이미 드러났습니다. 성령이 주어졌습니다. 그런데도 시편 기자나 모세와 우리가 감히 비교 대상이나 될 수 있는지 의심스럽지 않습니까? 여러분, 우리의 문제가 무엇입니까? 우리는 구약 성도들보다 우월하다고 자랑하기 좋아하며, 심지어 어떤 이들은 구약 성도들은 성도가 아니었다고 믿는 우를 범하기까지 합니다. 그러나 실제 체험이라는 영역에서 그들과 우리를 감히 비교할 수가 있습니까? 구약 성도들은 당연히 하나님의 자녀였음에도 구약시대의 희미한 빛 아래 살았던 반면, 여러분과 저는 신약시대에 살고 있습니다. 그런데도 그들은 "주의 영광을 내게 보이소서"라고 부르짖었습니다. 시편 기자가 하나님을 친밀하게 알고 있었다는 사실에도 주목하시기 바랍니다.

    이것이야말로 우리가 부흥을 추구하는 궁극적인 목적입니다. 부흥을 구하는 기도는 결국 하나님의 영광의 나타남에 대한 관심에서 나오는 것입니다. 이 일은 집단적으로뿐 아니라 개별적으로도 일어날 수 있음을 기억하십시오. 모세는 하나님의 영광을 알았습니다. 그 영광을 본 적은 없었지만 하나님을 믿었습니다. 전에도 계시를 받았고, 여기저기에서 기이한 나타남을 체험했습니다. 그래서 그에 힘입어 "이제 당신의 영광을 보여 주십시오. 당신의 영광을 나타내 주십시오"라고 구한 것입니다. 우리도 그런 태도를 가져야 합니다. 우리는 힘든 세상에 살면서 교회가 힘을 잃고 있는 모습과 죄와 악이 사방에 난무하는 모습을 보고 있습니다. 우리는 하나님이 모든 영광 중에 계신 것을 알고 있습니다. 우리도 모세처럼 감동을 받아 그 영광이 우리에게 나타나기를 소원할 필요가 있습니다. 그리스도인이면서도 모세 같은 기도를 드리지 않는다는 것은 거의 생각할 수 없는 일 아닙니까? 어떻게 지금 같은 상황에 만족할 수 있는지 이해가 안 되지 않습니까? 그런데도 만족하는 사람들이 많이 있습니다. 그들은 말합니다. "도대체 부흥이나 부흥을 구하는 기도에 대해 왜 그렇게 떠들어 대는 걸까? 모든 것이 잘되어 가고 있지 않나? 교회, 복음적인 교회가 잘해 나가고 있지 않나? 대체 왜 이런 말을 하는 거지?" 오, 친애하는 여러분, 이렇게 말하는 사람은 사실상 하나님에 대해 아는 바가 거의 없음을 드러내는 것입니다. 여러분은 현재 일어나고 있는 일들이나 그 성과나 활동이나 축복에 관심이 있을 것입니다. 그러나 하나님의 영광이 나타나는 것을 보고

자 하는 갈망에 대해서는 무엇을 알고 있습니까? 하나님을 갈급해 한다는 것이 무엇인지 알고 있습니까? 아마 너무 바빠서 하나님을 생각할 겨를조차 없는 이들도 있을 것입니다. 하나님은 어떤 힘이 아닙니다. 인격입니다. 하나님은 성부, 성자, 성령이라는 세 인격으로 존재하십니다. 의심컨대 이런 인격적인 요소를 잊고 있는 것은 아닙니까? 분주하고 바쁘게 사느라 하나님을 축복의 대행자쯤으로 편하게 생각하는 경향이 있는 것은 아닙니까? 믿음과 지식과 경험이 진전될수록 하나님께서 이미 주신 것에 머물거나 거기 주저앉는 대신 하나님 자신을 점점 더 바라게 된다는 것은 의심할 바 없는 사실입니다.

사도 바울은 자신의 경우에 비추어 이 점을 완벽하게 설명해 주고 있습니다. 그는 아주 많은 것을 받았고 비상한 축복을 받았음에도 빌립보서 3:10에서 이렇게 말하고 있습니다. "내가 그리스도 [를]……알려 하여." 그리스도를 정말로 아는 사람이 있다면 사도 바울이 바로 그 사람일 것입니다. 그러나 그는 거기에 만족치 않았습니다. "내가 그리스도와 그 부활의 권능과 그 고난에 참예함을 알려 하여 그의 죽으심을 본받아 어찌하든지 죽은 자 가운데서 부활에 이르려 하노니 내가 이미 얻었다 함도 아니요……." 그렇게 많은 것을 이해했던 사람―그렇게 비상한 체험을 했던 사람―이 이렇게 말하고 있습니다. 그렇습니다. 요점은 그가 지식을 맛보았기 때문에 오히려 더 많은 지식을 원했고 자신이 직접 알게 되기를 원했다는 것입니다. 그는 뒤에 있는 것은 잊어버리고 앞에 있는 "푯대"를 향해 나아가겠다고 말합니다. 이 모든 것이 강조하는 사실은 우리가 아무리 이런 일들에 대해 떠들어도 이런 일들을 소원하지 않으며 이런 일들에 대해 아는 바가 없으면 아무 소용이 없다는 것입니다. 한 번 더 자문해 봅시다. 우리는 하나님, 살아 계신 하나님에 대한 갈망과 "주의 영광을 내게 보이소서"라고 마음으로부터 부르짖는 일에 대해 어느 정도나 알고 있습니까?

이번에는 하나님의 응답이라는 부분을 살펴봅시다. 이 내용은 필히 여러 항목으로 나누어 생각해 보아야 합니다. 여기에 아주 명확히 나타나고 있는 첫 번째 요점은, 하나님이 모세에게 응답하실 때 "그래, 너의 기도, 너의 간구에 응답해 주마. 그러나 그 응답은 내 방식대로 하겠다"고 말씀하셨다는 것입니다. 이 말씀을 볼 때 즉시 떠오르는 생각은 이것이 부분적인 응답이라는 것입니다. 그러므로 이 점을 좀 생각해 볼 필요가 있습니다. 두 번째로 계속 살펴보아야 할 것은 하나님이 어떤 수단과 방법을 통해 이 부분적인 응답을 주셨는가 하는 점입니다. 그리고 세 번째로는 이 응답의 성격을 살피고자 합니다. 그 모든 내용이 오늘 본문에 나와 있습니다.

첫째로 하나님이 주신 응답의 부분적인 특징 내지는 성격부터 살펴봅시다. 20절에서 하나님은 모세에게 말씀하셨습니다. "네가 내 얼굴을 보지 못하리니 나를 보고 살 자가 없음이니라." 그리고 23절에서는 "손을 거두리니 네가 내 등을 볼 것이요 얼굴은 보지 못하리라"고 말씀하고 계십니다. 여기에서 우리는 궁극적인 신비와 마주하게 됩니다. 응답은 주어질 것입니다. 맞습니다. 그러나 부분적으로 주어질 것입니다. 자, 이것은 당연한 일입니다. 이 점은 확실히 쉽게 이해할 수가 있습니다. "나를 보고 살 자가 없음이니라." 이것은 다시 말해서 하나님의 영광을 전부 보고서도 버틸 수 있는 사람은 아무도 없다는 것입니다. 사람은 하나님의 영광을 견뎌 낼 수가 없습니다. 감히 상상할 수 없는 그 영광의 본질 때문에 죽을 수밖에 없습니다. 그리스도인의 근심 중 99.9퍼센트는 하나님에 대한 무지에서 비롯되는 것이 확실합니다. 우리는 자기 맥박을 재고 자기 영적인 체온을 재며 자기 기분과 상태와 두려움을 살피느라 너무 많은 시간을 허비하고 있습니다. 오, 우리가 하나님을 조금이라도 안다면, 하나님의 영광을 조금이라도 안다면.

불멸하시고 보이지 않으시며 유일하게 지혜로우신 하나님,
우리 눈을 피해 가까이 할 수 없는 빛 속에 거하시네.

모세는 자신이 구하는 바를 완전히 알지 못하고 있습니다. 그래서 하나님이 그를 바로잡아 주시며 가르쳐 주고 계십니다. 온유하고 부드럽게, 해 주실 수 있는 부분과 없는 부분을 정확히 가려 주고 계십니다.

모세만 이런 체험을 한 것이 아닙니다. 이사야도 하나님을 얼핏 뵌 적이 있었습니다. 그 이야기가 이사야서 6장에 기록되어 있습니다. 그는 말로 표현할 수 없는 영광을 그저 얼핏 보기만 했으면서도 "화로다, 나여! 망하게 되었도다. 나는 입술이 부정한 사람이요⋯⋯"라고 소리쳤습니다. 그는 스랍들이 "거룩하다, 거룩하다, 거룩하다, 만군의 여호와여"라고 외치는 소리를 들었습니다. 그러자 집이 연기로 가득 차고 문지방 터가 흔들렸습니다. 이처럼 이사

야는 그의 영광을 얼핏 보기만 했는데도 "화로다, 나여"라고 소리치면서 "나는 이런 것을 볼 만한 사람이 못 된다. 나는 자격이 없다"라고 고백했습니다. 그는 그 영광 앞에 아연실색했습니다.

사도 요한도 그 영광을 얼핏만 보고서도 "그 발 앞에 엎드러져 죽은 자같이" 되었다고 말합니다(계 1:17). 이들은 여러분과 저처럼 육신을 가지고 이 세상에서 살았던 사람이었음을 상기시키고 싶습니다. 이들도 하나님을 체험했는데, 우리라고 못할 이유가 어디 있습니까? 왜 우리는 이런 일들에 대해 거의 모르고 살아야 합니까? 이런 일들은 원래 그리스도인들의 삶의 일부가 되어야 마땅합니다. 기독교란 하나님을 아는 것입니다. "영생은 곧 유일하신 참 하나님과 그의 보내신 자 예수 그리스도를 아는 것이니이다"(요 17:3). 단지 하나님에 대해서만 아는 것이 아니라 하나님 자신을 아는 것입니다.

사도 바울은 다소의 사울 시절에 다메섹으로 가다가 갑자기 하늘에서 해보다 더 밝은 빛이 쏟아지는 것을 보았습니다. 그때 그에게 무슨 일이 일어났는지 기억하십니까? 그는 땅에 엎드러졌고 눈이 멀어 버렸습니다. 하나님의 영광 때문에 그렇게 된 것입니다. 영광을 얼핏 보기만 했는데도 그런 일이 일어났습니다. 오늘날 우리는 그 모든 일을 더 잘 이해할 수 있는 것이 분명합니다. 우리는 원자폭탄 폭발에 대한 글들을 읽고 있으며 그 밝은 섬광에 해를 입지 않으려면 눈이 노출되지 않도록 극히 조심해야 한다는 글들도 읽고 있으니 말입니다. 하나님의 영광에 대해 알고 싶다면 그것을 무한대로 더 확대해서 생각해 볼 필요가 있습니다. 사도들, 제자들이 주님과 함께 변화산에 올라 그가 변화하신 모습을 보았을 때 깊은 잠에 빠졌던 일을 기억할 것입니다. 왜 잠에 빠졌을까요? 그들로서는 그 영광을 도저히 감당할 수 없었기에, 눈이 멀 수밖에 없었기에, 그 영광은 그들이 감히 상상도 할 수도 없는 것이었기에 보호하려는 차원에서 잠들게 하신 것입니다.

또한 바울이 고린도후서 12장에서 14년 전쯤 하늘로 끌려 올라간 체험에 대해 어떻게 말하고 있는지도 기억할 것입니다. 그는 "몸 안에 있었는지 몸 밖에 있었는지 나는 모르거니와"라고 말합니다. "너무 굉장한 체험이어서 그 정황이 어떠했는지 정말 모르겠다"는 것입니다. 실제로 그는 정확하게 묘사할 수 없는 상태 및 상황을 체험했습니다.

어떤 이는 말합니다. "아, 하지만 그런 일은 성경의 인물들한테만 일어나는 것이지요."

아니, 그렇지 않습니다. 그 가능성을 깨달았던 하나님의 사람들, 어느 시대든지 하나님을 찾았던 사람들에게도 계속해서 같은 일이 일어났습니다. 조너선 에드워즈가 숲에서 무릎을 꿇고 한 시간쯤 기도하다가 체험한 일에 대해 묘사해 놓은 글을 읽어 보셨습니까? 북미 인디언들의 위대한 사도였던 데이비드 브레이너드David Brainerd가 하나님의 영광을 체험했을 때 주변이 다 얼어붙을 만큼 추운 날씨였음에도 말 그대로 땀을 흘렸다는 이야기를 읽어 보셨습니까? 왜 땀을 흘렸을까요? 오, 영광 때문입니다. 그 영광의 감당할 수 없는 특징 때문입니다. 우리에게 훨씬 더 가까운 인물을 예로 들어 보겠습니다. 무디는 아주 튼튼하고 강건한 사람이었습니다. 그런데도 하나님이 그 영광을 얼핏 보여 주시자 마치 죽을 것만 같은 느낌에 그만 멈추어 달라고, 손을 거두어 달라고 청해야만 했습니다. 무디만 그런 경험을 했던 것이 아닙니다. 정확히 같은 경험을 한 다른 인물들의 이야기도 얼마든지 해 드릴 수 있습니다. 영광에 눌려 신체가 부서지고 깨지는 듯한 느낌을 받은 사람들은 하나님께 그만 손을 거두어 달라고 외쳐야만 했습니다. "네가 내 얼굴을 보지 못하리니 나를 보고 살 자가 없음이니라." 이것은 영광의 표지만 보여 주시겠다는 말씀입니다. 잠깐 지나치듯 보게 해 주시겠다는 말씀입니다. 모세는 하나님을 있는 그대로 보지 못할 말씀입니다. 그렇습니다. 그의 "등"만 보게 될 것입니다.

부흥의 문제로 다시 돌아와 살펴보면 그 예를 아주 많이 볼 수 있습니다. 여러분은 하나님이 성령의 부으심으로 자신을 나타내실 때 이런 일이 일어난다는 것을 알게 됩니다. 성령의 특별한 사역 및 사명은 주 예수 그리스도와 그의 영광을 나타내시는 것이며 그를 통해 하나님을 나타내시는 것입니다. 여러분은 이 같은 일들에 대한 기록을 자주 읽을 것입니다. 하나님의 영광을 체험한 이들, 그 영광을 가까이 했던 이들은 땅에 엎드러지거나 실신해 버렸습니다. 어떤 이는 "아, 그런 건 진기한 현상이야!"라고 말합니다. 그러나 이런 현상을 흥미롭게 여기거나 깜짝 놀랄 일로 여겨서는 안 됩니다. 제가 여러분에게 지적해 드리고 싶은 점은, 이 영광이 사람의 신체가 감당할 수 없을 만큼 굉장한 것임을 하나님이 친히 알려 주셨다는 것입니다. 그러므로 사람들이 실신했다거나 일종의 죽은 듯한 무의식 상태에 빠졌다는 기록을 보더라도 놀라지 마시기 바랍니다. 하나님의 영광은 능히 그럴 만한 것입니다. 그 영광은 우리의 한계를 뛰어넘습니다. 그렇기 때문에 간혹 이런 결과가 나타난다고 해서 놀랄 필요가 전혀 없습니다.

그 다음으로 하나님이 주시는 응답의 부분적인 성격을 살펴봅시다. 응답은 부분적이지만 아주 명확하게 주어졌습니다. 하나님은 모세에게 "내 얼굴은 보지 못할 것이나 다른 무언가는 볼 것이다"라고 말씀하셨습니다. 그는 하나님이 지나가시는 모습을 볼 것입니다.

> 여호와께서 가라사대 보라, 내 곁에 한 곳이 있으니 너는 그 반석 위에 섰으라. 내 영광이 지날 때에 내가 너를 반석 틈에 두고 내가 지나도록 내 손으로 너를 덮었다가 손을 거두리니 네가 내 등을 볼 것이요……

그가 지나가고 계십니다. 부흥이 무엇인지 아십니까? 자, 그가 지나가신다는 이것이야말로 부흥을 완벽하게 설명해 주는 말입니다. 부흥은 바로 하나님이 지나가시는 모습, 그의 영광이 지나가는 모습을 얼핏 보는 것입니다. 그것이 부흥의 정확한 뜻입니다. 부흥은 하나님을 얼핏 보는 것입니다. 이를테면 영광 중에 계시는 하나님이 강림하여 성령을 부어 주시고 다시 올라가시는 것을 보고 느끼는 것이며, 하나님의 영광이 자신들 가운데 있다는 사실, 자신들 옆으로 지나가고 있다는 사실을 아는 것입니다. 말하자면 다만 그의 옷자락을 만지는 것이며 등을 보는 것입니다.

도움이 될 만한 비유를 들어 보겠습니다. 우레와 번개가 무엇입니까? 시편과 성경 곳곳에 나오는 말씀에 따르면, 우레와 번개는 다름 아닌 하나님의 능력을 보여 주는 일종의 표지입니다. 하나님이 태초에 "빛이 있으라" 하시니 빛이 있었습니다. 번개의 번쩍임과 우레의 성난 소리는 바로 이러한 하나님의 능력을 보여 주는 표지입니다. 이런 것들은 하나님의 힘과 권능과 능력을 얼핏 보여 주는 수단입니다. 마찬가지로 부흥이란 바로 그의 영광을 잠깐 만져 보는 일이며, 그가 어떤 분이신지 지나가면서 얼핏 보는 일입니다. 저는 이 점을 강조하고 싶습니다. 이런 일이 우리에게도 일어날 수 있다는 것, 우리를 위해 준비되어 있다는 것을 알아야 하기 때문입니다. 우리는 결코 사소한 것에 만족하며 살도록 지음받지 않았습니다. 이런 일이 가능하다는 것을 보여 주는 성경 말씀들을 더 제시해 보겠습니다. 다소의 사울에게 무슨 일이 일어났는지는 이미 말씀드린 바 있습니다. 그가 다메섹으로 가고 있을 때 갑자기 하늘에서 빛이 쏟아졌습니다. 고린도후서 12:1-4에 나오는 묘사도 다시 생각해 보시기 바랍니다.

> 무익하나마 내가 부득불 자랑하노니 주의 환상과 계시를 말하리라. 내가 그리스도 안에 있는 한 사람을 아노니 십사 년 전에 그가 셋째 하늘에 이끌려 간 자라(그가 몸 안에 있었는지 몸 밖에 있었는지 나는 모르거니와 하나님은 아시느니라). 내가 이런 사람을 아노니(그가 몸 안에 있었는지 몸 밖에 있었는지 나는 모르거니와 하나님은 아시느니라) 그가 낙원으로 이끌려 가서 말할 수 없는 말을 들었으니 사람이 가히 이

르지 못할 말이로다.

이것은 사도 바울 자신이 직접 체험한 일입니다. 그는 우리와 비슷한 성정을 가진 사람이었고, 여전히 몸을 가지고 세상에 살았던 사람이었으며, 육체 가운데 있던 사람이었습니다. 그런 사람이 영광 그 자체를 이처럼 일부 가려진 채 체험한 것입니다. 그에게는 다른 체험도 있었습니다. 고린도에 갔을 때 모든 사람이 그를 대적했습니다. 그래서 어느 날 밤, 아주 괴로운 심정으로 잠자리에 들었습니다. 그런데 성경은 다음과 같은 일이 일어났다고 말하고 있습니다. "주께서 환상 가운데 바울에게 말씀하시되"(행 18:9). 그는 환상을 보았습니다. 하나님의 영광을 체험했습니다! 그 결과 주 예수 그리스도를 잘 안다고 말할 수 있게 되었고, 그래서 "내게 사는 것이 그리스도니 죽는 것도 유익함이니라"라고 말할 수 있게 되었습니다. 또 "……그리스도와 함께 있을 욕망을 가진 이것이 더욱 좋으나"라고도 말할 수 있게 되었습니다(빌 1:21, 23). 우리도 그렇게 말할 수 있습니까? "내게 사는 것이 그리스도니"라고 말할 수 있습니까? 그럴 수 없다면 그 이유는 무엇입니까? 이 일은 만인을 위해 준비되어 있는 것입니다. 사도는 그 어디에서도 이런 일이 자신만을 위한 것이라거나 사도들만을 위한 것이라고 가르치지 않습니다. 그가 빌립보 사람들에게 이 말을 한 것은, 그들도 같은 일을 체험케 하기 위해서입니다. 요한은 이렇게 쓰고 있습니다. "우리가 보고 들은 바를 너희에게도 전함은 너희로 우리와 사귐이 있게 하려 함이니 우리의 사귐은 아버지와 그 아들 예수 그리스도와 함께 함이라"(요일 1:3). 또한 그는 "우리가 이것을 씀은 우리의 기쁨이 충만케 하려 함이로라"라고 말합니다. 진정한 의미에서 "아버지와 그 아들 예수 그리스도"와 사귐이 있는 사람이라면 누구나 이런 체험을 할 수 있습니다. "내게 능력 주시는 자 안에서 내가 모든 것을 할 수 있느니라"(빌 4:13).

또한 바울은 이 체험을 다음과 같이 표현하고 있는데, 이 표현은 출애굽기 33장에 나오는 표현과 짝을 이루고 있습니다. "우리가 이제는 거울로 보는 것같이 희미하나 그때에는 얼굴과 얼굴을 대하여 볼 것이요"(고전 13:12). 지금은 하나님의 손이 우리를 덮고 있어서 거울로 희미하게밖에 볼 수 없습니다. 맞습니다. 그러나 거울로 희미하게라도 **보기는 봅니다**. 제가 강조하려는 점이 바로 이것입니다. 이 세상에서도 우리는 거울로 희미하게 볼 수 있습니다. 또는 수수께끼나 알쏭달쏭한 문제의 형태로 본다고 말해도 좋습니다. 여하튼 **볼 수는** 있습니다. 제 질문은 그렇다면 우리가 지금 그 영광을 보고 있느냐 하는 것입니다. 물론 언젠가는 얼굴과 얼굴을 대하듯이 보게 될 것을 압니다. "우리가 다 수건을 벗은 얼굴로 거울을 보는 것같이……." 아시다시피 이 또한 부분적으로 본다는 뜻입니다. 거울에 반사된 일종의 영상을 본다는 것입니다. 맞습니다. **바로 이것입니다**. "……거울을 보는 것같이" 무엇을 봅니까? "주의 영광"을 봅니다(고후 3:18).

우리도 주의 영광을 보고 있습니까? 사도 바울처럼 "어두운 데서 빛이 비취리라 하시던 그 하나님께서 예수 그리스도의 얼굴에 있는 하나님의 영광의 아는 빛을 우리 마음에 **비취셨느니라**"라고

정직하게 말할 수 있습니까?(고후 4:6)

　　베드로전서 1:8을 내 것으로 삼아 "보지 못하였으나 사랑하는 도다. 이제도 보지 못하나 믿고 말할 수 없는 영광스러운 즐거움으로 기뻐하니"라고 말할 수 있습니까? 정말 그렇게 말할 수 있습니까? 여러분은 "아, 하지만 저는 주 예수 그리스도를 믿는 걸요. 저는 제가 받은 구원을 죽 기쁘게 생각해 왔는데, 그 이유는……" 등등의 이야기를 할지도 모릅니다. 그러나 저는 지금 그것을 묻고 있는 것이 아닙니다. 베드로가 말하는 바는, 그리스도인이란 그리스도를 너무나 잘 알고 사랑하는 사람이기에 말로 다 할 수 없고 표현할 수도 없는 영광스러운 즐거움으로 기뻐한다는 것입니다. 부흥의 때에는 다수의 사람들이 이렇게 말할 수 있게 됩니다. 하나님의 영광이 가까이 다가와 지나갔을 때 하나님의 등을 본 사람들은 아주 정직하게 이런 고백을 할 수 있었습니다.

　　아시겠지만 이 모든 일은 마치 천국을 미리 맛보는 것과 같습니다. 이 땅에서 천국을 미리 맛보고 즐거워하는 것입니다. "마음이 청결한 자는 복이 있나니 저희가 하나님을 볼 것임이요"(마 5:8). 주님은 그 백성들을 위해 다음과 같이 기도하셨습니다. "아버지여, 내게 주신 자도 나 있는 곳에 나와 함께 있어 아버지께서 창세 전부터 나를 사랑하시므로 내게 주신 나의 영광을 저희로 보게 하시기를 원하옵나이다"(요 17:24). 또한 요한은 요한일서 3:2에서 "우리가 그와 같을 줄을 아는 것은 그의 계신 그대로 볼 것을 인함이니"라고 말합니다. 우리가 잘 알고 있는 한 찬송은 이 점을 다음과 같이 표현하고 있습니다. "그의 영광 온전히 우리 눈앞에 드러나리라"(아이작 와츠). 참으로 그렇게 될 것입니다. 그러나 그 전까지는 이 세상에서 부분적으로 보아야 합니다. 물론 온전히 드러나는 것은 아닙니다. 온전히 드러나는 것은 장래에 속한 일입니다. 그러나 부분적으로는 드러납니다. 그렇다면 우리가 던져야 할 질문은 이것입니다. 우리는 이런 일들에 대해 아는 바가 있습니까?

자, 이번에는 격려를 얻기 위해 몇몇 글들을 찾아보기로 합시다. 먼저 조너선 에드워즈의 글을 보시기 바랍니다.

> 때로는 한 단어만 입에 올려도 마음이 속에서부터 불타오르곤 한다. 또는 그리스도의 이름이나 하나님의 속성을 나타내는 이름만 보아도 하나님이 영광스럽게 나타나시곤 한다. 삼위일체를 생각하면 성부, 성자, 성령, 삼위로 존재하시는 하나님을 한껏 찬양하고 싶은 생각에 빠지게 된다. 내가 맛본 가장 달콤한 기쁨과 즐거움은 내 형편이 좋아지리라는 희망에서 솟아난 것이 아니라 복음의 영광스러운 것들을 직접 본 데서 솟아났다. 이런 달콤함을 맛볼 때 나 자신의 형편 같은 것은 생각 밖으로 밀려나는 듯하다. 그럴 때면 무아지경에서 바라보게 되는 그 영광스럽고도 즐거운 대상에서 눈을 돌려 나 자신을 바라보거나 내 형편이 좋아지기를 바라는 것이 참을 수 없는 손해로 느껴진다.*

이번에도 조너선 에드워즈의 글을 보기로 합시다.

---

* 조너선 에드워즈, 「전집 *Works*」, 런던, 1840년, 제1권, 47쪽.

1737년, 건강을 위해 말을 타고 숲으로 가다가 평소 하던 대로 한적한 곳에서 내려 거룩한 묵상과 기도를 위해 걷는데, 특별하게도 하나님과 인간 사이의 중보자이신 아들의 영광과 그 놀랍고도 지극히 온전하며 순결하고 달콤한 은혜 및 사랑을 보게 되었고 그가 얼마나 온유하고 겸손하게 우리처럼 낮아지셨는지를 보게 되었다. 그 은혜는 아주 고요하고 달콤하게 나타났을 뿐 아니라 하늘보다 더 크게 나타났다. 그리스도의 인격이 말할 수 없이 탁월하게, 모든 생각과 관념을 집어삼킬 정도로 탁월하게 나타났고, 내 생각에는 그런 현상이 거의 한 시간 가까이 지속되었다. 나는 그 시간의 대부분을 눈물을 쏟으면서, 크게 소리 내어 울면서 보냈다. 달리 어떻게 표현해야 좋을지 모르겠는데, 모든 것이 비워지고 소멸된 상태에서 잿더미 속에 누워 그리스도로만 충만해진 채 거룩하고 순결한 사랑으로 그를 사랑하고 싶다는 영혼의 열정이 느껴졌다. 그를 믿고 바라보고 섬기고 따르고 싶었으며, 하늘과 천상의 순결함으로 순결해지고 싶었고, 온전히 거룩해지고 싶었다. 다른 때에도 몇 번 그와 아주 비슷한 경험을 했는데 결과는 똑같았다.*

"그러면 나더러 어떻게 하라는 것입니까?" 하고 묻는 이가 있을 것입니다. 스펄전의 대답을 들어 봅시다. 부흥이 일어난 해에 그가 했던 설교들 중 한 편에 그 대답이 나오고 있습니다.

---

* 같은 책, 47쪽.

이 요점을 마무리 짓기 전에, 하나님이 자신을 부르셨는지 아닌지 능히 알 수 있다는 말씀을 드리고자 합니다. 한 점 의심 없이 분명하게 알 수 있습니다. 기록된 글자를 자기 눈으로 읽는 것처럼 확실하게 알 수 있습니다. 아니, 그보다 더 확실하게 알 수 있습니다. 사람의 눈은 착각을 일으킬 수 있습니다. 감각의 증거는 이처럼 틀릴 수도 있지만 성령의 증거는 정확합니다. 우리 속에는 우리가 하나님으로부터 났음을 우리 영과 함께 증거하시는 성령의 증거가 있습니다. 하나님께 선택받았다는 절대적인 확신이 있습니다. 한 사람이 그 확신을 얻었다고 합시다. 그의 머리에는 새 기름이 부어질 것이고, 그의 몸에는 찬양의 흰 옷이 입혀질 것이며, 그 입에서는 천사의 노래가 흘러나올 것입니다. 은혜의 언약과 속죄의 피와 천국의 영광을 누릴 권리가 자신에게 있음을 온전히 확신하는 사람은 얼마나 복되고도 복된지요. 이런 확신에 이를 수만 있다면 무엇이라도 내놓을 분들이 여러분 중에도 있을 것입니다. 잘 들으십시오. 여러분이 간절히 알고자 하면 알 수 있습니다. 자신의 자격이 기록되어 있는 것을 분명히 읽고자 하면 머잖아 읽을 수 있습니다. 생생하고 간절한 소원을 품고 마음으로 그리스도를 바라는데도 조만간 그를 만나지 못할 사람은 아무도 없습니다. 소원하면 하나님이 채워 주십니다. 만약 지금 여러분이 갈망하고 있고 부르짖고 있으며 그리스도를 간절히 바라고 있다면, 그것도 하나님의 선물이니 그를 찬양하십시오. 작은 은혜에 감사드리면서 더 큰 은혜를 구하십시오.

아시다시피 이것은 모세가 밟았던 단계이기도 합니다.

작은 은혜에 감사드리면서 더 큰 은혜를 구하십시오. 그가 소망을 주셨다면 믿음을 구하십시오. 믿음을 주셨다면 확신을 구하십시오. 확신을 주셨다면 온전한 확신을 구하십시오. 온전한 확신을 주셨다면 기쁨을 구하십시오. 기쁨을 주셨다면 영광 그 자체를 구하십시오. 그러면 정하신 때에 주실 것입니다.

여러분은 이 단계들을 밟고 있습니까? 이미 주신 것에 감사드리면서 그 이상의 것을 갈망해 본 적이 있습니까? 소망을, 믿음을, 확신을, 온전한 확신을, 기쁨을, 영광을 구한 적이 있습니까? 그것들을 구하십시오. 단계를 밟아 올라가십시오. 모세의 본을 따르십시오. 믿음으로 담대히 나아가 "주의 영광을 내게 보이소서"라고 구하십시오. 마음으로부터 진지하게 그렇게 구한다면 스펄전뿐 아니라 여러분에게도 하나님이 정하신 때에 응답해 주시리라는 확신이 생길 것입니다. 하나님의 말씀 그 자체와 살아 계신 하나님의 약속에 대한 한없이 더 크고 높은 확신이 생길 것입니다. "하나님을 가까이 하라. 그리하면 너희를 가까이 하시리라"(약 4:8). 그의 영광을 구하십시오. 여러분 자신을 위해 그것을 구하십시오. 교회를 위해 그것을 구하십시오. 부흥이 임하기를, 하나님의 영광이 지나가기를 기도하십시오.

18 하나님의 선한 형상이 나타나다

모세가 가로되, 원컨대 주의 영광을 내게 보이소서. 여호와께서 가라사대, 내가 나의 모든 선한 형상을 네 앞으로 지나게 하고 여호와의 이름을 네 앞에 반포하리라. 나는 은혜 줄 자에게 은혜를 주고 긍휼히 여길 자에게 긍휼을 베푸느니라. 또 가라사대, 네가 내 얼굴을 보지 못하리니 나를 보고 살 자가 없음이니라. 여호와께서 가라사대, 보라, 내 곁에 한 곳이 있으니 너는 그 반석 위에 섰으라. 내 영광이 지날 때에 내가 너를 반석 틈에 두고 내가 지나도록 내 손으로 너를 덮었다가 손을 거두리니 네가 내 등을 볼 것이요 얼굴은 보지 못하리라. (출 33:18-23)

우리는 부흥을 하나님의 영광이 지나가는 일로, 그 영광이 나타나는 일로 설명했습니다. 그러므로 하나님이 모세에게 주신 기도 응답에는 하나님의 영광의 임재를 감각으로 아는 일이 포함됩니다.

여기에서 감각으로 안다는 것은 그 영광을 느끼며 경험적으로 인식한다는 뜻입니다. 말씀에서 무언가를 받거나 추론하는 것은 우리가 늘 해야 하는 일입니다. 그런데 그것을 넘어서서 감각으로도 하나님의 영광과 능력과 임재를 깨닫는다는 것입니다. 이것은 하나님이 부흥과 함께 은혜로 찾아오셨던 모든 시대, 모든 지역의 교회에 아주 보편적으로 나타났던 증거입니다. 그런데 성경은 하나님이 단지 거기에서 멈추지 않으신다고 기록하고 있습니다. 모세에게 환상을 주시고 그 영광을 얼핏 보여 주시며 감각으로 알게 해 주셨지만, 거기에서 더 나아가 다른 일들도 특별히 해 주셨습니다. 이제 우리는 그 다른 일들이 무엇인지 살펴보아야 합니다. 왜냐하면 하나님이 모세에게 주신 응답은 사실상 "내가 나의 모든 선한 형상을 네 앞으로 지나게 하고 여호와의 이름을 네 앞에 반포하리라. 나는 은혜 줄 자에게 은혜를 주고 긍휼히 여길 자에게 긍휼을 베푸느니라"라는 것이었기 때문입니다.

자, 이것이 우리가 분석해야 할 주제입니다. 하나님이 모세에게 주신 응답에는 그가 가까이 와 계시고 임하여 계시다는 것을 감각으로 알게 해 주시는 일뿐 아니라 하나님이 말씀하시는 바 "선한 형상goodness"을 특별하고도 각별하게 나타내 주시는 일이 포함되어 있습니다. "내가 나의 모든 선한 형상을 네 앞으로 지나게 하고……." 이 말씀의 진정한 의미는 하나님의 영광이 그의 선한 형상 안에서, 선한 형상을 통해 주로 나타나며 중심적으로 나타난다는 뜻인 것이 분명합니다. 또한 이것은 하나님이 자신의 성품을 나타내서 이해하게 해 주신다는 뜻이기도 합니다. 하나님의 선한 형상이란 그 성품과 인격과 속성―특히 그중에서도 우리가 지금부터 살펴볼 몇몇 속성―이 표출된 것이기 때문입니다. 따라서 이 말씀이 가르치고 있는 바는 하나님의 성품을 아는 것이야말로 우리에게 최고로 필요한 일이라는 것입니다. 이런 말을 해야 한다는 게 놀랍기는 하지만 그래도 분명한 사실은, 결국 하나님의 성품에 대한 무지 때문에 그리스도인의 삶에 온갖 문제가 발생한다는 것입니다. 우리가 하나님을 있는 그대로 알기만 한다면 당연히 주 예수 그리스도처럼 될 것입니다. 그는 우리와 똑같이 이 세상에서 살면서 우리와 똑같은 어려움과 시련을 겪으셨고 실로 우리와 똑같은 시험을 전부 당하셨습니다. 그런데도 우리와는 얼마나 다른 삶을 사셨는지 모릅니다. 그것은 주님이 하나님을 아셨고, 그 성품을 아셨으며, 그 선한 형상을 아셨기 때문입니다.

하나님이 이 시점에서 모세에게 이 점을 강조하시는 데에는 아주 선하고 특별한 이유가 있는 것이 확실합니다. 제가 보기에 의심의 여지 없이 분명한 사실은 모세가 여기에서 이른바 대단한 볼거리에 약간은 지나친 관심을 보이는 경향이 있다는 것입니다. 그것은 아주 자연스러운 현상입니다. 그런 마음이 어떤 것인지 우리 모두 알고 있습니다. 하나님은 모세에게 놀랍게 응답해 주셨습니다. 자신을 이미 비범하게 계시해 주셨습니다. 모세는 40일 밤낮을 산 위에서 하나님과 함께 지내면서 이런저런 것들을 듣고 보았습니다. 그런데도 하나님이 이처럼 자신을 은혜로 대하시고 자신의 기도에 인자하게 응답하신 것에 힘입어 감히 한 걸음 더 나아가고 있는 것입니다. 그는 "……주의 영광을 내게 보이소서"라고 구합니다. 저는 이 말에 어떤 대단한 볼거리, 사람의 육안에 보이는 무언가를 바라는 마음이 포함되어 있다고 확신합니다. 자, 이런 욕망은 원래 우리 성품에 내재되어 있는 것입니다. 저는 이 욕망이 본질적으로는 인간의 타락과 그 속에 있는 죄의 결과물임을 의심치 않습니다. 우리는 늘 대단한 볼거리를 요구합니다. 저는 '하늘이 열려 하나님을 볼 수만 있다면 얼마나 굉장할까' 하는 마음이 모든 사람에게 있다고 믿습니다. 우리는 무언가가 눈에 보이게 나타나기를 바랍니다.

저는 이것이 죄의 결과라고 말하고 싶습니다. 마귀가 성경에 기록된 세 가지 시험으로 주님을 유혹한 방식을 보면 더욱 더 그렇습니다. 마귀는 매번 대단한 볼거리, 눈에 띄는 일을 해 보라고 요구했습니다. 죄에 빠진 인간은 늘 이런 영역에 속한 무언가를 요구하려는 경향이 있습니다. 사람은 항상 이상異像을 추구합니다. 항상 이상에 대한 이야기를 하면서 그것─무언가 비상한 것, 대단한 볼거리, 환상, 꿈, 특정한 황홀경의 상태─을 믿고 싶어 하는 경향이 있습니다. 저는 모세도 그런 생각에 영향을 받았고, 그래서 하나님이 이 문제를 아주 부드럽게 처리하고 계시다는 느낌이 듭니다. 그는 말씀하십니다. "좋다, 네가 요청하는 그런 쪽의 일을 해 주겠다. 그러나 내 얼굴은 보지 못할 것이다. 그것은 불가능한 일이다. 내 얼굴을 보고서도 살 수 있는 자는 아무도 없기 때문이다. 그러나 너의 연약함을 굽어 살펴 주마. 무언가를 보게는 해 주마. 하지만 그보다 훨씬 더 중요한 일은 내 선한 형상을 네 앞으로 지나가게 하는 것이다. 나와 내 성품에 대해, 내가 누군지에 대해 더 깊은 통찰력과 지각을 얻게 해 주겠다. 네가 정말 알아야 하는 것은 이것이다."

이것은 우리에게도 가장 필요한 일입니다. 하나님의 기적적인 능력을 무엇보다 잘 보여 주는 것은 바로 그의 성품입니다. 하나님은 적절하다고 생각하시는 때 기적이나 그쪽 계열의 일들을 사용하십니다. 그런데 사람들은 항상 그렇게 해 주시기를 요구합니다. 이런 이유로 신유에 지나친 관심을 보이는 이들이 오늘날 교회에도 있습니다. 그들은 "우리가 신유를 행할 수만 있다면 사람들의 흥미를 끌 수 있을 텐데"라고 말합니다. 그러나 아시다시피 하나님은 그런 일을 허락지 않으십니다. 그렇습니다. 하나님의 활동에 관심을 빼앗겨 하나님 자신을 잊어버려서는 안 됩니다. 우리에게 궁극적으로 필요한 일은 하나님 자신을 아는 것입니다. 우리는 하나님의 선한 형상 안에서, 선한 형상을 통해 그를 알 수 있습니다. 그래서 하나님이 여기에서 모세에게 "내가 나의 모든 선한 형상을 네 앞으로 지나게" 해 주겠다고 말씀하시는 것입니다. 저는 "모든"이라는 말에 강조점이 있다고 믿으며, 그 이유는 아주 자명하다고 생각합니다. 하나님은 모세에게 이미 자신의 선한 형상을 많이 계시해 주셨습니다. 그런데도 지금 "나의 선한 형상을 더 깊이 보게 해 주고 더 깊이 통찰하게 해 주마. 전에는 경험하지 못했던 방식으로 보게 해 주마"라고 약속하고 계시는 것입니다. 하나님은 마치 다음과 같이 말씀하시는 듯합니다. "너는 나를 확실하게 모르는 것 같다. 나는 너와 함께해 주겠다고 약속했다. 네가 구한 여러 가지 일들을 해 주겠다고 약속했다. 그런데도 너는 여전히 확실하게 모르고 있는 것 같다. 너는 '주의 영광을 내게 보이소서'라고 구하고 있다. 모세야, 네게 정말 필요한 일은 나를 아는 것이다. 그러니 나의 모든 선한 형상을 네 앞으로 지나가게 해 주마." 제가 우리에게 보여 주시는 하나님의 선한 형상이라는 측면에서 그를 더 깊이 알게 되는 것이야말로 부흥의 때에 교회에 임하는 최고의 축복이라고 말하는 이유가 여기 있습니다.

그렇다면 하나님은 어떻게 그 선한 형상을 우리에게 알려 주실까요? 그 대답은 그의 이름을 반포하심으로써 알려 주신다는 것입니다. 그는 말씀하십니다. "내가 나의 모든 선한 형상을 네 앞으로 지나게 하고 여호와의 이름을 네 앞에 반포하리라……." 구약성경에 익숙한 사람이라면 누구나 하나님이 여러 이름을 통해 이스라엘 백성들에게 자신을 나타내셨다는 사실을 알 것입니다. 이름은 그 사람의 특질을 전달해 줍니다. 하나님은 인간의 연약함을 굽어 살피시고 자신을 계시하실 때 "나는 이런 자다", "나는 저런 자다" 하시면서 이름을 통해 많은 묘사를 해 주셨습니다. 이름을 보면 그 이름 가진 자의 힘을 알 수 있습니다. 오늘날 우리도 어떤 의미에서 그런 표현을 쓰고 있습니다. 예컨대 어떤 사람, 어떤 전문가에 대해 말할 때, 이를테면 의사나 사무 변호사, 또는 법률 변호사에 대해 말할 때 "크게 이름난 사람"이라고 말하는 식입니다. 이름이 크게 났다는 것은 그가 아주 성공한 사람이라는 뜻으로, 일을 뛰어나게 잘해서 사람들의 입에 회자되고 있다는 것입니다. 다시 말해서 그 사람과 그가 하는 일의 특질이 이름을 통해 우리에게 전달되는 것입니다. 하나님과 관련해서도 마찬가지입니다. 그래서 하나님이 모세에게 "이제 나에 대한 참된 진리를 알려 주겠다. 내 선한 형상을 반포하겠다. 내 이름을 네 앞에 반포함으로써 내 선한 형상을 반포하겠다"고 말씀하시는 것입니다. 그는 연이어 그 말씀대로 해 주십니다. 출애굽기 34:6-7은 그가 어떻게 모세에게 자신의 이름을 반포하셨는지 보여 주고 있습니다.

> 여호와께서 그의 앞으로 지나시며 반포하시되 여호와로라, 여호와로라, 자비롭고 은혜롭고 노하기를 더디 하고 인자와 진실이 많은 하나님이로라. 인자를 천대까지 베풀며 악과 과실과 죄를 용서하나 형벌 받을 자는 결단코 면죄하지 않고 아비의 악을 자여손 삼사 대까지 보응하리라.

하나님은 이렇게 그 이름을 반포하셨습니다. 성경은 그때 모세가 급히 땅에 엎드려 경배했다고 말합니다. 하나님은 이같이 하심으로써 자신의 선한 형상을 계시하셨고, 자신에 대한 진리를 알려 주셨습니다.

그렇다면 이 일의 의미는 무엇일까요? 우리는 하나님에 대해 무엇을 알아야 할까요? 이것은 그리스도인이 마땅히 던져야 할 질문입니다. 지금 혹시 부담스럽고 지치고 피곤한 상태에 있습니까? 불행하고 혼란스러운 상태에 있습니까? 때때로 의심과 회의가 마음을 가득 채웁니까? 그리스도인의 삶이 힘들고 가혹하다는 생각이 듭니까? 하나님을 모르기 때문에 그런 것입니다. 하나님이 이름을 통해 자신에 대해 계시해 주신 바를 사실상 전혀 이해하지 못하기 때문에 그런 것입니다. 그가 자신에 대해 친히 무엇이라고 말씀하시는지 들어 봅시다. "여호와로라, 여호와로라 The Lord, The

Lord God." '여호와 엘로힘'은 복합명사입니다. 이 이름이 아주 명확하게 가르치고 있는 내용을 몇 가지 말씀드리겠습니다.

'하나님 God'은 전능하신 하나님, 창조자 하나님을 가리킬 때 사용되는 이름입니다. 하나님은 "**우리가** 사람을 만들고"라고 말씀하실 때 이 이름을 사용하셨습니다. 이것은 복수명사로서 성부, 성자, 성령, 삼위 하나님을 직접 암시하는 이름이며, 특히 능력이라는 개념이 들어 있는 이름입니다. 이 하나님은 "빛이 있으라" 하심으로써 빛을 만들어 내신 분입니다. 무한하고 영원한 능력을 가지신 분입니다. 전능하신 분입니다. 이것이 이 이름이 가르치고 있는 첫 번째 내용입니다.

그런데 보시다시피 여기에는 또 다른 말이 덧붙여져 있습니다. "여호와로라, 여호와로라." 우리는 '여호와 Lord'라는 이 이름에 집중해야 하는데, 그것은 하나님이 자신과 관련하여 가장 귀한 진리를 계시하실 때 항상 이 이름을 택하셨기 때문입니다. 여러분은 이 이름이 반복되고 있는 데 주목하게 됩니다. "여호와로라, 여호와로라……." 우리가 이 이름의 의미를 조금만이라도 깨닫는다면 상황은 완전히 달라질 것입니다. 교회가 두려워하고 근심하며 염려하는 것, 교회와 주변 상황 전체를 자신들의 힘으로 구원해 보고자 그토록 애를 쓰는 것은 하나님을 여호와로 알지 못하는 탓입니다. 그가 여호와이심을 깨닫기만 한다면!

그렇다면 '여호와'라는 이 이름의 뜻은 무엇일까요? 자, 하나님은 이 이름을 통해 자신의 본질적인 특질을 계시하고 계십니다. '자존하는 자'라는 뜻이 담겨 있다는 점에서 그렇습니다. '여호와'는

'나는 있다I AM'라는 뜻입니다. 사실 이 이름에는 그 이상의 뜻도 담겨 있습니다. 출애굽기 3장에서 하나님이 양 떼를 돌보던 모세를 부르신 일을 기억할 것입니다. 그는 "모세야, 나는 네가 내 백성을 애굽에서 이끌어 내서 가나안으로 데려가기를 원한다"라고 말씀하셨습니다.

그러자 모세가 말했습니다.

"아니, 제가 뭐라고 그런 큰 일을 하겠습니까? 제가 그들을 찾아가 노예생활을 청산하고 가나안으로 가게 될 것이라고 말하면 '누가 너를 보냈느냐? 네 말이 사실인지 어떻게 알겠느냐?'라고 물을 겁니다."

하나님은 모세에게 말씀하셨습니다.

"그들에게 **스스로 있는 자**가 너를 보냈다고 말하라. **나는 스스로 있는 자다**I AM WHO I AM."

이 얼마나 놀라운 말인지 모릅니다. 이것은 하나님의 본질적인 특질입니다. 그는 존재하시는 분입니다. 홀로 존재하시는 분입니다. 시작도 없고 끝도 없는 분입니다. 이 이름은 이 같은 하나님의 영원하심, 영원부터 영원까지 그 자체로 자존하시는 하나님의 영속적인 특질을 암시해 주고 있습니다.

또한 이 이름은 하나님의 불변하심을 암시해 줍니다. 사실 이런 것들은 우리가 이해하기에 몹시 어려운 개념 아닙니까? 우리는 시간에 속한 사람들이고 시간에 매여 사는 사람들이기 때문에 우리가 섬기는 하나님이요 우리를 소유로 삼으신 하나님이 불변하신다는 이 진리, "빛들의 아버지"로서 "변함도 없으시고 회전하는 그림자도 없으"시다는 이 복된 진리를 이해하기가 몹시 어렵습니다(약 1:17). 그는 해 아래 계신 분이 아니라 해 위에 계신 분입니다. 만물이 그 아래 있습니다. 그는 계시는 분입니다. 과거에도 늘 계셨고 앞으로도 늘 계실 것입니다. 그는 "스스로 있는 자", 영원하시고 불변하시고 전능하시고 전지하시고 편재하시는 분입니다. 그는 계십니다. 어디에나 계십니다. 자, 이 위대한 이름 여호와는 이 모든 의미를 우리에게 전달해 주고 있습니다. 이보다 더 영광스러운 이름은 없습니다.

모세는 "주의 영광을 내게 보이소서"라고 구했습니다. 하나님은 "좋다, 이것이 내 영광이다. 나는 스스로 있는 자라는 사실에 내 영광이 있다"고 말씀하십니다. 여러분도 아시겠습니까? 하나님은 인간이 만든 열국의 신들과 같지 않습니다. 열국의 신들은 세상에 없던 존재들이었습니다. 어느 시점에 사람들이 만들어 세운 것입니다. 그 신들은 이렇게 만들어졌다가 사라져 버리며 또 다른 신들이 그 뒤를 잇습니다. 그런 신들과 완전히 구별되는 신은 오직 하나님밖에 없습니다.

이 이름에는 또 다른 놀라운 암시가 들어 있습니다. 하나님은 자신을 계시하실 때마다 늘 이 이름을 사용하셨습니다. 자존하시는 하나님이 황송하게도 인간에게 자신을 알려 주시는 것입니다. 그는 자신을 계시하시는 분입니다. 이스라엘 자손들에게도 자신을 계시해 주셨습니다. 출애굽기 3장과 6장에 그 내용이 나오고 있습니다. 출애굽기 6:2-3은 이렇게 말합니다. "하나님이 모세에게 말씀하여 가라사대 나는 여호와로라. 내가 아브라함과 이삭과 야곱에게 전능의 하나님으로 나타났으나 나의 이름을 여호와로는 그들에게 알리지 아니하였고." 이것은 전에도 하나님이 이 이름을 사용하시기는 했지만, 지금처럼 이 이름에 특별히 함축된 내용과 의미까지 알려 주지는 않으셨다는 뜻입니다. 하나님은 자신을 비상하게 계시하시는 이 시점에서 이르러서야 비로소 이 이름을 정의하시고 거기 담긴 내용을 밝히시며 그 온전한 의미를 가르치고 계십니다. 우리는 이처럼 자존하시며 영원하시고 전지하신 하나님이 우리에게 자신을 계시하기로 작정하시고 우리 수준으로 내려와 주셨다는 사실을 기억해야 합니다. 하나님은 모세에게 "내가 보여 주려는 것이 바로 이것이다"라고 말씀하셨습니다. "이것이 나의 선한 형상이다"라고 말씀하셨습니다. 이처럼 하나님은 창조하신 인간에게 친히 자신을 계시해 주시는 분입니다.

여기에는 또 다른 의미도 담겨 있습니다. 하나님은 인간과 언약을 맺으실 때 자신을 가리키는 호칭으로 늘 이 이름을 사용하셨습니다. 아시겠지만 언약은 곧 조약입니다. 하나님, 자존하시는 하나님, 인간 없이도 지내실 수 있는 하나님이 이를테면 자신을 낮추어 인간과 조약을 맺으신 것이야말로 복음의 충만한 영광이라 하지 않을 수 없습니다. 그는 인간과 언약을 맺으셨습니다. 여러분도 기억하시듯이 아브라함과 언약을 맺으셨습니다. 출애굽기 6:3은 그 사실을 상기시키고 있습니다. 하나님은 스스로 서약하셨습니다. 맹세하셨습니다. 그것이 바로 조약이며 언약입니다. 그 후에 하나님은 이스라엘 자손과 특별한 언약을 맺으셨습니다. 하나님은 그들의 하나님이 되시고 그들은 하나님의 백성이 된다는 언약이었습니다.

모든 그리스도인의 신분도 그들과 똑같습니다. 그리스도인은 하나님의 언약 안에 들어가 있는 사람입니다. 여러분은 바울이 에베소서 2장에서 이 점을 어떻게 설명하고 있는지 기억할 것입니다. 바울의 말은 요컨대 이런 것입니다. "너희는 한때 이스라엘의 언약 밖에 있던 외인이었고 남이었고 낯선 자였고 원수였고 나라 밖에 있던 자들이었다. 그런데 이제는 언약 안으로 들어오게 되었다." 그는 이것이야말로 그리스도 안에서 계시된 놀라운 일이라고 말합니다. 이방인들이 이스라엘과 함께 후사가 되고 하나님의 권속이 된 이것이야말로 놀라운 일이라는 것입니다. 하나님은 여기에서 모세에게 이 언약 관계를 상기시키고 계십니다. 자신의 백성들을 구원하겠다고 스스로 서약하고 계십니다.

이 점은 이 이름에 포함된 마지막 큰 진리로 우리를 이끌어 가는데, 그것은 곧 하나님이 우리의 구속자가 되신다는 것입니다. 그는 만물을 창조하시고 유지하시는 분―이 내용은 하나님으로 번역되는 **엘로힘** Elohim이라는 이름에 전부 들어 있습니다―이기만 한 것이 아닙니다. 그렇습니다. **여호와**라는 이름은 거기에서 좀더 나아가고 있습니다. 그는 구속자 하나님입니다. 그가 불타는 떨기나무에서 모세에게 하셨던 말씀이 생각납니까? "내가 애굽에 있는 내 백성의 고통을 정녕히 보고……내려와서……"(출 3:7, 8). 여기에 기독교 복음의 전부가 들어 있습니다. 기독교 복음은 하나님이 우리에게로 내려오시고 임하셨다는 것입니다. 구속자 하나님이 그 백성을 구원해 주셨다는 것입니다. 하나님은 모세에게 말씀하시는 이 중대한 시점에 바로 이 이름을 상세히 설명해 주고 계십니다. 우리 구속자

이신 하나님께 해당하는 내용이 무엇입니까? 그가 강조하시는 점이 무엇입니까? 첫째는 그의 거룩하심입니다. 그는 "형벌 받을 자는 결단코 면죄하지 않고 아비의 악을 자여손 삼사 대까지 보응하리라"고 말씀하십니다. 이처럼 하나님이 그 선한 형상을 나타내셨을 때 모세가 그 능력과 힘과 영광에 더하여 가장 먼저 알게 된 것은 하나님의 거룩하심이었습니다. 성경은 그때 모세가 땅에 엎드려 경배했다고 기록하고 있습니다.

자, 여러분은 성경을 읽으면서 모세처럼 하나님의 영광을 얼핏 보았던 이들을 많이 만날 것입니다. 그리고 그들 모두 똑같은 반응을 보였다는 사실에 주목하게 될 것입니다. 이사야서를 읽어 보면 이사야가 하나님의 영광을 보고 "화로다, 나여! 망하게 되었도다. 나는 입술이 부정한 사람이요"라고 말했음을 알게 됩니다(사 1:5). 그에게 이런 느낌을 유발한 것은 바로 하나님의 거룩하심이었습니다. 신앙의 부흥이 일어날 때는 하나님의 백성들이 이런 체험을 하는 순간이 반드시 찾아오게 되어 있습니다. 수년간 그리스도인으로 살아온 사람들이 '나는 죄인이요 너무나 무가치한 존재'라는 사실을 전과는 완전히 다른 방식으로 보게 됩니다. 개중에는 자신이 과연 그리스도인이었는지 의심하는 이들까지 생겨납니다. 물론 그것은 잘못된 생각입니다. 그러나 하나님의 거룩하심을 보고 깨닫는 순간, 자신들의 허다한 죄와 무가치함 외에는 아무것도 보이지 않기 때문에 그런 의심을 품게 되는 것입니다. 여기에는 예외가 없습니다. 복되신 주님도 기도하실 때마다 "거룩하신 아버지여……"라고 부르셨습니다. 그는 하나님을 아시는 분이었습니다. 하나님의 독생자였습니다. 유일무이한 의미에서 그의 아들이었습니다. 그런데도 "거룩하신 아버지여"라고 기도하신 것입니다. 여러분, 하나님의 거룩하심은 우리가 구속자 하나님을 대면할 때 가장 먼저 알아야 할 특징입니다.

그 다음으로 알아야 할 특징은 하나님이 죄를 미워하시며 심판하신다는 것입니다. 이 점을 오해해서는 안 됩니다. 하나님은 모세에게 "나의 선한 형상을 보여 주겠다"고 말씀하셨습니다. 그러면서도 형벌 받을 자는 결단코 면죄치 않으신다는 것입니다. 아비의 악을 자여손 삼사 대까지 보응하신다는 것입니다. 하나님은 의로우신 분이며 죄를 미워하시고 벌하시는 분입니다. 이것이야말로 현대 세계가 꼭 알아야 할 사실이라는 생각이 들지 않습니까? 세상은 하나님을 무시하고 비웃고 있으며 그의 법을 어겨도 벌을 받지 않는다고 생각하고 있습니다. 여러분, 하나님은 거룩하시고 의로우시며 영원토록 죄를 미워하여 벌하시는 분이라는 것이야말로 우리가 세상에 필히 전해야 할 사실 아닙니까? 하나님은 자신을 이런 모습으로 계시하고 계십니다.

그러나 감사하게도 하나님은 이 사실을 계시하신 후, 연이어 또 다른 사실을 계시하십니다. 자기 백성을 향한 사랑과 그들을 구속하려는 목적을 계시하시는 것입니다. 하나님이 그 점을 어떻게 표현하시는지 들어 보십시오. "여호와로라, 여호와로라. 자비롭고 은혜롭고 노하기를 더디 하고 인자와 진실이 많은 하나님이로라. 인자를 천대까지 베풀며 악과 과실과 죄를 용서하나."

요컨대 하나님은 모세에게 "나는 이러이러한 하나님"이라고 말쏨해 주고 계신 것입니다. 하나님은 "네게는 대단한 볼거리가 필요치 않다. 네게 필요한 것은 오직 내 사랑의 마음을 아는 것이다. 내 구속의 목적을 아는 것이다. 내 성품은 이러이러한 것이다"라고 말씀하십니다. 여러분은 하나님이 즉각 여기에 단서를 붙여 오해가 생기지 않도록 조처하셨다는 데 주목하게 됩니다. 하나님은 인자를 천대까지 베풀며 악과 과실과 죄를 용서하신다는 사실을 상기시키신 후 "……형벌 받을 자는 결단코 면죄하지 않고……"라는 말을 덧붙이십니다. 자, 이것은 굉장히 중요한 요점입니다. 여러분은 모세에게 계시해 주신 하나님의 이름들에서 그리스도의 십자가를 보게 됩니다. 하나님은 형벌 받을 자를 결단코 면죄치 않으십니다. 오직 그 형벌을 면한 사람들에게만 사랑과 용서와 인자와 긍휼을 보여 주십니다.

우리의 비극은 바로 이런 특징들을 하나님의 성품에서 떼어내 버렸다는 것입니다. 제가 자주 역설했던 말이지만 다시 한번 반복하겠습니다. 오늘날 교회의 형편이 이렇게 된 데에는 한 가지 주요한 요인이 있습니다. 지난 19세기, 약 1930년대부터 성경을 새로운 태도로 대하기 시작한 것이 바로 그것입니다. 사람들은 성경이 하나님의 성품에 대해 계시해 주고 있는 내용보다 훨씬 더 많은 내용을 자신들이 알고 있다고 판단했습니다. 그래서 하게 된 일이 하나님은 오직 사랑이시라고 말하는 것이었습니다. 그들은 하나님의 성품에서 진노를 몰아냈고, 공평과 의를 몰아냈으며, 하나님이 친히 계시하신 모든 특징을 몰아냈습니다. 그리고 하나님은 형벌 받을 자를 면죄하신다고 주장했습니다. 그들은 말합니다. "하나님은 사랑이시다. 당신이 무슨 짓을 했느냐는 중요치 않다. 가서 죄송하다고 말씀드려라. 용서를 구해라. 그러면 다 잘될 것이다." 그러나 그것은 거짓말입니다. 우리가 세상에서 목격하는 불법과 교회에서 목격하는 불법이 다 이런 태도에서 나오는 것입니다. 하나님은 형벌 받을 자를 결단코 면죄치 않으십니다. 그는 긍휼과 자비와 인자의 하나님이며, 여기에서 친히 말씀하시는 바와 같은 하나님입니다. 맞습니다. 그러나 또한 그는 거룩하신 하나님이라는 사실을 기억하십시오. 그는 의로우신 하나님입니다. 용서하실 때에도 항상 의로운 방식으로 하십니다. 그는 우리의 죄책을 면해 줄 방법을 마련해 놓으셨습니다. 바로 그 방법에 계시의 중심을 이루는 영광이 있습니다. 하나님이 사실상 여기에서 초기적인 형태로 말씀하고 계신 내용은 이것입니다. "나는 내 외아들을 세상에 보낼 것이다. 그에게 죄를 씌울 것이다. 그에게 형벌을 줄 것이다. 그리하여 사람들의 죄책이 사라진 후에 그들을 긍휼과 자비와 은혜로 대해 줄 것이며 그 모든 죄를 사해 줄 것이다. 나는 오직 이런 방법으로만 그들에게 긍휼을 베풀 것이다."

이것이 하나님이 계시해 주신 내용입니다. 부흥의 때에는 언제나 이것이 확연히 드러나게 되어 있습니다. 하나님의 모든 영광스러운 속성들이 놀라운 조화를 이루며 드러나는 것입니다. 하나님의 속성들을 나누면 안 됩니다. 하나님의 속성들은 빠짐없이 전부 있어야 하며 동시에 함께 있어야 합니다. 하나님은 언제는 사랑하셨다가 언제는 의로우셨다가 하는 분이 아닙니다. 그렇습니다. 그는 언제나 동일하신 분입니다. 사랑하시는 분인 동시에 의로우신 분입니다. 거룩하신 분인 동시에 사랑하시는 분입니다. 여러분은 그의 속성들을 나눌 수가 없습니다. 하나님은 한분이십니다. 그의 모든 영광스러운 속성들은 함께 나타나게 되어 있습니다. 그 속성들이 전부 여기에 나와 있습니다. 바로 이것이 인간에게 보여 주시는 하나님의 선한 형상입니다. 자존하시는 하나님, 영광과 위엄을 지니신 전능하신 하나님, 빛이신 하나님, 어두움이 전혀 없으신 하나님, 소멸하는 불이신 하나님이 여러분을 이처럼 사랑하여 그 거룩한 의 안에서 여러분의 죄를 사랑하는 아들에게로 옮기시고 그 죄의 고뇌와 고통과 수치와 형벌을 다 그에게 지우셨다는 사실, 그리하여 여러분과 제가 용서를 받고 구원을 받아 하나님의 아들이 되었다는 사실을 아는 것보다 더 놀라운 발견은 없습니다.

그렇습니다. 하나님은 이 모든 이름으로 자신을 계시하고 계십니다. 그런데 여기에 꼭 덧붙여야 할 내용이 한 가지 더 있습니다. 33:19에서 그것을 보셨습니까?

> 여호와께서 가라사대, 내가 나의 모든 선한 형상을 네 앞으로 지나게 하고 여호와의 이름을 네 앞에 반포하리라. 나는 은혜 줄 자에게 은혜를 주고 긍휼히 여길 자에게 긍휼을 베푸느니라.

이것이 무엇입니까? 오, 하나님의 주권입니다. 여기 자존하시고 영원하시며 의로우시고 거룩하신 하나님, 그러면서도 자비하시고 긍휼이 풍성하신 하나님이 계십니다. 그는 죄를 사하십니다. 누구의 죄를 사하십니까? 하나님이 주시는 대답은 이것입니다. "나는 은혜 줄 자에게 은혜를 주고 긍휼히 여길 자에게 긍휼을 베푸느니라." 여기에 계시의 핵심이 있습니다. 다른 속성들처럼 이 또한 하나님의 일부이므로 절대 제외시켜서는 안 됩니다. 여기에는 우리의 구원이 전적으로, 온전히 하나님의 은혜로만 이루어진다는 뜻이 담겨 있습니다. 구원은 결코 우리 안에 있는 것에 따라 좌우되지 않습니다. 실로 구원은 우리와 상관없이 주어지는 것입니다. 전적으로 하나님의 뜻에 따라 주어지는 것입니다. 그는 어느 누구에게도 매이지 않으십니다. 어느 누구와도 상의하지 않으십니다. "나는 은혜 줄 자에게 은혜를 주고 긍휼히 여길 자에게 긍휼을 베푸느니라." 구원은 하나님이 값없이 주시는 은혜, 주권적으로 주시는 은혜입니다. 하나님이 친히 그 사실을 계시해 주셨습니다.

이것은 큰 신비입니다. 그런데 죄에 빠진 인간은 그 신비가 싫어서 하찮은 머리를 가지고 싸우려 듭니다. 하나님은 야곱과 에서가 태어나기도 전에 "내가 야곱은 사랑하고 에서는 미워하였다"고 말씀하셨습니다.

어떤 사람은 "어떻게 그럴 수 있지?"라고 묻습니다. 그에 대한 유일한 대답을 바울이 해 주고 있습니다. "이 사람아, 네가 뉘기에 감히 하나님을 힐문하느뇨?"(롬 9:20)

여러분은 "이해가 안 된다"고 할 것입니다. 이해가 안 되는 것이 당연합니다. 여러분이나 저의 하찮은 머리로 "스스로 있는 자"이신 영원하신 하나님을 충분히 이해할 수 있을 것이라고 생각했습니까? 여러분은 이해할 수 없습니다. 당연히 이해할 수 없습니다! 여러분의 머리는 왜소할 뿐 아니라 죄에 물들어 있으며 비틀리고 왜

곡되어 있습니다. 이기적이고 자기중심적입니다. 그런데도 그 머리로 이해해 보려고 애쓰고 있습니까? 여러분, 자기가 지금 무슨 짓을 하고 있는지 신중하게 생각해 보시기 바랍니다. 여러분은 전적으로 하나님의 손안에 들어 있는 사람들입니다. 그가 은혜로 기쁘게 계시해 주신 내용 외에는 알 수 있는 것이 하나도 없습니다. 그런데 하나님이 이러한 주권을 계시해 주신 것입니다. 누가 감히 이런 말을 할 수 있겠습니까? 저는 못합니다. 제 정신을 가진 사람이라면 누구라도 못할 것입니다. 저는 이 주권을 이해하지 못합니다. 그러나 하나님은 그것을 계시하셨습니다. "나는 은혜 줄 자에게 은혜를 주고 긍휼히 여길 자에게 긍휼을 베푸느니라." 그는 토기장이시고 나는 진흙입니다. 구원은 전적으로, 온전히 하나님의 주권적인 의지에 따라 이루어지는 것입니다. 그는 이스라엘은 소유로 삼으셨지만, 다른 열국은 택하지 않으셨습니다. 왜 그렇게 하셨습니까? 저에게 묻지 마십시오. 그 이유를 아는 분은 오직 하나님뿐입니다. "나는 은혜 줄 자에게 은혜를 주고." 만약 여러분이 '나의 나 된 것은 나와 상관없이 하나님의 은혜로만 된 것'이라고 생각지 않는다면, 저는 도무지 이해가 안 된다고 말할 수밖에 없습니다. 저는 제가 지옥에 떨어져 마땅한 사람임을 압니다. 그렇습니다. 우리가 하나님을 택한 것이 아니라 하나님이 우리를 택하셨습니다. 그 이유는 저도 모릅니다. 이것은 그의 주권에 해당하는 큰 원리입니다. 왜 하나님이 저를 굽어보셨을까요? 저야말로 그 이유를 모르겠습니다. 시간이 지날수록 당황스러울 뿐입니다. 그러나 나의 나 된 것은 하나님의 은혜로 된 것입니다. 이것이 그의 계시입니다.

저는 하나님의 주권만큼 부흥의 때에 현저하게 나타나는 특징은 없다는 생각을 가끔 합니다. 또 부흥이란 하나님의 주권이 최고조로 나타나는 일이라는 생각도 가끔 합니다. 그는 다음과 같은 방식으로 자신의 주권을 보여 주십니다. 부흥이 일어나는 시기에 대해 한번 생각해 보십시오. 부흥은 하나님이 정하신 때에 일어납니다. 다른 때에는 절대 일어나지 않습니다. 이미 밝혔듯이 피니가 부흥에 대해 강연하면서 범한 비극적인 대실수가 바로 이것입니다. 그는 일정한 일들을 하고 일정한 조건들만 갖추면 언제든지 원하는 때 부흥을 경험할 수 있다고 가르쳤습니다. 그것은 하나님의 주권을 완전히 부인하는 태도입니다. 역사도 그의 생각이 틀렸음을 입증하고 있습니다. 지금까지 살면서 알게 된 목회자들 중에 부흥에 대한 피니의 강연을 그대로 수용한 이들이 많이 있습니다. 그들은 피니의 가르침을 곧이곧대로 설교에 적용하고 교회에 적용했으며 교인들을 설득해서 그 가르침에 따르게 했습니다. 그러나 부흥을 경험하지는 못했습니다. 그로 인해 하나님께 감사드리십시오. 부흥은 결코 사람이 기획해서 얻을 수 없는 것입니다. 부흥을 주시는 분은 하나님입니다. 그것도 자신이 정하신 때에 따라 주십니다. 그래서 가장 부흥을 기대하기 어려울 때 오히려 부흥이 찾아옵니다. 부흥이 올 것 같다고 생각할 때에는 대체로 오지 않습니다. 이처럼 부흥은 하나님의 손안에 있는 것입니다. "나는 은혜 줄 자에게 은혜를 주고 긍휼히 여길 자에게 긍휼을 베푸느니라."

또한 우리가 살펴보았듯이 그는 이상한 곳에서 부흥을 일으키십니다. 부흥이 어디에서 일어날지 전혀 예측할 수가 없습니다. 제게는 이 사실이 영광스럽고 경이롭게 다가옵니다. 우리는 다음 번 부흥이 큰 회중 사이가 아닌 두세 사람밖에 없는 작은 동네 교회에서 일어나리라고 생각되는 이유를 이미 살펴보았습니다. 그 선택권이 하나님께 있다는 사실로 인해 감사드리십시오. 그는 시간뿐 아니라 장소도 택하십니다. 여러분은 부흥이 어디에서 일어날지 결코 알 수 없으며, 거기에서 어떤 일정한 규칙도 찾아낼 수가 없습니다.

사람들은 일정한 규칙을 도출해 내고자 애써 왔습니다. 과거 부흥의 역사를 읽고서 "부흥이 일어나기 전에는 많은 사람들이 밤새워 기도했구나"라고 말합니다. 그래서 자신들도 밤새워 기도하기로 작정합니다. 또 다른 내용을 발견하면 그것도 한번 시도해 봅니다. 그러나 아무리 그렇게 해도 부흥은 오지 않습니다. 오지 않는 것이 당연합니다. 만약 그렇게 해서 부흥이 온다면 전부 철야기도 덕분이라고 말할 것이고, 그러면 하나님의 영광이 빼앗겨 버릴 것이기 때문입니다.

그렇습니다. 시간과 장소, 부흥을 일으키는 방법은 전부 하나님의 주권에 속해 있습니다. 그가 택하신 사람들을 주목해서 보셨습니까? 그가 사용하신 방법들이 얼마나 다양한지 보셨습니까? 부흥에 관한 한 여러분은 어떤 규칙도 끌어낼 수가 없습니다. 매번 새로운 요소가 생기고 변화가 생기며 상이한 점이 생기기 때문에 "알았다, 이렇게 하면 되는구나"라고 말할 수가 없습니다. 그렇습니다. 부흥은 하나님의 주권에 달린 일입니다. 아마도 그 주권은 부흥이 끝나는 방식에서 가장 잘 나타난다 할 것입니다. 부흥이 몇 달씩 계속되어 사람들에게 기쁨을 줄 수 있습니다. 그것은 대단한 일로서,

그럴 경우 사람들은 마치 자신들이 부흥을 지속시킬 수 있는 듯 착각하게 됩니다. 그런데 하나님이 갑자기 거기에 종지부를 찍으십니다. 어리석은 자들이 어떻게든 지속시켜 보고자 하지만 뜻대로 되지 않습니다. 그들은 자기들 스스로 열의를 불러일으켜 보려 하고 전처럼 기도하려 하며 찬송하려 합니다. 그런데 갑자기 그렇게 되지가 않습니다. 그들에게 임하셨던 성령이 물러나신 탓입니다. 이것이 하나님의 주권입니다. 우리는 부흥을 마음대로 시작할 수 없는 것 그 이상으로 마음대로 끝낼 수가 없습니다. 그것은 온전히 하나님의 손안에 있는 일입니다. "나는 내 영광을 다른 자에게" 주지 않겠다고 말씀하시는 하나님의 주권에 속한 일입니다(사 42:8). "나는 은혜 줄 자에게 은혜를 주고 긍휼히 여길 자에게 긍휼을 베푸느니라."

그렇다면 이런 일들에 대해 우리가 해야 할 말은 무엇일까요? 오직 한 가지밖에 없습니다. 우리는 사도 바울의 말을 되뇌어야 합니다.

> 깊도다, 하나님의 지혜와 지식의 부요함이여! 그의 판단은 측량치 못할 것이며 그의 길은 찾지 못할 것이로다! 누가 주의 마음을 알았느뇨? 누가 그의 모사가 되었느뇨? 누가 주께 먼저 드려서 갚으심을 받겠느뇨? 이는 만물이 주에게서 나오고 주로 말미암고 주에게로 돌아감이라. 영광이 그에게 세세에 있으리로다. 아멘(롬 11:33-36).

누가 주의 마음을 알았습니까? 누가 그의 모사가 되었습니까? 누가 주께 먼저 제안했습니까? 인간은 어리석게도 먼저 제안하는 경우가 많았지만, 그 제안은 한 번도 받아들여지지 않았습니다. 모든 것은 하나님께로부터 나오게 되어 있으며, 그로 말미암게 되어 있고, 그에게로 돌아가게 되어 있습니다. 이 주님, 이 주 하나님, 이 여호와, "스스로 계신" 위대한 분, 만물이 그 아래 있고 그로 말미암는 분, 그 영원한 지혜로 우리를 굽어 살피시는 분, 우리에게 은혜를 베푸시며 자비를 베푸시는 분을 우리의 죄 많고 하찮은 머리로 대적하려 드는 것보다 더 미친 짓은 없습니다. 오, 그 은혜의 기이함이여.

19 예수의 얼굴에 나타난 하나님의 영광

모세가 가로되, 원컨대 주의 영광을 내게 보이소서. 여호와께서 가라사대, 내가 나의 모든 선한 형상을 네 앞으로 지나게 하고 여호와의 이름을 네 앞에 반포하리라. 나는 은혜 줄 자에게 은혜를 주고 긍휼히 여길 자에게 긍휼을 베푸느니라. 또 가라사대, 네가 내 얼굴을 보지 못하리니 나를 보고 살 자가 없음이니라. 여호와께서 가라사대, 보라, 내 곁에 한 곳이 있으니 너는 그 반석 위에 섰으라. 내 영광이 지날 때에 내가 너를 반석 틈에 두고 내가 지나도록 내 손으로 너를 덮었다가 손을 거두리니 네가 내 등을 볼 것이요 얼굴은 보지 못하리라. (출 33:18-23)

이제 하나님의 종 모세의 인생에 발생했던 가장 특별하고도 주목할 만한 이 사건을 마지막으로 고찰하게 되었습니다. 우리가 이처럼 33장 전체의 맥락 속에서 이 사건을 살펴보는 것은, 이 사건이 부흥이라는 일반적인 주제 전체, 곧 하나님이 특별한 때에 특별한 환경에서 자신의 백성들에게 자신을 나타내시는 일 전체에 교훈과 빛을 던져 주기 때문입니다. 지금껏 살펴보았듯이 우리가 부흥을 소원하며 그것을 위해 기도하는 궁극적인 동기는 하나님의 영광에 있다는 사실을 상기시키고 싶습니다. 제가 이 점을 강조하는 것은, 다수를 회심시키는 것이 부흥을 소원하는 첫 번째 이유가 되어서는 안 되기 때문입니다. 그것도 **하나의** 동기가 될 수는 있지만, 첫 번째 동기나 가장 큰 동기가 되면 안 됩니다. 복음을 전하는 주된 동기는 하나님의 영광에 있어야 하며, 그 영광이 나타나기를 소원하는 마음에 있어야 합니다. 이 모든 것은 "주의 영광을 내게 보이소서"라는 모세의 한 가지 간구로 요약될 수 있습니다. 우리의 마음속 가장 깊은 소원도 이것이 되어야 합니다. 그렇지 않다면 우리의 입장 전체에 심각하고도 중한 결함이 있는 것입니다. 세상이 이 모양이 되고 교회도 이 모양이 되어 버린 지금 우리가 우선적으로 소원해야 할 일은, 하나님의 영광이 우리 가운데 나타나 모두가 놀라서 쳐다보게 되는 것입니다.

우리는 부흥의 때에 하나님이 그 영광을 보여 주신다는 사실을 알았습니다. 또 부흥과 각성의 시기마다 하나님의 선한 형상에 대한 위대한 진리를 큰 교훈으로 받게 된다는 사실도 알았습니다. 부흥이 임하면 하나님의 위대한 성품이 분명하게 드러나며 그의 위대한 속성들이 나타나게 되어 있습니다. 자비와 오래 참음과 은혜와 인자와 긍휼이 나타나고, 그렇습니다, 그의 의가 나타납니다. 그리고 무엇보다 그의 주권, 주권적인 위엄이 나타납니다. 하나님은 이처럼 우리를 찾아오시며 부흥을 보내 주시지만, 또한 부흥에 종지부를 찍기도 하십니다. 이것은 전부 하나님의 손안에 있는 일로서, 우리는 다만 모세처럼 그 위엄과 영광과 주권을 깨닫고 땅에 엎드릴 수밖에 없습니다.

이런 것들이 부흥의 때에 우리가 알게 되는 일반적인 교훈들입니다. 하나님의 성령이 특별하게 찾아오십니다. 이를테면 하나님이 백성들 가까이 다가오셔서 그 영원한 영광을 얼핏 보여 주시는 것입니다. 그런데 이 본문이 말하고 있으며 강조하고 있는 점, 그렇기 때문에 우리가 고찰해 보아야 할 점이 딱 한 가지 남아 있습니다. 그것은 이 일이 정확히 어떤 방식으로 일어나느냐 하는 것입니다. 출애굽기 34:21, 22, 23을 특별히 집중적으로 살펴봅시다.

이 구절들은 하나님의 영광의 이상, 그 영광의 광경이 모세에게 정확히 어떻게 주어졌는지에 대해 말해 주고 있습니다. 그 세부사항들에 주목하시기 바랍니다. 하나님은 "내 얼굴은 보지 못한다"고 말씀하셨습니다. "내 얼굴을 보고서도 살 자는 아무도 없기 때문이다. 그러나 다음과 같은 방식으로 얼핏 보여 주겠다. 여기 내 옆에 반석이 하나 있다. 너는 그 위에 서 있거라. 그러면 내가 너를 붙잡아 반석 틈에 두고 이를테면 양쪽으로부터 보호받게 한 다음, 지나가면서 손으로 너를 덮어 주겠다. 그리고 다 지나간 후에 손을 거두어 내 등을 볼 수 있게 해 주겠다."

자, 여러분은 이 별난 세부사항들이 제시되고 있는 방식에 주목할 것입니다. 그러나 우리의 관심은 거기 담긴 원리에 있어야 하는 것이 분명합니다. 제가 말하려는 바는 이런 세부사항들이 가르치고 있는 원리들이 하나님과 그의 영광이 백성들에게 나타날 때에도 매번 작용한다는 것입니다. 성경을 처음부터 끝까지 읽어 보면 계시의 순간마다 이와 똑같은 가르침이 주어진다는 사실을 어김없이 발견하게 됩니다. 똑같은 원리가 매번 아주 명확하게 선언됩니다. 그러므로 우리는 이 특별한 행위가 가르쳐 주는 원리들을 찾아볼 필요가 있습니다. 확실한 사실은 그 원리들이 지극히 간단하다는 것입니다.

중심 원리는 단 두 가지입니다. 첫째 원리는 드러내는 일과 감추는 일이 결합되어 나타난다는 것입니다. 하나님은 드러내십니다. 맞습니다. 그러나 동시에 감추기도 하십니다. 그는 손으로 모세를 덮어 주십니다. 반석 틈에 두어 가려 주십니다. 영광의 일부는 보여 주시지만 일부는 숨기십니다.

두 번째 원리는 축복과 보호가 한꺼번에, 동시에 이루어진다는 것입니다. 이 일에는 분명히 중대한 축복의 요소가 들어 있습니다. 맞습니다. 그러나 그와 동시에 하나님은 모세를 반석 틈에 두시고 손으로 덮어 가림으로써 그를 보호하고 계십니다. 이미 살펴보았듯이 하나님의 영광으로부터, "나를 보고 살 자가 없음이니라"라는 말씀으로부터 보호하시는 것입니다. 육안으로 하나님의 모습을 있는 그대로 본 사람은 그 즉시 죽게 되어 있습니다. 하나님은 그렇게 되지 않도록 모세를 보호하고 계십니다. 이 일은 큰 축복이지만, 이처럼 보호의 요소도 포함하고 있습니다. 이런 것을 학교에서는 역설이라고 부릅니다. 물론 이것은 성경의 큰 역설입니다. 하나님이 백성들에게 가까이 오실 때마다 이 네 가지 일이 동시에 일어납니다. 드러내시고 감추시며 축복하시고 보호하시는 이 모든 일이 한꺼번에, 동시에 일어나는 것입니다. 이것들은 서로 분리될 수 없습니다. 잘못된 이분법으로 이것들을 서로 떼어내거나 나누려 해서는 절대 안 됩니다.

이것은 계시의 중요한 원리입니다. 이 일이 그 옛날 모세에게 실제로 일어났습니다. 이것은 역사입니다. 문자 그대로 현실 속에 일어난 일입니다. 단순한 묘사가 아닙니다. 모세는 순수한 역사적 사실을 기록하고 있습니다. 그렇습니다. 이것은 역사인 동시에, 여러분도 아시다시피 역사 그 이상의 것입니다. 이것은 일종의 예언입니다. 우리는 이것이 어떻게 그 이후에 일어난 일, 곧 우리 주와 구주 되신 예수 그리스도의 인격 안에 완벽하게 구현된 일을 온전히 예언해 주고 있는지 고찰해 보아야 합니다. 다시 말해서 우리가 이 본문에서 극적이고 생생한 방식으로 보게 되는 이 일은 신약의 중요한 메시지에 대한 일종의 완벽한 요약에 지나지 않습니다. 여기 나오는 이것이 바로 기독교입니다. 바울은 고린도전서 4:6에서 이 점을 단번에 설명해 주고 있습니다. "어두운 데서 빛이 비취리라 하시던 그 하나님께서 예수 그리스도의 얼굴에 있는 하나님의 영광을 아는 빛을 우리 마음에 비취셨느니라." 이것이 기독교입니다. 이것이 신약성경이 기록하고 있는 모든 내용의 전체적인 의미입니다. 하나님이 예수 그리스도의 얼굴에 그 영광을 계시하셨습니다. 다시 말하자면 오래 전 그 종 모세에게 행하신 일을 그리스도 안에서 훨씬 더 영광스러운 방식으로 크게 성취하시고 완벽하게 성취하신 것입니다.

그러므로 저는 세부사항들로 들어가기 전에 이 중심 원리를 강조하고 싶습니다. 참으로 우리를 그리스도인 되게 하는 요건은 바로 이 원리를 깨닫는 것이며 이 원리를 경험하는 것입니다. 그리스도인은 어떤 사람입니까? 이것이야말로 중요한 질문 아닙니까? 오늘날 그리스도인에 대한 잘못된 개념들이 아주 많이 있습니다. 어떤 이들은 그리스도인이란 곧 선한 사람이라고 말합니다. 그것도 맞는 말이기는 합니다. 그러나 그리스도인이 아니면서 선한 사람들도 많이 있습니다. 또 다른 이들은 그리스도인이란 기이한 체험을 한 사람이라고 말하기도 합니다. 아, 그 또한 맞는 말입니다. 그러나 그런 체험은 사교집단도 제공할 수 있습니다. 그들도 아주 놀라운 체험을 합니다. 또 그리스도인이란 그 삶이 완전히 변화된 사람이라고 말하는 이들도 있습니다. 그 말도 맞습니다. 그러나 삶의 변화는 심리요법으로도 이루어질 수 있으며 사교집단을 통해서도 이루어질 수 있습니다. 또 어떤 이들에 따르면 그리스도인이란 결단을 내린 사람입니다. 그 또한 맞는 말입니다. 여러분은 더 나은 사람이 되겠다거나 더 나은 삶을 살겠다거나 교회에 출석하겠다거나 그 밖에 무수히 많은 일들을 하겠다는 갖가지 결단을 내릴 수 있습니다. 그러나 그리스도인이 아닌데도 그런 결단들을 내리는 이들도 분명히 많이 있습니다. 자, 또 어떤 이들은 그리스도인이란 일종의 이상을 본 사람, 불덩이나 그 비슷한 것을 본 사람이라고 주장하기도 하는데, 그것은 아닙니다. 그런 체험을 했더라도 분명 그리스도인으로 인정할 수 없는 자들이 많습니다. 그들은 기독교 신앙의 핵심 요소를 믿지 않습니다. 그들은 가장 기묘하고 이상하고 오싹한 체험을 했고, 어떤 이상한 힘이 자신들 속으로 들어오거나 자신들 위에 임하는 체험을 했습니다. 그것은 맞습니다. 그러나 강신술사들이 강신술에 대해 쓴 책이나 그쪽에서 일어나는 현상들에 대해 쓴 책들을 읽어 보면, 그 모든 현상들이 얼마든지 복제 가능하다는 사실, 그들도 입이 쩍 벌어질 만한 일들을 일으킬 수 있으며 실제로도 일으키고 있다는 사실을 알게 됩니다. 윌리엄 크룩스William Crooks 경이나 올리버 로지Oliver Lodge 경을 비롯한 여러 저명한 과학자들이 그런 일들에 대해 증언한 내용을 부인하는 것은 어리석은 짓입니다. 그러므로 저는 이 중 어떤 것도 우리가 그리스도인인지 아닌지를 결정짓는 기준으로 받아들일 마음이 없습니다.

그렇다면 사람을 그리스도인으로 만드는 요건은 무엇일까요? 자, 그것은 하나님이 그리스도 예수의 얼굴에 그 영광을 계시하셨다는 이 사실을 깨닫는 것임이 확실합니다. "어두운 데서 빛이 비취리라 하시던 그 하나님께서……우리 마음에 비취셨느니라." 무엇을 위해 비취셨습니까? "예수 그리스도의 얼굴에 있는 하나님의 영광을 아는 빛"을 주기 위해 비취셨습니다. 그리스도인은 이것을 믿는 사람입니다. 이것을 어느 정도까지, 일정한 범위까지 체험한 사람입니다. 바로 이것이 사람을 그리스도인으로 만드는 요건입니다. 삶이나 습관이나 행동이 변했다고 해서 그리스도인이 되는 것은 아닙니다. 단순히 종교를 갖거나 하나님께 예배를 드린다고 해서 그리스도인이 되는 것은 아닙니다. 그렇습니다. 하나님이 이런 일을 행하셨다는 것, 예수 그리스도의 얼굴에 그 영광을 나타내셨다는 것을 깨달아야 합니다. 지금까지는 원리만 따로 떼어내서 규명해 보았습니다. 이제는 오늘 말씀이 신약성경에서 어떻게 성취되고 있는지 살펴보기로 합시다. 이 부분은 요점을 하나하나 짚어 가는 방식으로 살펴보겠습니다.

첫 번째 요점은 이것입니다. 여기 명확하게 진술되어 있는 말씀은 "나를 보고 살 자가 없음이니라"라는 것입니다. 하나님은 이 말씀을 연거푸 하고 계십니다. "네가 내 얼굴을 보지 못하리니."* 신약성경도 이 점을 똑같이 분명하게 밝히고 있습니다. 요한복음 1:18을 보십시오. "본래 하나님을 본 사람이 없으되." 신약성경은 바로 이 기본원리에서 출발합니다. 요한은 복음 메시지를 소개하는 서두에 이 말을 하고 있습니다. "본래 하나님을 본 사람이 없으되." 성자가 세상에 오신 이유가 바로 여기 있습니다. 디모데전서 6:16에서 바울이 이 점을 어떻게 설명하고 있는지 보십시오. "오직 그에게만 죽지 아니함이 있고 가까이 가지 못할 빛에 거하시고 아무 사람도 보지 못하였고 또 볼 수 없는 자시니 그에게 존귀와 영원한 능력을 돌릴지어다." 이것은 복음의 머리말이라고 할 수 있습니다. 어떤 인간도 자기 힘으로 하나님을 찾아 만날 수 없으며 볼 수 없다는 것이야말로 복음의 첫 번째 핵심 전제입니다. 그는 가까이 가지 못할 빛에 거하시는 분입니다. "하나님은 빛이시라. 그에게는 어두움이 조금도 없으시니라"(요일 1:5).

두 번째 원리는 하나님이 자신의 방식대로 자신을 계시하신다

---

* 우리말 개역성경에는 순서가 바뀌어 나오고 있다—옮긴이.

는 것입니다. 모세에게 계시하실 때에도 모든 것을 그가 결정하셨습니다. 모세는 "주의 영광을 내게 보이소서"라고 구했습니다.

그에 대해 하나님이 대답하신 요지는 "좋다, 얼핏 보게 해 주겠다. 그러나 그 일은 다음과 같은 방식으로 일어날 것이다"라는 것이었습니다. 이처럼 하나님이 친히 결정하시고 작정하시며 행하십니다. 지금도 마찬가지입니다. 하나님은 자신의 방식에 따라서만 자신을 알려 주십니다. 다른 방식으로는 그를 알 길이 없습니다. 자기 나름대로의 방식으로 하나님을 찾을 수 있다고 말하는 이들이 있지만, 성경에 따르면 그것은 전혀 불가능한 일입니다. 물론 여러분이 상상해 낸 하나님에게는 도달할 수 있습니다. 그럴듯한 체험도 할 수 있습니다. 여러 가지 일들이 일어날 수 있습니다. 심리학의 위력은 무한하며, 이미 언급했듯이 강신술사들도 능력을 행할 수 있기 때문입니다. 그러나 성경에 따르면, 성경이 처음부터 끝까지 전하고 있는 메시지에 따르면, 하나님은 오직 하나님의 방식으로만 알 수 있습니다. 하나님이 정하시고 계획해 놓으신 방식으로만 알 수 있는 것입니다. 우리는 출애굽기에서 하나님이 어떻게 모세를 반석 틈에 두시고 그 손으로 덮으시는지 보게 됩니다. 하나님이 그 손을 거두셨을 때에야 모세는 그의 등을 얼핏 볼 수 있었습니다.

신약성경은 이 부분에 대해 무엇이라고 말하고 있습니까? 요한복음 1:18을 다시 보시기 바랍니다. "본래 하나님을 본 사람이 없으되 아버지 품속에 있는 독생하신 하나님이 나타내셨느니라." 아들이 아버지를 밖으로 끌어내셨습니다. 밖으로 나타내셨습니다.

지금껏 하나님을 본 사람은 아무도 없습니다. 그렇다면 우리도 희망이 없는 것 아닙니까? 아닙니다. 아버지 품속에 있는 독생하신 아들이 하나님을 알려 주셨고 나타내 주셨습니다. 이것이 복음입니다. 복음의 전부입니다. 아들이 하신 모든 일의 의미입니다. 하나님은 바로 이런 방식으로 자신의 영광을 계시하십니다. 여러분도 아시겠지만 그래서 사도 요한이 다음과 같이 말할 수 있었던 것입니다. "우리가 그 영광을 보니 아버지의 독생자의 영광이요 은혜와 진리가 충만하더라"(요 1:14).

요한복음 14장에는 좀더 명백한 진술이 나오는데, 14장은 이 주제와 관련하여 가장 중요한 본문이라 할 만합니다. 여러분도 기억하시듯이 도마는 근심에 사로잡혔습니다. 주님이 곧 그들을 떠날 것이라고 말씀하셨기 때문입니다. 도마는 말했습니다.

> 주여, 어디로 가시는지 우리가 알지 못하거늘 그 길을 어찌 알겠삽나이까? 예수께서 가라사대 내가 곧 길이요 진리요 생명이니 나로 말미암지 않고는 아버지께로 올 자가 없느니라. 너희가 나를 알았더면 내 아버지도 알았으리로다. 이제부터는 너희가 그를 알았고 또 보았느니라(요 14:5-7).

그때 빌립이 불쑥 말했습니다. "주여, 아버지를 우리에게 보여 주옵소서. 그리하면 족하겠나이다." 즉, "이것이야말로 제 소원입니다. 아버지를 보여 주십시오. 주님은 지금 '나를 본 자는 아버지를 본 것'이라고 말씀하시네요"라고 말한 것입니다.

그러자 예수님이 대답하셨습니다.

내가 이렇게 오래 너희와 함께 있으되 네가 나를 알지 못하느냐? 나를 본 자는 아버지를 보았거늘 어찌하여 아버지를 보이라 하느냐?

주님은 말씀하십니다. "왜 이리도 이해가 더딘 것이냐? 너는 '아버지를 우리에게 보여 주옵소서. 그리하면 족하겠나이다'라고 말하는구나. 그러나 너는 이미 아버지를 보았다. 나를 보았으니 아버지를 본 것이다."

주님은 대제사장의 기도를 드리실 때에도 아버지를 바라보시며 "아버지를 이 세상에서 영화롭게 하였사오니"라고 말씀하셨습니다(요 17:4). 이 말씀에는 우리가 다루고 있는 요점이 아주 명백하고도 뚜렷하게 드러나 있습니다. 주님은 아버지의 영광을 나타내셨고, 그랬기 때문에 마지막에 "내가 이루어 아버지를 이 세상에서 영화롭게 하였사오니"라고 말씀하실 수 있었습니다. 그래서 사도들이 이 모든 일을 회고하며 복음을 선포하고 묘사할 때 이런 표현을 쓴 것입니다. 고린도후서 4:6을 다시 한번 생각해 보시기 바랍니다. "어두운 데서 빛이 비취리라 하시던 그 하나님께서 예수 그리스도의 얼굴에 있는 하나님의 영광을 아는 빛을 우리 마음에 비취셨느니라." 바울이 앞서 고린도후서 3:18에서 다음과 같이 말할 수 있었던 이유가 여기 있습니다. "우리가 다 수건을 벗은 얼굴로 거울을 보는 것같이 주의 영광을 보매 저와 같은 형상으로 화하여 영광으로 영광에 이르니 곧 주의 영으로 말미암음이니라."

또한 바울은 디모데전서를 쓰면서 "복되신 하나님의 영광스러운 복음을 좇음이니라"라고 말하고 있습니다(1:11, KJV). 이 구절은 "복되신 하나님의 영광의 복음을 좇음이니라"라고 번역되어야 합니다.* 복음은 바로 이런 것입니다. "복되신 하나님의 영광의 복음"인 것입니다. "미쁘다, 모든 사람이 받을 만한 이 말이여, 그리스도 예수께서 죄인을 구원하시려고 세상에 임하셨다 하였도다. 죄인 중에 내가 괴수니라"(딤전 1:15). 이것도 복음입니다. 맞습니다. 그러나 원래 복음은 복되신 하나님의 영광에 대한 것입니다. 죄인의 구원은 이 복되신 하나님의 영광이 나타나는 여러 측면들 중에 하나일 뿐입니다.

또는 히브리서 기자의 요약에 따라 이 점을 살펴보시기 바랍니다. 이것이야말로 신약성경의 중대한 메시지임을 우리 모두가 알았으면 정말 좋겠습니다. "옛적에 선지자들로 여러 부분과 여러 모양으로 우리 조상들에게 말씀하신 하나님이 이 모든 날 마지막에 아들로 우리에게 말씀하셨으니 이 아들을 만유의 후사로 세우시고 또 저로 말미암아 모든 세계를 지으셨느니라"(1:1-2). 이 아들이 누구입니까? 그는 "하나님의 영광의 광채시요 그 본체의 형상"입니다(히 1:3). 예수 그리스도는 하나님의 영광의 광휘요 광채입니다.

인간들은 "주의 영광을 내게 보이소서"라고 소리칩니다.

하나님은 말씀하십니다. "좋다, 내 영광을 보여 주겠다. 그러나 내 방식대로 보여 주겠다. 내 방식은 바로 예수 그리스도의 얼굴에

---

* 우리말 개역성경에는 후자로 번역되어 있다—옮긴이.

내 영광을 나타내는 것이다." 그의 영광의 광채시요 그 인격의 분명한 형상이신 그리스도 안에서 자신의 영광을 나타내신다는 것입니다.

또한 우리는 사도 베드로가 나이 들어 여러 그리스도인들에게 고별 편지를 쓰면서 했던 말을 읽게 됩니다. 머잖아 죽을 것을 알았던 베드로는 그래도 자신이 육신의 장막에 거하는 동안에는 계속해서 이 일들을 일깨우겠다고 말합니다. 왜냐하면 "우리 주 예수 그리스도의 능력과 강림하심을 너희에게 알게 한 것이 공교히 만든 이야기를 좇은 것이 아니"었기 때문입니다. 사도들은 소설 작가가 아니라는 것입니다. 상상으로 이런 이야기를 꾸며 낸 것이 아니라는 것입니다. 꿈을 꾸거나 허깨비를 보거나 공교히 만든 이야기를 좇아 주 예수의 능력과 강림하심을 선포한 것이 아니라는 것입니다. 그렇습니다. "우리는 그의 크신 위엄을 친히 본 자라." 베드로가 말하는 요지는 이것입니다. "그가 산 위에서 지극히 큰 영광 중에 계셨을 때 우리도 거기 있었다. 그 큰 영광 중에 한 소리가 들렸는데, 그것은 '이는 내 사랑하는 아들이니 저의 말을 들으라'라는 것이었다. 자, 나도 떠나고 나머지 사도들도 떠나고 나면 거짓 선생들이 들어와 이런저런 말들을 할 것이다. 그러나 그들을 믿지 마라. 너희에게는 기록된 말씀이 있다. 이 말씀을 토대 삼아 그 위에 너희 믿음 전부와 그리스도인으로서의 입장 전부를 쌓아 올려야 한다." 이것은 공교히 만들어 낸 이야기가 아닙니다. "우리는 그의 크신 위엄을 친히 본 자라." 사도들은 거룩한 산 위에서 그리스도가 변화하시는 모습을 보았고 하늘에서 나는 소리도 들었습니다. 보시다시피 신약성경에서 이 모든 일이 성취되고 있습니다. 신약성경은 출애굽기에 나오는 이 이야기와 짝을 이루고 있습니다.

그러나 여러분이 주목해야 할 점, 제가 강조해야 할 점은 앞서 모세에게 주어진 불완전한 계시에 나타났던 역설적인 특징들이 신약성경의 더 완전한 계시에도 똑같이 나타나고 있다는 것입니다. 저는 정말이지 이 특징들을 상기시키고 싶습니다. 그리스도인들이 이 비범한 특징들을 서로서로 상기시킬 수 있다는 것보다 더 영광스럽고 놀라운 일이 또 있겠습니까?

이미 살펴보았듯이 그 첫 번째 특징은 감추는 것입니다. 하나님은 모세에게 "내가 너를 붙잡아 반석 틈에 두고 내 손으로 덮어 주겠다"라고 말씀하셨습니다. 신약성경에서 이렇게 감추는 경우를 본 적이 있습니까? 그런 경우에 유의한 적이 있습니까? 이에 대한 완벽한 진술이 빌립보서 2:5-8에 나오고 있습니다. "너희 안에 이 마음을 품으라. 곧 그리스도 예수의 마음이니 그는 근본 하나님의 본체시나 하나님과 동등됨을 취할 것으로 여기지 아니하시고." 그리스도는 본래 영원한 세계에 계셨습니다. 하나님의 본체를 가지고 계셨습니다. 그는 하나님이셨습니다. 복되신 삼위 중 제2위셨습니다. 그의 본체는 하나님의 본체, 영광의 본체였습니다. 그런데 그가 하나님과 동등됨을 취할 것으로 여기지 않으셨다는 것은 그 지위를 고집하지 않으셨다는 뜻입니다. "오히려 자기를 비워 made himself of no reputation 종의 형체를 가져 사람들과 같이 되었고 사람의 모양으로 나타나셨으매 자기를 낮추시고 죽기까지 복종하셨으니 곧 십자가에 죽으심이라."

반석 사이에 틈이 나 있습니다. 하나님은 그 틈에 모세를 두시고 손으로 덮어 주셨습니다. 주님은 하나님이셨음에도 하나님의 본체가 아닌 종의 형체로 오셔서 사람들과 같이 되셨습니다. 바울은 그가 죄 있는 육신의 모양으로 오셨다고 말합니다. 이것이 감춤입니다. 그럼에도 그는 여전히 온전한 하나님이셨음을 기억하십시오. 그는 신성의 어떤 부분도 두고 오지 않으셨습니다. 그가 신성을 포기하셨다는 이론은 전적인 거짓말로서, 여기 나오는 말씀과 상충되는 것입니다. 그는 자신을 포기하신 것이 아니라 비우셨습니다. 이 두 가지는 완전히 다릅니다. 그는 신성을 포기하실 수가 없습니다. 그것은 절대 불가능한 일입니다. 하나님은 하나님 되심을 멈추실 수가 없습니다. 그렇습니다. 그가 하신 일은 여전히 온전한 하나님이셨음에도 불구하고 그 이름을 버리신 것입니다. 그는 사람의 모양으로 오셨지만 여전히 완전하고 절대적인 하나님이셨습니다. 그는 신성을 감추셨습니다. 왕이면서도 그 신분을 숨기시고 평범한 개인으로 다니셨습니다. 이것이 그가 하신 일입니다. 그는 감추시고 숨기셨습니다.

하나님은 그가 이런 식으로 오실 것을 이사야 선지자에게 미리 보여 주셨습니다. 이사야는 그가 "마른 땅에서 나온 줄기 같아서 고운 모양도 없고 풍채도 없은즉 우리의 보기에 흠모할 만한 아름다운 것이" 없는 모습으로 오신다고 말합니다(사 53:2). 그의 얼굴은 상해 있습니다. 그는 바로 이런 방식으로 오실 것입니다. 바로 이런 방식으로 하나님의 영광을 아는 빛이 예수 그리스도의 얼굴에 계시되고 나타날 것입니다. 하나님의 아들이 세상에 오셨습니다. 어떻게 오셨습니까? 빛나는 영광 가운데 오셨습니까? 아닙니다. 베들레헴 마구간에 어린 아기의 모습으로 태어나셨습니다. 자신의 영광을 감추고 오셨습니다. 그는 이 땅에서 어린 아기로, 소년으로, 목수로, 다른 모든 이들처럼 평범한 사람으로 사셨습니다. 한번은 너무 지친 나머지 제자들이 마을로 음식을 사러 간 동안 홀로 우물가에 앉아 계시다가 사마리아 여인과 이야기를 나누시기도 했습니다. 이것은 인간의 모습이 아니냐고, 그것도 너무나 지친 인간의 모습이 아니냐고 말할 수 있습니다. 맞는 말입니다. 그러나 그 속에 하나님의 영광이 감추어져 있습니다. 그의 지친 모습은 반석 사이에 나 있는 틈이며, 모세를 덮으신 하나님의 손입니다. 지치고 배고픈 인간의 모습 속에 하나님의 영광이 감추어져 있었습니다.

그가 기도하시는 모습이 보입니까? 그는 밤새도록 기도하셨고, 새벽 미명에도 일어나 기도하셨습니다. 그가 왜 이렇게 기도하셔야 했을까요? 그는 하나님과 동등하신 하나님의 아들 아닙니까? 맞습니다. 그러나 그의 영광은 감추어져 있었습니다. 그는 사람의 모양으로 오셨습니다. 하나님의 이름을 버리고 오셨습니다. 종의 형체로 오셨습니다. 우리는 그가 우시기도 했다는 말씀을 읽습니다. 하나님이 우시다니요? 오, 그렇습니다. 하나님이 사람의 모양을 취하셨습니다. 말씀이 육신이 되셨습니다. 하늘의 영광을 감추고 세상에 오셨습니다.

변화산 위에서 일어났던 비상한 사건을 기억하십니까? 그는 베드로와 야고보와 요한을 데리고 산에 오르셨고, 그들 앞에서 변형되셨습니다. 그의 옷은 가장 밝은 빛보다 더 밝아졌으며 세상에서

빨래하는 자가 그렇게 희게 할 수 없을 만큼 심히 희어졌습니다. 얼굴 전체와 모습 전부가 변형되었습니다. 여러분은 "아, 이제야 제자들이 주님의 영광을 온전히 보게 되었군"이라고 말할 것입니다. 아니, 그들은 보지 못했습니다. 누가복음 9장이 주님의 변형에 대해 전하는 이야기를 읽어 보면, 제자들은 깊은 잠에 빠져 버렸고 구름에 뒤덮여 버렸습니다. 아시겠지만 이 또한 감추시고 보호하시는 하나님의 손길입니다. 그들은 갑자기 눈꺼풀이 무거워지면서 졸리기 시작했고 구름에 뒤덮여 버렸습니다. 물론 그 이유는 똑같습니다. 절대적인 영광을 보고서도 생존할 수 있는 사람은 아무도 없습니다. 그래서 졸음과 구름으로 덮어 주신 것입니다.

마지막으로 그가 십자가에서 죽어 가는 모습을 보십시오. 그가 왜 이렇게 죽어 가야 합니까? 이 또한 영광을 가리시는 일이요 그 절대적인 영광과 능력을 감추시는 일입니다. 찰스 웨슬리는 크리스마스 때만 불리는 한 찬송에서—우리는 이 찬송을 지금보다 훨씬 자주 불러야 마땅합니다—이 모든 일에 대해 이야기해 주고 있습니다. "육신에 가린 신성을 보네……." 그렇습니다. 여러분은 신성을 볼 수 있습니다. 그러나 육신에 가려진 모습으로만 볼 수 있습니다. "성육신하신 하나님께 영광을 돌리세!" 베들레헴에서 무슨 일이 일어났습니까? 다음과 같은 일이 일어났습니다. "가만히 그 영광 밀어내시고……." 찰스 웨슬리는 주님이 그 영광 자체를 밀어내셨다고 말하는 것이 아닙니다. 영광의 표시, 영광의 부속물들을 밀어내셨다는 것입니다. 이것이 "자기를 비워"라는 말씀의 의미입니다.

가만히 그 영광 밀어내시고,

더 이상 죽는 이 없도록 세상에 태어나셨네.*

이것이 감춤입니다.

출애굽기에 나오는 그 다음 요소는 보호입니다. 하나님은 감추실 뿐 아니라 보호하십니다. 그는 모세에게 "나를 보고 살 자가 없음이니라"라고 말씀하셨습니다. "내 영광을 얼핏 보는 동안 그 영광 때문에 죽지 않도록 내가 너를 보호해 주어야 한다"고 말씀하신 것입니다. 여러분, 하나님은 이처럼 모세를 자신의 거룩하심과 위엄과 영광과 죄에 대한 진노 및 영원한 공평과 의로부터 보호해 주셨습니다. 모세는 하나님의 영광과 선함을 얼핏 보는 동안 보호를 받아야만 했습니다. 하나님은 한분으로서 그 성품 안에 이 다양한 요소들을 전부 지니고 계시기 때문입니다. 이미 살펴보았듯이 하나님의 속성들은 나누어지지 않습니다. 우리는 성찬예식을 하면서 떡을 먹고 잔을 마십니다. 그러면서 주님의 십자가 죽음을 기억합니다. 갈보리 언덕에서 무슨 일이 일어났습니까? 제가 말씀드리겠습니다. 하나님은 갈보리에서 그의 영광과 거룩하심과 의와 공평과 죄에 대한 진노로부터 우리를 보호해 주셨습니다. 이것이 십자가에 담긴 의미이며 십자가 죽음에 담긴 의미입니다.

우리는 오거스터스 탑레이디 Augustus Toplady의 유명한 찬송가 가사로 그 내용을 요약해 볼 수 있습니다. 그는 이 죽음의 의미

---

* 찬송가 126장 2, 3절 참조—옮긴이.

를 분명히 알았기 때문에 다음과 같이 노래했습니다.

> 만세반석 열리니
> 내가 들어갑니다.
> 창에 허리 상하여
> 물과 피를 흘린 것
> 내게 효험 되어서
> 정결하게 하소서.
>
> 살아생전 숨쉬고
> 죽어 세상 떠나서
> 거룩하신 주 앞에
> 끝 날 심판당할 때
> 만세반석 열리니
> 내가 들어갑니다!

자신의 유일한 소망, 자신이 하나님의 위엄과 심판과 영광과 진노로부터 보호받을 수 있는 유일한 길은 그리스도가 만세반석이 되어 주시며 십자가에서 이루신 역사로 자신을 감추어 주시는 일뿐이라는 것입니다. 이처럼 하나님이 그 손으로 덮어 주시는 한 우리는 안전합니다. 이것이 십자가 죽음에 담긴 의미입니다. 이런 보호하심이 없다면 우리는 멸망하고 말 것입니다. 단호하게 말하건대, 이것이 주 예수 그리스도의 의로 옷 입는다는 말씀의 의미입니다. 그 손으로 우리를 덮어 주시는 것입니다. 탑레이디는 이 점도 다음과 같이 표현해 주고 있습니다.

> 율법도, 하나님도
> 나는 두렵지 않도다.

왜 두렵지 않습니까? 그는 말합니다.

> 구주의 순종과 피
> 내 모든 죄 **가려** 주시니.

하나님이 그 손으로 우리를 덮으시고 가리셔서 우리의 모든 죄가 보이지 않게 해 주십니다. 그 결과 우리는 율법도 하나님도 두려워할 필요가 없습니다. 그의 의가, 그의 의로운 손이 우리를 덮고 있기 때문입니다. 그가 우리를 보호하고 계십니다. 감추고 계시며 보호하고 계십니다.

그러나 우리는 드러냄의 요소도 살펴보아야 합니다. 모세에게는 감추고 보호하는 일만 있었던 것이 아니기 때문입니다. 그 모든 일의 목적은 계시하려는 데 있었습니다. 복되신 주님의 경우를 보십시오. 우리는 그가 세상에 오신 일과 어린 아기로 태어나신 일을 살펴보았습니다. 그런데 그 출생이 어떻게 이루어졌는지 기억하십니까? 그것은 평범한 출생이 아니었습니다. 천사장 가브리엘이 한 처녀에게 보내심을 받았습니다. 그 처녀는 결혼하지 않았고 남자를 알지 못했는데도 아기를 낳았습니다. 아, 그 아기는 평범한 아기였다고 말할 수도 있습니다. 그러나 아닙니다. 그의 출생은 기적 및 기사와 연관되어 있었습니다. 그 모든 과정에 영광이 나타났습니다. 그의 출생을 알리기 위해 천사장이 필요했습니다. 그는 무력한 아기의 모습으로 마구간에 태어나셨지만, 그 출생에는 감춤과 드러냄의 요소가 전부 들어 있었습니다. 그의 유아시절을 한번 보시기 바랍니다. 그는 일견 평범한 아기에 불과한 듯 보입니다. 그러나 아닙니다. 동방박사 몇 사람이 그 아기에 대한 이야기를 들었고, 그 아기의 출생을 알려 주는 별을 보았습니다. 그리고 그 별의 인도를 받고 찾아와 아기에게 경배하며 예물을 바쳤습니다. 그는 평범한 아기가 아니었습니다. 어딘가 비상한 데가 있는 아기였습니다. 박사들이 아기를 찾아와 무릎을 꿇고 경배하며 예배했습니다. 이 아기의 출생에는 감춤의 요소가 있었던 것이 맞습니다. 그러나 이처럼 드러냄의 요소도 있었습니다.

이번에는 주님 자신의 말씀을 직접 들어 보시기 바랍니다. 그는 서른 살이 되면서 가르치고 전하기 시작했습니다. 우리는 그의 생애 전체에서 그 예를 찾아볼 수 있습니다. 그중에서도 가장 두드러진 특징만 짚어 보겠습니다. 그는 고향 나사렛의 회당에서 처음으로 입을 여셨습니다. 성경은 그 일에 대해 이렇게 기록하고 있습니다. "그 입으로 나오는 바 은혜로운 말을 기이히 여겨"(눅 4:22). 사람들은 말했습니다. "이자는 예수다. 마리아와 요셉의 아들이다. 어린아이 시절부처 우리가 알고 지내 온 목수다. 그런데 어떻게 이런 말을 할 수 있지? 자기도 한낱 인간에 불과하면서." 그렇습니다.

그의 말에는 인간이 할 수 있는 말을 넘어서는 무언가가 있었습니다. 그들은 그의 입에서 나오는 은혜로운 말을 기이히 여겼습니다. 그가 기적을 행하셨을 때에도 늘 같은 결과가 나타났음을 아십니까? 다수의 사람들이 그가 행하는 기적을 보고 기이히 여기면서 그런 능력을 사람에게 주신 하나님께 영광을 돌렸습니다. 우리는 그가 중풍병자를 고치셨을 때에도 사람들이 전부 놀라 하나님께 영광을 돌리며 "우리가 이런 일을 도무지 보지 못하였다"고 말했다는 기록을 읽습니다(막 2:12). 이처럼 그는 인간이면서도 인간이 아니었습니다. 그렇다면 그는 대체 누구입니까? 어떤 존재입니까? 우리는 변화산 사건도 기억할 필요가 있습니다.

그가 십자가에서 죽어 가는 모습을 보십시오. 그 죽음은 그도 결국은 한 인간에 불과했다는 것을 보여 주는 최종적인 증거라고 주장할 수도 있습니다. 그러나 로마 백부장이 그를 보면서, 이미 죽은 그를 보면서 뒷걸음질 치며 "이 사람은 진실로 하나님의 아들이었도다"라고 말했던 것을 기억하십니까?(막 15:39) 백부장은 심지어 그의 죽음조차 기이히 여겼습니다. 그의 죽음에는 어딘지 범상치 않은 데가 있었습니다. 이처럼 십자가에서도 영광이 드러났습니다. 그것을 알았던 아이작 와츠는 이렇게 노래했습니다. "영광의 왕 달려 죽으신 놀라운 십자가 우리가 생각할 때에……."* 이 죽음에는 역설이 있습니다. 영광의 왕이신데 죽으신 것입니다. 베드로는 후에 설교할 때 그를 "생명의 주"로 지칭했습니다. "너희가 생명

---

* 찬송가 147장 참조─옮긴이.

의 주를 죽였다"라고 말한 것입니다. 물론 이 또한 역설입니다. 이처럼 이 모든 일에, 특히 십자가 사건에 드러냄의 요소와 감춤의 요소가 한꺼번에, 동시에 나타나고 있습니다.

여러분은 이처럼 상반되는 요소들이 서로 결합되어 있는 것을 보게 됩니다. 하나님의 정의가 있고 사랑이 있습니다. 하나님의 의가 있고 자비가 있습니다. 하나님의 진노가 있고 영원한 긍휼이 있습니다. 이 모든 것들이 함께 만나고 있습니다. 하나님의 영광을 감추기도 하고 드러내기도 하는 이 한 인격 안에서 의와 화평이 서로 만나고 있습니다. 부활을 생각해 보십시오. 승천을 생각해 보십시오. 그리스도의 모습, 스데반에게 나타나셨던 그의 모습을 생각해 보십시오. "스데반이 성령이 충만하여 하늘을 우러러 주목하여 하나님의 영광과 및 예수께서 하나님 우편에 서신 것을 보고"(행 7:55). 다소의 사울에게 나타나셨던 모습도 생각해 보십시오. 예수를 미워하고 욕하던 사울이 그를 보고 "주여, 뉘시오니이까?"라고 물었습니다(행 9:5). 예수 그리스도의 얼굴에 하나님의 영광의 빛이 나타났기 때문입니다. 그는 영광의 왕이십니다. 이것이 출애굽기 33장에 나오는 내용을 서술하는 신약성경의 방식입니다.

부흥이 무엇입니까? 부흥이란 제가 지금껏 말한 이런 일들이 세상에 살고 있는 하나님의 백성들에게 가장 큰 현실로 다가오는 교회사의 한 시기를 가리키는 말입니다. 우리는 그 일들을 믿는 사람들입니다. 맞습니다. 그러나 그 능력도 느끼고 있습니까? 그 일들을 생각하면 가슴이 떨립니까? 마음이 요동칩니까? 여러분은 그 일들을 자랑하며 높이고 있습니까? 부흥이란 성령이 그 일들을 너무나 명확하게 드러내 주시기 때문에 온 교회가 하나님의 영광을 보며 예수 그리스도의 얼굴에 있는 하나님의 영광을 아는 빛으로 충만해지는 것입니다. 예수님은 성령이 오시면 자신을 영화롭게 하실 것이라고 말씀하셨습니다. 성령이 특별한 능력으로 임하시면 그리스도의 영광이 평소와 달리 분명하고 명확하게 드러납니다. 바로 이것이 성령이 하시는 특별한 사역입니다. 여러분은 부흥이 일어날 때마다 교회의 찬송과 기도가 주의 영광에 대한 감사와 찬양으로 가득 찬다는 사실, 특히 그의 십자가 죽음에 대한 감사와 찬양으로 가득 찬다는 사실을 발견할 것입니다. 교회는 십자가의 영광과 보혈의 놀라움을 찬양합니다. 이것이 교회의 주제가 됩니다. 성령이 비상한 능력으로 임해서 예수 그리스도의 얼굴에 있는 하나님의 영광을 특별하게 보여 주십니다. 여러분도 그 영광을 보고 싶지 않습니까? 그 영광을 보고 느끼고 싶지 않습니까? 그 영광과 위엄과 온전한 선함에 거의 압도당한다는 것이 무엇인지 알고 싶지 않습니까? 여러분, 그것을 구하십시오. 개인적으로도 구하십시오. 이 나라뿐 아니라 세상 모든 곳에 있는 교회 전체를 위해서도 구하십시오. 개인과 전체를 막론하여 지금 이 순간 필요한 일은 바로 예수 그리스도의 얼굴에 있는 하나님의 영광을 아는 것입니다.

20 부흥의 부담

예루살렘이여, 내가 너의 성벽 위에 파수꾼을 세우고 그들로 종일 종야에 잠잠치 않게 하였느니라. 너희, 여호와로 기억하시게 하는 자들아, 너희는 쉬지 말며 또 여호와께서 예루살렘을 세워 세상에서 찬송을 받게 하시기까지 그로 쉬지 못하시게 하라. (사 62:6-7)

지금 부흥의 필요성을 보여 주는 무언가가 있다면 바로 우리 주변의 상황일 것입니다. 교회는 무기력하고 패배주의적인 정신에 매몰된 나머지 절망감에 휩싸인 듯한 인상을 외부인들에게 주고 있습니다. 이사야가 그의 위대한 예언서 62장에서 말해야만 했던 바로 그 일이 지금 우리에게도 아주 절실히 필요합니다. 선지자는 여기에서 교회의 형편을 직시하고 있습니다. 장래 일에 대한 예시를 받고, 적군인 갈대아 군대가 예루살렘을 칠 것을 예언하고 있습니다. 그는 갈대아 군대가 이스라엘 군대를 무너뜨리고 성을 점령하여 파괴하며 큰 건물들을 박살낼 것과 이스라엘 백성들을 바벨론으로 사로잡아 갈 것을 내다볼 수 있었습니다. 그러나 그가 이런 멸망의 말씀만 받은 것은 아닙니다. 그는 장차 회복될 예루살렘의 모습도 보았습니다. 이처럼 그의 예언은 크게 두 부분으로 나뉘어 있습니다. 오늘 본문에서 우리는 최악의 상황을 보고 있는 선지자가 하나님이 주신 은혜로운 약속의 빛 안에서 어떻게 그 상황에 대처하고 있는지, 또 무엇을 백성들에게 촉구하고 있는지 발견하게 됩니다.

62장은 일차적으로 바벨론에 포로로 잡혀갔던 백성들 중에 남은 자들이 다시 예루살렘으로 돌아오는 사건을 언급하고 있는 것이 분명합니다. 이것이 수백 년간 내려온 교회의 전통적인 해석입니다. 또한 유다 백성들 사이에서 이루어질 큰 추수에 대한 예시도 들어 있는 것이 확실합니다. 그러나 그것이 전부는 아닙니다. 여기에 들어 있는 것이 또 있는데, 그것은 바로 기독교회에 대한 그림입니다. 주님은 이사야의 예언 중에서도 이 특정한 부분을 몇 차례나 친히 인용하시면서 이것이 교회와 복음의 시대를 가리키는 말씀임을 아주 명확하게 밝혀 주셨습니다. 여러분은 주님이 나사렛 회당에서 처음 말씀하셨을 때 어떻게 이사야서 61장을 인용하셨는지 기억할 것입니다. 이것은 전부 똑같은 그림의 일부분입니다. 그 후에도 하나님의 사람들은 교회가 침체기에 들어서고 원수들과 여러 문제들에 에워싸이며 적들의 손에 큰 패배를 당했던 시기에 이런 말씀을 통해 하나님의 부르심을 듣곤 했습니다. 이것이 수세기에 걸쳐 내려온 교회의 관례였습니다. 그렇기 때문에 우리도 이 그림을 취하여 우리에게 적용하며, 현 상황에 어떻게 대처하면 좋은지 살펴볼 수 있습니다.

제가 특별한 방식으로 여기에 여러분의 주의를 환기시키는 것은 이 장이 아주 실천적인 장이기 때문입니다. 이 장은 우리가 부흥의 필요성을 고찰할 때 단지 이론적인 검토에만 만족해서는 안 된다는 점을 일깨워 줍니다. 그것은 사실상 아주 치명적인 일이 될 수 있습니다. 이론적인 고찰의 전적인 목적은 행동을 끌어내려는 데 있으며, 실천을 끌어내려는 데 있습니다. 선지자들은 단지 이스라엘의 형편만 서술하는 데서 그치지 않았습니다. 그들이 이스라엘의 형편을 서술한 것은 그들을 일으키고 분발시킴으로써 그 비극적인 상황에 대해 무언가 조처를 취하게 하기 위해서였습니다. 이제부터 살펴보겠지만, 이런 고찰의 강조점은 전적으로 반응과 행동에 있으며 무언가를 하겠다는 결단에 있습니다. 우리가 처한 상황에 대해 무언가를 하거나 행동하겠다는 결단 없이 현재 상황을 살펴보거나 과거에 일어났던 성령의 큰 운동들을 고찰하는 것은 사실상 무익한 일입니다.

그러므로 저는 이 본문이 아주 명확하게 진술해 주고 있는 사항들을 짚어 내기만 하면 됩니다. 첫째로 우리가 보게 되는 것은 선지자의 염려입니다. 지금 선지자의 마음은 깊이 요동치고 있습니다. 그는 62장 서두에서 이렇게 말합니다. "시온을 위하여 잠잠하지 아니하며 예루살렘을 위하여 쉬지 아니할 것인즉……." 시온과 예루살렘은 선지자에게 단순한 지명이 아니었습니다. 아주 큰 의미가 있는 이름이었고 몹시 자랑스러운 이름이었습니다. 그는 시온이 하나님의 성이라는 것을 알고 있습니다. 시온은 단지 다윗의 성이 아닌 하나님의 성입니다. 예루살렘이 어떤 곳입니까? 큰 왕의 성입니다. 이처럼 선지자는 이 이름들의 진정한 의미를 알기에 염려하고 있습니다. 선지자가 볼 때 이 이름들은 평범한 여느 성들 가운데 하나가 아닌, 하나님의 그 성을 가리킵니다. 하나님이 자신을 위해 친히 그 성을 정하고 세우셨으며 이 백성들, 자기 백성들에게 예루살렘 또는 시온 성에 살 수 있는 큰 특권을 주셨습니다. 이처럼 선지자는 하나님의 성이 지닌 위대함과 영광을 알기에 그 성의 현 상태를 보면서 탄식하며 깊이 염려하고 있는 것입니다.

이것이 출발점입니다. "시온을 위하여……예루살렘을 위하여……." 그는 여기에서 출발하고 있으며 우리도 여기에서 출발해야 합니다. 무엇보다 교회의 상태를 먼저 염려해야 하는 것입니다. 선지서들을 읽어 보면 그들이 다른 열국이나 이스라엘 밖에 있는 사람들을 염려하는 데 시간을 쓰지 않았다는 사실을 알게 됩니다. 그렇습니다. 그들에게 부담을 준 것은 교회의 상태와 형편이었습니다. 그들은 그것에 대해 계속 기록하고 있습니다. 살아 계신 하나님의 교회인 시온이 어떻게 전락해 버렸는지 기록한 것입니다. 그들은 이전의 영광과 그때 나누었던 모든 교제를 생각하며 당대의 상황을 바라보았습니다. 이것이 선지자들의 주된 염려였으며, 그들의 마음을 요동치게 만든 문제였습니다.

그러므로 우리 앞에 놓인 질문은 우리도 이 같은 염려에 대해 안다고 말할 수 있느냐 하는 것입니다. 우리는 무엇에 부담을 느끼고 있습니까? 교회의 형편이 우리의 마음과 생각을 차지하고 있으며 우리를 깊이 염려하게 만든다고 어느 정도까지 말할 수 있습니까? 우리는 교회가 어떤 곳인지 알고 있습니까? 교회가 하나님의 성임을 기억하고 있습니까? 물과 말씀으로 만드신 새 피조물임을 기억하고 있습니까? 교회는 하나님의 성입니다. 교회는 바로 이런 곳입니다. 시온입니다. 하나님이 거하시는 처소입니다. 하나님은 자신을 위해 교회를 세우셨습니다. 아들의 피와 죽음을 대가로 치르면서까지 교회를 세우셨습니다. 그런데 우리는 그런 교회의 상태를 보면서 염려하고 있습니까? 확실한 것은 우리 중 많은 이들이 자기 자신이나 자신의 개인적인 문제 및 어려움에 마음을 빼앗기고 우리가 그토록 자주 입에 올리는 모든 일들에 마음을 빼앗긴 나머지 단 한 순간도 멈추어 서서 교회를 객관적으로 바라보거나 살펴보지 못했다는 사실, 교회의 형편을 보면서 운 적이 없었다는 사실을 인정해야만 한다는 것입니다.

선지서들을 읽어 보고 시편을 읽어 보십시오. 성경 기자들의 마음속 가장 높은 자리에 바로 이런 염려가 자리 잡고 있었음을 알게 될 것입니다. 그들은 자신들이 하나님의 백성으로서 이스라엘이라는 나라에 속해 있다는 생각을 가지고 있었습니다. 하나님의 모든 목적이 그 나라에 달려 있었으며 그 나라의 안녕과 관련되어 있었습니다. 그런데 그런 나라의 현실을 보았을 때, 다른 문제들은 어떤 의미에서 전혀 생각할 여유가 없었던 것입니다. 지금은 이런 측면이 거의 사라지고 없는 듯 보이는 것은 그야말로 슬픈 일입니다. 사람들은 왜 염려해야 하는지 모르고 있습니다. 우리가 염려하지 않는다면 그 이유는 한 가지뿐입니다. 하나님의 교회에 대한 바른 개념이 없기 때문인 것입니다. 선지자가 자기 나라와 시온과 예루살렘을 바라보듯이 교회를 바라보지 않기 때문인 것입니다. 기독교회가 어떤 곳인지 바로 알기만 한다면! 진정 신약성경에 나오는 교회를 기준으로 보기만 한다면, 처음 몇 년, 아니 처음 몇 세기 동안 교회가 어떠했는지 어렴풋하게라도 알기만 한다면, 모든 부흥과 각성의 시기에 교회가 어떠했는지 진정으로 이해하기만 한다면 현재 교회의 형편을 보면서 가슴을 찢지 않을 수 없을 것입니다. 넘치는 슬픔으로 탄식하지 않을 수 없을 것입니다. 한때 위대하고 유명했던 것이 쇠락하거나 사라지는 모습을 보면 모두가 근심하지 않습니까? 한 제국이 쇠락하고 몰락하는 것은 안타까운 광경입니다. 큰 사업체가 무너지는 것을 보는 것도 안타까운 일입니다. 훌륭했던 운동선수가 나이 들면서 갑자기 무너지기 시작하는 것을 보는 것도 안타까운 일입니다. 그런 일들은 항상 우리의 마음을 슬픔과 안타까움으로 가득 채우곤 합니다. 자, 그런 느낌을 무한히 확대한 후 하나님의 마음속에 있는 교회의 모습이 어떤 것인지 생각해 보고, 교회가 처음 형성되고 세워졌을 때의 모습과 오늘날의 모습을 비교해 보십시오. 이 사람은 말합니다. "오, 시온을 위하여, 예루살렘을 위하여 나는 잠잠하지 않겠고 쉬지 않겠다."

이것이 선지자의 출발점입니다. 그가 여기에서부터 출발한 것은 그 당시 교회의 현실을 보았기 때문입니다. 그가 쓰고 있는 표현들을 보십시오. 교회는 버려졌고 황무해졌습니다. 이것이 4절에서 말하고 있는 내용입니다. 개혁이 일어나면 "다시는 너를 버리운 자라 칭하지 아니"할 것이라고 선지자는 말합니다. 그러나 지금은 버려져 있습니다. "다시는 네 땅을 황무지라 칭하지 아니하고." 그러나 **지금은** 황무지입니다. 하나님은 교회를 떠나 버리신 듯 보입니다. 백성들은 다 잡혀 가고 없습니다. 이사야가 보여 주는 예루살렘의 풍경은 황무지의 풍경입니다. 그뿐만이 아닙니다. 8절에는 또 다른 그림이 나오고 있습니다. "내가 다시는 네 곡식을 원수들에게 식물로 주지 아니하겠고." 그러나 그 당시에는 그런 일이 벌어지고 있었습니다. "너희의 수고하여 얻은 포도주를 이방인으로 마시지 않게 할 것인즉." 이처럼 교회는 버려졌고 황무지가 되었습니다. 물론 백성들은 일을 했습니다. 그러나 그렇게 일해서 얻은 소산을 다 빼앗겨 버렸습니다. 곡식도 빼앗겼고 포도주도 빼앗겼습니다. 원수인 정복자들이 그들의 곡식을 먹어 버렸고 그들의 포도주를 마셔 버렸습니다. 이를테면 모든 활동과 노력과 수고가 허사로 돌아간 것입니다. 이것이 이사야가 그리고 있는 그 당시 교회의 모습입니다. 이사야는 그런 현실을 바라보면서, 또 그것을 과거 교회의 모습 및 원래 교회의 모습과 비교해 보면서 부담을 느끼고 있고 염려하고 있으며 가슴이 거의 찢어지는 듯한 아픔을 느끼고 있습니다. 그리스도인들이여, 우리는 오늘날 기독교회의 상태에 진심으로 만족하고 있습니까? 한 번이라도 멈추어 서서 그 상태에 대해 생각해 본 적이 있습니까? 이 땅에는 한때 기도하고 찬양하며 기뻐하는 이들로 넘쳐나던 동네와 마을들이 있습니다. 한때 하나님의 영광을 넘치게 느꼈던 곳으로 기독교 연감에 특별히 기록되어 있는 동네와 마을들이 있습니다. 그러나 지금 그곳들은 황무해졌고 황폐해졌으며 버려졌습니다.

자, 선지자의 전적인 요청은 이런 일들을 직시하고 깨달으라는 것입니다. 종교지에 실린 기사들을 읽으면 만사가 놀랄 만큼 잘되고 있으며 아무것도 걱정할 필요가 없는 듯한 인상을 받습니다. 그러나 거기에 현혹되면 안 됩니다. 이 땅의 동네와 마을과 촌락과 지방에서 볼 수 있는 기독교회의 모습을 생각해야 합니다. 이 나라 국민의 대다수는 교회 밖에 머물러 있으며, 조금이라도 교회에 헌신한다고 자처하는 사람은 10퍼센트밖에 되지 않고, 그중에서도 정기적으로 예배당을 찾는 사람은 그 절반밖에 되지 않습니다. 이것이 우리의 현실입니다. 교회는 얼마 남지 않은 작고 연약한 존재가 되어 버렸습니다. 또한 여전히 신실한 신자들도 여러 가지 이유로 낙심에 빠져 있습니다. 의기소침해 있으며, 이미 폐기된 것이 분명한 구시대의 유물을 붙들고 있다는 이유로 거의 동정에 가까운 시선을 받고 있습니다.

이것이 우리 앞에 놓인 현실입니다. 제가 던지고 싶은 질문은 선지자의 마음을 요동치게 만들었던 그 느낌을 우리는 얼마나 알고 있느냐 하는 것입니다. 기독교회의 일원으로서 우리 각 사람이 해야 할 일은 이런 현실을 보면서 염려하는 것입니다. 물론 사람마다 개인적인 문제들을 안고 있다는 것은 저도 압니다. 그러나 우리는 그런 개인적인 문제들을 처리하는 데서 더 나아가야 합니다. 선지자가 자기 나라 백성들에게 중보자가 되라고 요청했듯이, 우리도 중보자가 되어야 합니다.

이사야가 이처럼 염려하는 것은 시온의 현실을 보고 있기 때문이며, 자신이 소원하는 시온의 모습이 따로 있기 때문입니다. 지금 시온은 이를테면 완전히 몰락한 상태입니다. 그는 "공의가 빛같이, 예루살렘의 구원이 횃불같이 나타나"기까지 잠잠치 않을 것이며 쉬지 않을 것이라고 말합니다. 이것이 예루살렘에 대한 이사야의 이상입니다. 또한 교회에 대한 이상이기도 합니다. 이사야는 예루살렘이 이같이 되기를 바라고 있습니다. 그는 예언적 이상을 통해 믿음 안에서 교회를 볼 수 있었고, 교회가 원래 모습을 회복하는 광경을 볼 수 있었습니다. 이것은 굉장한 진술입니다. 하나님이 교회를 분발시켜 부흥으로 인도하시는 일에 사용하신 자들은 모두 같은 일을 경험했습니다. 마르틴 루터의 피를 갑자기 끓게 만든 것도 이 같은 경험이었습니다. 그는 자신이 자라고 속한 교회를 보았습니다. 그 교회가 우습게 변해 버린 현실을 보고 "이건 비참한 일이다. 비극이다"라고 말했습니다. 그는 신약성경을 읽으면서 하나님의 교회가 원래 어떠해야 하는지 알게 되었습니다. 금빛 나는 횃불로 열국을 비추어야 한다는 사실을 알게 되었습니다. 그의 마음은 흔들리며 요동치기 시작했습니다. 개혁은 그렇게 시작되었습니다.

여러분과 저도 교회에 대해 이상을 가지고 있어야 합니다. 그렇습니다. 우리는 핑계 댈 수가 없습니다. 성경이 바로 그 이상을 보여 주고 있기 때문입니다. 우리는 사도행전에서 한 줌밖에 안 되는 사람들이 횃불처럼 타오르며 "공의가 빛같이" 비치게 하는 모습을 봅니다. 그 불꽃과 힘이 눈에 보이지 않습니까? 촉구하건대 교회사에 등장하는 모든 위대한 부흥의 이야기들을 읽어 보십시오. 종교개혁이 일어났던 그 영광스러운 시대로 돌아가 보십시오. 200년 전으로 돌아가 보십시오. 윗필드와 웨슬리 형제와 그 밖의 사람들이 바로 이곳 런던에서 성령의 기름부음을 받아 설교했던 시절, 놀라운 일들이 일어났던 그 시절에 대해 잘 읽어 보십시오. 문제는 우리가 교회에 대해 아무런 개념도 가지고 있지 않다는 것, 그렇게 놀라운 교회의 모습을 한 번도 보지 못했다는 것 아닙니까? 그렇습니다. 우리는 이를테면 외적으로 번창하는 모습은 보았지만, 교회 그 자체가 번창하는 모습은 보지 못했습니다. 우리는 교회가 타오르는 횃불처럼 빛을 발하는 모습을 본 적도 없고 그런 일에 대해 아는 바도 없습니다. 그러나 교회는 원래 그렇게 빛을 발해야 하는 곳이며 그렇게 빛을 발할 수 있는 곳입니다. 우리는 그 점을 깨달아야 합니다. 선지자는 여기에서 바로 그 이야기를 하고 있습니다.

이사야는 연이어 또 다른 묘사를 덧붙이고 있습니다. 교회에 대해 "너는 또 여호와의 손의 아름다운 면류관, 네 하나님의 손의 왕관이 될 것이라"라고 말하고 있는 것입니다. 얼마나 굉장한 믿음인지 모릅니다. 교회가 황무해지고 버려진 현실을 보면서도 "괜찮다"는 것입니다. "내 눈에는 장차 여호와의 손의 아름다운 면류관이 된 네 모습, 그 손의 왕관이 된 네 모습이 보인다. 네 원래 모습이 보인다"는 것입니다. 여러분은 그가 사용한 다른 표현들도 기억할 것입니다. 그는 "다시는 너를 버리운 자라 칭하지 아니하며"라고 말합니다. 교회가 더 이상 버려지지 않을 날이 다가오고 있음을 자신은 본다는 것입니다. "오직 너를 헵시바—'하나님의 기쁨이 그에게 있다'라는 뜻입니다—라 하며.""다시는 네 땅을 황무지라 칭하지 아니하고……뿔라―'결혼한 여자'라는 뜻입니다―라 하리니." 자, 우리는 이 말들의 뜻을 명확히 알아둘 필요가 있습니다. 선지자가 여기에서 말하는 바는 지금은 하나님의 기쁨이 그 백성에게 있는 듯하지 않다는 것입니다. 하나님이 마치 집을 떠나 아내를 잊어버린 남편처럼 보인다는 것입니다. 바로 이것이 선지자가 말하고 있는 바입니다. 그 당시 이스라엘의 형편은 확실히 그러했습니다. 원수들이 그들을 좌지우지하고 있었습니다. 전에는 만인을 정복했던 이스라엘이, 다윗 왕과 그 뒤를 이은 솔로몬 왕의 통치 아래 크게 번영했던 이스라엘이 이제는 소수만 남아 약하고 초라하게 살고 있었습니다. 또 대다수 백성들은 바벨론으로 잡혀가 잔인한 갈대아인의 권력 아래 일하는 노예가 되어 있었습니다. 그는 이 모든 상황을 보면서 말합니다. "이런 일들이 뜻하는 바가 무엇인가? 그렇다. 하나님이 우리를 버리신 것이다. 하나님이 우리를 외면하신 것이다." 그러나 선지자는 그가 다시 자신들을 돌아보시며 돌아오실 때까지, "나의 기쁨은 너에게 있다. 내가 너의 남편이다. 내가 돌아왔다"고 말씀하실 때까지 쉬지 않을 것이며 편히 지내지 않을 것이라고 말합니다. "오직 너를 헵시바〔나의 기쁨이 너에게 있다〕라 하며 네 땅을 뿔라〔결혼한 여자〕라 하리니 이는 여호와께서 너를 기뻐하실 것이며 네 땅이 결혼한 바가 될 것임이라."

그에 더하여 이사야는 다음과 같이 말하고 있습니다. "여호와께서 예루살렘을 세워 세상에서 찬송을 받게 하시기까지―만인이 예루살렘을 보면서 찬송하게 될 때까지―그로 쉬지 못하시게 하라." 실제로 그는 8절과 9절에서 예루살렘이 다시 번성할 것이라고 덧붙이고 있습니다. "오직 [곡식을] 추수한 자가 그것을 먹고 나 여호와를 찬송할 것이요 거둔 자가 그것을 나의 성소 뜰에서 마시리라." 보시다시피 이런 생각은 다음과 같은 적용으로 이어집니다. 선지자는 교회의 현실을 보면서 "하나님이 우리를 떠나신 것 같다. 하나님이 우리를 버리셨다"고 말합니다. 오늘날도 그렇지 않습니까? 저는 주저 없이 그렇다고 말할 수 있습니다. 물론 그 기준은 상대적인 것입니다. 우리는 작은 일의 날이라고 해서 멸시해서는 안 됩니다.* 장담컨대 우리는 너무너무 작은 일의 날에 살고 있습니다. 오늘날 교회의 형편을 과거와 비교해 볼 때, 여러 가지 이유에서 하나님이 우리에게 웃는 얼굴을 보이지 않으시리라는 결론을 내리지 않을 수 없습니다. 어떤 의미에서 우리는 버림받았습니다. 어떤 의미에서 우리는 황무해졌습니다. 일반적으로 볼 때 오늘날 전 세계의 교회는 버려진 상태에 있습니다. 황무한 상태에 있습니다. 저의 주장은 우리가 바로 이 점을 깨달아야 한다는 것입니다.

더 나아가 우리는 교회의 가능성을 보아야 합니다. 예루살렘은 원래 이런 곳이 아니었습니다. 원래 모습은 완전히 다른 것이었습니다. 이사야의 마음을 격동하고 요동치게 만든 요소가 또 한 가지 있었습니다. 그는 이방인들이 이러한 교회의 원래 모습을 참으로 보게 되기를 갈망했습니다. 그 내용이 2절에 나오고 있습니다. "열방이 네 공의를, 열왕이 다 네 영광을 볼 것이요 너는 여호와의 입으로 정하실 새 이름으로 일컬음이 될 것이며." 이런 갈망은 이후

---

* 슥 4:10 참조—옮긴이.

시대에도 계속해서 나타났던 특징입니다. 이교도나 이방인들의 조롱보다 더 하나님의 사람들을 근심케 한 것이 없었습니다. 이스라엘은 자신들에 대해 굉장한 주장을 펼쳤습니다. "우리는 하나님의 백성들이다. 시온은 살아 계신 하나님의 성이다. 저 성전을 보라. 하나님이 저기 계시다. 이방인들아, 너희는 바깥뜰에 있는 자들이다. 너희는 지성소에 들어가 본 적이 없다. 쉐키나의 영광을 본 적이 없다. 하나님은 저기 그룹들 사이에 계시는 분이다"라고 말했습니다. 이것이 그들의 주장이었습니다. 그들은 하나님의 백성이었습니다. 그런데 그 하나님의 백성들이 패해서 황무해져 버린 것입니다. 그들은 원수들이 비웃고 조롱하고 있다는 것과 멸시와 조소가 자신들에게 넘치고 있다는 것을 알았습니다. 열왕과 유력자들이 하나님과 그 군대와 백성들에게 도전하며 조롱하고 있었습니다. 선지자는 말합니다. "오, 열방이 네 공의를, 열왕이 다 네 영광을 볼 때까지 나는 잠잠히 있지 않겠다."

우리도 그런 생각을 하면 마음이 요동칩니까? 사람들이 기독교회에 대해 농담을 하며 웃음을 터뜨리는 소리가 들릴 때 근심이 되고 탄식이 나옵니까? 철학자와 과학자를 비롯한 현대의 "열왕"들이 우리가 아닌 하나님의 성에 계신 하나님과 기독교회를 무시하며 조롱하는 소리가 들릴 때, 그리스도가 피로 사신 교회를 무시하며 조롱하는 소리가 들릴 때 마음이 요동치지 않습니까? 그들은 교회를 비웃고 있습니다. 교회에 침을 뱉고 있습니다. 그런데도 여러분과 제가 태연하게 있을 수 있습니까? 하나님의 빛을 그 얼굴에 받고 성령의 능력과 불꽃을 그 속에 품어 영광과 광채를 발하는 교회의 모습을 이 이방인들과 "열왕"들이 보게 되었으면 하는 간절하고도 뜨거운 열망이 속에서 솟구치지 않습니까? 선지자 이사야의 생각과 마음과 영혼을 격동했던 것이 바로 이것이었습니다. 그는 열방과 열왕들이 하나님의 백성들을 가리켜 거룩한 백성이요 여호와의 구속하신 자요 찾은 바 된 자요 버리지 아니한 성읍이라고 말하게 될 날을 고대했습니다. 그는 말합니다. "사람들이 다시 시온을 찾는 날이 올 때까지 나는 잠잠히 있지 않겠다. 그날이 오면 땅 끝에서부터 세상 모든 나라와 성읍 중에 뛰어난 하나님의 성 시온을 찾아올 것이다."

이어지는 선지자의 권면에 배경이 되는 생각이 있는데, 그것이 우리를 두 번째 주제로 이끌어 갑니다. 이 모든 상황을 생각하면서 선지자가 하기로 결심한 일이 무엇입니까? 다른 모든 백성들에게 하라고 권면한 일이 무엇입니까? 그 답이 6절과 7절에 나오고 있습니다. 이미 살펴보았듯이 사실상 그가 맨 처음부터 해 온 말은 "나는 잠잠하지 않겠고 쉬지 않겠다"는 것입니다. 그는 말합니다. "나는 말할 것이다. 이 일에 대해 이야기할 것이다. 사람들에게 전할 것이다. 끊임없이 말할 것이다. 상황이 지금 같은 한 쉬지 않을 것이다. 예루살렘이 어떤 곳이 될 수 있는지 알기에, 장차 어떤 곳이 될 것인지 알기에 그날이 올 때까지 쉬지 않을 것이다." 다시 말해서 이사야는 이 한 가지 생각에 사로잡혔던 사람입니다. 이 한 가지 생각이 그를 사로잡았고 그를 움직였습니다. 그는 이 한 가지 생각에 전심을 바쳤습니다. 생각했다 말았다 하지 않았습니다. 사람들은 특별히 심각한 상황이 벌어질 때에는 잠시 생각을 하다가도 금세 잊고 단조로운 일상으로 돌아가 버리는 경우가 아주 많습니다. 잠깐은 기도하지만 돌아서는 즉시 잊어버립니다. 그러나 이 사람은 생각했다 말았다 하지 않았습니다. 변덕을 부리지 않았습니다. 오직 시온의 형편만을 자신의 관심사로 삼아 평생 거기에 몰두하며 항상 그 이야기를 했습니다. 그것이 그의 영혼을 짓누르는 부담이 되었습니다.

부흥도 항상 이런 식으로 시작됩니다. 하나님이 누군가에게, 한 사람이나 다수의 사람들에게—숫자는 중요치 않습니다—이런 식의 부담을 주십니다. 그러면 '외골수'가 되는 것은 아니냐고 말할 정도로 그 일에 몰두하게 됩니다. 그는 오직 한 가지에 대해서만 이야기합니다. "나는 잠잠하지 않겠다. 쉬지 않겠다"고 말합니다. 한 가지 말만 하고 한 가지 이야기만 하며 사람들에게도 그 한 가지에 대해 생각할 것을 권합니다. 여러분, 하나님은 이렇게 움직이기 시작하십니다. 이사야 선지자도 마찬가지였습니다. 물론 많은 이들은 그를 미쳤다고 생각했습니다. 예레미야도 미쳤다는 소리를 들었습니다. 사람들은 말했습니다. "대체 뭐가 문제라고 자꾸 같은 말만 반복하는 거지? 왜 돌아와서 우리와 함께 일상적인 교회생활을 행복하게 해 나가지 못하는 거냐고? 왜 항상 그 타령이야? 듣는 사람도 없는데?" 이것이 사람들이 하는 말입니다. 하나님의 교회가 원래 어떠해야 하며 어떤 곳이 될 수 있는지에 대해 바른 시각을 가지고 있는 사람이 아무도 없습니다. 그 모습과 지금의 현실을 비교해 보는 사람이 아무도 없습니다. 그러다가 갑자기 한 명이 나타나 그 이야기를 하기 시작하고 그 일에 사로잡히면 사람들이 다 미쳤다고 하면서 비난합니다. "왜 저 소란이야? 다 잘되고 있잖아?" 이스라엘의 거짓 선지자들이 했던 말도 이것이었습니다. 오늘날 거짓 선지자들이 하는 말도 이것입니다. 실제로 어떤 이들은 부흥이라는 개념 자체에 아예 반기를 들기도 합니다. 그들은 교회 역사가 보여 주는 증거에도 불구하고 성령의 부으심을 믿지 않습니다. 그저 시온에서 안일하게 지낼 뿐입니다. 이렇게 전락한 시온, 전락한 세상에서 안일하게 지내는 것입니다.

이것이 이사야가 우리에게 첫 번째로 말해 주는 바입니다. 그는 계속해서 실제적인 대책을 세우고 있습니다. 그가 6절에서 하는 말은 이것입니다. "예루살렘이여, 내가 너의 성벽 위에 파수꾼을 세우고―이것은 실제적인 조치입니다―종일 종야에 잠잠치 않게 하였느니라." 이렇게 파수꾼을 세우는 목적이 무엇입니까? 물론 성을 지키기 위해서입니다. 고대에는 성에 파수꾼을 세우는 것이 관례였습니다. 성 둘레에 성벽을 쌓고 파수꾼을 세워 밤낮으로 망을 보게 했습니다. 그들은 성을 지켰습니다. 혹시 적들이 침입하지는 않는지 계속 감시했습니다. 나무들 사이에서 무언가 갑자기 움직이는 모습이 보이거나 들판 저편에서 수상하게 활동하는 모습이 보이면 즉시 보고했습니다. 이처럼 파수꾼들이야말로 성내 사람들의 생명과 안전을 지키는 자들이었습니다. 과거에 파수꾼이 필요했던 것처럼 오늘날에도 파수꾼이 필요합니다. 보이지는 않지만 항상 세력을 규합해서 공격할 기회를 노리는 원수들이 있기 때문입니다. 그들이 누구입니까? 진리와 교리를 공격하는 원수들, 교리뿐 아니라 교회의 삶과 거룩함과 품행과 행실을 공격하는 원수들입니다. 선지자는

"내가 파수꾼을 세웠다"고 말합니다. "이들은 눈을 크게 뜨고 있어야 한다. 밤낮으로 눈을 뜨고 지켜야 한다. 쉬지 말고 항상 경계해야 한다." 그 어느 때보다 파수가 필요한 때가 있다면 바로 지금일 것입니다. 이런저런 사상들이 복음주의 진영 안에까지 스며들고 있습니다. 예를 들어 궁극적으로 무엇을 믿느냐는 그리 중요치 않다고 주장하는 자들이 있습니다. 선한 사람, 그리스도인을 자처하는 사람들과는 얼마든지 협력해도 된다는 것입니다. 궁극적인 교리에서 정반대되는 입장을 취하는 자들을 한자리에 불러 모아 발언하게 하자는 것입니다. 이처럼 사람들은 심각한 혼동에 빠져 있습니다. 편의주의나 연합이나 그 비슷한 명분 아래 미끄러지고 있으며 넘어지고 있습니다. 친애하는 여러분, 이것은 좋은 일이 아닙니다. 시온은 하나님의 성이요, 거룩한 백성이요, 거룩한 처소요, **하나님이** 거하시는 곳입니다. 교리나 생명은 우리 마음대로 가지고 놀 수 있는 대상이 아닙니다.

파수꾼의 임무는 단순히 적군만 감시하는 것이 아닙니다. 적군이 성에 육박해 오며 성을 포위할 때 지평선에 시선을 고정한 채 혹시라도 구원군이 오지는 않는지, 우방국이 세력을 규합하여 적의 뒤를 치러 오지는 않는지 지켜보아야 합니다. 계속 망을 보고 있어야 하는 것입니다. 구원의 소망이 보입니까? 우리를 구해 주러 오는 이가 보입니까? 파수꾼은 성벽에 서서 좋은 소식을 기다리며 평화의 사신이 산을 넘어와 구원의 날을 선포해 주기를—이사야가 40장에서 이미 묘사한 대로—기다립니다. 파수꾼은 하박국처럼 기도한 후 성루에 올라가 하나님의 대답을 기다립니다(합 2:1). 이것이 파수의 핵심입니다. 우리는 기다리고 바라보며 지켜보아야 합니다. 하나님의 성령이 조금이라도 움직이시는 기척이 들리면 그것이 지속되고 증폭되기를, 계속되기를 간절히 기도해야 합니다. 무언가 연기를 내며 타는 소리만 들려도 그것이 불꽃을 일으키도록 기도해야 합니다.

이처럼 선지자는 성벽에 파수꾼을 세워 두었습니다. 그러나 우리가 마지막으로 고찰해야 할 점이 한 가지 더 있습니다. "너희, 여호와로 기억하시게 하는 자들아, 너희는 쉬지 말며 또 여호와께서 예루살렘을 세워 세상에서 찬송을 받게 하시기까지 그로 쉬지 못하시게 하라." 이것은 놀라운 진술입니다. "너희, 여호와에 대해 말하는 자들아……"(KJV). 난외주에는 또 다른 번역이 나와 있는데, 그쪽이 확실히 옳은 번역입니다. "너희, 여호와로 기억하시게 하는 자들아……"* 개정역RV에도 동일하게 번역되어 있습니다. 그리고 개정표준역RSV에는 "너희, 여호와의 기억을 일깨우는 자들아……"라고 되어 있습니다. "너희, 여호와로 기억하시게 하는 자들아, 잠잠하지 말라. 그가 이 일을 하실 때까지 쉬지 못하시게 하라"는 것입니다. 이것은 기도의 요청이자 중보의 요청입니다. 무슨 뜻입니까? 자, 저는 여러 가지 번역을 참고할 때 이 구절을 다음과 같이 해석할 수 있다고 생각합니다. 선지자는 아직도 여호와를 기억하고 있는 백성들을 향해 말합니다. 아직도 사람보다는 하나님을 바라보고 있는 백성들을 향해 말합니다. "너희, 여호와를 기억하고

---

* 우리말 개역성경에는 후자로 번역되어 있다―옮긴이.

있는 자들아, 너희에게 말하고 명하건대 마음을 놓지 마라. 계속 기도하라. 잠잠하지 마라. 쉬지 마라."

그러나 이 명령에는 다른 의미도 담겨 있습니다. 이 백성들은 그 자신들이 여호와를 기억하고 있는 자들일 뿐 아니라 남들에게도 여호와를 기억하게 만드는 자들입니다. 그들은 사람들을 향해 여호와께 기도할 것을 권면합니다. 바로 이 부분에서 저는 여러분 모두에게 호소하고 싶습니다. 우리가 살고 있는 이 시대의 부담에 대해 무언가 알기 시작했다면, 여러분 자신이 하나님께 우리를 찾아와 하나님의 일을 부흥케 해 달라고 기도하고 있다면 다른 사람들도 분발시켜 하나님을 기억하게 만드십시오. "하나님이 여전히 계시다는 것을 기억하라. 왜 하나님께 기도하지 않는가? 왜 하나님께로 돌아오지 않는가?"라고 말하십시오. 여호와로 기억하시게 하는 여러분이여, 그들을 분발시키십시오. 여호와를 기억하고 있는 여러분이여, 다른 이들도 여호와를 기억하게 만드십시오.

그러나 이 말씀에는 이보다 훨씬 더 높고 놀라운 의미, 아니 아주 혁신적이라 할 만한 의미가 담겨 있습니다. "너희, 여호와로 기억하시게 하는 자들아……"라는 말은 곧 '하나님께 그분의 약속을 일깨워 드리는 자들아'라는 뜻입니다. 이것은 혁신적인 의미입니다. 그런데 이 말씀에 바로 이런 혁신적인 의미가 들어 있는 것입니다. 이것은 모든 사람이 동의하고 있는 부분입니다. 우리는 하나님께 그분의 약속을 일깨워 드릴 필요가 있습니다. 우리는 기도할 때 말씀을 가지고 나아가야 하며, 그가 시온과 예루살렘에 대해 하신 말씀, 교회에 대해 하신 말씀을 일깨워 드려야 합니다. 또한 그는 결코 말씀을 변개하실 수 없으며 약속을 깨실 수 없는 분이요 불변하시는 분임을 일깨워 드려야 합니다. 우리는 그와 동행하되, 그가 주신 약속, 그가 친히 주신 약속을 가지고 나아가 "주여, 당신이 이렇게 말씀하셨으니 우리를 돌아보아 주십시오"라고 아뢰어야 합니다. "너희, 여호와로 기억하시게 하는 자들아, 너희는 쉬지 말며……." 그에게 일깨워 드리십시오. 말씀드리십시오. 이런 약속들에 대해 아뢰십시오. 시편 기자들은 늘 그렇게 했다는 사실을 여러분도 알 것입니다. 그들은 약속을 일깨우며 기도했습니다. 시편을 읽어 보십시오. 또 여러분은 신약성경에 나오는 인물들도 똑같이 기도했음을 알 것입니다. 그들은 시편을 인용하여 하나님께 그가 하신 말씀을 일깨워 드리며 간구하곤 했습니다. 여러분과 저는 여호와로 기억하시게 하는 자들이 되어야 합니다.

　마지막으로, 우리는 이런 기도를 꾸준히 계속해 나가야 합니다. 오늘 본문에 강청의 요소가 들어 있음을 알아채셨습니까? 이 사람은 말합니다. "……**나타나도록** 시온을 위하여 잠잠하지 아니하며 예루살렘을 위하여 쉬지 아니할 것인즉." 그는 자신이 원하는 일이 **나타날 때까지** 계속 기도하겠다고 말합니다. 자신이 성벽에 세운 파수꾼들도 종일 종야에 잠잠치 않을 것이라고 말합니다. 자신도 이 일을 계속하겠지만 파수꾼들도 이 일을 계속할 것이라고 말합니다. 또 다른 놀라운 구절에도 주목하시기 바랍니다. 흠정역은 "너희, 여호와에 대해 말하는 자들아, 너희는 잠잠치 말며"라고 쓰고 있습니다. 그런데 이 구절의 번역은 개정역과 다른 성경들 쪽이 더 낫습니다. 그 성경들은 "너희는 쉬지 말며"라고 번역하고 있습니다.* 다 같은 말입니다. 잠잠하지 않으려면 쉴 수 없습니다. 쉬려면 잠잠해야 합니다. 결국은 같은 뜻입니다.

이 부분에 주목하십시오. "너희, 여호와로 기억하시게 하는 자들아, 너희는 쉬지 말며……." 지금 이 시대는 절망적이고 급박한 상태에 있습니다. 한창 큰 전쟁을 치르는 중에는 노동조합의 규정이나 규칙을 비롯한 온갖 종류의 규칙들이 완화되게 마련입니다. 사람들은 "평화 시처럼 여유롭게 지낼 수는 없다. 우리는 지금 목숨을 지키기 위해 싸우고 있다"고 말합니다. 제2차 세계대전 때 우리가 들었던 말도 그것 아니었습니까? 지도자들은 말했습니다. "여러분, 불필요한 것들은 모두 내놓고 버리십시오. 목숨을 잃는다면 그것들이 다 무슨 소용이겠습니까? 나라를 잃는다면 그것들이 다 무슨 소용이겠습니까? 평상시의 규정은 좀 양보하시기 바랍니다. 쉬지 말고 일하십시오. 24시간 '총력'을 다합시다." 이것이 그들의 호소였습니다. 여기 이사야서에도 똑같은 호소가 나오고 있습니다. "쉬지 말라, 잠잠치 말라." 그리고 다음과 같은 대담한 진술이 이어집니다. "그로 쉬지 못하시게 하라." 하나님이 예루살렘을 세우실 때까지, 예루살렘으로 하여금 세상에서 찬송을 받게 하시기까지 쉬지 못하시게 하라는 것입니다. 이 얼마나 담대한 진술인지 모릅니다. 물론 이사야의 말은 절대적으로 옳습니다. 하나님이 우리 기도를 들으실 때까지, 우리에게 응답해 주실 때까지, 예루살렘이 다시 아름다운 옷을 입고 타오르는 횃불이 될 때까지 우리 자신도 쉬지

---

* 우리말 개역성경에는 후자로 번역되어 있다—옮긴이.

말아야 하지만 하나님도 쉬지 못하시게 해야 합니다. 하나님을 쉬지 못하시게 하십시오. 여러분도 쉬지 마십시오. 계속 기도하십시오. 하나님께 기도를 퍼부으십시오. 응답하실 때까지 하늘에 퍼부으십시오.

우리에게는 주님이 친히 주신 보장이 있지 않습니까? 창세기 32장은 야곱도 똑같은 일을 했다고 기록하고 있습니다. 그는 "〔당신을〕 가게 하지 아니하겠나이다"라고 말했습니다.

야곱과 씨름하던 사람이 말했습니다.

"새벽이구나. 날이 새고 있으니 날 보내다오."

"아니, 보내 드릴 수 없습니다."

야곱이 말했습니다.

"제 요구를 들어주실 때까지는 보내 드릴 수 없습니다."

과연 씨름쟁이 야곱답습니다. 저는 모세도 똑같이 했음을 일깨워 드린 바 있습니다. 우리는 출애굽기 33장에서 그 점을 고찰했습니다. 모세는 한 가지 요청을 했고 하나님은 "들어주겠다"라고 대답하셨습니다.

"더 주십시오."

모세가 말했습니다.

"좋다."

하나님이 말씀하셨습니다.

"더 주십시오."

모세가 또 말했습니다.

이사야도 똑같이 하고 있습니다. 주님은 우리도 이렇게 기도하라고 가르치셨습니다. 이것은 주님이 하나님에 대해, 하나님과 우리에 대해 하신 말씀 중 가장 영광스럽고 놀라운 말씀이라 할 만합니다. "너희도 알겠지만 기도는 하다 말다 해서는 안 되고, 강청하듯이 해야 한다. 밤에 갑자기 친구의 방문을 받은 사람처럼 해야 한다."

갑자기 친구의 방문을 받은 사람은 자기에게 대접할 음식이 없자 이렇게 말합니다.

"오, 저 위에 사는 친구에게는 떡이 좀 있을 거야."

그래서 그 다른 친구를 찾아가 문을 두드립니다. 그런데 그 친구는 소리칩니다.

"내려갈 수 없어. 난 이미 자리에 누웠고 아이들도 같이 누웠다고."

찾아간 친구는 말합니다.

"아니, 꼭 줘야 해. 손님이 왔는데 아무것도 먹이지 않고 보낼 수는 없잖나."

그는 계속해서 문을 두드립니다. 그러자 친구가 말합니다.

"안 된다니까. 벌써 자리에 누웠다고 했잖나."

그런데도 찾아간 사람이 거푸거푸 부탁하자 마침내 주인이 일어나 떡을 줍니다.

주님의 비유에서 이미 자리에 누운 사람은 다름 아닌 하나님을 가리킵니다. 그 사람은 이웃의 강청에 못 이겨 일어나 떡을 주었습니다. 이 땅에 사는 죄 많고 악한 아버지인 우리도 자식에게 좋은 것을 줄 줄 알거든, 하물며 하늘에 계신 우리 아버지께서 구하는 자에게 성령을 주시지 않겠습니까?(눅 11:5-13). 그는 결코 우리를 헛수고시키지 않으실 것입니다.

그러나 하나님은 아버지처럼 우리를 기다리게 하시는 것 같습니다. 처음에는 "안 돼"라고 말씀하심으로써 계속 구하게 하시고 강청하게 하시는 것 같습니다. 누가복음 18장에도 같은 이야기가 나옵니다. 주님은 불의한 재판관에 대해 가르치십니다. 사람들은 그것을 '불의한 재판관의 비유'라고 부르는데, 저는 '강청하는 과부의 비유'라고 불러야 한다고 생각합니다. 한 과부가 재판관 앞에 나아갔습니다. 그런데 재판관은 과부의 송사를 무시했던 것으로 보입니다. 과부는 다시 찾아갔고 재판관은 또 무시했습니다. 그런데도 과부가 또 찾아가자 마침내 재판관이 말했습니다. "정말 귀찮게 구는군. 귀에 멍이 다 들 지경이야. 지치지도 않고 찾아오네. 끈질긴 여자야." 그래서 결국에는 "좋아, 과부의 송사를 살펴보자"라고 말하기에 이르렀습니다. 재판관은 과부의 요청을 들어주었습니다. 주님은 항상 기도하고 낙망치 말아야 한다는 주제 아래 이 비유를 말씀하셨습니다. 이사야는 말합니다. "너희는 쉬지 말라. 그도 쉬지 못하시게 하라."

친애하는 여러분, 교회의 원래 모습에 대해 이상을 가지고 있습니까? 교회가 마땅히 될 수 있는 상태, 장차 되어야 할 상태와 현재 상태의 대비를 보고 있습니까? 자, 그것을 보았다면 성벽에 파수꾼을 세웁시다. 우리가 살펴본 모든 의미에서 여호와로 기억하시게 하는 자들이 됩시다. 쉬지 맙시다. 예루살렘이 다시 찬송이 되고 영광이 되며 그 광채와 의를 환히 발하게 될 때까지 우리도 쉬지 말고 하나님도 쉬지 못하시게 합시다. 그러면 열방과 열왕들이 다 예루살렘을 바라보게 될 것이며, 예루살렘을 통해 여호와를 구하고 오직 그만이 주실 수 있는 구원을 구하기 위해 찾아오게 될 것입니다. 하나님이 우리 눈을 열어 이 시대의 급박함과 우리를 다루시는 하나님의 방식을 보게 해 주시기를 원합니다.

21 갑자기 등장하시는 하나님

에돔에서 오며 홍의를 입고 보스라에서 오는 자가 누구뇨. 그 화려한 의복, 큰 능력으로 걷는 자가 누구뇨. 그는 내니 의를 말하는 자요 구원하기에 능한 자니라. 어찌하여 네 의복이 붉으며 네 옷이 포도즙 틀을 밟는 자 같으뇨. 만민 중에 나와 함께한 자가 없이 내가 홀로 포도즙 틀을 밟았는데 내가 노함을 인하여 무리를 밟았고 분함을 인하여 짓밟았으므로 그들의 선혈이 내 옷에 뛰어 내 의복을 다 더럽혔음이니 이는 내 원수 갚는 날이 내 마음에 있고 내 구속할 해가 왔으나 내가 본즉 도와주는 자도 없고 붙들어 주는 자도 없으므로 이상히 여겨 내 팔이 나를 구원하며 내 분이 나를 붙들었음이라. 내가 노함을 인하여 만민을 밟았으며 내가 분함을 인하여 그들을 취케 하고 그들의 선혈로 땅에 쏟아지게 하였느니라. (사 63:1-6)

우리는 이사야서 62장을 고찰하면서 선지자가 하나님의 교회인 예루살렘의 절망적인 상황 앞에 어떻게 탄식하는지 보았습니다. 또한 그가 그 상황에 대처하여 어떻게 파수하고 기도하기로 결심하는지도 보았습니다. 그는 성벽에 파수꾼을 세우기로 합니다. 백성들에게 끊임없이 기도할 것을 촉구하기로 합니다. 시온이 다시 한번 회복되고 세상의 찬송을 받게 될 때까지 하나님도 쉬지 못하시게 하고 그들 자신도 쉬지 말 것을 촉구하기로 합니다. 그것은 실천하라는 요청이었으며 급박한 상황에 직면하라는 요청이었습니다. 선지자는 하나님이 그들을 구원하여 특권과 권세를 누리던 옛 지위를 다시 회복시켜 주실 때까지 기다리는 일에 헌신하라고 백성들을 권고했으며, 자신도 그렇게 하겠다고 맹세했습니다.

우리는 오늘 본문에서 여섯 절에 담긴 기이한 장면과 갑자기 마주치게 됩니다. 처음에는 이것을 삽입된 부분으로 생각하고픈 유혹을 받기가 아주 쉽습니다. 앞의 내용과 직접적인 연관성이 없어 보이기 때문입니다. 어느 정도는 62장 말미에서 끝난 내용의 연장이라고 할 만한 선지자의 기도가 7절에서 이어지고 있습니다. 그런데 그 기도, 그 위대한 중보의 행위 도중에 갑자기 이 문단이 끼어드는 것입니다. 물론 아주 이질적인 내용이 어쩌다 이 부분에 끼어든 것이라고 말하는 사람들도 있습니다. 이것은 이사야서의 통일성을 믿지 않는 자들, 여러 시기에 산발적으로 예언된 내용을 최종 편집자가 짜깁기해서 엮어 놓았다고 생각하는 자들의 관점입니다. 그러니까 당연히 이것은 여기가 아닌 다른 곳에 있어야 할 본문이라고 말할 준비가 되어 있는 것이며, 실제로도 그렇게 말하고 있는 것입니다. 그들은 선지자가 다른 때 받은 이상이 공교롭게도 여기 끼어들면서 기도의 흐름을 끊고 있다고 말합니다.

자, 이것은 물론 그들에게 영적인 통찰력이 전혀 없다는 사실과 자기 백성을 다루시는 하나님의 방법에 지독히 무지하다는 사실을 보여 주는 증거에 불과합니다. 합리적 정신의 소유자들은 항상 이런 식으로 그리스도인의 경험과 삶에 담긴 가장 찬란한 영광을 놓쳐 버립니다.

그렇습니다. 이 문단은 삽입된 것이 아닙니다. 이것은 하나님이 그 백성과 관련하여 행동하실 때 가장 크게 나타나는 특징입니다. 선지자는 이 절망적인 상황에서 백성들을 향해 "현실이 이토록 절망적이니 나와 함께 파수하며 기도하자"라고 권면하며 촉구합니다. 그러자 하나님이 그들을 굽어 살피시며 그들의 연약함과 절망적인 곤경을 헤아리시고 격려해 주십니다. 그들이 계속 기도하고 파수해 나가는 데 힘이 될 만한 일을 해 주십니다. 그것이 바로 이 여섯 절에 담겨 있는 내용입니다. 하나님은 선지자에게 이상을 보여 주시고 최종적인 결과를 얼핏 보여 주심으로써 그가 쓰러지거나 용기를 잃지 않고 동족들을 독려하여 이 큰 영적 싸움을 계속해 나갈 수 있도록 도와주십니다. 다시 말해서 선지자를 격려하고 그에게 힘을 주시기 위해 이 같은 이상을 주시는 것입니다. 이것은 하나님이 그 백성과 관련하여 행동하실 때 가장 전형적으로 나타나는 특징이기도 합니다. 우리가 싸우는 이 싸움에는 격려가 필요합니다. 실제로 이런 격려가 때때로 주어지지 않는다면 우리는 계속해서 싸워 나가지 못할 것입니다. 그 이야기가 찬송집들을 가득 채우고 있습니다.

그리스도인이 노래하는 동안

한 줄기 빛이 문득 비칠 때가 있다네.

주께서 치료하는 날개를 달고

날아오르신 것이라네.

— 윌리엄 쿠퍼 W. Cowper

하나님은 주기적으로 이런 일을 해 주십니다. 하나의 광선, 한 줄기 햇살이 갑자기 구름을 뚫고 내려옵니다. 우리를 격려하고 계속 전진하도록 돕기 위해 은혜로 빛을 내려 주시는 것입니다. 우리는 상황에 직면하라는 부르심을 받았습니다. 그것은 우울하고 지루하며 피곤하고 지치는 일입니다. 우리는 실패하고 쓰러지기 쉬운 성향을 가지고 있습니다. 실제로 하나님이 이사야 선지자와 이스라엘 자손들에게 해 주셨던 일을 때때로 우리에게도 해 주시지 않는다면 모두 지쳐 쓰러지고 말 것입니다.

그 다음으로 이 본문에는 우리가 계속 기억해야 할 몇 가지 요점이 있음을 알 필요가 있습니다. 사도 바울의 말처럼 성경은 본받게 하려고만 주신 것이 아니라 격려하려고 주신 것입니다. 바울은 성경이 주는 위로에 대해 이야기하고 있습니다. 신약교회가 성령의 인도를 받아 지혜롭게도 구약성경과 신약성경을 통합해 놓은 이유가 여기 있습니다. 동일한 하나님이 지금도 행하고 계십니다. 과거에 하셨던 일을 지금도 우리를 위해 해 주고 계십니다. 하나님은 자신의 신실한 백성들을 여전히 같은 방식으로 대하고 계십니다. 그러므로 저는 지금부터 우리가 살펴보려는 내용이야말로 기도하고 중보하는 자가 받을 수 있는 최고의 격려라고 말하고 싶습니다. 이 위대한 장면, 선지자에게 주어진 이상의 의미를 파악할 때에만 성령의 강력한 찾아오심이라는 축복을 향해 계속해서 나아갈 수가 있습니다. 이것이 하나님의 방식입니다. 처음에 문제가 생기면 기도하라는 권면을 해 주십니다. 그래서 기도하기 시작하면 출발하기도 전에 낙심하는 일이 생기지 않도록 곧바로 격려를 보내 주십니다.

본문을 보면 이것이 하나의 이상임을 알 수 있습니다. 선지자는 에돔과 에돔의 수도인 보스라에서 누군가 올라오는 이상을 문득 보게 됩니다. 그렇게 올라온 사람은 보기에 아주 기이했습니다. 선지자의 관심을 단박에 잡아끈 것은 그의 옷이 피로 물들어 있다는 점이었습니다. 지금 올라온 이 사람은 큰 싸움, 큰 접전을 치르고 온 것이 분명했습니다. 선지자는 그가 승리자임을 단박에 분명하게 알아차릴 수 있었습니다. 그는 아주 피비린내 나는 전투를 치렀지만 승리했고, 핏방울이 튄 옷을 입은 채 힘있게 걸어오고 있었습니다. 자, 이 이상이 뜻하는 바가 무엇입니까? 이 이상이 하나님의 백성들에게 전하고 있는 메시지가 무엇입니까?

사실 여기에는 아주 사소한 난점이 한 가지 있습니다. 아시다시피 요한계시록 19장은 여기 나오는 모든 내용 및 같은 주제를 다루는 성경의 다른 본문들을 아주 놀랍게 주석해 주고 있습니다. 성경에서 에돔은 항상 하나님과 그 백성들을 대적하는 세력을 가리키며 대표하는 이름으로 등장합니다. 에돔은 원래 에서의 후손들입니다. 그러므로 원한다면 이것을 야곱과 에서의 대비로 보아도 좋습니다. 에서는 망령된 자로서, 장자권을 죽 한 그릇과 그 밖의 다른 것들—세상의 관점, 하나님과 성령에 속한 것들에 반대되는 모든 것— 보다 못하게 여겨 내버린 사람입니다. 에돔이라는 단어와 에돔 족속을 언급하는 말에 주의하면서 성경을 읽을 때 늘 발견하게 되는 사실은, 그들이 하나님의 원수, 궁극적인 원수, 하나님과 그의 영광과 나라를 대적하는 자들을 가리키는 성경의 표상으로 등장한다는 것입니다.

이처럼 성경에서 에돔에 관련된 부분을 읽어 보면 그들이 실제로, 문자 그대로 이스라엘 자손을 대적하는 자들을 대표한다는 사실을 알 수 있습니다. 그들은 이스라엘 자손이 약속의 땅 가나안에 들어갈 때에도 대적했고, 가나안에 들어간 후에도 수없이 대적했습니다. 에돔 사람들은 구약성경에서 하나님의 백성 이스라엘을 미워하는 전통적인 원수로 등장하고 있습니다. 물론 그것이 전부는 아닙니다. 에돔 족속은 주 예수 그리스도를 대적하는 세력도 대표합니다. 지도자가 누구이며 속한 나라가 어디냐에 상관없이 그를 대적하는 세력은 전부 에돔으로 상징되는 것입니다. 하나님의 아들에 맞서 전열을 갖추는 세력과 권세들은 전부 영적인 에돔입니다. 마찬가지로 에돔은 초대교회를 대적했던 박해세력과 적대세력도 대변합니다. 여러분도 기억하시겠지만 교회가 생기자마자 그들을 없애기 위한 박해가 일어났고 공격이 시작되었습니다. 그 중요한 실례가 사도행전 12장에 나오고 있습니다. 초대교회를 질식시켜 죽이고자 규합된 세력이나 사람들은 그 밖에도 많이 있었습니다.

또한 에돔은 수세기에 걸쳐 기독교회를 대적해 온 세력을 대변합니다. 지금까지 부흥이라는 주제를 연구해 오면서 다른 것은 몰라도 역사의식만큼은 생겼으리라 확신합니다. 교회는 오늘날 생존을 위해 싸우고 있는 중입니다. 그러나 교회가 이렇게 싸워야 했던 것이 이번이 처음이 아닙니다. 이런 싸움은 전에도 여러 번 있었습니다. 에돔은 여전히 남아서 계속 우리를 감시하고 있으며, 언제든지 달려들어 멸망시킬 준비를 하고 있습니다. 에돔, 영적인 에돔은 언제나 존재했습니다. 그들이 크게 성공하여 승리를 거두는 바람에 교회가 빈사상태에 빠져 거의 죽게 된 적도 많이 있었습니다. 오늘날도 마찬가지입니다. 우리에 맞서 전열을 갖추고 있는 권세와 세력들은 전부 에돔으로 대변될 수 있습니다. 에돔은 흑암의 나라요 지옥의 나라요 마귀의 나라요 이 세상 나라입니다. 이것이 에돔입니다. 현재 우리가 전반적으로 처해 있는 상황을 새삼스럽게 일깨워 드릴 필요는 없을 것입니다. 앞에서 보았듯이 우리는 이사야가 살았던 시기, 버림받아 황무해졌던 그 당시 상태와 똑같은 상태로 되돌아가 있습니다.

　마지막으로 우리는 에돔이 아마겟돈이라는 강력한 전투에서 하나님과 그 아들 그리스도와 그리스도인들을 패퇴시키려는 마지막 전투, 최종적 전투를 위해 규합될 세력들도 대변하고 있다는 사실을 염두에 두어야 합니다. 이것이 에돔입니다. 하나님을 미워하여 그를 무너뜨리며 마지막 전투를 위해 보이지 않는 군대를 소집하는 모든 세력이 에돔인 것입니다. 에돔!

　이제 여러분은 선지자가 여기에서 이상을 통해 묘사하고 있는 장면이 어떤 것인지 이해할 수 있을 것입니다. 교회는 실로 과거 수백 년 동안 생존을 위해 싸워 오면서 소멸될 위기에 처할 때마다 이 본문을 찾아보곤 했습니다. 그것이 교회의 관례였습니다. 그러면 종종 새로운 생명력이 하나님의 백성들 속으로 들어오곤 했습니다. 수년 간 기도했는데도 전혀 변화가 일어나지 않습니다. 원수들은 점점 강해지는 반면 교회의 힘은 점점 약해지는 듯 보이고, 과연 교회가 존속되어야 할 가치가 있는지 의심하는 사람들까지 생겨납니다. 모든 상황이 불리하게 돌아갑니다. 그럴 때 문득 이 말씀으로 돌아오면, 이 이상이 새롭고 신선하게 다가와 마음을 새롭게 해 주며 기도하도록 격려해 주는 것입니다. 이 이상을 다시금 살펴보는 우리에게도 같은 효과가 나타나기를 기도합니다. 지금 힘이 없고 연약합니까? 좌절감이 느껴집니까? 하나님의 일과 기독교회의 장래 전반을 생각할 때 소망이 없다는 생각이 듭니까? 우리는 이런 적대적인 세력들에 대해 어느 정도 아는 바가 있습니다. 이 나라 저 나라에서 그 세력들에 대한 이야기가 계속 들려오고 있기 때문입니다. 무엇이 우리를 도와줄 수 있을까요? 우리에게 희망이 있기는 한 것일까요? 이런 느낌이 들기 시작할 때 두 눈을 크게 뜨고 성벽에 서서 파수하며 지평선과 저 멀리 있는 언덕을 바라보는 것보다 중요한 일은 없습니다. 지금 우리에게 희망이 있습니까? 전혀 없습니다. 그러니 저 먼 곳을 바라봅시다. 이곳의 처지는 절망적입니다. 우리는 힘을 합쳐 기도하며 파수하면서도 과연 우리를 구해 줄 만한 것이 있을지 의심합니다. 그런데 갑자기 누군가 소리를 지릅니다. "저 사람이 누구지? 에돔에서, 보스라에서 피로 물든 옷을 입고 오는 저 사람이 누구지?" 그 즉시 새로운 희망이 생겨납니다. 어둠과 좌절과 절망의 한복판에 한 인물이 갑자기 등장합니다. "저 사람이 누구지?" 이야기는 이렇게 이어집니다.

우리가 이 시점에서 해야 할 일이 바로 이것입니다. 이 복된 인물, 우리의 유일한 희망, 마지막 희망, 그러나 확실한 희망을 기억하기만 하면 되는 것입니다. "……자가 누구뇨?" 우리 다 함께 그를 바라봅시다. 더 이상 주변 세상을 바라보지 말고 그를 바라봅시다. 바로 이것, 고개를 들어 그를 바라보는 것이야말로 교회가 해야 할 일입니다. "……자가 누구뇨?" 이제 공산주의는 바라보지 맙시다. 유물론이나 과학이나 우리가 수없이 듣고 수없이 말하는 그 모든 것들을 바라보지 맙시다. 그것들로부터 돌아섭시다. "……자가 누구뇨?" 여기에 교회의 희망이 있습니다. 여기에 기도와 중보의 격려를 받을 길이 있습니다. 여러분, 여러분도 아시다시피 우리의 문제는 다른 것들만 너무 바라보다가 이 복된 분에 대한 진리를 잊어버리는 데서 비롯됩니다. 우리는 다른 것들을 바라보면서 흥분하고 열광하기도 하고 좌절하며 절망하기도 합니다. 그러나 거듭 말하지만 우리가 해야 할 일은 그를 바라보는 것입니다. 그때 우리 눈에 보이는 것이 무엇입니까?

첫째로 선지자를 놀라게 만든 것은 그 인물의 영광이었습니다. "그 화려한 의복, 큰 능력으로 걷는 자가 누구뇨?" 우리가 출발점으로 삼아야 하는 것이 바로 이것입니다. "걷는"이라고 번역된 단어의 실제 의미는 '위풍당당하다'는 것입니다. "그 화려한 의복, 큰 능력으로 위풍당당한 자가 누구뇨?" 이 사람은 대체 어떤 사람입니까? 자세히 들여다보십시오. 이 사람은 누구입니까? 선지자는 외칩니다. "너희 실망하고 낙심한 자들아, 오라. 와서 이 사람을 보라. 이 사람이 누구냐?" 그들은 이 사람의 영광과 위풍당당함과 존귀함과 위엄과 능력을 보고 뒷걸음질 칩니다. 여기 에돔에서 올라온 구원자가 있습니다. 그는 큰 싸움을 싸워서 이긴 분입니다. 그가 누구입니까? 교회의 유일한 희망입니다. 교회가 바라보아야 할 분입니다.

반면에, 이 약하고 겸손한 사람은 누구입니까? 목수로 일하는 이 사람은 누구입니까? 뱃고물에서 잠들어 버린 사람, 배고파하고 목말라하는 이 사람은 누구입니까? 체포되어 심문을 받은 후 유죄 판결을 받아 연약하게 죽임을 당한 사람, 십자가에서 생명이 끊어져 무덤에 장사된 이 사람은 누구입니까? 이 사람은 대체 누구입니까? 그 답을 알고 있음으로 인해 감사하십시오. 그는 영광의 왕, 하나님의 아들입니다! 사랑하는 여러분, 이것이 기독교의 전부입니다. 우리는 어떤 상황에서도 이 사실을 붙잡아야 하며 이 사실을 바라보아야 합니다. 우리의 구주는 하나님의 아들, 바로 그분입니다.

물론 이것은 이 선지서의 큰 주제이기도 합니다. 선지자는 40장에서 예언의 방향을 이 주제로 돌리면서, 곧장 다음과 같은 말로 이야기를 시작하고 있습니다.

> 외치는 자의 소리여, 가로되 너희는 광야에서 여호와의 길을 예비하라. 사막에서―무엇을?―우리 하나님의 대로를 평탄케 하라. 골짜기마다 돋우어지며 산마다 작은 산마다 낮아지며 고르지 않은 곳이 평탄케 되며 험한 곳이 평지가 될 것이요 여호와의 영광이 나타나고 모든 육체가 그것을 함께 보리라. 대저 여호와의 입이 말씀하셨느니라.

이 강하고 영광스러운 분은 영원하시고 영존하시는 하나님의 아들, 바로 그분입니다.

선지자와 시편 기자들은 모두 예언의 순간에 그를 보았습니다. 이스라엘이 좌절과 절망의 구덩이에 떨어져 있었을 때 시편 기자는 외쳤습니다. "내가 돕는 힘을 능력 있는 자에게 더하며"(시 89:19). 그들은 말했습니다. "지금 무엇을 보고 있느냐? 왜 원수들만 보고 있느냐? 그를 보라. 그는 능력 있는 자에게 돕는 힘을 더하시는 분이다." 오늘날 우리의 희망이 어디 있습니까? 바로 여기에 있습니다. "크도다, 경건의 비밀이여,……그는 육신으로 나타난 바 되시고"(딤전 3:16). 우리는 지금 세상을 바라보고 있습니다. 아시다시피 시편 8편 기자는 하늘과 달과 해와 별들에 대해 언급하면서 "인자가 무엇이관대……만물을 그 발 아래 두셨으니"라고 말합니다. 그런데 우리는 주변을 둘러보면서 "만물이 인자 아래 있는 것 같지 않다"라고 말하는 것입니다.

어떤 이는 말합니다. "당신은 기독교회야말로 하나님의 교회라고 말하지만 지금 그 교회의 형편이 어떤지 한번 보시오." 에돔 족속의 공격을 받고 원수들에게 패한 채 어떻게든 명맥을 잇고자 분투하며 여기저기 도움의 손길을 청하고 있는 현실을 한번 보라는 것입니다. 우리는 모든 상황이 불리하다고 생각하며, 우리가 버림받았고 황무해졌다고 생각합니다. 우리는 만물이 우리에게 복종하는 것을 보지 못하고 있습니다.

그러나 히브리서 기자는 "그렇지 않다"고 말합니다. "오직 우리가……영광과 존귀로 관 쓰신 예수를 보니"(히 2:9). 이것이 답입니다. 그는 예수를 본 사람은 곧 "모든 것을 본 것"이라고 말합니다. 재산을 빼앗아 갈 테면 빼앗아 가라고 하십시오. 목숨을 앗아갈 테면 앗아 가라고 하십시오. 우리를 학살할 테면 학살해 보라고 하십시오. 하고 싶은 대로 다 해 보라고 하십시오. 우리는 예수를 보고 있습니다. 그가 계신 곳에 우리도 있을 것입니다. 그는 휘장 안에 있는 닻입니다. 우리는 영광과 존귀로 관 쓰신 예수를 보고 있습니다. 오직 그리스도인들만이 영광과 존귀로 관 쓰신 예수를 보고 확신과 자신을 가지고 나아가 기도하며 중보의 일을 할 수 있습니다. "……자가 누구뇨?" 그는 영광의 왕입니다. 전능하신 하나님의 아들입니다. 우리는 혼자 있지 않습니다. 그가 우리 곁에 계십니다. 그가 우리 가운데 계십니다. 그가 우리 진영 안에 계십니다.

우리는 그에 관한 또 다른 요소들도 고찰해 보아야 합니다. 그러나 그 전에 항상 출발점으로 삼아야 할 사실이 있습니다. 만약 제가 어떤 이들처럼 나사렛 예수가 영존하시는 하나님의 아들이 아닌 인간에 불과하다고 믿는다면, 또 우리의 유일한 희망은 오직 그의 가르침을 받아들여 실천하는 데 있다고 믿는다면, 저야말로 세상 모든 사람 중에 가장 절망적이고 비관적인 사람이 될 것입니다. "교회 문을 닫자. 이제 우리는 틀렸다. 다 끝났다"고 말할 것입니다. 그러나 그는 영존하시는 하나님의 아들입니다. 만세의 왕이요, 썩지 않으시고 보이지 않으시는 하나님이요, 화려한 의복과 큰 능력으로 오시는 존귀하고 위풍당당한 분입니다.

이제 그의 의에 대한 부분을 읽어 봅시다. 그는 스스로 대답하고 계십니다. "……자가 누구뇨?"라는 선지자의 물음에 "그는 내니 의를 말하는 자요"라고 대답하시는 것입니다. 의는 하나님의 큰 특징입니다. 그는 의의 왕입니다. 세상은 거짓과 속임수와 허영과 위선으로 가득 차 있습니다. 그러나 하나님은 공평하시고 거룩하십니다. 그는 세상을 완벽하고 의롭게 만드셨습니다. 그런데 그 세상에 죄와 불의가 들어왔습니다. 그래서 주님이 의에 관심을 두시는 것입니다. 그는 평생에 의를 열망하셨습니다. 그가 세상에 오신 것도 의 때문이었습니다. 성경은 그를 의의 가지, 의로운 가지로 묘사하고 있습니다(렘 33:15). 그가 세상에 오신 이유가 여기 있습니다. 죄는 무질서요 불의입니다. 불법이요 반역입니다. 그런데 하나님은 의입니다. 제2위가 세상에 오신 전적인 목적은 그 의를 회복하시려는 데 있습니다. 그래서 그처럼 가르치신 것이고 그처럼 죽으신 것입니다. "화목제물로 세우셨으니……자기도 의로우시며 또한 예수 믿는 자를 의롭다 하려 하심이니라"(롬 3:25-26). 구원의 전적인 목적은 의를 회복하려는 데 있습니다. 하늘의 의뿐 아니라 땅 위의 의도 회복하려는 데 있습니다. 그의 목적은 평강이 강같이 흐르고 의가 바다 물결같이 넘실대는 상태를 만드시는 것입니다. "나는 의를 말하는 자다. 의가 나의 행위이고 나의 말이며 나의 사고방식이다. 나의 모든 것은 의와 관련되어 있다."

그는 진리입니다. 생명입니다. 맞습니다. 이 말씀에는 그런 뜻이 들어 있습니다. 그러나 저는 여기에 우리에게 큰 위로를 주는 다른 뜻도 들어 있다고 생각합니다. 그 다른 뜻이란 다음과 같은 것입니다. 그가 의를 말하는 분이라는 것은 곧 그의 말씀에 모호한 데나 불확실한 데가 없다는 뜻입니다. 그는 약속을 주셨고 자신이 계획하신 일의 윤곽을 그려 주셨으며 그 계획을 보여 주셨습니다. 그리고 이제 두려워 떠는 백성들에게 "그는 내니 의를 말하는 자요"라고 말씀하고 계십니다. 그는 자신이 약속하신 바를 반드시 이루실 것입니다. "그의 자비는 영원하며 늘 충성되고 확실하도다." 아시다시피 요한계시록에서 주님을 묘사하는 표현 중에 한 가지가 바로 '충성되다'라는 것입니다. 그는 의로우실 뿐 아니라 충성되십니다. 그런 분이 "낙심한 백성들아, 이것을 기억하라. 주변에서 무슨 일이 일어나도 내가 약속하고 말했으니 반드시 이룰 것이다"라고 말씀하시는 것입니다. "그는 내니 의를 말하는 자요."

그뿐만이 아닙니다. 저는 지금 하나의 합성된 그림을 보여 드리고자 애쓰고 있습니다. 하나님에 대한 묘사를 하나하나 생각하다가 시간을 다 보내 버릴 수도 있습니다만, 그가 반복해서 말씀하시는 또 한 가지 요소를 언급하고 싶습니다. 여러분은 본문에 노함과 분함이라는 말이 반복되고 있음을 알아챘을 것입니다. 선지자는 묻습니다. "어찌하여 네 의복이 붉으며 네 옷이 포도즙 틀을 밟는 자 같으뇨?"

그 답은 "만민 중에 나와 함께한 자가 없이 내가 홀로 포도즙 틀을 밟았는데 내가 노함을 인하여 무리를 밟았고 분함을 인하여 짓밟았으므로 그들의 선혈이 내 옷에 뛰어 내 의복을 다 더럽혔음이니 이는 내 원수 갚는 날이 내 마음에 있고 내 구속할 해가 왔으나"라는 것입니다(3-4절). 또한 그는 "내가 노함을 인하여 만민을 밟았으며 내가 분함을 인하여 그들을 취케 하고 그들의 선혈로 땅에 쏟아지게 하였느니라"라고 말씀하십니다(6절). 이보다 더 큰 위로는 없습니다. 이 말씀의 의미를 알겠습니까? 이것은 그의 노함과 분함이 에돔 족속에게 쏟아졌다는 뜻으로서, 오늘날 우리에게 위로와 소망이 되는 말씀입니다. 그는 "도와주는 자도……없으므로 이상히 여겨 내 팔이 나를 구원하며 내 분이 나를 붙들었음이라"고 말씀하십니다. 혼자 그 무서운 세력과 싸웠으며 "내 분이 나를 붙들었"다고 말씀하시는 것입니다. 이러한 하나님의 분으로 인해 감사하시기 바랍니다. 어떤 사람은 "그게 무슨 뜻입니까?"라고 물을 것입니다. 일상적인 말로 설명해 보겠습니다. 하나님은 그 의와 영광에 열정을 가지고 계십니다. 아시다시피 그래서 하늘에서 내려오신 것입니다. 주님이 하늘에서 내려오신 일차적인 목적은 단지 우리를 구원하려는 데 있는 것이 아니라 하나님의 영광과 명예를 회복하려는 데 있습니다. 제 말을 오해하지 마십시오. 마귀와 죄로 인해 더럽혀진 하나님의 영광이 그가 이 땅에 오신 중요한 동기라는 것입니다. 말하자면 그리스도는 하나님의 영광과 명예를 다시 세우고자 이 땅에 오셨습니다. 그는 악에 진노하셨습니다. 거룩하고 의로우신 하나님의 원수들에게 분노하셨습니다. 하나님의 집을 위한 열심에 사로잡히셨습니다. "주의 전을 사모하는 열심이 나를 삼키리라"는 말씀도 있지 않습니까?(요 2:17).

저는 이보다 더 위로가 되는 사실을 알지 못합니다. 우리는 하나님의 원수들, 현대의 에돔이 가진 힘과 분노에 대해 알고 있습니다. 우리가 어떻게 거기에 대응할 수 있겠습니까? 그 힘과 분노를 진압하고 다스릴 방책을 여러분이나 제 힘으로 마련할 수 있겠습니까? 이 점에서 우리는 실패하고 있는 것이 분명합니다. 우리의 온갖 노력에도 불구하고 상황은 점점 악화되고 있으니 말입니다. 과연 악이 모든 것을 이겨 버린 것일까요? 지옥 세력에 대처할 방법은 전혀 없는 것일까요? 제게 유일한 위로가 되는 사실은 바로 이것입니다. 복되신 하나님의 아들을 보십시오. 그는 하늘의 거룩한 혐오감으로 그 모든 세력을 미워하십니다. 그 세력에 진노하십니다. 분노하십니다. 그는 그 세력을 쳐부수고 진압하고 멸함으로써 하나님의 이름과 영광이 모든 것을 다스리게 하기로, 또 자기 백성들을 구속하기로 작정하셨습니다.

다음으로 선지자가 강조하는 것은 그의 정복입니다. 포도즙 틀을 밟은 사람처럼 핏물이 튀어 옷이 더러워지기는 했지만 그는 승리하셨으며, 원수를 죽이고 멸하고 쳐부수셨습니다. 또 하나의 강조점은 그가 이 일을 혼자 하셨다는 것입니다. "만민 중에 나와 함께한 자가 없이 내가 홀로 포도즙 틀을 밟았는데……내가 본즉 도와주는 자도 없고 붙들어 주는 자도 없으므로." 그는 홀로 포도즙 틀을 밟으셨습니다. 우리는 잠시 이 점을 강조하고 넘어갈 필요가 있습니다. 이것은 기독교 구원의 중심을 이루는 중대한 사실이기 때문입니다. 구원 사역이 전적으로, 유일하게, 오로지 주 예수 그리스도께만 속해 있다는 것은 성경이 처음부터 끝까지 주장하고 있는 중대한 주제입니다. 아무도 그 일을 나누어 감당하지 않았습니다. 이 일을 그와 함께 한 사람은 한 명도 없습니다. 이 모든 일은 전부 그가 혼자 하신 것입니다. 성경의 첫 번째 예언은 여자의 후손이 뱀의 머리를 상하게 한다는 것입니다(창 3:15). 그 일을 하신 분이 바로 이분입니다. 사도 바울은 갈라디아서 3:16에서 의도적으로 이 점을 강조하고 있습니다. 그는 말합니다. "아브라함과 그 자손에게 말씀하신 것인데 여럿을 가리켜 그 자손들이라 하지 아니하시고 오직 하나를 가리켜 네 자손이라 하셨으니 곧 그리스도라." 그렇습니다. 하나님의 백성들이 죽 이어져 내려오다가 한 인물에게 이른 시점이 있었습니다. 그 복된 인물은 천사의 본성을 입고 오신 것이 아니라 아브라함의 자손이 되어 오셨습니다. 그분, 오직 그분만이 우리 대신 싸워 줄 대표자가 되셨습니다. 주님이 얼마나 자주 그 말씀을 하셨는지 모릅니다. 또 얼마나 자주 홀로 계셨는지 모릅니다. 요한복음 7장 끝에 "다 각각 집으로 돌아가고"라는 말씀 다음에 나오는 구절은 "예수는 감람산으로 가시다"라는 것입니다. 왜 감람산으로 가셨습니까? 그렇습니다. 집이 없었기 때문입니다. 아무도 없이 예수만 홀로 남으셨습니다.

그의 생애가 끝나갈 무렵, 충성을 맹세하는 제자들에게 하셨던 말씀을 기억할 것입니다. "너희가 다 각각 제 곳으로 흩어지고 나를 혼자 둘 때가 오나니 벌써 왔도다"(요 16:32). 그는 겟세마네 동산에서 무서운 고통의 순간을 맞이하실 때 열두 제자 중 베드로와 야고보와 요한을 택하여 데려가셨습니다. 그러나 막상 기도하러 가실 때에는 그들을 뒤에 남겨 둔 채 혼자 나아가셨습니다. 그들은 그 고통의 현장에 있었습니다. 주님은 그들에게 자신을 생각하고 기도해 달라고 부탁하셨습니다. 주님은 그들이 자신과 함께 깨어 있어 주기를 바라셨습니다. 그러나 그들은 잠들어 버렸습니다. 그는 홀로 나아가 번민하며 기도하셨습니다. 하나님이 주신 잔을 마셔야 하는 일생 최대의 문제에 혼자 직면하셨습니다. "할 만하시거든 이 잔을 내게서 지나가게 하옵소서. 그러나 나의 원대로 마옵시고 아버지의 원대로 하옵소서"(마 26:39). 그는 돕는 자 하나 없이 홀로 잔을 마셨습니다. 그는 혼자였습니다. 성경은 "제자들이 다 예수를 버리고 도망하니라"라고 기록하고 있습니다. 베드로는 그를 부인했습니다. 그토록 담대하고 충동적이며 자신감에 넘치던 베드로, 주님과 함께라면 지옥에라도 가겠다고 맹세하던 베드로가 말입니다. 그들은 모두 예수를 버리고 도망쳐 버렸습니다. 그는 홀로 포도즙 틀을 밟으셨습니다. 홀로 죽으셨습니다. 홀로 세상 죄를 지셨고 그 죄를 어깨에 메셨습니다.

요한계시록 5장을 읽어 보면 그 후에도 그가 계속 홀로 일하신다는 것을 알게 됩니다. 요한은 역사가 기록된 두루마리, 인봉된 두루마리의 환상을 봅니다.

> 또 보매 힘 있는 천사가 큰 음성으로 외치기를, 누가 책을 펴며 그 인을 떼기에 합당하냐 하니 하늘 위에나 땅 위에나 땅 아래에 능히 책을 펴거나 보거나 할 이가 없더라. 이 책을 펴거나 보거나 하기에 합당한 자가 보이지 않기로〔아무도 없어서〕 내가 크게 울었더니 장로 중에 하나가 내게 말하되, 울지 말라. 유대 지파의 사자 다윗의 뿌리가 이기었으니 이 책과 그 일곱 인을 떼시리라…….

하늘과 땅에 있는 그 누구도 할 수 없는 일을 이 한분이 하십니다. "내가 홀로 포도즙 틀을 밟았는데." 오직 그만이 역사의 주로서 책을 열고 인봉을 떼실 수 있습니다. 구원은 철저히, 전적으로, 오로지 주 예수 그리스도 안에만 있는 것입니다. 주 앞에서 한낱 더러운 누더기에 불과한 의의 조각이나 부스러기들을 가져오지 마십시오. 자랑하려면 주 안에서 자랑하십시오. 여러분의 선함과 노력에 대해 말하지 마십시오. 주 안에 모든 것이 있습니다. 그로 인해 하나님께 감사드리십시오. "내가 홀로 포도즙 틀을 밟았는데." 그만이 홀로 하실 수 있고, 실제로도 그가 홀로 하셨습니다. 무엇을 하셨습니까? 구약성경에서는 이스라엘의 원수들을 정복하셨습니다. 스데반은 자신의 위대한 설교에서 바로 이분이 교회와 함께했던 그 천사였다고 말합니다. 불타는 떨기나무에서 모세에게 나타났던 천사도 이분이었습니다. 위기의 순간에 여리고 성 밖에서 여호수아에게 나타났던 여호와의 군대장관도 이분이었습니다. 만군의 주와 이스라엘의 군대장관이 다 이 한분인 것입니다.

이처럼 우리는 구약성경을 계속 읽어 나가면서 그와 그가 하신 일들을 살펴볼 수 있습니다. 그러나 지금은 십자가로 나아가 봅시다. 십자가에서 무슨 일이 일어났습니까? 큰 싸움, 큰 전투가 벌어졌습니다. 지옥의 권세들이 일제히 나와 그를 대적했습니다. 바울은 골로새서 2:15에서 이렇게 말합니다. "정사와 권세를 벗어버려 밝히 드러내시고 십자가로 승리하셨느니라." 그는 죽음으로써 이 일을 해 내셨습니다. 지옥의 권세들은 자신들이 주님을 끝장내 버렸다고 생각했습니다. 그들은 마지막 힘을 다 끌어 모아 전쟁을 벌였습니다. 이처럼 에돔 족속이 마지막 힘을 다 끌어 모아 나왔음에도, 주님은 그들을 정복하시고 깨뜨리시며 만인 앞에 치욕스럽게 하시고 승리하셨습니다. 그는 이 모든 일을 홀로 하셨습니다. 아무도 돕지 않았습니다. 아무도 힘을 보태지 않았습니다. 오직 그분 홀로 외롭고 고독한 죽음을 통해 사망의 권세를 가진 자 마귀를 멸하셨습니다.

마지막으로 십자가에 달려 돌아가신 그를 봅시다. 그가 숨을 거두시자 사람들이 시신을 내려 무덤에 두었습니다. 돌을 굴려 입구를 막고 인봉한 후 군병들을 세워 지키게 했습니다. 그는 무덤에 누우셨습니다. 그의 삶은 끝나 버렸습니다. 그러나 잠깐만 기다리십시오. 지금 보이는 이것이 무엇입니까? 밤새도록 그물을 내렸건만 빈손으로 아침을 맞이한 베드로와 다른 제자들의 눈에 문득 들어온 저 사람, 바닷가에 서 있는 저 사람이 누구입니까? 저기 해변에 누군가 서 있습니다. 그가 누구입니까?

무덤은 비어 있습니다. 신자들은 유대인들이 두려워 문을 잠근 채 모여 있었습니다. 그런데 갑자기 누군가 나타나 그들 가운데 섰습니다. 그가 누구입니까? 그는 바닷가에 서 있던 분과 같은 분입니다. 죽음을 이기시고 무덤을 이기신 분입니다. 생명과 썩지 아니할 것을 드러내신 분입니다. 죽음과 무덤을 똑바로 보실 수 있는 분입니다. 그러므로 우리도 능히 죽음을 똑바로 보면서 "사망아, 너의 이기는 것이 어디 있느냐? 사망아, 너의 쏘는 것이 어디 있느냐?"라고 말할 수 있습니다(고전 15:55).

보라, 성도들아. 영광스런 그 모습,
싸움에서 이기고 돌아오시는

> 슬픔의 사람을 보라.
> 모두 무릎 꿇고 그를 경배하리.*
> ―토머스 켈리 T. Kelly

여러분은 그를 보았습니까? 성도들이여, 머리를 들어 그를 보십시오. 그가 누구입니까? 영광의 왕입니다. "문들아, 너희 머리를 들지어다. 영원한 문들아, 들릴지어다. 영광의 왕이 들어가시리로다"(시 24:7). 오, 영광스럽고 화려하며 영원한 천국의 환영식이 벌어집니다. 그는 바로 이런 일을 하셨습니다.

교회 역사가 이어져 내려온 수세기 동안에도 그는 내내 같은 일을 해 오셨습니다. 교회가 죽어 가며 거의 끝장난 듯 보이던 시절이 있었습니다. 그런데 갑자기 그가 나타나 원수들을 흩으시고 교회를 되살려 주시곤 했습니다. 이것이 부흥이 의미하는 바입니다. 주님의 임재로 교회가 새로워집니다. 부흥의 의미는 바로 이것, 교회가 다시금 이 이상을 보는 것입니다. 부흥이 임하면 교회가 그를 보게 됩니다. 그를 보기에 온갖 원수 앞에서도 미소 지을 수 있고 웃을 수 있습니다. 언제나 그가 부흥을 주십니다. 언제나 그가 홀로 포도즙 틀을 밟으십니다. 물론 사람을 사용하시지만, 그렇다고 사람을 찬양해서는 안 됩니다. 그들이 누구든 간에, 칼뱅이든 루터든 웨슬리든 윗필드든 또 다른 누구든 간에 사람을 찬양해서는 안 됩니다. 그는 홀로 포도즙 틀을 밟으십니다. 그가 치료하는 광선으로 떠오르

---

* 찬송가 12장 1절 참조―옮긴이.

실 때 원수는 물러가고 교회는 살아납니다. 그 일을 하시는 이는 언제나 그분, 그분 한분뿐입니다. 부흥이란 영광 가운데 계신 그를 보는 것이며, 그에게로 돌아가는 것이고, 그에게 기도하는 것입니다.

바로 이것이 부흥입니다. 그러나 잠깐만 기다리십시오. 크고 중대한 날이 다가오고 있습니다. 그 영광과 경이로움에서 우리의 상상을 초월하는 날이 다가오고 있습니다. 그가 하늘 구름을 타고 거룩한 천사들의 호위를 받으며 나타나실 날이 다가오고 있습니다. 사람들은 "저기 오시는 분이 누구냐?"라고 외칠 것입니다. 대답은 똑같습니다. 화려한 의복과 큰 능력으로 오시는 이 위엄 있는 분은 마지막 전투를 치르고 지옥에 속한 모든 것을 최종적으로 물리치시기 위해 오시는 만왕의 왕, 만주의 주입니다. 그 모든 이야기가 요한계시록 19장에 나오고 있습니다. "또 그가 피 뿌린 옷을 입었는데 그 이름은 하나님의 말씀이라 칭하더라.……친히 저희를 철장으로 다스리며 또 친히 하나님 곧 전능하신 이의 맹렬한 진노의 포도주 틀을 밟겠고"(13, 15절). 그는 만왕의 왕, 만주의 주입니다. 그는 모든 원수, 즉 자신을 대적하는 모든 것들을 영영히 멸하러 오십니다. "내가 보매 그 짐승과 땅의 임금들과 그 군대들이 모여." 그렇습니다. 세상 모든 제국이 모입니다. 모든 '주의', 공산주의·유물론·과학주의, 그 밖의 모든 것이 모입니다. 요한 사도는 그 장면을 전부 보았습니다.

그 짐승과 땅의 임금들과 그 군대들이 모여 그 말 탄 자와 그의 군대로 더불어 전쟁을 일으키다가 짐승이 잡히고 그 앞에서 이적을 행하던 거짓 선지자도 함께 잡혔으니 이는 짐승의 표를 받고 그의 우상에게 경배하던 자들을 이적으로 미혹하던 자라. 이 둘이 산 채로 유황불 붙는 못에 던지우고 그 나머지는 말 탄 자의 입으로 나오는 검에 죽으매 모든 새가 그 고기로 배불리우더라.

이런 날이 올 것을 믿습니까? 그날이 다가오고 있습니다. 우리는 그 소망으로 사는 사람들입니다.

   이것이 기독교의 핵심입니다. 그가 오고 계십니다. 눈앞의 원수와 적들 때문에 두렵습니까? 그가 오시면 그 영광과 광채와 입의 검으로 그들을 멸하실 것입니다. 오늘날 세상에 퍼져 있는 공포는 완전히 사라져 흔적조차 남지 않을 것입니다. 그가 이 일을 하실 것입니다. 베들레헴의 아기요 목수요 마리아의 아들로 오셨던 그리스도가 그 영광과 온전한 위엄을 가지고 오실 것입니다. 그러면 온 세상이, 각 사람의 눈이 그를 보게 될 것입니다. 그렇습니다. 그에게 침을 뱉은 자, 그를 찌른 자들도 보게 될 것입니다. 왕들과 세상의 모든 큰 자들은 비천해지며 패배할 것입니다. "대관식 날이 머잖아 오리라." 그리스도인들이여, 그를 본 적이 있습니까? 그를 보고 놀란 적이 있습니까? 깜짝 놀라면서 "이분이 누구냐? 나를 구원해 주신 이분이 누구냐? 내 영원한 삶을 보장해 주시는 이분이 누구냐? 교회의 주가 누구냐?"라고 외친 적이 있습니까? 여러분은 그 답을 알고 있습니까? 그러한 나라의 시민이 되는 것, 그러한 구주께 속하는 것보다 더 놀라운 일은 없습니다.

시온 성과 같은 교회

그의 영광 한없다.

허락하신 말씀대로

주가 친히 세웠다.

반석 위에 세운 교회

흔들 자가 누구랴?

모든 원수 에워싸도

아무 근심 없도다.*

—존 뉴턴 J. Newton

그들을 다시 보십시오. 경멸의 눈으로 보십시오. 미소를 지으며 비웃어 주십시오. 설령 마귀라 할지라도 그리스도의 이름으로 대적하십시오. 그러면 피해서 도망갈 것입니다. 이런 왕께 속한다는 것이 얼마나 큰 특권인지 모릅니다. 그의 승리가 확실하며 그의 승리가 완성되리라는 사실을 아는 것이 얼마나 큰 기쁨과 위로와 격려가 되는지 모릅니다.

그러므로 오늘 우리가 처한 자리에서 그를 바라봅시다. 그에게 탄원합시다. 앞으로 하실 일의 본보기로, 그때까지 견디게 해 줄 격려의 일환으로 우리를 찾아와 달라고 요청합시다. 일어나셔서 이 원수들을 물리쳐 달라고, 우리를 다시 일으켜 달라고, 그 힘과 능력으로 강건해지게 해 달라고 구합시다. 이렇게 할 수 있다는 것이 얼

---

* 찬송가 245장—옮긴이.

마나 큰 특권인지 모릅니다. 다른 한편으로, 그에게 속하지 못하는 것보다 더 무섭고 끔찍한 일이 있을까요? 오, 그리스도와 그의 나라가 아닌 세상에 속한 자들의 비극이여. 혹시 여러분도 그런 자들입니까? 세상을 위해 살며 세상에 마음을 빼앗긴 자들, 세상을 기뻐하며 자기가 믿는 기독교가 부끄러워 변명하는 자들입니까? 그리스도가 아닌 세상과 마음을 같이하는 자들입니까? 그 상태로 죽으면 포도즙 틀에 들어간 포도처럼 그의 발에 밟힐 날이 온다는 사실, 그 임재의 영광과 복된 교제의 낙을 잃고 멸망할 날이 온다는 사실을 알고 있습니까?

그리스도인들이여, 이것이 모든 불신자들이 맞이할 운명입니다. 이 사실이 여러분의 마음과 정신과 영혼을 짓누릅니까? 여러분을 두렵게 만듭니까? 여러분은 그들을 위해 기도합니까? 하나님의 종들에게 능력을 달라고 기도합니까? 부흥을 위해 기도합니까? 그들은 지옥에 떨어질 것이고 그의 발밑에서 으깨질 것입니다. 이제야말로 그들의 영혼에 대한 부담을 느껴야 할 때라고 생각지 않습니까? 복음에 능력을 달라고, 우리를 찾아와 부흥시켜 달라고, 우리에게 그 힘을 달라고, 대적할 수 없는 권위를 달라고, 그리하여 불신자들이 장차 임할 진노에서, "세상 죄를 지고 가는 하나님의 어린양"의 진노에서 구원받게 해 달라고 쉬지 말고 기도해야 한다는 생각이 들지 않습니까?

선지자는 격려를 받았습니다. 하나님께 감사드리십시오. 우리도 같은 격려를 받고 있습니다. 여러분은 그를 보았습니까? "이 사람이 누구냐?"라고 물어 보았습니까? 지금 그렇게 묻고 있습니까?

그는 바로 나의 주님입니다. 나의 하나님입니다. 나의 구주입니다. 나의 구속자입니다. 나의 모든 것 중에 모든 것입니다.

22 부흥을 위한 위대한 기도

내가 여호와께서 우리에게 베푸신 모든 자비와 그 찬송을 말하며 그 긍휼을 따라 그 많은 자비를 따라 이스라엘 집에 베푸신 큰 은총을 말하리라. (사 63:7)

우리는 63장의 첫 여섯 구절을 고찰하면서 하나님이 주신 이상을 통해 이사야가 어떤 큰 격려를 받았는지 알게 되었습니다. 이사야는 연이어 하나님께 기도드리고 있습니다. 지금부터 그 주제를 연구하고자 합니다.

기도는 63장 7절에서 시작하여 사실상 64장 맨 끝까지 이어지고 있습니다. 그 기도를 전부 다 살펴볼 수는 없는 것이 분명합니다만, 몇몇 단락으로 크게 나누어 살펴볼 수는 있습니다. 저의 관심은 선지자가 기도한 내용을 알려 드리고 간단히 설명함으로써, 제가 주요한 원리라고 부르는 것들을 강조하려는 데 있습니다. 제가 이렇게 하는 것은 우리 모두 기도하는 방법을 배울 필요가 있다고 생각하기 때문입니다. "기도하자"고 말하기는 아주 쉽습니다. 그러나 성경은 다양한 기도에 대한 이야기들과 전체적인 기도의 방법을 다루는 이야기들을 통해, 중언부언하지 않고 마음과 지각을 다해 기도하기 위해서는 배움이 필요하다는 사실을 아주 분명하게 보여 주고 있습니다. 성경에 기록된 기도들을 읽을 때마다 발견하게 되는 사실은 거기에 항상 계획이 있고 체계가 있다는 것입니다. 아무 연결성이나 연관성 없이 이 말 저 말 아무렇게나 열거하지 않습니다. 성경의 기도에는 명확한 배열과 순서가 있습니다. 그 기도들의 효과와 효력은 이미 입증된 것인 만큼, 그 본보기를 연구하고 따르며 열심히 본받는 것이야말로 확실히 기도를 배우기에 가장 좋은 방법 아니겠습니까?

지금 우리 앞에 있는 이 기도는 교회가 침체에 빠질 때마다 하나님께 드렸던 위대하고 전형적인 기도입니다. 사실 이것은 부흥을 위한 위대한 기도, 즉 하늘에서 그 백성들을 굽어보시며 한 번 더 찾아와 주시기를 구하는 기도라고 할 수 있습니다. 선지자가 기도한 방법을 살펴볼 때 알게 되는 사실은, 그가 무엇보다 먼저 하나님의 성품을 상기한다는 것입니다. 그는 자신만 그 성품을 상기하는 것이 아니라 하나님께도 그 성품을 상기시켜 드리고 있습니다. 그것이 7절의 중요한 요지입니다.

그는 말합니다. "내가 여호와께서 우리에게 베푸신 모든 자비와 그 찬송을 말하며 그 긍휼을 따라 그 많은 자비를 따라 이스라엘 집에 베푸신 큰 은총을 말하리라." 이것은 중대하면서도 포괄적인 진술입니다. 그는 하나님의 성품에서 출발하고 있습니다. 이것이 참된 기도의 궁극적인 비결입니다. 기도는 항상 하나님과 그의 성품을 깨닫는 데서부터 출발해야 합니다. 그렇지 않으면 일종의 심리적인 위안이나 평안을 찾으려는 시도에 그치게 될 수 있습니다. 단순히 경건한 소망 내지 염원을 드리거나 두려움을 표현하는 데 그치게 될 수 있다는 것입니다. 진정한 기도를 드리려면, 무엇보다 먼저 자신이 누구에게 말하고 있는지부터 알아야 하는 것이 분명합니다. 이것은 확실히 삶의 다른 모든 부분이나 영역에도 해당되는 원리입니다. 지적인 대화를 나누려면 자신의 대화 상대가 누구인지부터 알아야 합니다. 그의 배경과 지식과 관심사를 알아야 하는 것입니다. 기도할 때에도 마찬가지입니다. 기도는 살아 계신 하나님과 인격적으로 교제하는 것입니다. 그러므로 하나님의 영광스러운 성품을 상기하는 것보다 중요한 일이 없습니다. 선지자는 바로 그 일을 하고 있습니다.

또한 우리가 당연히 주목해야 할 점은 선지자가 이 성품들을 단수가 아닌 복수로 표현하고 있다는 것입니다. 그는 "모든 자비 lovingkindnesses", "찬송 praises", "긍휼 mercies", "많은 자비 multitude of lovingkindnesses", "큰 은총 great goodness" 같은 말들을 사용하고 있습니다. 이미 눈치 채셨겠지만 선지자는 "자비"를 거듭 언급하고 있으며, 그렇게 함으로써 이러한 특징들이 얼마나 풍성한 것인지 자기 자신에게 상기시키고 있습니다. 하나님은 자비가 넘치고 긍휼이 넘치며 은총이 넘치고 인자가 넘치는 분입니다. "그 많은 자비를 따라." 정말 얼마나 좋으신 하나님인지 모릅니다. 선지자는 바로 이 점을 상기하고 있습니다. 여러분은 특별히 선지자가 기도하고 있는 이런 상황에서 이 점을 상기하는 것이 얼마나 귀한 일인지 알 것입니다. 상황은 절박했고, 하나님의 백성들은 버림받은 듯 보였습니다. 많은 이들이 원망하며 불평하고 있었습니다. 바로 그렇기 때문에 무엇보다 하나님에 대해 온전한 확신을 가져야 한다는 것을 선지자는 알았습니다. 그는 마치 이렇게 말하고 있는 듯합니다. "우리가 이 모양 이 꼴이 된 원인을 뭐라고 설명하든 간에, 하나님은 우리가 생각하는 그런 분이 아니다. 나는 그가 자비와 은총과 긍휼과 인자와 찬송이 넘치는 분임을 안다."

여러분과 저도 개인 기도를 할 때나 대표 기도를 할 때 이렇게 기도하는 법을 배워야 합니다. 하나님의 선하심을 의심하는 마음으로 나아가 드리는 기도에는 어떤 의미도, 가치도 없습니다. 마귀가 찾아와 하나님이 우리를 대적하신다느니 돌보지 않으신다느니 떠들 때 가장 먼저 해야 할 일은, 마음을 분명히 다잡고 하나님의 존재와 성품에 대한 의심과 의구심을 떨쳐 버리는 것입니다. 이에 대해 사도 바울이 무슨 말을 했는지 기억하실 것입니다. 그는 "아무것도 염려하지" 말라고 했습니다. 자, 여러분은 무거운 근심과 짓눌리는 염려를 어떻게 피하고 있습니까? 바울은 말합니다. "아무것도 염려하지 말고 오직 모든 일에 기도와 간구로 너희 구할 것을 감사함으로—감사함으로!—하나님께 아뢰라"(빌 4:6). 아주 힘겨운 상황, 모든 것이 불리하게 돌아가는 듯한 상황이 닥칠 수 있습니다. 그러면 하나님이 정말 우리에게 관심이 있으신지 의심과 회의가 들기 시작하며, 그의 약속들에 대해서도 질문과 의문이 생기기 시작합니다. 그럴 때 무엇보다 먼저 해야 할 일은 우리의 생각을 분명하고 바르게 다잡는 것입니다. 우리의 마음과 생각에 하나님의 성품에 대한 개운치 않은 의심이 조금이라도 들어와 있다면 기도해 봐야 아무 소용이 없습니다. 선지자처럼 "내가 여호와께서 우리에게 베푸신 모든 자비를 말하리라" 하면서 시작하십시오. "여호와께서는 만유를 선대하시며 그 지으신 모든 것에 긍휼을 베푸시는도다" 하면서 시작하십시오(시 145:9). 이것은 전혀 의심할 필요가 없는 사실입니다. 하나님은 바로 이런 성품을 가지고 계신 분입니다. 그 성품은 영원하며 불변합니다. 그는 영원토록 자비와 인자와 은총과 긍휼을 베푸시는 하나님입니다. 선지자는 처음에도 자비를 말하고, 끝에도 자비를 말합니다. "……그 많은 자비를 따라." 우리 각자의 처지와 현재 교회가 처한 일반적인 상태의 원인이 무엇이든 간에, 하늘에 계신 우리 아버지 하나님의 자비와 인자와 긍휼이 부족한 탓은 결코 아닙니다.

    선지자는 바로 이 사실에서 출발하고 있습니다. 이 사실을 명확히 하지 않은 채 계속 기도하는 것은 무의미한 일입니다. 우리의 마음과 생각에 하나님을 향한 비난이 떠오른다면 바로 기도를 멈추어야 합니다. 그것은 모욕입니다. 하나님이 우리를 대적하시며 공평히 대하지 않으신다는 느낌이 든다면, 거듭 말하건대 기도를 멈추어야 합니다. 그런 상태에서 말을 계속 잇는 것은 무익한 일입니다.

우리는 하나님을 예배하고 경배하고 찬양하면서 기도를 시작해야 하며, 그 모든 힘과 위엄과 통치와 권세뿐 아니라 큰 은혜로 우리에게 계시하기를 기뻐하신 거룩한 본질의 모든 탁월함을 하나님께 돌려 드리면서 기도를 시작해야 합니다. 이것이 항상 기도의 출발점이 되어야 합니다.

그 다음으로 주목하게 되는 점은 선지자가 이렇게 기도를 시작한 후에 연이어 또 다른 일을 하고 있다는 것입니다. 그는 상세한 설명을 덧붙이고 있습니다. 그러므로 우리도 그 내용을 세부적으로 살펴볼 필요가 있습니다. 선지자는 하나님의 성품을 상기한 후 이스라엘 자손의 역사를 회고하되, 8절부터 14절에 걸쳐 길게 회고하고 있습니다. 자, 그의 기도 방법과 관련하여 제가 몹시 강조하고 싶은 부분이 바로 이 부분입니다. 제가 이 부분을 강조하는 것은 이것이야말로 성경에 공통적으로 나타나는 방법이기 때문입니다. 모든 선지자들이 이렇게 하고 있으며, 시편 기자들도 이렇게 하고 있습니다. 시편 기자들은 그들 자신이 어려움을 겪기도 했고, 그 당시 교회였던 이스라엘 나라가 원수들에게 둘러싸여 고통을 겪거나 때로 패하는 모습을 목격하기도 했습니다. 그런 상황에서 그들이 어김없이 했던 일은 바로 과거를 돌아보는 것이었습니다. 그들은 마치 이렇게 말하고 있는 듯합니다. "우리가 왜 이런 처지가 되었을까? 어쩌다 이런 지경에 이르게 되었을까? 전에도 이런 경우가 있었을까?" 이처럼 뒤를 돌아보는 것이야말로 지혜의 정수인 것이 분명합니다.

저는 이 점을 다음과 같이 설명하고 싶습니다. 지금 우리는 이론적인 문제를 다루고 있는 것이 아니라 본질적으로 역사적인 문제를 다루고 있습니다. 우리는 단지 학문적인 지식의 영역에서 하나님께 기도하는 일이나 기도의 유익에 대해 논하고 있는 것이 아닙니다. 지금 우리가 하고 있는 일은 하나님이 과거에 자기 백성을 어떻게 대하셨는지 되돌아보는 것입니다. 물론 하나님은 오늘날 우리와도 관계를 맺고 계십니다. 그러나 우리가 상기해야 할 점은, 우리가 세상에 처음 등장한 인간들도 아니고 유일하게 어려움을 겪는 인간들도 아니라는 점입니다. 다행히도 우리에게는 오래 전, 인류가 시작된 태초부터 하나님이 그 백성을 어떻게 대해 오셨는지에 대해 기록해 놓은 기나긴 역사가 있습니다. 그 역사를 익히 아는 것보다 우리 개인에게나 일반 교회에 더 귀중한 일은 없는 것이 분명합니다. 하나님은 가르침만 주시는 것이 아니라 역사도 주십니다. 하나님은 자기 백성들과 함께 행하실 일, 자기 백성들을 위해 행하실 일을 미리 말씀해 주십니다. 그는 실제로 자신의 말씀을 이행하셨을 뿐 아니라 그에 대한 기록도 남겨 주셨습니다. 그 기록이 교회에 갖는 가치는 이루 헤아릴 수 없는 것입니다.

이런 이유로 선지자는 뒤를 돌아보며 "자, 이스라엘과 하나님의 관계는 어떤 것인가? 이야기가 시작된 기원으로 거슬러 올라가 보자"고 말하고 있습니다. 바로 이것을 우리도 배워야 합니다. 사도 바울이 이 점을 어떻게 설명하고 있는지 보십시오. 그는 고린도전서 10장에서 이스라엘 자손의 역사를 언급하며 이렇게 말합니다. "저희에게 당한 이런 일이 기울이 되고 또한 말세를 만난 우리의 경계로 기록하였느니라." 바울의 질문은 요컨대 "광야 시절 이스라엘 자손들의 역사를 우리에게 주신 이유, 그때 그들에게 일어난 일과 나머지 모든 일에 대한 기록을 주신 이유가 뭘까?"라는 것입니다. 그가 내놓는 대답은 이것입니다. "그 목적은 이 모든 일을 기록함으로써 우리에게 본보기를 제시하며 도움과 보탬을 주려는 데 있다. 하나님은 이와 같은 방식으로 그 백성들을 대해 오셨다. 그러니 거기에서 교훈을 얻자. 하나님은 여전히 동일하신 분이며, 그가 인간을 대하시는 원리에는 변함이 없다. 이 일들은 우리로 하여금 본받게 하기 위해 기록된 것이다." 우리가 이사야서에 나오는 이 본문을 연구하는 이유도 여기 있습니다.

성경의 기록에 추가할 수 있는 기록도 있습니다. 우리는 성경으로 돌아가 하나님이 그 백성을 대하신 원리가 어떻게 천명되어 있는지 살펴볼 수 있을 뿐 아니라, 기독교회의 역사 전체를 돌아보며 거기에 어떤 원리가 나타나 있는지도 살펴볼 수 있습니다. 교회사에는 현재 우리의 처지에 훨씬 더 가까운 사례가 나와 있습니다. 역사의 교훈이야말로 교회가 현 시점에 가장 먼저 배워야 할 교훈인 것이 분명합니다. 물론 문제는 우리가 우리 자신과 20세기라는 시대에 과도하게 집착한 나머지 역사로부터 교훈을 배우지 못한다는 데 있습니다. 사실 우리를 위한 역사의 기록은 풍성하고도 넘치게 많이 있습니다. 이상하게 들리겠지만, 과거 하나님의 교회도 종종 오늘날의 교회와 같은 상태에 처하곤 했다는 사실이 제게는 큰 위안이 됩니다. 현재 심하게 의기소침해져 있는 사람들은 바로 이 사실을 잊고 있는 것입니다. 여기에서 제가 언급하는 사람들은 항상 이 시대의 어려움을 이야기하며 라디오나 텔레비전, 공산주의를 거론하는 이들입니다. 그런 이들은 "아, 이것이야말로 문제다"라고 말합니다. 마치 과거에는 문제가 하나도 없었던 듯이 말입니다. 이런 태도를 바로잡는 길은 교회사로 되돌아가는 것입니다. 현재 우리의 상황은 새로운 것이 아닙니다. 어려움이 드러나는 특정한 형태만 새로운 듯 보일 뿐입니다. 교회가 깊은 수렁에 빠지고 밑바닥으로 떨어져 그리스도인들이 종말이 가까이 온 것처럼 생각했던 적은 전에도 아주 많이 있었습니다. 그러니 과거로 돌아가 역사를 공부해 봅시다. 선지자가 했던 대로 따라해 봅시다.

그는 다음과 같이 말을 시작하고 있습니다. "여호와께서 말씀하시되 그들은 실로 나의 백성이요 거짓을 행치 아니하는 자녀 하시고 그들의 구원자가 되사." 하나님이 자기 백성, 이스라엘 자손을 대해 오신 역사를 회고할 때 가장 먼저 선지자의 눈에 뜨인 것은 그 백성들을 향한 하나님의 선하심이었습니다. 선지자는 하나님이 자신들을 부르시고 "그들은 실로 나의 백성이요……"라고 말씀해 주신 일에서 그의 선하심을 보고 있습니다. 그들은 어떻게 하나님의 백성이 되었습니까? 전적으로 하나님이 백성 삼아 주심으로써 그 백성이 되었습니다. 이스라엘은 하나님이 아브람이라는 한 사람을 부르시고 그 이름을 아브라함이라고 바꾸어 주심으로써 존재하게 된 나라입니다. 하나님이 그 일을 해 주셨습니다. 하나님이 아브람을 갈대아 우르에서 불러내셨습니다. 하나님이 그를 약속의 땅으로 이끌어 오셨습니다. 하나님이 아브라함의 자손들을 불러 주셨습니다. "그들은 실로 나의 백성이요."

선지자는 말합니다. "이것이야말로 우리가 붙들어야 할 기본적인 사실이다. 우리는 세상 열국과 구별되는 백성이다. 하나님과 특별하고도 독특한 관계를 맺고 있는 백성이다. 우리는 하나님의 백성이다." 바로 그렇기 때문에, 하나님이 친히 그들을 부르셨고 그들 안에서 이 일을 시작하셨기 때문에 그들의 구원자도 되어 주시는 것입니다. 이것은 선언입니다. 여기에는 "그러므로 so"라는 단어가 들어가서는 안 됩니다. "여호와께서 말씀하시되 그들은 실로 나의 백성이요 거짓을 행치 아니하는 자녀라 하시고 그들의 구원자가 되사"라고 해야 합니다.* 그들이 거짓을 행치 않았기 때문이 아니라—그들은 거짓을 행했습니다—하나님이 그들을 부르셨기 때문에 구원해 주시는 것입니다. 그들은 하나님의 백성입니다. 하나님이 친히 그들을 구별하여 자신의 것으로 삼아 주셨습니다. 그들은 범상치 않은 독특한 방식으로 그에게 속해 있는 사람들입니다.

이것이 교회와 관련하여 우리가 알아야 할 첫 번째 요점입니다. 하나님의 교회는 인간이 만든 기관이 아닙니다. 이스라엘이 고대세계의 수많은 열국 가운데 하나가 아니었던 것처럼 교회도 수많은 기관이나 단체들 가운데 하나가 아닙니다. 그렇습니다. "교회는 물과 말씀으로 만드신 새 피조물"입니다. 교회는 하나님의 백성입니다. 오로지 하나님의 목적 때문에 생겨난 곳입니다. 하나님이 교회를 만드시고 창조하셨습니다. 하나님이 우리를 흑암에서 불러내서 그의 기이한 빛에 들어가게 하셨습니다. 하나님과의 관계가 없었다면 우리는 생겨나지도 않았을 것이고 존재하지도 않았을 것입니다.

---

* He said, Surely they are my people, Children that will not lie: **so** he was their Saviour(KJV). 우리말 개역성경은 "so" 없이 번역되어 있다—옮긴이.

그 다음으로 선지자는 하나님이 그들을 대해 오신 방식을 자기 자신과 백성들에게 상기시키고 있습니다. "그들의 모든 환난에 동참하사 자기 앞의 사자로 그들을 구원하시며 그 사랑과 그 긍휼로 그들을 구속하시고 옛적 모든 날에 그들을 드시며 안으셨으나." 선지자가 지금 무슨 일을 하고 있는지 아시겠습니까? 그는 말합니다. "자, 이스라엘 자손들아, 갈대아인들이 와서 우리 성을 점령하고 파괴하고 백성들을 포로로 잡아갔다. 그러나 우리가 누구냐? 우리는 이처럼 하나님의 특별하고 기이하며 놀라운 일들을 경험한 하나님의 백성들이다." 그는 계속해서 이스라엘의 기원과 시초, "사자로 그들을 구원"해 주신 과거를 되돌아보겠다고 말합니다. 우리 또한 그들을 찾아와 도우셨던 언약의 사자, "자기 앞의 사자"에 대한 이야기를 다시 읽어 보아야 합니다. 그 사자는 주 예수 그리스도의 예표인 것이 분명합니다. 그때 그는 주 예수 그리스도라는 특정한 모습으로 나타나지 않으셨습니다.

그 다음으로 나오는 것은 다음과 같은 아주 다정한 표현입니다. "……옛적 모든 날에 그들을 드시며 안으셨으나." 그것은 문자 그대로의 사실이었습니다. 그러니 상기할 만한 가치가 있지 않습니까? 선지자는 말합니다. "지금은 우리가 이런 꼴이 되어 버렸지만, 오, 나는 하나님이 그 백성을 안아 주셨던 그 시절을 생각하며 그 시절을 회고한다." 독수리가 그 새끼를 날개로 업어 나르듯이, 하나님은 그 백성을 안고 광야와 사막을 건너셨으며 바다와 강을 건너셨습니다. 이것이 하나님이 과거에 그 백성들을 대해 주신 방식입니다. 자기 백성을 향한 하나님의 선하심이여!

기독교회의 기원으로 돌아가 보아도 정확히 같은 것을 볼 수 있습니다. 사도행전을 다시 읽어 보십시오. 자랑거리 하나 없던 한 줌의 무리를 보십시오. 그들이 왜 그 자리에 있게 되었습니까? 우리가 왜 그들을 교회라고 부르게 되었습니까? 자, 그들을 택하신 분은 주님입니다. 주님이 그들을 부르셨고 그 자리에 세우셨으며 말씀을 맡기셨습니다. 그들을 보십시오. 한 줌밖에 안 되는 사람들이 온 세상으로부터 대적을 당했습니다. 유대인들이 그들을 대적했고, 지도자들과 당국자들과 이방인들이 그들을 대적했습니다. 온 세상이 그들을 대적했습니다. 그런데 하나님이 어떻게 축복해 주셨는지 보십시오. 어떻게 안아 주셨는지 보십시오. 얼마나 다정하게 대해 주셨는지 보십시오. 하나님 앞에 있는 사자와 성령의 능력을 보십시오. 이 작은 교회, 무방비 상태에 있는 무력한 사람들을 보십시오. 사랑과 긍휼로 인도하시며 강력한 승리를 주시는 하나님과 더불어 이기고 밟고 정복하고 전진해 나가는 이들을 보십시오.

또한 수세기에 걸친 기독교회의 역사도 전부 읽어 보시기 바랍니다. 정확히 똑같은 사실을 보게 될 것입니다. 종교개혁의 초기 역사를 보면 거의 불가능한 일이었다는 생각이 들지 않습니까? 어떻게 마르틴 루터 같은 사람이 자기를 대적하는 그 모든 세력에 대처할 수 있었을까요? 그 강력한 반대자들이 협박하고 대적하는 상황에서 이 작은 무리가 무언가를 이루어 낸다는 것이 과연 있을 법한 일입니까? 그러나 하나님은 그들을 안아서 나르셨습니다. 교회가 경험한 위대한 부흥의 때마다 이런 일이 있었습니다. "옛적 모든 날에" 하나님이 그들을 안아 주셨습니다. 이런 이야기들을 되돌아보며 교회가 하나님의 품에 안겨 그 큰 은총과 큰 권세의 능력과 힘에 감격하는 모습을 보는 것보다 떨리는 일은 없습니다. 이것이 하나님 백성의 기원입니다. 하나님 백성의 시작입니다. 그런데 그들에게 무슨 일이 일어났습니까? 이스라엘의 역사가 항상 하나님의 은총에 안겨 다닌 축복의 역사였습니까? 선지자는 아니라고 말합니다. 그들에게 일어난 일은 다음과 같은 것이었습니다. "그들이 반역하여 주의 성신을 근심케 하였으므로 그가 돌이켜 그들의 대적이 되사 친히 그들을 치셨더니."

자, 이 또한 구약성경이 거의 무한히 되풀이하여 기록하고 있는 주제입니다. 이스라엘 자손의 역사에 격렬한 변화가 일어났습니다. 출발은 좋았습니다. 그러나 나중에는 심한 절망에 빠져 거의 멸망할 지경이 되어 버렸습니다. 무엇이 문제였을까요? 그 사연은 항상 똑같습니다. 그렇게 부르심을 받고 큰 축복을 받았던 이스라엘 자손들이 하나님께 반역하고 그의 성령을 근심케 한 것입니다. 자, 그들은 하나님의 특별한 백성으로서 그와 유일무이한 관계를 맺고 있는 사람들이었습니다. 그들은 이처럼 풍성한 축복을 경험했으면서도 열국과 그들의 신을 부러워하기 시작했습니다. 이스라엘의 하나님을 믿는 신앙은 너무 편협하다고 느끼기 시작했습니다. 그들은 말했습니다. "십계명 좀 봐. 먹고 싶은 것도 먹을 수 없지, 좋아한다고 해서 결혼할 수도 없지, 일주일 내내 원하는 대로 살 수도 없잖아." 그들은 하나님을 거스르며 말했습니다. "이 신앙은 버거워. 감당하기 힘든 멍에야." 그래서 다른 신들을 찾음으로써 이스라엘의 하나님께 죄를 지었습니다. 하나님이 친히 자신을 계시해 주셨고 그 거룩한 법을 상세하게 알려 주셨는데도 모조리 거부한 채 그에게 등을 돌리고 죄에 빠져 열국을 본받았습니다. 그들의 신과 우상들을 취하여 거기에 절하고 경배했습니다. 이것이 그들의 역사였습니다. 하나님이 그들에게 이런 분이었음에도 불구하고, 그들을 위해 이 모든 일을 해 주셨음에도 불구하고 고의적으로 그에게 반역하고 성령을 근심시킨 것입니다.

이 이야기는 우리의 본보기로서 기록된 것입니다. 이스라엘 자손들이 하나님께 반역하지 않고 하나님의 영을 근심시키며 탄식시키지 않았다면 계속해서 축복을 누릴 수 있었을 것입니다. 여러분은 그들이 항상 같은 이유로 넘어졌다는 사실을 압니다. 믿음과 삶의 영역에서 하나님을 반역하다가 넘어진 것입니다. 여기에서 우리는 현 상황의 중심 문제가 무엇인지 보게 됩니다. 왜 오늘날 기독교회가 이 모양이 되어 버렸습니까? 왜 이 나라에서 명목상으로라도 기독교와 관계가 있노라 말하는 국민이 10퍼센트밖에 되지 않으며, 그나마 정기적이고 지속적으로 교회에 나오는 사람은 그 절반밖에 되지 않는 것입니까? 왜 오늘날 이 땅의 예배 처소들이 과거와는 달리, 이를테면 100년 전과는 달리 이 모양이 되어 버린 것입니까? 100년 전을 생각해 보십시오. 그 당시 신축되었던 교회들의 규모를 생각해 보십시오. 그들은 기존 건물이 비좁아 새 건물을 지어야 했습니다. 그 당시에 스펄전은 템즈 남부에서 수천 명의 사람들을 태버너클 교회로 끌어 모았습니다. 런던의 모든 예배 처소에 사람들이 꽉꽉 들어찼습니다. 영국 전 지역이 똑같았습니다. 하나님이 축복해 주셨습니다. 1859년의 대부흥이 나라 전역에 영향을 끼쳤습니다. 그뿐만이 아닙니다. 그 전부터 하나님은 사람들을 축복해 주셨습니다. 18세기 부흥의 큰 축복이 지속되고 있었습니다. 종교는 융성했고 교회는 지배적인 위치를 차지했습니다. 정치인들도 교회에 주의를 기울일 정도였습니다. 그들은 비국교도의 양심과 투표에 대해 이야기했습니다. 교회의 의견에 주의를 기울이지 않을 수 없었던 것입니다. 이처럼 교회는 융성했고 하나님의 축복을 받아 누렸습니다.

그런데 오늘날에는 왜 이렇게 되어 버렸을까요? 이것이 우리 앞에 놓인 질문입니다. 우리는 왜 넘어져 버렸습니까? 왜 바벨론으로 잡혀가 버렸습니까? 무엇이 잘못되었습니까? 그렇게 위대했던 백성, 큰 축복을 받아 누렸던 백성들이 어쩌다 이렇게 전락해 버렸습니까? 이것은 그 원리상 선지자가 당면했던 질문과 똑같은 질문입니다. 아, 슬프지만 그 대답 또한 똑같습니다. 이스라엘과 교회가 곤경에 처하고 황무해지며 버림받게 된 것은 언제나 그들 자신이 하나님을 반역하고 하나님의 성령을 근심케 한 탓입니다. 이것이 유일한 설명입니다. 아시다시피 선지자는 원수들이 쳐들어와서 공격한 것 자체를 이스라엘의 문제로 여기지 않습니다. 그는 "아니, 그것은 맞는 설명이 아니다"라고 말합니다. 물론 원수가 쳐들어와서 공격한 것은 맞습니다. 그러나 그것이 곤경의 이유는 아니었습니다. 이 선지자의 기록을 읽어 보십시오. 다른 선지자들의 기록과 시편도 전부 읽어 보십시오. 한결같이 이 한 가지 이야기만 한다는 것을 알 수 있습니다. 이스라엘이 원수의 힘과 능력 때문에 넘어지고 패한 적은 한 번도 없습니다. 그렇습니다. 하나님과 바른 관계만 맺고 있다면 원수가 아무리 강한들 문제가 되지 않습니다. 하나님이 늘 승리를 주시기 때문입니다. 원수가 강해서 넘어진다는 것은 결코 제대로 된 설명이 아닙니다. 이스라엘이 패하고 넘어지는 이유는 항상 그들 자신이 반역하고 어리석게 행하며 하나님의 성령을 괴롭히고 근심시킨 데 있습니다.

아, 여러분, 슬프게도 오늘날의 상황에 대한 진단도 똑같습니다. 우리 마음에 들든 그렇지 않든, 이것이 제대로 된 설명입니다. 새로운 원수들이 일어나 교회를 대적했기 때문에 이렇게 된 것이 아닙니다. 원수는 늘 있었습니다. 공산주의나 두 차례의 세계대전 때문에 이렇게 된 것도 아니고, 라디오나 텔레비전이나 영화와 경쟁하느라 이렇게 된 것도 아닙니다. 그렇습니다. 하나님의 백성들을 반대하는 세력은 늘 있었습니다. 그것은 변수가 아니라 상수입니다. 실상은 교회가 이스라엘처럼 너무나 어리석게도 하나님께 반역하고 그 믿음과 삶의 영역에서 성령을 근심시켰기 때문에 이렇게 되어 버린 것입니다. 이스라엘 자손들은 하나님과 그의 계시에 등을 돌렸습니다. 다른 신들과 그들의 개념, 그들의 사상을 찾아갔습니다. 고의적으로 하나님을 한쪽으로 밀어내고 자신들의 신을 만들었습니다. 교회도 지난 100년간 똑같은 짓을 저질렀습니다. 오늘날 기독교 세계와 교회의 상태를 제대로 설명하는 유일한 길은 교회가 지난 100년간 고의적으로 하나님의 계시를 거부하고 그 자리에 철학을 올려놓았기 때문이라고 말하는 것입니다.

그 짓을 한 것은 일반인들이 아닌 교회였습니다. 교회와 교회 지도자들이 성경을 비평하고 스스로 권위자를 자처하며 이 가르침의 일정 측면들을 부인하기 시작한 것입니다. 그들은 구약성경의 하나님을 부인하며, 자신들은 그 하나님을 믿지 않는다고 말합니다. 그들은 영광의 주를 일개 인간으로 격하했고, 그의 동정녀 탄생을 부인했으며, 그가 행한 기적과 속죄도, 성령의 인격성도 부인했습니다. 또 성경을 한낱 윤리 도덕 서적으로 축소시켜 버렸습니다. 그래서 교회가 이렇게 되어 버린 것입니다. 교회는 교리와 신앙의 영역에서 반역을 저질렀습니다. 하나님의 지혜가 있어야 할 자리에 인간의 지혜를 올려놓았습니다. 자신의 학식과 지식을 자랑했습니다. 교회는 설교자들과 일꾼들을 대할 때 더 이상 "성령 충만한가? 하나님을 생생하게 체험했는가?"를 묻지 않습니다. 그들이 묻는 것은 "교양이 있는가? 세련되었는가? 어떤 학위를 가지고 있는가?"입니다. 제가 지금 이야기를 꾸며내고 있는 것입니까? 이것은 문자 그대로 역사적인 사실입니다. 인간은 하나님의 계시와 하나님의 가르침을 자신들의 개념과 사상으로 대체해 버렸습니다.

물론 신앙과 가르침의 영역에서만 반역이 일어난 것은 아닙니다. 삶과 행동과 행실의 영역에서도 반역이 일어났습니다. 사람들은 예전의 복음적인 생활방식이 편협하다고 느끼기 시작했습니다. 그렇습니다. "편협"하다는 것입니다. 그들은 좀더 폭넓은 시야, 좀더 폭넓은 생활을 위해 신앙과 삶의 영역에서 하나님께 등을 돌린 채 자기 생각대로 살았습니다. 그러자 당연히 원수가 침입했습니다. 교회가 단순한 조직이 되면 세상과 경쟁할 수가 없습니다. 처음부터 얻어맞게 되어 있습니다. 그런데도 세상과 경쟁하려 들고 세상의 것들을 도입하려 애쓰는 모습을 보면 얼마나 딱한지 모릅니다. 교회는 극적인 요소들과 이런저런 방법들을 도입했지만 아무 효력이 없었습니다. 당연한 일입니다. 교회는 그런 일들을 할 수가 없습니다. 그런 일들을 할 수 있는 곳, 훨씬 더 잘할 수 있는 곳은 세상입니다. 교회가 지닌 힘의 원천은 오직 하나, 하나님의 능력과 성령의 능력뿐입니다. 그런데 그것을 거스르고 반역할 때, 반드시 얻어맞고 패하게 되어 있습니다. 물론 지금 일어나고 있는 일이 바로 그런 것입니다. 교회가 이런 짓을 저질렀고, 하나님이 교회를 벌하셨습니다. 교회가 성령을 거역하고 근심시켰기 때문에 하나님이 친히 교회의 원수가 되어 싸우신 것입니다.

우리는 이 점을 아주 분명하게 이해할 필요가 있습니다. 이것은 문자 그대로의 사실입니다. 저는 처음에 하나님의 성품이 불변한다고 말했습니다. 맞습니다. 그것은 절대적인 진리입니다. 그런데 지금 말한 이것도 변함없는 사실이며 절대적인 진리입니다. 하나님은 이스라엘 자손들을 약속의 땅으로 들여보내시기 전에 경고를 하셨습니다. 축복의 산 그리심에서는 "내게 순종하면 복을 주겠다"고 하시고, 저주의 산 에발에서는 "순종치 않으면 저주하겠다"고 하신 것입니다(신 11:26-28). 그는 이렇게 말씀하셨고, 그 말씀을 이행하셨습니다. 하나님은 "너희가 내 법에 순종하지 않고 나와 함께 행하지 않으면 저주하겠다"고 하셨습니다. 그리고 그들이 반역하자 자신의 백성들임에도 불구하고 저주하셨습니다. 다시 말해서 이스라엘 백성들은 하나님께 반역하면서 그가 자신들과 싸우신다는 것을 알게 되었습니다. 단지 축복만 거두어 가신 것이 아닙니다. 친히 그들과 맞서 싸우셨습니다. 구약 역사에는 그 예가 무수히 많이 나오고 있습니다. 예루살렘을 멸하기 위해 갈대아 군대를 일으킨 장본인이 누구입니까? 성경은 하나님이라고 말합니다. 하나님이 원수를 일으키셨습니다. 왜 그렇게 하셨습니까? 자기 백성들을 벌하시기 위해서입니다. 비유적으로 말하자면 그들을 낮추고 굴복시키기 위해 잠시 그들의 원수가 되신 것입니다. 하나님은 기나긴 구약 역사 속에서 거듭 그런 일을 하셨습니다.

저는 기독교회의 오랜 역사 속에서도 수없이 같은 일을 해 오셨다고 서슴없이 주장하는 바입니다. 교회가 자기 꾀로 하나님께 반역하며 그의 성령을 근심시키고 등을 돌렸는데도 하나님이 계속 내버려 두시리라고 생각해서는 안 됩니다. 그렇습니다. 그는 원수들을 일으켜 교회를 치실 것이며 친히 교회의 원수가 되어 채찍질하시고 낮추실 것입니다.

또한 제가 서슴없이 주장하는 바는 오늘날 우리가 바로 이 일의 증인이라는 것입니다. 교회는 여전히 마음을 낮추지 않고 있으며 곤경의 원인이 자신들에게 있음을 깨닫지 못하고 있습니다. 교회의 반역 때문에 하나님이 행동을 개시하셨음을 모르고 있는 것입니다. 100년 전에 파괴력을 발휘했던 고등비평 운동에 대해 회개하고 있다는 증거가 있습니까? 교회가 고등비평을 버리고 돌아섰습니까? 자신들의 잘못을 인정했습니까? 아닙니다. 고등비평이 통하지 않는다는 것을 알면서도 여전히 그 결과물들을 고수하고 있으며, 거기에 다른 것들까지 덧붙이려고 하고 있습니다. 회개하지 않은 것입니다. 그래서 하나님이 교회의 원수들을 일으키고 계십니다. 그는 과거에도 늘 그렇게 하셨고, 앞으로도 늘 그렇게 하실 것입니다.

그러나 감사하게도 이것이 이야기의 끝은 아닙니다. 오늘 본문을 보면 무슨 일이 일어났습니까? 선지자는 "그때에"라고 말합니다. "[그때에] 백성이 옛적 모세의 날을 추억하여 가로되 백성과 양 무리의 목자를 바다에서 올라오게 하신 자가 이제 어디 계시뇨? 그들 중에 성신을 두신 자가 이제 어디 계시뇨? 그 영광의 팔을 모세의 오른손과 함께하시며……." 이 구절이 뜻하는 바는, 하나님이 그 백성들을 벌하시고 대적하는 원수들을 일으키시며 그들을 낮추시고 굴복시켜 크게 패하게 하시고 아무 소망 없는 절망에 빠뜨리셨을 때, 그들이 문득 정신을 차리고 모세와 옛적 일들, 자신들이 존재하게 된 기원을 기억해 냈다는 것입니다.

이와 완벽한 짝을 이루는 이야기, 전체적인 그림을 완성시켜 주는 이야기가 신약에 나옵니다. 그것은 탕자의 이야기입니다. 그는 아버지를 무시하고 돈을 잔뜩 챙겨서 집을 떠났습니다. 자신이 아버지보다 훨씬 잘할 수 있다는 생각으로 집을 떠난 것입니다. 그렇습니다. 그는 자기 고집대로 하다가 결국 들판에서 돼지를 치며 쥐엄열매나 먹어야 할 처지가 되어 버렸습니다. 그러다가 문득 정신을 차리고 말했습니다. "내가 여기서 뭘 하고 있는 거지? 난 아버지의 아들이잖아." 그는 집을 생각해 냈고 아버지를 생각해 냈습니다. 그렇습니다. 그의 모든 불행이 아버지를 생각나게 했습니다. 몸에는 누더기를 걸치고 머리는 부스스해지고 주머니는 텅 비고 뱃속도 비어 배고파 죽을 지경이 되었을 때에야 그는 정신을 차렸습니다. 그때 그는 아버지를 기억해 냈고, 그 자리에서 일어나 아버지가 계신 집으로 돌아갔습니다.

사랑하는 여러분, 교회가 부흥을 경험하기 전에도 항상 이런 일이 일어납니다. 교회가 정신을 차리고 자신들이 누구며 어떤 존재인지 기억하는 것입니다. 자신들이 기적적인 방식으로 살아 계신 하나님의 백성이 되어 그분께 속하게 된 자들임을 기억하는 것입니다. 이렇게 교회는 제정신을 차리기 시작합니다. 회개하고 하나님께 말씀드리며 기도하기 시작합니다. 오, 여기 얼마나 놀라운 기도가 나오고 있습니까? "백성이 옛적 모세의 날을 추억하여 가로되 백성과 양 무리의 목자를 바다에서 올라오게 하신 자가 이제 어디 계시뇨? 그들 중에 성신을 두신 자가 이제 어디 계시뇨?" 바로 이것입니다. "이제 어디 계시뇨?" 어느 날 오후, 산 저편에서 양을 치던 모세를 부르신 그 하나님이 이제 어디 계십니까? 대체 어디 계십니까? 모세의 하나님이 어디 계십니까? 엘리야의 하나님이 어디 계십니까? 그토록 기이한 일을 행하셨던 하나님이 대체 어디 계시기에 우리가 이 꼴이 되어 버린 것입니까? 이것이 그들의 기도였습니다. 그들은 돌이켜 죄를 고백하고 하나님을 바라보았습니다. "그는 여전히 동일하신 하나님이다. 우리는 그가 계신 것을 알고 있다. 그런데 우리는 왜 이런 꼴이 되어 버렸을까?"라고 물었습니다.

그들이 드린 특별한 간구를 다시 한번 읽어 드리겠습니다.

백성과 양 무리의 목자를 바다에서 올라오게 하신 자가 이제 어디 계시뇨? 그들 중에 성신을 두신 자가 이제 어디 계시뇨? 그 영광의 팔을 모세의 오른손과 함께하시며 그 이름을 영영케 하려 하사 그들 앞에서 물로 갈라지게 하시고 그들을 깊음으로 인도하시되 말이 광아에 행함과 같이 넘어지지 않게 하신 자가 이제 어디 계시뇨? 여호와의 신이 그들로 골짜기로 내려가는 가축같이 편히 쉬게 하셨도다. 주께서 이같이 주의 백성을 인도하사 이름을 영화롭게 하셨나이다.

그들은 말했습니다. "오, 이 능력의 하나님이 지금은 어디 계시지? 이 구원의 하나님이 어디 계시지? 우리를 이끄시고 인도하시는 하나님이 어디 계시지? 편히 쉬게 하시는 하나님이 어디 계시지? 영광의 하나님이 어디 계시지?" 이것이 그의 본질이며, 그가 행하시는 일입니다. 그는 지금 어디 계십니까? 우리는 그의 능력이 여전히 동일하다는 것을 압니다. 여전히 교회에 쉼을 주시고 영광을 주실 수 있다는 것을 압니다. 바다를 가르시고 강을 가르실 수 있다는 것을, 광야에서 만나를 주실 수 있다는 것을, 그에게는 능치 못한 일이 없다는 것을 압니다. 그런 하나님이 분명히 계시는데 우리는 이렇게 황무해져 있고 버려져 있는 것입니다. 옛적에 원수들을 흩으셨듯이 한번 일어나시기만 하면 현대의 모든 원수들을 흩으시며 그 입의 기운으로 쫓아내실 수 있는 하나님은 지금 어디 계십니까? 대체 어디 계십니까?

사랑하는 자들이여, 이것이 교회가 드려야 할 기도이자 우리가 구원받을 수 있는 유일한 길입니다. 그런데도 우리는 어리석게도 원수들을 보면서 "우리가 할 수 있는 일이 뭘까? 어떤 조직을 새롭게 만들면 될까?"라고 묻는 것입니다.

이 사람은 말합니다. "아니, 이 옛사람들이 정신을 차리고 한 일은 이것이었다. '오, 그분만 찾으면 되는데. 그는 분명히 계시다. 타의 추종을 불허하는 능력을 가지고 어딘가에 계시다. 문제는 그가 어디 계신지 찾아내는 것이다'라고 말하는 것이었다."

선지자는 "하나님을 찾아야 한다"고 말합니다. 그리고 15절에서 "하늘에서 굽어 살피시며……"라고 기도하며 직접 하나님을 찾기 시작합니다. 하나님은 분명히 계십니다. 그를 구합시다. 다른 것들은 전부 내려놓읍시다. 그를 찾고 그의 얼굴을 구하는 데 집중합시다. 절박하게 매달립시다. 모세의 하나님, 그들 중에 성령을 두신 하나님, 그들을 인도하신 하나님, 그 원수들을 정복하신 하나님, 바다를 가르신 하나님, 그들을 약속의 땅으로 이끌어 주신 하나님은 지금 어디 계십니까? 그를 찾는 것 외에 중요한 일은 아무것도 없습니다.

탕자는 말했습니다. "내가 일어나 아버지께 가서 이르기를 아버지여, 내가 하늘과 아버지께 죄를 얻었사오니 지금부터는 아버지의 아들이라 일컬음을 감당치 못하겠나이다. 나를 품꾼의 하나로 보소서 하리라"(눅 15:18, 19). 이것이 기도입니다. 완전히 낮아진 마음으로 우리의 반역과 어리석음과 미련한 자랑과 수치를 보고 일어나 우리 아버지께로 돌아갑시다. 아버지를 찾아내는 순간, 우리는 그가 여전히 자비와 인자와 긍휼과 사랑과 은혜와 우리에게 필요한 모든 것으로 충만하신 분임을 알게 될 것입니다. 그의 능력은 조금도 줄어들지 않았습니다. 그가 우리를 보시고 다시 한번 축복하시면, 우리는 그의 백성이 되고 원수들은 흩어질 것이며 시온은 다시금 여호와의 영광으로 충만해질 것입니다. 그가 지금 어디 계십니까? 여러분은 마음으로부터 이렇게 외치고 있습니까? 이 외침이 그 백성들을 가득 채우지 않는 한 교회에는 전혀 소망이 없습니다. 그를 알고 그와 바른 관계를 맺는 것 외에 중요한 일은 아무것도 없습니다.

23 강렬한 열정으로 부흥을 위해 기도하라

주여, 하늘에서 굽어 살피시며 주의 거룩하고 영화로운 처소에서 보옵소서. 주의 열성과 주의 능하신 행동이 이제 어디 있나이까. 주의 베푸시던 간곡한 자비와 긍휼이 내게 그쳤나이다. 주는 우리 아버지시라. 아브라함은 우리를 모르고 이스라엘은 우리를 인정치 아니할지라도 여호와여, 주는 우리의 아버지시라. 상고부터 주의 이름을 우리의 구속자라 하셨거늘 여호와여, 어찌하여 우리로 주의 길에서 떠나게 하시며 우리의 마음을 강퍅케 하사 주를 경외하지 않게 하시나이까. 원컨대 주의 종들 곧 주의 산업인 지파들을 위하사 돌아오시옵소서. 주의 거룩한 백성이 땅을 차지한 지 오래지 아니하여서 우리의 대적이 주의 성소를 유린하였사오니 우리는 주의 다스림을 받지 못하는 자 같으며 주의 이름으로 칭함을 받지 못하는 자같이 되었나이다. (사 63:15-19)

이제 우리는 63장과 64장에 기록된 이사야 선지자의 위대한 기도를 고찰하는 특별히 흥미로운 지점에 도달하게 되었습니다.

지난 연구에서 살펴본 바대로 선지자는 이스라엘 자손의 역사에 대한 모든 지식을 발판 삼아 기도의 자리로 나아가고 있습니다. 그는 지금 자신이 해야 할 유일한 일은 과거에 어려운 시기가 닥칠 때마다 이스라엘 자손들이 했던 일을 반복하는 것임을 알았던 것이 분명합니다. 이제 우리는 선지자와 이스라엘 나라가 드린 기도의 도입부를 살펴보려 합니다. 그들이 가장 먼저 한 일은 자신들의 어리석음과 반역으로 인해 이런 처지에 이르게 되었음을 깨닫고 통회하고 회개하며 하나님께로 돌이키는 것이었습니다. 그 기도가 여기 15절에서 시작하여 64장 끝까지 이어지고 있습니다. 이제 우리가 고찰할 부분은 63장 뒷부분에 나오는 이 기도의 첫 단락입니다.

우리는 이 기도를 살펴보면서 우리의 유일한 소망 또한 여기에 있음을 깨달아야만 합니다. 오늘날 우리의 처지 및 곤경이나, 바벨론에 잡혀 갔던 이스라엘 자손과 그 후 불순종에 빠진 교회의 처지 및 곤경이나 거의 다를 바가 없기 때문입니다. 이 점을 깨달을 때, 우리의 유일한 소망 또한 이 같은 기도를 드리는 데 있음을 알게 됩니다.

이제 이 특별한 간구를 살펴보기 전에 기도의 양식 내지는 제가 일반적인 특징이라고 부르는 부분부터 명확히 짚어 보는 일이 꼭 필요합니다. 이 기도를 살펴볼 때 우리에게 가장 먼저 다가오는 특징은 그 절박함과 강청함입니다. 이 기도에는 무성의한 구석이 전혀 없으며, 안일하거나 모호한 구석 또한 전혀 없습니다. 그렇습니다. 기도하는 자의 영혼 전체가 그 깊은 곳까지 요동치고 있습니다. 그는 자신들의 처지를 알기에 절박합니다. 하나님의 백성들이 살던

성들은 약탈을 당하고 무너져 버렸으며 성소는 더러워졌습니다. 선지자는 그러한 처지를 아뢴 후에 그 상황의 절박함으로 인해 하나님께 탄원합니다. 그 점은 이미 살펴본 바 있습니다. 그러나 우리가 결코 놓치지 말아야 할 것은 그 절박성입니다. 물론 우리 역시 그만큼 심각한 형편에 처해 있다는 것을 안다면 이 특징을 놓치려야 놓칠 수가 없을 것입니다. 하나님의 백성이라는 우리가 교회의 상태나 주변 세상의 상태를 뻔히 보면서도 시온에서 이처럼 안일하게 지낼 수 있다는 것이 제게는 놀랍게만 보입니다. 저는 지금 각종 무기들이나 원자폭탄만 염두에 두고 있는 것이 아닙니다. 삶의 모든 영역 및 사회 모든 계층에 두드러지게 나타나고 있는 이기주의와 산업현장의 불안한 상태도 염두에 두고 있습니다. 불법이나 이기심 같은 문제들을 치료할 수 있는 유일한 길은 사람들이 다시금 자신들이 누구며 어떤 존재인지 깨닫기 시작하는 것입니다. 자신들이 하나님께 종속된 존재임을 깨닫기 시작하는 것입니다. 마지막 재앙이 닥치기 전에 우리 모두 하나님 앞에서 낮아질 필요가 있습니다. 이 점을 깨달을 때에야 비로소 선지자의 기도에 나타나는 이 절박한 자세, 강청하는 자세로 기도하기 시작할 것입니다.

그 다음으로 선지자의 감정이 얼마나 격해져 있는지 주의해서 보시기 바랍니다. 그가 기도하고 있는 방식 자체에 그 감정이 묻어나고 있습니다. 그의 기도에는 일종의 형식이 있습니다. 그러나 어떤 점에서는 형식이 없다고도 할 수 있습니다. 그의 기도는 고백과 탄원 사이를 오가고 있습니다. 그것은 감정이 격해질 때 항상 나타나는 표지입니다. 감정이 격해진 사람은 형식이나 용어 선택이나 배치를 꼼꼼히 따지지 못합니다. 그렇습니다. 마음이 너무 요동쳐서 이를테면 차근차근 생각할 여유가 없는 것입니다. 그저 그 순간에 자신을 지배하는 감정을 토해 낼 뿐입니다. 이 기도에 나타나고 있는 모습이 바로 그런 것입니다. 선지자는 자신이 간구하고 탄원할 내용을 먼저 모아서 아뢴 후에 그 이유 등을 제시하지 않습니다. 그렇습니다. 그의 마음은 격한 감정에 사로잡혀 너무나 깊이 요동치고 있습니다. 그래서 마음 깊은 곳에서부터 기도가 솟구쳐 나오고 있습니다. 교회가 부흥을 경험할 때에도 항상 같은 일이 일어나는 것을 볼 수 있습니다. 하나님의 영이 교회에 임하실 때 형식은 잊혀지고 예전은 중지됩니다. 성령이 사람들의 마음속에서 일하십니다. 간구와 탄원과 경배의 표현이 기도하는 자들의 마음에서부터 흘러나옵니다. 이 기도에 나타나고 있는 특징이 바로 그것입니다. 성경의 다른 모든 위대한 기도들에 나타나는 특징도 바로 그것입니다.

그 다음 요소는 탄원하는 것, 이치를 따져서 하나님을 설득하는 것입니다. 아니, 더 강한 용어를 사용하자면 하나님과 씨름하는 것입니다. 여기에서 선지자가 어떻게 자신의 주장을 쏟아내고 있는지 주목해서 보셨습니까? 그는 "여호와여, 주는 우리의 아버지시라. ……여호와여, 어찌하여 우리로 주의 길에서 떠나게 하시며……" 등등의 말을 합니다. 그뿐 아니라 여기에는 담대함의 요소도 들어 있습니다. 모세의 기도가 그러했듯이 거의 무모하다고 해도 좋을 만한 요소가 들어 있습니다. 이것은 모든 위대한 중보기도, 하나님께 탄원하며 하나님을 설득하는 기도에 항상 나타나는 요소입니다.

이 사람이 하는 말을 들어 보십시오. 그는 아룁니다. "어찌하여 우리로 주의 길에서 떠나게 하시며……주의 거룩한 백성이 땅을 차지한 지 오래지 아니하여서 우리의 대적이 주의 성소를 유린하였사오니 우리는 주의 다스림을 받지 못하는 자 같으며 주의 이름으로 칭함을 받지 못하는 자같이 되었나이다." 그는 논쟁하고 있고 이치를 따지고 있으며 탄원하고 있고 하나님과 씨름을 벌이고 있습니다. 이것은 모든 참된 중보기도에 나타나는 아주 놀라운 요소입니다. 또한 여기에는 역설의 요소가 들어 있습니다. 선지자는 자신의 무가치함과 이스라엘 백성들의 무가치함을 아주 잘 알고 있습니다. 그럼에도 자신에게 하나님께 탄원하며 따지고 논쟁할 권리, 말하자면 하나님과 씨름하며 "당신을 가게 하지 아니하겠나이다", "오 여호와여, 당신은 우리를 거절할 수가 없습니다"라고 말할 권리가 있다고 느끼게 만드는 무언가를 인식하고 있습니다.

제가 볼 때 이것이야말로 이 특정한 기도를 이해하는 진정한 열쇠입니다. 그러므로 저는 이것을 원리의 형태로 제시하고자 합니다. 여기 우리가 짚고 넘어가야 할 명백한 문제가 있습니다. 지금 이 사람은 반역한 나라, 하나님을 거슬러 죄를 지은 나라, 그래서 하나님이 벌하신 나라를 위해 탄원하고 있습니다. 그들의 모든 죄와 수치를 절감하면서도 거룩한 담대함을 가지고 기도하고 있습니다. 왜냐하면 자신이 하나님과 어떤 관계를 맺고 있는지 알고 있기 때문입니다. 그는 그 관계로 인해 자신은 정말 무가치한 존재임에도 그 앞에 나아가 열렬히 탄원하며 따질 권리가 있음을 알았습니다. 여기에서 끌어낼 수 있는 원리는 결국 하나님과 우리의 관계에 대한 진리, 즉 교리를 이해하는 데 우리의 유일한 소망이 있다는 것입니다. 위대한 기도는 언제나 위대한 이해에서 나오게 마련입니다. 진리를 붙잡아야 그 위에 깊은 지식을 쌓아올릴 수가 있습니다. 여러분은 아주 피상적이면서 말만 번지르르한 기도를 할 수 있습니다. 처음에는 자신이 훌륭한 기도를 하는 것처럼 느낄 수 있지만 시련이 닥치면 곧 갈팡질팡하게 됩니다. 그 번지르르한 문구들이 외려 공허하게 느껴지고 그나마 그 말들도 입에서만 맴돌다 사라져 버립니다. 사람은 고난의 풀무에 빠질 때 자신이 절대적으로 확신하며 자신하는 기본적인 진리들을 의지하게 마련입니다. 위대한 기도의 열쇠는 은혜의 교리를 깊이 알고 붙잡는 것입니다.

이것은 저 한 사람만의 주장이 아닙니다. 성경 전체가 이 주장으로 가득 차 있으며, 수 세기에 걸친 교회의 이야기가 그 예를 거듭거듭 보여 주고 있습니다. 고난의 풀무 한가운데 우뚝 서 있을 수 있는 사람은 그 발을 반석 위에 둔 사람입니다. 그 반석은 거룩한 성경과 성경의 복된 교리입니다.

이것이 실제의 영역에서는 어떤 결과를 가져오는지 보기로 합시다. 우리는 이 사람이 드린 기도의 큰 특징들을 고찰했습니다. 이제 살펴보아야 할 것은 그의 현실적인 간구입니다. 첫 번째 간구는 당연히 "굽어 살피시며……보옵소서"라는 의미심장한 말에 담겨 있습니다. 이 기도는 15절에 나옵니다. "주여, 하늘에서 굽어 살피시며 주의 거룩하고 영화로운 처소에서 보옵소서." 이것이 우리가 당연히 가장 먼저 알아야 점―첫 번째로 큰 필요―입니다. 이스라엘은 패했습니다. 큰 무리의 백성들이 바벨론의 포로와 노예로 사로

잡혀 갔습니다. 성전과 다윗의 큰 성은 폐허가 되어 버렸습니다. 하나님의 큰 성이 돌 더미가 되어 버린 것입니다. 어떻게 이런 일이 일어날 수 있습니까? 대체 무엇이 잘못된 것입니까? 이것은 현대어로 굳이 옮기지 않아도 현대 교회의 상황에 그대로 들어맞습니다. 이 점을 놓치지 맙시다. 하나님의 교회는 무너졌으며, 어떤 의미에서 폐허가 되었습니다. 승리한 원수들이 우리를 비웃고 있습니다.

그렇다면 문제는 무엇입니까? 우리에게 최고로 필요한 것은 무엇입니까? 이 사람에 따르면 그 대답은 의심할 여지 없이 분명합니다. 시편도 같은 대답을 하고 있습니다. 성경의 위대한 기도들도 전부 같은 대답을 하고 있습니다. 우리에게 필요한 것은 바로 하나님의 임재이며 하나님의 얼굴입니다. 그는 지금 우리에게서 등을 돌리고 계신 것 같습니다. 그는 우리를 쳐다보지 않고 외면하고 계십니다. 저는 이런 표현을 쓰는 데 하등의 주저함이 없습니다. 16절에는 "아버지"라는 말이 나오고 있습니다. 하나님은 우리 아버지로서, 우리가 자식을 대하듯 우리를 대하고 계십니다. 어린 자식이 해서는 안 될 일을 하고 여러분 앞에 나아올 때 여러분은 어떻게 합니까? 아마 쳐다보지 않고 외면할 것입니다. 그러면 아이는 여러분에게 매달리며 자기를 쳐다만 봐 주기를 바랍니다. 아이는 여러분이 자신을 쳐다보지 않는다는 사실을 참지 못합니다. 여러분을 잡아당기고 애원하면서 어떻게 해서든지 얼굴을 보려 합니다. 여기에서 선지자가 기도로 하고 있는 일이 바로 그것입니다. 그는 말합니다. "우리를 굽어 살펴 주십시오. 우리를 보아 주십시오. 오, 하나님, 왜 외면하십니까? 왜 얼굴을 피하십니까? 왜 등을 돌리십니까? 왜 나

그네처럼, 낯선 사람처럼 우리를 떠나 계십니까? 우리를 굽어 살펴 주십시오." 이것은 하나님의 얼굴과 하나님의 웃음을 구하는 탄원이자 외침입니다.

사랑하는 여러분, 여러분과 저의 영성을 검증해 보는 방법은 이런 간구에 대해 아는 바가 있는지 자문해 보는 것입니다. 아시다시피 그저 무릎만 꿇고 주기도문을 외우며 자신과 자신의 가족과 그날 할 일을 축복해 달라고 구하는 것은 기도가 아닙니다. 오, 너무 엄격하게 굴 생각은 없습니다. 좋습니다. 그것도 일종의 기도라고 칩시다. 그러나 그것은 너무나 왜소한 기도이며 너무나 유치한 기도입니다. 그것은 초보자의 기도입니다. 우리를 참으로 검증해 보는 방법은 하나님의 웃는 얼굴을 간절히 보고 싶어 하는 마음이 있는지, 하나님이 우리를 굽어 살피신다는 사실과 우리가 그의 눈길을 받으며 살고 있고 움직이고 있다는 사실을 간절히 알고 싶어 하는 마음이 있는지 자문해 보는 것입니다. "자비의 하나님, 은혜의 하나님, 그 얼굴 빛을 보여 주십시오." 아시다시피 이것이 선지자의 고민이었습니다. 하나님이 그 얼굴을 피해 버리신 일이 그의 고민이었던 것입니다. 그는 말합니다. "오, 주여, 우리를 굽어 살피소서."

저는 오늘날 교회의 처지도 여전히 똑같으며, 따라서 교회의 가장 큰 필요 또한 똑같다고 주장하는 바입니다. 의심컨대 우리는 하나님의 임재에 충분히 민감합니까? 하나님이 웃는 얼굴로 우리를 보시는 것과 그렇지 않은 것의 차이를 알고 있습니까? 이것은 설교자를 검증해 보는 방법이기도 합니다. 단순히 인간적인 이해력과 에너지를 가지고 설교하는 것과 하나님의 웃는 얼굴을 의식하면서 설교하는 것 사이에는 천양지차가 있습니다. 그 차이는 말로 다 설명할 수가 없는 것입니다. 그 사이에는 영겁의 차이가 있습니다. 저는 설교자로서 하나님의 웃는 얼굴을 느끼지 못한 채 혼자 강단에 서는 것보다 무서운 일이 없습니다. 선지자가 "굽어 살피소서"라고 기도하는 것도 놀랄 일이 아닙니다. 하나님의 웃는 얼굴이 어떤 것인지 알고 있습니까? 그 웃음을 보지 못한다는 것이 어떤 것인지 알고 있습니까? 어린 자식처럼 자신에게로 돌아서서 다시 쳐다보기만 해 달라고 애원하는 것이 어떤 것인지 알고 있습니까? 하나님은 지금 교회를 외면하고 계신 것처럼 보입니다. 우리에게 관심을 잃으신 것처럼 보입니다. 기도는 바로 이런 인식에서부터 시작됩니다.

계속 선지자를 살펴보면서, 그가 실제적인 영역에서 정확히 어떻게 자신들을 다시금 굽어 살피시며 자신들에게 한 번 더 웃음을 보여 주시기를 탄원하고 있는지 살펴봅시다. 여기에는 단계들이 있습니다. 이 단계들은 불변하는 것입니다. 이 단계들을 밟는 것 외에 달리 기도하는 방법은 없습니다. 첫째로, 선지자는 하나님을 예배하고 경배하는 데서 출발합니다. 그의 말을 들어 보십시오. 그는 "굽어 살피시며"라고 말합니다. 어디에서 굽어 살펴 달라고 합니까? "하늘에서 굽어 살피시며 주의 거룩하고 영화로운 처소에서 보옵소서." 우리도 여기에서 출발해야 합니다. 자기 자신에게서 출발하면 안 됩니다. 절대 그러면 안 됩니다. 언제든지 하나님에게서 출발해야 합니다. 그렇게 하나님에게서 출발할 때, 그에 대해 몇 가지 알아야 할 것들이 있습니다. 그것들을 모르는 상태에서는 차라리 무릎을 꿇지 않는 편이 낫고 기도를 시작하지 않는 편이 낫습니다. 우리가 기도하는 대상은 어떤 분입니까? 우리는 누구에게 아뢰는 것입니까? 자, 우리는 하늘에 계신 분께 아뢰는 것입니다. "하늘에서 굽어 살피시며……." 우리는 너무나 자기 자신을 중시하고 자기 자신에게만 관심을 기울인 나머지 하나님 앞에 달려가 개인적인 필요와 교회의 필요 같은 우리의 필요들을 마구 쏟아 냅니다. 마치…….

잠깐, 여러분! 여러분이 지금 어떤 곤경에 처해 있느냐는 아무 상관이 없습니다. 설사 지옥이 여러분의 발밑에서 입을 벌리고 있다 해도 상관이 없습니다. 원수들이 전부 모여 여러분을 대적하고 있든 무슨 곤경을 당하고 있든 상관이 없습니다. 하나님께 기도하려 하는 사람은 반드시 그가 누구시며 어디 계신 분인지 알아야만 합니다. "하늘에서 굽어 살피시며……." 우리는 이 사실을 다 알지만 깨닫지는 못하고 있습니다. 주기도문을 익히 알지만 정말 그렇게 기도하고 있지는 못합니다. 주님은 말씀하셨습니다. "하늘에 계신 우리 아버지여." 하나님은 하늘에 계신 분이고, 우리는 땅 위에 있는 사람들입니다. 이 사실을 기억하는 것이 유익합니다. 지금 우리는 복잡한 문제들에 둘러싸여 당장 무슨 일이 일어날지 모르는 처지에 있으며, 공산주의나 다른 '주의'의 위세에 눌려 떨며 두려워하고 있다는 이 한 가지 이유만으로도 그렇습니다. 하나님이 이 모든 것 위에 계시면서 이것들을 내려다보고 계시다는 사실을 기억하는 것이 유익합니다. 그는 그 가운데 계시지 않습니다. 그 모든 것의 흐름 밖에 계십니다. 이 사실이 즉시 우리를 바른 위치에 세워 줍니다. "하늘에서 굽어 살피시며……보옵소서." 어디에서 보십니까? "주의 거룩〔한〕……처소에서" 보십니다. 주님은 "그러므로 너희는 이렇게 기도하라"라고 말씀하십니다. "하늘에 계신 우리 아버지여, 이름이 거룩히 여김을 받으시오며." 거룩히 여김을 받으소서. 이것은 어느 상황에서든 동일하게 드려야 할 기도이며 변함없이 드려야 할 기도입니다.

우리는 기도할 때 하나님이 어떤 분이신지 기억합니까? 바로 그 하나님께 말씀드립니까? 기도할 때 이런 용어를 사용합니까? 이런 사실을 생각합니까? 이런 사실들을 기억하는 것이 얼마나 중요한지 모릅니다. 주님을 보십시오. 그는 세상에 오셨을 때 이 땅 위에 계셨으면서도 여전히 아버지의 사랑하는 독생자로 하늘에 계셨습니다. 그런 주님도 기도하실 때 "거룩하신 아버지여"라고 부르셨습니다. 이런 사실들을 깨닫지 못하는 사람은 참으로 기도할 수 없습니다. 우리는 응석받이 자식처럼 바라는 것들이 많습니다. 용서를 바라고 축복을 바라고 또……. 그러나 잠깐 기다리십시오. 우리는 지금 거룩하신 아버지께 나아가고 있습니다. 이 사실을 떠올리면 우리 자신의 죄와 무가치함도 같이 떠오를 것입니다. 그러면 우리의 권리나 요구사항은 절로 잊혀져 버립니다. 다만 그 앞에 엎드릴 수밖에 없습니다.

그 다음으로 "주의 거룩하고 영화로운 처소에서……"라는 말씀을 봅시다. 인간은 하나님의 영광을 정의할 수가 없습니다. 영광은 하나님의 본질적이고 궁극적인 속성입니다. 그것은 그의 위대하심과 광채와 위엄을 의미합니다. 한 번 더 반복하지만 우리 모두의 진정한 문제는 하나님을 모른다는 것입니다. 안다고 생각하지만 사실은 모르고 있습니다. 여러분은 하나님의 영광에 대해 생각해 본 적이 있습니까? 시편 기자는 그에 대해 많은 것을 알고 있었습니다. 그는 말했습니다. "악인[경건치 못한 자]의 장막에 거함보다 내 하나님 문지기로 있는 것이 좋사오니"(시 84:10). 그는 경건치 못한 자들 한가운데 끼어 가장 깊숙한 요새에서 권세를 누리느니 차라리 교회 현관에서 찬송가를 나누어 주거나 가장 비천한 일을 하는 편을 택하고 싶어 했습니다. 그는 그 이유를 밝히고 있습니다. 자신은 하나님의 은혜와 영광 때문에 그렇게 하겠다는 것입니다. 성막에서 하나님의 영광을 보기 위해 그렇게 하겠다는 것입니다. 문틈으로라도 쉐키나의 영광을 보기 위해 그렇게 하겠다는 것입니다. "주의 거룩하고 영화로운 처소에서……." 다시 말해서 이것은 하나님의 영광과 얼굴을 얼핏이라도 보기 원하는 기도, 하나님을 보기 원하는 기도입니다. "하늘에서 굽어 살피시며 주의 거룩하고 영화로운 처소에서 보옵소서." 선지자는 바로 여기에서 출발하고 있습니다.

그리고 나서 그는 하나님께 그와 백성들의 관계를 상기시켜 드립니다. 하나님 자신에게서 출발하여 그와 우리의 관계로 나아가는 것입니다. 여기에서 선지자가 어떤 용어들을 사용하고 있는지 보십시오. 그는 그 관계를 질문의 형태로 상기시키고 있습니다. "주의 열성……이 이제 어디 있나이까?" 무슨 말입니까? 자, 그는 이스라엘 자손들의 과거 역사를 알고 있으며 하나님이 그들을 어떻게 대해 주셨는지 알고 있습니다. 하나님이 그들에 대해 해 주신 말씀을 알고 있으며 그들을 위해 해 주신 일들을 알고 있습니다. 그가 역사에서 발견한 것은 과거에 하나님이 그 백성들을 위해 열성을 다하셨다는 사실입니다. 오래 전 이스라엘 자손은 애굽에 붙잡혀 있었습니다. 감독들은 그들을 채찍질하며 더 적은 짚으로 더 많은 벽돌을 만들게 했습니다. 그들은 처참한 상황에 처해 있었습니다. 그때 하나님이 그들을 위한 열성을 가지고 일어나 모세에게 말씀하셨습니다.

"가거라. 나는 네가 그들을 인도해 오길 원한다."

그러자 모세가 말했습니다.

"제가 어떻게 바로를 상대할 수 있겠습니까?"

하나님이 말씀하셨습니다.

"걱정 마라. 내가 함께해 주겠다."

그 이야기를 읽으면서 하나님이 어떻게 개입하시고 행동하시며 능한 일들을 하심으로써 그들을 이끌어내는지 보십시오. 어떤 열성으로 그 백성을 위하시는지 보십시오. 선지자는 "주의 열성이 이제 어디 있나이까?"라고 묻습니다. "당신은 과거에 이같이 행하셨습니다. 그런데 그 열성이 이제 어디 있나이까?" 하나님이 그들과 그들의 일을 위해 계속 열성을 다하신다면 그들은 패하지 않을 것입니다. 그런데 한때 하나님이 그들을 위해 발휘하셨던 그 에너지가 지금은 다 어디로 가 버린 것입니까? 하나님은 그들을 자신의 눈동자라고 부르시며 어떤 것도 그들을 해치 못하게 하겠다고 말씀하셨습니다. "그런데 그 열성이 이제 어디 있나이까?" 이것이 그가 드린 기도입니다. 그는 하나님이 옛적에 이 나라, 이 백성과 맺으셨던 관계와 그들에게 품으셨던 열성을 상기시켜 드리고 있습니다.

그러고 나서 그는 또 다른 표현을 덧붙입니다. "주의 열성이 이제 어디 있나이까?"라고 묻는 데서 그치지 않고 "주의 능하신 행동이 이제 어디 있나이까?"라고 묻는 것입니다. 하나님의 전능하신 힘과 능력과 권세는 참으로 놀라운 것입니다. 저는 여기에 나오는 선지자의 표현 방식이 상당히 마음에 듭니다. 그는 그 힘에 의심을 품지 않습니다. 그 힘이 여전히 있음을 압니다. 그의 앞에는 예루살렘 성을 약탈하고 백성들을 사로잡아 간 갈대아인들과 바벨론의 권세가 버티고 있습니다. 물론 백성들은 그들을 막을 힘이 하나님께 없기 때문에, 하나님이 원수를 정복할 만큼 강한 분이 못 되기 때문에 이런 일이 닥쳤다는 결론을 내렸을 수도 있습니다. 그러나 선지자는 "아니다"라고 말합니다. "그렇지 않다. 하나님은 여전히 같은 힘을 가지고 계시다. 그런데 문제는 그 힘이 지금 어디 있느냐 하는 것이다." 그는 "빛들의 아버지"로서 "변함도 없으시고 회전하는 그림자도" 없는 분입니다(약 1:17). 오, 그렇습니다. 그에게는 힘이 있습니다. 그런데 문제는 그 힘이 지금 어디 있느냐 하는 것입니다. 힘은 여전히 있지만 우리에게 쓰시지는 않습니다. 오늘날 우리도 이 점을 명확히 알지 못하면 오히려 절망에 빠지고 말 것입니다. 여러분은 말합니다. "교회가 왜 이 모양인가? 하나님의 일이 왜 이렇게 쇠락하고 있는가? 왜 원수가 사납게 위세를 부리며 승리하고 있는 것인가? 하나님이 그들을 막지 못하시기 때문이 아닌가?" 아닙니다. 하나님의 힘은 여전히 있습니다. 그러나 우리가 물어야 할 질문은 그 힘이 지금 어디 있느냐 하는 것입니다. 하나님이 우리에게 그 힘을 보이지 않으시는 이유가 무엇입니까? "주의 능하신 행동이 이제 어디 있나이까?"

뒤이어 나오는 말은 아주 범상치 않은 것입니다. "주의 베푸시던 간곡한 자비와 긍휼이 내게 그쳤나이다." "간곡한 자비the sounding of Thy bowels"는 성경, 특히 구약성경이 전형적으로 사용하고 있는 표현입니다. 옛사람들은 창자bowels에 감정이 있다고 생각했습니다. 왜 그랬을까요? 사람이 강렬한 감정에 사로잡히면 창자가 움직이는 것이 느껴지기 때문입니다. 심지어 고통이나 복통, 심한 아픔까지 생길 수가 있습니다. 감정이 너무 격렬해지면 창자가 뒤틀립니다. 이 사람이 "주의 베푸시던 간곡한 자비와 긍휼이 내게 그쳤나이다"라고 말하는 의미가 바로 그것입니다. 예레미야가 고통에 몸부림치며 "내 창자여, 내 창자여" 하고 소리쳤던 것을 기억합니까?(렘 4:19 난외주 참조.) 그는 백성의 상태를 보면서 심한 고통을 느꼈습니다. 창자 깊숙이 고통을 느꼈습니다. 그래서 그 고통을 창자와 결부시켜 표현한 것입니다. 아시다시피 이사야 선지자는 대담하고 과감하게도 이 표현을 하나님께 온전히 적용하고 있습니다. 그는 말합니다. "왜 예전처럼 당신의 마음이 우리에게 동하지 않는 것입니까? 왜 예전 같은 감정이 없는 것입니까? 전에는 우리를 향한 간곡한 자비와 긍휼로 당신의 창자가 울리고 뒤틀리고 요동쳤습니다. 그런데 지금은 왜 그런 일이 일어나지 않는 것입니까? 왜 우리가 그것을 알지 못하며 경험하지 못하는 것입니까?" 자, 이것이 그가 기도로 탄원한 두 번째 내용입니다.

다음으로 우리는 이 위대한 기도의 세 번째 측면을 고찰해야 합니다. 그것은 선지자의 실제적인 탄원입니다. 여러분은 그가 삼중으로 탄원했다는 사실을 알아챘을 것입니다. 이미 설명했듯이 첫 번째 탄원은 이를테면 "어디 있나이까?"라는 말에 담겨 있습니다. 그는 자신이 탄원해서 얻고자 하는 긍휼이 여전히 하나님께 있다는 사실, 하나님은 변할 수 없는 분이시기에 변하지 않고 계신다는 사실을 압니다. 하나님이 여전히 동일하신 분임을 아는 것입니다. 그러나 그의 관심은 그 사실이 드러나야 한다는 데 있습니다. 다시 말해서 그는 먼저 자기 자신과 자기 나라의 죄를 인정하며 고백하고 있습니다. "거룩하고 영화로우신 하나님이 어떻게 우리 같은 사람들을 굽어 살피실 수 있겠습니까? 어떻게 우리 같은 사람들에게 긍휼과 동정과 자비를 느끼실 수 있겠습니까? 우리는 그것들을 다 빼앗겨 버렸습니다. 어떻게 그토록 거룩하신 하나님이 우리 같은 사람들에게 다시 관심을 가지실 수 있겠습니까? 오, 여호와여, 우리가 할 수 있는 일은 아무것도 없습니다. 그저 탄원하며 자비와 긍휼을 구할 뿐입니다. 우리를 굽어 살펴 주십시오." 그는 이처럼 "……보옵소서"라고 말한 후에 17절에서 "주의 종들……을 위하사 돌아오시옵소서"라고 구하고 있습니다. "오, 하나님, 우리에게로 돌아오십시오. 왜 낯선 자처럼 계십니까? 왜 나그네처럼 계십니까? 왜 우리에게로 돌아오지 않으십니까?"라고 말하고 있는 것입니다.

돌아오소서, 오, 거룩하신 비둘기여, 돌아오소서,
감미로운 안식의 전령이여!
— 윌리엄 쿠퍼

이것이 그의 두 번째 탄원입니다. 자신들에게 하나님께 요청할 권리가 없음을 인정한 다음, 다시금 자신들을 보아 달라고, 그 긍휼과 부드러운 자비와 힘을 베풀어 달라고 탄원하며 간청하는 것입니다.

세 번째는 17절에 나오는, 무엇보다 범상치 않은 간구입니다. "여호와여, 어찌하여 우리로 주의 길에서 떠나게 하시며 우리의 마음을 강퍅케 하사 주를 경외하지 않게 하시나이까?" 이런 식의 생각을 해 본 적이 있습니까? 이 사람이 지금 무슨 말을 하고 있는지 정확히 이해할 수 있습니까? 우리는 이 말을 명확하게 이해하고 넘어가야 합니다. 어렵다고 피해 가면 안 됩니다. 두 눈을 뜨고 똑바로 보아야 합니다. 어떤 이들은 우리 마음이 강퍅해지도록 하나님이 허용하셨다는 의미, 말하자면 주의 길에서 떠나도록 내버려 두셨다는 의미에 불과하다고 말함으로써 이 문제를 피해 가려 듭니다. 그러나 선지자는 지금 그 말을 하고 있는 것이 아닙니다. 선지자는 하나님이 실제로 자신들을 이렇게 만드셨다고 말합니다. 하나님이 자신들을 주의 길에서 떠나게 하셨고 자신들의 마음을 강퍅케 하셨다는 것입니다. 그는 6장 9절과 10절에서도 이런 말을 한 적이 있습니다. 하나님은 선지자에게 말씀하셨습니다.

> 가서 이 백성에게 이르기를 너희가 듣기는 들어도 깨닫지 못할 것이요 보기는 보아도 알지 못하리라 하여 이 백성의 마음으로 둔하게 하며 그 귀가 막히고 눈이 감기게 하라. 염려컨대 그들이 눈으로 보고 귀로 듣고 마음으로 깨닫고 다시 돌아와서 고침을 받을까 하노라.

하나님은 선지자에게 이 말을 전하라고 명하십니다. 주님도 신약성경 요한복음 12:37-41에서 친히 이 구절을 인용하고 계십니다.

> 이렇게 많은 표적을 저희 앞에서 행하셨으나 저를 믿지 아니하니 이는 선지자 이사야의 말씀을 이루려 하심이라. 가로되, 주여, 우리에게 들은 바를 누가 믿었으며 주의 팔이 뉘게 나타났나이까 하였더라. 저희가 능히 믿지 못한 것은 이 까닭이니 곧 이사야가 다시 일렀으되, 저희 눈을 멀게 하시고 저희 마음을 완고하게 하셨으니 이는 저희로 하여금 눈으로 보고 마음으로 깨닫고 돌이켜 내게 고침을 받지 못하게 하려 함이라 하였음이더라. 이사야가 이렇게 말한 것은 주의 영광을 보고 주를 가리켜 말한 것이라.

사도행전 28장에도 같은 말씀이 인용되고 있습니다. 이 말씀이 뜻하는 바가 무엇입니까? 사도 바울은 로마서 9:18에서 그 의미를 밝혀 주고 있습니다. "그런즉 하나님께서 하고자 하시는 자를 긍휼히 여기시고 하고자 하시는 자를 강퍅케 하시느니라." 어떤 이는 "이 모든 것이 우리와 무슨 상관이 있습니까?"라고 묻습니다.

그에 대한 답변은 하나님의 백성이 불순종하는 것이야말로 무섭고도 위험한 일이라는 것입니다. 때로 하나님은 우리를 외면하시고 내버려 두심으로써 불순종을 벌하실 뿐 아니라, 더 나아가 우리를 죄와 잘못으로 몰아가시고 우리 마음을 강퍅하게 만드시는 것처럼 보입니다. 우리가 불순종할 때 하나님은 환난을 보내십니다. 그리고 그 환난은 우리를 강퍅하게 만듭니다. 이것이 우리를 벌하시는 한 가지 방법입니다. 따라서 선지자가 지금 기도하는 내용은 다음과 같은 것입니다. "오, 하나님, 우리를 더 이상 법대로 처리하지 말아 주십시오. 물론 우리는 그런 대우를 받아 마땅한 사람들입니다. 우리는 당신께 죄를 지었고 당신을 거역했습니다. 당신 없이도 살 수 있다고 말했습니다. 그래서 당신은 정말로 당신 없이 살도록 내버려 두셨고, 더 나아가 우리 마음을 강퍅하게 만드셨으며 완악하게 만드셨습니다. 하나님, 우리를 불쌍히 여겨 주십시오."

여러분, 여러분 자신이 지금 하나님을 어떻게 대하고 있는지 주의해서 보시기 바랍니다. 여러분은 '나는 하나님께 죄를 지을 수 있어. 물론 그랬다고 해도 언제든지 원할 때 회개하고 돌아와 하나님을 찾을 수 있지'라고 생각할지 모릅니다. 한번 그렇게 해 보십시오. 하나님을 찾을 수 없을 뿐 아니라 아예 찾고 싶은 마음조차 생기지 않는다는 사실을 때때로 발견할 것입니다. 무서울 정도로 마음이 강퍅해지고 냉담해진다는 사실을 알게 될 것입니다. 그런 상태에 대해 여러분이 할 수 있는 일은 아무것도 없습니다. 그런데 그러다가 문득 하나님이 자신의 죄와 악을 드러내기 위해 벌하고 계심을 깨닫습니다. 그때 해야 할 일은 한 가지뿐입니다. 하나님께 돌아가 "오, 하나님, 저를 법대로 처리하지 말아 주십시오. 저는 이런 대우를 받아 마땅한 사람이지만 이렇게 하지 말아 주십시오. 제 마음을 부드럽게 해 주십시오. 제 마음을 녹여 주십시오. 저 스스로는 이 일을 할 수가 없습니다"라고 말해야 하는 것입니다. 그의 자비와 긍휼에 자기 자신을 전적으로 내맡겨야 합니다. 이것이 선지자의 세 번째 위대한 탄원입니다.

이렇게 해서 선지자가 어떤 방식으로 기도했으며 어떻게 예배하고 경배했는지 살펴보았습니다. 또 그가 드린 삼중의 탄원도 들어 보았습니다. 이제 그가 어떤 논거에서, 어떤 근거에서 감히 이런 탄원을 드리는지 보도록 합시다. 오, 그 근거들을 보면 얼마나 흥미로운지요. 그는 백성들 안에 있는 어떤 것, 즉 그들의 공로를 내세우지 않습니다. 당연한 일입니다. 그들에게는 내세울 것이 하나도 없기 때문입니다. 우리는 하나님께 아무것도 얻어 낼 자격이 없습니다. 자격이 있다고 생각하는 사람은 하나님을 모르는 것입니다. 그의 영광을 본 적이 없는 것입니다. 그의 거룩하심에 대해 아는 바가 없는 것이며, 자기 마음의 역병 또한 모르는 것입니다. 그렇습니다. 우리가 할 수 있는 일은 아무것도 없습니다. 그저 "오, 주여!"라고 외칠 뿐입니다.* 여러분의 기도에 "오"라는 이 외침이 있습니까? "오"라는 이 외침이 있느냐 하는 것이야말로 기도를 검증하기에 아주 좋은 또 한 가지 방법입니다. 여러분의 기도에는 "오, 주여"라는 이 외침이 있습니까? 아니면 자신은 괜찮은 사람이기 때문에, 복음주의자로서 이런저런 조직들의 일로 바쁘게 뛰어다니며 탁월한 일들을 하고 있기 때문에 하나님께는 그저 자신을 축복해 주시며 지금 하고 있는 일들을 계속 잘하게 해 달라고 구하기만 하면 된다고 생각합니까? 여러분은 "오, 주여"라고 외친다는 것이 무엇인지 알고 있습니까? 선지자는 그렇게 외치며 기도했습니다. 하나님의 사람들은 늘 그렇게 외치며 기도했습니다. "오"라고 외치며 기

---

*KJV에서는 16절과 17절이 모두 "오, 주여"라는 말로 시작된다—옮긴이.

도한 것입니다. 어떤 이는 "오"라는 이 말이 사람들의 기도에 들어오기 시작하는 것이야말로 부흥의 표적, 가장 좋은 표적이라고 말하기도 했습니다. "오, 주여!"

선지자가 말하는 탄원의 근거들은 다음과 같습니다. 첫째로 그가 내세우는 근거는 언약 관계입니다. 그는 "확실히 주는 우리 아버지십니다"라고 말합니다. "주는 우리 아버지시라." 이것은 아주 의미심장한 말입니다. 유대인들의 문제는 언제나 아브라함을 거론한다는 데 있었습니다. 그들은 "아브라함이 우리 아버지다"라고 말했습니다. "이 이방인들은 대체 누구냐? 우리 아버지는 아브라함이다." 그들은 아브라함의 자손이라는 사실에 안주했습니다. 세례 요한은 그 점을 잘 알고 있었기에 여러분도 아시다시피 그들에게 설교할 때 "속으로 아브라함이 우리 조상이라고 생각지 말라. 내가 너희에게 이르노니 하나님이 능히 이 돌들로도 아브라함의 자손이 되게 하시리라"라고 말했습니다(마 3:9). 여러분이나 저나 단순한 전통의 이름으로는, 조상의 이름으로는, 우리 앞서 있었던 사람들의 이름으로는 하나님 앞에 나아갈 수가 없습니다. 그들이 누구든, 감리교 조상들이든 청교도들이든 종교개혁자들이든 그 이름으로는 나아갈 수가 없습니다. 그렇습니다. 우리는 아브라함이나 야곱 같은 사람들의 이름을 내세우지 못합니다. 그 누구의 이름도 내세우지 못합니다. "주는 우리 아버지시라." 종교개혁자들은 우리를 구원할 수 없으며, 청교도들도 구원할 수 없고, 감리교 조상들도 구원할 수 없습니다. 조상들에게 의존하는 것은 심히 위험한 일입니다. 그렇습니다. 우리가 의존할 분은 오직 하나님 한분뿐입니다. "주는 우리 아버지시라." 하나님 외에 어느 누구도 우리 아버지가 될 수 없습니다.

선지자의 말이 얼마나 지당한지 모릅니다. 언약을 세우신 분은 하나님입니다. 우리를 소유하신 분은 하나님입니다. 우리는 하나님의 백성입니다. 하나님이 이스라엘을 세우셨습니다. 물론 아브라함과 야곱을 통해 세우셨다는 말은 맞습니다. 그래도 그들은 우리 아버지가 아닙니다. 하나님이 우리 아버지십니다. 선지자는 또 한 가지 사실을 대조해서 보여 주고 있습니다. "아브라함은 우리를 모르고 이스라엘은 우리를 인정치 아니할지라도 여호와여, 주는 우리의 아버지시라. 상고부터 주의 이름을 우리의 구속자라 하셨거늘." 물론 아브라함은 위대한 인물이었습니다. 그로 인해 감사드리십시오. 야곱도 놀라운 사람이었습니다. 맞습니다. 그러나 아브라함은 죽었고 야곱도 죽었습니다. 그들은 다시 일어나 우리를 구원해 줄 수 없습니다. "상고부터 주의 이름을 우리의 구속자라 하셨거늘." 그의 이름은 영원한 것입니다. 하나님은 죽은 자들의 하나님이 아닌 산 자의 하나님입니다. 그는 살아 계신 분입니다. 조상들이 아무리 존귀하고 위대해도 그들을 의지해서는 안 됩니다. 하나님을 의지해야 합니다.

그뿐만이 아닙니다. "아브라함은 우리를 모르고 이스라엘은 우리를 인정치 아니할지라도……"라는 말의 뜻은 다음과 같은 것이라고 저는 생각합니다. "너희는 모르느냐? 설사 아브라함과 야곱이 다시 돌아와 우리를 본다 해도 그들은 우리를 인정해 주지 않고 알아주지 않을 것이라고 나는 믿는다. 그들은 '저들은 내게 속한 자들이 아니다. 내 후손들이 아니다. 나는 저들과 관계가 없다'라고 말할 것이다. 아브라함은 거룩한 사람이었다. 야곱도 마찬가지였다. 그들은 우리를 인정치 않고 용납치 않을 것이며 외려 우리의 상속권을 박탈할 것이다."

선지자는 말합니다. "하나님, 우리 아버지가 되어 주시니 감사합니다. 당신은 영광 중에 계신 거룩한 하나님이시기 때문입니다. 당신은 아브라함과 야곱보다, 그 두 사람을 합친 것보다 무한대로 더 많은 사랑과 긍휼을 가지고 계십니다. 그런 당신이 우리 아버지십니다. 아마도 그들은 우리를 거부할 것입니다."

"그러나 사유하심이 주께 있음은 주를 경외케 하심이니이다"(시 130:4). 우리가 결국 사람이 아닌 하나님의 손안에 있음을 인하여 감사드리십시오. "아브라함은 우리를 모르고 이스라엘은 우리를 인정치 아니할지라도 여호와여, 주는 [여전히] 우리의 아버지시라. 상고부터 주의 이름을 우리의 구속자라 하셨거늘."

그는 계속해서 "주의 산업인 지파들"에 대해 언급합니다. 자신들은 주의 산업이 아니냐는 것입니다. 이것이 분명한 사실 아니냐는 것입니다. 이스라엘은 주의 산업이요 주의 백성입니다. 다른 열국은 주의 백성이 아닙니다. "우리는 주의 다스림을 받지 못하는 자 같으며 주의 이름으로 칭함을 받지 못하는 자같이 되었나이다." 이것은 엄청난 말입니다. 주의 백성은 곧 주의 산업입니다. 비록 우리가 죄로 가득 찬 무가치한 존재라 할지라도, 정말 그렇다 할지라도 우리는 여전히 그의 거룩한 백성입니다. 하나님께 나아갑시다. 이 사실을 기억하면서, 이 사실을 기억시켜 드리면서 하나님께 나아갑시다. 아무리 악해도 우리는 여전히 그의 것입니다. 하나님께 탄원하십시오. 다시 돌아와 달라고 구하십시오. 우리는 주의 것이요 주의 거룩한 백성이라고 아뢰십시오.

선지자의 마지막 논거는 하나님과 다른 백성들―선지자 당시의 갈대아인들이나 그보다 앞선 시대의 애굽인들―사이에는 아무 관계도 없다는 것입니다. 애굽인들과 갈대아인들을 본 사람이라면 누구나 그들을 오히려 하나님의 백성으로 생각했을 것입니다. 그들은 축복을 받은 자들처럼 보였습니다. 부유했고 번창했습니다. 그런데 이 다른 백성, 이스라엘 백성은 그들의 노예요 농노에 불과했습니다. 선지자는 말합니다. "오, 하나님, 계속 이렇게 하시겠습니까? 이 큰 나라들을 오히려 당신의 백성으로 여기게끔 내버려 두시겠습니까? 그들은 주의 백성이 아닙니다. 주의 거룩한 백성이 땅을 차지한 것은 잠시뿐이었습니다. 우리는 땅을 빼앗겼습니다. 갈대아인들이 그 땅을 차지해 버렸습니다. 그러나 그들은 주의 백성이 아닙니다. 대적들은 주의 성소를 짓밟아 버렸습니다. 우리는 주의 백성이지만, 그들은 주의 다스림을 받은 적이 없습니다. 그들은 주의 이름으로 칭함을 받지 못한 자들입니다." 이것이 우리 기도가 되어야 합니다. 경건치 못한 세상은 그 광채와 영광과 비옥함을 과시하며 우뚝 솟아 있습니다. 시편 73편이 묘사하고 있는 그대로입니다. "저희는 죽는 때에도 고통이 없고……살찜으로 저희 눈이 솟아나며." 그들은 모든 것을 다 가진 듯합니다. 그런데 한 줌에 불과한 하나님의 백성들은 고통을 겪으며 이런저런 문제들과 어려움들에 둘러싸여 있습니다. 세상은 비웃으며 말합니다. "저들의 하나님은 대체 어디 있는 거지?"

우리는 그 비웃음을 기도로 바꾸어야 합니다. 겸손하면서도 자신 있고 담대하게 하나님 앞에 나아가 말씀드려야 합니다. "오, 주여, 계속 이렇게 내버려 두시겠습니까? 그들은 주의 백성이 아닙니다. 주께서 그토록 크게 번창하도록 허락하신 저들은 주의 백성이 아닙니다. 저들은 주를 모욕하는 자들이며 우리를 대적하듯 주도 대적하는 자들입니다. 오, 하나님, 계속 이렇게 내버려 두시겠습니까? 우리는 연약하고 미약하지만, 이렇게 넘어져 버렸지만, 반역을 저질렀지만, 죄로 가득하지만, 주께 아무것도 내세울 것이 없지만, 그럼에도 여전히 주의 백성입니다. 하나님이여, 우리를 불쌍히 여겨 주십시오. 주는 우리 하나님이십니다. 우리를 굽어 살펴 주십시오. 우리를 바라보아 주십시오. 우리를 보고 웃어 주십시오. 우리를 인정하시며 돌아와 주십시오. 오, 계속 그렇게 떠나 계시지 말고 돌아와 주십시오.

돌아오소서, 오, 거룩하신 비둘기여, 돌아오소서,
감미로운 안식의 전령이여!

우리는 여전히 주의 것입니다. 그러나 그들은 주의 것이 아닙니다. 우리에게로 돌아와 주십시오. 일어나 우리를 구해 주십시오. 우리를 불쌍히 여겨 주십시오."

하나님이 우리에게도 이 선지자처럼 기도하는 은혜를 주시기를 원합니다.

24

부흥, 하나님의 영이 우리 가운데 임하시는 일

원컨대 주는 하늘을 가르고 강림하시고 주의 앞에서 산들로 진동하기를. (사 64:1)

이 위대한 주제에 대한 연구를 마무리하면서, 이미 설명했듯이 이사야가 버림받고 황무해진 나라의 삶과 역사의 중대한 시점에서 하나님께 드린 기도의 두 번째 중요한 간구를 다루고자 합니다. 여러분도 기억하시겠지만 나라의 형편을 목도한 선지자는 하나님께 기도하기로 결심했습니다. 예루살렘이 다시 "세상에서 찬송을 받게" 되기까지 그를 쉬거나 편히 계시지 못하게 하기로, 또 자기 자신도 쉬지 않기로 결심했습니다. 우리는 그의 정밀한 기도를 지금까지 죽 살펴 왔습니다.

이 사람은 어떻게 기도해야 하는지 알고 있었습니다. 따로 기도에 대해 배울 필요가 없었습니다. 기도는 쉬운 일이 아닙니다. 우리의 됨됨이 때문에 우리는 기도하기가 어려우며, 따라서 기도를 배울 필요가 있습니다. 어느 날 오후 주님을 찾아가 "주여, 우리에게 기도를 가르쳐 주소서"라고 말했던 제자들의 심정을 한 번도 느껴 본 적이 없다면, 그것은 아마 한 번도 진정으로 기도해 본 적이 없기 때문일 것입니다. 그래서 하나님은 그 인자하심으로 우리에게 중요한 기도의 본보기와 모범과 실례를 충분히 제공해 주셨습니다. 우리는 선지자가 그것들을 회고하는 모습을 보았습니다. 그는 하나님이 과거에 그 백성들을 어떻게 대해 주셨는지 살펴봅니다. 그리고 그에 힘입어 이제 자신들을 굽어 살피시며 자신들의 형편을 헤아려 주시기를, 예전처럼 자신들에게 다시 관심을 가져 주시기를 간청합니다. 하나님의 얼굴을 다시 보게 되기를, 하나님의 호의를 다시 경험하며 그 애정 어린 관심을 다시 느끼게 되기를 소원합니다.

그는 단지 여기에서 멈추지 않습니다. 어떤 시대의 기도든 참된 기도는 여기에서 멈추지 않습니다. 결코 여기에 만족하지 못합니다. 참된 기도는 항상 64장에 나오는 좀더 깊은 간구로 이어지게 되어 있습니다. 우리는 이 점을 통해서도 기도는 진정 한 가지뿐이라는 것을 발견하게 되며, 그 기도에는 참된 기도의 모든 특징이 나타난다는 것을 알게 됩니다. 여러분은 기도의 첫 단어가 "오"라는 것을 알고 있습니다. 다시 일깨우건대 참된 기도는 항상 "오"라는 이 말을 사용한다는 특징이 있습니다. "[오,] 원컨대 주는 하늘을 가르고." 이보다 더 갈망을 잘 표현해 주는 단어는 없습니다. 이것은 깊은 소원에서 비롯되는 갈증을 표현해 주는 말이자, 의지할 것 하나 없이 오직 하나님만 기다리고 바라며 갈망하는 자의 외침입니다.

이것이 참된 기도의 첫 번째 분명한 특징입니다. 이미 살펴보았듯이 우리는 선지자의 기도에서도 간구하고 고백하는 모습과 자신의 권리를 주장하며 하나님과 논쟁을 벌이고 논박하는 모습이 번갈아 나오는 것을 보게 됩니다. 이 또한 참된 기도에 항상 나타나는 특징입니다. 다시 말해서 이 사람은 그 자신의 표현에서 알 수 있듯이 그야말로 하나님께 매달리고 있습니다. 힘을 내서 기도하고 있으며 하나님을 꽉 붙잡고 있습니다. 이상한 표현이지만 이보다 더 합당한 표현이 없습니다. 참된 기도는 이런 것입니다. 그저 자기 소원을 되는 대로 표현하거나 기계적으로 무성의하게 늘어놓는 것이 아닙니다. 참된 기도는 하나님을 꽉 붙잡고 놓아 드리지 않는 것입니다. 야곱의 유명한 예가 이 모든 특징을 잘 보여 주고 있습니다. 그는 형 에서를 만나기 전날 밤, 그 결정적인 날 밤에 자기에게 나타난 "사람"과 싸웠습니다. 그렇게 싸우고 씨름하다가 날이 밝아 그 사람이 가려 하자 이렇게 말했습니다. "당신이 내게 축복하지 아니하면 가게 하지 아니하겠나이다"(창 32:36). 하나님을 꽉 붙잡고 매달리며 탄원하고 따지고 심지어 애원하는 단계, 그 단계에 다다를 때에야 비로소 그리스도인의 기도는 참으로 시작된다고 저는 말하는 바입니다.

이제 우리는 선지자의 마지막 위대한 간구를 만나게 됩니다. "[오,] 원컨대 주는 하늘을 가르고 강림하시고 주의 앞에서 산들로 진동하기를." 서슴없이 주장하건대 이것이야말로 부흥에 관한 최고의 기도입니다. 물론 하나님께 우리를 축복하시고 굽어 살피시며 은혜를 베풀어 달라고 항상 기도해야 한다는 것도 맞는 말입니다. 우리는 계속해서 그런 기도를 드려야 합니다. 그러나 이 기도는 그 수준을 넘어서고 있습니다. 여기에서 우리는 교회가 항상 구하는 기도와 성령이 부흥으로 찾아와 주시기를 특별하고도 특수하며 긴박하게 구하는 기도의 차이를 보게 됩니다. 쿠퍼의 찬송은 이 최고의 간구를 무엇보다 잘 표현해 주고 있습니다.

오, 하늘을 가르고 속히 임하사
천 사람의 마음을 당신 것으로 삼으소서.

천 사람의 마음이 그리스도 안에서 하나님께로 돌아오는 것은 흔히 있는 일이 아니지 않습니까? 그러나 부흥의 때에는 그런 일이 일어납니다. 쿠퍼의 간구―"하늘을 가르고"―는 합당한 것입니다. 하나님이 하늘을 가르실 때, 우리는 천 명, 아니 오순절 때처럼 삼천 명이 돌아오는 광경도 볼 수 있습니다. "천 사람의 마음을 당신 것으로 삼으소서." 이것은 비상한 일, 아주 예외적인 일을 구하는 기도이며, 동시에 부흥이 진정 무엇인지 일깨워 주는 기도입니다. 부흥을 이보다 더 잘 설명할 수는 없습니다. 부흥은 실로 하나님이 임하시는 것입니다. 이를테면 더 이상 일상적인 축복만 주시는 데 머물지 않는 것입니다. 우리는 일상적인 축복도 구해야 합니다. 그러나 어떤 점에서 그것만 구하는 것은 아주 어리석은 일입니다. 하나님이 행하시는 모든 일은 우리 상상의 한계를 넘어서는 기이하고도 놀라운 것이기 때문입니다. 성경은 하나님이 일상적으로 하시는 일과 비상하게 하시는 일, 즉 하나님의 임하심을 대조하고 있습니다. 조지 윗필드가 첼트넘에서 설교할 때 일어난 일에 대해 기록해 놓은 일기를 다시 인용해야겠습니다. 그는 설교 중에 갑자기 "주 하나님께서 우리 가운데 임하셨다"고 썼습니다. 제가 말하려는 바가 바로 이것입니다. 조지 윗필드는 성령의 기름부음과 능력을 느끼지 못한 채 설교한 적이 거의 없는 사람이었지만, 그런 사람의 사역에도 편차가 있었습니다. 첼트넘에서 일어난 것은 아주 예외적인 일이었습니다. 너무 예외적인 일이었기에 기록해 놓은 것입니다. 하나님이 임하셨습니다. 오, 그렇습니다. 그들은 전에도 하나님의 임재와 축복을 경험했습니다. 그러나 이번에는 달랐습니다. 놀라운 일이 일어났습니다. 하나님이 그들 가운데 계셨습니다. 그들 가운데 임하셨습니다. 부흥의 기간에는 정확히 이런 일이 일어납니다.

무슨 뜻입니까? 자, 다음과 같이 설명할 수 있습니다. 부흥은 문자 그대로 성령 하나님이 자신들 가운데 임하셨음을 알게 되는 것입니다. 여기 있는 대부분의 사람들은 경험하지 못한 일이지만, 바로 이것이 하나님의 성령이 찾아오셨다는 말의 정확한 의미입니다. 교회의 일상적인 삶과 사역에서 경험할 수 있는 최고 수준을 훌쩍 뛰어넘는 일이 일어납니다. 모여 있던 모든 이들이 문득 누군가 자신들 가운데 오셨다는 것을 인식합니다. 그 영광을 인식하며 임재를 인식합니다. 뭐라고 정의할 수도, 묘사할 수도, 말로 옮길 수도 없지만, 전에는 한 번도 경험하지 못한 일이 일어났다는 사실을 알게 됩니다. 사람들은 때로 그것을 "지상에서 누리는 천국의 나날"이라고 묘사하기도 합니다. 실제로 천국에 있는 듯한 느낌이 들기 때문입니다. 그들은 시간을 잊어버리며 시간을 초월합니다. 그들에게 시간은 더 이상 의미가 없으며 실재하지 않습니다. 그들은 영적인 영역으로 들어갑니다. 하나님이 그들 가운데 임해서 그곳을 가득 채우십니다. 그의 영광스러운 임재가 감지됩니다.

물론 이런 일에는 선지자가 여기에서 특별히 강조하고 있는 요소가 항상 따라오게 마련입니다. 그것은 바로 능력의 나타남입니다. 임재의 영광과 광채뿐 아니라 능력이 특별히 나타납니다. 선지자가 사용하는 용어에 주목하시기 바랍니다. 그는 "〔오,〕 원컨대 주는 하늘을 가르고"라고 말합니다. 여기에는 찢는 과정이 있습니다. 하나님이 한가운데로 분출하시는 것입니다. 성경은 그가 강림하실 때 "주의 앞에서 산들"이 "진동"한다고 말합니다. 영구하고 영원할 것 같은 산들, 바람이 불든 비가 오든 해가 비치든 구름이 덮이든 상관없이 항상 그 자리를 지키는 큰 산들이 진동하는 것입니다. 언덕과 산들은 영구한 것이지만 하나님이 강림하시면 그런 산들조차 진동하기 시작합니다. 또한 선지자는 "불이 섶을 사르며"라는 다른 비유도 들고 있습니다. 마치 엄청난 힘을 가진 불처럼 그 능력이 나타난다는 것입니다. 금속이나 광석 덩어리를 보면 얼마나 단단해 보이는지 모릅니다. 그러나 그런 것들도 용광로 속에 들어가면 녹아 흐르기 시작합니다. 그만큼 불의 힘은 굉장한 것입니다. 그는 "불이 물을 끓임 같게 하사"라는 또 다른 비유를 사용합니다. 여러분도 물이 움직이며 요동치는 광경을 본 적이 있지 않습니까? 그것이 무엇입니까? 불과 열과 불꽃의 힘이 물을 끓이고 휘젓는 것입니다. 이처럼 선지자는 아주 생생하고 극적인 이미지를 사용하여 하나님의 능력에 대한 인상을 전달하고 있습니다.

여기에서 선지자는 하나님이 시내 산에서 율법을 주실 때 행하셨던 일을 염두에 두고 있는 것이 거의 틀림없습니다. 출애굽기 19장은 이렇게 기록하고 있습니다.

> 제 삼일 아침에 우레와 번개와 빽빽한 구름이 산 위에 있고 나팔소리가 심히 크니 진중 모든 백성이 다 떨더라. 모세가 하나님을 맞으려고 백성을 거느리고 진에서 나오매 그들이 산기슭에 섰더니 시내 산에 연기가 자욱하니 여호와께서 불 가운데서 거기 강림하심이라. 그 연기가 옹기점 연기같이 떠오르고 온 산이 크게 진동하며 나팔소리가 점점 커질 때에 모세가 말한즉 하나님이 음성으로 대답하시더라. 여호와께서 시내 산 곧 그 산꼭대기에 강림하시고 그리로 모세를 부르시니 모세가 올라가매.

이것은 일찍이 이스라엘 자손의 역사 가운데 일어난 사건이었으며 결코 잊지 못할 사건이었습니다. 하나님은 그들이 앞으로 광야 길을 가면서 두려움을 느끼지 않도록 자신과 자신의 영광 및 능력을 나타내 보여 주셨습니다. 적대적인 열국이 그들을 맞이할 수도 있고 원수들이 결집해서 그들을 칠 수도 있습니다. 그러나 그것이 다 무슨 상관입니까? 산들을 진동시키시는 하나님이 여기 계신데 말입니다. 선지자는 바로 그런 나타남을 위해 기도하고 있습니다. 그는 자신이 여전히 동일하신 하나님, 옛적에 행하신 일을 지금도 행하실 수 있는 하나님께 기도하고 있음을 압니다.

우리 역시 그 능력을 알아야 하며 그 능력을 위해 기도해야 합니다. 실제로 우리가 기도할 때 겪는 어려움의 절반은 하나님의 위대하심과 능력을 알지 못하는 데서 비롯됩니다. 우리는 교회의 원수들 때문에 걱정하고 있으며, 세상의 교만과 권세를 목도하고 있습니다. 그러나 우리에게는 언젠가 성취될 예언이 있습니다. "그러나 주의 날이 도적같이 오리니 그날에는 하늘이 큰 소리로 떠나가고 체질이 뜨거운 불에 풀어지고 땅과 그중에 있는 모든 일이 드러나리로다"(벧후 3:10). 그날이 오고 있습니다. 이 점을 놓치면 안 됩니다. 하나님의 능력은 바로 이런 것입니다. 그 능력 앞에서는 견고한 우주와 영원한 산들과 체질이 다 풀어져 사라질 것입니다. 모든 것이 용해되고 붕괴될 것입니다. 하늘이 떠나가고 천지가 떠나갈 것입니다. 그러므로 우리는 우리가 기도하는 대상이 누구신지 기억해야 합니다. 그는 큰 능력의 하나님입니다. "원컨대 주는 하늘을 가르고 강림하시고 주의 앞에서 산들로 진동하기를." 하나님은 바로 이런 능력을 가지고 계신 분입니다. 그 점을 결코 놓쳐서는 안 됩니다.

사도 바울도 자신의 방식대로 이 점을 설명하고 있습니다. 고린도 교회에는 여러 가지 문제가 있었습니다. 사도는 그들을 향해 다음과 같이 쓰고 있습니다. "우리의 싸우는 병기는 육체에 속한 것이 아니요 오직 하나님 앞에서 견고한 진을 파하는 강력이라. 모든 이론을 파하며 하나님 아는 것을 대적하여 높아진 것을 다 파하고 모든 생각을 사로잡아 그리스도에게 복종케 하니"(고후 10:4-5). 우리는 이러한 하나님의 능력을 분명하게 알고 있습니까? 그 광대무변한 특성을 분명하게 알고 있습니까? 우리 현대의 그리스도인들이 "육체에 속한 것이 아니요 오직 하나님 앞에서 견고한 진을 파하는 강력"을 알고 있습니까? 여전히 이 모든 철학과 이데올로기와 정치와 하나님을 대적하여 높아진 모든 것—하나님에 반하는 움직임들—으로 인해 근심하고 있지 않습니까? 왜 원수들에 대해 이러쿵저러쿵 떠드는 것입니까? 하나님의 능력을 잊은 것입니까? 우리 하나님은 하늘을 가르시고 산들을 진동시키시며 바다도 주전자 속에 든 물 끓이듯이 끓이시는 분입니다. 영존하시는 분입니다. 선지자는 바로 그 하나님의 능력을 구하고 있습니다. 그 하나님의 영광과 능력이 나타나기를 기도하고 있습니다. 우리도 그것을 위해 기도하고 있습니까? 우리도 그것을 가장 깊은 소원으로 삼고 있습니까? 현재의 상황에 관심을 가지고 있습니까? 이사야는 왜 이렇게 기도합니까? 우리는 왜 이렇게 기도하지 않습니까? 기나긴 교회 역사상 이렇게 기도하는 사람들이 어쩌다 몇 명씩만 등장하는 이유가 무엇입니까? 왜 모든 그리스도인들이 이런 생각을 하지 못하는 것입니까?

이것이 우리 앞에 놓인 질문입니다. 적극적인 표현으로 바꾸어 묻겠습니다. 우리는 왜 이같이 기도해야 합니까? 이 점을 두 번째로 고찰해 봅시다. 선지자가 그 답변을 해 주고 있습니다. 그에게는 이렇게 기도해야 할 이유가 있었습니다. 하나님의 사람들에게는 항상 이렇게 기도해야 할 이유가 있습니다. 여러분과 저도 이렇게 기도해야 하는 이유를 알아야 합니다. 그렇지 않으면 절대 기도하지 않을 것입니다. 선지자는 불이 섶을 사르고 물을 끓임같이 하나님이 강림하시기를 기도하고 있는데(2절), 그가 이렇게 기도하는 것은 "주의 대적으로 주의 이름을 알게" 하기 위해서입니다. 이것이 첫 번째 이유로서, 성경을 보면 언제나 이것이 첫 번째 이유로 제시된다는 사실을 알게 됩니다. 이들이 이렇게 기도한 것은 하나님의 이름과 영광을 위하는 열심이 있었기 때문입니다. 선지자는 주가 강림하셔서 그 대적으로 주의 이름을 알게 해 달라고 구합니다. 그가 **하나님의** 대적이라고 말하고 있다는 데 주목하셨습니까? 왜 자신들의 대적이라고 말하지 않을까요? 그렇게 해도 틀린 말이 아닌데 말입니다. 그러나 그에게는 그보다 더 깊은 통찰력이 있었습니다. 우리는 흔히 이 지점에서 잘못된 길로 접어들곤 합니다. 우리는 교회를 인간이 만든 기관으로 여기기를 고집하면서 우리 자신의 생존을 위해 싸우고 있습니다. 교회 문을 닫지 않고 존속시켜 보고자 애를 쓰고 있습니다. 그래서 여러 위원회를 꾸리고 조직을 확대해 나갑니다. 우리의 대적과 싸우는 것입니다. 그러나 선지자는 우리의 대적과 싸우는 것이 아니라고 말합니다. 하나님의 대적과 싸우는 것이라고 말합니다.

이처럼 눈에 보이는 가시적인 세계의 이면을 보지 못한다면, 여러분과 저는 영적인 세계에서 그야말로 초심자에 불과합니다. 우리는 악의 징후들에 대해 이야기하지만, 성경은 악의 궁극적인 원인에 관심을 기울입니다. 아시다시피 이것은 단순히 라디오나 텔레비전이나 자동차를 비롯한 모든 것들과의 싸움이 아닙니다. 그렇습니다. 이것은 그런 싸움이 아닙니다. 더 나아가 이것은 사람과의 싸움도 아닙니다. 그 점을 분명하게 알았던 사도 바울은 "우리의 씨름은 혈과 육에 대한 것이 아니요"라고 말했습니다(엡 6:12). 문제는 혈과 육에 있지 않습니다. 인간과 인간이 하는 일에 있지 않습니다. 우리의 씨름은 혈과 육에 대한 것이 아닙니다. 그러면 무엇에 대한 것입니까? "정사와 권세와 이 어두움의 세상 주관자들과 하늘에 있는 악의 영들"에 대한 것입니다. 우리 눈에 보이는 것들은 단순한 졸개요 앞잡이요 도구요 통로일 뿐입니다. 하나님을 미워하는 주체는 마귀이고 지옥입니다. 그들은 "주의 대적"입니다. 이처럼 하나님께 강림해 달라고 기도하는 첫 번째 이유는 주의 대적들이 주의 이름을 알고 인정하게 하려는 데 있습니다. 바로 이것, 하나님을 모른다는 것이야말로 세상의 문제입니다. 하나님을 조금이라도 알게 되기 전까지 세상은 결코 기독교 메시지에 관심을 보이지 않을 것입니다.

오, 교회는 이 사실에 눈을 감고 있었습니다. 50년이 넘도록 대중적인 프로그램이나 드라마나 음악 같은 이런저런 것들로 사람들을 교회로 끌어 보려 했고 특히 젊은이들을 유인하려 했지만 그들은 오지 않았습니다. 오지 않는 것이 당연합니다. 주의 이름을 알기 전까지 사람들은 결코 오지 않을 것입니다. 주의 이름을 알아야 올 것입니다. 사람들이 교회 밖에 머물러 있는 것은 하나님을 모르기 때문이고 그의 이름을 모르기 때문입니다. 이사야는 "주의 대적으로 주의 이름을 알게 하시며"라고 말합니다. 그 이름이 나타나는 것을 보기 전까지는 그 이름을 알 수가 없습니다. 그렇기 때문에 이 대적들이 주의 이름을 알도록 하늘을 가르고 내려오시며 강림해 달라고 기도하는 것입니다. 그 외에는 그들의 귀를 잡아끌 방법이 없습니다. 그 밖의 시도들은 이미 다 해 보지 않았습니까? 조직이라는 측면에서 교회가 지금 하고 있는 것보다, 20세기 전반에 걸쳐 해 온 것보다 더 훌륭히 했던 적이 있습니까? 교회는 세상이 사용할 수 있고 제공할 수 있는 모든 수단을 동원하고 있지만 통계상으로는 비참한 수치가 이어지고 있습니다. 총회가 연이어 보고하는 내용은 교인들의 수가 심각할 정도로 줄어들고 있으며 그런 감소 추세가 계속되고 있다는 것입니다. 무엇이 문제입니까? 사람들이 주의 이름을 모르는 것이 문제입니다. 우리가 할 수 있는 유일한 일은 하나님께 하늘을 가르고 강림하여 그 이름을 알려 달라고 구하는 것입니다. 그리하여 사람들이 주의 이름을 알게 될 뿐 아니라 열방이 "주의 앞에서 떨게" 해 주시고, 주의 이름을 앎으로 두려워하며 죄를 버리게 해 달라고 구하는 것입니다.

    이것이 구약성경과 신약성경의 큰 주제입니다. 시편 99편 기자는 말합니다. "여호와께서 통치하시니 만민이 떨 것이요 여호와께서 그룹 사이에 좌정하시니 땅이 요동할 것이로다." 주가 통치하십니다. 사람들을 떨게 만드십시오. 그는 살아 계신 하나님이요 영존하시는 하나님이요 모든 것을 손에 쥐고 계시는 하나님입니다. 오, 그를 모르는 세상의 비극이여. 오, 그를 무시하는 통치자들과 백성과 나라들의 교만과 자만이여. 그들이 주의 영광을 얼핏이라도 본다면 그 앞에서 떨지 않을 수 없을 것입니다. 주께서 그들과 그들의 세상을 흔드시면 남아날 것이 하나도 없습니다. 전부 풀어지고 전부 사라질 것입니다.

요한계시록 6장은 그의 영광이 나타날 때 왕들과 세상의 큰 자들이 산과 바위를 향해 "우리 위에 떨어져……어린양의 진노에서 우리를 가리우라"라고 소리칠 것이라고 말합니다. 주가 통치하시니 열방으로 주의 앞에서 떨게 하옵소서. 이 모든 것을 이해했던 시편 46편 기자는 "너희는 가만히 있어 내가 하나님 됨을 알지어다"라는 위대한 결론을 내리고 있습니다(10절). 그는 하나님과 다투는 어리석은 자들에게 "저가……전쟁을 쉬게 하심이여"라고 말합니다(시 46:9). 당연한 일입니다. 그는 원하시는 모든 일을 하실 수 있습니다. 그가 하지 못하실 일은 하나도 없습니다. 그는 아무것도 없는 데서 만물을 창조해 내신 분입니다. 그가 "빛이 있으라" 하시니 빛이 있었습니다. 그는 영원하신 하나님이요 창조자요 땅 끝까지 다스리시는 분입니다. "가만히 있어 내가 하나님 됨을 알지어다―또한 인정할지어다." 선지자가 기도하고 있는 것이 바로 이것입니다. 그는 말합니다. "오, 하나님, 왜 강림하셔서 주의 대적들로 주의 이름을 알게 하지 않으시며 주의 앞에서 떨게 하지 않으십니까?" 그리스도인들이여, 여러분이 이른바 문화적인 사람들이라고 자처하는 모든 방자하고 교만한 자들을 보면서도 이 같은 기도를 드리지 않는 것을 저는 이해할 수가 없습니다. 부자든 가난한 자든 모든 사람이 거룩하신 하나님의 이름을 모욕하는 것을 볼 때, 그 힘의 일부라도 나타내서 그들을 잠잠케 해 주시며 거룩하신 하나님 앞에 떨게 해 달라고 구하고 싶은 마음이 들지 않습니까? 이 사람의 심정이 바로 그런 것이었습니다. 하나님의 사람들이 부흥을 위해 참으로 기도할 때마다 느꼈던 심정도 바로 그런 것이었습니다.

이사야는 자신이 기도하는 마지막 이유를 64장 말미에서 밝히고 있습니다. 그것은 하나님 왕국의 상태입니다. 보시다시피 선지자는 이것을 마지막 이유로 꼽고 있습니다. **우리는** 당연히 이것을 첫 번째로 꼽습니다. 우리는 전부 너무나 주관적이고 자기중심적인 사람들이어서 자기 자신에게서 출발하고 자기 자신으로 끝을 맺습니다. 그러나, 오, 이 사람은 그렇지 않습니다. 그의 마음을 아프게 하는 것은 주의 대적들입니다. 그는 하나님이 강림하여 그들로 주의 이름을 알게 하시고 주 앞에서 떨게 해 달라고 말합니다. 그리고 마지막이 되어서야 이렇게 말합니다.

여호와여, 과히 분노하지 마옵시며 죄악을 영영히 기억하지 마옵소서. 구하오니 보시옵소서, 보시옵소서. 우리는 다 주의 백성이니이다. 주의 거룩한 성읍들이 광야가 되었으며 시온이 광야가 되었으며 예루살렘이 황폐하였나이다. 우리 열조가 주를 찬송하던 우리의 거룩하고 아름다운 전이 불에 탔으며 우리의 즐거워하던 곳이 다 황무하였나이다. 여호와여, 일이 이러하거늘 주께서 오히려 스스로 억제하시리이까? 주께서 오히려 잠잠하시고 우리로 심한 괴로움을 받게 하시리이까?

부흥을 구하는 자들은 자신들의 상태와 주의 교회가 처한 상태를 보시고 불쌍히 여겨 달라고 말합니다. "우리가 지금 어떠한지 보시고 과거에 어떠했는지 기억하시며 당신의 기업, 당신의 교회를 생각하셔서 다시 한번 영화롭게 해 주십시오"라고 말합니다. 선지자가 그러했듯이 부흥을 위해 기도하는 데에는 이상과 같은 이유들이 있습니다.

이제 이런 기도에 격려가 되는 사실들을 고찰해 봅시다. 제가 몇 가지 항목만 제시하면 여러분 스스로 그 구체적인 내용을 찾아낼 수 있을 것입니다. 첫 번째 격려는 하나님이 과거에 하신 일입니다. 이사야는 3절에서 이렇게 말합니다. "주께서 강림하사 우리의 생각 밖에 두려운 일을 행하시던 그때에 산들이 주의 앞에서 진동하였사오니." 그는 마치 "저는 지금 불가능한 일을 구하는 것이 아닙니다. 당신이 전에 이미 하셨던 일을 구하는 것일 뿐입니다"라고 말하는 듯합니다. 거듭 말씀드리겠습니다. 침체한 영혼을 일으키기에 가장 좋은 활력소는 교회사를 읽어 보는 것입니다. 여러분, 교회사를 읽어 보십시오. 교회사는 무디가 처음 이 땅에 왔을 때로부터 시작되지 않습니다. 그보다 수세기 앞서 시작됩니다. 그때로 거슬러 올라가 역사를 읽으면서 하나님이 과거에 어떤 일들을 행하셨는지 생각해 보십시오. 그보다 더 큰 기도의 자극제는 없습니다. 선지자가 이 점을 어떻게 흥미롭게 표현하고 있는지 여러분도 알 것입니다. "우리의 생각 밖에 두려운 일을 행하시던 그때에." 선지자는 요컨대 이렇게 기도하고 있습니다. "오, 하나님, 당신도 아시다시피 과거에 당신은 당신의 백성들을 놀라게 해 주셨습니다. 그들이 상상도 못했던 일들을 행해 주셨습니다." 물론 하나님은 애굽에서 그렇게 해 주셨습니다. 그들이 도저히 어찌할 수 없는 상황에 처해 있었을 때, 강력한 바로와 그 군대 및 병거에 노예로 잡혀 있었을 때 그들이 상상도 못했던 일을 해 주셨습니다. 그들에게는 칼이 없었습니다. 아무것도 없었습니다. 감독들은 불쌍한 백성들을 채찍질했습니다. 그런 자들에게 대체 무슨 희망이 있었겠습니까? 그러나 결국 그들은 애굽에서 벗어났습니다. 하나님이 벗어나게 해 주신 것입니다. "우리의 생각 밖에 두려운 일을 행하시던 그때에." 바로는 그들을 보내고 싶어 하지 않았습니다. 그러나 하나님이 곧 보내지 않을 수 없게 만드셨습니다. 하나님은 그에게 재앙을 보내셨습니다. 이 재앙, 개구리 재앙, 강물이 피가 되는 재앙을 비롯하여 바로를 낮추시는 모든 재앙을 보내서 굴복시키심으로써, 자기 백성들을 애굽에서 나오게 해 주셨습니다.

그런데 그들은 애굽에서 나오자마자 홍해와 바로의 군대 사이에 끼이게 되었습니다. 이제야말로 벗어나기 힘들 것 같지 않습니까? 아닙니다. 하나님은 바다를 갈라 주셨습니다. 우리는 바로 그 하나님을 예배하는 것이며 바로 그 하나님께 기도하는 것입니다. 그렇게 예배하고 기도할 때 "우리의 생각 밖"의 일들이 일어납니다. 이스라엘 백성들이 광야에 있었을 때, 먹을 것 없이 들짐승이 울부짖는 메마른 광야에 있었을 때 하나님은 하늘에서 양식을 내려 주셨습니다. 물이 없어 갈증으로 죽을 지경이 된 적도 있었지만, 하나님이 모세에게 명하여 바위를 쳐서 물이 솟아나게 해 주셨습니다. 다 "우리의 생각 밖"의 일이었습니다. 여러분, 우리 하나님은 바로 이런 분입니다.

그들은 마침내 요단에 이르렀습니다. 어떻게 이 강을 건너 약속의 땅으로 들어갈 수 있겠습니까? 그것도 범람하는 강을 건너서? 그러나 우리 하나님께 요단 강이 대수겠습니까? 그는 강을 갈라 주셨습니다. 가나안 땅을 정복하게 해 주셨고 많은 구원의 역사를 일으켜 주셨습니다. "우리의 생각 밖에 두려운 일을 행하시던 그때에." 이 사실이 우리를 기도하도록 격려해 줍니다.

또한 여러분과 저에게는 이사야 선지자에게 있었던 격려보다 훨씬 더 큰 격려가 있습니다. 때가 차매 그 아들을 보내어 여자에게서 나게 하시고 율법 아래 나게 하신 가장 위대한 일이 일어난 것입니다. 하나님이 과연 사람과 함께 거하실 수 있을까요? 하나님은 그렇게 하셨습니다. 하늘을 가르고 아들을 보내 주신 것입니다. 아들은 영광의 구름을 떠나 동정녀의 태로 들어가셨습니다. 우리가 생각지도 못했던 일, 감히 기대하지도 못했던 일이 일어난 것입니다. 하나님은 그 일을 행하셨습니다. 아, 그렇습니다. 여러분의 말대로 나사렛 예수는 원수에게 패하여 그들의 손에 잡혀서 정죄를 당하고 죽임을 당했습니다. 그는 죽어서 무덤에 장사되었습니다. 완전히 끝나 버린 것입니다. 그러나 사실은 끝난 것이 아니었습니다. 그는 죽음의 결박을 풀고 끊으셨으며(둘 다 같은 말입니다), 사망을 이기고 일어나셨습니다. 우리 뒤에는 부활의 사건이 있습니다. 그는 부활의 하나님입니다. 죽음은 정복되었고 사망은 그 힘을 잃었습니다. "사망아, 너의 이기는 것이 어디 있느냐? 사망아, 너의 쏘는 것이 어디 있느냐?"

여러분은 그가 평범하고 무식한 열두 명의 제자들, 이른바 사도들만 남겨 두고 하늘로 돌아가셨기 때문에 우리에게는 큰 도움이 되지 않는다고 말할 수도 있습니다. 유대교가 대적하고 이방인들을 비롯한 모든 이들이 대적하며 지옥 전체가 대적하는 이 적대적인 세상에 열두 제자 같은 이들을 남겨 봤자 무슨 소용이 있겠습니까? 그러나 여러분은 그 후에 어떤 일이 일어났는지 알고 있습니다. 오순절 날, 열두 제자와 그들과 함께한 자들이 다락방에 모여 있었을 때, 홀연히 하늘로부터 급하고 강한 바람 같은 소리가 났습니다. 무슨 일이 일어난 것입니까? 오, 하나님이 하늘을 가르고 강림하신 것입니다. 성령이 내려오신 것입니다. 급하고 강한 바람 소리가 온 집을 가득 채웠습니다. 하나님이 하늘을 가르고 내려오셨습니다. 우리는 그 일을 되돌아볼 수 있는 자리에 있습니다. 그 일을 하나님께 상기시켜 드립시다. 그는 동일하신 하나님입니다. 그때 성령을 보내 주신 분도 하나님이고, 그 후 계속해서 성령을 보내 주신 분도 하나님입니다. 과거로 돌아가 종교개혁의 이야기를 읽어 보십시오. 200년 전, 런던을 비롯한 영국 전역과 다른 나라들에까지 영향을 끼쳤던 강력한 부흥의 이야기를 읽어 보십시오. 과거로 돌아가 1859년의 이야기를 다시 읽어 보십시오. 이 모든 일이 의미하는 바가 무엇입니까? 하늘이 갈라졌다는 것입니다! 하나님이 하늘을 가르고 강림하셨으며 그 백성 가운데 오셔서 능력과 영광을 나타내 보이셨다는 것입니다. "급하고 강한 바람 같은 소리가 있어." "우리의 생각 밖에 두려운 일을 행하시던 그때에." 이 같은 역사의 격려야말로 대단한 격려 아닙니까?

선지자가 주는 격려가 또 한 가지 있습니다. 그는 기도의 가능성을 백성들에게 상기시키면서 격려하고 있습니다. 4절을 주목해서 보셨습니까? "주 외에는 자기를 앙망하는 자를 위하여 이런 일을 행한 신을 예로부터 들은 자도 없고 귀로 깨달은 자도 없고 눈으로 본 자도 없었나이다." 오, 이것이 얼마나 큰 격려인지요. "뭘 기도해야 하는가?"라고 묻는 이가 있습니까? 사랑하는 여러분, 우리는 무제한으로 기도할 수 있습니다. 기도에는 어떤 제한도 없습니다. 바울도 고린도전서 2장에서 같은 말을 하고 있습니다. "하나님이 자기를 사랑하는 자들을 위하여 예비하신 모든 것은 눈으로 보지 못하고 귀로도 듣지 못하고 사람의 마음으로도 생각지 못하였다." 여러분은 그 무한한 가능성을 알고 있습니까, 아니면 하찮기 짝이 없는 여러분의 기준으로 한계선을 긋고 있습니까? 기도의 가능성에는 끝이 없습니다. 바울은 사람의 마음으로 생각지 못한다고 말합니다. 그 가능성은 우리 상상의 한도를 뛰어넘는 것입니다.

기도는 그 모든 것 너머에 있습니다.

바울이 에베소서 3장에서 이 점을 어떻게 표현하고 있는지 주목해서 보셨습니까? 그는 모든 성도와 함께 지식에 넘치는 그리스도의 사랑을 알고 그 넓이와 길이와 깊이와 높이가 어떠함을 깨달아 하나님의 모든 충만하신 것으로 충만케 되기를 기도했습니다. 여러분과 저 같은 그리스도인들을 위해 그렇게 기도한 것입니다. 이것이 기독교입니다. 구원받고 죄 사함 받았음을 알며 선량하고 존경받는 교인이 되는 것이 전부가 아닙니다. 기독교는 "하나님의 모든 충만하신 것으로" 충만해지는 것입니다. 그는 우리가 이 부분을 놓치지 않도록, 자신은 "능히 하실 이에게" 기도하고 있다고 말합니다. 무엇을 능히 하십니까? "우리의 온갖 구하는 것이나 생각하는 것에 더 넘치도록" 능히 하십니다. 이것이 그 가능성의 크기입니다.

존 뉴턴의 찬송이 "자, 내 영혼아, 청할 것을 준비하라. 예수는 즐거이 응답하시네"라는 가사로 시작되는 것도 놀랄 일이 아닙니다. 그는 다음과 같이 말합니다.

> 큰 간구를 가지고
> 임금께 나아가네.
> 아무리 구해도 넘치지 않을 만큼
> 그 은혜와 능력 크시기에.

하잘것없는 기도를 드리며 하나님의 무한한 능력에 한계선을 긋는 것은 얼마나 부끄러운 일입니까!

사람들은 말합니다. "20세기를 사는 우리에게 1859년의 일이나 18세기의 일이나 종교개혁이나 오순절에 대해 말하는 것은 부질없는 짓이다. 우리의 문제들을 보고 이 복잡한 세상을 좀 보라. 지금 대체 무슨 말을 하고 있는 것인가?" 바울은 하나님이 우리 "눈으로 보지 못하고 귀로도 듣지" 못한 일을 하신다고 말하며, "더 넘치도록" 능히 하신다고 말합니다.

현대인들은 "하늘에도 끝이 있다"고 말합니다. 그러나 우리가 기도하는 대상은 그 하늘 위에 계신 분입니다! 오, 하늘을 가르고 강림하소서. 여기에는 제한이 없습니다. 우리는 영원하고 무한하신 하나님께 기도하고 있습니다.

이제 저는 하나님의 약속으로 여러분을 격려하고자 합니다. 5절에 얼마나 놀라운 말씀이 나오고 있는지 모릅니다. "주께서 기쁘게 의를 행하는 자와 주의 길에서 주를 기억하는 자를 선대하시거늘."

이로 인해 하나님께 감사드리십시오. 하나님이 내 기도를 들으시고 내 간구에 응답하신다는 것을 어떻게 알 수 있습니까? 여기 그 답이 있습니다. "선대하시거늘." 하나님은 기꺼이 선대하실 준비를 하고 계십니다. 그는 우리를 선대해 주겠다고 약속하셨습니다. 그렇다면 어떤 이들을 선대해 주실까요? 기쁘게 의를 행하는 자들을 선대해 주십니다. 4절 초반부에 나오듯이 하나님은 자기를 앙망하는 모든 자를 선대해 주십니다. 사랑하는 여러분, 이것을 의심치 마십시오. 야고보의 말을 들으십시오. "하나님을 가까이하라. 그리하면 너희를 가까이하시리라"(약 4:8). 이것은 확실한 사실입니다. 그는 이런 자들을 선대해 주십니다. "너희가 전심으로 나를 찾고 찾으면 나를 만나리라." 그를 찾으셨습니까? 그를 만나셨습니까? 하나님은 우리에게 약속해 주셨습니다. 그를 가까이하십시오. 그러면 그도 여러분을 가까이하실 것입니다. "주의 길에서 주를 기억하는 자를 선대하시거늘." 하나님은 당연히 그런 자를 선대하십니다. 그 이름에 찬양을 돌릴지어다.

마지막으로 우리가 기억할 것은 하나님의 은혜로운 성품입니다. 5절에 나오는 이상한 표현에 당황하지 않으셨습니까? "우리가 범죄하므로 주께서 진노하셨으며 **이 현상이 이미 오랬사오니** 우리가 어찌 구원을 얻을 수 있으리이까?" 이것이 무슨 뜻입니까? 그 뜻은 다음과 같습니다. 이 사람은 "오, 하나님, 당신은 우리 죄 때문에 얼굴을 피하고 계시며 우리에게 노하고 계십니다. 우리의 죄로 인해 분과 노를 쏟고 계십니다"라고 말합니다. 자신도 그 점은 알고 있다는 것입니다. 그러고 나서 그는 요컨대 다음과 같은 대담한 기도를 하고 있습니다. "그러나, 오, 하나님, 당신은 사실 그런 분이 아니라는 것을 당신 자신이 잘 알고 계십니다. 당신은 계속 그런 상태에 머물러 계실 분이 아닙니다. **이 현상이 이미 오래되었사오니.**" 이사야는 이 표현을 쓰면서 "기쁘게 의를 행하는 자"를 선대하신다는 하나님의 약속을 언급하고 있습니다. 하나님의 진노는 이를테면 일시적인 것이지만, 그의 자비는 영원한 것입니다. 이 사람은 그로 인해 하나님께 감사한다고, 주의 자비와 사랑과 긍휼이 진노보다 깊은 것을 알기에 그 사실을 붙잡는다고 말합니다.

같은 내용을 전하고 있는 시편 기자의 말을 들어 보십시오. "그 노염은 잠간이요 그 은총은 평생이로다. 저녁에는 울음이 기숙할지라도 아침에는 기쁨이 오리로다"(시 30:5). 밤이 영원하지 않음으로 인해 하나님께 감사드리십시오. 아침의 하나님, 사랑의 하나님, 긍휼의 하나님은 항상 경책지 않으신다고 시편 103편의 기자는 말하고 있습니다. "항상 경책지 아니하시며 노를 영원히 품지 아니하시리로다." 그런데 "이 현상이 이미 오래" 지속되고 있습니다. 그의 자비와 사랑과 긍휼과 불쌍히 여기심을 붙드십시오. 진노의 현상 대신 자비의 현상이 오래 지속되면 우리는 구원을 얻을 것입니다.

주여, 당신의 긍휼
무궁하며
그 약속의 말씀 확실함을
자손의 자손들도 알게 되리이다.
―아이작 와츠

오, 이 얼마나 복된 기도의 격려인지요. 하나님의 성품, 곧 그 힘과 능력과 영광뿐 아니라 긍휼과 애정 어린 인자하심, 부드러운 자비, 죄인 중의 괴수에게 넘치는 은혜가 우리에게 얼마나 큰 격려가 되는지 모릅니다. 죄로 죽어 있던 우리, 원수 되었던 우리가 그 아들의 죽음으로 하나님과 화목케 되었습니다. "우리가 아직 죄인 되었을 때에 그리스도께서 우리를 위하여 죽으심으로 하나님께서 우리에게 대한 자기의 사랑을 확증하셨느니라"(롬 5:8).

교회의 죄와 배도와 반역으로 인해 하나님은 지금 노하고 계십니다. 그러나 교회가 참으로 회개하며 진정으로 그를 찾으면 선대해 주실 것입니다. "마음을 다하고 성품을 다하여 그를 구하면 만나리라"(신 4:29).

그를 찾으십시오. 스스로 분발하여 그의 이름을 부르십시오. 그를 붙잡으십시오. 여러분의 아버지요 창조자요 토기장이요 인도자요 하나님 되신 그분께 탄원하십시오. 그의 약속을 내세우십시오. "오, 하늘을 가르고 강림하소서"라고 외치십시오.

> 오, 하늘을 가르고 속히 임하사
> 천 사람의 마음을 당신 것으로 삼으소서.
> —윌리엄 쿠퍼